Klaus Beuth / Olaf Beuth

Digitaltechnik

Klaus Beuth / Olaf Beuth

Digitaltechnik

14., vollständig überarbeitete Auflage

Vogel Communications Group

Weitere Informationen:
www.vogel-fachbuch.de

 http:/twitter.com/vogelfachbuch
 www.facebook.com/vogel-fachbuch
www.vbm-fachbuch.de/rss/buch.rss

ISBN 978-3-8343-3299-8
14. Auflage. 2019
Alle Rechte, auch der Übersetzung, vorbehalten.
Kein Teil des Werkes darf in irgendeiner Form
(Druck, Fotokopie, Mikrofilm oder einem
anderen Verfahren) ohne schriftliche
Genehmigung des Verlages reproduziert oder
unter Verwendung elektronischer Systeme
verarbeitet, vervielfältigt oder verbreitet werden.
Hiervon sind die in §§ 53, 54 UrhG
ausdrücklich genannten Ausnahmefälle nicht berührt.
Printed in Germany
Copyright 1982 by Vogel Communications Group GmbH & Co KG, Würzburg

Vorwort

Die Digitaltechnik ist ein faszinierendes Gebiet der modernen Elektronik. Sie hat in den letzten Jahren eine stürmische Entwicklung genommen. Viele Elektroniker, aber auch Fachleute anderer Disziplinen, stehen vor der Aufgabe, sich mit diesem neuen Gebiet eingehend vertraut zu machen. Im Band «Elektronik 3» (Grundschaltungen der Elektronik) wurde in die wichtigsten Gebiete der Digitaltechnik kurz eingeführt. Das vorliegende Buch «Elektronik 4» ermöglicht eine umfassende Einarbeitung in die Digitaltechnik.

Vorausgesetzt werden Grundkenntnisse der Elektrotechnik und der Elektronik, die aber nur für einige Kapitel dieses Buches benötigt werden. Die meisten Kapitel können ohne besondere Vorkenntnisse erarbeitet und verstanden werden. An die in der Digitaltechnik übliche Gedankenführung muss sich der mit diesem Gebiet nicht Vertraute allerdings erst gewöhnen. Das vielleicht ungewohnte «digitale» Denken darf ihn keinesfalls abschrecken.

Auf eine klare, übersichtliche und leicht verständliche Darstellungsweise der Sachverhalte wurde großer Wert gelegt. Ausgehend von den Grundlagen werden die Strukturen schrittweise entwickelt, wesentliche Inhalte herausgestellt und die Zusammenhänge eingehend erläutert. Hierbei konnten die Erfahrungen langjähriger Lehrtätigkeit genutzt werden.

Das Buch ist sowohl als unterrichtsbegleitendes Lehrbuch als auch zum Selbststudium geeignet. Ein Lernziel-Test mit Fragen und Aufgaben am Ende eines jeden Kapitels gibt Auskunft über den Lernerfolg und den erreichten Grad des Wissens. Die Lösungen der Lernziel-Test-Aufgaben sind auf den letzten Buchseiten angegeben.

Studierende elektrotechnischer und maschinenbautechnischer Fachrichtungen, in der Praxis stehende Ingenieure, Techniker und Meister sowie Angehörige anderer naturwissenschaftlicher Berufe erhalten fundierte Grundlagen und wichtige Zusammenhänge. Eine gründliche Schulung wird auch Elektronikern geboten, die Digitaltechnik und Computertechnik zu ihrem Hobby gewählt haben. Im Frühjahr 2013 habe ich die Bearbeitung des Manuskripts für die Neuauflage von meinem Vater übernommen.

Allen, die am Zustandekommen dieses Buches mitgewirkt haben, danke ich herzlich. Der Vogel Communications Group danke ich für die gewohnt hervorragende Zusammenarbeit. Resonanz zum Buch und den vermittelten Lösungswegen ist mir stets willkommen, weil ein lebendiger Wissensaustausch Forschungs- und Lehrbetrieb immer wieder motivieren und inspirieren kann. Den schnellsten Kontakt erfüllt eine E-Mail: digitaltechnik@vbm-fachbuch.de.

Berlin   Olaf Beuth

Zur Fachbuchreihe «Elektronik» gehören die Bände:

Klaus Beuth/Olaf Beuth: Elementare Elektronik

Heinz Meister: Elektrotechnische Grundlagen
(Elektronik 1)

Klaus Beuth: Bauelemente
(Elektronik 2)

Klaus Beuth/Wolfgang Schmusch: Grundschaltungen
(Elektronik 3)

Klaus Beuth/Olaf Beuth: Digitaltechnik
(Elektronik 4)

Helmut Müller/Lothar Walz: Mikroprozessortechnik
(Elektronik 5)

Wolfgang Schmusch: Elektronische Messtechnik
(Elektronik 6)

Klaus Beuth/Richard Hanebuth/Günter Kurz/Christian Lüders: Nachrichtentechnik
(Elektronik 7)

Wolf-Dieter Schmidt: Sensorschaltungstechnik
(Elektronik 8)

Olaf Beuth/Klaus Beuth: Leistungselektronik
(Elektronik 9)

Inhaltsverzeichnis

Vorwort 5

1 **Grundbegriffe** 15
   1.1 Analoge und digitale Größendarstellung 15
       1.1.1 Analoge Größendarstellung 15
       1.1.2 Digitale Größendarstellung 17
              Vorteile der digitalen Signale 18
   1.2 Binäre und logische Zustände 19
   1.3 Lernziel-Test 22

2 **Logische Verknüpfungen** 23
   2.1 Grundfunktionen und Grundgatter (Grundelemente) 23
       2.1.1 UND-Verknüpfung (Konjunktion) und UND-Gatter (UND-Element) 23
       2.1.2 ODER-Verknüpfung (Disjunktion) und ODER-Gatter (ODER-Element) 24
       2.1.3 Verneinung (Negation) und NICHT-Gatter (NICHT-Element) 25
       2.1.4 Grundgatter (Grundelemente) 26
   2.2 Zusammengesetzte Gatter (Elemente) 27
       2.2.1 NAND-Gatter (NAND-Element) 27
       2.2.2 NOR-Gatter (NOR-Element) 28
       2.2.3 ÄQUIVALENZ-Gatter (ÄQUIVALENZ-Element) 29
       2.2.4 ANTIVALENZ-Gatter (EXKLUSIV-ODER-Gatter, XOR-Gatter) 30
       2.2.5 Verknüpfungsmöglichkeiten bei Gattern mit 2 Eingängen 31
   2.3 Gatter mit 3 und mehr Eingängen 33
   2.4 Lernziel-Test 34

3 **Schaltungsanalyse** 37
   3.1 Wahrheitstabelle und Digitalschaltung 37
       3.1.1 Wahrheitstabelle einer Digitalschaltung mit 2 Eingängen 37
       3.1.2 Wahrheitstabelle einer Digitalschaltung mit 3 Eingängen 38
   3.2 Funktionsgleichung und Digitalschaltung 40
       3.2.1 Bestimmung der Funktionsgleichung einer gegebenen Digitalschaltung 40
       3.2.2 Darstellung einer Digitalschaltung nach gegebener Funktionsgleichung 42
   3.3 Soll-Verknüpfung und Ist-Verknüpfung 43
       3.3.1 Bestimmung der Ist-Verknüpfung 43
       3.3.2 Fehlerbestimmung 45
   3.4 Lernziel-Test 46

4 **Schaltalgebra** 49
   4.1 Variable und Konstante 49
   4.2 Grundgesetze der Schaltalgebra 50

	4.3	Rechenregeln der Schaltalgebra	51
		4.3.1 Theoreme	51
		4.3.2 Kommutativgesetz und Assoziativgesetz	53
		4.3.3 Distributivgesetz	54
		4.3.4 De Morgansche Gesetze	56
		4.3.5 Bindungsregel	58
	4.4	NAND- und NOR-Funktion	59
	4.5	Rechenbeispiele	64
	4.6	Lernziel-Test	68
5	**Schaltungssynthese**		**69**
	5.1	Aufbau von Verknüpfungsschaltungen nach vorgegebenen Bedingungen	69
	5.2	Normalformen	72
		5.2.1 Disjunktive Normalform (DNF)	72
		5.2.2 Konjunktive Normalform (KNF)	75
	5.3	Vereinfachung und Umformung der disjunktiven Normalform (DNF) mit Hilfe der Schaltalgebra	76
		5.3.1 Vereinfachung der DNF	76
		5.3.2 Umformung der DNF	78
	5.4	KV-Diagramme	79
		5.4.1 KV-Diagramme für 2 Variable	79
		5.4.2 KV-Diagramme für 3 Variable	84
		5.4.3 KV-Diagramme für 4 Variable	88
		5.4.4 KV-Diagramme für 5 Variable	93
		5.4.5 KV-Diagramme für mehr als 5 Variable	96
	5.5	Berechnung von Verknüpfungsschaltungen	97
		5.5.1 Allgemeine Hinweise	97
		5.5.2 Digitale Wechselschaltung	97
		5.5.3 2-aus-3-Schaltung	99
		5.5.4 Geradeschaltung	101
		5.5.5 Schwellwertschaltung	103
		5.5.6 Vergleichsschaltung (Komparator)	105
		5.5.7 Transistor-Sortierschaltung	106
	5.6	Aufgaben zum Schaltungsentwurf	107
		5.6.1 Steuerschaltung	108
		5.6.2 Ungeradeschaltung	108
		5.6.3 Majoritätsschaltung	109
		5.6.4 Verriegelungsschaltung	109
		5.6.5 Flugabwehr-Auslöseschaltung	110
	5.7	Zustandsdiagramme	110
	5.8	Lernziel-Test	114
6	**Schaltkreisfamilien**		**117**
	6.1	Allgemeines	117
	6.2	Binäre Spannungspegel	119
	6.3	Positive und negative Logik	121
	6.4	Schaltungseigenschaften	123
		6.4.1 Leistungsaufnahme	123
		6.4.2 Pegelbereiche und Übertragungskennlinie	124

	6.4.3	Schaltzeiten	125
	6.4.4	Lastfaktoren	127
	6.4.5	Störsicherheiten	128
	6.4.6	Wired-Verknüpfungen	129
6.5	DTL-Schaltungen		131
	6.5.1	Allgemeines	131
	6.5.2	Standard-DTL-Schaltungen	131
	6.5.3	LSL-Schaltungen	134
6.6	TTL-Schaltungen		137
	6.6.1	Aufbau und Arbeitsweise von TTL-Gattern	137
	6.6.2	Standard-TTL	143
		6.6.2.1 Schaltungen	144
		6.6.2.2 Grenzdaten und Kenndaten	146
		6.6.2.3 Kennlinien	149
		6.6.2.4 Leistungsbedarf	155
	6.6.3	Low-Power-TTL (LTTL)	155
	6.6.4	High-Speed-TTL (HTTL)	156
	6.6.5	Schottky-TTL (STTL)	157
	6.6.6	Low-Power-Schottky-TTL (LSTTL)	158
	6.6.7	Advanced-Schottky-TTL (ASTTL)	159
	6.6.8	Advanced-Low-Power-Schottky-TTL (ALSTTL)	159
	6.6.9	Zusammenstellung wichtiger Eigenschaften	159
6.7	ECL-Schaltungen		160
6.8	MOS-Schaltungen		164
	6.8.1	Gefahr durch statische Aufladung	165
	6.8.2	PMOS	165
	6.8.3	NMOS	168
	6.8.4	CMOS	169
	6.8.5	Highspeed-CMOS (HCMOS)	176
	6.8.6	HCTMOS	176
	6.8.7	Advanced-CMOS (ACMOS)	177
	6.8.8	Verlustleistungen TTL-CMOS	177
	6.8.9	Kombinierte Bausteine (BiCMOS)	177
	6.8.10	Low-Voltage-Technology (LVT)	177
6.9	Lernziel-Test		178

7 Zeitabhängige binäre Schaltungen ... 181
7.1	Allgemeines		181
7.2	Klassifizierung der Flipflop-Arten		185
	7.3	Nicht-taktgesteuerte Flipflops	188
	7.3.1	NOR-Flipflop (NOR-Latch)	188
	7.3.2	NAND-Flipflops (NAND-Latch)	189
7.4	Taktzustandsgesteuerte Flipflops		190
	7.4.1	SR-Flipflop	190
	7.4.2	SR-Flipflop mit dominierendem R-Eingang	193
	7.4.3	E-Flipflop	194
	7.4.4	D-Flipflop	194
	7.4.5	Datenblätter	195
7.5	Taktflankengesteuerte Flipflops		195
	7.5.1	Impulsgatter	197

		7.5.2	Einflankengesteuerte SR-Flipflops	198

       7.5.2   Einflankengesteuerte SR-Flipflops 198
       7.5.3   Einflankengesteuerte T-Flipflops 201
       7.5.4   Einflankengesteuerte JK-Flipflops 202
       7.5.5   Einflankengesteuerte D-Flipflops 206
       7.5.6   Zweiflankengesteuerte SR-Flipflops 208
       7.5.7   Zweiflankengesteuerte JK-Flipflops 210
       7.5.8   Weitere Flipflop-Schaltungen 214
  7.6   Zeitablauf-Diagramme 215
  7.7   Charakteristische Gleichungen 219
  7.8   Monostabile Kippstufen 224
  7.9   Verzögerungsgatter 229
  7.10 Lernziel-Test 233

8   Binäre Codes und Zahlensysteme 237
  8.1   Allgemeines 237
  8.2   Duales Zahlensystem 237
       8.2.1   Aufbau des dualen Zahlensystems 237
       8.2.2   Umwandlung von Dualzahlen in Dezimalzahlen 239
       8.2.3   Umwandlung von Dezimalzahlen in Dualzahlen 239
       8.2.4   Dualzahlen mit Kommastellen 240
       8.2.5   Addition von Dualzahlen 242
       8.2.6   Subtraktion von Dualzahlen 243
              8.2.6.1   Direkte Subtraktion 243
              8.2.6.2   Subtraktion durch Addition des Komplements 243
       8.2.7   Negative Dualzahlen 247
  8.3   BCD-Code 249
       8.3.1   Zahlendarstellung im BCD-Code 249
       8.3.2   Addition im BCD-Code 250
       8.3.3   Subtraktion im BCD-Code 252
  8.4   Weitere Tetraden-Codes 254
       8.4.1   3-Exzess-Code 254
       8.4.2   Aiken-Code 256
       8.4.3   Gray-Code 258
  8.5   Hexadezimales Zahlensystem 260
       8.5.1   Aufbau des Hexadezimalsystems 260
       8.5.2   Umwandlung von Hexadezimalzahlen in Dezimalzahlen 261
       8.5.3   Umwandlung von Dezimalzahlen in Hexadezimalzahlen 262
       8.5.4   Umwandlung von Dualzahlen in Hexadezimalzahlen ... 264
       8.5.5   Umwandlung von Hexadezimalzahlen in Dualzahlen ... 266
  8.6   Oktales Zahlensystem 267
       8.6.1   Aufbau des Oktalsystems 267
       8.6.2   Umwandlung von Oktalzahlen 268
  8.7   Codierung von Textzeichen 271
       8.7.1   Codes fester Wortlänge (Blockcodes) 271
       8.7.2   Codes variabler Wortlänge (Shannon-Fano-Code,
              Huffman-Code) 272
       8.7.3   Rasterorientierte Codes 276
  8.8   Fehlererkennende Codes 277
       8.8.1   Begriff der Redundanz 277
       8.8.2   Dualergänzter Code 278

		8.8.3	2-aus-5-Codes	279

     8.8.3   2-aus-5-Codes 279
     8.8.4   3-aus-5-Codes 280
     8.8.5   2-aus-7-Codes 281
  8.9 Fehlerkorrigierende Codes 282
     8.9.1   Arbeitsweise 282
     8.9.2   Hamming-Code 283
  8.10 Lernziel-Test 286

9 Code- und Pegel-Umsetzerschaltungen 291
  9.1 Code-Umsetzer 291
     9.1.1   Berechnung von Code-Umsetzern 291
     9.1.2   Dezimal-BCD-Code-Umsetzer 293
     9.1.3   BCD-Dezimal-Code-Umsetzer 295
     9.1.4   Dezimal-3-Exzess-Code-Umsetzer 299
     9.1.5   3-Exzess-Dezimal-Code-Umsetzer 300
     9.1.6   Dezimal-7-Segment-Code-Umsetzer 301
     9.1.7   BCD-7-Segment-Code-Umsetzer 303
  9.2 Pegelumsetzer 309
     9.2.1   Allgemeines 309
     9.2.2   Aufbau von Pegelumsetzern 310
  9.3 Lernziel-Test 312

10 Zähler und Frequenzteiler 313
  10.1 Zählen und Zählerarten 313
  10.2 Asynchronzähler 315
     10.2.1 Asynchrone Dualzähler 315
          10.2.1.1 Dual-Vorwärtszähler 315
          10.2.1.2 Dual-Rückwärtszähler 321
          10.2.1.3 Dualzähler mit umschaltbarer Zählrichtung .. 324
     10.2.2 Asynchrone BCD-Zähler 326
          10.2.2.1 BCD-Vorwärtszähler 326
          10.2.2.2 BCD-Rückwärtszähler 329
          10.2.2.3 BCD-Zähler mit umschaltbarer Zählrichtung 330
     10.2.3 Asynchrone Dekadenzähler 331
          10.2.3.1 BCD-Dekadenzähler 331
          10.2.3.2 Andere Dekadenzähler 332
     10.2.4 Asynchrone Modulo-n-Zähler 332
          10.2.4.1 Prinzip der Modulo-n-Zähler 332
          10.2.4.2 Modulo-5-Zähler 332
          10.2.4.3 Modulo-60-Zähler 334
          10.2.4.4 Modulo-13-Zähler mit Wartepflicht 335
     10.2.5 Asynchrone Vorwahlzähler 335
     10.2.6 Asynchronzähler für den Aiken-Code 336
     10.2.7 Asynchronzähler für den 3-Exzess-Code 336
  10.3 Synchronzähler 337
     10.3.1 Das Synchronprinzip 337
     10.3.2 Synchrone Dualzähler 338
          10.3.2.1 Dual-Vorwärtszähler 338
          10.3.2.2 Dual-Rückwärtszähler 340
          10.3.2.3 Dualzähler mit umschaltbarer Zählrichtung .. 340

10.3.3 Berechnung von Synchronzählern 342
    10.3.3.1 Berechnungsverfahren 342
    10.3.3.2 Berechnungsbeispiel 343
10.3.4 Synchrone BCD-Zähler 349
    10.3.4.1 Berechnung eines Synchron-BCD-Vorwärtszählers 349
    10.3.4.2 Synchron-BCD-Vorwärtszähler als integrierte Schaltung 353
10.3.5 Synchron-Zähler für den 3-Exzess-Code 354
10.4 Frequenzteiler 359
    10.4.1 Asynchrone Frequenzteiler mit festem Teilerverhältnis .. 359
    10.4.2 Synchrone Frequenzteiler mit festem Teilerverhältnis ... 362
    10.4.3 Frequenzteiler mit einstellbarem Teilerverhältnis 363
10.5 Lernziel-Test 363

11 Digitale Auswahl- und Verbindungsschaltungen 365

11.1 Datenselektor, Multiplexer, Demultiplexer 365
    11.1.1 4-Bit-zu-1-Bit-Datenselektor 366
    11.1.2 2 × 4-Bit-zu-4-Bit-Datenselektor 366
    11.1.3 4 × 8-Bit-zu-8-Bit-Datenselektor 367
    11.1.4 16-Bit-zu-1-Bit-Datenselektor-Multiplexer 368
    11.1.5 1-Bit-zu-4-Bit-Demultiplexer 370
11.2 Adressdecodierer 371
    11.2.1 2-Bit-Adressdecodierer 372
    11.2.2 4-Bit-Adressdecodierer 372
    Bild 11.14 4-Bit-Adressdecodierer mit Wahrheitstabelle 373
11.3 Digitaler Komparator 373
    11.3.1 1-Bit-Komparator 374
    11.3.2 3-Bit-Komparator für den BCD-Code 374
    11.3.3 4-Bit-Komparator für den Dual-Code 377
11.4 Busschaltungen 379
    11.4.1 Aufbau und Arbeitsweise 379
    11.4.2 Bussysteme 381
    11.4.3 Anwendungen 383
        11.4.3.1 Computerbusse 383
        11.4.3.2 Feldbusse 384
        11.4.3.3 Fahrzeugbusse 385
        11.4.3.4 Installationsbusse 385

12 Register- und Speicherschaltungen 387

12.1 Schieberegister 387
    12.1.1 Schieberegister für serielle Ein- und Ausgabe 387
    12.1.2 Schieberegister mit Parallelausgabe 391
    12.1.3 Schieberegister mit Parallelausgabe und Paralleleingabe . 392
    12.1.4 Ringregister 393
    12.1.5 Schieberegister mit umschaltbarer Schieberichtung 394
12.2 Speicherregister 396
12.3 Schreib-Lese-Speicher (RAM) 397
    12.3.1 Statische RAM (SRAM) 397
        12.3.1.1 RAM-Speicherelement in TTL-Technik 397

        12.3.1.2   RAM-Speicherelement in MOS-Technik 399
        12.3.1.3   Aufbau einer RAM-Speichermatrix 400
    12.3.2   Dynamische RAM (DRAM) 401
        12.3.2.1   Speicherelement eines dynamischen RAM 401
        12.3.2.2   Besonderheiten dynamischer RAM 402
        12.3.2.3   SDRAM und DDR-SDRAM 403
    12.3.3   Speicheraufbau und Speicherkenngrößen 403
        12.3.3.1   Speicheraufbau 403
        12.3.3.2   Speicherkenngrößen 406
12.4 Festwertspeicher (ROM) 407
12.5 Programmierbarer Festwertspeicher (PROM) 409
12.6 Löschbare programmierbare Festwertspeicher 410
    12.6.1   Festwertspeicher EPROM und REPROM 411
    12.6.2   Festwertspeicher EEROM (EEPROM) und E²ROM 414
12.7 Flash-Speicher 415
    12.7.1   Langzeit-Datensicherheit (Retention) 416
    12.7.2   Endurance 416
12.8 Lernziel-Test 416

13 Digital-Analog-Umsetzer, Analog-Digital-Umsetzer 419
13.1 Digital-Analog-Umsetzer 419
    13.1.1   Prinzip der Digital-Analog-Umsetzung 419
    13.1.2   DA-Umsetzer mit gestuften Widerständen 421
    13.1.3   R/2R-DA-Umsetzer 422
13.2 Analog-Digital-Umsetzer 424
    13.2.1   Abtastung (Sampling) 425
    13.2.2   Überabtastung (Oversampling) 429
    13.2.3   Quantisierung (Sampletiefe) 430
    13.2.4   Abtast-Halte-Schaltung (Sample-and-Hold) 431
    13.2.5   Genauigkeit 432
    13.2.6   Rauschformung (Noise Shaping) 432
    13.2.7   AD-Umsetzer nach dem Sägezahnverfahren 433
    13.2.8   AD-Umsetzer nach dem Dual-Slope-Verfahren 434
    13.2.9   AD-Umsetzer nach dem Kompensationsverfahren 436
    13.2.10 AD-Umsetzer nach dem Spannungs-Frequenz-Verfahren 438
    13.2.11 AD-Umsetzer nach dem Direktverfahren (Parallel- oder
            Flashkonverter) 439
    13.2.12 Sigma-Delta-Umsetzer 441
13.3 Datenkompression 442
13.4 Lernziel-Test 443

14 Rechenschaltungen 445
14.1 Halbaddierer 445
14.2 Volladdierer 447
14.3 Paralleladdierschaltung 451
14.4 Serielle Addierschaltung 452
14.5 Subtrahierschaltungen 454
    14.5.1   Halbsubtrahierer 454
    14.5.2   Vollsubtrahierer 455
    14.5.3   4-Bit-Subtrahierschaltung 457

14.5.4 Subtrahierschaltung mit Volladdierern 458
14.6 Addier-Subtrahier-Werk 459
14.7 Multiplikationsschaltungen 463
    14.7.1 Parallel-Multiplikationsschaltung 463
    14.7.2 Serielle Multiplikationsschaltung 466
14.8 Lernziel-Test 468

15 Mikroprozessoren und Mikrocomputer 469
15.1 Der Mikroprozessor als Universalschaltung 469
15.2 Arithmetisch-logische Einheit (ALU) 469
15.3 Akkumulator 473
15.4 Akkumulator mit Datenspeicher 475
15.5 Programmgesteuerter vereinfachter Rechner 477
15.6 Mikroprozessorbausteine 479
    15.6.1 Prozessorarchitekturen 479
    15.6.2 CISC und RISC 481
    15.6.3 Digitale Signalprozessoren (DSP) 482
    15.6.4 Mikroprozessortypen 482
    15.6.5 Funktionsweise eines Mikroprozessors 484
        15.6.5.1 Steuerwerk 484
        15.6.5.2 Rechenwerk 485
        15.6.5.3 Speicher 485
        15.6.5.4 Interner Datenbus 486
        15.6.5.5 Adressbus 486
    15.6.6 Mikroprozessor SAB 8080 A 486
    15.6.7 Zusatzbausteine für Mikroprozessoren 490
    15.6.7 Verbesserungen der Mikroprozessoren 492
        15.6.7.1 Erhöhung der Taktfrequenz 492
        15.6.7.2 Speicherhierarchien 493
        15.6.7.3 Parallelverarbeitung 494
15.7 Mikrocomputer 495
15.8 Mikrocontroller 496
15.9 Lernziel-Test 499

16 Programmierbare Logikschaltungen 501
16.1 Herstellerprogrammierte Logikschaltungen 501
16.2 Anwenderprogrammierbare Logikschaltungen 503
    16.2.1 Grundlagen 503
    16.2.2 PAL-Schaltungen 506
    16.2.3 GAL-Schaltungen 510
    16.2.4 FPLA-Schaltungen 514
    16.2.5 PROM-Schaltungen 516
16.3 PLD-Typen 517
16.4 Programmierung von PLD 518
16.5 Lernziel-Test 520

17 Lösungen der Aufgaben der Lernziel-Tests 523

Stichwortverzeichnis 543

1 Grundbegriffe

1.1 Analoge und digitale Größendarstellung

Die Begriffe «analog» und «digital» kommen aus der Rechentechnik und wurden dann für die gesamte Elektrotechnik einschließlich der Messtechnik übernommen.

1.1.1 Analoge Größendarstellung

Für die Darstellung von Größen nach dem Analogprinzip benötigt man eine *Analogiegröße*, das heißt eine «entsprechende» Größe. Bei Analogrechnern ist die Analogiegröße die elektrische Spannung. Für die Zahlendarstellung gilt zum Beispiel:

Definition
Der Zahl 1 wird der Wert 1 V zugeordnet.

$1 \triangleq 1$ V ($\triangleq$ bedeutet «entspricht»).

Dann entsprechen 2 V der Zahl 2 und 3,6 V der Zahl 3,6. Will man die Zahl 4,365 darstellen, benötigt man eine Spannung von 4,365 V. Zur Darstellung größerer Zahlen muss eine andere Zuordnung, also ein anderer Maßstab gewählt werden, z.B. $1 \triangleq 1$ mV. Man käme sonst in Bereiche zu hoher Spannung.

Grundsatz
Analoge Größen sind Werte der Analogiegröße, die innerhalb eines zulässigen Bereichs jeden beliebigen Wert annehmen dürfen.

Die Genauigkeit der Darstellung analoger Größen hängt davon ab, mit welcher Genauigkeit die Analogiegröße gemessen werden kann. Man stößt hier schnell an physikalische Grenzen. Eine Spannung kann mit normalem Aufwand auf ±1% genau, mit hohem Aufwand auf ±1‰ genau gemessen werden. Will man die Genauigkeit weiter steigern, wird der Aufwand extrem groß. Als weitere physikalische Grenze kommt die Temperaturabhängigkeit hinzu.

Grundsatz
Analoge Größen werden normalerweise nur auf 3 Dezimalstellen genau dargestellt.

Ein einfacher Analogrechner ist der altbewährte Rechenschieber. Als Analogiegröße verwendet man die Länge. Die Länge ist den Zahlenwerten in logarithmischem Maßstab zugeordnet. Die Zuordnung muss also nicht linear sein. Die Genauigkeit des Rechenschiebers hängt von der Möglichkeit der genauen Ablesung ab.
In der Messtechnik nimmt die analoge Darstellung von Größen einen besonders großen Platz ein. Zeigermessgeräte stellen Messgrößen analog dar (Bild 1.1). Ana-

logiegröße ist der Winkel, den der Zeiger mit seiner Null-Linie bildet oder der entsprechende Skalenbogen. Der Zeiger kann jeden beliebigen Wert auf dem Skalenbogen anzeigen.

Mit Zeigern ausgestattete Uhren (Bild 1.2) zeigen die Zeit analog an. Analogiegröße ist auch hier der Winkel bzw. der zugehörige Bogen. Zulässiger Bereich ist der Vollkreis von 360°.

Schaubilder nach Bild 1.3 sind ebenfalls analoge Darstellungen. Analogiegröße ist hier die Balkenlänge.

Die übliche Darstellung von Spannungsverläufen im rechtwinkligen Koordinatensystem (Bild 1.4) ist ebenfalls eine analoge Darstellung. Die Spannung kann alle Werte innerhalb eines zulässigen Bereiches annehmen.

Grundsatz
Die analoge Größendarstellung hat den Vorteil großer Anschaulichkeit.

Bei der analogen Größendarstellung sind Aussagen über den Trend der Größenentwicklung möglich.

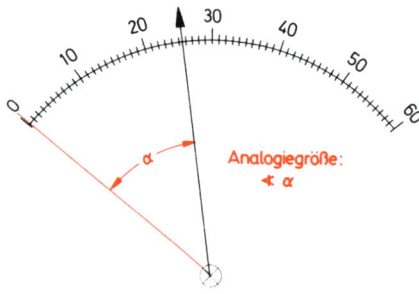

Bild 1.1   Analoge Darstellung von Messgrößen

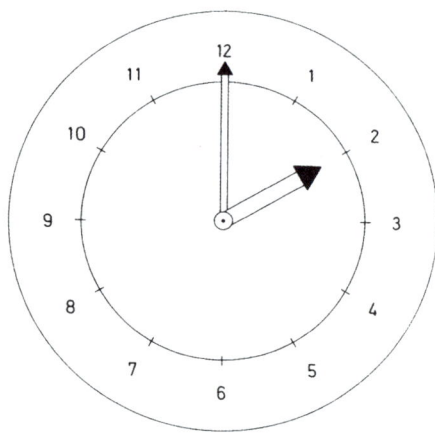

Bild 1.2   Analog anzeigende Uhr

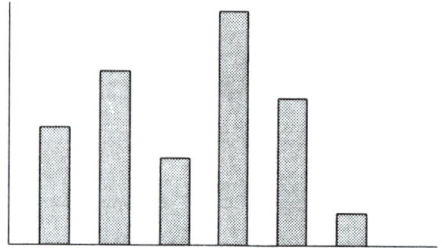

Bild 1.3
Analoge Darstellung, z.B. Einkommen verschiedener Berufe

Analoge und digitale Größendarstellung | 17

Bild 1.4
Analoge Darstellung eines
Spannungsverlaufs

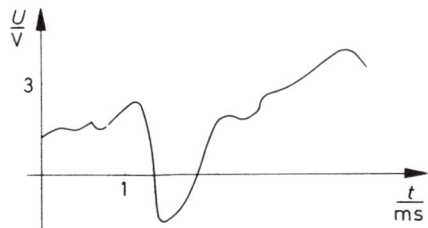

Analoge Signale
Analoge Signale sind wertkontinuierlich, d.h., innerhalb eines Messbereiches können beliebig viele verschiedene Amplituden auftreten. Natürlich ist der Messbereich aus physikalischen Gründen begrenzt (z.B. weil ein Sensor nur maximal 5 V liefert). Aber innerhalb dieses Bereiches können alle Amplitudenwerte auftreten. In Bild 1.4 liegen die Amplitudenwerte auf der Y-Achse ($U[V]$).

Ähnliches gilt für die Zeitpunkte, zu denen Messwerte vorliegen. Auch hier liegen in einer bestimmten Zeitspanne beliebig viele Messwerte vor. In Bild 1.4 liegen die Zeitpunkte auf der X-Achse ($t[ms]$). Signale, die zu jeder beliebigen Zeit einen Wert besitzen, werden zeitkontinuierlich genannt.

Grundsatz
Ein System, das zeit- und wertkontinuierliche Signale verarbeitet, arbeitet analog.

1.1.2 Digitale Größendarstellung

Bei der digitalen Größendarstellung verwendet man abzählbare Elemente. »Digital« kommt von digitus (lat.: der Finger). Eine Zahl kann z.B. durch eine Anzahl von Fingern dargestellt werden. Ein einfacher Digitalrechner ist der altbekannte Rechenrahmen (Bild 1.5). Eine Zahl wird durch die Anzahl der Kugeln dargestellt.

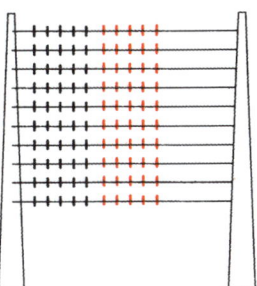

Bild 1.5
Rechenrahmen als einfacher »Digitalrechner«

Definition
Digitale Größen bestehen aus abzählbaren Elementen.

Ein Vorteil des Digitalprinzips wird hier bereits sichtbar. Der Genauigkeit der Darstellung von Zahlen und Größen ist keine physikalische Grenze gesetzt. Wenn man die Anzahl der Kugeln nur entsprechend erhöht, ist jede gewünschte Genauigkeit erreichbar.

Definition

Digitale Größen können mit beliebiger Genauigkeit dargestellt werden.

Bei elektronischen Digitalrechnern verwendet man statt der Kugeln elektrische Impulse. Man könnte die Zahl 3 z.B. durch 3 Impulse darstellen und entsprechend die Zahl 37 durch 37 Impulse. Diese Darstellung ist aber sehr unwirtschaftlich und daher nicht üblich. Zur Darstellung der Zahl 100 000 würde man 100 000 Impulse benötigen.

Will man Zahlen mit digitalen Signalen darstellen, verwendet man bestimmte Verabredungen, sog. Codes.

Digitale Signale

Beschränkt man sich beim Werteumfang auf eine endliche Anzahl von Werten, erhält man ein sogenanntes wertdiskretes Signal. Z.B. kann festgelegt werden, dass innerhalb des Messbereiches von 5 V nur 1-V-Schritte zugelassen werden. Aus dem Signal aus Bild 1.4 wird ein Signal mit einem stufigen Verlauf. Diese Umwandlung wird Quantisierung genannt. Bei der Umwandlung entsteht ein Fehler, der Quantisierungsfehler.

Definition

Wertdiskrete Signale werden digitale Signale genannt.

Durch Abtastung des Signals zu festgelegten Zeitpunkten entsteht aus dem zeitkontinuierlichen Signal ein zeitdiskretes Signal. Die Abtastung erfolgt in gleichmäßigen (äquidistanten) Abständen mit Hilfe eines Taktsignals.

Die abgetasteten Amplitudenwerte müssen für die Übertragung oder Speicherung codiert werden. In der Digitaltechnik wird hierfür meist der Binärcode verwendet. Jedem Amplitudenwert wird eine Zahlenfolge aus Nullen und Einsen zugeordnet, z.B.:

0 V = 000, 1 V = 001, 2 V = 010, 3 V = 011, 4 V = 100, 5 V = 101

Vorteile der digitalen Signale

Durch die Codierung mit 0 und 1 kann eine hohe Störsicherheit erreicht werden. Weist man z.B. bei der Übertragung digitaler Impulse mit Hilfe von Spannungspegeln der Dualzahl 0 den Bereich 0 V bis 1 V zu und der Dualzahl 1 den Bereich 4 V bis 5 V, dann verursachen Störungen mit Amplituden von z.B. 2,5 V keine Fehler. Sie werden nicht bewertet.

Ein digitales Signal ist in Bild 1.6 dargestellt. Es enthält nur die Spannungswerte 0 V und 5 V.

Digitale Signale sind beliebig oft reproduzierbar. Durch die Übertragung zusätzlicher Prüfsignale können Fehler erkannt und korrigiert werden. Dadurch ist die

Kopie nicht schlechter als das Original. Bei analogen Systemen pflanzt sich der Fehler beim Kopieren systematisch fort.

Die Fehlersuche in digitalen Systemen ist durch festgelegte Testalgorithmen oft einfacher.

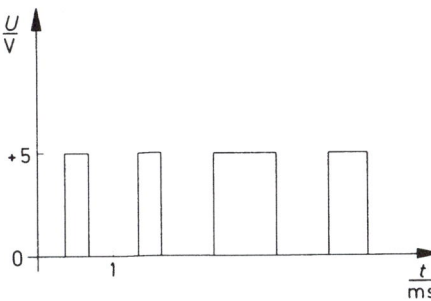

Bild 1.6
Zeitlicher Verlauf eines
digitalen Signals

Da digitale Größen aus abzählbaren Elementen bestehen, verwendet man zur Veranschaulichung die Zahlendarstellung durch Ziffern.

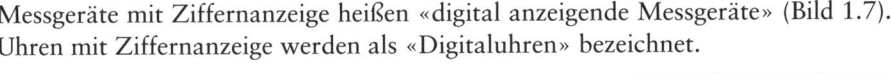

Definition
  Eine ziffernmäßige Anzeige wird »digitale Anzeige« genannt.

Messgeräte mit Ziffernanzeige heißen «digital anzeigende Messgeräte» (Bild 1.7). Uhren mit Ziffernanzeige werden als «Digitaluhren» bezeichnet.

Bild 1.7
Digitalanzeige eines Messgerätes

Grundsatz
  Digitale Anzeigen sind eindeutig.

Der Ablesende braucht nicht die letzte Stelle, wie bei der analogen Anzeige, abzuschätzen.

1.2   Binäre und logische Zustände

Eine digitale Größe besteht, wie wir im vorhergehenden Abschnitt gesehen haben, aus abzählbaren Elementen. Diese Elemente können zwei, drei oder auch mehr Zustände haben. In Bild 1.8 ist ein digitales Signal mit 3 möglichen Zuständen dargestellt. Diese Zustände entsprechen 10 V, 5 V und 0 V.

Definition

Digitale Signale können 2-, 3- oder auch mehrwertig sein; das heißt, sie können 2, 3 oder mehr vereinbarte Zustände haben.

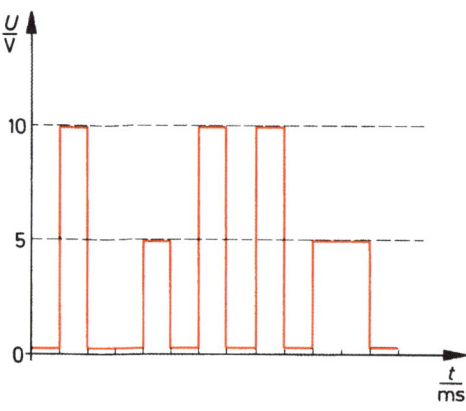

Bild 1.8
Digitales Signal mit
3 möglichen Zuständen

Man verwendet aber in der Digitaltechnik fast immer digitale Elemente mit nur 2 Zuständen. Eine Kugel im Rechenrahmen ist an bestimmter Stelle vorhanden oder nicht vorhanden. Es gibt nur diese beiden Möglichkeiten. Ein elektrischer Impuls ist vorhanden oder nicht vorhanden. Eine Spannung hat den vereinbarten oberen Wert oder den vereinbarten unteren Wert (mit einer gewissen Toleranz).

Definition

Die üblichen digitalen Elemente sind «zweiwertig», d.h., sie haben 2 mögliche Zustände.

Für die Eigenschaft der Zweiwertigkeit ist die Bezeichnung «binär» (von lateinisch: *bis* = zweimal) üblich. Die in der Digitaltechnik verwendeten Elemente sind also *binäre Elemente*.

Grundsatz

Da die Digitaltechnik nur binäre Elemente verwendet, müsste sie genauer «Binäre Digitaltechnik» genannt werden.

Entsprechend müsste für Digitalschaltungen auch die Bezeichnung «Binäre Digitalschaltungen» verwendet werden. Da es jedoch zur Zeit – zumindest im technischen Bereich – keine andere Digitaltechnik gibt, kann die Zusatzbezeichnung «binär» entfallen.

Die in der Digitaltechnik üblichen beiden binären Zustände werden auch digitale Zustände genannt.

Binäre und logische Zustände

Beispiele für binäre Zustände:

Erster binärer Zustand	Zweiter binärer Zustand
Schalter geschlossen	Schalter geöffnet
Impuls vorhanden	Impuls nicht vorhanden
Transistor leitend	Transistor gesperrt
Diode leitend	Diode gesperrt
Spannung hoch	Spannung niedrig
Strom hoch	Strom niedrig
Werkstoff magnetisch	Werkstoff nicht magnetisch

Da man in der Digitaltechnik elektronisch arbeitet, werden vor allem Spannungszustände als binäre Zustände verwendet. Die Hersteller geben für ihre Digitalschaltungen die binären Spannungszustände in den Datenbüchern an. Übliche binäre Spannungszustände:

+2 V	0 V (Masse)
+5 V	0 V (Masse)
+5 V	−5 V
+12 V	0 V
0 V	−12 V

Für die binären Spannungszustände gibt es bestimmte Toleranzen (Bild 1.9). Der eine binäre Zustand kann z.B. eine Spannung von 4...5,5 V haben. Die Spannung des anderen binären Zustands kann zwischen 0 V und +0,8 V liegen. Der niedrigere Spannungspegel wird mit L (von engl.: *low* = niedrig), der höhere Spannungspegel mit H (von engl.: *high* = hoch) bezeichnet.

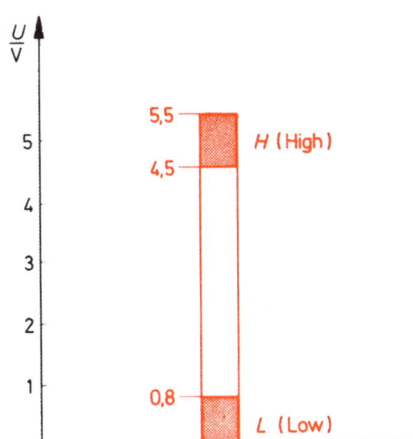

Bild 1.9
Toleranzfeld für
binäre Spannungszustände

Definition
L = Low = niedriger Pegel

Pegel, der näher bei minus unendlich (−∞) liegt.

Definition

H = High = hoher Pegel

Pegel, der näher bei plus unendlich (+∞) liegt.
   Die binären Zustände haben für sich genommen noch keine Aussagekraft. Ihnen müssen sog. *logische Zustände* zugeordnet werden. Der logische Zustand 1 (1-Zustand) bedeutet in der mathematischen Logik «wahr» bzw. «zutreffend». Der logische Zustand 0 (0-Zustand) bedeutet «unwahr» bzw. «nicht zutreffend».

Definition

Die Zuordnung der binären Zustände zu den Logik-Zuständen ist beliebig.

Ist die Zuordnung einmal getroffen worden, muss sie konsequent beibehalten werden. Eine übliche Zuordnung ist:

$$0 \hat{=} L = 0 \text{ V (Masse)}$$
$$1 \hat{=} H = +5 \text{ V}$$

Eine andere mögliche Zuordnung ist:

$$0 \hat{=} H = +5 \text{ V}$$
$$1 \hat{=} L = 0 \text{ V (Masse)}$$

In Systemen, in denen die Logik-Zustände anderen Eigenschaften einer physikalischen Größe zugeordnet werden – z.B. positiven oder negativen Impulsen, dem Vorhandensein oder dem Nichtvorhandensein von Impulsen, zwei unterschiedlichen Frequenzen usw. –, dürfen H und L zum Darstellen dieser Eigenschaften verwendet werden. Selbstverständlich ist eine vorherige eindeutige Zuordnung erforderlich.
   Es ist darauf zu achten, dass die binären Zustände (z.B. die Pegelangaben L und H) und die logischen Zustände nicht miteinander verwechselt werden. Die logischen Zustände werden auch «Werte» genannt.

1.3   Lernziel-Test

1. Wie unterscheidet sich eine digitale Größe von einer analogen Größe?
2. Nennen Sie Vor- und Nachteile der analogen Größendarstellung.
3. Was versteht man unter binären Größen?
4. Welche Genauigkeit ist bei der digitalen Größendarstellung erreichbar?
5. In den Datenbüchern der Hersteller digitaler Schaltungen werden oft die Bezeichnungen L und H angegeben. Welche Bedeutung haben diese Bezeichnungen?
6. Was sind logische Zustände, und durch welche Zeichen werden sie ausgedrückt?
7. Geben Sie an, wie Messgrößen
   a) bei einem analog anzeigenden Messgerät,
   b) bei einem digital anzeigenden Messgerät dargestellt werden.

2 Logische Verknüpfungen

2.1 Grundfunktionen und Grundgatter (Grundelemente)

2.1.1 UND-Verknüpfung (Konjunktion) und UND-Gatter (UND-Element)

Der Satz «Wenn morgen schönes Wetter ist und mein Bruder Zeit hat, gehen wir segeln» enthält eine *UND-Verknüpfung*. Die Aussage A (schönes Wetter) *und* die Aussage B (mein Bruder hat Zeit) müssen zutreffen, also wahr sein, damit die Aussage X (segeln gehen) wahr wird. Dieser Zusammenhang kann in einer Wahrheitstabelle dargestellt werden (Bild 2.1). Der Zustand 1 bedeutet «wahr» bzw. «zutreffend». Der Zustand 0 bedeutet «unwahr» bzw. «nicht zutreffend». Vier Fälle (Kombinationen) sind möglich. Die Reihenfolge der Fälle ist im Prinzip beliebig, sollte aber – wie später noch erläutert wird – einem bestimmten Schema entsprechen.

Fall	B	A	X
1	0	0	0
2	0	1	0
3	1	0	0
4	1	1	1

Bild 2.1 Wahrheitstabelle einer UND-Verknüpfung und eines UND-Gatters

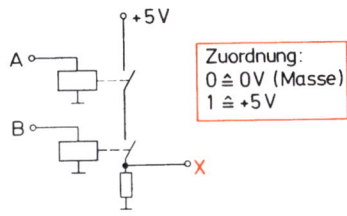

Zuordnung:
0 ≙ 0V (Masse)
1 ≙ +5V

Bild 2.2 UND-Gatter

Eine elektronische Schaltung, bei der am Ausgang X nur dann Zustand 1 anliegt, wenn am Eingang A *und* am Eingang B die Zustände 1 anliegen, wird *UND-Gatter* genannt.

Ein UND-Gatter kann durch eine Schaltung nach Bild 2.2 verwirklicht werden. Man verwendet heute jedoch fast ausschließlich integrierte Halbleiterschaltungen (siehe Abschnitt «Schaltkreisfamilien»).

Definition
Jede Schaltung, die die Wahrheitstabelle einer UND-Verknüpfung erfüllt, ist ein UND-Gatter.

Die UND-Verknüpfung kann mathematisch mit Hilfe der Schaltalgebra ausgedrückt werden:

$X = A \wedge B$ $\wedge$ Zeichen für die UND-Verknüpfung (genormt).

In der Literatur findet man noch andere Zeichen für die UND-Verknüpfung. Die vorstehende Gleichung wird dann wie folgt geschrieben:

$X = A \cdot B$ $X = A \,\&\, B$

Die Schaltzeichen eines UND-Gatters mit 2 Eingängen zeigt Bild 2.3. Die Bezeichnungen der Eingänge und des Ausgangs sind beliebig. Man verwendet für die Eingänge auch gern E_1, E_2 und für den Ausgang A.

Bild 2.3   Schaltzeichen des UND-Gatters mit 2 Eingängen

Definition

Am Ausgang eines UND-Gatters liegt nur dann der Zustand 1, wenn an allen Eingängen der Zustand 1 liegt.

2.1.2   ODER-Verknüpfung (Disjunktion) und ODER-Gatter (ODER-Element)

Der Satz «Wenn ich eine Erbschaft mache oder im Lotto gewinne, mache ich eine Weltreise» führt auf eine *ODER-Verknüpfung*. Die Weltreise wird gemacht, wenn die Aussage A (Erbschaft) *oder* die Aussage B (Lottogewinn) *oder* beide Aussagen wahr werden. Man könnte darüber streiten, ob die Weltreise auch gemacht wird, wenn beide Aussagen wahr werden. Die sprachliche Ausdrucksweise ist hier nicht exakt genug. Bei einer ODER-Verknüpfung müsste die Weltreise aber auch gemacht werden, wenn A und auch B wahr werden. Den Zusammenhang zeigt die Wahrheitstabelle Bild 2.4 (Zustand $1 \triangleq$ «wahr», Zustand $0 \triangleq$ «unwahr»).

Eine elektronische Schaltung, bei der am Ausgang X immer dann 1 anliegt, wenn am Eingang A oder am Eingang B oder an beiden Eingängen 1 anliegt, wird ODER-Gatter genannt. Ein ODER-Gatter kann durch eine Schaltung nach Bild 2.5 hergestellt werden.

Fall	B	A	X
1	0	0	0
2	0	1	1
3	1	0	1
4	1	1	1

Bild 2.4
Wahrheitstabelle einer ODER-Verknüpfung und eines ODER-Gatters

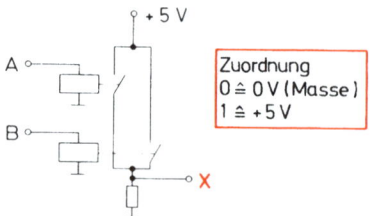

Bild 2.5
ODER-Gatter

Die Relaisschaltung dient nur zur besseren Anschaulichkeit. ODER-Gatter werden heute fast ausschließlich als integrierte Halbleiterschaltungen aufgebaut.

Grundfunktionen und Grundgatter (Grundelemente) 25

Definition
Jede Schaltung, die die Wahrheitstabelle einer ODER-Verknüpfung erfüllt, ist ein ODER-Gatter.

Die ODER-Verknüpfung kann mathematisch ebenfalls mit Hilfe der Schaltalgebra ausgedrückt werden:

$X = A \vee B$ $\vee$ Zeichen für die ODER-Verknüpfung (genormt).

Außer dem genormten Zeichen für die ODER-Verknüpfung wird vor allem in der älteren Literatur das Pluszeichen verwendet. Die Gleichung lautet dann:

$X = A + B$.

Die Schaltzeichen eines ODER-Gatters mit 2 Eingängen zeigt Bild 2.6. Die Angabe im genormten Schaltzeichen ≥ 1 bedeutet, dass die Anzahl der 1-Zustände an den Eingängen ≥ 1 sein muss, wenn am Ausgang 1 anliegen soll.

Bild 2.6   Schaltzeichen des ODER-Gatters mit 2 Eingängen

Definition
Am Ausgang eines ODER-Gatters liegt immer dann der Zustand 1, wenn wenigstens an einem Eingang der Zustand 1 anliegt.

2.1.3 Verneinung (Negation) und NICHT-Gatter (NICHT-Element)

Der Satz «Wenn meine Schwiegermutter zu Besuch kommt, gehe ich heute Abend nicht ins Theater» bedeutet eine *Verneinung*. Wenn die Aussage A (Schwiegermutter kommt zu Besuch) wahr ist, kann die Aussage X (ins Theater gehen) nicht wahr sein. Ist die Aussage A nicht wahr, wird die Aussage X wahr, und ich gehe ins Theater. Die zugehörige Wahrheitstabelle (Bild 2.7) hat nur 2 Fälle.

Eine elektronische Schaltung, bei der am Ausgang X immer der entgegengesetzte Zustand wie am Eingang A anliegt, heißt NICHT-Gatter, Negationsgatter oder Inverter (Umkehrer).

Fall	A	X
1	0	1
2	1	0

Bild 2.7
Wahrheitstabelle einer
Verneinung bzw. eines NICHT-Gatters

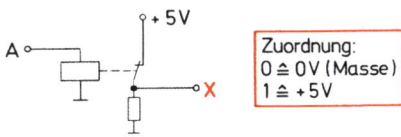

Bild 2.8 NICHT-Gatter

Logische Verknüpfungen

Ein NICHT-Gatter kann durch eine Schaltung nach Bild 2.8 aufgebaut werden. Auch hier muss wieder beachtet werden, dass übliche NICHT-Gatter in Halbleitertechnik aufgebaut werden.

Definition

Jede Schaltung, die die Wahrheitstabelle einer Verneinung erfüllt, ist ein NICHT-Gatter.

Auch die Verneinung kann mit Hilfe der Schaltalgebra ausgedrückt werden.

$X = \overline{A}$ Der übergesetzte Strich ist das Zeichen der Verneinung.

Die Schaltzeichen eines NICHT-Gatters zeigt Bild 2.9.

Definition

Am Ausgang eines NICHT-Gatters liegt stets der entgegengesetzte Zustand wie am Eingang.

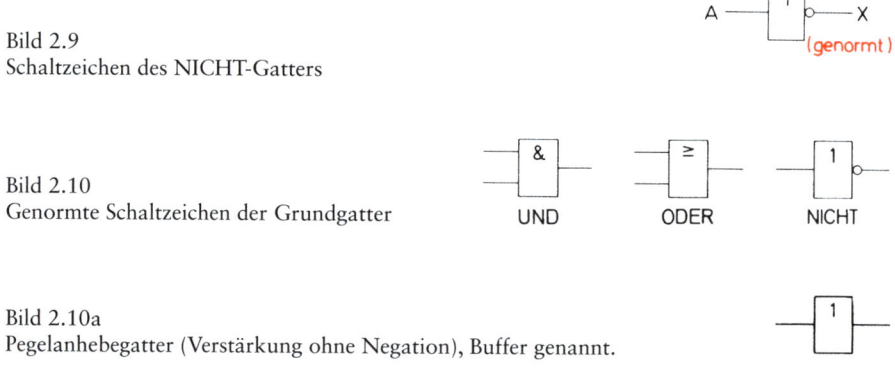

Bild 2.9
Schaltzeichen des NICHT-Gatters

Bild 2.10
Genormte Schaltzeichen der Grundgatter

Bild 2.10a
Pegelanhebegatter (Verstärkung ohne Negation), Buffer genannt.

2.1.4 Grundgatter (Grundelemente)

Die Verknüpfungen UND, ODER und NICHT stellen die 3 Grundfunktionen der digitalen Logik dar. Mit genügend viel Gattern UND, ODER und NICHT lassen sich alle nur denkbaren logischen Verknüpfungen aufbauen. Daher werden diese Gatter Grundgatter genannt (Bild 2.10). Zu den Grundgattern gehört auch das Pegelanhebegatter (Bild 2.10a), das allgemein Buffer genannt wird. Liegt an seinem Eingang 1, so liegt auch an seinem Ausgang 1, sonst 0.

2.2 Zusammengesetzte Gatter (Elemente)

2.2.1 NAND-Gatter (NAND-Element)

Schaltet man ein UND-Gatter mit einem NICHT-Gatter gemäß Bild 2.11 zusammen, werden alle Ausgangszustände X des UND-Gatters negiert, wie die Wahrheitstabelle Bild 2.12 zeigt. Die Spalte X gibt die UND-Verknüpfung an. X ist nur dann 1, wenn A = 1 und B = 1 ist (Fall 4). X ist aber auch der Eingang des NICHT-Gatters. Wenn am Eingang X des NICHT-Gatters 0 liegt, ist der Ausgang Z = 1. Liegt am Eingang X des NICHT-Gatters 1, ist der Ausgang Z = 0.

Die Spalte Z zeigt eine negierte UND-Verknüpfung. Aus dem englischen Ausdruck NOT-AND (NICHT-UND) wurde durch Zusammenziehen die Bezeichnung NAND gebildet. Eine deutsche Bezeichnung hat sich bisher nicht durchgesetzt.

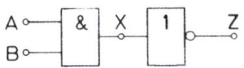

Bild 2.11 Entstehung einer NAND-Verknüpfung

Fall	B	A ‖ X	Z
1	0	0 ‖ 0	1
2	0	1 ‖ 0	1
3	1	0 ‖ 0	1
4	1	1 ‖ 1	0

Bild 2.12 Wahrheitstabelle der Schaltung Bild 2.11

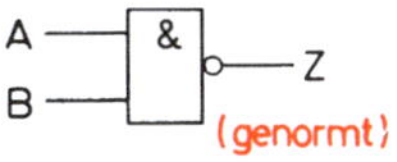

Fall	B	A ‖ Z
1	0	0 ‖ 1
2	0	1 ‖ 1
3	1	0 ‖ 1
4	1	1 ‖ 0

Bild 2.13 Schaltzeichen des NAND-Gatters mit 2 Eingängen

Bild 2.14 Wahrheitstabelle eines NAND-Gatters

NAND-Gatter werden sehr häufig verwendet. Man hat für sie ein eigenes Schaltzeichen entwickelt (Bild 2.13). Das Schaltzeichen ergibt sich aus dem Schaltzeichen des UND-Gatters mit am Ausgang nachgesetztem Kreis. Dieser Kreis kennzeichnet die Negation des Ausgangs. Für die Verknüpfungswirkung des NAND-Gatters gilt der Satz:

Definition
Am Ausgang eines NAND-Gatters liegt dann Zustand 1, wenn nicht an allen Eingängen Zustand 1 liegt.

Mit Hilfe der Schaltalgebra lässt sich die NAND-Verknüpfung wie folgt darstellen:

$$Z = \overline{A \wedge B}$$

Der lange Strich über der UND-Verknüpfung von A mit B gibt an, dass die *gesamte* UND-Verknüpfung negiert wird. Bild 2.14 zeigt die Wahrheitstabelle eines NAND-Gatters.

2.2.2 NOR-Gatter (NOR-Element)

Für die Zusammenschaltung eines ODER-Gatters mit einem NICHT-Gatter nach Bild 2.15 gilt die Wahrheitstabelle Bild 2.16. Aus den Eingangsgrößen A und B wird zunächst eine ODER-Verknüpfung gebildet:

X = A ∨ B

X ist gleichzeitig der Eingang des NICHT-Gatters. Alle Zustände von X erscheinen negiert in Spalte Z (Aus X = 0 wird Z = 1, aus X = 1 wird Z = 0).

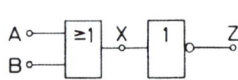

Fall	B	A	X	Z
1	0	0	0	1
2	0	1	1	0
3	1	0	1	0
4	1	1	1	0

Bild 2.15 Entstehung eines NOR-Gatters

Bild 2.16 Wahrheitstabelle der Schaltung Bild 2.15

Bild 2.17
Schaltzeichen des NOR-Gatters mit 2 Eingängen und zugehöriger Wahrheitstabelle

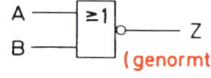

Z gibt die negierte ODER-Verknüpfung an. Aus dem englischen Ausdruck NOT-OR (NICHT-ODER) wurde durch Zusammenziehen die Bezeichnung NOR gebildet. Für NOR ist keine deutsche Bezeichnung üblich.

NOR-Gatter werden ebenso wie NAND-Gatter häufig eingesetzt. Für NOR-Gatter gibt es daher ein eigenes Schaltzeichen (Bild 2.17). Das Schaltzeichen ergibt sich aus dem Schaltzeichen des ODER-Gatters. Die Negation wird durch den Negationskreis am Ausgang dargestellt. Für die Verknüpfungswirkung des NOR-Gatters gilt der Satz:

Definition

Am Ausgang eines NOR-Gatters liegt nur dann der Zustand 1, wenn an keinem der Eingänge der Zustand 1 anliegt.

Für die NOR-Verknüpfung gilt folgende schaltalgebraische Gleichung:

$$Z = \overline{A \wedge B}$$

Zusammengesetzte Gatter (Elemente) 29

2.2.3 ÄQUIVALENZ-Gatter (ÄQUIVALENZ-Element)

Häufig wird eine Verknüpfungsschaltung benötigt, bei der am Ausgang immer dann 1 anliegt, wenn die beiden Eingangszustände gleich sind – also entweder beide 0 oder beide 1 haben. Eine solche Schaltung wird ÄQUIVALENZ-Gatter genannt (Äquivalenz = Gleichwertigkeit). Sie wird aus Grundgattern entsprechend Bild 2.18 aufgebaut.

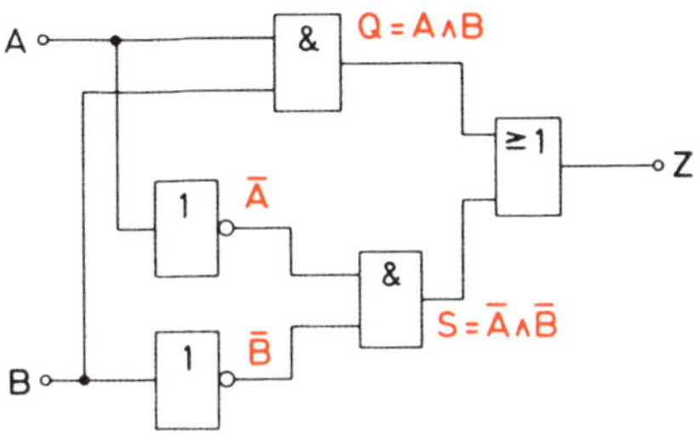

Bild 2.18
Aufbau eines ÄQUIVALENZ-Gatters aus Grundgattern

	①	②	③	④	⑤	⑥	⑦
Fall	B	A	$\bar{B}$	$\bar{A}$	$Q = A \wedge B$	$S = \bar{A} \wedge \bar{B}$	$Z = Q \vee S$
1	0	0	1	1	0	1	1
2	0	1	1	0	0	0	0
3	1	0	0	1	0	0	0
4	1	1	0	0	1	0	1

Bild 2.19
Entwicklung der Wahrheitstabelle eines ÄQUIVALENZ-Gatters

Die Wahrheitstabelle des ÄQUIVALENZ-Gatters wird schrittweise entwickelt. Zunächst werden die Eingangszustände für die vier Fälle nach dem bisher verwendeten Schema eingetragen (Bild 2.19, Spalte ① und ②). Dann werden die Ausgangszustände der NICHT-Gatter, also $\bar{A}$ und $\bar{B}$ eingetragen. Wenn, wie z.B. im Fall 1, A = 0 ist, so ist $\bar{A}$ = 1. Wenn, wie z.B. im Fall 4, A = 1 ist, so ist $\bar{A}$ = 0. Entsprechendes gilt für B und $\bar{B}$. So ergeben sich die Inhalte der Spalten ③ und ④ in Bild 2.19. Die Zustände von Q ergeben sich durch die UND-Verknüpfung von A mit B. Im Fall 1 sind A = 0, B = 0. Q muss also auch 0 sein (Spalte 5). In den Fällen 2 und 3 ist Q ebenfalls 0, da nicht beide Eingänge 1 sind. Nur im Fall 4 mit A = 1, B = 1 ist Q ebenfalls 1.

Für S in Spalte 6 erhält man die Zustände durch die UND-Verknüpfung von $\bar{A}$ mit $\bar{B}$. $\bar{A}$ und $\bar{B}$ sind die Eingänge des UND-Gatters mit dem Ausgang S (Bild 2.18). Im Fall 1 sind $\bar{A}$ = 1 und $\bar{B}$ = 1. Somit wird auch S = 1. In den Fällen 2 und 3 der Wahrheitstabelle muss S = 0 sein, da jeweils nur ein Eingang den Zustand 1 hat. Im Fall 4 sind beide Eingänge 0 und damit auch S = 0.

S und Q sind die Ausgänge der beiden UND-Gatter und gleichzeitig die Eingänge des ODER-Gatters. Das ODER-Gatter erzeugt eine ODER-Verknüpfung der Zustände von S und Q. Im Fall 1 ist Q = 0 und S = 1. Der Ausgang Z (Spalte 7) ist somit ebenfalls 1. In den Fällen 2 und 3 sind beide Eingänge 0 und somit auch der Ausgang 0. Im Fall 4 ist Q = 1 und S = 0, was bei der ODER-Verknüpfung den Ausgangszustand 1 ergibt.

```
A ──┐=  ┐
    │   ├── Z
B ──┘(genormt)
```

Fall	B	A ‖ Z
1	0	0 ‖ 1
2	0	1 ‖ 0
3	1	0 ‖ 0
4	1	1 ‖ 1

Bild 2.20
Schaltzeichen des ÄQUIVALENZ-Gatters mit Wahrheitstabelle

Für ÄQUIVALENZ-Gatter ist ebenfalls ein eigenes Schaltzeichen üblich. Das Schaltzeichen und die Wahrheitstabelle zeigt Bild 2.20.

Definition

Am Ausgang eines ÄQUIVALENZ-Gatters liegt immer dann der Zustand 1, wenn die Eingänge gleiche Zustände haben.

Die schaltalgebraische Gleichung der ÄQUIVALENZ-Verknüpfung hat folgende Form:

$$Z = (A \wedge B) \vee (\overline{A} \wedge \overline{B})$$

Da in unserem Beispiel $Q = A \wedge B$ und $S = \overline{A} \wedge \overline{B}$ sind, könnte man auch $Z = Q \vee S$ schreiben. Man kann das ÄQUIVALENZ-Gatter auch durch eine andere aus Grundgattern gebildete Schaltung aufbauen. (Siehe Aufgaben am Ende des Kapitels 2.)

2.2.4 ANTIVALENZ-Gatter (EXKLUSIV-ODER-Gatter, XOR-Gatter)

Wird der Ausgang des ÄQUIVALENZ-Gatters durch Nachschalten eines NICHT-Gatters negiert, so entsteht ein Gatter, das am Ausgang immer dann 1 hat, wenn die Eingangszustände verschieden sind (Bild 2.21).

Ein solches Gatter wird ANTIVALENZ-Gatter (Antivalenz = Verschiedenwertigkeit) oder EXKLUSIV-ODER-Gatter genannt. Der letztgenannte Name besagt, dass es sich bei diesem Gatter um ein ODER-Gatter handelt, bei dem der Fall ausgeschlossen ist, dass 1 dann am Ausgang liegt, wenn beide Eingänge 1 haben (also Fall 4). Aus EXKLUSIV-ODER bzw. EXCLUSIVE-OR wurde für den englischen Sprachraum die Bezeichnung XOR gebildet, die auch im deutschen Sprachraum gelegentlich verwendet wird.

ANTIVALENZ-Gatter werden ebenfalls häufig verwendet. Das Schaltzeichen und die Wahrheitstabelle sind in Bild 2.22 dargestellt.

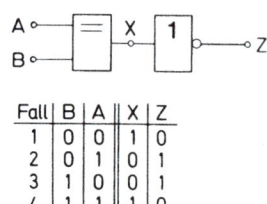

Fall	B	A ‖ X	Z
1	0	0 ‖ 1	0
2	0	1 ‖ 0	1
3	1	0 ‖ 0	1
4	1	1 ‖ 1	0

Bild 2.21
Aufbau eines ANTIVALENZ-Gatters und zugehörige Wahrheitstabelle

Zusammengesetzte Gatter (Elemente) 31

Bild 2.22
Schaltzeichen des ANTIVALENZ-Gatters mit Wahrheitstabelle

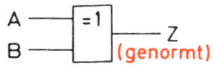

Definition

Am Ausgang eines ANTIVALENZ-Gatters liegt immer dann der Zustand 1, wenn die beiden Eingänge ungleiche Zustände haben.

Aus der Schaltung Bild 2.21 kann eine schaltalgebraische Gleichung folgender Form für die ÄQUIVALENZ entnommen werden:

$$X = (A \wedge B) \vee (\overline{A} \wedge \overline{B})$$

Dieser Ausdruck ist wegen des nachgeschalteten NICHT-Gatters insgesamt zu negieren, so dass sich für die ANTIVALENZ die Gleichung ergibt:

$$Z = \overline{(A \vee B) \vee (\overline{A} \wedge \overline{B})}$$

Diese Gleichung kann mit Hilfe der Regeln der Schaltalgebra umgeformt werden:

$$Z = (A \vee \overline{B}) \vee (\overline{A} \wedge B)$$

Die Umformung wird in Kapitel 4 näher erläutert.

2.2.5 Verknüpfungsmöglichkeiten bei Gattern mit 2 Eingängen

Nachdem die Verknüpfungsgatter UND, ODER, NICHT, NAND, NOR, ÄQUIVALENZ und ANTIVALENZ betrachtet wurden, erhebt sich die Frage nach weiteren möglichen Verknüpfungen und den zugehörigen Gattern. Es gibt weitere mögliche Verknüpfungen, doch diese haben technisch keine große Bedeutung.

Bei Gattern mit 2 Eingängen (z.B. A, B) sind 4 verschiedene Fälle der Kombination der Eingangszustände möglich, wie wir bei den bisher betrachteten Wahrheitstabellen gesehen haben (Bild 2.22). Zu den 4 Fällen gehören 4 mögliche Ausgangszustände, z.B. für einen Ausgang Z nach Bild 2.23. In jedes der roten Kästchen kann ein Ausgangszustand 0 oder 1 eingetragen werden.

Bild 2.23
Wahrheitstabelle für Gatter mit 2 Eingängen.
Die roten Kästchen sind Platzhalter für mögliche Ausgangszustände

Fall	B	A	Z
1	0	0	☐
2	0	1	☐
3	1	0	☐
4	1	1	☐

Logische Verknüpfungen

Fall	B	A	Z_1	Z_2	Z_3	Z_4	Z_5	Z_6	Z_7	Z_8	Z_9	Z_{10}	Z_{11}	Z_{12}	Z_{13}	Z_{14}	Z_{15}	Z_{16}
1	0	0	0	1	0	1	0	1	0	1	0	1	0	1	0	1	0	1
2	0	1	0	0	1	1	0	0	1	1	0	0	1	1	0	0	1	1
3	1	0	0	0	0	0	1	1	1	1	0	0	0	0	1	1	1	1
4	1	1	0	0	0	0	0	0	0	0	1	1	1	1	1	1	1	1
			Konstante 0	NOR	Inhibition B	NEGATION B	Inhibition A	NEGATION A	ANTIVALENZ	NAND	UND	ÄQUIVALENZ	Identität A	Implikation B	Identität B	Implikation A	ODER	Konstante 1

Bild 2.24
Zusammenstellung der 16 verschiedenen Verknüpfungsmöglichkeiten von Gattern mit 2 Eingängen

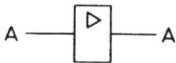

Bild 2.25
Schaltzeichen eines nicht negierenden Verstärkers

Man kann 16 verschiedene Kombinationen von Ausgangszuständen zusammenstellen. Diese Zusammenstellung zeigt Bild 2.24. Es gibt also 16 verschiedene Verknüpfungsmöglichkeiten, die in Bild 2.24 mit Z_1 bis Z_{16} bezeichnet sind.

Bei der Betrachtung von Bild 2.24 stellt man zunächst fest, dass einige der möglichen Verknüpfungen ohne besondere Bedeutung sind. Für «Konstante 0» und «Konstante 1» benötigt man keine Gatter. «Konstante 0» bedeutet, dass der Ausgang stets 0 ist, völlig unabhängig davon, welche Eingangszustände vorliegen. Bei «Konstante 1» liegt am Ausgang stets 1, ebenfalls unabhängig von den Eingangszuständen.

«Negation A» und «Negation B» können jeweils mit einem NICHT-Gatter verwirklicht werden. Für «Identität A» und «Identität B» kann man nicht negierende Verstärker verwenden (Bild 2.25).

Definition

Am Ausgang eines nicht negierenden Verstärkers liegt immer dann 1, wenn auch am Eingang 1 liegt.

Verstärker dieser Art haben die Aufgabe, schwache Signale wieder aufzufrischen.

Die Inhibition ist eine besondere Art der UND-Verknüpfung. Ein Eingangszustand wird vor der UND-Verknüpfung negiert. Negiert man den Eingang A, so erhält die Verknüpfung «Inhibition A» (Bild 2.26). Negiert man den Eingang B, so erhält man die Verknüpfung «Inhibition B» (Bild 2.27).

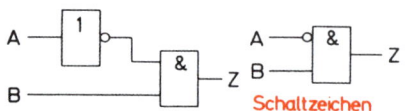

Bild 2.26 Entstehung der Verknüpfung «Inhibition A» und Schaltzeichen

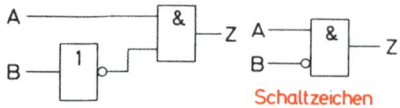

Bild 2.27 Entstehung der Verknüpfung «Inhibition B» und Schaltzeichen

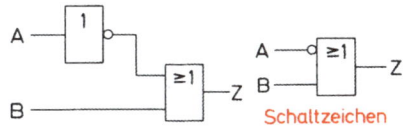

Bild 2.28 Entstehung der Verknüpfung «Implikation A» und Schaltzeichen

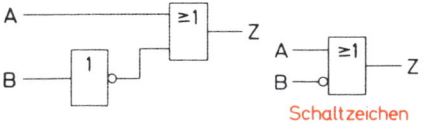

Bild 2.29 Entstehung der Verknüpfung «Implikation B» und Schaltzeichen

Die Implikation ist eine besondere Art der ODER-Verknüpfung. Ein Eingangszustand wird vor der ODER-Verknüpfung negiert. Negiert man den Eingang A, erhält man die Verknüpfung «Implikation A» (Bild 2.28). Negiert man den Eingang B, erhält man die Verknüpfung «Implikation B» (Bild 2.29).

Die Verknüpfungen Inhibition und Implikation haben nur geringe praktische Bedeutung. Inhibitions- und Implikationsgatter kann man kaum käuflich erwerben. Benötigt man sie, muss man sie aus Grundgattern zusammenschalten.

2.3 Gatter mit 3 und mehr Eingängen

Benötigt man 3 oder mehr Eingänge, so kann man Gatter mit 2 Eingängen zusammenschalten (Bild 2.30).

Jedes Gatter mit 2 Eingängen hat bekanntlich 4 Fälle. Für die Eingänge A und B ergibt sich die übliche Wahrheitstabelle. Kommt ein weiterer Eingang, z.B. C, hinzu, kann dieser entweder 0 oder 1 sein.

Die bisherigen 4 Fälle von A und B werden einmal mit C = 0 und ein weiteres Mal mit C = 1 kombiniert (Bild 2.31). Somit ergeben sich 8 Fälle.

Wenn jetzt zu den 3 Eingängen, die z.B. A, B, C heißen sollen, ein 4. Eingang, z.B. D, hinzu kommt (Bild 2.32), ist D während der 8 Fälle der Wahrheitstabelle Bild 2.30 einmal 0. Da D aber auch 1 sein kann, sind die 8 Fälle von Bild 2.31 noch ein zweites Mal aufzuführen für D = 1. Ein Gatter mit 4 Eingängen hat also 16 Fälle (Bild 2.33).

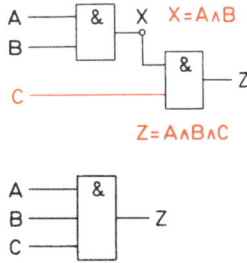

Fall	C	B	A	Z
1	0	0	0	0
2	0	0	1	0
3	0	1	0	0
4	0	1	1	0
5	1	0	0	0
6	1	0	1	0
7	1	1	0	0
8	1	1	1	1

Bild 2.30
Zusammenschaltung von zwei UND-Gattern mit je 2 Eingängen zu einer UND-Schaltung mit 3 Eingängen

Bild 2.31
Wahrheitstabelle einer UND-Schaltung und eines UND-Gatters mit 3 Eingängen

34 Logische Verknüpfungen

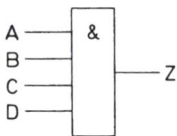

Bild 2.32
UND-Gatter mit 4 Eingängen

Fall	D	C	B	A
1	0	0	0	0
2	0	0	0	1
3	0	0	1	0
4	0	0	1	1
5	0	1	0	0
6	0	1	0	1
7	0	1	1	0
8	0	1	1	1
9	1	0	0	0
10	1	0	0	1
11	1	0	1	0
12	1	0	1	1
13	1	1	0	0
14	1	1	0	1
15	1	1	1	0
16	1	1	1	1

Bild 2.33
Wahrheitstabelle für ein UND-Gatter mit 4 Eingängen

Definition

Durch jeden hinzukommenden Eingang verdoppelt sich die Zahl der Fälle in der Wahrheitstabelle.

Bei 2 Eingängen ergeben sich 4 Fälle, bei 3 Eingängen 8 Fälle, bei 4 Eingängen 16 Fälle und bei 5 Eingängen 32 Fälle. Bei der Aufstellung von Wahrheitstabellen ist die Reihenfolge, in der die Fälle aufgeführt werden, grundsätzlich frei wählbar. Man muss aber alle Fälle berücksichtigen und darf keinen Fall doppelt haben. Damit man sich die Arbeit nicht unnötig schwer macht, empfiehlt sich folgendes Schema:
Der 1. Eingang (z.B. A) wechselt von Fall zu Fall den Zustand. Der 2. Eingang (z.B. B) wechselt nach jeweils 2 Fällen den Zustand. Der 3. Eingang (z.B. C) wechselt nach jeweils 4 Fällen den Zustand. Wenn man in diesem Schema fortfährt, wechselt der 4. Eingang (z.B. D) nach jeweils 8 Fällen den Zustand und so fort. Dieses Schema hat sich in der Praxis bewährt. Die hier angegebenen Wahrheitstabellen werden stets nach diesem Schema geschrieben.
UND-Gatter und auch ODER-Gatter werden überwiegend mit 2...4 Eingängen gebaut. Dies gilt ebenfalls für NAND- und NOR-Gatter. Gelegentlich stößt man jedoch auf Gatter mit 8 und mehr Eingängen.

2.4 Lernziel-Test

1. Stellen Sie die genormten Schaltzeichen für die Gatter UND, ODER, NICHT, NAND und NOR dar. Alle Gatter bis auf das NICHT-Gatter sollen 2 Eingänge haben.

2. Gesucht ist die Wahrheitstabelle eines ODER-Gatters mit 3 Eingängen. Die Eingänge haben die Bezeichnungen A, B, C. Der Ausgang hat die Bezeichnung Z.
3. Ein NAND-Gatter soll aus Grundgattern aufgebaut werden. Geben Sie eine mögliche Zusammenschaltung von Grundgattern an.
4. Skizzieren Sie die Wahrheitstabelle eines NICHT-Gatters mit dem Eingang A und dem Ausgang Y.
5. Für ein ANTIVALENZ-Gatter wird die Gleichung $Z = (A \wedge \overline{B}) \vee (\overline{A} \wedge B)$ angegeben. Es soll aus Gattern UND, ODER und NICHT gemäß der Gleichung aufgebaut werden. Zeichnen Sie das Schaltbild.
6. Beschreiben Sie mit Worten die Funktionen eines UND-Gatters und eines ODER-Gatters.
7. Wie viele Fälle hat die Wahrheitstabelle eines ODER-Gatters mit 6 Eingängen?
8. Was versteht man unter einem EXKLUSIV-ODER-Gatter? Geben Sie für dieses Gatter die Wahrheitstabelle an.
9. Wie heißt das Verknüpfungsgatter, das eine Verknüpfung gemäß der Wahrheitstabelle Bild 2.34 erzeugt?

Fall	B	A	Z
1	0	0	1
2	0	1	0
3	1	0	0
4	1	1	0

Bild 2.34 Wahrheitstabelle

10. Welche Bedeutung hat die Verknüpfung «Inhibition»? Wie kann ein Inhibitionsgatter aus Grundgattern aufgebaut werden? Skizzieren Sie eine mögliche Schaltung.
11. Der zeitliche Verlauf der Eingangszustände A und B ist in Bild 2.35 dargestellt. Wie sieht der zeitliche Verlauf des Ausgangszustandes Z aus, wenn A und B
    a) durch ein UND-Gatter,
    b) durch ein ODER-Gatter verknüpft werden?

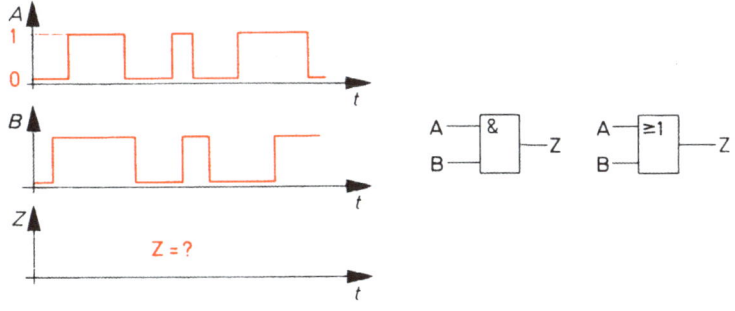

Bild 2.35   Verknüpfung von 2 Eingangssignalen A und B

12. Welche Verknüpfung erzeugt die Schaltung Bild 2.36?

Bild 2.36
Verknüpfungsschaltung

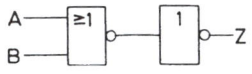

Logische Verknüpfungen

13. Stellen Sie die Wahrheitstabelle eines NOR-Gatters mit 5 Eingängen dar. Die Eingänge heißen E_1, E_2, E_3, E_4 und E_5. Der Ausgang heißt X.
14. In Bild 2.37 sind die Eingangssignale A und B und das Ausgangssignal Z eines Verknüpfungsgatters dargestellt. Welche Verknüpfung erzeugt dieses Gatter?

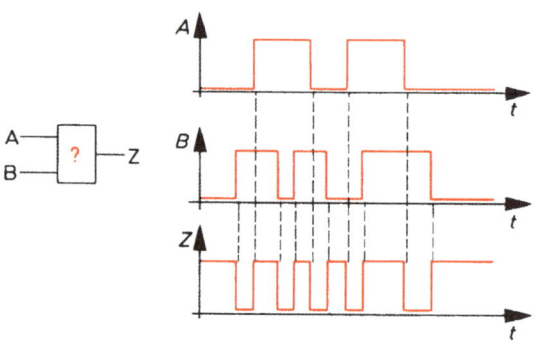

Bild 2.37
Verknüpfung von
2 Eingangssignalen A und B
zu einem Ausgangssignal Z

Name	Funktion	Wahrheitstabelle		
		$x_0 =$	0	1
Identität	$y = x_0$	$y =$	0	1
Komplement	$y = -x_0$	$y =$	1	0
Null	$y = 0$	$y =$	0	0
Eins	$y = 1$	$y =$	1	1

Tabelle: Wichtige einstellige Binär-Funktionen

Name	Funktion	Wahrheitstabelle				
		$x_0 =$	0	1	0	1
		$x_1 =$	0	0	1	1
UND (AND)	$y = x_0 \wedge x_1$	$y =$	0	0	0	1
NAND	$y = -(x_0 \wedge x_1)$	$y =$	1	1	1	0
ODER (OR)	$y = x_0 \vee x_1$	$y =$	0	1	1	1
NOR	$y = -(x_0 \vee x_1)$	$y =$	1	0	0	0
XOR	$y = x_0 \leftrightarrow x_1$	$y =$	0	1	1	0
Äquivalenz	$y = x_0 \leftrightarrow x_1$	$y =$	1	0	0	1
Inhibition	$y = x_0 \wedge -x_1$	$y =$	0	1	0	0
Implikation	$y = x_0 \vee -x_1$	$y =$	1	1	0	1

häufig eingesetzt

Tabelle: Wichtige zweistellige Binär-Funktionen

3 Schaltungsanalyse

Verknüpfungsgatter – auch logische Gatter genannt – werden selten einzeln eingesetzt. Meist besteht eine Digitalschaltung aus recht vielen logischen Gatter, die gemeinsam die gewünschte Verknüpfung erzeugen. Es ist also für die Praxis außerordentlich wichtig, Zusammenschaltungen von logischen Gatter analysieren zu können. Das heißt, man muss feststellen können, welche Verknüpfungen erzeugen einzelne Schaltungsteile, und welche Verknüpfung erzeugt die Gesamtschaltung. Das Feststellen dieser Verknüpfungen bezeichnet man als *Schaltungsanalyse*.

Der Begriff «Digitalschaltung» ist hier als digitale Verknüpfungsschaltung zu verstehen, also als eine Digitalschaltung ohne irgendwelche Zeitabhängigkeiten. Digitalschaltungen mit Zeitabhängigkeiten werden in späteren Abschnitten behandelt.

3.1 Wahrheitstabelle und Digitalschaltung

In Abschnitt 2.2 wurden die Verknüpfungen der aus mehreren Grundgattern zusammengesetzten Gatter mit Hilfe von Wahrheitstabellen gefunden. Da man für mehrere zusammengeschaltete Gatter eine Wahrheitstabelle aufstellen kann, ist es auch möglich, eine Wahrheitstabelle für eine aus vielen Gatter bestehende vollständige Digitalschaltung zu erstellen.

Grundsatz
Für jede Digitalschaltung kann eine Wahrheitstabelle angegeben werden.

3.1.1 Wahrheitstabelle einer Digitalschaltung mit 2 Eingängen

Für die Digitalschaltung nach Bild 3.1 soll eine Wahrheitstabelle aufgestellt werden. Die Wahrheitstabelle gibt Auskunft darüber, welche Verknüpfung die Schaltung insgesamt erzeugt.

Da die Schaltung 2 Eingänge hat (A, B), kommen nur 4 Fälle in Frage. Die Fallnummern und die Kombinationen der Eingangszustände für A und B können nach dem vorstehend näher besprochenen Schema geschrieben werden (Bild 3.2).

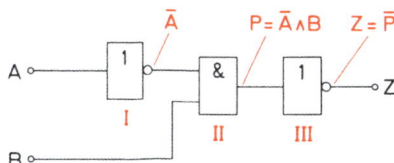

Fall	B	A
1	0	0
2	0	1
3	1	0
4	1	1

Bild 3.1 Digitalschaltung

Bild 3.2 Erster Schritt beim Aufstellen einer Wahrheitstabelle

Fall	B	A	$\overline{A}$	$P=\overline{A} \wedge B$	$Z=\overline{P}$
1	0	0	1	0	1
2	0	1	0	0	1
3	①	0	①	①	0
4	1	1	0	0	1

Bild 3.3
Weitere Schritte beim Aufstellen einer Wahrheitstabelle

Das Gatter I ist ein NICHT-Gatter. Wenn man die Eingangszustände mit A bezeichnet, werden die Ausgangszustände mit $\overline{A}$ bezeichnet. Eine weitere Spalte der Wahrheitstabelle erhält die Überschrift $\overline{A}$ (rote Darstellung in Bild 3.3). In den Fällen, in denen A = 0 ist, wird $\overline{A}$ = 1. Dies sind die Fälle 1 und 3. In den Fällen, in denen A = 1 ist, wird $\overline{A}$ = 0. Dies sind die Fälle 2 und 4.

Der eine Eingang des UND-Gatters (Gatter II) hat die Bezeichnung $\overline{A}$, der andere Eingang hat die Bezeichnung B. Die UND-Verknüpfung erfolgt also zwischen den Zuständen von $\overline{A}$ und den Zuständen von B. Die zugehörigen Spalten in der Wahrheitstabelle Bild 3.3 sind durch rote Striche gekennzeichnet. Der Ausgang des UND-Gatters heißt P. Für P gilt die Gleichung:

$$P = \overline{A} \wedge B$$

P ist nur dann 1, wenn sowohl $\overline{A}$ = 1 als auch B = 1 ist. Dies trifft nur für den Fall 3 zu. P ist also nur im 3. Fall 1, in allen anderen Fällen 0 (Bild 3.3).

Der Eingang des Gatters III (NICHT-Gatter) heißt P, der Ausgang heißt Z. Da das NICHT-Gatter die Zustände von P negiert, ist Z = $\overline{P}$. Aus einer 0 in der P-Spalte wird eine 1 in der Z-Spalte. Die Z-Spalte ist die Ergebnisspalte. Sie gibt die Gesamtverknüpfung der Schaltung an. Für Z kann man folgende Gleichungen angeben:

$$Z = \overline{P}$$

$$Z = \overline{\overline{A} \wedge B} \text{ (da } P = \overline{A} \wedge B\text{)}$$

Die Gleichungen beschreiben die Wirkungsweise der Schaltung, das heißt ihre Verknüpfungseigenschaft.

3.1.2 Wahrheitstabelle einer Digitalschaltung mit 3 Eingängen

Stellen wir nun die Wahrheitstabelle für eine Digitalschaltung mit 3 Eingängen nach Bild 3.4 auf. Eine Digitalschaltung mit 3 Eingängen hat 8 Fälle. Die Fallnummern und die Kombinationen der Eingangszustände für A, B, C werden nach dem bekannten Schema (siehe Abschnitt 2.3) dargestellt (Bild 3.5). Dann werden 2 Spalten für $\overline{A}$ und $\overline{B}$ vorgesehen.

In der Spalte $\overline{A}$ erscheinen die für die einzelnen Fälle gültigen Zustände von A negiert. (Aus 0 wird 1, aus 1 wird 0.)

Die Eingänge des ODER-Gatters heißen $\overline{A}$, $\overline{B}$, C. Die Zustände dieser 3 Spalten erfahren eine ODER-Verknüpfung. Am Ausgang X liegt immer dann 1, wenn mindestens ein Eingangszustand 1 ist.

Wahrheitstabelle und Digitalschaltung 39

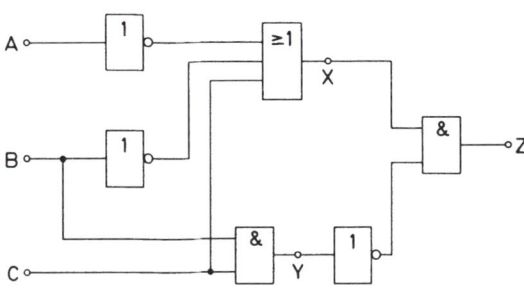

Bild 3.4
Digitalschaltung

Bild 3.5
Wahrheitstabelle der
Digitalschaltung Bild 3.4

Fall	C	B	A	$\bar{A}$	$\bar{B}$	$X=\bar{A}\vee\bar{B}\vee C$	$Y=B\wedge C$	$\bar{Y}$	$Z=X\wedge\bar{Y}$
1	0	0	0	1	1	1	0	1	1
2	0	0	1	0	1	1	0	1	1
3	0	1	0	1	0	1	0	1	1
4	0	1	1	0	0	0	0	1	0
5	1	0	0	1	1	1	0	1	1
6	1	0	1	0	1	1	0	1	1
7	1	1	0	1	0	1	1	0	0
8	1	1	1	0	0	1	1	0	0

Die 3 zu betrachtenden Spalten sind in Bild 3.5 durch rote Balken gekennzeichnet. Für den Fall 1 ist X = 1, da sowohl $\bar{A}$ = 1 als auch $\bar{B}$ = 1 sind. Ebenfalls ist X = 1 im Fall 2, da hier $\bar{B}$ = 1 ist. Gehen wir alle Fälle durch, stellen wir fest, dass X nur im Fall 4 den Zustand 0 hat. In allen anderen Fällen ist X = 1.

Eine weitere Spalte ist in der Wahrheitstabelle für Y vorzusehen. Y ist die UND-Verknüpfung von B mit C. Die Spalten von B und C sind jetzt nur zu betrachten. Sie sind in Bild 3.5 mit schwarzen Balken gekennzeichnet. Nur in den Fällen wird Y = 1, in denen sowohl B als auch C den Zustand 1 haben. Es sind dies die Fälle 7 und 8.

Y ist jetzt der Eingang des Gatters V, und dieses Gatter ist ein NICHT-Gatter. Die Zustände von Y sind also zu negieren. Der Ausgang des Gatters V wird $\bar{Y}$ genannt. Für $\bar{Y}$ ist eine weitere Spalte in der Wahrheitstabelle vorzusehen und die sich ergebenden Zustände einzutragen.

Das Gatter VI ist ein UND-Gatter mit den Eingängen X und $\bar{Y}$. Die Zustände von X und $\bar{Y}$ müssen also einer UND-Verknüpfung unterworfen werden. Zu betrachten sind die Spalten in Bild 3.5, die mit gestrichelten Balken gekennzeichnet sind. Der Ausgang Z ist nur dann 1, wenn X = 1 und $\bar{Y}$ = 1 sind. Das ist in den Fällen 1, 2, 3, 5 und 6 gegeben.

Für Z kann eine schaltalgebraische Gleichung angegeben werden, die wie folgt gebildet wird:

$Z = X \wedge \bar{Y}$ $X = \bar{A} \vee \bar{B} \vee C$
$\bar{Y} = \overline{B \wedge C}$ (da $Y = B \wedge C$)
$Z = (\bar{A} \vee \bar{B} \vee C) \wedge \overline{B \wedge C}$

Diese Gleichung drückt die Verknüpfungseigenschaft der Schaltung aus.

Es wird empfohlen, das Erstellen von Wahrheitstabellen mit Aufgaben aus Abschnitt 3.4 zu üben.

3.2 Funktionsgleichung und Digitalschaltung

3.2.1 Bestimmung der Funktionsgleichung einer gegebenen Digitalschaltung

Die Verknüpfungseigenschaft einer Digitalschaltung kann durch eine Wahrheitstabelle ausgedrückt werden. Die einzelnen Schritte beim Erstellen der Wahrheitstabelle führen zu einer Gleichung für den Ausgang der Schaltung, in der nur die Eingangsgrößen oder ihre Negationen vorkommen (siehe Abschnitt 2.1.2). Eine solche Gleichung drückt die Funktion der ganzen Schaltung aus. Sie wird daher *Funktionsgleichung* genannt.

> **Definition**
> Für jede Digitalschaltung kann eine Funktionsgleichung angegeben werden.

Die Funktionsgleichung kann aus der Digitalschaltung entnommen werden. Der Umweg über die Wahrheitstabelle ist nicht erforderlich.

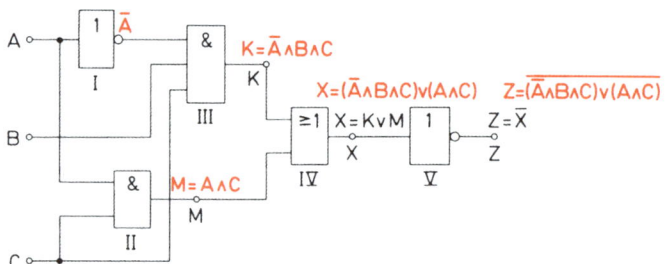

Bild 3.6
Digitalschaltung

Die Digitalschaltung Bild 3.6 besteht aus den Gattern I...V. Wenn der Eingang des Gatters I A heißt, so ergibt sich für den Ausgang $\overline{A}$. Die Eingänge des Gatters II heißen A und C. Der Ausgang bekommt die frei gewählte Bezeichnung M. Für M gilt:

$M = A \wedge C$

Die Eingänge des Gatters III heißen $\overline{A}$, B, C. Der Ausgang bekommt den Namen K.

$K = \overline{A} \wedge B \wedge C$

M und K sind nun die Eingänge des Gatters IV. Ihre Zustände erfahren eine ODER-Verknüpfung. Der Ausgang von Gatter IV wird X genannt.

$X = K \vee M$

In diese Gleichung können die schon bekannten Verknüpfungen für K und M eingesetzt werden.

$$X = \quad \overbrace{K} \quad \vee \quad \overbrace{M}$$
$$X = (\overline{A} \wedge B \wedge C) \vee (A \wedge C)$$

X ist auch der Eingang des Gatters V. Da das Gatter V die Zustände von X negiert, gilt:

Z = $\overline{X}$ und

Z = $\overline{(\overline{A} \wedge B \wedge C) \vee (A \wedge C)}$ (da X = $(\overline{A} \wedge B \wedge C) \vee (A \wedge C)$ ist).

Die gerahmte Gleichung für Z ist die gesuchte Funktionsgleichung.
  Wenn man die Zusammenhänge durchschaut, kann man sich die Bezeichnungen K, M und X im vorstehenden Beispiel sparen. Ein Eingang kann auch z.B. (A ∧ C) heißen, also durch einen schaltalgebraischen Ausdruck bezeichnet werden.

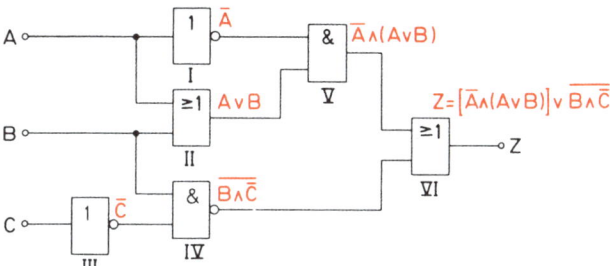

Bild 3.7
Digitalschaltung

Suchen wir die Funktionsgleichung für die Schaltung nach Bild 3.7. An die Ausgänge der Gatter werden die sich ergebenden Verknüpfungsausdrücke geschrieben, an den Ausgang von Gatter I also $\overline{A}$, an den Ausgang von Gatter II A ∨ B usw. Diese Ausdrücke sind gleichzeitig die Namen der Eingänge der folgenden Gatter. Gatter IV hat die Eingänge $\overline{C}$ und B. Die UND-Verknüpfung führt auf B ∧ $\overline{C}$. Da das Gatter IV aber ein NAND-Gatter ist, muss der ganze Ausdruck nochmals negiert werden, so dass sich $\overline{B \wedge \overline{C}}$ am Ausgang ergibt. Am Ausgang des Gatters V muss dann $\overline{A} \wedge (A \vee B)$ stehen, da die Eingänge $\overline{A}$ und A ∨ B sind.
  Zusammengehörige Ausdrücke sollten stets in Klammern gesetzt werden. In Kapitel 4 (Schaltalgebra) wird zwar gesagt, dass gemäß Verabredung das UND-Verknüpfungszeichen stärker bindet als das ODER-Verknüpfungszeichen. Sicherheitshalber sollte man jedoch – wenigstens in der Einarbeitungszeit – immer Klammern setzen. Durchgehende Negationsstriche wirken wie Klammern.
  Ein Eingang des Gatters VI ist mit dem Ausdruck $\overline{A}$ ∧ (A ∨ B) bezeichnet. Dieser Ausdruck sollte insgesamt in Klammern gesetzt werden. Der 2 Eingang des Gatters VI ist mit dem Ausdruck B ∧ $\overline{C}$ bezeichnet. Hier ist keine Klammer erforderlich, da der Negationsstrich wie eine Klammer wirkt. Für Z ergibt sich dann folgende Gleichung:

Z = $\left[\overline{A} \wedge (A \vee B)\right] \vee \overline{B \wedge \overline{C}}$

Diese Gleichung ist die gesuchte Funktionsgleichung.
  Angenommen das Gatter VI in Bild 3.7 sei ein NOR-Gatter. Wie würde dann die Funktionsgleichung aussehen? Die für Z gefundene Gleichung müsste insgesamt negiert werden. Dies wird durch einen über den ganzen Ausdruck rechts vom Gleichheitszeichen gehenden Negationsstrich angegeben.

$$Z = \overline{\left[\overline{A} \wedge (A \vee B)\right]} \vee \overline{\overline{B} \wedge \overline{\overline{C}}}$$

Die gefundene Gleichung sieht komplizierter aus, als sie tatsächlich ist.

3.2.2 Darstellung einer Digitalschaltung nach gegebener Funktionsgleichung

In der Praxis kommt es sehr häufig vor, dass eine schaltalgebraische Gleichung nach Berechnungen gefunden wurde. Die Gleichung gibt eine Verknüpfung an. Gesucht ist die Schaltung, die diese Verknüpfung verwirklicht. Die Gleichung wird also zur Funktionsgleichung für eine noch zu bestimmende Schaltung.

Für die Gleichung

$$Z = \overline{A \vee \overline{B} \vee \overline{\overline{C}}} \vee (A \vee \overline{C})$$

soll eine entsprechende Schaltung gefunden werden.

Zunächst ist aus der Gleichung die Zahl der Eingänge abzulesen. Eingänge sind A, B und C. Zur Erzeugung von $\overline{B}$ und $\overline{C}$ sind 2 NICHT-Gatter erforderlich (Bild 3.8). Den Ausdruck $A \vee \overline{B} \vee \overline{C}$ erhält man durch ein ODER-Gatter mit 3 Eingängen. Diesem Gatter muss ein NICHT-Gatter nachgeschaltet werden.

Für $(A \vee \overline{C})$ ist ein ODER-Gatter mit 2 Eingängen erforderlich. Die Ausgänge mit den Bezeichnungen $\overline{A \vee \overline{B} \vee \overline{C}}$ und $(A \vee \overline{C})$ werden auf die Eingänge eines ODER-Gatters geführt.

Statt eines ODER-Gatters mit 3 Eingängen und nachgeschaltetem NICHT-Gatter kann auch ein NOR-Gatter mit 3 Eingängen Verwendung finden (Bild 3.9).

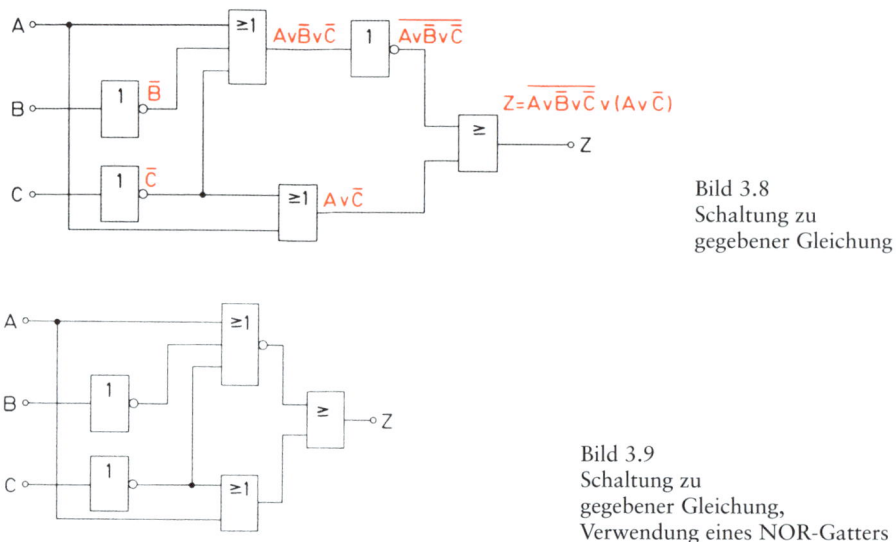

Bild 3.8
Schaltung zu gegebener Gleichung

Bild 3.9
Schaltung zu gegebener Gleichung, Verwendung eines NOR-Gatters

3.3 Soll-Verknüpfung und Ist-Verknüpfung

Unter der Soll-Verknüpfung versteht man die logische Verknüpfung, die eine Schaltung aufgrund ihres Aufbaus verwirklichen soll. Die Ist-Verknüpfung ist die Verknüpfung, die die Schaltung im praktischen Betrieb tatsächlich zeigt.

Grundsatz
> Bei einer einwandfrei funktionierenden Schaltung sind Soll-Verknüpfung und Ist-Verknüpfung gleich.

Weicht die Ist-Verknüpfung von der Soll-Verknüpfung ab, so hat die Schaltung einen oder mehrere Fehler, die gefunden und behoben werden müssen.

3.3.1 Bestimmung der Ist-Verknüpfung

Die Soll-Verknüpfung ergibt sich aus der für die Schaltung aufzustellenden Wahrheitstabelle. Die Ist-Verknüpfung muss messtechnisch bestimmt werden.

Definition
> Vor Beginn der Messung ist die Zuordnung der Spannungspegel zu den logischen Zuständen 0 und 1 festzustellen.

Zur Feststellung der 1- und 0-Zustände bzw. der zugehörigen Pegel benötigt man einen sog. Logiktester. Solche Geräte gibt es klein in Form eines Füllhalters. Sie enthalten einen kleinen Transistorverstärker und zur Anzeige 1 oder 2 Leuchtdioden. Geräte mit einer Leuchtdiode stellen nur die 1-Zustände, also die hohen Pegel (hier +5 V) fest. Wenn die Diode nicht leuchtet, heißt das 0. Mit einem solchen Gerät lassen sich Unterbrechungen von Leitungen, auf denen gerade der Zustand 0 liegt, nicht feststellen. Der Zustand 0 entspricht meist ja »Masse« und nicht einer offenen Leitung.

Besser sind Geräte mit 2 Leuchtdioden. Eine rote Diode zeigt z.B. den 1-Zustand an, eine grüne Leuchtdiode den 0-Zustand. Leuchtet keine Diode, liegt eine Leitungsunterbrechung vor. Man kann sich einen solchen Logiktester mit einem kleinen Transistorverstärker selbst bauen. Der Eingang sollte möglichst hochohmig sein.

Neben den kleinen Logiktestern gibt es auf dem Markt kompliziertere Geräte, die es gestatten, alle Eingänge und Ausgänge gleichzeitig zu testen. Die erforderliche Arbeitszeit wird dadurch wesentlich verringert. Ideal sind computergesteuerte Testgeräte, die eine ganze Platine vollautomatisch durchtesten und Art und Lage von Fehlern genau anzeigen.

Die Bestimmung der Ist-Verknüpfung soll an einem Beispiel gezeigt werden. Angenommen wird, dass die Schaltung nach Bild 3.10 praktisch aufgebaut vorhanden ist. Benötigt wird ein einfacher Logiktester, der 1- und 0-Signale bzw. hohe und niedrige Pegel anzeigt.

Schaltungsanalyse

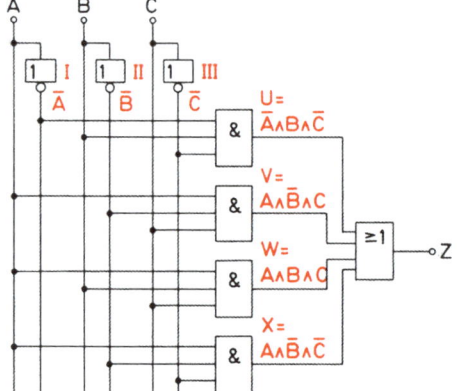

Bild 3.10
Digitalschaltung

Für die Zuordnung gilt:

> $0 \,\hat{=}\, 0\,\text{V (Masse)}$
> $1 \,\hat{=}\, +5\,\text{V}$

Als Messprotokoll verwendet man eine Tabelle, die wie eine Wahrheitstabelle aufgebaut ist (Bild 3.11). Zunächst wird der Fall 1 gemessen. Alle 3 Eingänge erhalten den Zustand 0, werden also an Masse gelegt. Jetzt werden an den Ausgängen der einzelnen Gatter – also $\overline{C}, \overline{B}, \overline{A}$, U, V, W, X, Z – die Zustände gemessen und eingetragen (rote Angaben in Bild 3.11).

Fall	C	B	A	$\overline{C}$	$\overline{B}$	$\overline{A}$	U= $\overline{A} \wedge B \wedge \overline{C}$	V= $A \wedge \overline{B} \wedge C$	W= $A \wedge B \wedge C$	X= $A \wedge \overline{B} \wedge \overline{C}$	Z
1	0	0	0	1	1	1	0	0	0	0	0
2	0	0	1	1	1	0	0	0	0	1	1
3	0	1	0								
4	0	1	1								
5	1	0	0								
6	1	0	1								
7	1	1	0								
8	1	1	1								

Bild 3.11 Messprotokoll

Ist der Fall 1 gemessen, kommt der Fall 2 dran. An A wird 1 gelegt, an B und C wird 0 gelegt. Wieder werden die Ausgänge der einzelnen Gatter gemessen und die Zustände in die Tabelle eingetragen. Diese Messung wird für alle 8 Fälle durchgeführt.

 Definition
Die Messtabelle zeigt die Ist-Verknüpfung.

Ist zu erwarten, dass die Schaltung fehlerfrei ist, kann man sich auf das Feststellen der Zustände Z beschränken. Sind die Zustände Z verschieden von denen der Soll-Verknüpfung, so muss die Messung aller Ausgangszustände nachgeholt werden.

3.3.2 Fehlerbestimmung

Liegen Wahrheitstabelle und Messtabelle vor, können die Fehler bestimmt werden.

Definition
Die Fehlerbestimmung erfolgt durch Vergleich von Soll- und Ist-Verknüpfung.

Stimmen Soll- und Ist-Verknüpfung überein, liegt kein Fehler vor. Man vergleicht zunächst die Ausgangszustände der Gesamtschaltung. Stimmen hier die Zustände überein, braucht man nicht weiter zu vergleichen. Die Schaltung ist in Ordnung. Stimmen die Ausgangszustände nicht überein, muss schrittweise von den Eingängen her verglichen werden.

Bild 3.12 zeigt die Wahrheitstabelle der Schaltung nach Bild 3.10 und eine Messtabelle. Welche Gatter arbeiten fehlerhaft? Vergleicht man die Spalten von links her, so erkennt man bei $\bar{B}$ einen Fehler. Das NICHT-Gatter, das $\bar{B}$ erzeugen soll (Gatter Nr. II), hat immer den Ausgangszustand 1. Es ist also defekt.

Der Fehler von Gatter II wirkt sich auf die Ausgänge V und X aus, denn nur diese Gatter verknüpfen auch $\bar{B}$. Für V und X ergibt sich aus der Messtabelle aber eine richtige Verknüpfung – unter der Berücksichtigung, dass $\bar{B}$ immer 1 ist. Die Gatter V und X sind also in Ordnung.

Fall	C	B	A	$\bar{C}$	$\bar{B}$	$\bar{A}$	U= $\bar{A}\wedge B\wedge \bar{C}$	V= $A\wedge \bar{B}\wedge C$	W= $A\wedge B\wedge C$	X= $A\wedge \bar{B}\wedge \bar{C}$	Z
1	0	0	0	1	1	1	0	0	0	0	0
2	0	0	1	1	1	0	0	0	0	1	1
3	0	1	0	1	0	1	1	0	0	0	1
4	0	1	1	1	0	0	0	0	0	0	0
5	1	0	0	0	1	1	0	0	0	0	0
6	1	0	1	0	1	0	0	1	0	0	1
7	1	1	0	0	0	1	0	0	0	0	0
8	1	1	1	0	0	0	0	0	1	0	1

Wahrheitstabelle

Fall	C	B	A	$\bar{C}$	$\bar{B}$	$\bar{A}$	U= $\bar{A}\wedge B\wedge \bar{C}$	V= $A\wedge \bar{B}\wedge C$	W= $A\wedge B\wedge C$	X= $A\wedge \bar{B}\wedge \bar{C}$	Z
1	0	0	0	1	1	1	0	0	0	0	0
2	0	0	1	1	1	0	0	0	0	1	1
3	0	1	0	1	[1]	1	1	0	0	0	1
4	0	1	1	1	[1]	0	0	0	[1]	[1]	[1]
5	1	0	0	0	1	1	0	0	0	0	0
6	1	0	1	0	1	0	0	1	0	0	1
7	1	1	0	0	[1]	1	0	0	0	0	0
8	1	1	1	0	[1]	0	0	[1]	1	0	1

Messtabelle

Bild 3.12   Wahrheitstabelle und Messtabelle einer Digitalschaltung

Ein weiterer Fehler zeigt sich bei W. Das Gatter W ist ebenfalls defekt. Die fehlerhafte Verknüpfung ist nicht auf den Fehler von Gatter II zurückzuführen, denn W = A ∧ B ∧ C enthält $\bar{B}$ nicht. Die Gatter II und W müssen also ausgewechselt werden.

3.4 Lernziel-Test

1. Für die Schaltung Bild 3.13 ist die Wahrheitstabelle aufzustellen.

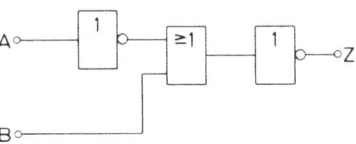

Bild 3.13
Digitalschaltung

2. Wie sieht die Wahrheitstabelle für die Schaltung Bild 3.14 aus?
3. In der Schaltung Bild 3.14 soll Gatter II defekt sein. In allen Fällen liegt am Ausgang des Gatters II 1-Signal. Welche Verknüpfung ergibt sich durch diesen Fehler? Stellen Sie die Ist-Verknüpfung in einer entsprechenden Tabelle dar.

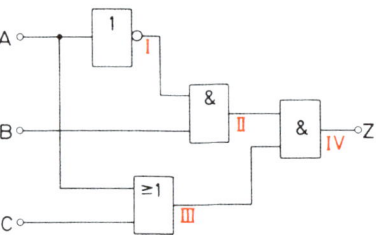

Bild 3.14
Digitalschaltung

4. Bestimmen Sie für die Schaltung Bild 3.15 die Funktionsgleichung, und stellen Sie die Wahrheitstabelle auf.

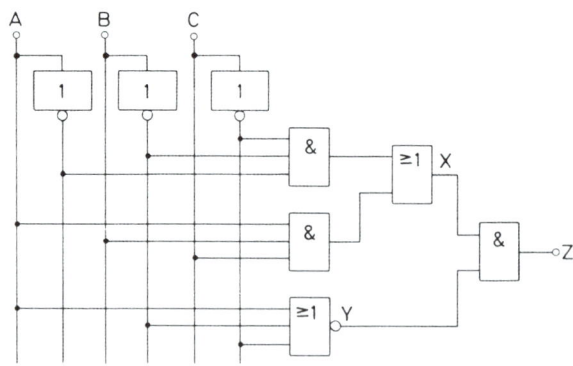

Bild 3.15
Digitalschaltung

5. Gesucht ist eine Digitalschaltung, die die folgende Funktionsgleichung erfüllt:

$$Z = \overline{A} \wedge B \wedge \overline{\overline{A} \wedge B} \wedge C$$

6. Für eine Digitalschaltung wird folgende Gleichung angegeben:

$$Z = \overline{\overline{A} \vee B} \vee C \wedge \overline{\overline{A} \vee \overline{B} \wedge \overline{C}} \wedge D \vee \overline{A} \wedge D$$

Erstellen Sie das Schaltbild einer Schaltung, die die vorstehende Gleichung erfüllt, und geben Sie die zugehörige Wahrheitstabelle an.

7. Die Schaltung Bild 3.16 arbeitet fehlerhaft. Es wurde die Messtabelle Bild 3.17 aufgenommen, die die Ist-Verknüpfung angibt. Bestimmen Sie die fehlerhaften Gatter.

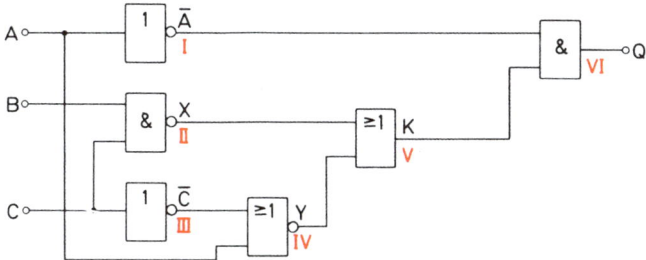

Bild 3.16 Fehlerhaft arbeitende Digitalschaltung

Fall	C	B	A	$\overline{A}$	$\overline{C}$	X	Y	K	Q
1	0	0	0	1	1	1	1	1	1
2	0	0	1	0	1	1	1	1	0
3	0	1	0	1	1	1	1	1	1
4	0	1	1	0	1	1	0	1	0
5	1	0	0	1	0	1	1	1	1
6	1	0	1	0	0	1	0	1	0
7	1	1	0	1	0	0	1	1	1
8	1	1	1	0	0	0	0	0	0

Bild 3.17 Messtabelle der IST-Verknüpfung

4 Schaltalgebra

Will man mit Digitalschaltungen bestimmte Steuerungsaufgaben oder Rechenvorgänge ausführen, muss man Schaltungen finden, die das Gewünschte «können». Schaltungen für einfache Aufgaben lassen sich durch Probieren finden (siehe auch Kapitel 5). Das Probieren wird jedoch immer mühsamer und die Aussicht auf Erfolg immer geringer, je komplizierter die Anforderungen an die Schaltungen werden.

Selbst wenn man nach langer Mühe eine Schaltung durch Probieren gefunden hat, ist diese vielleicht unnötig umfangreich und daher unwirtschaftlich. Man müsste die einfachste mögliche Schaltung finden. Durch Probieren ist diese Aufgabe nicht zu lösen.

Die von BOOLE (engl. Mathematiker, 1815 bis 1864) entwickelte Algebra ist eine Mengenalgebra, von der sich die heute in den Schulen vermittelte «Mengenlehre» ableitet. Eine Sonderform der BOOLEschen Algebra ist die Schaltalgebra. Mit ihrer Hilfe lassen sich Digitalschaltungen berechnen und weitgehend vereinfachen.

4.1 Variable und Konstante

Die Schaltalgebra kennt *Variable* und *Konstante* wie die normale Algebra auch. Es gibt jedoch nur zwei mögliche Konstante, nämlich 0 und 1. Eine beliebige Variable kann entweder den Wert 0 oder den Wert 1 annehmen.

Definition
> Die Schaltalgebra kennt nur 2 Konstanten: 0 und 1

Diese Konstanten entsprechen den logischen Zuständen 0 und 1.

Jede Größe, die entweder den Wert 0 oder den Wert 1 annehmen kann, stellt eine Variable dar. Die Eingangsgrößen einer Schaltung, z.B. A, B, C, sind Variable, denn sie können 1 oder 0 sein. Ebenso sind die Ausgangsgrößen einer Schaltung Variable. Ausdrücke wie (A ∧ B), die an sich aus zwei Variablen bestehen, können wie eine Variable behandelt werden, denn ihr Wert kann ebenfalls nur 0 oder 1 sein.

Definition
> Variable der Schaltalgebra sind Größen, die die Werte oder Zustände 0 oder 1 annehmen können.

Eine Variable der Schaltalgebra ist also eine binäre Größe. Sie kann durch einen Schalter (Bild 4.1) veranschaulicht werden. Folgende Verabredung soll gelten:

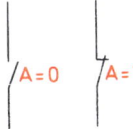

Bild 4.1
Veranschaulichung der Variablen A und ihrer möglichen Werte 0 und 1

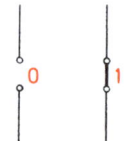

Bild 4.2
Veranschaulichung der
Konstanten 0 und 1

Definition

Schalter offen: Variable 0
Schalter geschlossen: Variable 1

Diese Darstellung der Variablen ist sehr einfach zu verstehen. Kann man ähnlich einfach die Konstanten darstellen? Man könnte die Konstanten als «festgebundene Schalter» auffassen. Ist ein Schalter im geöffneten Zustand festgebunden, kann er nicht mehr schalten und hat stets den Wert 0. Bindet man den Schalter im geschlossenen Zustand fest, so kann er ebenfalls nicht mehr schalten und hat stets den Wert 1.

Ein dauernd geöffneter Schalter ist aber eine Leitungsunterbrechung. Ein dauernd geschlossener Schalter ist eine durchgeschaltete Leitung (Bild 4.2).

Definition

Leitung unterbrochen: 0
Leitung durchgeschaltet: 1

4.2 Grundgesetze der Schaltalgebra

Die Grundgesetze der Schaltalgebra, auch Postulate genannt, sind Regeln für die Verknüpfung von Konstanten.

Die Grundgesetze für die UND-Verknüpfung zeigt Bild 4.3. Schaltungsmäßig führt die UND-Verknüpfung auf eine Reihenschaltung. 2 in Reihe geschaltete Leitungsunterbrechungen wirken nicht anders als eine Leitungsunterbrechung allein. Schaltet man eine Unterbrechung in Reihe mit einer Durchschaltung, bleibt die Wirkung der Unterbrechung erhalten. 2 Durchschaltungen in Reihe ergeben eine Gesamtdurchschaltung (Bild 4.3).

Die ODER-Verknüpfung führt auf eine Parallelschaltung. Bild 4.4 zeigt die Postulate der ODER-Verknüpfung. 2 Unterbrechungen parallel bedeuten eine Gesamtunterbrechung. Eine Unterbrechung parallel zu einer Durchschaltung bedeutet eine Gesamtdurchschaltung. 2 Durchschaltungen parallel ergeben ebenfalls eine Gesamtdurchschaltung.

Bei einem NICHT-Gatter führt eine 1 am Eingang zu einer 0 am Ausgang und eine 0 am Eingang zu einer 1 am Ausgang (Bild 4.5).

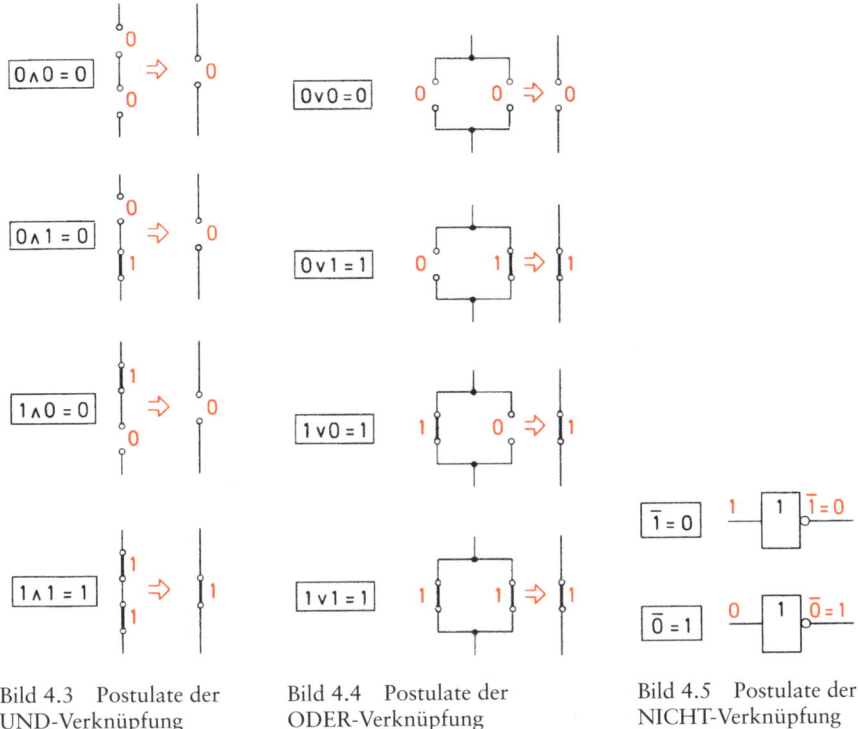

Bild 4.3 Postulate der UND-Verknüpfung

Bild 4.4 Postulate der ODER-Verknüpfung

Bild 4.5 Postulate der NICHT-Verknüpfung

4.3 Rechenregeln der Schaltalgebra

4.3.1 Theoreme

Die Rechenregeln für die Verknüpfung einer Variablen mit einer Konstanten oder einer Variablen mit sich selbst oder ihrer Negation heißen *Theoreme*.

Für die Variable wird die Bezeichnung A gewählt. Was für A gilt, das gilt auch für jede andere Variable.

Bild 4.6 zeigt die 4 möglichen Theoreme der UND-Verknüpfung. Zur Darstellung von $\overline{A}$ wird ein Ruhekontakt (Öffner) verwendet. Dieser ist immer geschlossen, wenn der Arbeitskontakt geöffnet ist. Er ist geöffnet, wenn der Ruhekontakt geschlossen ist. Somit ist bei $A \wedge \overline{A}$ immer ein Schalter offen, so dass sich eine Leitungsunterbrechung (0) ergeben muss.

Die Veranschaulichung der Theoreme durch die Kontaktschemata ist leicht verständlich. Die Gleichungen der Theoreme lassen sich jedoch auch mit Wahrheitstabellen finden (Bild 4.7).

Die Theoreme der ODER-Verknüpfung ergeben sich aus Bild 4.8. ODER-Verknüpfungen führen zu Parallelschaltungen von Kontakten.

Schaltalgebra

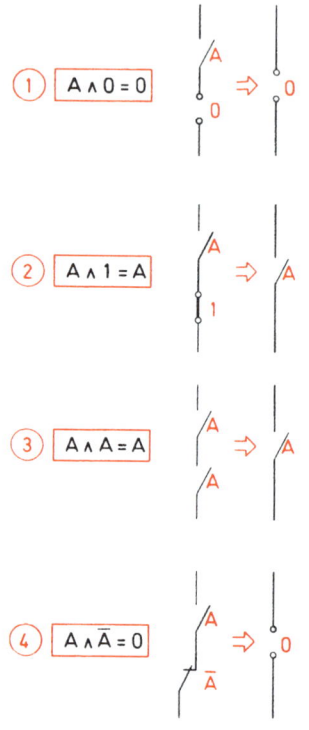

① $A \wedge 0 = 0$

② $A \wedge 1 = A$

③ $A \wedge A = A$

④ $A \wedge \overline{A} = 0$

Bild 4.6 Theoreme der UND-Verknüpfung

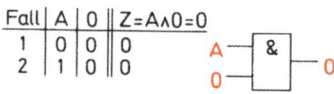
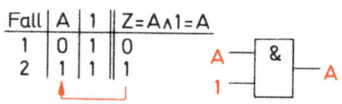
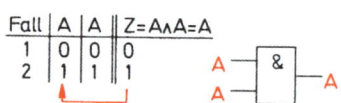
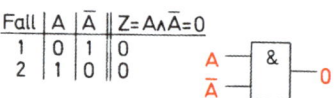

Bild 4.7 Ableitung der Theoreme der UND-Verknüpfung mit Wahrheitstabellen

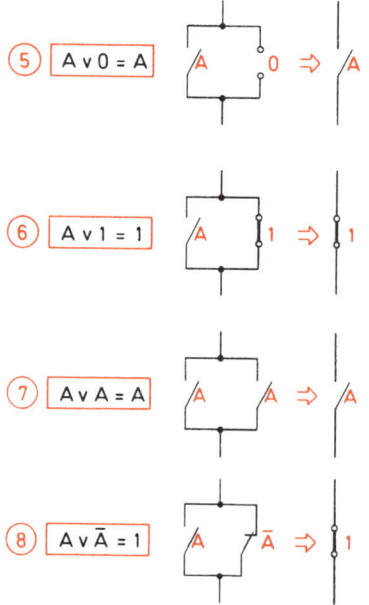

⑤ $A \vee 0 = A$

⑥ $A \vee 1 = 1$

⑦ $A \vee A = A$

⑧ $A \vee \overline{A} = 1$

Bild 4.8 Theoreme der ODER-Verknüpfung

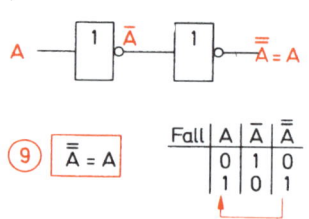

⑨ $\overline{\overline{A}} = A$

Bild 4.9 Theoreme der NICHT-Verknüpfung

Wird eine Variable einmal negiert und dann noch einmal, so hat sie wieder ihren alten Wert (Bild 4.9). 2 Negationsstriche heben sich gegenseitig auf. Die 9 möglichen Theoreme wurden von 1...9 nummeriert. Mit diesen Nummern sind sie in der Formelzusammenstellung erneut aufgeführt.

4.3.2 Kommutativgesetz und Assoziativgesetz

Das Kommutativgesetz heißt auf deutsch Vertauschungsgesetz. Es drückt eine Selbstverständlichkeit aus, wenn man die Kontaktschemata der Bilder 4.10 und 4.11 betrachtet. Das Kommutativgesetz wird einmal für die UND-Verknüpfung und einmal für die ODER-Verknüpfung angegeben.

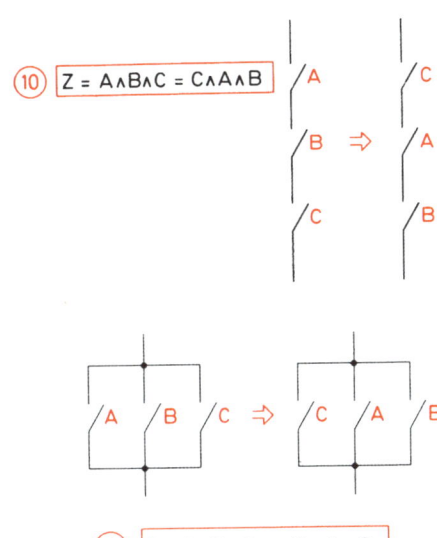

Bild 4.10
Kommutativgesetz der
UND-Verknüpfung

Bild 4.11
Kommutativgesetz der
ODER-Verknüpfung

(10) $Z = A \wedge B \wedge C = C \wedge A \wedge B$

(11) $Z = A \vee B \vee C = C \vee A \vee B$

> **Grundsatz**
> Die Reihenfolge, in der Variable der UND-Verknüpfung unterzogen werden, ist beliebig. Sie hat keinen Einfluss auf das Ergebnis.

> **Grundsatz**
> Die Reihenfolge, in der Variable der ODER-Verknüpfung unterzogen werden, ist beliebig. Sie hat keinen Einfluss auf das Ergebnis.

Das Assoziativgesetz heißt auch Verbindungsgesetz oder Zuordnungsgesetz. Es wird ebenfalls einmal für die UND-Verknüpfung (Bild 4.12) und einmal für die ODER-Verknüpfung (Bild 4.13) angegeben.

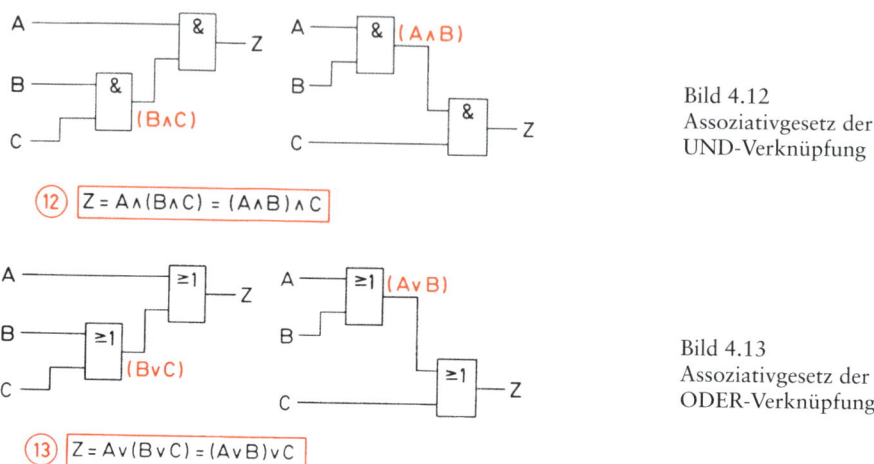

Bild 4.12
Assoziativgesetz der UND-Verknüpfung

Bild 4.13
Assoziativgesetz der ODER-Verknüpfung

> **Grundsatz**
>
> Die Reihenfolge der Zuordnung der Variablen bei der UND-Verknüpfung ist beliebig. Sie hat keinen Einfluss auf das Ergebnis.

> **Grundsatz**
>
> Die Reihenfolge der Zuordnung der Variablen bei der ODER-Verknüpfung ist beliebig. Sie hat keinen Einfluss auf das Ergebnis.

4.3.3 Distributivgesetz

Das Distributivgesetz heißt zu deutsch Verteilungsgesetz. Es hat eine große praktische Bedeutung bei der Umformung und Vereinfachung schaltalgebraischer Gleichungen. Das Distributivgesetz entspricht der Regel über das Ausmultiplizieren und Ausklammern eines Faktors in der normalen Algebra.

Man unterscheidet das *konjunktive Distributivgesetz* und das *disjunktive Distributivgesetz*. Das konjunktive Distributivgesetz lautet:

$$Z = A \wedge (B \vee C) = (A \wedge B) \vee (A \wedge C) \quad ⑭$$

Die Variable A wird durch UND-Verknüpfung «verteilt» auf die Variablen B und C. Die Kontaktschemata Bild 4.14 zeigen die Richtigkeit des Gesetzes. Da die Kontakte A beide stets gleichzeitig schließen und öffnen, kann eine Verbindung ① nach ② geschaltet werden, ohne dass sich die Verknüpfung ändert.

Um die Zusammenhänge noch klarer zu zeigen, wird die Richtigkeit des Gesetzes durch eine Wahrheitstabelle überprüft (Bild 4.15). Die Zustände in den beiden Spalten X und Y sind gleich. Das konjunktive Distributivgesetz ist somit richtig.

Rechenregeln der Schaltalgebra

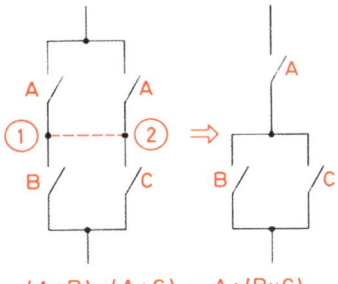

Bild 4.14
Konjunktives Distributivgesetz

$(A \wedge B) \vee (A \wedge C) = A \wedge (B \vee C)$

Fall	C	B	A	A∧B	A∧C	(A∧B)∨(A∧C)	B∨C	A∧(B∨C)
1	0	0	0	0	0	0	0	0
2	0	0	1	0	0	0	0	0
3	0	1	0	0	0	0	1	0
4	0	1	1	1	0	1	1	1
5	1	0	0	0	0	0	1	0
6	1	0	1	0	1	1	1	1
7	1	1	0	0	0	0	1	0
8	1	1	1	1	1	1	1	1

$(A \wedge B) \vee (A \wedge C) = A \wedge (B \vee C)$

Bild 4.15
Überprüfung der Richtigkeit
des konjunktiven
Distributivgesetzes
mit Wahrheitstabellen

Für das disjunktive Distributivgesetz gilt die Gleichung:

$Z = A \vee (B \wedge C) = (A \vee B) \wedge (A \vee C)$ ⑮

Die Variable A wird hier durch ODER-Verknüpfung auf die Variablen B und C «verteilt». Das Kontaktschema Bild 4.16 zeigt die Richtigkeit des Gesetzes. Da die Kontakte A stets zu gleicher Zeit schalten, kann die Schaltung, wie in Bild 4.16 gezeigt, abgeändert werden.

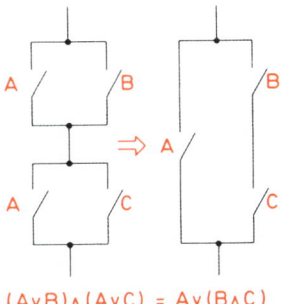

Bild 4.16
Disjunktives Distributivgesetz

$(A \vee B) \wedge (A \vee C) = A \vee (B \wedge C)$

Es wird empfohlen, die Richtigkeit des Gesetzes mit einer Wahrheitstabelle entsprechend Bild 4.15 nachzuprüfen. Die Anwendung des disjunktiven Distributivgesetzes soll an einem Beispiel gezeigt werden. Die Gleichung

$Z = (K \vee \overline{M}) \wedge (K \vee M)$

soll vereinfacht werden. Entsprechend der Gleichung ⑮ wird umgeformt:

Gleichung ⑮: $(A \vee B) \wedge (A \vee C) = A \vee (B \wedge C)$
$\quad\quad\quad\quad\quad \downarrow \quad \downarrow \quad\quad \downarrow \quad \downarrow \quad\quad \downarrow \quad\quad \downarrow \quad \downarrow$
$\quad\quad\quad\quad Z = (K \vee \overline{M}) \wedge (K \vee M) = K \vee (\overline{M} \wedge M)$

Der Ausdruck $\overline{M} \wedge M$ ist die UND-Verknüpfung einer Variablen und ihrer Negation. Dieser Ausdruck gibt nach Gleichung 4 Bild 4.6 den Wert 0.

Gleichung ④: $A \wedge \overline{A} = 0$
$\quad\quad\quad\quad\quad \downarrow \quad\quad \downarrow$
$\quad\quad\quad\quad M \wedge \overline{M} = 0$

Für Z gilt dann:

$\quad\quad Z = K \vee (\overline{M} \wedge M)$
$\quad\quad Z = K \vee 0$
$\quad\quad\quad\quad\quad \uparrow \quad \uparrow$
Gleichung ⑤ $\quad A \vee 0 = A$

Nach Gleichung ⑤ Bild 4.8 ist eine Variable ∨ 0 gleich der Variablen:

$\underline{Z = K}$

4.3.4 De Morgansche Gesetze

Der englische Mathematiker DE MORGAN (1806 bis 1871) hat die Boolesche Algebra erweitert und die nach ihm benannten Gesetze gefunden. Die De Morganschen Gesetze haben eine große praktische Bedeutung bei der Auflösung von Ausdrücken, die insgesamt negiert sind, die also einen langen Negationsstrich haben. Sie werden viel benötigt zur Umrechnung auf NAND- und auf NOR-Verknüpfungen. Es gibt 2 De Morgansche Gesetze.

1. De Morgansches Gesetz:

$Z = \overline{A \wedge B} = \overline{A} \vee \overline{B}$ ⑯

Mit Hilfe der Wahrheitstabelle in Bild 4.17 wird die Richtigkeit dieses Gesetzes nachgeprüft.

2. De Morgansches Gesetz:

$Z = \overline{A \vee B} = \overline{A} \wedge \overline{B}$ ⑰

Rechenregeln der Schaltalgebra

Beim Vergleich mit dem 1. De Morganschen Gesetz sieht man, dass beim 2. De Morganschen Gesetz lediglich die Verknüpfungszeichen für UND und ODER ausgetauscht sind.

Bild 4.17
Wahrheitstabelle zum
Nachweis der Richtigkeit
des 1. De Morganschen Gesetzes

Fall	B	A	A∧B	$\overline{A \wedge B}$	$\overline{A}$	$\overline{B}$	$\overline{A} \vee \overline{B}$
1	0	0	0	1	1	1	1
2	0	1	0	1	0	1	1
3	1	0	0	1	1	0	1
4	1	1	1	0	0	0	0

$$\overline{A \wedge B} = \overline{A} \vee \overline{B}$$

Bild 4.18
Wahrheitstabelle zum
Nachweis der Richtigkeit
des 2. De Morganschen Gesetzes

Fall	B	A	A∨B	$\overline{A \vee B}$	$\overline{A}$	$\overline{B}$	$\overline{A} \wedge \overline{B}$
1	0	0	0	1	1	1	1
2	0	1	1	0	0	1	0
3	1	0	1	0	1	0	0
4	1	1	1	0	0	0	0

$$\overline{A \vee B} = \overline{A} \wedge \overline{B}$$

Die Richtigkeit des 2. De Morganschen Gesetzes soll ebenfalls mit einer Wahrheitstabelle gezeigt werden (Bild 4.18).

Die Wichtigkeit der De Morganschen Gesetze soll folgendes Beispiel zeigen. Die Gleichung

$$P = \overline{R \wedge S} \vee \overline{\overline{R} \wedge S}$$

kann stark vereinfacht werden. Der erste Ausdruck $\overline{R \wedge S}$ ergibt nach dem 1. De Morganschen Gesetz $\overline{R} \vee \overline{S}$. Der zweite Ausdruck $\overline{\overline{R} \wedge S}$ ergibt nach dem gleichen Gesetz $\overline{\overline{R}} \vee \overline{S}$. $\overline{\overline{R}}$ ist nach Gleichung ⑨ gleich R.

$$P = \overline{R \wedge S} \vee \overline{\overline{R} \wedge S}$$
$$P = \overline{R} \vee \overline{S} \vee \overline{\overline{R}} \vee \overline{S}$$
$$P = \overline{R} \vee \overline{S} \vee R \vee \overline{S}$$

Die Reihenfolge der Variablen wird geändert. Nach den Gleichungen ⑧, ⑦ und ⑥ wird vereinfacht:

$$P = \underline{\overline{R} \vee R} \quad \vee \quad \underline{\overline{S} \vee \overline{S}}$$

⑧ $\overline{A} \vee A = 1$ ⑦ $A \vee A = A$

$$P = 1 \vee \overline{S}$$

⑥ $1 \vee A = 1$

$$P = 1$$

Die De Morganschen Gesetze gelten auch für Verknüpfungen von mehr als 2 Variablen:

$$Z = \overline{A \wedge B \wedge C \wedge D \wedge \cdots} = \overline{A} \vee \overline{B} \vee \overline{C} \vee \overline{D} \vee \cdots$$

$$Z = \overline{A \vee B \vee C \vee D \vee \cdots} = \overline{A} \wedge \overline{B} \wedge \overline{C} \wedge \overline{D} \wedge \cdots$$

Aufgabe:
Prüfen Sie die Richtigkeit der De Morganschen Gesetze für 3 Variable mit Wahrheitstabellen nach.

4.3.5 Bindungsregel

Die Verknüpfung mehrerer Variabler durch UND und ODER kann zu Mehrdeutigkeiten führen. Die Gleichung

$Z = A \vee B \wedge C$

kann auf zwei verschiedene Weisen aufgefasst werden. Einmal kann die Variable A mit der Variablen B durch ODER verknüpft sein. Das Ergebnis wird durch UND mit C verknüpft. Es ergeben sich eine Schaltung und die zugehörige Wahrheitstabelle nach Bild 4.19.

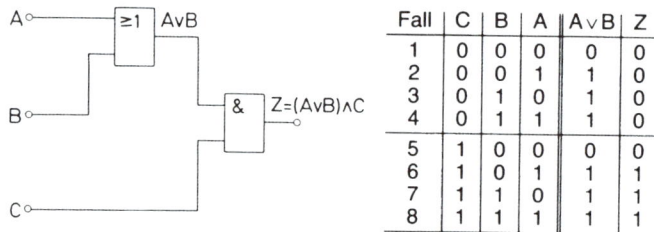

Fall	C	B	A	A∨B	Z
1	0	0	0	0	0
2	0	0	1	1	0
3	0	1	0	1	0
4	0	1	1	1	0
5	1	0	0	0	0
6	1	0	1	1	1
7	1	1	0	1	1
8	1	1	1	1	1

Bild 4.19 Schaltung und Wahrheitstabelle zur Funktionsgleichung $Z = (A \vee B) \wedge C$

Fall	C	B	A	B∧C	Z
1	0	0	0	0	0
2	0	0	1	0	1
3	0	1	0	0	0
4	0	1	1	0	1
5	1	0	0	0	0
6	1	0	1	0	1
7	1	1	0	1	1
8	1	1	1	1	1

Bild 4.20 Schaltung und Wahrheitstabelle zur Funktionsgleichung $Z = A \vee (B \wedge C)$

Zum anderen kann aber auch die Variable B mit der Variablen C durch UND verknüpft sein. Das Ergebnis wird mit A durch ODER verknüpft. Für diese Interpretation der Gleichung ergibt sich die Schaltung mit zugehöriger Wahrheitstabelle nach Bild 4.20. Für Z ergeben sich in beiden Fällen völlig verschiedene Verknüpfungen. Die Mehrdeutigkeit kann mit Hilfe von Klammern beseitigt werden. Meint man den 1. Fall, so ist die Gleichung Z = (A ∨ B) ∧ C zu schreiben. Meint man den 2. Fall, so lautet die Gleichung Z = A ∨ (B ∧ C).

Man kann auf Klammern verzichten, wenn man einer Verknüpfungsart eine Priorität zuerkennt. Die Verknüpfungsart mit Priorität bindet dann stets stärker als die andere Verknüpfungsart. Solche Prioritäten kennt man in der normalen Algebra. Multiplikation und Division binden dort stärker als Addition und Subtraktion. Es gibt den Merksatz: «Punktrechnung geht vor Strichrechnung».

In der Schaltalgebra hat die UND-Verknüpfung Priorität. Man hat folgende Bindungsregel aufgestellt:

Definition
> Eine UND-Verknüpfung bindet stets stärker als eine ODER-Verknüpfung.

Mit dieser Festlegung wird die vorstehend betrachtete Gleichung eindeutig.

$$Z = A \vee B \wedge C \implies A \vee (B \wedge C)$$

Treten in einer schaltalgebraischen Gleichung UND- und ODER-Verknüpfungen gemeinsam auf, ohne dass Klammern vorhanden sind, muss man sich die durch UND verknüpften Gatter in Klammern gesetzt denken.

4.4 NAND- und NOR-Funktion

Die Schaltalgebra ist auf den 3 Grundfunktionen UND, ODER und NICHT aufgebaut. Mit Gattern, die diese 3 Funktionen erzeugen, können alle beliebigen Verknüpfungsschaltungen hergestellt werden. Die Gatter UND, ODER und NICHT werden daher Grundgatter genannt.

Eine genauere Betrachtung des 1. De Morganschen Gesetzes zeigt jedoch, dass jede UND-Verknüpfung mit Hilfe einer ODER-Verknüpfung und mehreren NICHT-Funktionen gebildet werden kann:

> $\overline{A \wedge B} = \overline{A} \vee \overline{B}$ 1. De Morgansches Gesetz

$\overline{\overline{A} \wedge \overline{B}} = A \vee B$

$A \wedge B = \overline{\overline{A} \vee \overline{B}}$

UND-Gatter sind also nicht unbedingt erforderlich. Hieraus ergibt sich:

Definition
> Alle Verknüpfungsschaltungen können nur mit ODER-Gattern und mit NICHT-Gattern aufgebaut werden.

ODER-Schaltungen und NICHT-Schaltungen lassen sich mit NOR-Gattern herstellen (Bild 4.21). Schaltet man die Eingänge eines NOR-Gatters zusammen, so erhält man ein NICHT-Gatter. Das ODER-Gatter ergibt sich durch Negieren des Ausgangs eines NOR-Gatters. Dem NOR-Gatter wird ein weiteres NOR-Gatter nachgeschaltet, das als NICHT-Gatter wirkt (Bild 4.21).

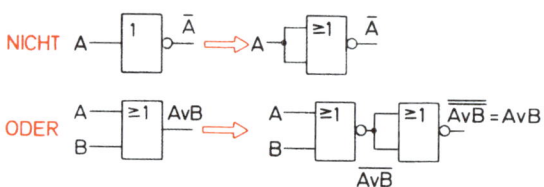

Bild 4.21   ODER-Schaltung und NICHT-Schaltung, mit NOR-Gattern aufgebaut

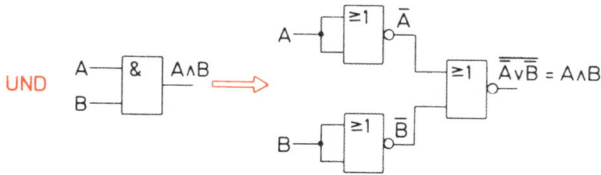

Bild 4.22   UND-Schaltung, mit NOR-Gattern aufgebaut

Die UND-Schaltung kann nach der aus dem 1. De Morganschen Gesetz abgeleiteten Gleichung

$$A \wedge B = \overline{\overline{A} \vee \overline{B}}$$

aufgebaut werden. Zu Herstellung von $\overline{A}$ und $\overline{B}$ werden 2 NOR-Gatter benötigt. Zur Verknüpfung wird ein weiteres NOR-Gatter gebraucht (Bild 4.22).

Wenn also Schaltungen für die UND-Verknüpfung, Schaltungen für die ODER-Verknüpfung und NICHT-Schaltungen nur mit NOR-Gattern hergestellt werden können, ist es auch möglich, alle beliebigen Verknüpfungsschaltungen ausschließlich mit NOR-Gattern aufzubauen.

Merksatz

Jede gewünschte Verknüpfungsschaltung lässt sich nur mit NOR-Gattern aufbauen.

NOR-Gatter können also als Universalgatter verwendet werden.

Aus dem 2. De Morganschen Gesetz ergibt sich, dass jede ODER-Verknüpfung mit Hilfe einer UND-Verknüpfung und mehreren NICHT-Funktionen gebildet werden kann:

$\overline{A} \vee A = 1$ 　　　　　　　　　　　2. De Morgansches Gesetz

NAND- und NOR-Funktion

$$\overline{A \vee B} = \overline{A} \wedge \overline{B}$$
$$A \vee B = \overline{\overline{A} \wedge \overline{B}}$$

ODER-Gatter sind also nicht unbedingt erforderlich. Hieraus ergibt sich:

Merksatz
Alle Verknüpfungsschaltungen können nur mit UND-Gattern und mit NICHT-Gattern aufgebaut werden.

Eine NICHT-Schaltung lässt sich aus einem NAND-Gatter herstellen. Die Eingänge werden zu einem Eingang zusammengefasst (Bild 4.23). Eine UND-Schaltung ergibt sich durch Zusammenschalten eines NAND-Gatters und eines weiteren NAND-Gatters, das als NICHT-Gatter arbeitet (Bild 4.23).

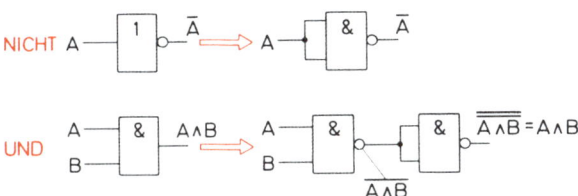

Bild 4.23   NICHT-Schaltung und UND-Schaltung, mit NAND-Gattern aufgebaut

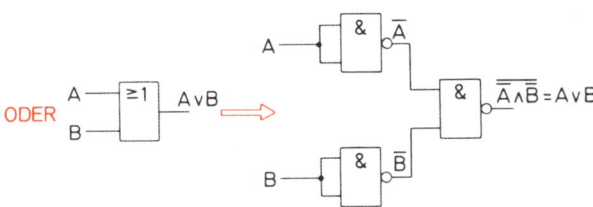

Bild 4.24   ODER-Schaltung, mit NAND-Gattern aufgebaut

Eine ODER-Schaltung lässt sich ebenfalls mit NAND-Gattern aufbauen. Sie kann nach der aus dem 2. De Morganschen Gesetz abgeleiteten Gleichung gebildet werden:

$$A \vee B = \overline{\overline{A} \wedge \overline{B}}$$

Für die Bildung einer ODER-Schaltung werden 2 NAND-Gatter benötigt, die als NICHT-Gatter geschaltet sind. Ein weiteres NAND-Gatter benötigt man zur Verknüpfung (Bild 4.24).

Da sich also UND-Schaltungen, ODER-Schaltungen und NICHT-Schaltungen nur mit NAND-Gattern verwirklichen lassen, ist es auch möglich, alle beliebigen Verknüpfungsschaltungen ausschließlich mit NAND-Gattern aufzubauen.

Merksatz
Jede gewünschte Verknüpfungsschaltung lässt sich nur mit NAND-Gattern aufbauen.

NAND-Gatter können also ebenso wie NOR-Gatter als Universalgatter verwendet werden.

Will man Digitalschaltungen nur mit NAND-Gattern oder nur mit NOR-Gattern aufbauen, ist es in vielen Fällen erforderlich, vorliegende schaltalgebraische Gleichungen entsprechend umzuformen. Solche Umformungen können auf verschiedenen Wegen durchgeführt werden. Ein Weg, der meist zum Ziel führt, beginnt mit der Vornahme einer Doppel-Negation. Eine Doppel-Negation ändert den Inhalt der Gleichung nicht.

Beispiel

Die Gleichung $Z = (\overline{A} \wedge \overline{B} \wedge C) \vee (A \wedge \overline{B} \wedge \overline{C})$ soll so umgerechnet werden, dass die entsprechende Schaltung nur mit NAND-Gattern aufgebaut werden kann.

$$Z = \overline{\overline{(\overline{A} \wedge \overline{B} \wedge C) \vee (A \wedge \overline{B} \wedge \overline{C})}}$$

$$Z = \overline{\overline{(\overline{A} \wedge \overline{B} \wedge C)} \wedge \overline{(A \wedge \overline{B} \wedge \overline{C})}}$$

Die sich aus der so umgeformten Gleichung ergebende Schaltung zeigt Bild 4.25.

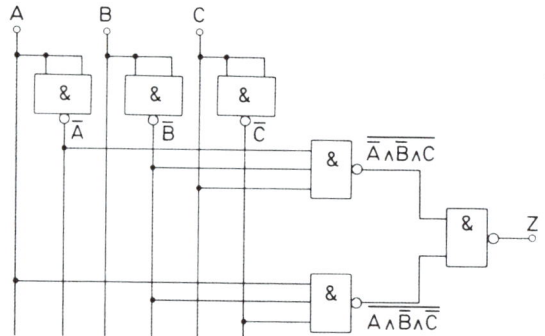

Bild 4.25 Digitalschaltung, nur mit NAND-Gattern aufgebaut

Beispiel

Die Gleichung $Z = (\overline{A} \wedge \overline{B} \wedge C) \vee (A \wedge \overline{B} \wedge \overline{C})$ soll so umgeformt werden, dass die entsprechende Schaltung nur mit NOR-Gattern aufgebaut werden kann.

$$Z = \overline{\overline{(\overline{A} \wedge \overline{B} \wedge C)}} \vee \overline{\overline{(A \wedge \overline{B} \wedge \overline{C})}}$$

$$Z = \overline{(\overline{\overline{A}} \vee \overline{\overline{B}} \vee \overline{C})} \vee \overline{(\overline{A} \vee \overline{\overline{B}} \vee \overline{\overline{C}})}$$

$$Z = \overline{(A \vee B \vee \overline{C}) \vee (\overline{A} \vee B \vee C)}$$

Die zu der Gleichung gehörende Schaltung ist in Bild 4.26 angegeben.

Praktiker haben oft Schwierigkeiten mit der Umrechnung von schaltalgebraischen Gleichungen auf NAND- und auf NOR-Verknüpfungen. Es gibt einen Weg, diese Umrechnungen zu vermeiden. In einer Schaltung, die mit beliebigen Grundgattern aufgebaut ist (z.B. UND, ODER), kann man die einzelnen Grundgatter durch NAND- oder NOR-Schaltungen, wie sie in den Bildern 4.21, 4.22, 4.23 und 4.24 angegeben sind, ersetzen.

NAND- und NOR-Funktion 63

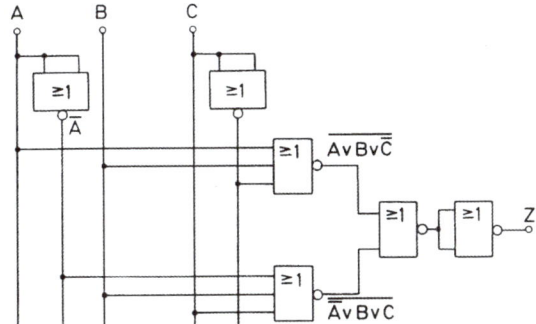

Bild 4.26
Digitalschaltung, nur
mit NOR-Gattern aufgebaut

Es ergeben sich dann etwas kompliziertere Schaltungen, die sich jedoch vereinfachen lassen. Zwei aufeinanderfolgende NICHT-Schaltungen treten verhältnismäßig häufig auf. Diese NICHT-Schaltungen können weggestrichen werden, da sie sich in ihrer Wirkung gegenseitig aufheben (negiert man eine Variable zweimal, so ändert sich ihr Wert nicht). Die Gesamtumschaltung wird dadurch wesentlich vereinfacht.

Wie das im Einzelnen gemacht wird, zeigt Bild 4.27. Im oberen Teil des Bildes ist entsprechend der Gleichung $Z = (\overline{A} \wedge \overline{B} \wedge C) \vee (A \wedge \overline{B} \wedge \overline{C})$ eine Schaltung mit Grundgattern dargestellt. Diese Schaltung soll nur mit NAND-Gattern verwirklicht werden. Jedes Grundgatter wird durch die ihm entsprechende NAND-Schaltung ersetzt. Die aufeinanderfolgenden NICHT-Schaltungen können entfallen. Es ergibt sich die gleiche Schaltung, die auch rechnerisch gefunden wurde (siehe Bild 4.25). Dieses Verfahren lässt sich immer anwenden. Es erfordert jedoch etwas mehr Aufwand.

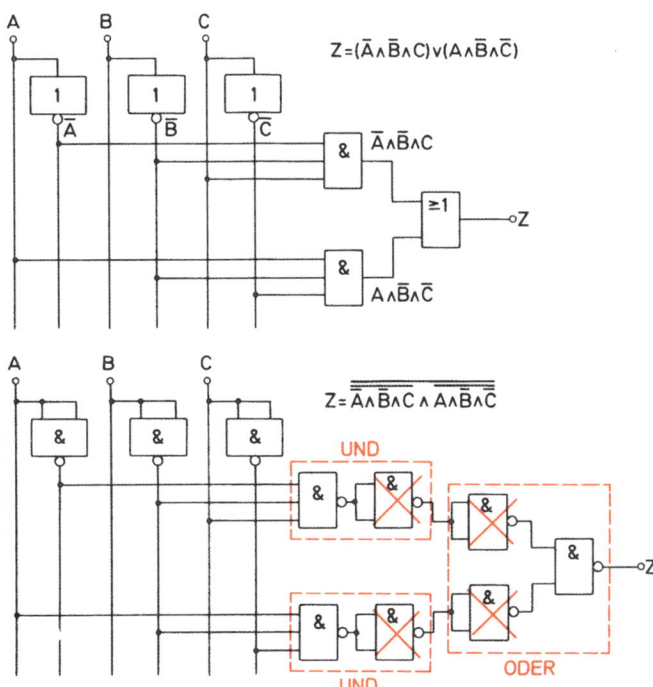

Bild 4.27 Digitalschaltung. Die Grundgatter werden durch entsprechende NAND-Schaltungen ersetzt.

4.5 Rechenbeispiele

Zusammenstellung der Theoreme und der Gesetze der Schaltalgebra-Theoreme

① $A \wedge 0 = 0$ ⑤ $A \vee 0 = A$
② $A \wedge 1 = A$ ⑥ $A \vee 1 = 1$
③ $A \wedge A = A$ ⑦ $A \vee A = A$
④ $A \wedge \overline{A} = 0$ ⑧ $A \vee \overline{A} = 1$

⑨ $\overline{\overline{A}} = A$

Kommutativgesetze   *Assoziativgesetze*

⑩ $A \wedge B \wedge C = C \wedge A \wedge B$ ⑫ $A \wedge (B \wedge C) = (A \wedge B) \wedge C$
⑪ $A \vee B \vee C = C \vee A \vee B$ ⑬ $A \vee (B \vee C) = (A \vee B) \vee C$

Distributivgesetze

⑭ $A \wedge (B \vee C) = (A \wedge B) \vee (A \wedge C)$ ⑭a $A \wedge (A \vee B) = A$
⑮ $A \vee (B \wedge C) = (A \vee B) \wedge (A \vee C)$ ⑮a $A \vee (A \wedge B) = A$

De Morgansche Gesetze

⑯ $\overline{A \wedge B} = \overline{A} \vee \overline{B}$ ⑯a $\overline{A \wedge B \wedge C \wedge D \wedge \cdots} = \overline{A} \vee \overline{B} \vee \overline{C} \vee \overline{D} \vee \cdots$
⑰ $\overline{A \vee B} = \overline{A} \wedge \overline{B}$ ⑰a $\overline{A \vee B \vee C \vee D \vee \cdots} = \overline{A} \wedge \overline{B} \wedge \overline{C} \wedge \overline{D} \wedge \cdots$

Die Gleichungen 14a und 15a sind Sonderfälle der Distributivgesetze. Sie ergeben sich wie folgt:

$$A \wedge (A \vee B) = (A \vee 0) \wedge (A \vee B) = A \vee (0 \wedge B) = A \vee 0 = A$$
$$\uparrow \qquad\qquad\qquad \downarrow$$
$$A = A \vee 0 \qquad\qquad 0 \wedge B = 0$$
$$A \vee (A \wedge B) = (A \wedge 1) \vee (A \wedge B) = A \wedge (1 \vee B) = A \wedge 1 = A$$
$$\uparrow \qquad\qquad\qquad \downarrow$$
$$A = A \wedge 1 \qquad\qquad 1 \vee B = 1$$

Die Gleichungen 16a und 17a sind Erweiterungen der De Morganschen Gesetze auf beliebig viele Variable.

In den vorstehenden Gleichungen stehen die Variablen A, B, C und D für beliebige Variable. Sie haben eine Platzhalterfunktion für alle anderen Variablen. Als Variable können auch Klammerausdrücke und Verknüpfungen mehrerer Variabler angesehen werden.

Beispiele

$Z = R \wedge 0 = 0$ \hfill (Gl. 1)

$Z = \overline{S \wedge K} = \overline{S} \vee \overline{K}$ \hfill (Gl. 16)

$Z = (X \wedge Y) \vee \overline{X \wedge Y} = 1$ \hfill (Gl. 8)

Bei der letzten Gleichung handelt es sich um die ODER-Verknüpfung einer Variablen mit ihrer Negation. Als Variable gilt $(X \wedge Y)$. Nach Gleichung 8 ($A \vee \overline{A} = 1$) ergibt sich daher für Z der Wert 1.

Rechenbeispiele

In Kürze
Mit Hilfe der vorgenannten Theoreme und Gesetze lassen sich die aus beliebigen Grundgattern (UND, ODER, NICHT) zusammengeschalteten logischen Verknüpfungen umrechnen. So lässt sich zeigen, dass jede beliebige Verknüpfung mit NOR- und NAND-Gattern zu realisieren ist. In der Praxis wurden daher hauptsächlich diese Verknüpfungsgatter verwendet. In den frühen Jahren der Digitaltechnik wurden Logikschaltungen mit integrierten Schaltungen (ICs) mit NAND- und NOR-Funktionen aufgebaut. Heute gibt es integrierte Lösungen, die lediglich die Eingangsvariablen erfassen und je nach programmierter Verknüpfungslogik die Ausgänge ansteuern (Mikrocomputer, Eingebettete Systeme (engl.: *embedded systems*). Es stehen viele preiswerte Einplatinensysteme zur Verfügung (z.B. Raspberry Pi, Arduino). Sie besitzen eine Programmierschnittstelle zum PC und Anschlüsse für externe Sensorsignale bzw. Logikpegel. Der Aufbau von Logikschaltungen mit Einzelgattern erfolgt daher nur noch sehr selten.

Rechenbeispiele
Vereinfachung von Gleichungen

Beispiel 1

$Z = \overline{A} \vee B \vee \overline{B} \vee C$
$\qquad B \vee \overline{B} = 1$ (Gl. 8)
$Z = \overline{A} \vee 1 \vee C$
$Z = (\overline{A} \vee C) \vee 1$

Eine Variable ODER 1 ergibt 1 (Gl. 1). Die Klammer ($\overline{A} \vee C$) gilt als eine Variable.
$\underline{Z = 1}$

Beispiel 2

$X = (M \wedge \overline{N}) \vee (M \wedge N \wedge \overline{M})$
$X = (M \wedge \overline{N}) \vee (M \wedge \overline{M} \wedge N)$
$\qquad M \wedge \overline{M} = 0$ (Gl. 4)
$X = (M \wedge \overline{N}) \vee (0 \wedge N)$
$\qquad 0 \wedge N = 0$ (Gl. 1)
$X = (M \wedge \overline{N}) \vee 0$

Eine Variable ODER 0 ergibt die Variable

$X = M \wedge \overline{N}$ (Gl. 5)

Beispiel 3

$Z = B \vee (\overline{A} \wedge B \wedge C) \vee \overline{B}$

Die Reihenfolge der ODER-Verknüpfung ist beliebig. Der Ausdruck $B \vee \overline{B}$ ergibt 1 (Gl. 8).

$Z = B \vee \overline{B} \vee (\overline{A} \wedge B \wedge C) = 1 \vee (\overline{A} \wedge B \wedge C)$

Der Klammerausdruck wird als eine Variable aufgefasst. Eine Variable ODER 1 ergibt 1 (Gl. 6).
$\underline{Z = 1}$

Beispiel 4
$Z = X \wedge (\overline{X} \vee S)$

Nach dem Distributivgesetz (Gl. 14) kann «ausmultipliziert» werden:

$\quad A \wedge (B \vee C) = (A \wedge B) \vee (A \wedge C)$
$Z = X \wedge (\overline{X} \vee S) = (X \wedge \overline{X}) \vee (X \wedge S)$
Der Ausdruck $X \wedge \overline{X}$ ergibt 0 (Gl. 4).

$Z = 0 \vee (X \wedge S)$

Eine Variable ODER 0 ergibt die Variable (Gl. 5). $(X \wedge S)$ gilt als eine Variable.

$\underline{Z = X \wedge S}$

Mit Hilfe einer Wahrheitstabelle kann die Richtigkeit der Rechnung nachgeprüft werden (Bild 4.28).

Fall	C	B	$\overline{B}$	$\overline{B} \vee C$	$Z = B \wedge (\overline{B} \vee C)$	$B \wedge C$
1	0	0	1	1	0	0
2	0	1	0	0	0	0
3	1	0	1	1	0	0
4	1	1	0	1	1	1

Bild 4.28
Wahrheitstabelle zur Ergebniskontrolle

Beispiel 5
$Z = A \vee \overline{B} \wedge \overline{A \vee \overline{B} \vee C}$

Der durchgehende Negationsstrich ist zunächst nach dem 2. De Morganschen Gesetz aufzulösen.

$Z = A \vee (\overline{B} \wedge \overline{A} \wedge \overline{\overline{B}} \wedge \overline{C})$
$Z = A \vee (\overline{B} \wedge \overline{A} \wedge B \wedge \overline{C})$

Die Variablen werden anders sortiert:

$Z = A \vee (\overline{B} \wedge B \wedge \overline{A} \wedge \overline{C})$
$\quad \overline{B} \wedge B = 0$ \hfill (Gl. 4)
$Z = A \wedge (0 \wedge \overline{A} \wedge \overline{C})$

Rechenbeispiele

Eine Variable UND 0 ergibt 0. Der Ausdruck $\overline{A} \wedge \overline{C}$ gilt als eine Variable.

$Z = A \vee 0$
$\underline{Z = A}$ (Gl. 5)

Beispiel 6

$Y = \overline{\overline{\overline{A \wedge X} \vee \overline{\overline{A} \wedge B \wedge X}} \vee \overline{B} \wedge X}$

Zunächst ist der obere Negationsstrich gemäß Gleichung 17 aufzulösen. Doppelte Negationsstriche gleicher Länge heben sich auf und können wegfallen (Gl. 9). Durchgehende Negationsstriche wirken wie Klammern. Wenn sie wegfallen, ist zu prüfen, ob Klammern gesetzt werden müssen oder nicht. Hier sind Klammern erforderlich.

$Y = \overline{\overline{\overline{A \wedge X} \vee \overline{\overline{A} \wedge B \wedge X}} \vee \overline{B} \wedge X}$
$Y = (\overline{A \wedge X} \vee \overline{\overline{A} \wedge B \wedge X}) \wedge \overline{B} \wedge X$

Jetzt können die kleineren Negationsstriche aufgelöst und die Variablen sortiert werden.

$Y = (\overline{A} \vee \overline{X} \vee \overline{\overline{A}} \vee \overline{B} \vee \overline{X}) \wedge \overline{B} \wedge X$
$Y = (\overline{A} \vee A \vee \overline{X} \vee \overline{X} \vee \overline{B}) \wedge \overline{B} \wedge X$
$\quad \overline{A} \vee A = 1$ (Gl. 8)
$\quad \overline{X} \vee \overline{X} = \overline{X}$ (Gl. 7)
$Y = (1 \vee \overline{X} \vee \overline{B}) \wedge \overline{B} \wedge X$
$\quad 1 \vee (\overline{X} \vee \overline{B}) = 1$ (Gl. 6)
$Y = 1 \wedge \overline{B} \wedge X$
$\underline{Y = \overline{B} \wedge X}$

Umrechnungen von Gleichungen

Beispiel 7

Die nachstehende Gleichung soll so umgeformt werden, dass ein Schaltungsaufbau nur mit NAND-Gattern möglich ist.

$Z = [C \vee (N \wedge P \wedge S)] \wedge (\overline{A} \vee \overline{B})$
$Z = \overline{\overline{[C \vee (N \wedge P \wedge S)] \wedge (\overline{A} \vee \overline{B})}}$
$Z = \overline{\overline{C \wedge N \wedge P \wedge S} \wedge \overline{\overline{A} \wedge \overline{B}}}$
$Z = \overline{\overline{C \wedge N \wedge P \wedge S} \wedge \overline{A} \wedge \overline{B}}$
$Z = \overline{\overline{C \wedge N \wedge P \wedge S} \wedge \overline{A \wedge B}}$

Beispiel 8

Folgende Gleichung ist auf NOR-Verknüpfungen umzurechnen.

$$X = \overline{\overline{A \wedge \overline{\overline{C}} \wedge B \wedge \overline{R} \wedge S}}$$
$$X = (\overline{A} \vee \overline{\overline{\overline{C}}}) \wedge (\overline{\overline{B}} \vee \overline{\overline{R}} \vee \overline{\overline{S}})$$
$$X = (\overline{A} \vee C) \wedge (\overline{B} \vee R \vee S)$$
$$X = \overline{\overline{(\overline{A} \vee C) \wedge (\overline{B} \vee R \vee S)}}$$
$$X = \overline{\overline{\overline{A} \vee C} \vee \overline{\overline{B} \vee R \vee S}}$$
$$X = \overline{\overline{\overline{A} \vee C} \vee \overline{B} \vee R \vee S}$$

4.6 Lernziel-Test

1. Nennen Sie die Anzahl der möglichen Konstanten in der Schaltalgebra.
2. Wie wird eine Variable in der Schaltalgebra dargestellt? Welche Beziehungen sind für Variable üblich?
3. Was sagt das Kommutationsgesetz aus?
4. Welche Bedeutung hat das Distributivgesetz?
5. Warum kann man alle möglichen Verknüpfungsschaltungen nur mit NAND-Gattern aufbauen?
6. Welche der beiden Verknüpfungen UND oder ODER binden in einer Gleichung stärker?
7. Wie lauten die beiden De Morganschen Gesetze?
8. Die Grundgatter UND, ODER und NICHT sollen
a) nur mit NAND-Gattern,
b) nur mit NOR-Gattern aufgebaut werden.
   Geben Sie die Schaltbilder an.
9. Folgende Gleichungen sind möglichst weitgehend zu vereinfachen.

   a) $Z = \overline{A} \wedge B \wedge A \wedge A \wedge B \wedge \overline{C}$
   b) $Y = \overline{A} \wedge B \vee \overline{A} \vee C \vee A \wedge \overline{B} \wedge C$
   c) $X = (\overline{A} \wedge B \wedge \overline{C}) \vee (\overline{A} \wedge B \wedge C)$
   d) $Q = \overline{A} \vee \overline{B} \vee \overline{C} \vee (\overline{A} \wedge \overline{B} \wedge \overline{C}) \vee (A \wedge B) \vee (\overline{A} \wedge \overline{C})$
   e) $S = \overline{\overline{A \wedge B} \vee \overline{\overline{B} \wedge C}} \vee (A \wedge B)$

10. Rechnen Sie die Gleichungen so um, dass die Schaltung a) nur mit NAND-Gattern,
    b) nur mit NOR-Gattern aufgebaut werden kann.

   a) $Z = (A \wedge S \wedge R) \vee (Q \wedge \overline{C} \wedge \overline{B})$
   b) $Y = \overline{A \vee B} \wedge \overline{C \vee D}$
   c) $X = (A \vee B \vee C) \wedge (\overline{M} \vee \overline{N} \vee \overline{P}) \wedge (R \vee S)$
   d) $Q = \overline{(\overline{A} \wedge B)} \vee C \vee D \wedge \overline{S \vee R}$
   e) $Q = A \wedge \overline{B} \wedge \overline{C} \wedge D \vee P \wedge Q \wedge S$

5 Schaltungssynthese

5.1 Aufbau von Verknüpfungsschaltungen nach vorgegebenen Bedingungen

Digitale Schaltungen werden als sog. logische Verknüpfungsschaltungen für die unterschiedlichsten Steuerungs- und Rechenzwecke benötigt. Der Entwurf solcher Schaltungen wird Schaltungssynthese genannt.

Vor Beginn der Schaltungssynthese muss die Aufgabe, die die Schaltung erfüllen soll, vollständig und widerspruchsfrei formuliert werden. Sprachliche Formulierungen geben oft Anlass zu Missverständnissen. Die Beschreibung muss daher sehr sorgfältig erfolgen.

Zunächst sind die Eingangsvariablen der benötigten Schaltung zu benennen. Man verwendet für die Eingangsvariablen große Buchstaben vom Anfang des Alphabets her mit oder ohne Indexzahlen.

Definition
  Eingangsvariable: z. B. A, B, C, D, E, F, G, E_1, E_2, E_3

Danach legt man die Ausgangsvariablen fest. Hier ist es üblich, große Buchstaben vom Ende des Alphabets her zu verwenden.

Definition
  Ausgangsvariable: z. B. Z, Y, X, V_1, V_2, V_3

Es muss dann unbedingt angegeben werden, unter welchen Bedingungen die Variablen 1 und 0 sein sollen.

Wenn die vorgenannten Festlegungen getroffen worden sind, kann mit dem Erstellen der Wahrheitstabelle begonnen werden. Jetzt zeigt es sich, ob die sprachliche Formulierung eindeutig war. Gibt es bei einigen der möglichen Fälle der Wahrheitstabelle Unklarheiten, müssen diese zunächst geklärt werden.

Grundsatz
  Die Wahrheitstabelle gibt eine eindeutige Aussage, wie die gesuchte Schaltung arbeiten soll.

Nach dem Aufstellen der Wahrheitstabelle geht es darum, eine logische Verknüpfungsschaltung zu finden, die die Wahrheitstabelle erfüllt. Diese Schaltung sollte möglichst einfach und mit den zur Verfügung stehenden Verknüpfungsgattern aufbaubar sein.

Man wird versuchen, die gefundene Schaltung möglichst weitgehend zu vereinfachen. Sollten z.B. nur NAND-Gatter zur Verfügung stehen, muss die Schaltung so umgeformt werden, dass sie mit NAND-Gattern aufbaubar wird. Man kann bei der Schaltungssynthese also 5 Schritte unterscheiden:

1. Beschreibung der Funktion der gesuchten Schaltung.
2. Festlegung der Eingangs- und Ausgangsvariablen und der Bedeutung von 0 und 1.
3. Erstellen der Wahrheitstabelle.
4. Bestimmen der logischen Verknüpfungsschaltung.
5. Vereinfachung und gegebenenfalls Umformung der Schaltung.

Diese Schritte sollen an einem Beispiel näher erläutert werden.

Beispiele

Durch eine Sicherheitsschaltung soll das Abfahren eines Fahrstuhlkorbes unter bestimmten Bedingungen verhindert werden.

Schritt 1
Beschreibung der Funktion der gesuchten Schaltung.
Der Fahrstuhlkorb darf nicht abfahren, wenn die Tür noch geöffnet ist. Er darf ebenfalls nicht abfahren, wenn er überlastet ist. Zum Abfahren ist das Drücken des Fahrknopfes erforderlich.

Schritt 2
Festlegung der Eingangs- und Ausgangsvariablen.
Die Eingangsvariable A wird dem Türkontakt zugeordnet. A = 1 bedeutet Türkontakt geschlossen. A = 0 bedeutet Türkontakt offen.
Die Eingangsvariable B wird dem Überlastschalter zugeordnet (B = 1: Überlastung, B = 0: keine Überlastung).
Die Eingangsvariable C soll zum Fahrknopf gehören (C = 1: Fahrknopf gedrückt, C = 0: Fahrknopf nicht gedrückt).
Die Ausgangsvariable sei Z. Z = 1 bedeutet, dass der Fahrstuhlkorb fahren darf. Z = 0 bedeutet, dass der Fahrstuhlkorb nicht fahren darf.

Schritt 3
Erstellen der Wahrheitstabelle.

Fall	C	B	A	Z
1	0	0	0	0
2	0	0	1	0
3	0	1	0	0
4	0	1	1	0
5	1	0	0	0
6	1	0	1	1
7	1	1	0	0
8	1	1	1	0

Bild 5.1
Wahrheitstabelle der
Fahrstuhl-Sicherheitsschaltung

Wir haben 3 Variable. Die Wahrheitstabelle hat also 8 mögliche Fälle (Bild 5.1). Der Fahrstuhl darf nur abfahren, wenn die Tür geschlossen ist (A = 1) und wenn keine Überlastung besteht (B = 0) und wenn der Fahrtknopf gedrückt ist (C = 1).
Diese Bedingungen erfüllt nur der Fall 6 der Wahrheitstabelle Bild 5.1. Für diesen Fall muss Z = 1 sein. Alle anderen Fälle haben Z = 0.

Schritt 4
Bestimmen der logischen Verknüpfungsschaltung.

Aufbau von Verknüpfungsschaltungen nach vorgegebenen Bedingungen

Ist die Wahrheitstabelle bekannt, so kann die Schaltung berechnet werden. Dieses Berechnungsverfahren wird etwas später erläutert. Bei diesen noch recht einfachen Zusammenhängen kann man durch Überlegen und Probieren zum Ziel kommen.
Z ist nur dann 1, wenn A = 1, B = 0 und C = 1 ist. Führt man den Eingang B auf ein NICHT-Gatter, so liegt am Ausgang dieses NICHT-Gatters der Zustand 1. Mit A = 1, $\bar{B}$ = 1 und C = 1 hat man jetzt drei 1-Zustände. Diese werden auf ein UND-Gatter mit 3 Eingängen gegeben (Bild 5.2). Am Ausgang des UND-Gatters liegt nur dann 1, wenn A = 1, B = 0 und C = 1 ist. Dieser Ausgang ist der Z-Ausgang. Bild 5.2 zeigt somit die gesuchte Fahrstuhl-Sicherheitsschaltung. Z = 1 bedeutet z.B., dass am Ausgang Z eine Spannung von + 5 V anliegt. Mit dieser Spannung kann ein Relais geschaltet werden, das den Fahrstuhlmotor anlaufen lässt.

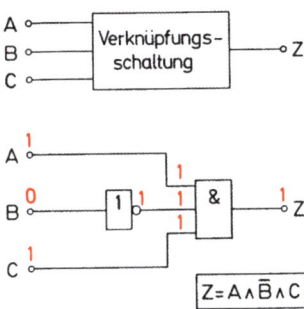

Bild 5.2
Fahrstuhl-Sicherheitsschaltung

Für das Finden einer Schaltung durch Überlegen und Probieren gilt:

Definition
Die Verknüpfungen von Eingangsvariablen und ihrer Negationen durch UND bzw., wenn nötig, weitere Verknüpfungen durch ODER führen in den meisten Fällen zu einer möglichen Form der gesuchten Schaltung.

Schritt 5
Vereinfachung und gegebenenfalls Umformung der Schaltung.
Die in Bild 5.2 gefundene Schaltung lässt sich nicht weiter vereinfachen. Sie lässt sich aber sehr wohl umformen. Nehmen wir an, es stehen nur NOR-Gatter zur Verfügung. Die Gleichung $Z = A \wedge \bar{B} \wedge C$ kann dann wie folgt umgerechnet werden:

$$Z = A \wedge \bar{B} \wedge C = \overline{\overline{A \wedge \bar{B} \wedge C}} = \overline{\bar{A} \vee B \vee \bar{C}}$$

Die mit NOR-Gattern aufgebaute Schaltung zeigt Bild 5.3.

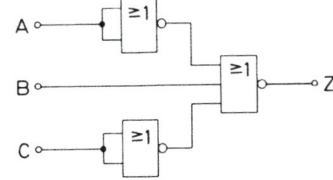

Bild 5.3
Fahrstuhl-Sicherheitsschaltung, mit NOR-Gattern aufgebaut

5.2 Normalformen

Bestimmte vereinbarte Gleichungsformen werden in der Mathematik als Normalformen bezeichnet. Für bestimmte Zwecke sind Gleichungen in solche Normalformen zu überführen.

5.2.1 Disjunktive Normalform (DNF)

Die disjunktive Normalform (von Disjunktion = ODER-Verknüpfung) ist die Form einer schaltalgebraischen Gleichung, in der sog. Vollkonjunktionen miteinander durch ODER verknüpft sind.

Definition
Unter einer Vollkonjunktion (auch: Minterm) versteht man eine UND-Verknüpfung, in der alle vorhandenen Variablen einmal vorkommen – entweder negiert oder nicht negiert (Konjunktion = UND-Verknüpfung).

Sind beispielsweise die beiden Variablen A und B vorgegeben, so ergeben sich 4 mögliche Vollkonjunktionen:

$A \wedge B \qquad\qquad \overline{A} \wedge B \qquad\qquad A \wedge \overline{B} \qquad\qquad \overline{A} \wedge \overline{B}$

Definition
Eine disjunktive Normalform besteht aus mehreren Vollkonjunktionen, die durch ODER verknüpft sind. Sie kann auch aus einer einzigen Vollkonjunktion bestehen.

Alle nur möglichen Verknüpfungsgleichungen lassen sich als DNF darstellen.
    Jede DNF hat eine enge Beziehung zu einer Wahrheitstabelle. Das soll an einigen Beispielen gezeigt werden. Gesucht ist die Wahrheitstabelle für $Z_1 = (A \wedge B) \vee (\overline{A} \wedge \overline{B})$. Sie ist in Bild 5.4 dargestellt. Z1 ist eine DNF aus zwei Vollkonjunktionen. Wir stellen fest, Z_1 hat zwei 1-Zustände, und zwar in den Fällen 1 und 4.
    Nun betrachten wir die Wahrheitstabelle für die DNF Z_2 $(A \wedge B) \vee (\overline{A} \wedge B) \vee (\overline{A} \wedge \overline{B})$ in Bild 5.5. Z2 ist eine DNF aus drei Vollkonjunktionen Z_2 hat drei 1-Zustände.

Fall	B	A	$\overline{B}$	$\overline{A}$	A∧B	$\overline{A}\wedge\overline{B}$	$Z_1 = (A\wedge B)\vee(\overline{A}\wedge\overline{B})$
1	0	0	1	1	0	1	1
2	0	1	1	0	0	0	0
3	1	0	0	1	0	0	0
4	1	1	0	0	1	0	1

$Z_1 = (A\wedge B)\vee(\overline{A}\wedge\overline{B})$

Bild 5.4
Wahrheitstabelle für Z_1

Normalformen

Fall	B	A	$\bar{B}$	$\bar{A}$	$A \wedge B$	$\bar{A} \wedge B$	$\bar{A} \wedge \bar{B}$	$Z_2 = (A \wedge B) \vee (\bar{A} \wedge B) \vee (\bar{A} \wedge \bar{B})$
1	0	0	1	1	0	0	1	1
2	0	1	1	0	0	0	0	0
3	1	0	0	1	0	1	0	1
4	1	1	0	0	1	0	0	1

$$Z_2 = (A \wedge B) \vee (\bar{A} \wedge B) \vee (\bar{A} \wedge \bar{B})$$

Bild 5.5
Wahrheitstabelle für Z_2

Fall	B	A	$\bar{B}$	$\bar{A}$	$Z_3 = \bar{A} \wedge \bar{B}$
1	0	0	1	1	1 → $\bar{A} \wedge \bar{B}$
2	0	1	1	0	0
3	1	0	0	1	0
4	1	1	0	0	0

$$Z_3 = \bar{A} \wedge \bar{B}$$

Bild 5.6
Wahrheitstabelle für Z_3

Die Wahrheitstabelle für die DNF $Z_3 = \bar{A} \wedge \bar{B}$ zeigt Bild 5.6. Z_3 hat einen 1-Zustand.

Hieraus können wir schließen:

Definition

Die Anzahl der 1-Zustände in der Ausgangsspalte einer Wahrheitstabelle (hier Z-Spalte) ist gleich der Anzahl der Vollkonjunktionen der disjunktiven Normalform (DNF).

Zu jeder 1 in der Z-Spalte gehört also vermutlich eine Vollkonjunktion. Bild 5.8 zeigt das deutlich. Wir haben vier mögliche 1-Zustände und 4 Vollkonjunktionen. Welche Vollkonjunktion gehört nun zu welchem 1-Zustand?
Der 1-Zustand der Vollkonjunktion $\bar{A} \wedge \bar{B}$ ergibt sich aus Bild 5.6. Die Wahrheitstabelle der Vollkonjunktion $A \wedge B$ zeigt Bild 5.7. Wir können hieraus schließen:

Definition

Hat in einem betrachteten Fall (1 bis 4) der Wahrheitstabelle eine Variable den Wert 0, tritt sie in der zugehörigen Vollkonjunktion negiert auf. Hat eine Variable hier den Wert 1, tritt sie in der Vollkonjunktion nicht negiert auf.

Fall	B	A	Z	
1	0	0	0	
2	0	1	0	
3	1	0	0	
4	1	1	1	⇒ $A \wedge B$

Bild 5.7
Wahrheitstabelle der Vollkonjunktion $A \wedge B$

Fall	B	A	Z	
1	0	0	1	⇒ $\bar{A} \wedge \bar{B}$
2	0	1	1	⇒ $A \wedge \bar{B}$
3	1	0	1	⇒ $\bar{A} \wedge B$
4	1	1	1	⇒ $A \wedge B$

Bild 5.8
Zuordnung der Vollkonjunktionen zu den möglichen 1-Zuständen

Schaltungssynthese

Die Zuordnung der Vollkonjunktionen zu den möglichen 1-Zuständen zeigt Bild 5.8.

Definition

Jeder 1-Zustand in der Ausgangsspalte (Z-Spalte) einer Wahrheitstabelle führt auf eine Vollkonjunktion.

Definition

Bei mehreren Vollkonjunktionen ergibt sich die DNF durch ODER-Verknüpfung der Vollkonjunktionen.

Damit ist der Zusammenhang zwischen Wahrheitstabelle und DNF geklärt. Mit diesen Kenntnissen kann man die zu einer beliebigen Wahrheitstabelle gehörende DNF leicht aufstellen.

Grundsatz

Die disjunktive Normalform (DNF) stellt den Informationsinhalt einer Wahrheitstabelle als schaltalgebraische Gleichung dar.

Beispiel

Gegeben ist die Wahrheitstabelle nach Bild 5.8a. Gesucht ist die zugehörige DNF. Jeder 1-Zustand in der Z-Spalte führt auf eine Vollkonjunktion. Die 0-Zustände der Z-Spalte braucht man nicht zu beachten.
Betrachten wir den Fall 2 in Bild 5.8a. Die Variable A ist hier 1. Diese Variable erscheint daher nicht negiert in der Vollkonjunktion. Die Variablen B und C haben den Wert 0. Sie erscheinen in der Vollkonjunktion in negierter Form. Die Vollkonjunktion für den Fall 2 lautet also:

Fall	C	B	A	Z	
1	0	0	0	0	
2	0	0	1	1	$\Rightarrow A \wedge \bar{B} \wedge \bar{C}$
3	0	1	0	0	
4	0	1	1	0	
5	1	0	0	1	$\Rightarrow \bar{A} \wedge \bar{B} \wedge C$
6	1	0	1	0	
7	1	1	0	0	
8	1	1	1	1	$\Rightarrow A \wedge B \wedge C$

Bild 5.8a
Wahrheitstabelle

$A \wedge \bar{B} \wedge \bar{C}$

Entsprechend ergibt sich für den Fall 5 die Vollkonjunktion $\bar{A} \wedge \bar{B} \wedge C$ und für den Fall 8 die Vollkonjunktion $A \wedge B \wedge C$.
Alle vorhandenen Vollkonjunktionen werden nun durch ODER verknüpft und ergeben die DNF:

$$Z = (A \wedge \bar{B} \wedge \bar{C}) \vee (\bar{A} \wedge \bar{B} \wedge C) \vee (A \wedge B \wedge C)$$

Normalformen

Diese DNF stellt den Informationsinhalt der Wahrheitstabelle Bild 5.8a dar. Man kann die DNF wie eine beliebige schaltalgebraische Gleichung in eine Wahrheitstabelle zurückverwandeln. Für die oben angegebene DNF muss sich die Wahrheitstabelle nach Bild 5.8a ergeben. Dies soll ausprobiert werden. Das Ergebnis zeigt Bild 5.9.

Bild 5.9
Rückverwandlung einer
DNF in eine Wahrheitstabelle

Fall	C	B	A	$\bar{B}$	$\bar{A}$	$A \wedge \bar{B} \wedge \bar{C}$	$\bar{A} \wedge \bar{B} \wedge C$	$A \wedge B \wedge C$	Z
1	0	0	0	1	1	0	0	0	0
2	0	0	1	1	0	1	0	0	1
3	0	1	0	0	1	0	0	0	0
4	0	1	1	0	0	0	0	0	0
5	1	0	0	1	1	0	1	0	1
6	1	0	1	1	0	0	0	0	0
7	1	1	0	0	1	0	0	0	0
8	1	1	1	0	0	0	0	1	1

Mit Hilfe der ODER-Normalform ist es also leicht möglich, für eine gegebene oder aus einer Problembeschreibung gefundene Wahrheitstabelle die zugehörige schaltalgebraische Gleichung zu erstellen. Ein Probieren ist nicht mehr nötig. Die Synthese auch recht komplizierter Verknüpfungsschaltungen ist nunmehr ohne größere Schwierigkeiten durchführbar.

5.2.2 Konjunktive Normalform (KNF)

Die konjunktive Normalform (von Konjunktion = UND-Verknüpfung) ist eine schaltalgebraische Gleichung, in der sog. Volldisjunktionen durch UND verknüpft sind.

Definition
Unter einer Volldisjunktion (auch: Maxterm) versteht man eine ODER-Verknüpfung, in der alle vorhandenen Variablen einmal vorkommen – entweder negiert oder nicht negiert (Disjunktion = ODER-Verknüpfung).

Bei 2 Variablen, z.B. A und B, sind 4 Volldisjunktionen möglich:

$A \vee B$ $\qquad$ $\bar{A} \vee B$ $\qquad$ $A \vee \bar{B}$ $\qquad$ $\bar{A} \vee \bar{B}$

Definition
Eine konjunktive Normalform (KNF) besteht aus mehreren Volldisjunktionen, die durch UND verknüpft sind. Sie kann auch aus einer einzigen Volldisjunktion bestehen.

Wenn man das Arbeiten mit der DNF beherrscht, benötigt man die KNF nicht. Eine KNF kann leicht in eine DNF umgerechnet werden.

Beispiel

Die KNF Z = (A ∨ B̄) ∧ (Ā ∨ B) soll in eine DNF umgerechnet werden.

$$Z = (A \vee \bar{B}) \wedge (\bar{A} \vee B)$$
$$Z = \overline{\overline{(A \vee \bar{B}) \wedge (\bar{A} \vee B)}}$$
$$Z = \overline{\overline{A \vee \bar{B}} \vee \overline{\bar{A} \vee B}}$$
$$Z = \overline{(\bar{A} \wedge B) \vee (A \wedge \bar{B})}$$
$$\bar{Z} = (\bar{A} \wedge B) \vee (A \wedge \bar{B})$$

5.3 Vereinfachung und Umformung der disjunktiven Normalform (DNF) mit Hilfe der Schaltalgebra

5.3.1 Vereinfachung der DNF

Die DNF gibt den Informationsinhalt einer Wahrheitstabelle als schaltalgebraische Gleichung wieder. Nach dieser Gleichung kann die gesuchte Schaltung aufgebaut werden.

Grundsatz

Aus der DNF ergibt sich eine Schaltung, die die zugehörige Wahrheitstabelle erfüllt.

Diese Schaltung ist aber oft nicht die einfachstmögliche Schaltung. In vielen Fällen lässt sich die DNF weiter vereinfachen. Diese Vereinfachung kann mit Hilfe der Schaltalgebra vorgenommen werden.

Beispiel 1

Die DNF Z = (A ∧ B) ∨ (A ∧ B̄) soll vereinfacht werden. Da beide Vollkonjunktionen die gemeinsame Variable A enthalten, kann A mit Hilfe des Distributivgesetzes ausgeklammert werden:

$$Z = (A \wedge B) \vee (A \wedge \bar{B})$$
$$Z = A \wedge (B \vee \bar{B})$$

Der Ausdruck B ∨ B̄ hat stets den Wert 1 (siehe Kapitel 4).

$$Z = A \wedge 1$$

Eine Variable durch UND verknüpft mit 1 ergibt die Variable. Das Ergebnis der Vereinfachung der DNF ist:
$$\underline{Z = A}$$

Vereinfachung und Umformung der disjunktiven Normalform (DNF)

Beispiel 2

Wie weit kann man die nachstehende DNF vereinfachen?

$$Z = \underbrace{(\overline{A} \wedge B \wedge C)}_{①} \vee \underbrace{(\overline{A} \wedge B \wedge \overline{C})}_{②} \vee \underbrace{(\overline{A} \wedge \overline{B} \wedge C)}_{③} \vee \underbrace{(\overline{A} \wedge \overline{B} \wedge \overline{C})}_{④}$$

Zunächst lassen sich die Vollkonjunktionen ① und ② vereinfachen. $\overline{A} \wedge B$ wird als eine Variable aufgefasst und ausgeklammert.

$\quad ((\overline{A} \wedge B) \wedge C) \vee ((\overline{A} \wedge B) \wedge \overline{C})$
$= (\overline{A} \wedge B) \wedge (C \vee \overline{C})$
$= (\overline{A} \wedge B) \wedge 1$
$= (\overline{A} \wedge B)$

Ebenfalls lassen sich die Vollkonjunktionen ③ und ④ vereinfachen. $\overline{A} \wedge \overline{B}$ wird als eine Variable aufgefasst und ausgeklammert.

$\quad ((\overline{A} \wedge \overline{B}) \wedge C) \vee ((\overline{A} \wedge \overline{B}) \wedge \overline{C})$
$= (\overline{A} \wedge \overline{B}) \wedge (C \vee \overline{C})$
$= (\overline{A} \wedge \overline{B}) \wedge 1$
$= (\overline{A} \wedge \overline{B})$

Für Z gilt dann:

$Z = (\overline{A} \wedge B) \vee (\overline{A} \wedge \overline{B})$

Aus dieser Gleichung kann $\overline{A}$ als gemeinsam vorkommende Variable ausgeklammert werden.

$Z = \overline{A} \wedge (B \vee \overline{B})$
$Z = \overline{A} \wedge 1$
$\underline{Z = \overline{A}}$

Die recht umfangreiche DNF konnte in diesem Fall sehr stark vereinfacht werden. Eine so starke Vereinfachung ist in vielen Fällen nicht möglich. Es gibt auch viele DNFen, die sich nicht mehr vereinfachen lassen.

Beispiel 3

Versuchen Sie, die DNF $Z = (A \wedge B \wedge \overline{C}) \vee (\overline{A} \wedge \overline{B} \wedge \overline{C})$ zu vereinfachen.
Die Variable $\overline{C}$ kommt in beiden Vollkonjunktionen vor. Sie kann ausgeklammert werden.

$Z = \overline{C} \wedge [(A \wedge B) \vee (\overline{A} \wedge \overline{B})]$

Man kann sich jetzt darüber streiten, ob die Gleichung durch das Ausklammern von $\overline{C}$ einfacher geworden ist. Eine Entscheidung darüber kann man erst treffen, wenn

Schaltungssynthese

es um die Verwirklichung der Schaltung mit realen Bausteinen geht. Ein wesentlicher Vorteil ergibt sich jedenfalls nicht.

5.3.2 Umformung der DNF

Eine Schaltung, die nach der DNF aufgebaut wird, muss mit Grundgattern aufgebaut werden. In vielen Fällen möchte man andere Gatter verwenden, z.B. NAND-Gatter oder auch NOR-Gatter. Die DNF muss in diesen Fällen umgeformt werden.

Die Umformung einer DNF auf NAND-Verknüpfungen ist sehr einfach. Die DNF wird zunächst doppelt negiert. Die doppelte Negation ändert ja bekanntlich den Inhalt der Gleichung nicht. Dann wird der untere Negationsstrich nach dem 2. De Morganschen Gesetz aufgespalten.

Beispiel 1

$$Z = (\overline{A} \wedge B \wedge \overline{C}) \vee (A \wedge \overline{B} \wedge C)$$

$$Z = \overline{\overline{(\overline{A} \wedge B \wedge \overline{C}) \vee (A \wedge \overline{B} \wedge C)}}$$

$$Z = \overline{\overline{\overline{A} \wedge B \wedge \overline{C}} \wedge \overline{A \wedge \overline{B} \wedge C}}$$

Die sich aus der Gleichung ergebende Schaltung ist in Bild 5.10 dargestellt.

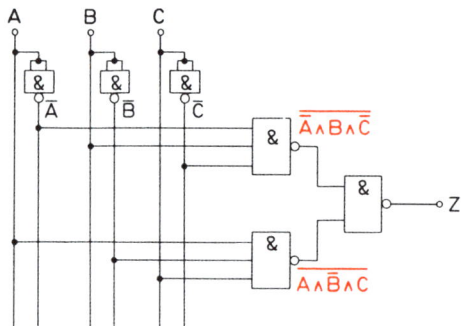

Bild 5.10
Schaltung, nur mit NAND-Gattern aufgebaut

Soll die DNF so umgeformt werden, dass ein Schaltungsaufbau nur mit NOR-Gattern möglich ist, wird empfohlen, jede Vollkonjunktion für sich doppelt zu negieren und jeweils den unteren Negationsstrich nach dem 1. De Morganschen Gesetz aufzulösen. Danach muss noch der gesamte Ausdruck doppelt negiert werden.

Beispiel 2

$$Z = (\overline{A} \wedge B \wedge \overline{C}) \vee (A \wedge \overline{B} \wedge C)$$

$$Z = (\overline{\overline{\overline{A} \wedge B \wedge \overline{C}}}) \vee (\overline{\overline{A \wedge \overline{B} \wedge C}})$$

$$Z = \overline{A \vee \overline{B} \vee C} \vee \overline{\overline{A} \vee B \vee \overline{C}}$$

$$Z = \overline{\overline{\overline{A \vee \overline{B} \vee C} \vee \overline{\overline{A} \vee B \vee \overline{C}}}}$$

Die Schaltung zu dieser Gleichung zeigt Bild 5.11.

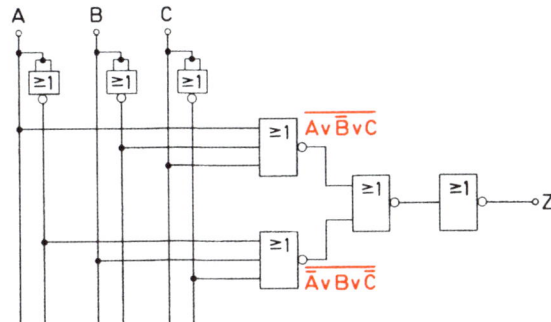

Bild 5.11
Schaltung, nur mit
NOR-Gattern aufgebaut

***Kanonische d**isjunktive **N**ormalform* (KDNF) **und *kanonische konjunktive Normalform* (KKNF)**
Die KDNF enthält ausschließlich Vollkonjunktionen, die alle Eingangsvariablen enthalten und die jeweils nur einmal vorkommen. Alle Vollkonjunktionen der DNF sind zudem verschieden. Für jede Verknüpfung von Eingangsvariablen gibt es exakt eine KDNF.
Die KKNF enthält ausschließlich Volldisjunktionen, die alle Eingangsvariablen enthalten und die jeweils nur einmal vorkommen. Alle Volldisjunktionen sind zudem verschieden. Für jede Verknüpfung von Eingangsvariablen gibt es exakt eine KKNF.

5.4 KV-Diagramme

KV-Diagramme dienen der übersichtlichen Darstellung und der Vereinfachung von DNF. Sie wurden von KARNAUGH und VEITCH entwickelt und werden auch als Karnaugh-Diagramme bezeichnet.

5.4.1 KV-Diagramme für 2 Variable

KV-Diagramme können auch als Wahrheitstabellen für Vollkonjunktionen aufgefasst werden.

Grundsatz
  Ein KV-Diagramm hat stets so viele Plätze, wie Vollkonjunktionen möglich sind.

Bei 2 Variablen sind 4 verschiedene Vollkonjunktionen möglich. Ein KV-Diagramm für 2 Variable muss also 4 Plätze haben (siehe Bild 5.12). An die Ränder des KV-Diagrammes werden die Variablen geschrieben. Jede Variable muss in negierter und in nichtnegierter Form dargestellt sein (Bild 5.12).

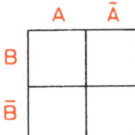

Bild 5.12
KV-Diagramm für 2 Variable (A, B)

	A	Ā
B	A∧B	Ā∧B
B̄	A∧B̄	Ā∧B̄

Bild 5.13
KV-Diagramm für 2 Variable (A, B)
mit Eintrag der Vollkonjunktionen

Die an den Rändern eines KV-Diagramms stehenden Variablen haben Koordinatencharakter. Sie bestimmen, welche Vollkonjunktion in welches Feld gehört. In Bild 5.13 sind die 4 Vollkonjunktionen in ihre Plätze eingetragen worden.

Der Platz für die Vollkonjunktion $A \wedge B$ ist durch die Koordinaten A und B gekennzeichnet (Bild 5.13). Entsprechend hat der Platz für die Vollkonjunktion $\bar{A} \wedge B$ die Koordinaten Ā und B. Da die Vollkonjunktionen durch die Koordinaten ihres Platzes festgelegt sind, ist es nicht erforderlich, sie, wie in Bild 5.13 geschehen, in vollständiger Schreibweise in ihre Plätze einzutragen. Das Vorhandensein einer Vollkonjunktion kann durch eine 1 auf dem entsprechenden Platz angegeben werden.

ⓘ Definition
Eine 1 auf einem Platz eines KV-Diagramms steht für eine Vollkonjunktion.

Im KV-Diagramm nach Bild 5.14 sind die Vollkonjunktionen $A \wedge \bar{B}$ und $\bar{A} \wedge \bar{B}$ eingetragen. Das KV-Diagramm enthält die DNF.

$$Z = (A \wedge \bar{B}) \vee (\bar{A} \wedge \bar{B})$$

Dass die Vollkonjunktionen zu Z gehören, wird durch die Einzeichnung von Z links oben in Bild 5.14 angegeben.

Nicht vorhandene Vollkonjunktionen werden durch eine 0 auf dem entsprechenden Feld oder durch ein leeres Feld angegeben.

ⓘ Grundsatz
Die Zuordnung der Variablen zu den Koordinaten eines KV-Diagramms kann beliebig erfolgen.

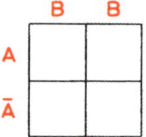

Bild 5.14
KV-Diagramm mit DNF
$Z = (A \wedge \bar{B}) \vee (\bar{A} \wedge \bar{B})$

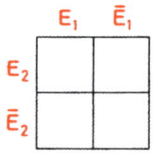

Bild 5.15
KV-Diagramme mit geänderten Koordinatenangaben

KV-Diagramme

Bild 5.16
KV-Diagramm mit DNF

Es ist also möglich, A und B im KV-Diagramm zu vertauschen (Bild 5.15). Selbstverständlich können die Variablen auch ganz andere Bezeichnungen haben, z.B. E_1 und E_2. Negierte und nicht negierte Form einer Variablen müssen jedoch an der gleichen Diagrammseite stehen.

Eine andere Zuordnung der Variablen zu den Koordinaten führt natürlich auch zu einer anderen Platzverteilung für die Vollkonjunktionen.

Es wird empfohlen, ein bestimmtes Zuordnungsschema beizubehalten und dieses nicht ohne Grund zu ändern. Man erleichtert sich die Arbeit, wenn man der 1. Variablen (z.B. A) und ihrer Negation stets die obere Diagrammseite zuweist. Die 2. Variable (z.B. B) und ihre Negation stehen dann an der linken Diagrammseite.

Das Eintragen einer DNF in ein KV-Diagramm wird in Beispiel 1 gezeigt, in Beispiel 2 das Ablesen einer DNF aus einem KV-Diagramm.

Beispiel 1
Die DNF $Z = (\overline{A} \wedge B) \vee (A \wedge B) \vee (\overline{A} \wedge \overline{B})$ ist in ein KV-Diagramm einzutragen. Zunächst ist das KV-Diagramm mit den Koordinatenangaben zu zeichnen. Die Plätze der in der DNF vorhandenen Vollkonjunktionen sind aufzusuchen und mit 1 zu kennzeichnen. Das Ergebnis zeigt Bild 5.16.

Beispiel 2
Wie lautet die DNF, die im KV-Diagramm Bild 5.17 dargestellt ist?
Die DNF hat 2 Vollkonjunktionen, die eine ist $\overline{A} \wedge B$, die andere $A \wedge \overline{B}$. Die DNF lautet daher:

$W = (\overline{A} \wedge B) \vee (A \wedge \overline{B})$

Die in einem KV-Diagramm dargestellte DNF kann bei Vorliegen bestimmter Bedingungen vereinfacht werden.

Grundsatz
Sind Vollkonjunktionen «benachbart», können sie in «Päckchen» zusammengefasst werden.

Bild 5.17
KV-Diagramm mit DNF

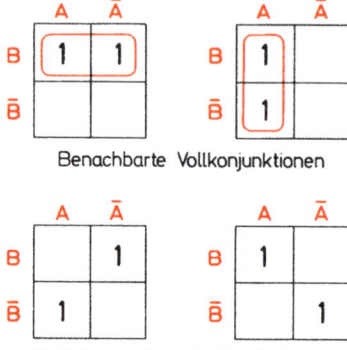

Bild 5.18
Benachbarte und nicht benachbarte Vollkonjunktionen

Als benachbart gelten Vollkonjunktionen, deren Plätze mit einer Seite aneinander stoßen (Bild 5.18). Stoßen die Plätze nur mit einer Ecke aneinander, sind die zugehörigen Vollkonjunktionen nicht benachbart.

Grundsatz

In einem Päckchen dürfen 2 oder 4 benachbarte Vollkonjunktionen zusammengefasst werden.

Jedes Päckchen hat bestimmte Koordinatenbezeichnungen. Das Päckchen im KV-Diagramm links oben in Bild 5.18 hat an einer Seite die Koordinatenbezeichnung B, an der anderen Seite die Koordinatenbezeichnungen A und $\overline{A}$.

Definition

Der Inhalt eines Päckchens ergibt sich aus seinen Koordinatenbezeichnungen. Variable, die als Koordinaten negiert und nichtnegiert auftreten, entfallen.

Das in Bild 5.19 dargestellte Päckchen hat die Koordinaten A, B und $\overline{B}$. Die Variable B tritt negiert und nichtnegiert auf. Sie entfällt also. Der Inhalt des Päckchens ist A. Die DNF $Y = (A \wedge B) \vee (A \wedge \overline{B})$ wurde vereinfacht zu $Y = A$. Diese Vereinfachung kann mit Hilfe der Schaltalgebra überprüft werden:

$Y = (A \wedge B) \vee (A \wedge \overline{B})$
$Y = A \wedge (B \vee \overline{B})$
$Y = A \wedge 1$
$\underline{Y = A}$

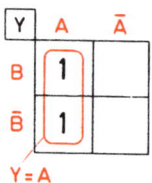

Bild 5.19
Päckchenbildung im KV-Diagramm

KV-Diagramme 83

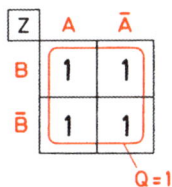

Bild 5.20
KV-Diagramm mit Viererpäckchen

Ein Sonderfall ist hier ein Päckchen mit 4 Vollkonjunktionen (Bild 5.20). Es hat die Koordinaten A, $\overline{A}$, B, $\overline{B}$. Das bedeutet, dass die Variablen A und B entfallen. Das Päckchen hat den Inhalt 1. Die Richtigkeit dieser Angabe lässt sich mit Hilfe der Wahrheitstabelle nachprüfen. Auch die Schaltalgebra führt zu diesem Ergebnis:

$Z = (A \wedge B) \vee (A \wedge \overline{B}) \vee (\overline{A} \wedge B) \vee (\overline{A} \wedge \overline{B})$
$Z = [A \wedge (B \vee \overline{B})] \vee [\overline{A} \wedge (B \vee \overline{B})]$
$Z = (A \wedge 1) \vee (\overline{A} \wedge 1)$
$Z = A \vee \overline{A}$
$Z = 1$

In einem KV-Diagramm können mehrere Päckchen gebildet werden (Bild 5.21). Eine Vollkonjunktion kann in mehreren Päckchen vorhanden sein.

Grundsatz
> Bei mehreren Päckchen ergibt sich die vereinfachte Gleichung als ODER-Verknüpfung der einzelnen Päckcheninhalte.

Für das KV-Diagramm in Bild 5.21 ergeben sich die Päckcheninhalte A und $\overline{B}$. Die vereinfachte Gleichung lautet:

$Z = A \vee \overline{B}$

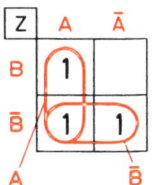

Bild 5.21
KV-Diagramm mit mehreren Päckchen

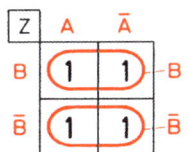

Bild 5.22
KV-Diagramm mit 2 Zweierpäckchen

In dem KV-Diagramm Bild 5.20 könnte man auch 2 Zweierpäckchen machen. Man bekäme dann eine vereinfachte Gleichung, die noch nicht die einfachste Form hat. Probieren wir es einmal. Bild 5.22 zeigt ein KV-Diagramm mit einer solchen Päckchenbildung. Die Päckchen haben die Inhalte B und $\overline{B}$. Die vereinfachte Gleichung lautet somit:

$Z = B \vee \overline{B}$

Verknüpft man eine Variable und ihre Negation durch ODER, so ergibt das nach den Regeln der Schaltalgebra 1. Die einfachste Form der Gleichung ist also Z = 1.

Grundsatz
Um die größte Gleichungsvereinfachung zu erreichen, sind die Päckchen stets so groß wie möglich zu bilden.

Zur Vertiefung der Kenntnisse wird Beispiel 3 gelöst.

Beispiel 3
Die DNF $X = (\overline{A} \wedge \overline{B}) \vee (\overline{A} \wedge B) \vee (A \wedge \overline{B})$ soll in ein KV-Diagramm eingetragen und möglichst weitgehend vereinfacht werden. Wie lautet die vereinfachte Gleichung? Zuerst werden die Vollkonjunktionen in das KV-Diagramm eingetragen (Bild 5.23).

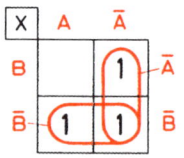

Bild 5.23
KV-Diagramm zu Beispiel 3

Danach werden 2 Zweierpäckchen gebildet. Diese haben die Inhalte $\overline{A}$ und $\overline{B}$. Die vereinfachte Gleichung lautet:

$X = \overline{A} \vee \overline{B}$

5.4.2 KV-Diagramme für 3 Variable

Bei 3 Variablen sind insgesamt $2^3 = 8$ verschiedene Vollkonjunktionen möglich (Bild 5.24). Ein KV-Diagramm für 3 Variable muss also 8 Plätze haben.
Die Zuordnung der Variablen zu den Koordinaten kann wie beim KV-Diagramm für 2 Variable prinzipiell beliebig erfolgen. Es ist aber zweckmäßig, der 1. Variablen die obere Diagrammseite und der 2. Variablen die linke Diagrammseite zuzuweisen. Die 3. Variable erhält die untere Diagrammseite. Für die Variablen A, B und C ergibt sich dann ein KV-Diagramm nach Bild 5.25.

KV-Diagramme

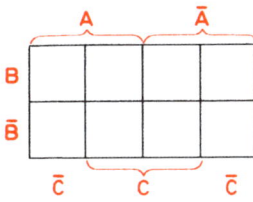

Bild 5.24
Mögliche Vollkonjunktionen bei 3 Variablen

Bild 5.25
KV-Diagramm für 3 Variable

Die 3. Variable C muss so wie in Bild 5.25 angegeben eingetragen werden. Würde man die beiden linken Platzseiten mit C und die beiden rechten Platzseiten mit $\overline{C}$ beschriften, hätte man für einige Vollkonjunktionen doppelte Plätze und für andere gar keine. In Bild 5.26 sind die Vollkonjunktionen in ihre Plätze eingetragen. Für KV-Diagramme mit 3 Variablen gelten die Regeln, die für KV-Diagramme mit 2 Variablen aufgestellt worden sind, mit folgenden Ergänzungen:

Definition
Ein Päckchen darf 2, 4 oder 8 benachbarte Vollkonjunktionen umfassen.

Definition
Das KV-Diagramm für 3 Variable hat genaugenommen eine zylindrische Form (Bild 5.27). Daher sind Plätze, die an gegenüberliegenden Enden derselben Zeile liegen, benachbart.

KV-Diagramme lassen sich zylindrisch sehr schlecht darstellen. Man wählt daher die Form von Bild 5.25, beachtet aber die erweiterten Nachbarschaftsbedingungen. In Bild 5.28 sind benachbarte Vollkonjunktionen dargestellt, die zu Päckchen zusammengefasst werden können. Das Zweierpäckchen im oberen Diagramm ergibt $B \wedge \overline{C}$. Das Viererpäckchen im unteren Diagramm ergibt $\overline{C}$. Jedes Päckchen muss rechteckig oder quadratisch sein. Eine Päckchenbildung wie in Bild 5.28a ist nicht zulässig.

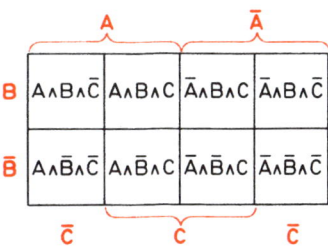

Bild 5.26
KV-Diagramm für 3 Variable mit eingetragenen Vollkonjunktionen

Schaltungssynthese

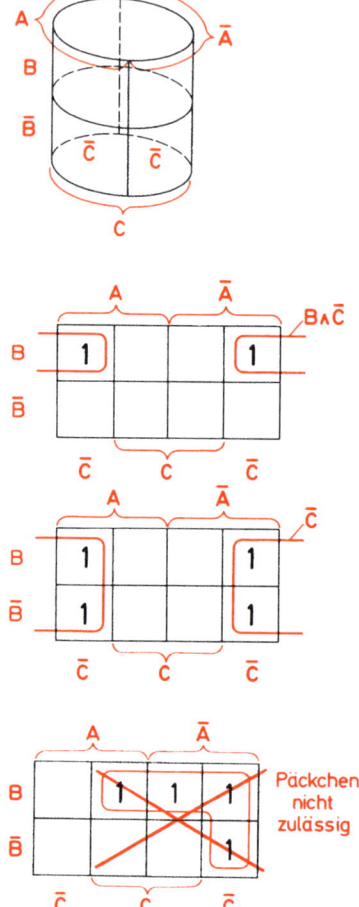

Bild 5.27
KV-Diagramm für 3 Variable, zylinderförmig gezeichnet

Bild 5.28
Bildung von Päckchen nach den erweiterten Nachbarschaftsbedingungen

Bild 5.28a
KV-Diagramm mit nicht zulässigem Päckchen

Der Umgang mit KV-Diagrammen für 3 Variable soll an einigen Beispielen erläutert werden.

Beispiel 1

Die Vollkonjunktionen der Gleichung

$$Y = (\overline{A} \wedge B \wedge \overline{C}) \vee (A \wedge \overline{B} \wedge \overline{C}) \vee (\overline{A} \wedge \overline{B} \wedge \overline{C}) \vee (A \wedge B \wedge C)$$

sollen in ein KV-Diagramm eingetragen werden.
Zunächst sollen die Vollkonjunktionen mit ihrer schaltalgebraischen Bezeichnung auf die richtigen Plätze eingetragen werden. Man kann dann leicht kontrollieren, ob man tatsächlich die richtigen Plätze gefunden hat (Bild 5.29).

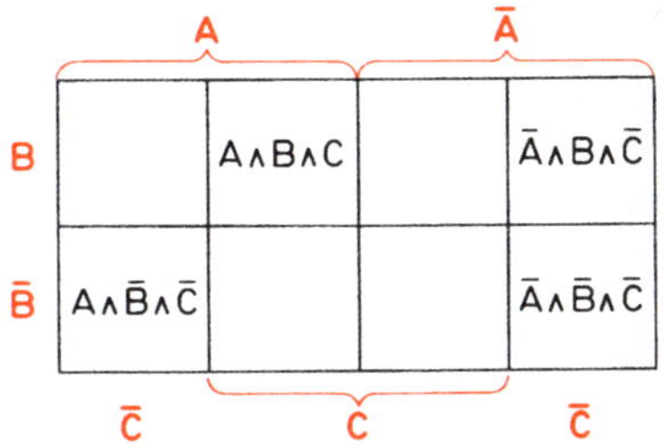

KV-Diagramme

Bild 5.29
KV-Diagramm mit eingetragenen Vollkonjunktionen zu Beispiel 1

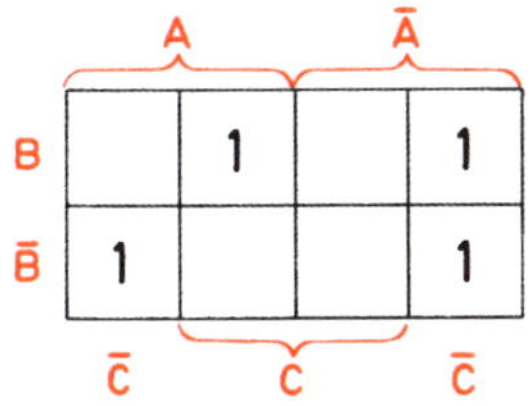

Bild 5.30
KV-Diagramm zu Beispiel 1

Jede Vollkonjunktion wird im üblichen KV-Diagramm durch eine 1 gekennzeichnet. Wer sicher ist, kann sofort das übliche KV-Diagramm (Bild 5.30) zeichnen.

Beispiel 2

Die DNF

$$Z = (\overline{A} \wedge B \wedge C) \vee (\overline{A} \wedge B \wedge \overline{C}) \vee (\overline{A} \wedge \overline{B} \wedge \overline{C}) \vee (A \wedge \overline{B} \wedge \overline{C})$$

ist in ein KV-Diagramm einzutragen und möglichst weitgehend zu vereinfachen. Die vorhandenen Vollkonjunktionen werden durch 1-Angaben gekennzeichnet (Bild 5.31). Dann erfolgt die Päckchenbildung. Ein Viererpäckchen kann nicht gebildet werden. Es lassen sich aber 3 Zweierpäckchen bilden. Das gestrichelte Päckchen ist nicht erforderlich, da mit den beiden roten Päckchen schon alle «1» erfasst sind. Würde man das gestrichelte Päckchen bilden, hätte die gefundene Gleichung nicht die einfachstmögliche Form.

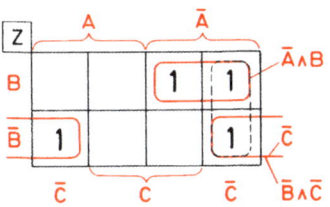

Bild 5.31
KV-Diagramm zu Beispiel 2

Das obere rote Päckchen (Bild 5.31) hat den Inhalt $\overline{A} \wedge B$. Der Inhalt des unteren roten Päckchens ist $\overline{B} \wedge \overline{C}$. (Die Variable A entfällt, da sie bei den Koordinaten dieses Päckchens sowohl als A als auch als $\overline{A}$ auftritt.) Die Päckcheninhalte werden durch ODER verknüpft. Damit ergibt sich die vereinfachte Gleichung:

$$Z = (\overline{A} \wedge B) \vee (\overline{B} \wedge \overline{C})$$

Beispiel 3

Wie lautet die DNF, die im KV-Diagramm (Bild 5.32) eingezeichnet ist?
Diese DNF soll möglichst weitgehend vereinfacht werden. Wie sieht die vereinfachte Gleichung aus?

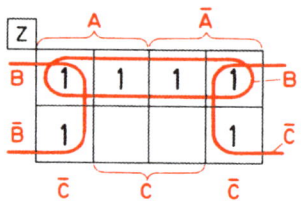

Bild 5.32
KV-Diagramm zu Beispiel 3

Die im KV-Diagramm eingetragene DNF lautet:

$Z = (A \wedge B \wedge \bar{C}) \vee (A \wedge B \wedge C) \vee (\bar{A} \wedge B \wedge C) \vee (\bar{A} \wedge B \wedge \bar{C})$
$\vee (A \wedge \bar{B} \wedge \bar{C}) \vee \bar{A} \wedge \bar{B} \wedge \bar{C}$

Es können 2 Viererpäckchen gebildet werden. Das eine hat den Inhalt B, das andere hat den Inhalt $\bar{C}$. Damit ist die vereinfachte Gleichung:

$Z = B \vee \bar{C}$

Da 2 Viererpäckchen gebildet werden können, ergibt sich eine starke Vereinfachung der DNF.

5.4.3 KV-Diagramme für 4 Variable

KV-Diagramme für 4 Variable müssen $2^4 = 16$ Plätze haben, denn 16 verschiedene Vollkonjunktionen sind möglich. Die möglichen Vollkonjunktionen zeigt Bild 5.33.
    Das KV-Diagramm für 4 Variable ist in Bild 5.34 dargestellt. Die Variablen sind wie bisher mit A, B und C bezeichnet. Hinzu kommt die Variable D. Selbstverständlich können die Variablen auch anders bezeichnet werden – z.B. als E_1, E_2, E_3 und E_4. Die Plätze der 16 Vollkonjunktionen zeigt Bild 5.35.

KV-Diagramme

Fall	D	C	B	A	Z	
1	0	0	0	0	1	$\Rightarrow \bar{A} \wedge \bar{B} \wedge \bar{C} \wedge \bar{D}$
2	0	0	0	1	1	$\Rightarrow A \wedge \bar{B} \wedge \bar{C} \wedge \bar{D}$
3	0	0	1	0	1	$\Rightarrow \bar{A} \wedge B \wedge \bar{C} \wedge \bar{D}$
4	0	0	1	1	1	$\Rightarrow A \wedge B \wedge \bar{C} \wedge \bar{D}$
5	0	1	0	0	1	$\Rightarrow \bar{A} \wedge \bar{B} \wedge C \wedge \bar{D}$
6	0	1	0	1	1	$\Rightarrow A \wedge \bar{B} \wedge C \wedge \bar{D}$
7	0	1	1	0	1	$\Rightarrow \bar{A} \wedge B \wedge C \wedge \bar{D}$
8	0	1	1	1	1	$\Rightarrow A \wedge B \wedge C \wedge \bar{D}$
9	1	0	0	0	1	$\Rightarrow \bar{A} \wedge \bar{B} \wedge \bar{C} \wedge D$
10	1	0	0	1	1	$\Rightarrow A \wedge \bar{B} \wedge \bar{C} \wedge D$
11	1	0	1	0	1	$\Rightarrow \bar{A} \wedge B \wedge \bar{C} \wedge D$
12	1	0	1	1	1	$\Rightarrow A \wedge B \wedge \bar{C} \wedge D$
13	1	1	0	0	1	$\Rightarrow \bar{A} \wedge \bar{B} \wedge C \wedge D$
14	1	1	0	1	1	$\Rightarrow A \wedge \bar{B} \wedge C \wedge D$
15	1	1	1	0	1	$\Rightarrow \bar{A} \wedge B \wedge C \wedge D$
16	1	1	1	1	1	$\Rightarrow A \wedge B \wedge C \wedge D$

Bild 5.33
Mögliche Vollkonjunktionen bei 4 Variablen

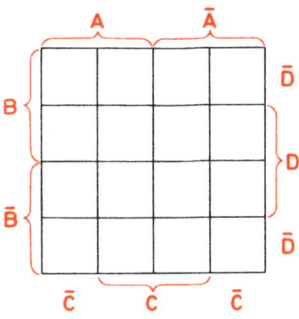

Bild 5.34
KV-Diagramm für 4 Variable

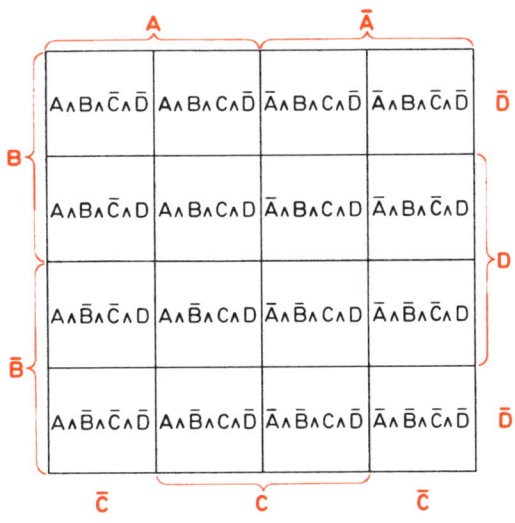

Bild 5.35
KV-Diagramm für 4 Variable mit eingetragenen Vollkonjunktionen

Die bisher erarbeiteten Regeln für KV-Diagramme gelten auch für KV-Diagramme mit 4 Variablen, allerdings mit folgenden Ergänzungen:

Grundsatz

Ein Päckchen darf 2, 4, 8 oder 16 benachbarte Vollkonjunktionen umfassen.

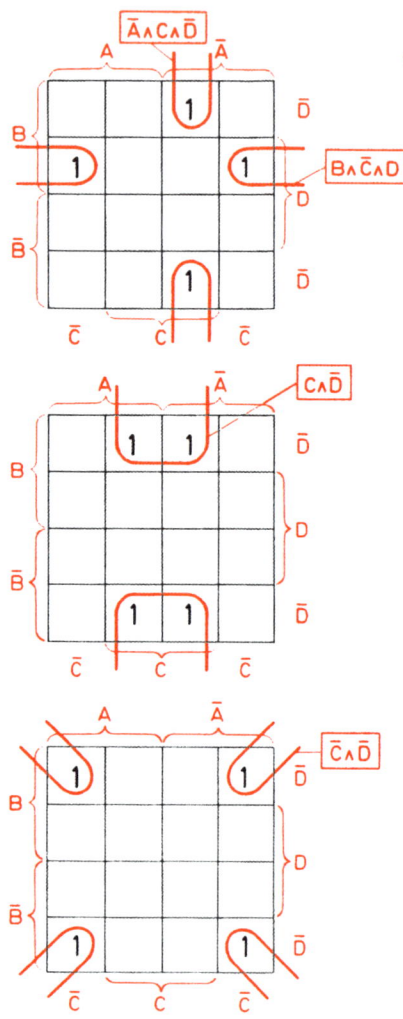

Bild 5.36
Bildung von Päckchen nach den erweiterten Nachbarschaftsbedingungen

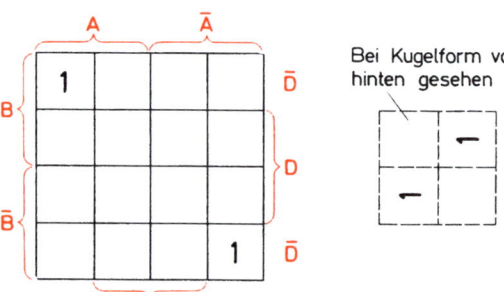

Bild 5.37
KV-Diagramm mit nicht benachbarten Vollkonjunktionen

KV-Diagramme 91

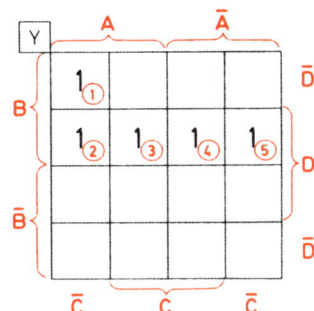

Bild 5.38
KV-Diagramm für Beispiel 1

Definition

Das KV-Diagramm für 4 Variable hat genaugenommen eine Kugelform. Daher sind Plätze, die sich an allen Außenseiten des Diagramms gegenüberliegen, einander benachbart.

Die Erweiterung der Nachbarschaftsbedingungen soll näher erklärt werden. Betrachten wir Bild 5.36. Das obere KV-Diagramm zeigt, dass Zweierpäckchen nicht nur mit Vollkonjunktionen gebildet werden können, die sich am rechten und am linken Diagrammrand gegenüberliegen. Man kann auch 2 Vollkonjunktionen zusammenfassen, die sich am oberen und am unteren Diagrammrand gegenüberliegen.

Das mittlere KV-Diagramm zeigt die Bildung eines Viererpäckchens. Im unteren KV-Diagramm ist ebenfalls die Bildung eines Viererpäckchens gezeigt. Die Einsen in den Ecken können zu einem Viererpäckchen zusammengefasst werden, denn bei Kugelform der Diagrammfläche treffen die Felder hinten zusammen und sind einander benachbart.

Vorsicht ist bei dem in Bild 5.37 dargestellten KV-Diagramm geboten. Nur 2 Einsen an den Ecken können nicht zu einem Zweierpäckchen zusammengefasst werden, denn sie sind nicht benachbart – wie ein «Blick» von hinten zeigt.

Das Arbeiten mit KV-Diagrammen für 4 Variable soll an einigen Beispielen gezeigt werden.

Beispiel 1

Die folgende schaltalgebraische Gleichung in DNF ist in ein KV-Diagramm einzutragen.

$$Y = (A \land B \land \overline{C} \land \overline{D}) \lor (A \land B \land \overline{C} \land D) \lor (A \land B \land C \land D)$$
$$\quad \textcircled{1} \qquad\qquad \textcircled{2} \qquad\qquad \textcircled{3}$$
$$\lor (\overline{A} \land B \land C \land D) \lor (\overline{A} \land B \land \overline{C} \land D)$$
$$\quad \textcircled{4} \qquad\qquad \textcircled{5}$$

Zur besseren Übersicht werden die Vollkonjunktionen mit roten Nummern versehen. Diese kennzeichnen auch die zugehörigen Diagrammfelder. Bild 5.38 zeigt das KV-Diagramm.

Beispiel 2

Für eine Steuerungsaufgabe wird eine Schaltung gesucht, die die Wahrheitstabelle 5.39 erfüllt. Diese Schaltung soll möglichst einfach aufgebaut sein.
Aus der Wahrheitstabelle kann die DNF entnommen werden. Sie lautet:

$$Z = \underbrace{(\overline{A} \wedge \overline{B} \wedge \overline{C} \wedge \overline{D})}_{①} \vee \underbrace{(A \wedge \overline{B} \wedge \overline{C} \wedge \overline{D})}_{②} \vee \underbrace{(\overline{A} \wedge B \wedge \overline{C} \wedge \overline{D})}_{③}$$
$$\vee \underbrace{(A \wedge B \wedge \overline{C} \wedge \overline{D})}_{④} \vee \underbrace{(A \wedge \overline{B} \wedge \overline{C} \wedge D)}_{⑩} \vee \underbrace{(A \wedge B \wedge \overline{C} \wedge D)}_{⑪}$$

Die einzelnen Vollkonjunktionen wurden mit den Nummern der Fälle der Wahrheitstabelle gekennzeichnet. Die Vollkonjunktionen werden jetzt in ein KV-Diagramm eingetragen (Bild 5.40).
Der nächste Schritt ist die Vereinfachung der DNF durch Päckchenbildung. Es können 2 Viererpäckchen gebildet werden, die die Inhalte $\overline{C} \wedge \overline{D}$ und $A \wedge \overline{C}$ haben.
Die vereinfachte Gleichung lautet also:

$$Z = (\overline{C} \wedge \overline{D}) \vee (A \wedge \overline{C})$$

Fall	D	C	B	A	Z	
1	0	0	0	0	1	⇒ $\overline{A} \wedge \overline{B} \wedge \overline{C} \wedge \overline{D}$
2	0	0	0	1	1	⇒ $A \wedge \overline{B} \wedge \overline{C} \wedge \overline{D}$
3	0	0	1	0	1	⇒ $\overline{A} \wedge B \wedge \overline{C} \wedge \overline{D}$
4	0	0	1	1	1	⇒ $A \wedge B \wedge \overline{C} \wedge \overline{D}$
5	0	1	0	0	0	
6	0	1	0	1	0	
7	0	1	1	0	0	
8	0	1	1	1	0	
9	1	0	0	0	0	
10	1	0	0	1	1	⇒ $A \wedge \overline{B} \wedge \overline{C} \wedge D$
11	1	0	1	0	0	
12	1	0	1	1	1	⇒ $A \wedge B \wedge \overline{C} \wedge D$
13	1	1	0	0	0	
14	1	1	0	1	0	
15	1	1	1	0	0	
16	1	1	1	1	0	

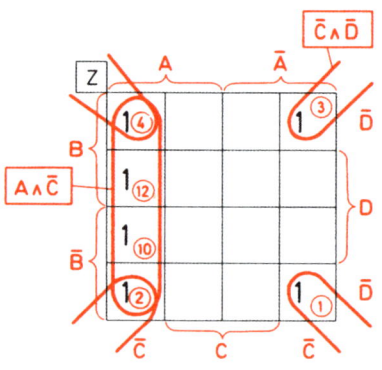

Bild 5.39 Wahrheitstabelle zu Beispiel 2   Bild 5.40 KV-Diagramm zu Beispiel 2

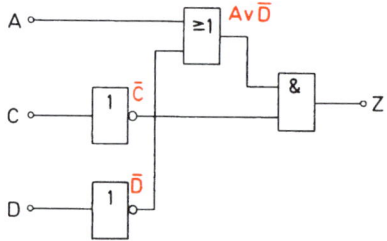

Bild 5.41
Schaltung zu Beispiel 2

Die Variable $\overline{C}$ kann ausgeklammert werden:

$Z = (\overline{C} \wedge \overline{D}) \vee (A \wedge \overline{C}) = \overline{C} \wedge (A \vee \overline{D})$

Die sich hieraus ergebende Schaltung ist in Bild 5.41 dargestellt.

5.4.4 KV-Diagramme für 5 Variable

Ein KV-Diagramm für 5 Variable benötigt 32 Plätze für die 32 möglichen Vollkonjunktionen. In der Ebene lassen sich an das KV-Diagramm für 4 Variable keine Plätze mehr «anbauen».

Es muss aufgestockt werden. Bild 5.42 zeigt, wie das gemeint ist. Die Variablen werden wie bisher mit A, B, C und D bezeichnet. Die Variable E kommt hinzu.

Dem unteren Stockwerk des KV-Diagramms wird die Koordinate E zugeordnet, dem oberen Stockwerk die Koordinate $\overline{E}$. Das Zeichnen eines solchen «zweistöckigen» Diagramms ist schwierig. Man hat daher vereinbart, das obere Stockwerk abzuheben und es rechts neben das untere Stockwerk zu setzen. Ein KV-Diagramm für 5 Variable besteht also aus 2 Tafeln, die man sich übereinanderliegend vorstellen muss (Bild 5.42a). Ein solches KV-Diagramm hat somit Plätze für 32 Vollkonjunktionen.

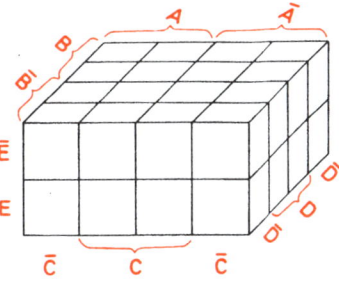

Bild 5.42
KV-Diagramm für 5 Variable

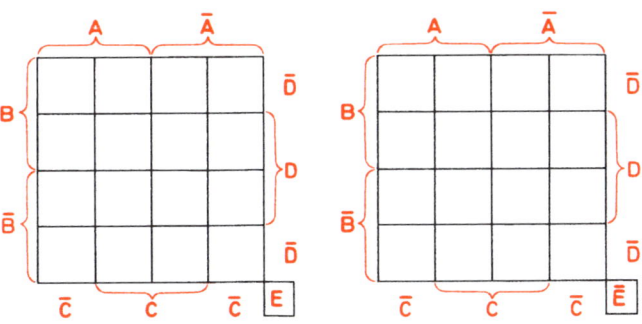

Bild 5.42a   KV-Diagramm für 5 Variable, bestehend aus 2 Tafeln

Die für die anderen KV-Diagramme gültigen Regeln gelten auch für KV-Diagramme mit 5 Variablen, mit folgenden Ergänzungen:

Definition
Ein Päckchen darf 2, 4, 8, 16 oder 32 benachbarte Vollkonjunktionen umfassen.

Definition
Benachbart sind auch Vollkonjunktionen, deren Felder man sich gemäß Bild 5.42 übereinanderliegend vorstellen muss.

An einigen Beispielen sollen die Regeln näher erläutert werden.

Beispiel 1
Die folgende DNF soll in ein KV-Diagramm eingetragen und möglichst weitgehend vereinfacht werden.

$$Z = (\bar{A} \land B \land C \land \bar{D} \land E) \lor (\bar{A} \land B \land C \land D \land E) \lor (\bar{A} \land B \land C \land \bar{D} \land \bar{E})$$
$$\lor (\bar{A} \land B \land C \land D \land \bar{E}) \lor (\bar{A} \land \bar{B} \land C \land D \land \bar{E}) \lor (\bar{A} \land \bar{B} \land C \land \bar{D} \land \bar{E})$$

mit Nummerierung ① ② ③ ④ ⑤ ⑥.

Zur besseren Nachprüfbarkeit werden die Vollkonjunktionen nummeriert. Die roten Nummern finden sich in den Feldern des KV-Diagramms wieder. Es können 2 Päckchen gebildet werden. Das rote Päckchen auf der rechten Tafel hat den Wert $\bar{A} \land C \land \bar{E}$. Die Variablen B und D fallen bei diesem Päckchen weg.

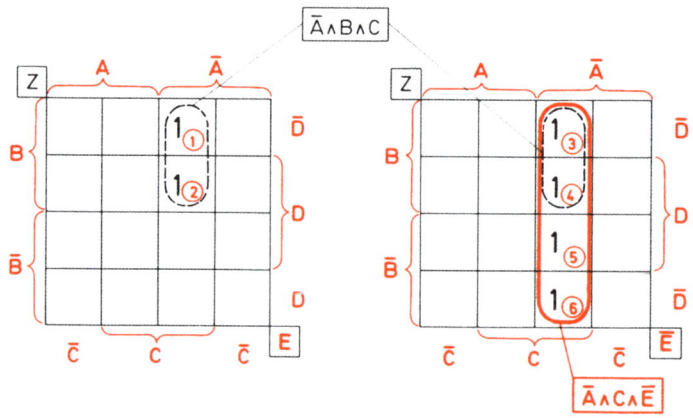

Bild 5.43   KV-Diagramm zu Beispiel 1

Das gestrichelt gezeichnete Päckchen ist ein Viererpäckchen, das über 2 «Stockwerke» geht. Man muss sich ja die beiden Tafeln des Diagramms Bild 5.43 als übereinanderliegend vorstellen. Der Inhalt dieses Päckchens ist $\bar{A} \land B \land C$. Da das Päckchen über 2 Stockwerke geht, fällt die Variable E heraus. Die Variable D entfällt ebenfalls. Die vereinfachte Gleichung lautet also:

KV-Diagramme 95

$Z = (\overline{A} \wedge B \wedge C) \vee (\overline{A} \wedge C \wedge \overline{E})$

Beispiel 2

Im KV-Diagramm Bild 5.44 ist eine DNF angegeben. Diese ist möglichst weitgehend zu vereinfachen.
Die Einsen an den Ecken beider Tafeln können zu einem Achterpäckchen zusammengefasst werden. Dieses Päckchen geht über 2 Stockwerke. Sein Inhalt ist $\overline{C} \wedge \overline{D}$.
Weiter können ein Viererpäckchen und ein Zweierpäckchen gebildet werden. Der Inhalt des Viererpäckchens ist $\overline{B} \wedge D \wedge \overline{E}$. Der Inhalt des Zweierpäckchens ist $B \wedge C \wedge D \wedge E$. Man erhält die vereinfachte Gleichung:

$Y = (\overline{C} \wedge \overline{D}) \vee (\overline{B} \wedge D \wedge \overline{E}) \vee (B \wedge C \wedge D \wedge E)$

Die Vereinfachung ist erheblich. Man kann das am besten beurteilen, wenn man die im KV-Diagramm Bild 5.44 enthaltene DNF aufschreibt.

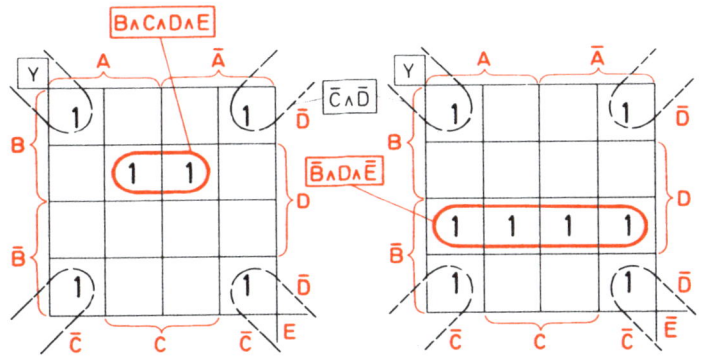

Bild 5.44   KV-Diagramm zu Beispiel 2

Beispiel 3

Wie lautet die im KV-Diagramm Bild 5.44 enthaltene DNF?
Die linke Tafel des KV-Diagramms enthält 6 Vollkonjunktionen, die rechte Tafel enthält 8. Somit ergibt sich eine DNF mit 14 Vollkonjunktionen.

$Y = (A \wedge B \wedge \overline{C} \wedge \overline{D} \wedge E) \vee (\overline{A} \wedge B \wedge \overline{C} \wedge \overline{D} \wedge E) \vee (A \wedge B \wedge C \wedge D \wedge E)$
$\vee (\overline{A} \wedge B \wedge C \wedge D \wedge E) \vee (A \wedge \overline{B} \wedge \overline{C} \wedge \overline{D} \wedge E) \vee (\overline{A} \wedge \overline{B} \wedge \overline{C} \wedge \overline{D} \wedge E)$
$\vee (A \wedge B \wedge \overline{C} \wedge \overline{D} \wedge \overline{E}) \vee (\overline{A} \wedge B \wedge \overline{C} \wedge \overline{D} \wedge \overline{E}) \vee (A \wedge \overline{B} \wedge \overline{C} \wedge D \wedge \overline{E})$
$\vee (A \wedge \overline{B} \wedge C \wedge D \wedge \overline{E}) \vee (\overline{A} \wedge \overline{B} \wedge C \wedge D \wedge \overline{E}) \vee (\overline{A} \wedge \overline{B} \wedge \overline{C} \wedge D \wedge \overline{E})$
$\vee (A \wedge \overline{B} \wedge \overline{C} \wedge \overline{D} \wedge \overline{E}) \vee (\overline{A} \wedge \overline{B} \wedge \overline{C} \wedge \overline{D} \wedge \overline{E})$

5.4.5 KV-Diagramme für mehr als 5 Variable

In der Praxis treten DNFen mit mehr als 5 Variablen selten auf. KV-Diagramme für mehr als 5 Variable werden daher auch selten benötigt. Man kann aber solche Diagramme aufstellen. KV-Diagramme für 6 Variable sind noch einigermaßen übersichtlich. Bei 7 und mehr Variablen geht die Übersichtlichkeit weitgehend verloren.

Bei einem KV-Diagramm für 6 Variable benötigt man für die dann möglichen Vollkonjunktionen 64 Plätze. Geht man vom KV-Diagramm für 5 Variable aus, so muss man erneut «aufstocken». Auf die 2 Stockwerke kommt ein 3. und ein 4. Stockwerk (Bild 5.45).

Die 4 Stockwerke kann man in einer Ebene ausbreiten (Bild 5.46). Bei der Päckchenbildung muss man dann stets daran denken, dass die 4 Tafeln eigentlich übereinanderliegen.

Bei DNFen mit 6 und mehr Variablen ist es zweckmäßig, 2 oder auch 3 Variable durch eine neue Variable zu ersetzen. Die Vereinfachung kann dann in mehreren Schritten erfolgen.

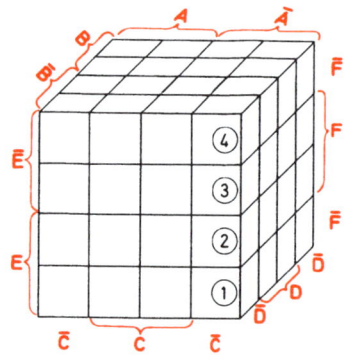

Bild 5.45
KV-Diagramm
für 6 Variable

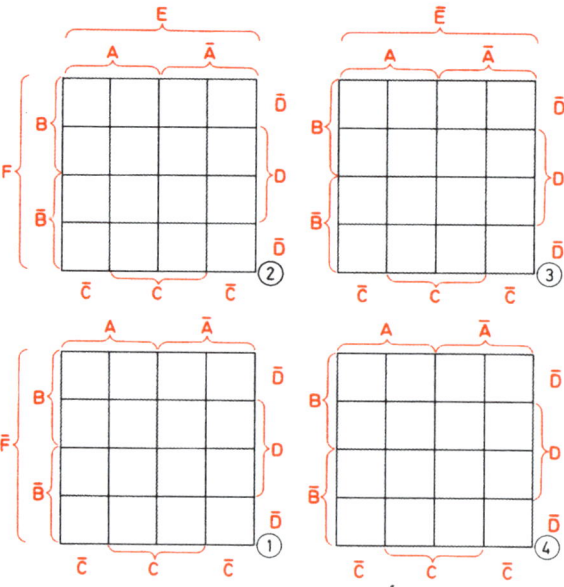

Bild 5.46
KV-Diagramm für
6 Variable, in einer
Ebene gezeichnet

Berechnung von Verknüpfungsschaltungen

Beispiel
$$Z = (A \land \bar{B} \land C \land D \land E \land \bar{F}) \lor (A \land B \land C \land D \land E \land \bar{F})$$
$$\lor (A \land B \land C \land \bar{D} \land E \land F) \lor (A \land B \land C \land D \land E \land F)$$

Alle 4 Vollkonjunktionen enthalten die Variablen A und E in gleicher, also hier in nicht negierter Form. Man kann nun $A \land E$ als eine Variable auffassen:

$$A \land E = P$$

Damit erhält man eine DNF mit nur 5 Variablen:

$$Z = (P \land \bar{B} \land C \land D \land \bar{F}) \lor (P \land \bar{B} \land \bar{C} \land D \land \bar{F})$$
$$\lor (P \land B \land C \land \bar{D} \land F) \lor (P \land B \land C \land D \land F)$$

Nach der Vereinfachung ist P wieder durch $A \land E$ zu ersetzen.

5.5 Berechnung von Verknüpfungsschaltungen

5.5.1 Allgemeine Hinweise

Für die Synthese von Schaltungen wurden in Abschnitt 5.1 folgende Schritte angeführt:
1. Beschreibung der Funktion der gesuchten Schaltung.
2. Festlegung der Eingangs- und Ausgangsvariablen und der Bedeutung von 0 und 1.
3. Erstellen der Wahrheitstabelle.
4. Bestimmen der logischen Verknüpfungsschaltung.
5. Vereinfachung und gegebenenfalls Umformung der Schaltung.

Ist die Wahrheitstabelle bekannt, beginnt man in Schritt 4 jetzt zweckmäßigerweise mit der Aufstellung der DNF. Diese wird mit Hilfe eines KV-Diagramms soweit wie möglich vereinfacht. Am Ende des Schrittes 4 liegt die vereinfachte Gleichung vor, nach der die Verknüpfungsschaltung aufgebaut werden kann.
In Schritt 5 ist zu prüfen, ob eine weitere Vereinfachung der gefundenen Gleichung mit Hilfe der Schaltalgebra möglich und sinnvoll ist. Wenn ja, ist diese Vereinfachung durchzuführen.
Jetzt muss man wissen, welche Verknüpfungsgatter tatsächlich zur Verfügung stehen. Die Gleichung ist dann so umzuformen, dass die zur Verfügung stehenden Gatter für den Schaltungsaufbau verwendet werden können. Danach kann die Schaltung aufgebaut werden.

5.5.2 Digitale Wechselschaltung

Mit Hilfe von Verknüpfungsgatter soll eine Digitalschaltung aufgebaut werden, die wie eine Wechselschaltung funktioniert. Der Ausgangszustand soll sich stets dann ändern, wenn sich einer der beiden Eingangszustände ändert. Ändern sich beide Eingangszustände, so soll sich der Ausgangszustand nicht ändern. Die Schaltung soll mit NAND-Gattern aufgebaut werden.

Die gesuchte Schaltung hat 2 Eingänge und 1 Ausgang. Die Eingangsvariablen werden A und B genannt. Die Ausgangsvariable erhält die Bezeichnung Z (Bild 5.47).

Die Wahrheitstabelle einer Schaltung mit 2 Eingangsvariablen hat 4 Fälle (Bild 5.48). Der Ausgangszustand Z für den 1. Fall kann beliebig festgelegt werden. Es wird gewählt Z = 0.

Von Fall 1 nach Fall 2 ändert die Variable A ihren Zustand. Die Variable B ändert ihren Zustand nicht. Wenn nur eine Variable ihren Zustand ändert, muss sich der Ausgangszustand ändern. Z muss also 1 werden.

Beim Übergang von Fall 2 auf Fall 3 ändern sich die Zustände von A und B. Z ändert also seinen Zustand nicht. Beim Übergang von Fall 3 auf Fall 4 geht A von 0 auf 1. B bleibt auf 1. Somit muss sich Z von 1 auf 0 ändern. Damit wäre die Wahrheitstabelle fertig. Die Wahrheitstabelle könnte auch anders aussehen, wenn wir im Fall 1 Z = 1 gewählt hätten.

Bild 5.47
Blockschaltbild der digitalen Wechselschaltung

Fall	B	A	Z	
1	0	0	0	
2	0	1	1	$\Rightarrow A \wedge \bar{B}$
3	1	0	1	$\Rightarrow \bar{A} \wedge B$
4	1	1	0	

Bild 5.48
Wahrheitstabelle der digitalen Wechselschaltung

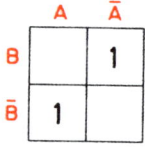

Bild 5.49
KV-Diagramm der digitalen Wechselschaltung

Für die Wahrheitstabelle Bild 5.48 ist nun die DNF aufzustellen. Sie lautet:
$$Z = (\bar{A} \wedge B) \vee (A \wedge \bar{B})$$

Trägt man diese DNF in ein KV-Diagramm ein, so zeigt sich, dass eine weitere Vereinfachung nicht möglich ist (Bild 5.49).

Da die Schaltung mit NAND-Gattern aufgebaut werden soll, ist eine Umformung der Gleichung mittels doppelter Negation und den De Morganschen Gesetzen erforderlich:

$$Z = (\bar{A} \wedge B) \vee (A \wedge \bar{B})$$
$$Z = \overline{\overline{(\bar{A} \wedge B) \vee (A \wedge \bar{B})}}$$
$$Z = \overline{\overline{\bar{A} \wedge B} \wedge \overline{A \wedge \bar{B}}}$$

Die zu der umgeformten Gleichung gehörende Schaltung zeigt Bild 5.50.

Berechnung von Verknüpfungsschaltungen

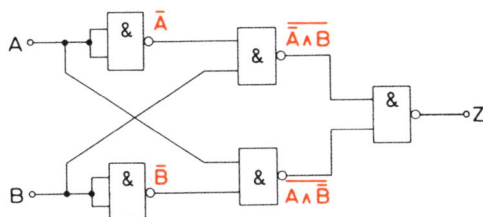

Bild 5.50
Digitalschaltung

5.5.3 2-aus-3-Schaltung

Eine mit Risiken behaftete Anlage (z. B. ein Kernkraftwerk) soll im Gefahrenfall sofort abgeschaltet werden. Die Abschaltung soll automatisch erfolgen, und zwar mit Hilfe einer Digitalschaltung. In den Gefahrenmeldern, die die Abschaltung auslösen, können selbst Fehler auftreten. Man setzt daher an jeder kritischen Stelle 3 gleichartige Gefahrenmelder ein (Bild 5.51).

Die Abschaltung soll nur dann erfolgen, wenn mindestens 2 der 3 Gefahrenmelder die Gefahr anzeigen. Man verhindert so ein unnötiges Abschalten, das u. U. erhebliche Kosten verursachen kann. Die Gefahrenmelder geben bei Gefahr Zustand 1. Die Abschaltung der Anlage soll erfolgen, wenn am Ausgang der Digitalschaltung der Zustand 1 anliegt.

Gesucht wird also eine Schaltung, an deren Ausgang immer dann 1 auftritt, wenn an mindestens 2 der 3 Eingänge der Zustand 1 anliegt. Eine solche Schaltung heißt 2-aus-3-Schaltung.

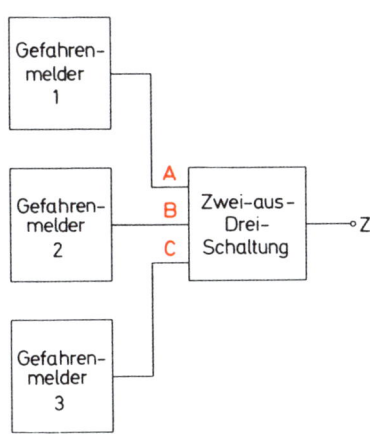

Bild 5.51
Gefahrenmelder und 2-aus-3-Schaltung

Fall	C	B	A	Z	
1	0	0	0	0	
2	0	0	1	0	
3	0	1	0	0	
4	0	1	1	1	$\Rightarrow A \wedge B \wedge \bar{C}$
5	1	0	0	0	
6	1	0	1	1	$\Rightarrow A \wedge \bar{B} \wedge C$
7	1	1	0	1	$\Rightarrow \bar{A} \wedge B \wedge C$
8	1	1	1	1	$\Rightarrow A \wedge B \wedge C$

Bild 5.52
Wahrheitstabelle der 2-aus-3-Schaltung

Die Eingangsvariablen erhalten die Namen A, B und C. Die Ausgangsvariable soll Z heißen. Nach den oben gemachten Angaben ist nun die Wahrheitstabelle aufzustellen. Immer, wenn 2 der Eingangsvariablen 1 sind, muss Z = 1 sein. Wenn alle 3 Eingangsvariablen 1 sind, muss Z ebenfalls 1 sein. Die so gefundene Wahrheitstabelle zeigt Bild 5.52.

Nach der Wahrheitstabelle ist die DNF aufzustellen. Sie lautet:

$Z = (A \wedge B \wedge \overline{C}) \vee (A \wedge \overline{B} \wedge C) \vee (\overline{A} \wedge B \wedge C) \vee (A \wedge B \wedge C)$

Die DNF wird mit Hilfe eines KV-Diagramms vereinfacht (Bild 5.53). Es können 3 Zweierpäckchen gebildet werden. Die vereinfachte Gleichung hat jetzt die Form:

$Z = (A \wedge B) \vee (B \wedge C) \vee (A \wedge C)$

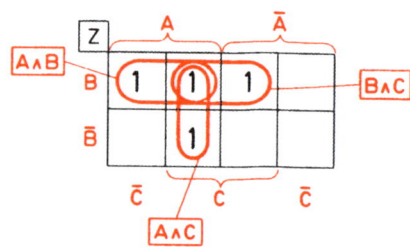

Bild 5.53
KV-Diagramm der
2-aus-3-Schaltung

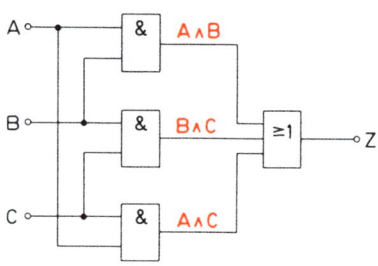

Bild 5.54
2-aus-3-Schaltung

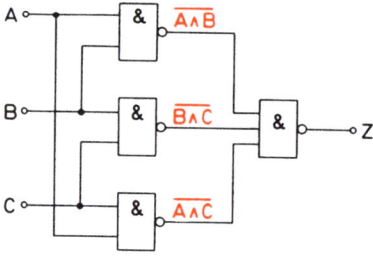

Bild 5.55
2-aus-3-Schaltung, mit
NAND-Gattern aufgebaut

Nach dieser Gleichung kann die Schaltung aufgebaut werden (Bild 5.54).
Häufig sind nur NAND-Gatter vorhanden. Damit die Schaltung mit NAND-Gattern aufgebaut werden kann, ist folgende Umrechnung erforderlich:

Berechnung von Verknüpfungsschaltungen

$Z = (A \wedge B) \vee (B \wedge C) \vee (A \wedge C)$

$\overline{Z} = \overline{(A \wedge B) \vee (B \wedge C) \vee (A \wedge C)}$

$\overline{Z} = \overline{A \wedge B} \wedge \overline{B \wedge C} \wedge \overline{A \wedge C}$

Die zugehörige Schaltung zeigt Bild 5.55.

5.5.4 Geradeschaltung

Für die Fehlererkennung in Codes (siehe Abschnitte 8.7 und 8.8) und für allgemeine Überwachungsaufgaben wird häufig eine Schaltung benötigt, an deren Ausgang immer dann 1 anliegt, wenn eine geradzahlige Anzahl von Eingangsvariablen den Wert 1 haben. Eine solche Schaltung heißt Geradeschaltung.

Gesucht ist eine Geradeschaltung mit 4 Eingängen. Die Eingangsvariablen werden A, B, C und D genannt. Die Ausgangsvariable sei Y.

Zuerst ist eine Wahrheitstabelle aufzustellen. Y muss immer 1 sein, wenn 0, 2 oder 4 Eingangsvariable 1 sind (Bild 5.56). Aus der Wahrheitstabelle ergibt sich die DNF:

$Y = (\overline{A} \wedge \overline{B} \wedge \overline{C} \wedge \overline{D})$ ①
$\vee (A \wedge B \wedge \overline{C} \wedge \overline{D}) \vee (A \wedge \overline{B} \wedge C \wedge \overline{D})$ ④ ⑥
$\vee (\overline{A} \wedge B \wedge C \wedge \overline{D}) \vee (A \wedge \overline{B} \wedge \overline{C} \wedge D)$ ⑦ ⑩
$\vee (\overline{A} \wedge B \wedge \overline{C} \wedge D) \vee (\overline{A} \wedge \overline{B} \wedge C \wedge D)$ ⑪ ⑬
$\vee (A \wedge B \wedge C \wedge D)$ ⑯

Die einzelnen Vollkonjunktionen sind durch die Fallnummern gekennzeichnet.
Die DNF soll mit einem KV-Diagramm vereinfacht werden (Bild 5.57).

Fall	D	C	B	A	Y	
1	0	0	0	0	1	⇒ $\overline{A} \wedge \overline{B} \wedge \overline{C} \wedge \overline{D}$
2	0	0	0	1	0	
3	0	0	1	0	0	
4	0	0	1	1	1	⇒ $A \wedge B \wedge \overline{C} \wedge \overline{D}$
5	0	1	0	0	0	
6	0	1	0	1	1	⇒ $A \wedge \overline{B} \wedge C \wedge \overline{D}$
7	0	1	1	0	1	⇒ $\overline{A} \wedge B \wedge C \wedge \overline{D}$
8	0	1	1	1	0	
9	1	0	0	0	0	
10	1	0	0	1	1	⇒ $A \wedge \overline{B} \wedge \overline{C} \wedge D$
11	1	0	1	0	1	⇒ $\overline{A} \wedge B \wedge \overline{C} \wedge D$
12	1	0	1	1	0	
13	1	1	0	0	1	⇒ $\overline{A} \wedge \overline{B} \wedge C \wedge D$
14	1	1	0	1	0	
15	1	1	1	0	0	
16	1	1	1	1	1	⇒ $A \wedge B \wedge C \wedge D$

Bild 5.56
Wahrheitstabelle einer Geradeschaltung

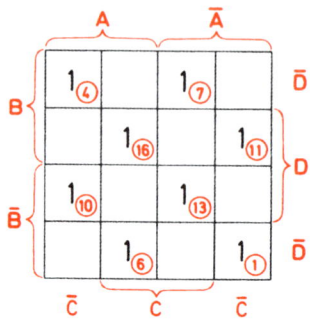

Bild 5.57
KV-Diagramm der Geradeschaltung

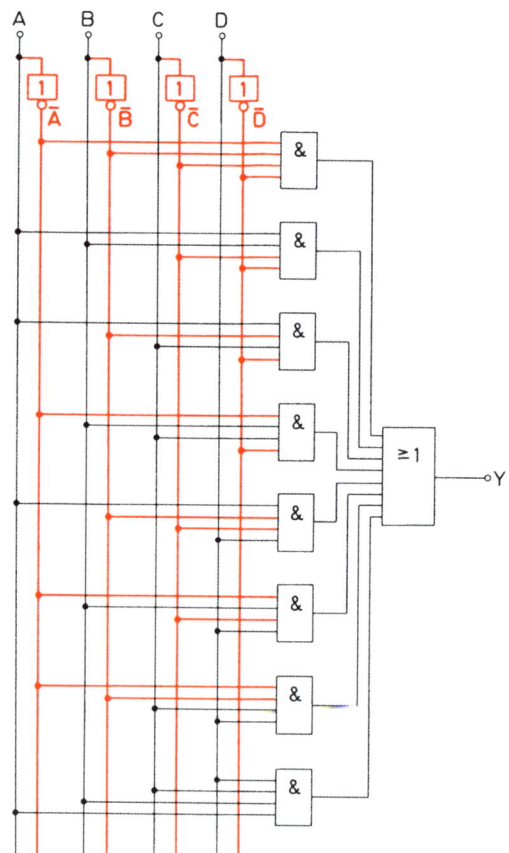

Bild 5.58
Geradeschaltung

Es tritt hier der seltene Fall auf, dass eine Päckchenbildung nicht möglich ist. Die DNF kann also nicht vereinfacht werden. Die Schaltung muss daher nach der DNF aufgebaut werden (Bild 5.58).

Berechnung von Verknüpfungsschaltungen

Fall	E	D	C	B	A	Z	
1	0	0	0	0	0	0	
2	0	0	0	0	1	0	
3	0	0	0	1	0	0	
4	0	0	0	1	1	0	
5	0	0	1	0	0	0	
6	0	0	1	0	1	0	
7	0	0	1	1	0	0	
8	0	0	1	1	1	0	
9	0	1	0	0	0	0	
10	0	1	0	0	1	0	
11	0	1	0	1	0	0	
12	0	1	0	1	1	0	
13	0	1	1	0	0	0	
14	0	1	1	0	1	0	
15	0	1	1	1	0	0	
16	0	1	1	1	1	1	$\Rightarrow A \wedge B \wedge C \wedge D \wedge \overline{E}$
17	1	0	0	0	0	0	
18	1	0	0	0	1	0	
19	1	0	0	1	0	0	
20	1	0	0	1	1	0	
21	1	0	1	0	0	0	
22	1	0	1	0	1	0	
23	1	0	1	1	0	0	
24	1	0	1	1	1	1	$\Rightarrow A \wedge B \wedge C \wedge \overline{D} \wedge E$
25	1	1	0	0	0	0	
26	1	1	0	0	1	0	
27	1	1	0	1	0	0	
28	1	1	0	1	1	1	$\Rightarrow A \wedge B \wedge \overline{C} \wedge D \wedge E$
29	1	1	1	0	0	0	
30	1	1	1	0	1	1	$\Rightarrow A \wedge \overline{B} \wedge C \wedge D \wedge E$
31	1	1	1	1	0	1	$\Rightarrow \overline{A} \wedge B \wedge C \wedge D \wedge E$
32	1	1	1	1	1	1	$\Rightarrow A \wedge B \wedge C \wedge D \wedge E$

Bild 5.59
Wahrheitstabelle einer Schwellwertschaltung

5.5.5 Schwellwertschaltung

Eine Schwellwertschaltung ist eine Schaltung, bei der eine bestimmte Mindestanzahl von Eingangsvariablen den Wert 1 haben muss, damit der Ausgang den Wert 1 hat.

Zu berechnen ist eine Schaltung mit 5 Eingangsvariablen. Am Ausgang soll nur dann 1 liegen, wenn an mindestens 4 Eingängen 1 anliegt.

Die Eingangsvariablen erhalten die Namen A, B, C, D und E. Die Ausgangsvariable wird mit Z bezeichnet. Zunächst ist die Wahrheitstabelle aufzustellen. Bei 5 Variablen ergeben sich 32 Fälle (Bild 5.59).

Die DNF besteht aus 6 Vollkonjunktionen:

$Z = (A \wedge B \wedge C \wedge D \wedge \overline{E})$
$\vee (A \wedge B \wedge C \wedge \overline{D} \wedge E)$
$\vee (A \wedge B \wedge \overline{C} \wedge D \wedge E)$
$\vee (A \wedge \overline{B} \wedge C \wedge D \wedge E)$
$\vee (\overline{A} \wedge B \wedge C \wedge D \wedge E)$
$\vee (A \wedge B \wedge C \wedge D \wedge E)$

Die DNF wird mit Hilfe eines KV-Diagramms vereinfacht (Bild 5.60). Es lassen sich 5 Zweierpäckchen bilden. Damit ergibt sich folgende vereinfachte Gleichung:

Z = (A ∧ B ∧ C ∧ E) ∨ (A ∧ B ∧ D ∧ E) ∨ (A ∧ B ∧ C ∧ D)
  ∨ (A ∧ C ∧ D ∧ E) ∨ (B ∧ C ∧ D ∧ E)

Die zu der vereinfachten Gleichung gehörende Schaltung ist in Bild 5.61 dargestellt. Man könnte überlegen, ob es sinnvoll ist, die Gleichung mit Hilfe der Schaltalgebra noch etwas weiter zu vereinfachen. Es wäre möglich, aus den ersten 3 Vollkonjunktionen (A ∧ B) auszuklammern. Aus den letzten beiden Vollkonjunktionen könnte (C ∧ D) ausgeklammert werden. Damit ergäbe sich die Gleichung:

Z = [(A ∧ B) ∧ ((C ∧ E) ∨ (D ∧ E) ∧ C ∧ D))]
  ∨ [(C ∧ D) ∧ ((A ∧ E) ∨ (B ∧ E))]

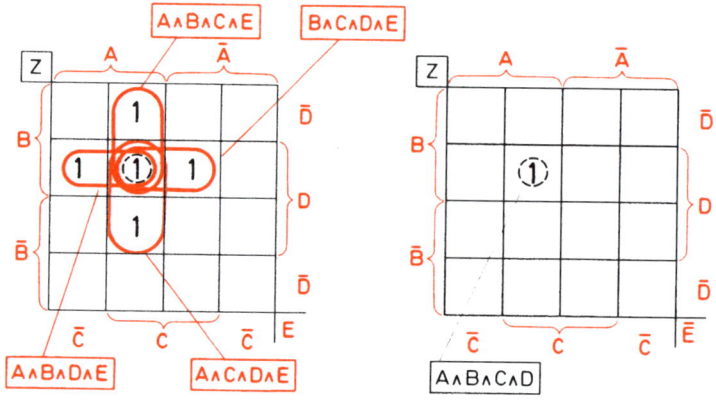

Bild 5.60   KV-Diagramm der Schwellwertschaltung

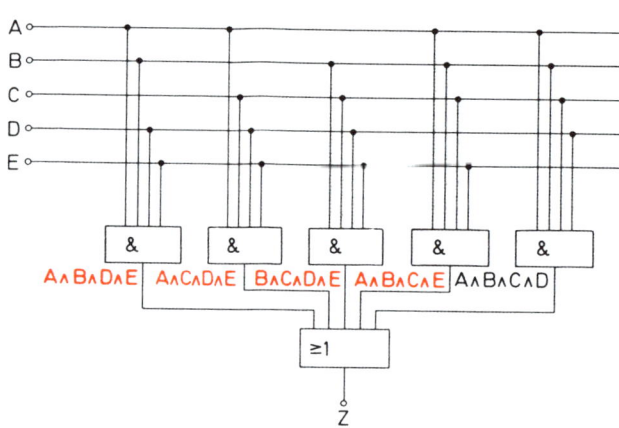

Bild 5.61   Schwellwertschaltung

Eine ins Gewicht fallende Vereinfachung ergibt sich aber nicht.

5.5.6 Vergleichsschaltung (Komparator)

In der Digitaltechnik sind häufig digitale Ausdrücke miteinander zu vergleichen. Die einfachste Vergleichsschaltung, der sog. Komparator, vergleicht die Zustände zweier Variabler miteinander.

Die beiden Variablen sollen A und B heißen. A und B können gleich sein. A kann größer als B sein und umgekehrt. Der Komparator hat für die 3 Möglichkeiten 3 Ausgänge. Sie sollen mit X, Y und Z bezeichnet und wie folgt zugeordnet werden:

$A = B \Rightarrow X = 1$
$A > B \Rightarrow Y = 1$
$A < B \Rightarrow Z = 1$

Gesucht wird also eine Schaltung mit den beiden Eingangsvariablen A und B und mit den Ausgangsvariablen X, Y und Z.

Bei der Aufstellung der Wahrheitstabelle ist zu beachten: A ist dann größer B, wenn A = 1 und B = 0 ist. Entsprechend ist B dann größer A, wenn B = 1 und A = 0 ist. Die Wahrheitstabelle zeigt Bild 5.62. Aus der Wahrheitstabelle ergeben sich die Gleichungen:

$X = (\overline{A} \wedge \overline{B}) \vee (A \wedge B)$
$Y = A \wedge \overline{B}$
$Z = \overline{A} \wedge B$

Fall	B	A	A=B X	A>B Y	A<B Z
1	0	0	1	0	0
2	0	1	0	1	0
3	1	0	0	0	1
4	1	1	1	0	0

Bild 5.62
Wahrheitstabelle eines Komparators

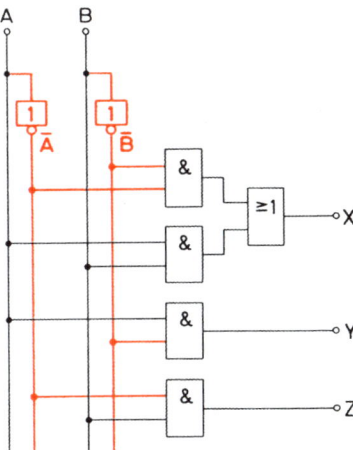

Bild 5.63
Schaltung eines Komparators

Diese Gleichungen lassen sich nicht weiter vereinfachen. Die gesuchte Schaltung zeigt Bild 5.63.

5.5.7 Transistor-Sortierschaltung

Transistoren sollen vor der Auslieferung daraufhin überprüft werden, ob die 4 wichtigen Daten A, B, C, D innerhalb eines vorgeschriebenen Toleranzbereichs liegen. Zum Messen werden 4 digitale Messeinheiten verwendet. Jede Messeinrichtung gibt dann 1, wenn der von ihr zu messende Wert innerhalb des Toleranzbereichs liegt. Liegt der Wert außerhalb des Toleranzbereichs, so gibt die Messeinrichtung 0.

Das Sortieren der Transistoren soll mit Hilfe einer Digitalschaltung erfolgen. Liegen alle 4 Daten innerhalb des Toleranzbereichs, soll ein Ausgang M der Schaltung 1 geben. Liegt nur B außerhalb des Toleranzbereichs, so soll ein Ausgang N den Zustand 1 geben. Liegen nur B und D außerhalb des Toleranzbereichs, so soll ein Ausgang U den Zustand 1 geben. In allen anderen Fällen muss ein Ausgang Z = 1 sein, was bedeutet, dass der Transistor Ausschuss ist.

Die gesuchte Schaltung soll berechnet und mit NAND-Gattern aufgebaut werden. Es sind 4 Eingangsvariable vorhanden, nämlich A, B, C und D. Die Ausgangsvariablen heißen M, N, U und Z. M wird nur 1, wenn A = 1, B = 1, C = 1 und D = 1 sind. Das ist der Fall 16 in der Wahrheitstabelle Bild 5.64. N wird 1, wenn A = 1, B = 0, C = 1 und D = 1 sind (Fall 14). U wird 1, wenn A = 1, B = 0, C = 1 und D = 0 sind (Fall 6). In allen Fällen außer den Fällen 6, 14 und 16 wird Z = 1. Es ergeben sich folgende Gleichungen:

$$M = A \wedge B \wedge C \wedge D$$
$$N = A \wedge \overline{B} \wedge C \wedge D$$
$$U = A \wedge \overline{B} \wedge C \wedge \overline{D}$$

Fall	D	C	B	A	M	N	U	Z	$\overline{Z}$
1	0	0	0	0				1	
2	0	0	0	1				1	
3	0	0	1	0				1	
4	0	0	1	1				1	
5	0	1	0	0				1	
6	0	1	0	1			1		1 U
7	0	1	1	0				1	
8	0	1	1	1				1	
9	1	0	0	0				1	
10	1	0	0	1				1	
11	1	0	1	0				1	
12	1	0	1	1				1	
13	1	1	0	0				1	
14	1	1	0	1		1			1 N
15	1	1	1	0				1	
16	1	1	1	1	1				1 M

Bild 5.64
Wahrheitstabelle einer Transistor-Sortierschaltung. Zur Erhöhung der Übersichtlichkeit wurden die 0-Zustände bei den Ausgangsvariablen nicht eingetragen.

Die Gleichung für Z enthält 13 Vollkonjunktionen. Z ist immer dann 1, wenn weder M noch N noch U 1 ist. Es ist besser, die DNF für $\overline{Z}$ aufzustellen (Bild 5.64).

$$\overline{Z} = (A \wedge B \wedge C \wedge D) \vee (A \wedge \overline{B} \wedge C \wedge D) \vee (A \wedge \overline{B} \wedge C \wedge \overline{D})$$
$$\overline{Z} = M \vee N \vee U$$

Damit ergibt sich für Z:

$$Z = \overline{M \vee N \vee U}$$

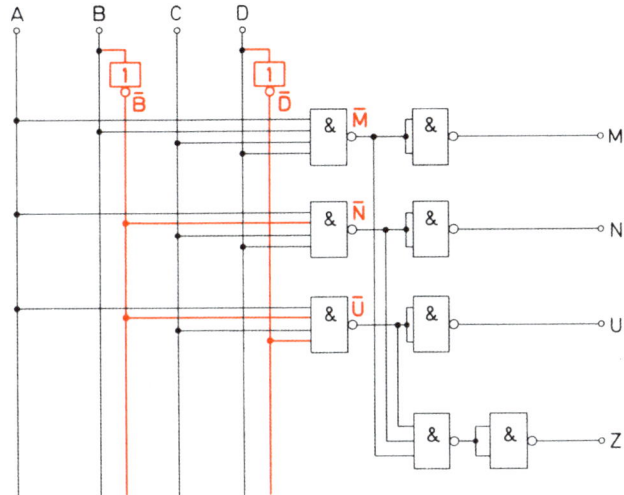

Bild 5.65   Transistor-Sortierschaltung

Die gefundenen Gleichungen für M, N und U lassen sich nicht mehr vereinfachen. Sie sollen zusammen mit der Gleichung für Z auf NAND umgerechnet werden:

$M = \overline{\overline{A \wedge B \wedge C \wedge D}}$

$N = \overline{\overline{A \wedge \overline{B} \wedge C \wedge D}}$

$U = \overline{\overline{A \wedge \overline{B} \wedge C \wedge \overline{D}}}$

$Z = \overline{M \vee N \vee U} = \overline{M} \wedge \overline{N} \wedge \overline{U}$

$Z = \overline{\overline{\overline{M} \wedge \overline{N} \wedge \overline{U}}}$

Aus diesen Gleichungen ergibt sich die in Bild 5.65 dargestellte Schaltung.

Durch die Ausgangszustände von M, N, U und Z kann eine mechanische Vorrichtung gesteuert werden, mit der die Transistoren in 4 verschiedene Behälter abgelegt werden.

5.6   Aufgaben zum Schaltungsentwurf

Die im Folgenden beschriebenen Aufgaben dienen der Vertiefung des in Kapitel 5 erworbenen Wissens. Die Schaltungen können mit NAND-Gattern aufgebaut werden, wie sie heute noch im Handel erhältlich sind. Bis in die 80er-Jahre wurden auch komplexere Steuerungen mit Standard-Logikgattern (NAND, NOR usw.) aufgebaut. Der Aufwand (Lötarbeiten, Größe, Gewicht und Energieverbrauch) ist für diese diskrete Aufbauweise jedoch erheblich. Auch die Fehlersuche ist kompliziert. Einfacher ist es, die Schaltungen mit freiprogrammierbaren Logiksteuerungen aufzubauen (s. Vogel-Fachbuch Kaftan: LOGO!-Kurs). Die Steuerungen besitzen Digitaleingänge und Digitalausgänge, die beliebig verknüpft werden können. Die Programmierung erfolgt über eine PC-Schnittstelle oder ein spezielles Programmiergerät.

Wegen des hohen Aufwands werden Steuerungen nur noch selten diskret aufgebaut. Nach und nach hielten programmierbare und anwenderspezifische Bausteine Einzug, auf die in den späteren Kapiteln eingegangen wird. In vielen Fällen kommen heute auch Mikrocomputersysteme zum Einsatz.

Embedded Systems
Umfangreiche Steuerungen werden heute direkt für eine technische Anwendung entworfen. Sie werden optimal auf ihre jeweilige Anwendung abgestimmt. So setzt jede Anwendung unterschiedliche Prioritäten an (Anzahl der Ein- und Ausgänge, Rechengeschwindigkeit, Energieverbrauch, Störsicherheit). Die Anpassung an den jeweiligen Anwendungsfall spart Energie und Kosten. Solche in ihre Anwendung eingebetteten Systeme aus Hardware und Software finden sich heute in sehr vielen Geräten – von der Küchenmaschine über die Unterhaltungselektronik bis zu den zahlreichen Steuergeräten in der Fahrzeugtechnik.

5.6.1 Steuerschaltung

Gesucht ist eine Steuerschaltung, die die Wahrheitstabelle Bild 5.66 erfüllt. Stellen Sie die ODER-Normalformen für X, Y und Z auf, und vereinfachen Sie diese soweit wie möglich mit Hilfe von KV-Diagrammen. Die gefundenen Gleichungen für X, Y und Z sind so umzurechnen, dass ein Aufbau der Schaltung nur mit NOR-Gattern möglich ist. Die gesuchte Schaltung ist zu zeichnen.

Fall	D	C	B	A	X	Y	Z
1	0	0	0	0	1	0	0
2	0	0	0	1	1	0	0
3	0	0	1	0	1	0	0
4	0	0	1	1	1	0	0
5	0	1	0	0	0	1	1
6	0	1	0	1	0	1	1
7	0	1	1	0	1	0	0
8	0	1	1	1	0	1	1
9	1	0	0	0	0	0	1
10	1	0	0	1	0	0	1
11	1	0	1	0	1	0	0
12	1	0	1	1	0	0	1
13	1	1	0	0	0	1	1
14	1	1	0	1	0	1	1
15	1	1	1	0	1	0	0
16	1	1	1	1	0	1	1

Bild 5.66
Wahrheitstabelle der gesuchten Steuerschaltung

5.6.2 Ungeradeschaltung

Eine Ungeradeschaltung ist eine Schaltung, an deren Ausgang nur dann 1 liegt, wenn eine ungerade Anzahl von Eingangsvariablen den Wert 1 hat. Die Schaltung soll 3 Eingänge haben.
    Gesucht ist eine möglichst einfache Schaltung, die mit NAND-Gattern aufgebaut werden kann.

5.6.3 Majoritätsschaltung

Am Ausgang einer Majoritätsschaltung liegt nur dann 1, wenn die Mehrheit der Eingänge den Zustand 1 hat.

Stellen Sie die Wahrheitstabelle für eine Majoritätsschaltung mit 5 Eingängen auf. Aus dieser Wahrheitstabelle ist die DNF zu entnehmen. Versuchen Sie, die DNF möglichst weitgehend zu vereinfachen. Geben Sie eine möglichst einfache Schaltung an, die mit Grundgattern aufgebaut ist.

Für den Aufbau der Schaltung stehen nur NOR-Gatter zur Verfügung. Die gefundene Gleichung ist so umzuformen, dass ein Aufbau mit NOR-Gattern möglich ist.

5.6.4 Verriegelungsschaltung

Eine Kunststoffspritzmaschine darf zum Produktionsvorgang nur anlaufen, wenn der Startschalter für den Produktionsvorgang eingeschaltet ist, ein Füllstandmelder angibt, dass genug Spritzmaterial im Behälter ist, eine Sicherheitslichtschranke nicht unterbrochen ist, ein Temperaturmessgerät die erforderliche Temperatur der Spritzformen meldet und der sogenannte Reinigungslauf nicht eingeschaltet ist.

Zum Reinigungslauf darf die Maschine nur anlaufen, wenn der Startschalter für den Reinigungslauf eingeschaltet ist, wenn der Füllstandsmelder angibt, dass kein Spritzmaterial im Behälter ist, die Sicherheitslichtschranke nicht unterbrochen ist und der Startschalter zum Produktionsvorgang nicht eingeschaltet ist. Die Temperatur der Spritzformen kann beliebig sein.

Die Einschaltung der vorgenannten Bedingungen soll mit Hilfe einer Digitalschaltung erreicht werden. Festlegung der Variablen und der Bedeutung von 0 und 1:

Startschalter Produktionsvorgang ein: $A = 1$
Füllstandsmelder meldet Füllung: $F = 1$
Lichtschranke unterbrochen: $L = 0$
Temperaturmelder meldet richtige Temperatur: $B = 1$
Startschalter Reinigungslauf ein: $C = 1$
Maschine darf zum Produktionsvorgang anlaufen: $Z = 1$
Maschine darf zum Reinigungsvorgang anlaufen: $R = 1$

Die gesuchte Schaltung hat also die Eingangsvariablen A, F, L, B, C und die Ausgangsvariablen Z und R (Bild 5.67).

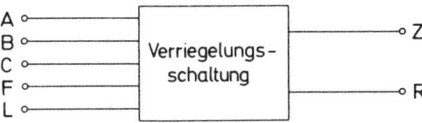

Bild 5.67
Eingänge und Ausgänge der gesuchten Digitalschaltung

Sie arbeitet als sog. Verriegelungsschaltung, d. h., bestimmte Arbeitsweisen werden nur freigegeben, wenn bestimmte Bedingungen erfüllt sind.

Gesucht ist eine möglichst einfache Schaltung, die die beschriebenen Anforderungen erfüllt. Die Schaltung soll mit NAND-Gattern aufgebaut sein.

5.6.5   Flugabwehr-Auslöseschaltung

4 Radarmessstellen liefern an eine digitale Verknüpfungsschaltung die Signale A, B, C und D, die 1 oder 0 sein können.

Das Signal A der Messstelle 1 ist nur dann 1, wenn ein Flugkörper erfasst ist. Bewegt sich der Flugkörper auf die Radarmessstellen zu, gibt Messstelle 2 das Signal B = 1, sofern der Flugkörper die Flughöhe von 2000 m nicht unterschreitet. Die Messstelle 3 stellt die Kursänderung fest. Sie gibt nur dann C = 0, wenn sich der Kurs innerhalb einer Zeitdifferenz Δt ändert. Fliegt ein zweiter Flugkörper gleichzeitig in den Luftraum ein, gibt Messstelle 4 D = 1.

Die Digitalschaltung soll nun so arbeiten, dass am Ausgang Z das Signal 1 erscheint, wenn ein Flugkörper erfasst ist, der unter 2000 m Höhe fliegt, sich auf die Radarstellen zubewegt und seinen Kurs innerhalb Δt nicht ändert und ein zweiter Flugkörper nicht gleichzeitig einfliegt oder wenn ein Flugkörper über 2000 m auf die Messstellen zu einfliegt, erfasst ist und seinen Kurs innerhalb Δt nicht ändert und ein zweiter Flugkörper ebenfalls registriert wird.

Gesucht ist eine möglichst einfache Schaltung, die die beschriebenen Bedingungen erfüllt und mit NOR-Gattern aufgebaut ist.

5.7   Zustandsdiagramme

Ein Zustandsdiagramm (engl.: *statechart*) ist eine grafische Darstellung der Abläufe in einem endlichen Automaten.

Endliche Automaten, auch Finite State Machines (FSM) genannt, sind Modelle, die das dynamische Verhalten eines Systems beschreiben. Sie heißen endlich, weil sie nur endlich viele Zustände annehmen können. Sie werden auch Zustandsautomaten oder Zustandsmaschinen genannt.

Das Verhalten dieser Systeme hängt von den inneren Zuständen und von äußeren Ereignissen (engl.: *events*) ab. Ein Zustand (engl.: *state*) des Automaten ergibt sich jeweils aus der vorangegangenen Aktion.

Wenn die Zustandsübergänge eindeutig sind, ergibt sich aus einem Ereignis exakt ein bestimmter Folgezustand. Ein solcher Automat wird deterministischer, endlicher Automat (DEA) genannt.

Mit Zustandsdiagrammen können komplexe Abläufe (beispielsweise in einer Steuerung) anschaulich dargestellt werden. Beim Programmieren und bei der Hardware-Entwicklung erleichtern sie die Darstellung der Abläufe. Bild 5.68 zeigt die erlaubten Zustände an und welche Ereignisse erforderlich sind, um einen anderen Zustand zu erreichen.

Die Zustandsübergänge (engl.: *transition*) von einem Zustand in den anderen werden durch Ereignisse ausgelöst.

Nehmen wir an, der Automat hat vier Zustände. Ein Beispiel hierfür könnte eine Garagentorsteuerung sein, die sich gut in einem Zustandsdiagramm darstellen lässt.

Die Darstellung basiert auf den Definitionen der Unified Modelling Language, kurz: UML).

Aufgaben zum Schaltungsentwurf 111

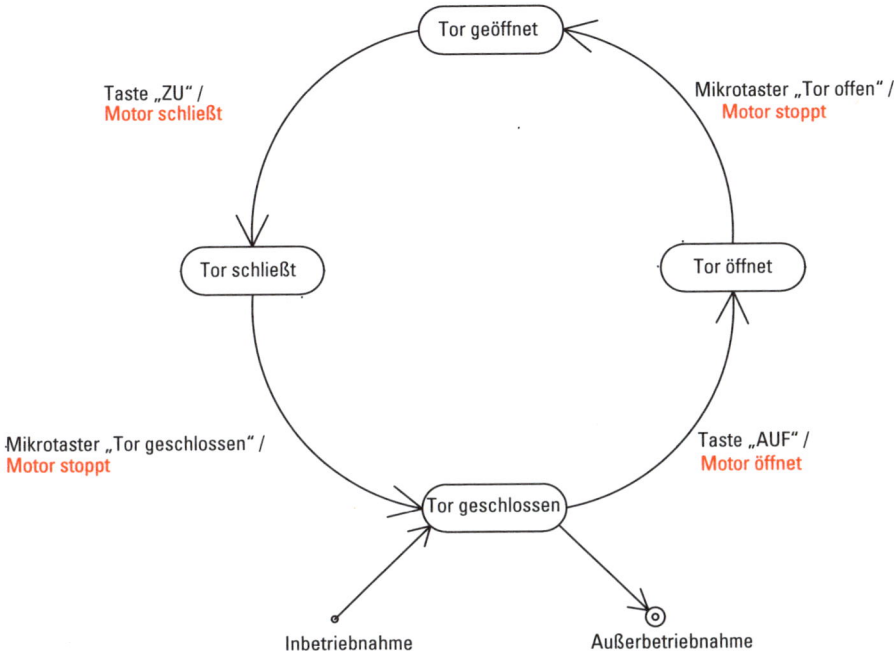

Bild 5.68   Zustandsdiagramm

Der Automat hat vier Zustände, die zur eindeutigen Definition einen Namen erhalten:

Zustand 1: «Tor geschlossen»
Zustand 2: «Tor öffnet»
Zustand 3: „Tor geöffnet»
Zustand 4: «Tor schließt»

Wir markieren einen Anfangs- und einen Endzustand. Der Anfangszustand heißt «Inbetriebnahme», der Endzustand «Außerbetriebnahme». Sie werden auch Pseudozustände genannt.

Durch einen Zustandsübergang ändert sich der Zustand des Automaten. Die Pfeile im Diagramm markieren die Zustandsübergänge. An den Pfeilen stehen die Ereignisse und die für den Zustandsübergang erforderlichen Aktivitäten.

Der Automat besitzt sechs Zustandsübergänge. Mit der Inbetriebnahme wechselt der Automat in den Zustand Tor geschlossen.

Ein Zustandsübergang erfolgt, wenn ein Ereignis erfolgt. In unserem Beispiel ist das Drücken der Tasten («AUF» oder «ZU») oder das Ansprechen des Mikrotasters, wenn das Tor geöffnet oder geschlossen ist (Endlagenschalter), ein Ereignis.

Es gibt vier Ereignisse:

Ereignis 1: «Taste AUF»
Ereignis 2: «Tor offen»

Ereignis 3: «Taste ZU»
Ereignis 4: «Tor geschlossen»

Um einen Zustandsübergang zu erreichen, ist eine Aktivität erforderlich. «Agieren» kann am Garagentor der Motor.

Es gibt drei Aktivitäten:

Aktivität 1: «Motor öffnet»
Aktivität 2: «Motor stoppt»
Aktivität 3: «Motor schließt»

Befindet sich der Automat im Zustand 1: «Tor geschlossen», führt das Ereignis 1: «Taste AUF» zur Aktivität 1: «Motor öffnet». Der Automat wechselt in Zustand 2: «Tor öffnet».
 Das Ereignis 2: «Tor offen» führt zur Aktivität 2: «Motor stoppt» und zu Zustand 3: «Tor geöffnet».
 Das Ereignis 3: «Taste ZU» führt zur Aktivität 3: «Motor schließt» und zu Zustand 4: «Tor schließt».
 Das Ereignis 4: «Tor geschlossen» führt zur Aktivität 2: «Motor stoppt» und zu Zustand 1: «Tor geschlossen».
 Im Diagramm lässt sich der Ablauf der Steuerung gut verfolgen, wenn man sich eine Spielfigur denkt, die in die Zustände wechseln will. Ein Wechsel ist nur möglich, wenn ein Pfeil für den Zustandsübergang gezeichnet ist, das Ereignis erfolgt und die richtige Aktivität zur Verfügung steht. So lässt sich auch bei komplexen Steuerungen leicht erkennen, was in der Programmierung oder bei der Hardware (z.B. Aktoren) gegebenenfalls zu ergänzen ist.
 In unserem Beispiel könnte zum Beispiel eine Erhöhung des Motorstroms (Gegenstand zwischen Tor und Wand) zu einer Umkehr der Drehrichtung des Motors führen (Einklemmschutz).
 Im Diagramm lässt sich auch sehen, ob alle Ereignisse definiert sind. Was passiert beispielsweise, wenn während der Abwärts- oder Aufwärtsbewegung eine Taste gedrückt wird? Was passiert, wenn im Zustand «Tor geöffnet» die Taste «Öffnen» gedrückt wird? Oder wenn während des Öffnens die Taste «ZU» betätigt wird? Diese Ereignisse / Aktivitäten müssen noch ergänzt werden (Bild 5.69).
 Zustandsautomaten können auch in Tabellenform dargestellt werden. Dazu gibt es mehrere Möglichkeiten. Eine davon soll hier dargestellt werden.
 Die Zustände werden auf die X- und auf die Y-Achse geschrieben. Die Eingaben bzw. Ereignisse werden in den Kreuzungspunkten notiert. Um von einem Zustand auf der Y-Achse auf den Zustand in der X-Achse zu kommen, muss das im Kreuzungspunkt stehende Ereignis eintreten.

Beispiel
Um vom rotmarkierten Zustand «Tör geöffnet» in Bild 5.70 auf der X-Achse auf den Zustand «Tor schließt» zu kommen, muss das Ereignis «Taste ZU» vorliegen.

Aufgaben zum Schaltungsentwurf

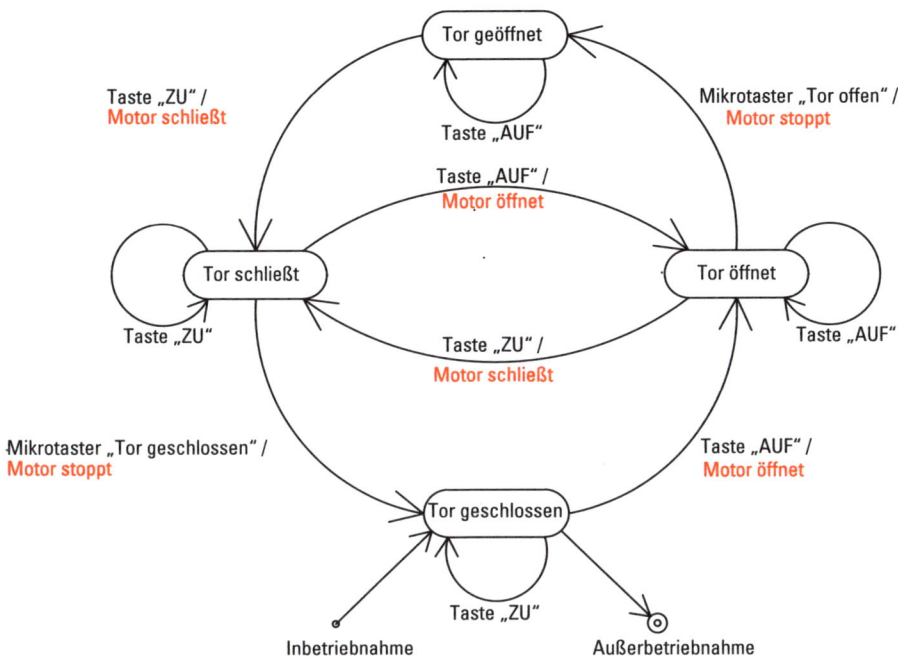

Bild 5.69   Erweitertes Zustandsdiagramm

Zustand	Tor geschlossen	Tor öffnet	Tor geöffnet	Tor schließt
Tor geschlossen	Taste ZU	Taste AUF	X	X
Tor öffnet	X	Taste AUF	Mikrotaster „Tor offen"	Taste ZU
Tor geöffnet	X	X	Taste AUF	Taste ZU
Tor schließt	Mikrotaster „Tor geschlossen"	Taste AUF	X	Taste ZU

Bild 5.70   Darstellung in Tabellenform

Bei komplexen Zustandsdiagrammen können Zustände in Hierarchien gegliedert werden. So führt beispielsweise eine Waschmaschine innerhalb der Waschprogramme einzelne Programmabläufe durch. Das Einschalten der Maschine und die Programmwahl besitzen eine höhere Hierarchie, die einzelnen Programmabläufe sind in der Hierarchie niedriger angeordnet.

Viele praktische Anwendungen besitzen parallele Abläufe, die in eigenen Zustandsdiagrammen erfasst werden können. Zur Übersicht werden sie in einem übergeordneten Zustand untereinander aufgelistet.

5.8 Lernziel-Test

1. Was versteht man unter einer Vollkonjunktion?
2. Wie sind DNF aufgebaut? Geben Sie ein Beispiel an.
3. Wie unterscheidet sich die konjunktive Normalform von der disjuktiven Normalform?
4. Die Wahrheitstabelle Bild 5.71 enthält die für eine Schaltung geforderten Verknüpfungseigenschaften. Stellen Sie die sich aus der Wahrheitstabelle ergebende DNF auf.

Fall	C	B	A	Z
1	0	0	0	0
2	0	0	1	1
3	0	1	0	0
4	0	1	1	1
5	1	0	0	1
6	1	0	1	0
7	1	1	0	1
8	1	1	1	0

Bild 5.71 Wahrheitstabelle

5. Skizzieren Sie ein KV-Diagramm für die Variablen K, M, S und R.
6. Welche Nachbarschaftsbedingungen gelten für KV-Diagramme mit 4 Variablen?
7. Vereinfachen Sie mit Hilfe der Schaltalgebra die folgende DNF und überprüfen Sie die erzielte Vereinfachung mit einem KV-Diagramm.

$$Z = (A \wedge B \wedge C) \vee (A \wedge \overline{B} \wedge C) \vee (\overline{A} \wedge \overline{B} \wedge C) \vee (\overline{A} \wedge \overline{B} \wedge \overline{C})$$

8. Im KV-Diagramm Bild 5.72 ist eine DNF dargestellt. Vereinfachen Sie diese DNF möglichst weitgehend und geben Sie die vereinfachte Gleichung an.

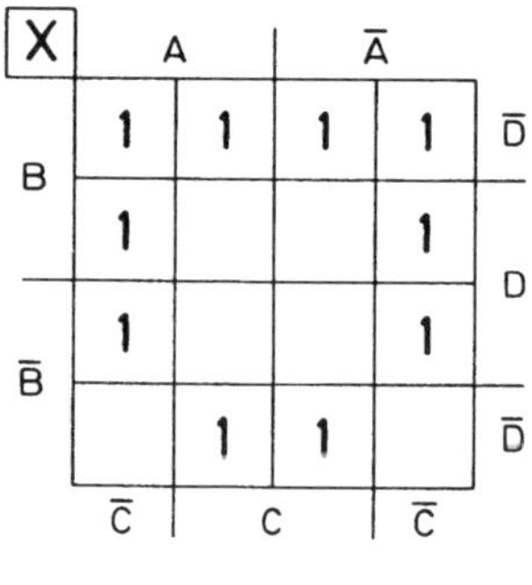

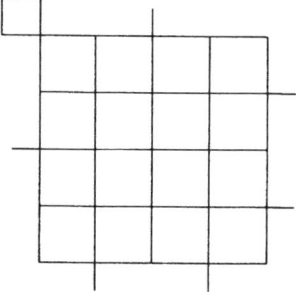

Bild 5.72
KV-Diagramm mit eingetragener DNF

Bild 5.73
KV-Diagramm

9. Zeichnen Sie in das KV-Diagramm Bild 5.73 die Gleichung

$$Z = (\overline{A} \wedge B \wedge \overline{C} \wedge \overline{D}) \vee (A \wedge \overline{C}) \vee (\overline{A} \wedge \overline{B})$$

ein. Die Ausdrücke $(A \wedge \overline{C})$ und $(\overline{A} \wedge \overline{B})$ sind als Päckchen darzustellen.
10. Wie ist ein KV-Diagramm für 6 Variable aufgebaut?
11. Erweitern Sie im Zustandsdiagramm (siehe Bild 5.69) den Zustandsautomaten um eine Überstromerfassung, die zur Umkehr der Drehrichtung führt. Ein Überstrom entsteht, wenn beim Schließen etwas den Antrieb behindert (Einklemmschutz).

6 Schaltkreisfamilien

6.1 Allgemeines

Verknüpfungsgatter, auch logische Gatter oder logische Elemente genannt, werden fast ausschließlich als Halbleiterschaltungen aufgebaut. Relaisschaltungen, wie sie in Kapitel 2 zur besseren Verständlichkeit angeführt wurden, haben heute fast keine Bedeutung mehr. Sie werden noch in seltenen Fällen für Steuerungen in der Starkstromtechnik als sog. Schützschaltungen verwendet. Unter einem Schütz versteht man ein Starkstromrelais, dessen Magnetspule für den Anschluss an 230-V-Wechselspannung ausgelegt ist. Heute werden solche Steuerungen meist mit programmierbaren Relais (Logik-Relais) oder mit speicherprogrammierbaren Steuerungen (SPS) aufgebaut.

Für den Aufbau von Verknüpfungsgatter werden Halbleiter-Bauelemente verwendet. Ein Transistor kann bekanntlich als kontaktloser Schalter arbeiten. Solche kontaktlosen Schalter können mit bipolaren Transistoren und auch mit Feldeffekt-Transistoren verwirklicht werden. Auch Halbleiterdioden arbeiten schalterähnlich. Es ergibt sich somit eine Vielzahl von Möglichkeiten, Verknüpfungsgatter als Halbleiterschaltungen herzustellen.

Definition
Verknüpfungsgatter, die nach bestimmten Prinzipien aufgebaut sind, bilden eine Schaltkreisfamilie.

Verknüpfungsgatter einer Schaltkreisfamilie lassen sich ohne Schwierigkeiten zusammenschalten. Für den Aufbau einer digitalen Verknüpfungsschaltung verwendet man zweckmäßigerweise Gatter der gleichen Schaltkreisfamilie. Solche Gatter sind meist für einheitliche Speisespannungen ausgelegt und haben gleiche binäre Signalpegel. Die Schaltzeiten der einzelnen Gatter sind mit gewissen Toleranzen ebenfalls gleich.

Verknüpfungsgatter verschiedener Schaltkreisfamilien dürfen nur unter bestimmten Voraussetzungen miteinander kombiniert werden. Oft werden sog. Zwischengatter zur Anpassung benötigt.

Die zuerst verwendeten Halbleiter-Verknüpfungsgatter wurden aus diskreten Halbleiter-Bauelementen aufgebaut. Unter diskreten Halbleiter-Bauelementen versteht man die üblichen auf dem Markt befindlichen Einzelhalbleiter-Bauteile mit Gehäusen und Anschlussdrähten, also übliche Dioden, Transistoren und andere Bauteile. Nicht diskret sind Halbleiter-Bauelemente in integrierten Schaltungen – also eingebaute Transistor- oder Diodensysteme.

Die Bedeutung der Schaltkreisfamilien, deren Gatter mit diskreten Halbleiter-Bauelementen aufgebaut sind, ist stark zurückgegangen. Solche Gatter haben verhältnismäßig große Abmessungen und sind in der Herstellung viel teurer als Gatter in integrierten Schaltungen. Sie haben nur den Vorteil, dass man sie leicht selbst herstellen kann.

Das RTL-System ist eine Schaltkreisfamilie, deren Gatter mit Widerständen und bipolaren Transistoren aufgebaut werden (Bild 6.1). Die Bezeichnung RTL bedeutet

Resistor Transistor Logic. Eine andere «diskrete» Schaltkreisfamilie heißt DCTL-System – Direct Coupled Transistor Logic System, also direkt gekoppeltes Transistor-Logiksystem. Die Gatter bestehen aus direkt gekoppelten Transistor-Schalterstufen mit bipolaren Transistoren (Bild 6.2). Beide Schaltkreisfamilien werden heute kaum noch verwendet. Sie wurden durch effizientere Logikbausteine ersetzt.

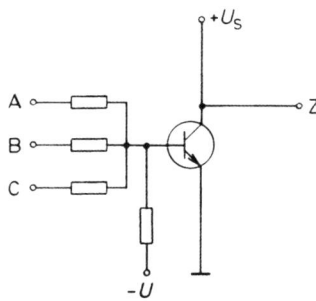

Bild 6.1
RTL-Schaltung

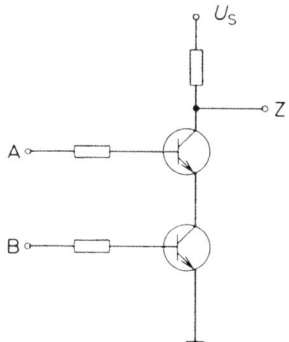

Bild 6.2
DCTL-Schaltung

Auch das DTL-System hat nur geringe Bedeutung. DTL ist die Abkürzung für Dioden-Transistor-Logik. Dieser Schaltkreisfamilie ist der Abschnitt 6.5 gewidmet.

Sehr groß ist die Bedeutung der Schaltkreis-Familie TTL. TTL bedeutet Transistor-Transistor-Logik. Die Gatter sind als integrierte Schaltungen mit bipolaren Transistorsystemen aufgebaut. Die TTL-Schaltkreisfamilie besitzt viele Unterfamilien (LSTTL, ASTTL, ALSTTL – s. Abschnitt 6.6).

Eine weitere bedeutende Schaltkreisfamilie trägt die Bezeichnung ECL. Dies ist die Abkürzung für Emitter-Coupled Logic = emittergekoppelte Logik (Abschnitt 6.7). Die Transistor-Schalterstufen haben gemeinsame Emitterwiderstände. ECL-Gatter werden mit bipolaren Transistorsystemen als integrierte Schaltungen hergestellt.

MOS-Feldeffekt-Transistorsysteme werden in der MOS-Schaltkreisfamilie verwendet (Abschnitt 6.8). Die Schalterstufen sind mit selbstsperrenden MOS-FET vom N-Kanal-Typ (N-MOS) oder mit selbstsperrenden MOS-FET vom P-Kanal-Typ (siehe Beuth, Elektronik 2 «Bauelemente») als integrierte Schaltungen aufgebaut. Werden in einem Gatter sowohl N-Kanal-MOS-FET als auch P-Kanal-MOS-FET eingesetzt, spricht man von komplementärer MOS-Technik. Die zugehörige Schaltkreisfamilie heißt CMOS. Zur CMOS-Familie gehören die Bausteine HCMOS, HCTMOS und ACMOS. Es gibt auch Kombinationen aus TTL und CMOS-Logik (BiCMOS). Sie vereinen die jeweiligen Vorteile der beiden Hauptfamilien TTL und CMOS (Abschnitt 6.8.4).

6.2 Binäre Spannungspegel

Verknüpfungsgatter werden als elektronische Schaltungen aufgebaut. Elektronische Schaltungen aber «verstehen» keine digitale Logik. Sie reagieren auf Spannungen an ihren Eingängen und auf entsprechende Ströme und haben an ihren Ausgängen bestimmte Spannungen. Das heißt, sie arbeiten «elektrisch». Dieser Gedanke lag dem Plan zugrunde, die Arbeitsweise aller digitalen Schaltungen elektrisch – also unabhängig von irgendwelchen logischen Zuordnungen – zu beschreiben.

Es ist nun möglich, eine der Wahrheitstabelle ähnliche Tabelle aufzustellen und in diese Tabelle die Spannungen einzutragen. Betrachten wir die Schaltung Bild 6.3. Legt man an den Eingang A +5 V, so wird die Diode D_1 in Durchlassrichtung betrieben. An der Diode fällt die Spannung von 0,7 V (Si-Diode) ab. Am Ausgang Z liegt eine Spannung von 4,3 V. Die Spannung von 4,3 V liegt auch am Ausgang, wenn an B oder an beide Eingänge +5 V angelegt wird (Bild 6.4).

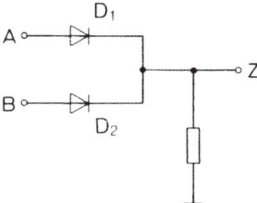

Bild 6.3
Verknüpfungsschaltung

Bild 6.4
Arbeitstabelle mit
Spannungsangaben

Fall	B	A	Z
1	0 V	0 V	0 V
2	0 V	+5 V	+4,3 V
3	+5 V	0 V	+4,3 V
4	+5 V	+5 V	+4,3 V

Die in Bild 6.4 dargestellte Tabelle wird Arbeitstabelle genannt. Sie darf nicht als Wahrheitstabelle bezeichnet werden, denn sie gibt keine Auskunft über die logische Verknüpfung.

Die Verknüpfungsschaltung Bild 6.3 kann aber auch z. B. mit 4 V oder mit 8 V betrieben werden. Dann gelten die Arbeitstabellen Bild 6.5. Es ist etwas umständlich, die Arbeitstabellen mit den Spannungen anzugeben. Auch ist oft nicht genau festgelegt, mit welcher Spannung eine Schaltung zu betreiben ist. Man kann in einem zulässigen Bereich verschiedene Spannungen wählen. Zweckmäßiger ist es, in den Arbeitstabellen nur zwischen hohen und niedrigen Spannungswerten zu unterscheiden. Man bezeichnet den hohen Spannungswert mit H (von *high*, engl. = hoch) und den niedrigen Spannungswert mit L (von *low*, engl. = niedrig). H und L sind Spannungspegel.

Definition
L = Low = niedriger Spannungspegel

Pegel, der näher bei minus unendlich (–∞) liegt.

Schaltkreisfamilien

> **Definition**
> H = High = höherer Spannungspegel

Pegel, der näher bei plus unendlich (+∞) liegt.

Fall	B	A	Z
1	0 V	0 V	0 V
2	0 V	4 V	3,3 V
3	4 V	0 V	3,3 V
4	4 V	4 V	3,3 V

Fall	B	A	Z
1	0 V	0 V	0 V
2	0 V	8 V	7,3 V
3	8 V	0 V	7,3 V
4	8 V	8 V	7,3 V

Bild 6.5   Arbeitstabelle mit Spannungsangaben

Fall	B	A	Z
1	L	L	L
2	L	H	H
3	H	L	H
4	H	H	H

Bild 6.6   Arbeitstabelle mit Pegelangabe

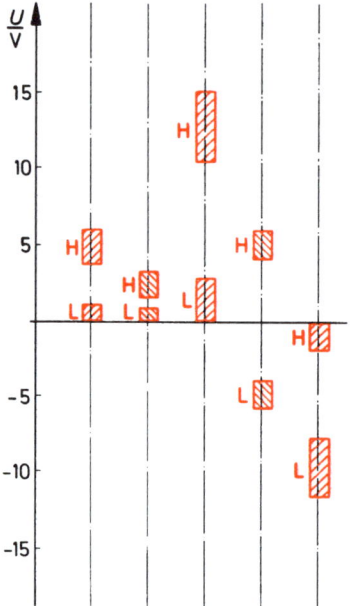

Bild 6.7   Mögliche Pegelbereiche L und H

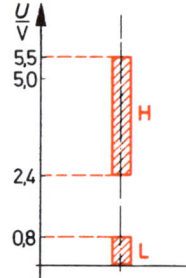

Bild 6.8   Pegelbereiche für L und H

Für die Schaltung Bild 6.3 ergibt sich die in Bild 6.6 dargestellte Arbeitstabelle mit Pegelangabe. Digitale Schaltungen können mit sehr unterschiedlichen Pegeln betrieben werden. Mögliche Pegel zeigt Bild 6.7.

Der H-Pegel darf nach Angaben des Herstellers einer Schaltung in einem bestimmten Spannungsbereich schwanken. Ebenfalls darf der L-Pegel in einem bestimmten Spannungsbereich schwanken. Diese Bereiche heißen Toleranzbereiche oder Pegelbereiche (Bild 6.8).

Definition
> Die Angaben L und H sind keine logischen Zustände, sondern binäre Pegelangaben. Sie beschreiben die elektrische Arbeitsweise einer Schaltung.

Welche logische Verknüpfung eine Schaltung erzeugt, kann erst gesagt werden, wenn die Pegel L und H den logischen Zuständen 0 und 1 zugeordnet worden sind.

6.3 Positive und negative Logik

Die binären Pegel L und H können den logischen Zuständen 0 und 1 auf 2 verschiedene Weisen zugeordnet werden:

L ≙ 0   L ≙ 1
H ≙ 1   H ≙ 0
(positive Logik)   (negative Logik)

Definition
> Man spricht von positiver Logik, wenn dem niedrigeren Pegel der Zustand 0 und dem höheren Pegel der Zustand 1 zugeordnet ist.

In der Digitaltechnik wird heute überwiegend mit positiver Logik gearbeitet. Wenn bei Schaltungen keine näheren Angaben gemacht werden, kann man davon ausgehen, dass die positive Logik gilt.

Definition
> Bei negativer Logik wird dem niedrigeren Pegel der Zustand 1 und dem höheren Pegel der Zustand 0 zugeordnet.

Die negative Logik hatte eine größere Bedeutung zu der Zeit, als nur PNP-Transistoren verfügbar waren. Bei negativen Spannungen für U_{CE} ergaben sich an den Ausgängen der Transistor-Schalterstufen negative Spannungswerte.

0 ≙ −0,3 V = H
1 ≙ −6 V = L

Die negative Logik wird heute vor allem bei bestimmten Steuerschaltungen aus Gründen der Störsicherheit verwendet.

Welche Verknüpfung erzeugt die Schaltung Bild 6.3 bei positiver Logik, welche Verknüpfung erzeugt sie bei negativer Logik?

Die Schaltung und die zugehörige Arbeitstabelle sind in Bild 6.9 dargestellt. Aus der Arbeitstabelle ist die Wahrheitstabelle abzuleiten. Bei positiver Logik ist für H der logische Zustand 1 und für L der logische Zustand 0 einzusetzen (Bild 6.10). Bei positiver Logik erzeugt die Schaltung eine ODER-Verknüpfung.

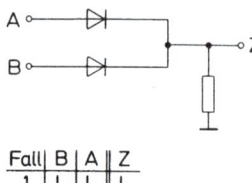

Fall	B	A	Z
1	L	L	L
2	L	H	H
3	H	L	H
4	H	H	H

Fall	B	A	Z
1	0	0	0
2	0	1	1
3	1	0	1
4	1	1	1

L ≙ 0
H ≙ 1

Bild 6.9 Verknüpfungsschaltung mit Arbeitstabelle

Bild 6.10 Wahrheitstabelle für positive Logik

Bei negativer Logik wird aus L Zustand 1 und aus H Zustand 0 (Bild 6.11). Die Schaltung erzeugt eine UND-Verknüpfung. In der Wahrheitstabelle ist lediglich die Reihenfolge der Fälle etwas anders.

ⓘ Grundsatz

Beim Übergang von positiver zu negativer Logik und umgekehrt ändert eine Verknüpfungsschaltung ihre Verknüpfungseigenschaft.

Ein NICHT-Gatter bleibt jedoch ein NICHT-Gatter – bei positiver und negativer Logik (Bild 6.12).

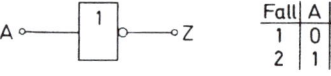

Fall	A	Z
1	0	1
2	1	0

Positive Logik
0 ≙ L
1 ≙ H

Fall	A	Z
1	L	H
2	H	L

Negative Logik
0 ≙ H
1 ≙ L

Fall	A	Z
1	H	L
2	L	H

Fall	B	A	Z
1	1	1	1
2	1	0	0
3	0	1	0
4	0	0	0

L ≙ 1
H ≙ 0

Bild 6.11 Wahrheitstabelle für negative Logik

Bild 6.12 Verhalten eines NICHT-Gatters bei positiver und negativer Logik

Fall	B	A	Z
1	0	0	1
2	0	1	1
3	1	0	1
4	1	1	0

Fall	B	A	Z
1	L	L	H
2	L	H	H
3	H	L	H
4	H	H	L

Bild 6.13 Wahrheitstabelle eines NAND-Gatters

Bild 6.14 Arbeitstabelle

Fall	B	A	Z
1	1	1	0
2	1	0	0
3	0	1	0
4	0	0	1

Bild 6.15
Wahrheitstabelle eines NOR-Gatters

Beispiel
Eine Schaltung arbeitet bei positiver Logik als NAND-Gatter. Welche Verknüpfung erzeugt die Schaltung bei negativer Logik?
Die Wahrheitstabelle eines NAND-Gatters ist in Bild 6.13 dargestellt. Aus dieser Wahrheitstabelle kann die Arbeitstabelle, also die Tabelle mit L und H, abgeleitet werden. Bei positiver Logik entspricht 0 dem Pegel L und 1 dem Pegel H (Bild 6.14). Die Verknüpfung bei negativer Logik zeigt die Wahrheitstabelle Bild 6.15. Sie wurde aus der Arbeitstabelle abgeleitet, in dem für H der Zustand 0 und für L der Zustand 1 eingesetzt wurde. Es ergibt sich eine NOR-Verknüpfung.

Grundsatz
Eine Schaltung, die bei positiver Logik eine NAND-Verknüpfung erzeugt, erzeugt bei negativer Logik eine NOR-Verknüpfung.

6.4 Schaltungseigenschaften

Die Schaltungen der einzelnen Schaltkreisfamilien haben typische Eigenschaften. Aufgrund dieser Eigenschaften wird die für einen bestimmten Anwendungszweck günstigste Schaltkreisfamilie ausgewählt.

Wichtige Eigenschaften sind z. B. die Arbeitsgeschwindigkeit, die Störsicherheit und der Stromverbrauch (mobile Anwendungen wie z. B. Smartphones und Laptops). Bei Aufzugssteuerungen kommt es nicht so sehr darauf an, ob eine Schaltung in 0,1 µs oder in 0,5 µs schaltet. Wichtig ist, dass keine Fehlschaltungen vorkommen. Man wird eine langsamere, dafür aber sicherere Schaltkreisfamilie wählen. Für Computer hätte man gern Schaltkreise, die sehr schnell und auch sehr störsicher sind. Beide Forderungen schließen sich aber weitgehend aus, so dass man im Einzelfall einen Kompromiss zwischen Arbeitsgeschwindigkeit und Störsicherheit suchen muss.

6.4.1 Leistungsaufnahme

Bei umfangreichen Schaltungen ergibt sich oft ein recht hoher Leistungsbedarf. Selbst wenn ein einzelnes Verknüpfungsgatter nur 10 mW benötigt, ist der Leistungsbedarf bei 100 000 Gattern bereits 1 kW. Computer mit 10^6 Gattern benötigen dann 10 kW – an einen Batteriebetrieb ist nicht mehr zu denken.

Setzt man den Leistungsbedarf der einzelnen Gatter einer Schaltkreisfamilie herab, so geht das auf Kosten der Arbeitsgeschwindigkeit und der Störsicherheit. Die Schaltzeiten werden größer, und die Störsicherheit nimmt wegen der zu verwendenden niedrigeren Pegel ab.

Die Gatter der einzelnen Schaltkreisfamilien haben sehr unterschiedlichen Leistungsbedarf. Bei der Beschreibung der Schaltkreisfamilien in den Abschnitten 6.5 bis 6.8 wird der Leistungsbedarf erörtert.

6.4.2 Pegelbereiche und Übertragungskennlinie

Wünscht man eine niedrige Leistungsaufnahme, so wird man eine niedrige Betriebsspannung wählen. Die Betriebsspannung bestimmt weitgehend den Pegelbereich von H. Der Pegelbereich von L wird durch die Spannungsabfälle an durchgeschalteten Dioden und Transistoren bestimmt.

Wählt man eine Betriebsspannung von 3 V, so ist der obere Wert des H-Pegelbereichs ca. 3 V. Belastet man den Ausgang der Schaltung, d. h., entnimmt man dem Ausgang einen Steuerstrom für nachfolgende Gatter., so sinkt der H-Pegel ab. Man kann ihn höchstens auf 1,5 V absinken lassen, damit der Abstand zum L-Pegel nicht zu klein wird (Bild 6.16). Der Bereich des L-Pegels liegt wegen der Diodenspannung im durchgesteuerten Zustand und wegen der Transistor-Sättigungsspannungen zwischen 0 V und +0,7 V.

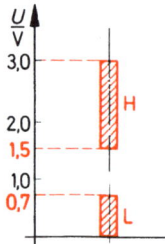

Bild 6.16 Pegelbereiche bei einer Betriebsspannung von 3 V

Für wichtige Schaltkreisfamilien ist eine Betriebsspannung von 5 V üblich. Für eine solche Schaltkreisfamilie wird eine sog. Übertragungskennlinie nach Bild 6.17 angegeben. Auf der senkrechten Achse ist die Ausgangsspannung U_2 aufgetragen, auf der waagerechten Achse die Eingangsspannung U_1.

> **Grundsatz**
>
> Aus der Übertragungskennlinie kann der H-Bereich und der L-Bereich abgelesen werden.

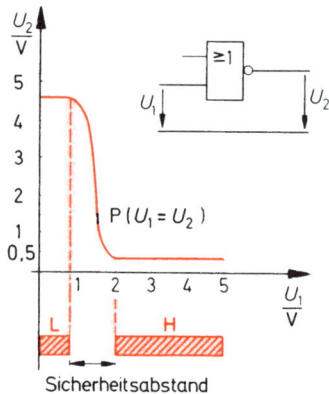

Bild 6.17 Übertragungskennlinie

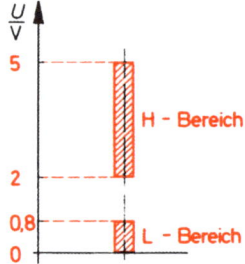

Bild 6.18 Pegelbereiche zur Übertragungskennlinie Bild 6.17

Der L-Pegel dürfte nach Bild 6.17 von 0...1,5 V (Punkt P) und der H-Pegel von 1,5...5 V gehen, wenn kein Sicherheitsabstand erforderlich wäre. Aus Gründen der Störsicherheit wünscht man sich den Sicherheitsabstand jedoch möglichst groß. Ohne Sicherheitsabstand könnten kleine Störspannungen Umschaltungen von L auf H und umgekehrt bewirken. Außerdem ist die Übertragungskennlinie temperatur- und laststromabhängig. Der Punkt P kann also etwas verschoben werden. Der U_1-Bereich der fallenden Kennlinie wird üblicherweise als Sicherheitsabstand gewählt. Somit geht der zulässige L-Bereich von 0...0,8 V und der zulässige H-Bereich von 2...5 V (Bild 6.18). Die Hersteller verringern die zulässigen Pegelbereiche meist noch etwas, um die Störsicherheit zu erhöhen.

6.4.3 Schaltzeiten

Die Arbeitsgeschwindigkeit einer Digitalschaltung wird durch die Schaltzeiten der Verknüpfungsgatter bestimmt. Man unterscheidet *Signallaufzeiten* t_P und *Signal-Übergangszeiten* t_T.

Definition
Die Signallaufzeit t_{PLH} gibt die Impulsverzögerung zwischen Eingangs- und Ausgangsspannung an, wenn der Ausgangszustand von L auf H geht.

Entsprechend ist die Signallaufzeit t_{PHL} die Impulsverzögerungszeit bei Änderung des Ausgangszustandes von H auf L.

Zur Messung der Signallaufzeiten verwendet man einen Bezugspegel von 1,5 V. Bild 6.19 zeigt, dass die Signallaufzeit t_{PLH} die Zeit ist, die vergeht, bis eine Eingangsspannung von 1,5 V auch am Ausgang erscheint. Für die Signallaufzeit t_{PHL} gilt Bild 6.20. Die mittlere Signallaufzeit t_P ist wie folgt festgelegt:

$$t_P = \frac{t_{PLH} + t_{PHL}}{2}$$

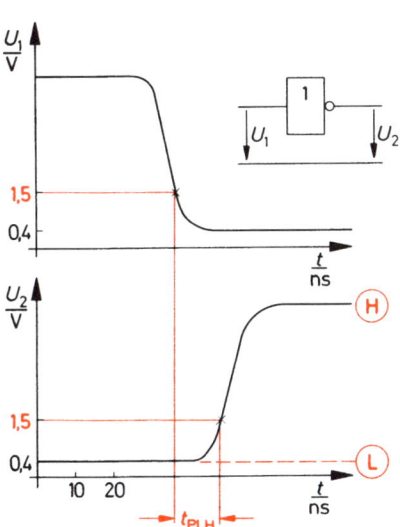

Bild 6.19
Signallaufzeit t_{PLH}

126 Schaltkreisfamilien

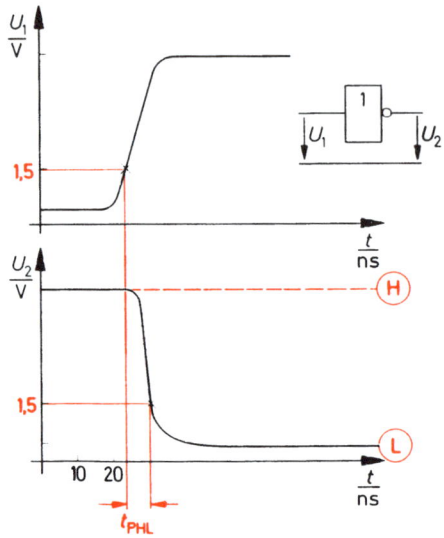

Bild 6.20
Signallaufzeit t_{PHL}

Statt der Bezeichnung Signallaufzeit wird auch die Bezeichnung Signal-Verzögerungszeit verwendet.

Die Signal-Übergangszeiten beziehen sich nur auf den Ausgang eines Gatters. Sie geben die Steilheit der Anstiegs- und Abfallflanken der Ausgangsspannung an.

ⓘ **Definition**

Die Signal-Übergangszeit t_{TLH} ist die Zeit, die vergeht, bis die Ausgangsspannung von 10...90% des Unterschiedes zwischen L und H angestiegen ist.

Die Zeit t_{TLH} ist in Bild 6.21 dargestellt. Die Signal-Übergangszeit t_{THL} ist die Zeit zwischen dem 90%- und dem 10%-Wert der abfallenden Flanke (Bild 6.22).

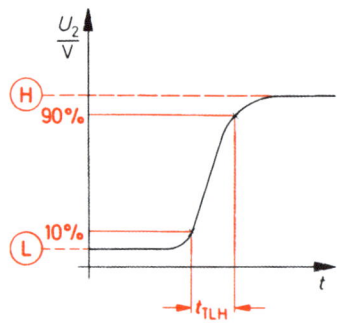

Bild 6.21 Signal-Übergangszeit t_{TLH}

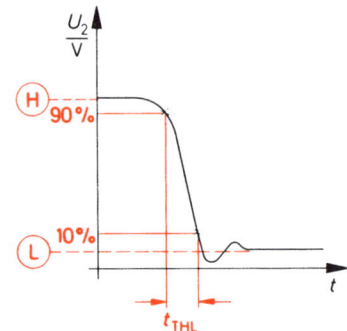

Bild 6.22 Signal-Übergangszeit t_{THL}

Schaltungseigenschaften 127

6.4.4 Lastfaktoren

Zum Steuern von Verknüpfungsgatter werden bestimmte Spannungen und Ströme benötigt. An den Ausgang eines Gatters darf nur eine bestimmte Anzahl von Eingängen angeschlossen werden. Schließt man mehr Eingänge an, sinkt der Ausgangspegel unzulässig stark ab. Das Gatter wird überlastet. Die einwandfreie Funktion der Schaltung ist gestört. Dann muss ein Treiberbaustein dazwischengeschaltet werden.

Es gibt 2 definierte Lastfaktoren, den *Eingangslastfaktor* (Fan-in) und den *Ausgangslastfaktor* (Fan-out). Für jede Schaltkreisfamilie wird eine normale Eingangsbelastung, die sog. Lasteinheit, festgelegt. Für TTL-Gatter gilt:

L-Eingangszustand 0,4 V – 1,6 mA
H-Eingangszustand 2,4 V   40 µA

Definition
Der Eingang eines Gatters hat den Eingangslastfaktor $F_I = 1$, wenn er die festgelegte normale Eingangsbelastung verursacht.

Besondere Eingänge können die doppelte oder 3-fache Eingangsbelastung verursachen. Sie haben dann den Eingangslastfaktor 2 bzw. 3. Eingangslastfaktoren von 3 oder mehr kommen vor allem bei hochintegrierten Schaltungen vor.

Definition
Der Ausgangslastfaktor F_Q eines Gatters gibt an, wie viel normale Eingänge maximal an den Ausgang dieses Gatters angeschlossen werden dürfen.

Üblich sind Ausgangslastfaktoren von 10 für Standardgatter. Leistungsgatter haben meist einen Ausgangslastfaktor von 30.

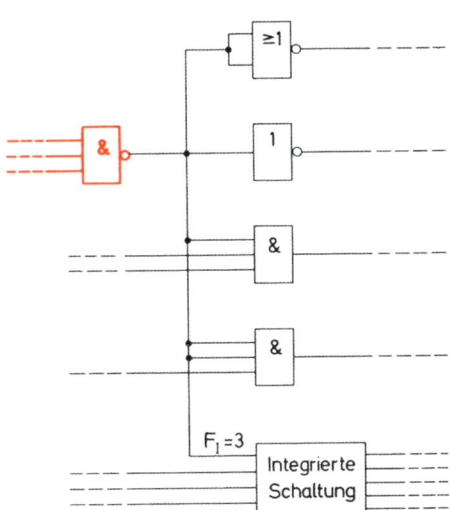

Bild 6.23
Bestimmung der Ausgangsbelastung eines Gatters

Beispiel

Das NAND-Gatter in Bild 6.23 hat einen Ausgangslastfaktor von 10. Wie viele weitere Eingänge dürfen angeschlossen werden?
Das obere NOR-Gatter hat 2 zusammengeschaltete Eingänge. Jeder Eingang stellt eine Lasteinheit dar. Das Gatter belastet den Ausgang also mit 2 Lasteinheiten. Das Gleiche gilt für das untere UND-Gatter. Insgesamt muss der Ausgang des NAND-Gatters 6 normale Eingänge und einen Eingang mit $F_1 = 3$ steuern. Das ergibt zusammen 9 Lasteinheiten.
Ein weiterer Eingang mit $F_1 = 1$ dürfte noch angeschlossen werden.

6.4.5 Störsicherheiten

Durch eingekoppelte Störspannungen können die Ausgänge von Gattern von L auf H oder von H auf L geschaltet werden. Damit dies nicht geschieht, ist ein Sicherheitsabstand zwischen dem zulässigen L-Pegelbereich und dem zulässigen H-Pegelbereich erforderlich. Je größer man diesen Sicherheitsabstand für eine Schaltkreisfamilie wählt, desto größer ist ihre Störsicherheit.

Man unterscheidet zwischen der *statischen Störsicherheit* und der *dynamischen Störsicherheit*. Die statische Störsicherheit eines Gatters gilt für Störspannungen, die länger als die mittlere Signallaufzeit t_P wirksam sind. Zu den statischen Störspannungen gehören auch langsam ansteigende Spannungsimpulse.

Definition

Die statische Störsicherheit gibt die höchstzulässige Spannungsänderung an den Eingängen eines Gatters an, die seinen Ausgangszustand noch nicht ändert.

Sie wird für den Normalfall und für den ungünstigsten Fall angegeben, der auftreten darf. Der ungünstigste Fall ist gegeben bei ungünstigster Variation der Betriebsspannungen von steuerndem und gesteuertem Gatter, bei ungünstigsten Eingangssignalen, bei ungünstigster Betriebstemperatur und bei voll genutztem Ausgangslastfaktor. Man spricht auch von statischer Worst-case-Störsicherheit (engl: *worst case* = ungünstigster Fall).

Die dynamische Störsicherheit gilt für Störspannungen, die kürzer als die mittlere Signallaufzeit t_P wirksam sind. Die eingekoppelte Störenergie – gegeben durch Impulsamplitude und Impulsdauer – darf einen bestimmten Grenzwert nicht überschreiten. Die dynamische Störsicherheit ist hauptsächlich abhängig von der Eingangsempfindlichkeit des betrachteten Gatters. Sie wird durch Grenzkurven (Bild 6.24) beschrieben.

Definition

Die dynamische Störsicherheit gibt an, wie lange eine Störspannung bestimmter Größe an den Eingängen eines Gatters liegen darf, ohne dass sich der Ausgangszustand des Gatters ändert.

Schaltungseigenschaften 129

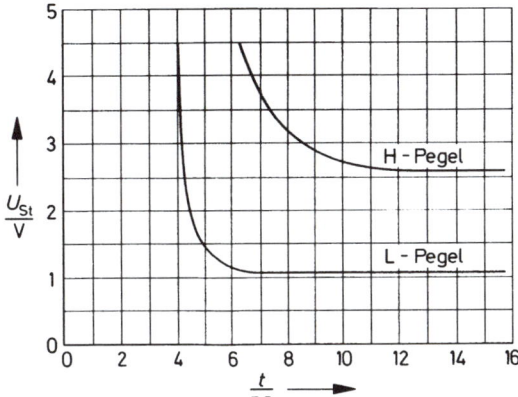

Bild 6.24
Grenzkurven der
dynamischen Störsicherheit

Die genauen Werte für die höchstzulässige Amplitude der Störspannung und die höchstzulässige Einwirkungszeit sind Grenzkurven gemäß Bild 6.24 zu entnehmen.

Dabei gibt es eine Grenzkurve für den H-Pegel und eine Grenzkurve für den L-Pegel. Die Grenzkurve für den H-Pegel gilt, wenn der Eingang auf H-Pegel liegt. Entsprechend gilt die L-Pegel-Grenzkurve, wenn der Eingang auf L-Pegel liegt. H-Pegel sind schwerer zu stören; daher liegt die Grenzkurve für den H-Pegel höher.

6.4.6 Wired-Verknüpfungen

Verbindet man die Ausgänge von 2 Gattern galvanisch, also durch einen einfachen Draht, so kann eine logische Verknüpfung entstehen, die je nach dem inneren Schaltungsaufbau der Gatter UND oder ODER ist.

Wenn ein Ausgang den Zustand H hat und der andere Ausgang den Zustand L (Bild 6.25), so ist der Zustand des Verbindungspunktes Q zunächst unbestimmt. Es kommt jetzt darauf an, welcher Zustand sich bei den gegebenen Schaltungen durchsetzt.

Es soll angenommen werden, dass der L-Pegel Masse bzw. 0 V und der H-Pegel der Speisespannung (z. B. +5 V) entspricht.

Hat der Ausgang, der L-Zustand führt, z. B. einen sehr geringen Widerstand gegen Masse bzw. 0 V, so wird der H-Zustand des anderen Ausgangs gegen 0 V gezogen. Q wird also den Pegel L annehmen. Man sagt, der Pegel L dominiert bei diesen Gattern.

In diesem Fall kann Q nur dann H sein, wenn beide Ausgänge den Zustand H führen. Es entsteht durch die Drahtverbindung also eine UND-Verknüpfung (bei positiver Logik). Sie wird verdrahtete UND-Verknüpfung oder Wired-AND genannt (engl.: *wire* = Draht). Auch die Bezeichnung Phantom-UND ist üblich.

Definition
Dominiert bei Verknüpfungsgatter der Pegel L, so entsteht bei der Drahtverbindung der Ausgänge eine UND-Verknüpfung (Wired-AND) – positive Logik vorausgesetzt.

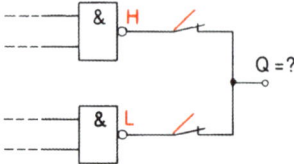

Bild 6.25
Galvanische Verbindung der
Ausgänge von 2 NAND-Gattern

Die Wired-AND-Verknüpfung oder Phantom-UND-Verknüpfung wird in Schaltbildern gemäß Bild 6.26 dargestellt. Es stehen 2 Darstellungsmöglichkeiten zur Auswahl.

Wenn der Ausgang, der H-Zustand führt, einen geringen Widerstand zum Speisespannungspol hat, kann der L-führende Ausgang auf H-Pegel angehoben werden. Wenn das geschieht, sagt man, der H-Pegel dominiert. Hat in diesem Fall ein Ausgang den Zustand H, so hat auch der Verbindungspol Q (Bild 6.25) den Zustand H. Für positive Logik ergibt sich eine ODER-Verknüpfung, Wired-OR oder Phantom-ODER genannt.

> **Grundsatz**
> Dominiert bei Verknüpfungsgatter der Pegel H, so entsteht bei der Drahtverbindung der Ausgänge eine ODER-Verknüpfung (Wired-OR) – positive Logik vorausgesetzt.

Die beiden Darstellungsmöglichkeiten einer Wired-OR-Verknüpfung bzw. einer Phantom-ODER-Verknüpfung zeigt Bild 6.27. Der Verbindungspunkt Q kann bei bestimmten Verknüpfungsgatter auch einen Pegel annehmen, der zwischen dem H-Pegelbereich und dem L-Pegelbereich liegt. Bei Verknüpfungsgatter dieser Art darf eine Drahtverbindung der Ausgänge nicht angewendet werden. Wired-OR bzw. Wired-AND sind bei solchen Gattern verboten.

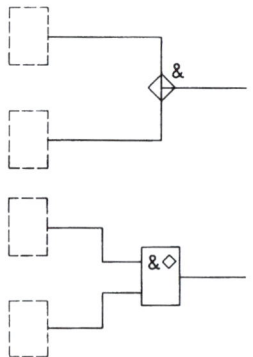

Bild 6.26 Darstellung der
Phantom-UND-Verknüpfung
(Wired-AND)

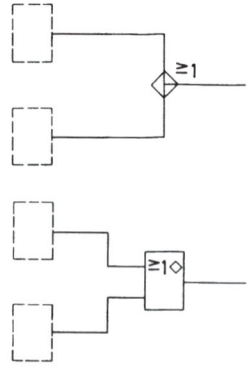

Bild 6.27 Darstellung der
Phantom-ODER-Verknüpfung
(Wired-OR)

Beim Herunterziehen eines Ausgangspegels von H auf L kann dem ursprünglich auf Zustand H liegenden Ausgang ein unzulässig hoher Strom entnommen werden. Ebenfalls kann beim Anheben des Pegels eines ursprünglich auf Zustand L liegenden Ausganges ein zu großer Strom fließen. Die Verknüpfungsgatter würden dadurch überlastet werden.

> **Grundsatz**
> Drahtverbindungen von Ausgängen, die zu Wired-OR oder zu Wired-AND führen, dürfen nur vorgenommen werden, wenn der Hersteller der Verknüpfungsgatter dies ausdrücklich gestattet.

Ob und unter welchen Bedingungen Wired-Verknüpfungen zugelassen sind, ist in den Datenblättern angegeben. Wired-Verknüpfungen führen zu einer Vereinfachung des Schaltungsaufbaus, zu einer Verringerung der Signallaufzeit und zu einer Verminderung der Herstellkosten.

6.5 DTL-Schaltungen

6.5.1 Allgemeines

DTL-Schaltungen sind mit Dioden und Transistoren aufgebaut. Natürlich werden auch Widerstände verwendet. Die Bezeichnung DTL kommt aus dem englischen Sprachraum und bedeutet «Diode Transistor Logic», auf Deutsch also Dioden-Transistor-Logik. Schaltungen dieser Schaltkreisfamilie wurden zunächst diskret aufgebaut und dann als Dünnfilm- und Dickschichtschaltungen (siehe Beuth, Elektronik 2 «Bauelemente»). Sie sind im Wesentlichen durch die TTL-Technologie ersetzt worden und wird hier nur aus didaktischen Gründen erläutert.

6.5.2 Standard-DTL-Schaltungen

Eine der 3 Grundschaltungen der DTL-Schaltkreisfamilie zeigt Bild 6.28. Diese Schaltung haben wir bereits in Abschnitt 6.2 kennen gelernt. Liegt an wenigstens einem Eingang der Pegel H, so hat auch der Ausgang den Pegel H. Bei positiver Logik arbeitet die Schaltung als ODER-Gatter.

Die Schaltung in Bild 6.29 hat nur dann den Ausgangspegel H, wenn beide Eingänge H-Pegel haben. Hat nur ein Eingang L-Pegel (ca. 0 V, Masse), so wird der Ausgang auf den L-Pegel gezogen.

Betrachten wir die Schaltung Bild 6.29 etwas genauer. Die Speisespannung U_S sei 6 V. Ein Pegel von +6 V gehört somit zum H-Bereich. Die Pegel des L-Bereichs liegen in der Nähe von 0 V (Masse). Liegen an beiden Eingängen H-Pegel, so sind die Dioden gesperrt. Am Ausgang Z liegt ebenfalls H-Pegel (von $+U_S$ über R).

Wird nun an den Eingang B der Pegel L (≈ 0 V) gelegt, so wird die in der Leitung von B liegende Diode leitend. Es fließt von $+U_S$ über R und die Diode nach 0 V (Masse) ein Strom. An der Diode wird eine Spannung von +0,7 V abfallen (Si-Diode). Diese Spannung von +0,7 V liegt auch am Ausgang Z. Sie gehört zum L-Bereich. An Z liegt also immer dann L, wenn ein Eingang L-Pegel hat. Nur wenn beide Eingänge H-Pegel haben, liegt auch an Z der Pegel H. Bei positiver Logik arbeitet die Schaltung also als UND-Gatter.

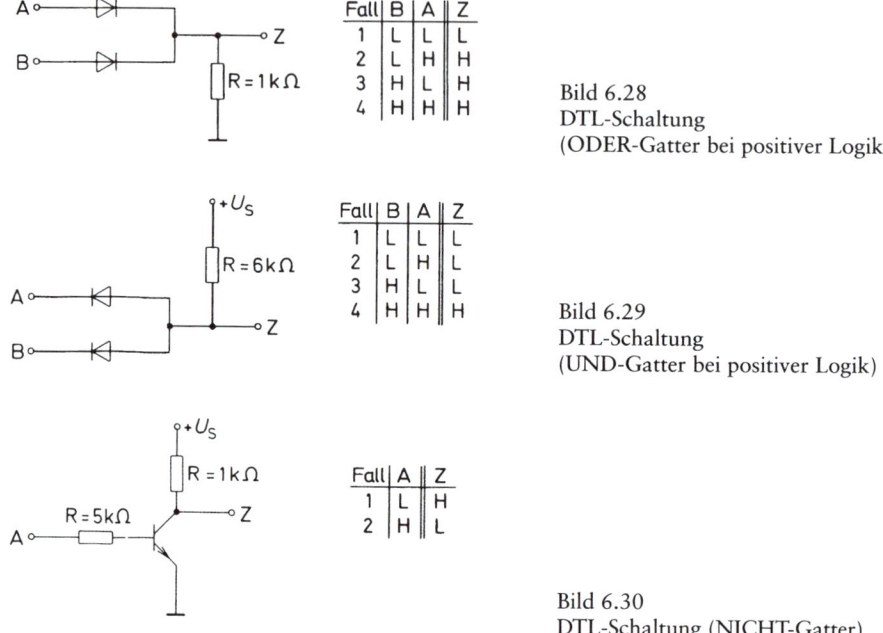

Bild 6.28
DTL-Schaltung
(ODER-Gatter bei positiver Logik)

Bild 6.29
DTL-Schaltung
(UND-Gatter bei positiver Logik)

Bild 6.30
DTL-Schaltung (NICHT-Gatter)

Die Schaltung Bild 6.30 arbeitet als Inverter, also als NICHT-Gatter. Liegt an Eingang A der Pegel H, so wird der Transistor durchgesteuert. Am Ausgang Z liegt eine Spannung von 0,2 bis 0,3 V, die zum L-Pegelbereich gehört. Liegt am Eingang A der Pegel L, so sperrt der Transistor. Seine Kollektor-Emitter-Strecke ist hochohmig (z. B. 10 MΩ). Am Ausgang liegt fast die volle Speisespannung, also der H-Pegel. Die zugehörige Arbeitstabelle ist in Bild 6.30 dargestellt.

Wie wirkt nun ein Eingang, der offen bleibt, an den also weder der Pegel H (≈ +6 V) noch der Pegel L (≈ 0 V, Masse) gelegt wird?

Bei der Schaltung Bild 6.28 wirkt ein offener Eingang wie L. Am Ausgang kann nur dann der Pegel H liegen, wenn an einem Eingang eine Spannung des H-Pegelbereichs liegt.

Bleibt der Eingang der Inverterschaltung Bild 6.30 offen, so ist das gleichbedeutend mit dem Anlegen des Pegels L. Der Transistor kann ja nicht durchsteuern, wenn der Basiseingang in der Luft hängt.

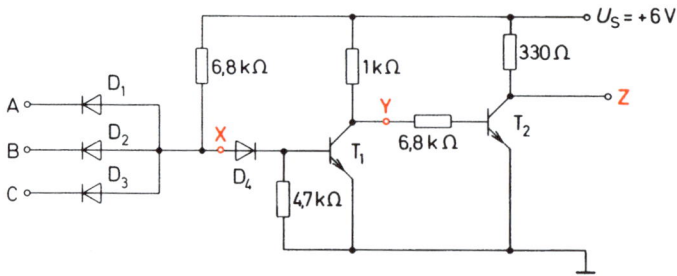

Bild 6.31   DTL-Schaltung (aktives UND-Gatter bei positiver Logik)

DTL-Schaltungen

Fall	C	B	A	X	Y	Z
1	L	L	L	L	H	L
2	L	L	H	L	H	L
3	L	H	L	L	H	L
4	L	H	H	L	H	L
5	H	L	L	L	H	L
6	H	L	H	L	H	L
7	H	H	L	L	H	L
8	H	H	H	H	L	H

Bild 6.32
Arbeitstabelle zur Schaltung Bild 6.31

Bleibt ein Eingang der Schaltung in Bild 6.29 offen, so entspricht das dem Anlegen des H-Pegels. Über einen offenen Eingang kann der Ausgang nicht auf L gezogen werden. Bleibt also A offen und liegt an B der Pegel H, so liegt auch am Ausgang der Pegel H. Das ODER-Gatter (Bild 6.28) und das UND-Gatter (Bild 6.29) – bei positiver Logik – sind passive Gatter., d. h., sie enthalten keine verstärkenden Bauelemente. Schaltet man mehrere dieser Gatter zusammen, so besteht die Gefahr, dass die Pegel aus ihren zulässigen Bereichen herausfallen. Vor allem der H-Pegel kann unzulässig stark absinken. Um dieser Gefahr zu begegnen, baut man sog. aktive Gatter., also Gatter mit verstärkenden Bauelementen.

Bild 6.31 zeigt ein aktives Gatter, das als UND-Gatter für positive Logik arbeitet. An Punkt X erscheint eine UND-Verknüpfung. Nachgeschaltet ist eine Inverterstufe mit dem Ausgang Y. Es folgt eine weitere Inverterstufe mit dem Ausgang Z. Die beiden nachgeschalteten Inverterstufen heben sich in ihrer Wirkung gegenseitig auf, so dass am Ausgang Z wieder eine UND-Verknüpfung vorhanden ist. Die Arbeitstabelle Bild 6.32 zeigt das, wenn positive Logik angenommen wird.

Die Diode D_4 hat die Aufgabe, ein Aufsteuern des Transistors T_1 zu verhindern, wenn an Punkt X aufgrund der Schwellspannungen der Eingangsdioden ein L-Pegel von $\approx 0{,}7$ V liegt. Man nennt eine so wirkende Diode Pegelverschiebungsdiode. Zum Aufsteuern des Transistors ist am Punkt X eine Mindestspannung von ca. 1,4 V erforderlich ($\approx 0{,}7$ V Schwellspannung der Diode D_4 und $\approx 0{,}7$ V Schwellspannung des Transistors T_1).

Lässt man in Schaltung Bild 6.31 eine Inverterstufe weg, so erhält man für positive Logik ein NAND-Gatter. Eine NAND-Schaltung in DTL-Technik zeigt Bild 6.33. Der Transistor T_1 arbeitet als Emitterfolger-Schaltung, also als Verstärker ohne Invertierung. Diesem Verstärker ist ein Inverter nachgeschaltet.

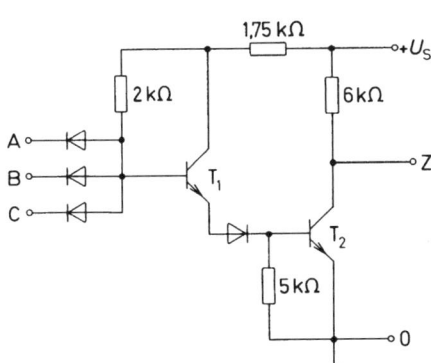

Bild 6.33
DTL-Schaltung (NAND-Gatter bei positiver Logik)

Die Schaltzeiten der DTL-Schaltkreisfamilie sind verhältnismäßig kurz. Die Signallaufzeit, auch Signal-Verzögerungszeit genannt, beträgt bei DTL-Gatter ungefähr 30 ns (ns = Nanosekunden, 1 ns = 10^{-9} s). Die Gatter der TTL-Schaltkreisfamilie (Abschnitt 6.6) arbeiten jedoch etwa dreimal so schnell. Ihre typische Signallaufzeit liegt bei ca. 10 ns. Das bedeutet, dass DTL-Gatter vor allem dort eingesetzt werden, wo es auf eine besonders große Arbeitsgeschwindigkeit nicht ankommt. DTL-Schaltungen haben gegenüber TTL-Schaltungen den Vorteil der größeren Störsicherheit. Für DTL-Schaltkreise nach Bild 6.33 gelten folgende typische Daten:

Speisespannung	6 V
Leistungsaufnahme je Gatter	9 mW
Signallaufzeit t_P	30 ns
Statische Störsicherheit	1,2 V
Umgebungstemperaturbereich	0 bis +75 °C
Eingangs-Lastfaktor	1
Ausgangs-Lastfaktor	8
H-Eingangsspannung (untere Grenze)	3,6 V
L-Eingangsspannung (obere Grenze)	1,4 V
H-Ausgangsspannung (untere Grenze)	4,0 V
L-Ausgangsspannung (obere Grenze)	0,5 V

6.5.3 LSL-Schaltungen

Mit DTL-Schaltungen wurde eine sog. «langsame, störsichere Logik» entwickelt. Sie wurde zwischenzeitlich durch ausreichend störsichere, moderne Logikbausteine (TTL/CMOS) ersetzt. Die Abkürzung lautet LSL. Die Pegelverschiebungsdioden in den Bildern 6.31 und 6.33 werden durch eine Z-Diode ersetzt (Bild 6.34). Der mindestens erforderliche H-Eingangspegel wird so um die Zenerspannung der Z-Diode erhöht. Außerdem erhöht die Z-Diode die Signallaufzeit. DTL-Schaltungen mit Z-Dioden werden auch DTLZ-Schaltungen genannt.

Durch Erhöhung der Speisespannung können die H-Pegelbereiche erheblich angehoben werden. Es ergibt sich ein großer Abstand zwischen dem H-Pegelbereich und dem L-Pegelbereich und damit eine größere statische Störsicherheit. Die dynamische Störsicherheit wird durch die langsamere Arbeitsweise wesentlich vergrößert.

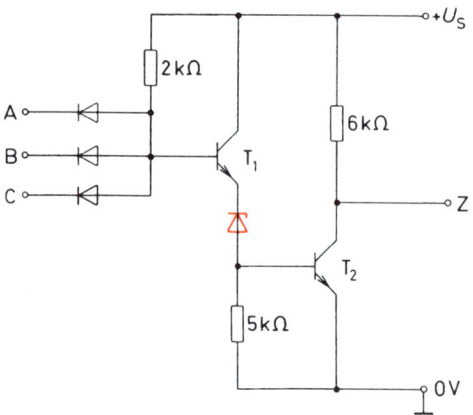

Bild 6.34
DTL-Schaltung mit Z-Diode
(NAND-Gatter bei positiver Logik)

DTL-Schaltungen

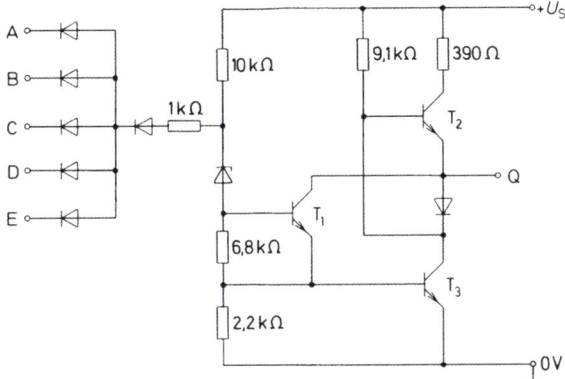

Bild 6.35
Schaltung eines
LSL-Gatters (Siemens)

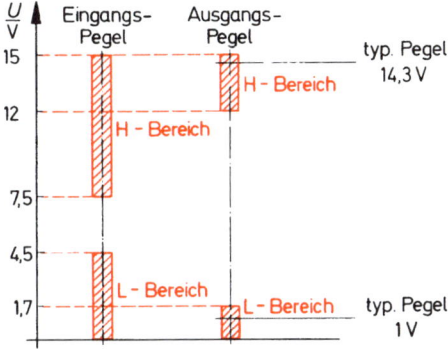

Bild 6.36
Pegelbereiche der Schaltung

In Bild 6.35 ist die Schaltung eines typischen LSL-Gatters dargestellt. Der H-Eingangspegelbereich geht von 7,5...15 V, der L-Eingangspegelbereich von 0...4,5 V (Bild 6.36).

Der typische H-Pegel beträgt 14,3 V, der typische L-Pegel 1,0 V. Es müssen schon erhebliche Störspannungen eingekoppelt werden, um aus einem L-Pegel einen H-Pegel zu machen oder einen H-Pegel auf den L-Pegelbereich herunterzuziehen. Die Schaltung hat daher eine große Störsicherheit. Die Signalverzögerungszeit liegt bei ca. 200 ns. Sie ist also wesentlich größer als bei normalen DTL-Gattern.

Die integrierte Schaltung enthält 2 NAND-Gatter (bei positiver Logik) mit je 5 Eingängen. Das Anschlussschema des 16-poligen Dual-Inline-Gehäuses zeigt Bild 6.37.

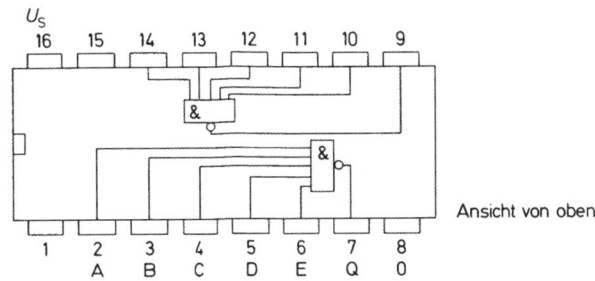

Bild 6.37
Anschlussschema der
Schaltung

Statische Kenndaten im 15-V-Bereich
im Temperaturbereich 1 und 5

1: 0 °C bis +70 °C
5: −25 °C bis +85 °C

		Prüfbedingungen	Prüf-schaltung	untere Grenze B	typ.	obere Grenze A	Einheit
Speisespannung	U_S			13,5	15,0	17,0	V
H-Eingangsspannung	U_{IH}	$U_S = U_{SB}$	1	7,5			V
L-Eingangsspannung	U_{IL}	$U_S = U_{SB}$ und U_{SA}	2			4,5	V
H-Ausgangsspannung	U_{QH}	$U_S = U_{SB}$ und U_{SA} $U_{IL} = 4,5$ V, $-I_{QH} = 0,1$ mA	2	12,0	14,3		V
L-Ausgangsspannung	U_{QL}	$U_S = U_{SB}$, $U_{IH} = 7,5$ V, $I_{QL} = 18$ mA	1		1,0	1,7	V
Statische Störsicherheit							
H-Signal	U_{SS}				4,6	8,0	V
L-Signal	U_{SS}				2,8	5,0	V
H-Eingangsstrom pro Eingang	I_{IH}	$U_S = U_{SA}$, $U_I = U_{IHA}$	3			1,0	µA
L-Eingangsstrom pro Eingang	$-I_{IL}$	$U_S = U_{SA}$, $U_{IL} = 1,7$ V	4		1,0	1,8	mA
Kurzschlussausgangsstrom pro Ausgang	$-I_Q$	$U_S = U_{SA}$, $U_I = 0$ V	5	15,0	37,0	60,0	mA
H-Speisestrom pro Gatter	I_{SH}	$U_S = U_{SA}$, $U_I = 0$ V	6		1,2	2,1	mA
L-Speisestrom pro Gatter	I_{SL}	$U_S = U_{SA}$, $U_I = U_{IHA}$	7		2,3	4,0	mA
Leistungsverbrauch pro Gatter	P	$U_S = U_{SA}$ Tastverhältnis 1:1			27	52	mW

Schaltzeiten bei $U_S = 15$ V, $F_Q = 1$, $T_U = 25$ °C

Signal-Laufzeit	t_{PLH}	$C_L = 10$ pF bei 4,5 V über Masse	} 26		195		ns
	t_{PHL}				140		ns
Signal-Übergangszeit	t_{TLH}	$C_L = 10$ pF			410		ns
	t_{THL}				75		ns

Bild 6.38   Datenblatt einer DTL-Schaltung (nach Siemens-Unterlagen)

Die Schaltung Bild 6.35 hat einen sog. Leistungsausgang. Ist der Transistor T_3 gesperrt, so ist der Transistor T_2 durchgesteuert. Bei gesperrtem Transistor T_3 liegt am Ausgang Q H-Pegel, also ungefähr 14,3 V. Zur Steuerung der nachfolgenden Gatter kann von U_S über den Widerstand von 390 Ω und T_2 ein verhältnismäßig großer Strom fließen. Die Schaltung kann also eine größere Anzahl nachfolgender Gatter mit H-Pegel versorgen.

Ist T_3 durchgesteuert, so muss T_2 sperren. Der Ausgang Q kann jetzt über die Diode und die Kollektor-Emitter-Strecke von T_3 einen verhältnismäßig großen Strom aufnehmen, ohne dass der Ausgangspegel zu stark ansteigt. Die Schaltung kann also eine größere Anzahl nachfolgender Gatter mit L-Pegel versorgen.

Für solche Schaltungen werden 2 verschiedene Ausgangslastfaktoren (Fan-out) angegeben, ein *H-Ausgangslastfaktor* und ein *L-Ausgangslastfaktor*. Der H-Ausgangslastfaktor gibt an, wie viele angeschaltete Eingänge mit H-Pegel versorgt werden können. Der L-Ausgangslastfaktor gibt an, wie viele angeschaltete Eingänge mit L-Pegel versorgt werden können.

Das Datenblatt einer LSL-Schaltung ist in Bild 6.38 wiedergegeben. Es enthält neben den Angaben der Spannungen und der Störsicherheit Angaben über den H-Eingangsstrom und über den L-Eingangsstrom. Aus diesen kann die in Abschnitt 6.4.4 näher erläuterte Eingangsbelastung, auch Lasteinheit genannt, entnommen werden:

L-Eingangszustand $-I_{IL} = 1$ mA
H-Eingangszustand $I_{IH} = 1{,}0$ µA

Ebenfalls ist in dem Datenblatt der Kurzschlussausgangsstrom angegeben. Dieser ist bei den verhältnismäßig hohen Spannungen sehr groß. Die maximale Kurzschlussdauer darf höchstens 1 s betragen. Dies ist ein Grenzwert, bei dessen Überschreiten der Baustein zerstört wird.

Zu beachten ist, dass der Speisestrom je Gatter bei H-Ausgangszustand einen anderen Wert als bei L-Ausgangszustand hat. Der typische H-Speisestrom beträgt 1,2 mA, der L-Speisestrom 2,3 mA. Damit wird der Leistungsverbrauch von dem Verhältnis der H-Zustandszeiten zu den L-Zustandszeiten abhängig. Dieses Verhältnis nennt man Tastverhältnis. Der Leistungsverbrauch je Gatter ist für ein Tastverhältnis 1 : 1 angegeben. Störsichere Logikschaltungen werden vor allem für Maschinensteuerungen verwendet. In Räumen mit motorischen Antrieben ist die Störsicherheit besonders wichtig. Hier treten oft erhebliche Störspannungen auf.

6.6 TTL-Schaltungen

6.6.1 Aufbau und Arbeitsweise von TTL-Gattern

Die Bezeichnung TTL bedeutet *Transistor-Transistor-Logik*. Die Verknüpfungen werden bei dieser Schaltkreisfamilie ausschließlich durch bipolare Transistorsysteme erzeugt. Lediglich zur Verschiebung von Pegeln und zur Spannungsableitung werden Dioden verwendet. Widerstände dienen der Spannungteilung und der Strombegrenzung.

Grundsatz
TTL-Gatter werden nur als monolithisch integrierte Schaltungen (IC = Integrated Circuit) hergestellt.

Ein neu auftretendes Bauteil ist der sog. Multi-Emitter-Transistor. Den prinzipiellen Aufbau eines solchen Transistors zeigt Bild 6.39. An die gemeinsame Basiszone grenzen 3 Emitterzonen. Es ergeben sich somit 3 räumlich voneinander getrennte PN-Übergänge zwischen Basis und Emittern. Man kann diese PN-Übergänge als Dioden auffassen.

An der Basis liegt üblicherweise eine Spannung von etwas mehr als 0,7 V gegen Masse. Wird einer der Emitter an Masse gelegt, fließt ein Basisstrom. Die Größe des Basisstromes wird durch den Wert des Basisvorwiderstandes R_1 und durch die Speisespannung U_S bestimmt (Bild 6.40).

Grundsatz
Der Basisstrom wird stets so groß gewählt, dass der Multi-Emitter-Transistor mit Sicherheit in den Sättigungszustand gesteuert wird.

Der Sättigungszustand ist der größtmögliche Übersteuerungszustand (siehe in Elektronik 3 «Transistor-Schalterstufen»). Die Kollektorspannung U_{CE} sinkt auf die Kollektor-Emitter-Sättigungsspannung $U_{CE\,sat}$ ab. Diese beträgt etwa 0,2 V.

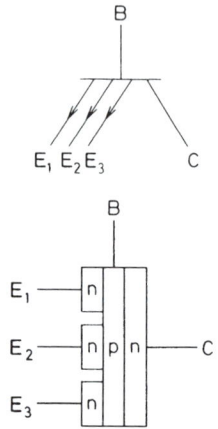
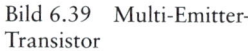
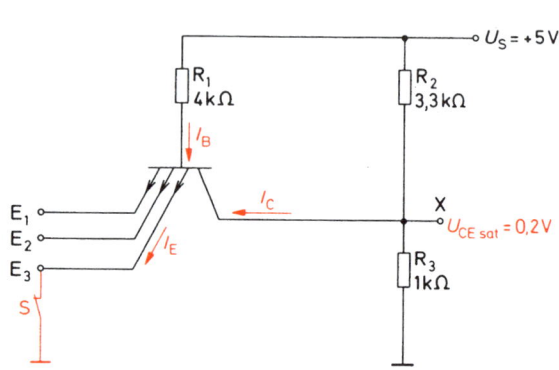

Bild 6.39 Multi-Emitter-Transistor

Bild 6.40 Schaltung mit Multi-Emitter-Transistor

Der Widerstand R_2 in Bild 6.40 soll etwa 3,3 kΩ sein. Der Strom I_C wird dann klein Der Emitterstrom I_E hat ungefähr die Größe von I_B. Üblich sind Emitterströme zwischen 1 mA und 1,6 mA.

Legt man 2 Emitter oder alle 3 Emitter in der Schaltung Bild 6.40 an Masse, so ändert sich die Spannung an Punkt X praktisch nicht. X bleibt auf ungefähr 0,2 V. Was ändert sich, wenn man den Emitter E_3 auf 0 V liegen lässt und an die Emitter E_1 und E_2 die Speisespannung von +5 V anlegt? Die PN-Übergänge zwischen den Emitterzonen von E_1 und E_2 und der Basiszone sind dann gesperrt (Pluspol an N-Zone). Der PN-Übergang von E_3 zur Basis bleibt durchgeschaltet. Der Transistor ist weiterhin im Sättigungszustand. Die Spannung an X ändert sich nicht. Ordnet man die Spannungen zwischen 0 V und 0,4 V dem L-Pegelbereich zu, so kann man sagen: Liegt an mindestens einem Emitter der Schaltung Bild 6.40 der Pegel L, so liegt auch am Ausgang X der Pegel L.

Ganz anders verhält sich die Schaltung, wenn an alle Emitter die Speisespannung (H-Pegelbereich) angelegt wird (Bild 6.41). Die Emitterzonen liegen nun auf +5 V. Für Punkt X ergibt sich aufgrund des Spannungsteiler-Verhältnisses von R_2 und R_3 eine Spannung von ungefähr 0,45 V, also eine Spannung, die dem L-Pegel entspricht. Der Kollektor liegt also auf etwa 0,45 V, die Emitter auf +5 V. Jetzt arbeitet der Multi-Emitter-Transistor invers, d.h., Emitter und Kollektor haben ihre Funktionen vertauscht. Die Emitter arbeiten als Kollektoren. Der Kollektor arbeitet als Emitter.

> **Grundsatz**
> Liegen alle Emitter auf H-Pegel, so arbeitet der Multi-Emitter-Transistor invers.

Der Basisstrom fließt vom Speisespannungspunkt über R_1 und R_3 nach Masse (Bild 6.41). Ein üblicher Wert des Basisstroms ist 1 mA. Man erwartet nun entsprechend hohe Kollektorströme I_C von den Emitter-Eingängen E_1, E_2 und E_3 her. Doch die Ströme I_{C1}, I_{C2} und I_{C3} sind verhältnismäßig klein. Sie betragen nur ca. je 40 μA. Man hat durch eine besondere Technologie dafür gesorgt, dass die sog. inverse Stromverstärkung des Multi-Emitter-Transistors sehr klein ist. Damit wird erreicht, dass steuernde Gatter nur einen verhältnismäßig geringen Steuerstrom aufbringen müssen.

TTL-Schaltungen

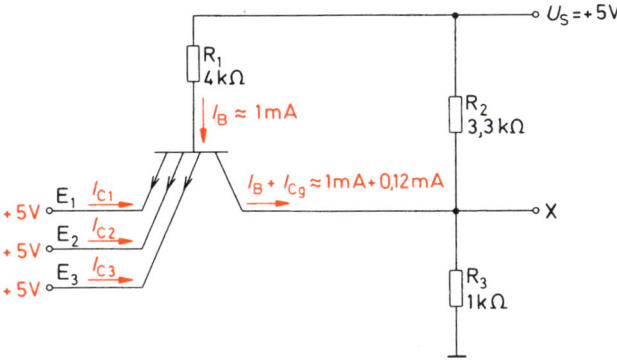

Bild 6.41 Schaltung mit Multi-Emitter-Transistor im inversen Betrieb

Grundsatz
Die inverse Stromverstärkung des Multi-Emitter-Transistors ist sehr viel kleiner als 1.

Am Ausgang X der in Bild 6.41 dargestellten Schaltung wird eine Spannung von ca. 1...2 V auftreten. Diese Spannung lässt sich schlecht dem Pegelbereich H zuordnen. Sie ist etwas zu niedrig. Man kann aber mit dieser Spannung eine weitere Transistor-Schalterstufe ansteuern, wie in Bild 6.42 gezeigt wird. Die Spannungsteiler-Widerstände R_2 und R_3 können gespart werden. Die Funktion von R_3 übernimmt die Basis-Emitter-Strecke des Transistors T_2. Der hochohmige Widerstand R_2 wird durch R_C und die Kollektor-Basis-Strecke von T_2 ersetzt. Die Schaltung hat die Eingänge A, B, C und den Ausgang Z.

Liegt an den Eingängen A, B und C der Pegel H, so arbeitet T_1 invers. Der Transistor T_2 wird in den Sättigungsbereich hinein aufgesteuert. Am Ausgang Z liegt eine Spannung von etwa 0,2 V. Diese gehört zum Pegelbereich L.

Liegt an mindestens einem Eingang der Pegel L, so arbeitet der Multi-Emitter-Transistor T_1 normal im Sättigungsbereich. Seine Kollektorspannung sinkt auf ca. 0,2 V ab. T_2 muss sperren. Am Ausgang Z liegt H. Die Arbeitstabelle der Schaltung Bild 6.42 ist in Bild 6.43 dargestellt. Für positive Logik ergibt sich eine NAND-Verknüpfung.

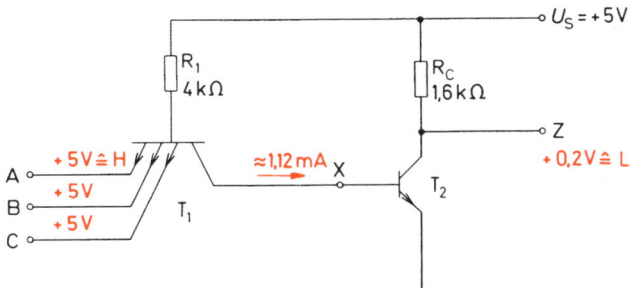

Bild 6.42 Einfaches TTL-Gatter (NAND bei positiver Logik)

Fall	C	B	A	Z
1	L	L	L	H
2	L	L	H	H
3	L	H	L	H
4	L	H	H	H
5	H	L	L	H
6	H	L	H	H
7	H	H	L	H
8	H	H	H	L

Bild 6.43
Arbeitstabelle zur
Schaltung Bild 6.42

Wie wirkt ein offener Eingang? Unter einem offenen Eingang versteht man einen Eingang, dessen Anschlusspunkt weder auf L-Pegel noch auf H-Pegel liegt. An den Anschlusspunkt eines offenen Eingangs ist nichts angeschlossen, er hängt in der Luft. Ein solcher Eingang ist nicht in der Lage, den Punkt X in der Schaltung Bild 6.42 auf etwa 0,2 V herunterzuziehen. Er kann also den Multi-Emitter-Transistor nicht durchsteuern. Wenn 2 Eingänge der Schaltung Bild 6.42 auf H-Pegel liegen und der 3. Eingang offen ist wird der Multi-Emitter-Transistor invers durchsteuern – genauso, als ob alle 3 Eingänge auf H-Pegel liegen würden.

Grundsatz

Bei TTL-Schaltungen wirkt ein offener Eingang so, als läge er auf H-Pegel.

Betrachten wir Bild 6.42 etwas genauer. Es fällt auf, dass der Multi-Emitter-Transistor nie gesperrt ist. Entweder ist der Multi-Emitter-Transistor im Normalbetrieb durchgesteuert oder er ist im Inversbetrieb durchgesteuert. Der Basisstrom fließt immer. Im Normalbetrieb fließt er zu dem oder den Eingängen, die auf L-Pegel liegen. Im Inversbetrieb fließt er zur Basis des Transistors T_2. Das bedeutet, dass die Ladungsträger der Basiszone beim Umschalten nicht ausgeräumt werden müssen. Die für das Ausräumen sonst erforderliche Zeit entfällt. Das Umschalten von einem Zustand in den anderen erfolgt also sehr schnell.

Grundsatz

Ein Multi-Emitter-Transistor schaltet sehr schnell vom Normalbetrieb in den Inversbetrieb und umgekehrt, da die Basisladung nicht ausgeräumt werden muss.

Für den Transistor T_2 ergeben sich ebenfalls kurze Schaltzeiten. Die Basisladung von T_2 wird beim Umschalten vom übersteuerten Zustand in den Sperrzustand vom Multi-Emitter-Transistor T_1 geradezu abgesaugt.

Die in Bild 6.42 dargestellte TTL-Schaltung eignet sich nicht besonders gut zum Ansteuern weiterer TTL-Gatter. Der Ausgang Z muss im Zustand L von jedem angeschlossenen Eingang ca. 1,6 mA Strom aufnehmen (Bild 6.44). Bei 10 angeschlossenen Eingängen (Ausgangslastfaktor 10) sind das immerhin 16 mA. Diese 16 mA können über den durchgesteuerten Transistor T_2 zur Masse abfließen.

TTL-Schaltungen

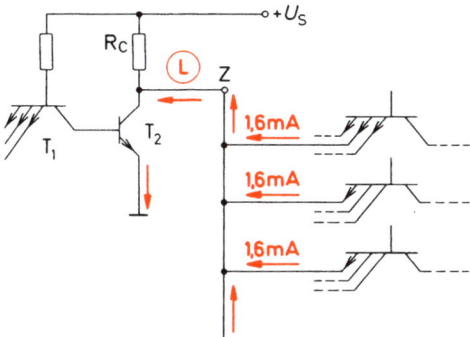

Bild 6.44
Aussteuerung von
TTL-Gattern mit
Ausgangszustand L

Bild 6.45
Gegentakt-Ausgangsstufe

Wenn aber der Ausgang Z H-Zustand hat und 10 angeschlossene Gatter steuern soll, wird das schon etwas schwieriger. Der aus dem Ausgang Z herausfließende Strom erzeugt einen Spannungsabfall an R_C. Um diesen Spannungsabfall sinkt der Ausgangspegel an Z ab. Das ist ungünstig. Man kann das Absinken des Ausgangspegels weitgehend verhindern, indem man eine Gegentakt-Ausgangsstufe verwendet. Solch eine Stufe ist in Bild 6.45 dargestellt. Sie wird auch Leistungsausgangsstufe genannt.

Einer der Transistoren T_3 und T_4 soll immer gesperrt sein, der andere soll durchgesteuert sein. Ist T_3 gesperrt und T_4 durchgesteuert, so liegt der Ausgang Z auf L. Der in den Ausgang Z hineinfließende Steuerstrom fließt über T_4 zur Masse ab.

Ist T_3 durchgesteuert und T_4 gesperrt, so liegt am Ausgang Z der Pegel H. Der für das Ansteuern der folgenden Gatter benötigte Steuerstrom fließt von $+U_B$ über R_4, T_3, die Diode D_1 zum Ausgang Z heraus. Wird der Ausgang Z stärker belastet, d.h., wird dem Ausgang Z ein größerer Steuerstrom entnommen, sinkt der Ausgangspegel nur um den an R_4 entstehenden zusätzlichen Spannungsabfall ab. An T_3 und D_1 entstehen bei Erhöhung des Stromes so gut wie keine zusätzlichen Spannungsabfälle.

Grundsatz
Die Gegentakt-Ausgangsstufe kann einen verhältnismäßig großen Strom abgeben und einen verhältnismäßig großen Strom aufnehmen.

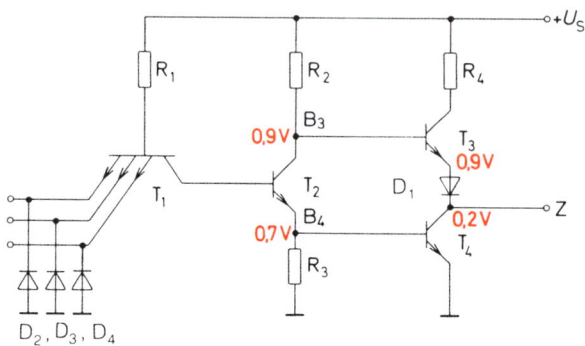

Bild 6.46
Typisches TTL-Gatter mit
Gegentakt-Ausgangsstufe

Beim Umschalten von einem Ausgangszustand in den anderen können die Transistoren T_3 und T_4 kurzzeitig beide leiten. Der Widerstand R_4 muss in diesem Fall den Strom begrenzen.

Die Diode D_1 dient der Pegelverschiebung. Man erkennt ihre Funktion am besten in der Gesamtschaltung Bild 6.46.

Ist der Transistor T_2 durchgesteuert, liegt am Punkt B_4 eine Spannung von ca. 0,7 V (Basis-Emitter-Spannung von T_4). Transistor T_4 wird voll durchgesteuert. An Z liegen ca. +0,2 V. Für T_2 gilt ebenfalls eine Kollektor-Emitter-Sättigungsspannung von 0,2 V, so dass an Punkt B_3 0,9 V gegen Masse liegen. Ohne die Diode D_1 würde sich für T_3 eine Spannung $U_{BE} \approx 0{,}7$ V ergeben (Emitter auf +0,2 V, Basis auf +0,9 V). Der Transistor T_3 würde ebenfalls durchsteuern.

Da an der Diode D_1 etwa 0,7 V abfallen, wird der Emitter von T_3 auf einen Pegel von ungefähr 0,9 V angehoben. Damit wird U_{BE} von T_3 ca. 0 V, und T_3 sperrt sicher.

Beim Schalten von TTL-Gattern ergeben sich an den Ausgängen recht steile Spannungsverläufe. Die Signal-Übergangszeiten (siehe Abschnitt 6.4.3) sind recht kurz – im Mittel ca. 5 ns. Dadurch kann es zum sog. «Überschwingen» kommen. Wird der Eingang eines TTL-Gatters von H auf L gesteuert, kann sich ein Spannungsverlauf gemäß Bild 6.47 ergeben. Am Eingang kann kurzzeitig eine Spannung bis zu – 2 V auftreten. Die Dioden D_2, D_3 und D_4 in der Schaltung Bild 6.46 haben die Aufgabe, das Überschwingen zu bedämpfen und die negativen Spannungen abzuleiten. Sie werden Spannungs-Ableitdioden genannt.

In der TTL-Schaltkreisfamilie gibt es Gatter mit sog. «offenem Kollektor». Bei diesen Gattern fehlt der sonst übliche Kollektorwiderstand. Der Kollektoranschlusspunkt des Ausgangstransistors ist an einen Anschlusspol des Gehäuses geführt (Bild 6.48).

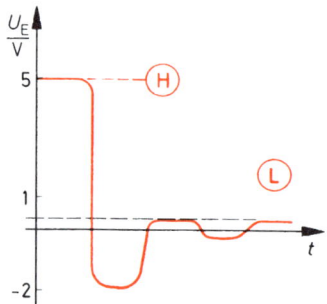

Bild 6.47
Überschwingen einer
Eingangsspannung bei
Übergang von H auf L

TTL-Schaltungen 143

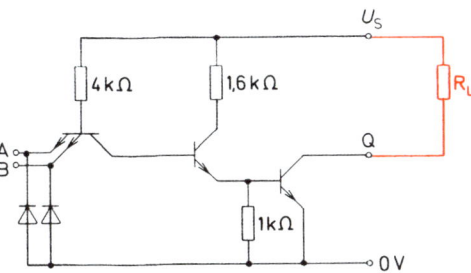

Bild 6.48
TTL-NAND-Gatter mit offenem Kollektor

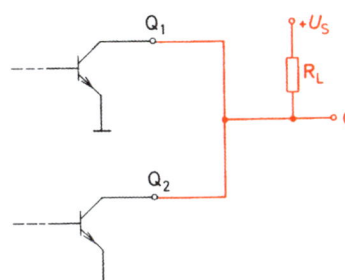

Bild 6.49
Zusammenschaltung von TTL-Gattern mit offenem Kollektor

Beim Aufbau von Schaltungen ist ein Kollektorwiderstand der richtigen Größe vorzusehen. Verknüpfungsgatter mit offenem Kollektor sind für Phantom-Verknüpfungen (Wired-Verknüpfungen) geeignet.

Man kann die offenen Kollektoren mehrerer Gatter zusammenschalten und den Verbindungspunkt über einen gemeinsamen Kollektorwiderstand an Speisespannung legen (Bild 6.49). Die Größe des gemeinsamen Kollektorwiderstandes ist nach Herstellerangaben zu wählen. Die Anzahl der zusammengeschalteten Kollektoranschlüsse spielt dabei eine wichtige Rolle.

Die in Bild 6.49 dargestellte Schaltung führt zu einer Phantom-UND-Verknüpfung (Wired-AND) bei positiver Logik. Liegt ein Ausgang auf L-Pegel, d.h., ist ein Ausgangstransistor durchgesteuert, wird der Verbindungspunkt Q stets auf L-Pegel liegen. Nur wenn alle Ausgangstransistoren gesperrt sind, also alle Ausgänge H-Pegel führen sollen, liegt der Verbindungspunkt auch auf H-Pegel.

Die TTL-Schaltkreisfamilie hat sich in verschiedene Familienzweige aufgespalten, die als Unterfamilien bezeichnet werden. Die Schaltkreise der einzelnen Unterfamilien unterscheiden sich vor allem durch die Leistungsaufnahme und durch die Schaltzeiten. Die Störsicherheit ist ein weiteres Unterscheidungsmerkmal. TTL-Schaltkreise sind gegenüber CMOS-Bausteinen (Abschnitt 6.8.4) weniger empfindlich gegen statische Aufladung.

6.6.2 Standard-TTL

Die Unterfamilie «Standard TTL» hat eine große technische Bedeutung. Die Bausteinbezeichnung beginnt jeweils mit den Ziffern «74». Bausteine mit dem Präfix 84 können innerhalb eines breiteren Temperaturbereiches (–40 °C bis 85 °C) eingesetzt werden. Der Präfix 54 bezeichnet Bausteine, die militärische Anforderungen erfüllen. Ein typisches Standard-TTL-Gatter zeigt Bild 6.50. Das Gatter erzeugt bei positiver Logik eine NAND-Verknüpfung.

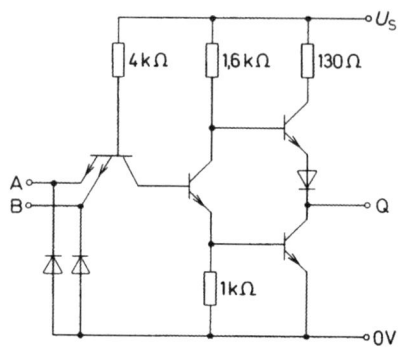

Bild 6.50
Standard-TTL-Gatter der Schaltung
7400 (NAND bei positiver Logik)

Es gibt in der 74-Familie sehr viele TTL-Bausteine. Eine Tabelle wichtiger Bausteine findet sich im Anhang.

6.6.2.1 Schaltungen

Bei einer integrierten Schaltung sind meist mehrere TTL-Gatter untergebracht. Die Schaltung 7400 enthält z.B. vier NAND-Gatter., wie aus dem Anschlussschema Bild 6.51 ersichtlich ist. Verwendet wird fast ausschließlich das Dual-Inline-Gehäuse (Bild 6.52).

Für Phantom-UND-Verknüpfungen (Wired-AND) werden Gatter mit offenem Kollektor gebaut. Das Schaltbild eines NICHT-Gatters mit offenem Kollektor zeigt Bild 6.53. Die TTL-Schaltung 7405 enthält 6 solcher NICHT-Gatter (Bild 6.54).

NAND-Gatter mit 2...8 Eingängen sind in verschiedenen Versionen verfügbar, mit Gegentaktausgang, mit offenem Kollektor oder mit Leistungsausgang. Die Schaltung eines NAND-Gatters mit 4 Eingängen ist in Bild 6.55 dargestellt. Die TTL-Schaltung 4931 enthält 2 solcher Gatter.

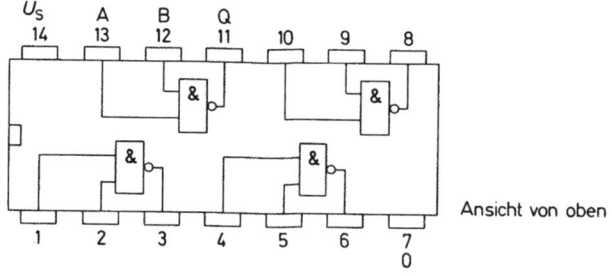

Ansicht von oben

Bild 6.51
Anschlussschema der
TTL-Schaltung 7400

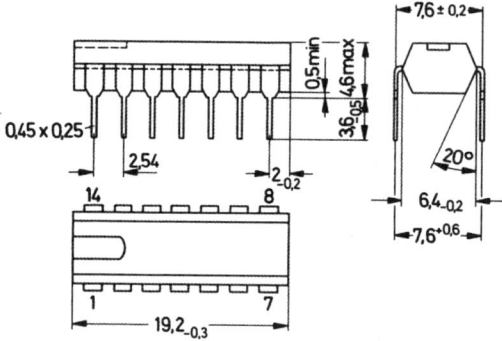

Bild 6.52
Dual-Inline-Gehäuse (DIL)

TTL-Schaltungen   145

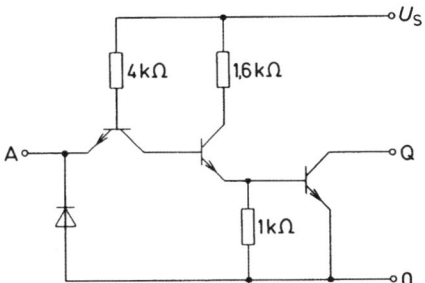

Bild 6.53 Schaltbild eines NICHT-Gatters mit offenem Kollektor (Siemens)

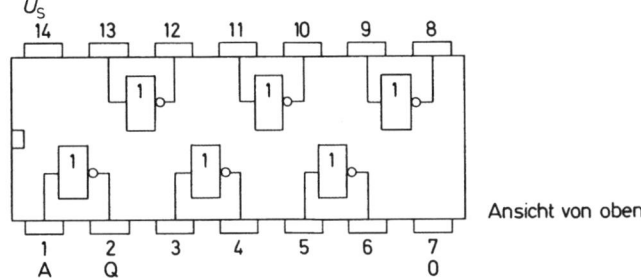

Bild 6.54 Anschlussschema der TTL-Schaltung 7405 (Siemens)

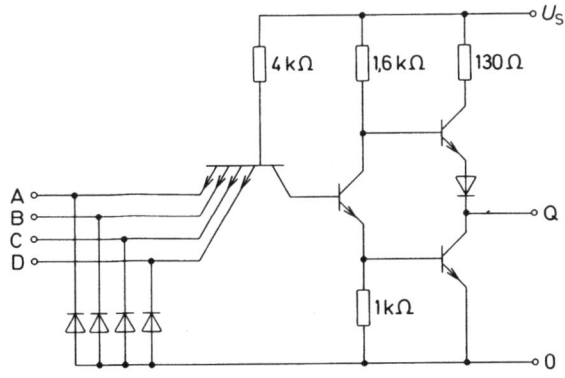

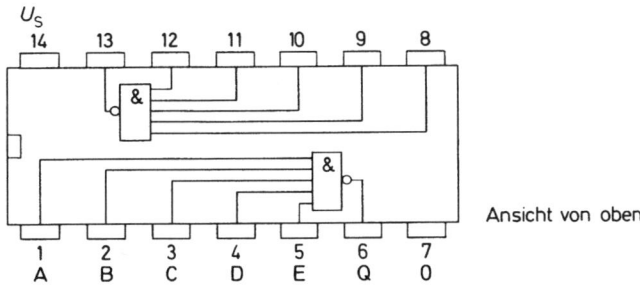

Bild 6.55 TTL-NAND-Gatter mit 4 Eingängen und Anschlussschema der Schaltung 7420

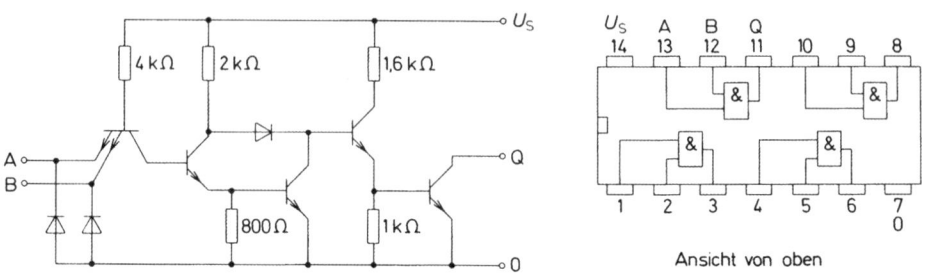

Bild 6.56 TTL-UND-Gatter mit offenem Kollektor und Anschlussschema der Schaltung 7409

UND-Gatter werden seltener benötigt. Man kann sie leicht aus NAND-Gattern herstellen. Für einen einfachen Schaltungsaufbau wird jedoch gern die Schaltung 7409 verwendet. Sie enthält 4 UND-Gatter mit offenem Kollektor (Bild 6.56) und ist für Phantom-UND-Verknüpfungen (Wired-AND) geeignet.

6.6.2.2 Grenzdaten und Kenndaten

Grenzdaten sind Daten, die in keinem Fall überschritten werden dürfen. Kommt es trotzdem einmal zu einer Überschreitung der Grenzdaten, muss mit einer Zerstörung des Bauteils gerechnet werden. Für Standard-TTL-Schaltungen werden allgemein folgende Grenzwerte angegeben:

	untere Grenze	obere Grenze
Speisespannung U_S	−0,5 V	7,0 V
Eingangsspannung U_1	−1,5 V	5,5 V
Differenzspannung zwischen 2 Eingängen U_D		5,5 V
Ausgangsspannung U_Q	−0,8 V	5,5 V
Betriebstemperatur T_U		
Bereich 1	0 °C	70 °C
Bereich 5	−25 °C	85 °C
Lagertemperatur T_S	−65 °C	150 °C

Bei den Kenndaten unterscheidet man statische Kenndaten, Schaltzeiten und logische Daten. Zu den Kenndaten gehört zunächst die Betriebsspannung. Sie darf zwischen 4,75 V und 5,25 V schwanken. Der typische Wert ist 5 V.

Für alle Verknüpfungsgatter wird eine untere Grenze der H-Eingangsspannung angegeben. Sie beträgt normalerweise 2 V. Bei der kleinsten H-Eingangsspannung U_{IH} von 2 V darf die − Ausgangsspannung U_{QL} ihren Höchstwert von 0,4 V nicht überschreiten − auch dann nicht, wenn der Ausgangsstrom I_Q seinen Höchstwert von 16 mA erreicht. Für die Ermittlung dieser Werte gelten Prüfbedingungen und die Prüfschaltung 1 Bild 6.57. Die Prüfbedingungen sind im Datenblattauszug Bild 6.58 angegeben.

Bei der höchsten L-Eingangsspannung U_{IL} von 0,8 V darf die H-Ausgangsspannung U_{QH} nicht unter 2,4 V absinken. Die Werte für die obere Grenze von U_{IL} und die untere Grenze von U_{QH} werden mit der Prüfschaltung 2 nach Bild 6.59 bestimmt. Alle weiteren Eingänge werden auf H-Pegel gelegt, da dies dem ungünstigsten Fall entspricht.

TTL-Schaltungen

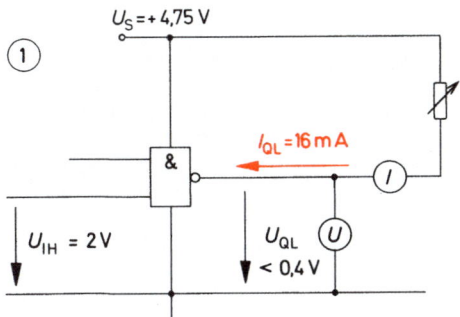

Bild 6.57
Prüfschaltung 1

Statische Kenndaten		Prüfbedingungen	Prüf-schal-tung	untere Grenze B	Typ	obere Grenze A	Ein-heit
H-Eingangsspannung	U_{IH}	U_S = 4,75 V	1	2,0			V
L-Ausgangsspannung	U_{QL}	U_S = 4,75 V U_{IH} = 2 V, I_{QL} = 16 mA	1		0,22	0,4	V
L-Eingangsspannung	U_{IL}	U_S = 4,75 V	2			0,8	V
H-Ausgangsspannung	U_{QH}	U_S = 4,75 V U_{IL} = 0,8 V $-I_{QH}$ = 400 µA	2	2,4	3,3		V

Bild 6.58 Datenblattauszug

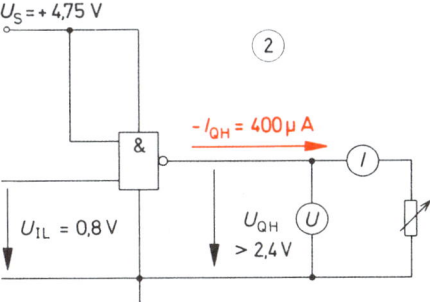

Bild 6.59
Prüfschaltung 2

Die Eingangsströme sind unterschiedlich, je nachdem, ob der Eingang H-Pegel oder L-Pegel führt. Der H-Eingangsstrom I_{IH} ist der Eingangsstrom je Eingang, der sich bei H-Pegel 2,4 V einstellt. Er darf maximal 40 µA sein. Gemessen wird er unter den Prüfbedingungen des Datenblattauszuges Bild 6.60 mit der in Bild 6.61 dargestellten Prüfschaltung 3. Bei der höchstzulässigen Eingangsspannung U_1 von 5,5 V darf sich ein Eingangsstrom I_1 von höchstens 1 mA ergeben.

Für die Ermittlung des L-Eingangsstroms gilt die Prüfschaltung 4. Bei U_H von 0,4 V dürfen maximal 1,6 mA fließen (Bild 6.62).

Statische Kenndaten		Prüfbedingungen	Prüf-schaltung	untere Grenze B	Typ	obere Grenze A	Einheit
H-Eingangsstrom pro Eingang	I_{IH} I_I	$U_{IH} = 2{,}4$ V $U_I = 5{,}5$ V $U_S = 5{,}25$ V	3 3			40 1	µA mA
L-Eingangsstrom	$-I_L$	$U_S = 5{,}25$ V $U_{IL} = 0{,}4$ V	4			1,6	mA
Kurzschlussausgangsstrom pro Ausgang	$-I_Q$	$U_S = 5{,}25$ V	5	18		55	mA
H-Speisestrom	I_{SH}	$U_S = 5{,}25$ V $U_I = 0$ V	6		4	8	mA
L-Speisestrom	I_{SL}	$U_S = 5{,}25$ V $U_I = 5$ V	6		12	22	mA

Bild 6.60   Datenblattauszug

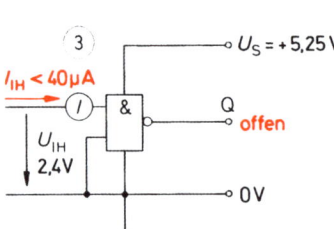

Bild 6.61   Prüfschaltung 3

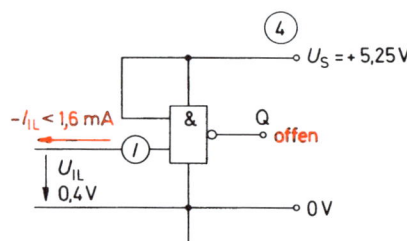

Bild 6.62   Prüfschaltung 4

Ein weiterer wichtiger Kennwert ist der Kurzschlussausgangsstrom. Er wird mit Prüfschaltung 5 ermittelt. Seine untere Grenze liegt bei 18 mA, die obere bei 55 mA (Bild 6.63). Alle Eingänge müssen auf L-Pegel liegen. Kurzgeschlossene Ausgänge sollten möglichst nicht auftreten. Bei einigen Verknüpfungsgatter ist ein Kurzschluss des Ausgangs nicht erlaubt.

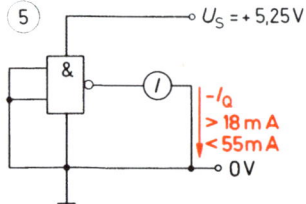

Bild 6.63
Prüfschaltung 5

TTL-Schaltungen 149

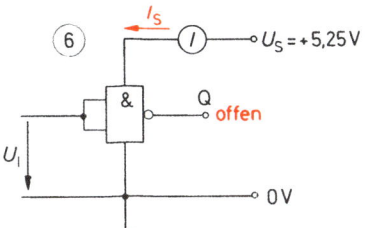

Bild 6.64
Prüfschaltung 6

Der Speisestrom, den ein Verknüpfungsgatter aufnimmt, wird mit der Prüfschaltung 6 (Bild 6.64) gemessen. Er hat einen unterschiedlichen Wert, je nachdem, ob L-Pegel oder H-Pegel am Eingang liegt. Es wird die höchste zulässige Speisespannung von 5,25 V an das Gatter gelegt. Im Datenblatt ist der gesamte Speisestrom der integrierten Schaltung angegeben und nicht der Speisestrom eines einzelnen Gatters.

Die statische Störsicherheit ist ein weiterer Kennwert. Die Störsicherheiten sind in Abschnitt 6.4.5 näher erläutert. Für Standard-TTL-Gatter beträgt die statische Störsicherheit typisch 1 V – unter ungünstigsten Bedingungen aber mindestens 0,4 V.

Die Schaltzeiten wurden bereits in Abschnitt 6.4.3 besprochen. Sie sind im vollständigen Datenblatt Bild 6.65 angegeben.

Zu den logischen Daten gehören der Ausgangslastfaktor F_Q (Fan-out) und der Eingangslastfaktor F_I (Fan-in). Sie sind in Abschnitt 6.4.4 näher erläutert. Ebenfalls zu den logischen Daten gehört die sog. logische Funktion. Man versteht hierunter die schaltalgebraische Gleichung der Verknüpfung, die das Gatter bei positiver Logik erzeugt.

In Bild 6.66 ist das Datenblatt einer integrierten Schaltung 7401 angegeben. Diese Schaltung enthält 4 NAND-Gatter mit offenem Kollektor. Im Datenblatt sind die Gleichungen zur Berechnung des Kollektorwiderstandes und eine Widerstands-Wertetabelle enthalten. Die Hersteller veröffentlichen die Datenblätter ihrer Bausteine in der jeweils aktuellen Fassung im Internet.

6.6.2.3 Kennlinien

Für TTL-Gatter werden einige charakteristische Kennlinien angegeben, die über das Betriebsverhalten des Verknüpfungsgatters Aufschluss geben. Besonders wichtig ist die Übertragungskennlinie. Typische Übertragungskennlinien für Standard-TTL-Gatter sind in Bild 6.67 dargestellt.

Definition
Die Übertragungskennlinie gibt an, welche Ausgangsspannung sich bei einer bestimmten Eingangsspannung einstellt.

Aus der Übertragungskennlinie können außerdem der H-Eingangsspannungsbereich, der L-Eingangsspannungsbereich, der H-Ausgangsspannungsbereich und der L-Ausgangsspannungsbereich abgelesen werden. Für verschiedene Betriebstemperaturen ergeben sich unterschiedliche Übertragungskennlinien.

Weitere Datenblätter finden sich auf den Herstellerseiten im Internet.

4 NAND-Gatter mit je 2 Eingängen   7400   8400

Statische Kenndaten im Temperaturbereich 1 und 5		Prüfbedingungen	Prüfschaltung	untere Grenze B	Typ	obere Grenze A	Einheit
Speisespannung	U_S			4,75	5,0	5,25	V
H-Eingangsspannung	U_{IH}	$U_S = 4{,}75$ V	1	2,0			V
L-Eingangsspannung	U_{IL}	$U_S = 4{,}75$ V	2			0,8	V
Eingangsklemmspannung	$-U_I$	$U_S = 4{,}75$ V, $-I_I = 12$ mA				1,5	V
H-Ausgangsspannung	U_{QH}	$U_S = 4{,}75$ V, $U_{IL} = 0{,}8$ V, $-I_{QH} = 400$ µA	2	2,4	3,4		V
L-Ausgangsspannung	U_{QL}	$U_S = 4{,}75$ V, $U_{IH} = 2$ V, $I_{QL} = 16$ mA	1		0,2	0,4	V
Statische Störsicherheit	U_{ss}			0,4	1		V
H-Eingangsstrom pro Eing.	I_{IH}	$U_{IH} = 2{,}4$ V, $U_S = 5{,}25$ V	3			40	µA
	I_I	$U_I = 5{,}5$ V	3			1	mA
L-Eingangsstrom pro Eing.	$-I_{IL}$	$U_S = 5{,}25$ V, $U_{IL} = 0{,}4$ V	4			1,6	mA
Kurzschlussausgangsstrom pro Ausgang	$-I_Q$	$U_S = 5{,}25$ V	5	18		55	mA
H-Speisestrom	I_{SH}	$U_S = 5{,}25$ V, $U_I = 0$ V	6		4	8	mA
L-Speisestrom	I_{SL}	$U_S = 5{,}25$ V, $U_I = 5$ V	6		12	22	mA

Schaltzeiten bei $U_S = 5$ V, $T_U = 25\,°C$

Signallaufzeit	t_{PHL}	$C_L = 15$ pF,	22		7	15	ns
	t_{PLH}	$R_L = 400\,\Omega$			11	22	ns

Logische Daten

Ausgangslastfaktor pro Ausgang	F_Q					10	
Eingangslastfaktor pro Eingang	F_I					1	
Logische Funktion		$Q = \overline{A \wedge B}$					

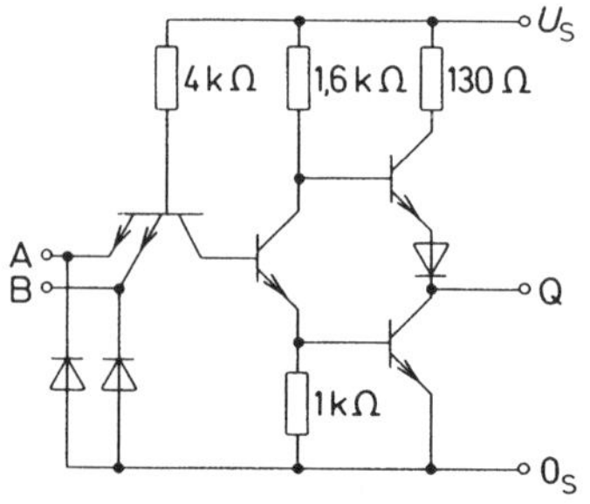

Schaltschema (ein Gatter)

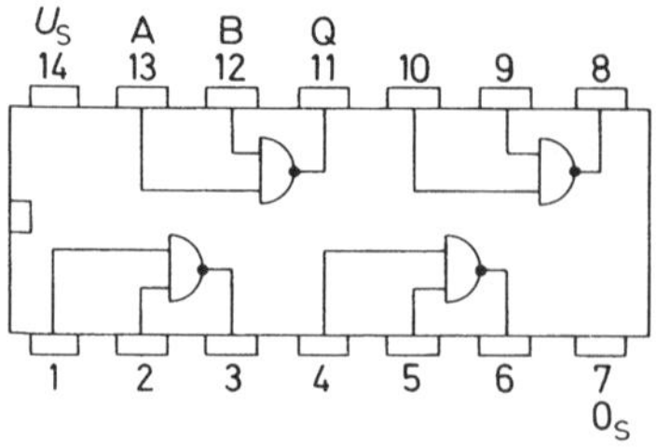

Anschlussanordnung Ansicht von oben

Bild 6.65 Vollständiges Datenblatt einer integrierten TTL-Schaltung 7400

TTL-Schaltungen

4 NAND-Gatter mit je 2 Eingängen und offenem Kollektor
Die Schaltglieder sind für Phantom-UND-Verknüpfungen vorgesehen (wired-AND).

Statische Kenndaten im Temperaturbereich 1 und 5		Prüfbedingungen	Prüfschaltung	untere Grenze B	Typ	obere Grenze A	Einheit
Speisespannung	U_S			4,75	5,0	5,25	V
H-Eingangsspannung	U_{IH}	$U_S = 4{,}75$ V	1	2,0			V
L-Eingangsspannung	U_{IL}	$U_S = 4{,}75$ V	14			0,8	V
Eingangsklemmspannung	$-U_I$	$U_S = 4{,}75$ V, $-I_I = 12$ mA				1,5	V
L-Ausgangsspannung	U_{QL}	$U_S = 4{,}75$ V, $U_{IH} = 2$ V, $I_{QH} = 16$ mA	1		0,2	0,4	V
Statische Störsicherheit	U_{ss}			0,4	1,0		V
H-Eingangsstrom	I_{IH}	$U_{IH} = 2{,}4$ V	3			40	µA
pro Eingang	I_I	$U_I = 5{,}5$ V, $U_S = 5{,}25$ V	3			1	mA
L-Eingangsstrom, pro Eingang	$-I_{IL}$	$U_S = 5{,}25$ V, $U_{IL} = 0{,}4$ V	4			1,6	mA
H-Ausgangsstrom, pro Ausgang	I_{QH}	$U_S = 4{,}75$ V, $U_{QH} = 5{,}5$ V, $U_{IL} = 0{,}8$ V	14			250	µA
H-Speisestrom	I_{SH}	$U_S = 5{,}25$ V, $U_I = 0$ V	6		4	8	mA
L-Speisestrom	I_{SL}	$U_S = 5{,}25$ V, $U_I = 5{,}0$ V	6		12	22	mA
Schaltzeiten bei $U_S = 5$ V, $T_U = 25\,°C$							
Signallaufzeit	t_{PHL}	$R_L = 400\,\Omega$	22		8	15	ns
	t_{PLH}	$R_L = 4$ kΩ, $C_L = 15$ pF			35	45	ns
Logische Daten							
L-Ausgangslastfaktor pro Ausgang	F_{QL}					10	
Eingangslastfaktor pro Eingang	F_I					1	
Logische Funktion		$Q = \overline{A \wedge B}$					

Berechnung des Kollektorwiderstandes R_L
Die Berechnung erfolgt nach folgenden Formeln:

H-Zustand

$$R_{LA} = \frac{U_S - 2{,}4\ \text{V}}{n \cdot 250\ \mu\text{A} + N \cdot 40\ \mu\text{A}}\ (\text{M}\Omega)$$

L-Zustand

$$R_{LB} = \frac{U_S - 0{,}4\ \text{V}}{16\ \text{mA} - N \cdot 1{,}6\ \text{mA}}\ (\text{k}\Omega)$$

U_S Speisespannung
n Anzahl der FLH 201 in UND-Verbindung
N Anzahl der angeschlossenen Eingänge } (Werte siehe Tabelle)

Bei $U_S = 5$ V und entsprechender Variation der Werte für n und N ergeben sich nachfolgend aufgeführte Grenzen für R_L. Der tatsächlich in der Schaltung verwendete Widerstand muss zwischen diesen beiden Werten liegen.

N	n							n
	1	2	3	4	5	6	7	1 bis 7 unterer Grenzwert R_{LB} in Ω
			oberer Grenzwert R_{LA} in Ω					
1	8965	4814	3291	2500	2015	1688	1452	319
2	7878	4482	3132	2407	1954	1645	1420	359
3	7027	4193	2988	2321	1897	1604	1390	410
4	6341	3939	2857	2241	1843	1566	1361	479
5	5777	3714	2736	2166	1793	1529	1333	575
6	5306	3513	2626	2096	1744	1494	1306	718
7	4905	3333	2524	2031	1699	1460	1280	958
8	4561	3170	2419	1969	1656			1437
9	4262	3023			nicht zulässig			2875
10	4000							4000

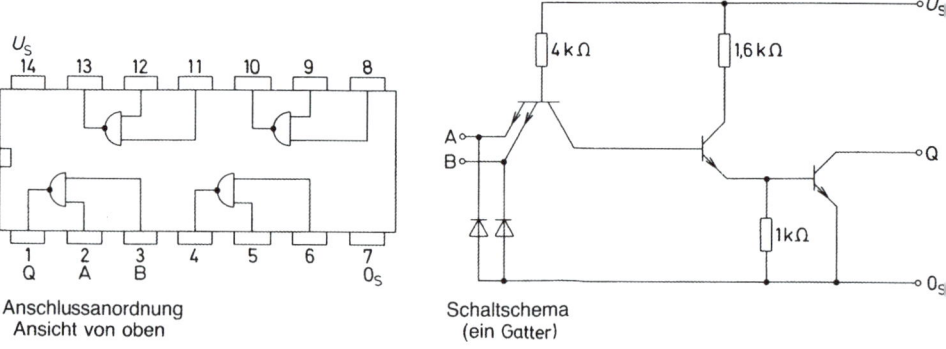

Bild 6.66 Vollständiges Datenblatt einer integrierten Schaltung 7401 (nach Unterlagen der Fa. Siemens)

Eine weitere wichtige Kennlinie ist die Eingangskennlinie (Bild 6.68).

Definition

Die Eingangskennlinie gibt den Zusammenhang zwischen Eingangsstrom und Eingangsspannung an.

TTL-Schaltungen

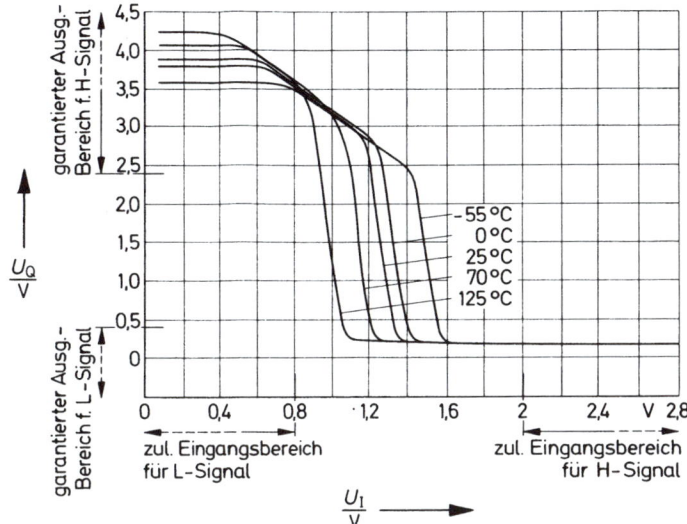

Bild 6.67   Übertragungskennlinien (bei $U_S = 5$ V, $F_Q = 10$ Siemens)

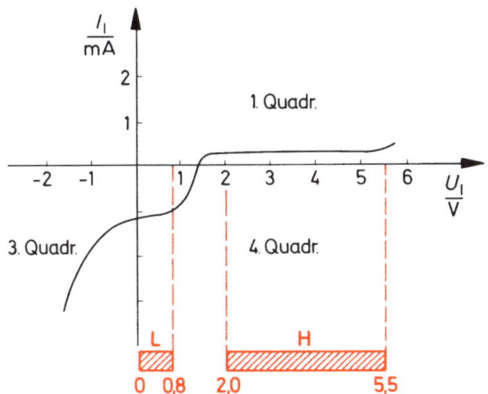

Bild 6.68
Eingangskennlinie (bei $U_S = 5$ V, Siemens) für 25 °C

Ist die Eingangsspannung U_I ca. 1,5 V, könnte sie schon als H-Eingangsspannung gelten. In den Eingang fließt ein Strom von ca. 40 µA. Die Eingangsspannung gilt jedoch erst ab 2 V als H-Eingangsspannung.

Ist die Eingangsspannung kleiner als ca. 1,4 V, fließt ein Strom aus dem Eingang heraus. Dieser beträgt im Bereich der L-Eingangsspannung (0...0,8 V) ca. 1 mA. Er darf maximal 1,6 mA betragen. Die Eingangsspannung darf auch etwas negativ werden, und zwar bis –1,5 V. Bei –1,5 V liegt der untere Grenzwert für U_I. Die Eingangskennlinie Bild 6.68 gilt für eine Umgebungstemperatur von 25 °C. Bei höheren und tieferen Temperaturen verschiebt sich die Kennlinie etwas.

Der Zusammenhang zwischen Ausgangsstrom und Ausgangsspannung wird durch 2 Ausgangskennlinien-Arten dargestellt. Eine Ausgangskennlinien-Art gilt für den Ausgangszustand H, die zweite für den Ausgangszustand L. Bild 6.69 zeigt Ausgangskennlinien für den H-Zustand, die für unterschiedliche Temperaturen gelten. Die Spannung U_{QH} darf die H-Grenze (2,4 V) nicht unterschreiten. Bei einer Umgebungstemperatur von 25 °C dürfen dem Ausgang also maximal 8 mA entnommen werden.

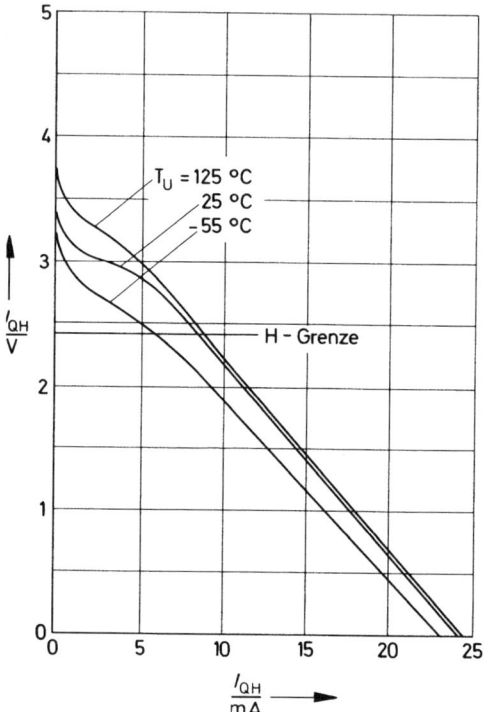

Bild 6.69
Ausgangskennlinie für
H-Zustand bei $U_S = 5$ V
und $U_I = 0{,}4$ V (Siemens)

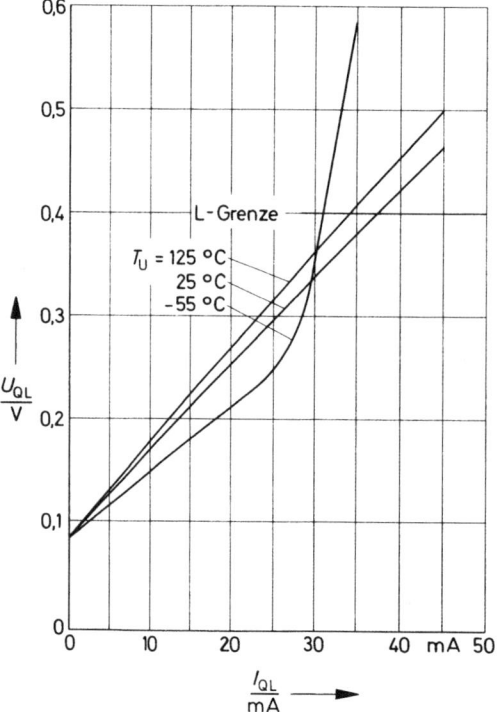

Bild 6.70
Ausgangskennlinien für
L-Zustand bei $U_S = 5$ V,
$U_I = 2{,}4$ V

Bild 6.70 zeigt Ausgangskennlinien für den L-Zustand. Der Strom I_{QL} fließt in den Ausgang hinein. Bei einer Umgebungstemperatur von 25 °C dürfen etwa maximal 34 mA in den Ausgang hineinfließen. Fließt ein größerer Strom, so überschreitet U_{QL} den L-Ausgangsspannungsbereich (obere Grenze 0,4 V).

6.6.2.4 Leistungsbedarf

Integrierte Schaltungen der Standard-TTL-Reihe nehmen verhältnismäßig viel elektrische Leistung auf. Die Schaltung 7400 benötigt bei einer Speisespannung von 5,25 V einen mittleren Speisestrom von ca. 8 mA, was einer Leistung von 42 mW entspricht. Die Schaltung enthält vier NAND-Gatter. Jedes NAND-Gatter benötigt also ca. 10 mW. Das ist für sich genommen keine große Leistung. Schaltungen mit 10 000 Gattern benötigen jedoch eine Leistung von 100 W. An Batteriebetrieb ist bei einem solchen Leistungsbedarf nicht mehr zu denken.

Schaltungen mit Standard-TTL-Gattern werden also vor allem ortsfest eingesetzt. Die Speisung erfolgt aus spannungsstabilisierten Netzteilen.

6.6.3 Low-Power-TTL (LTTL)

Die Bezeichnung «Low-Power» bedeutet «kleine Leistung». Low-Power-TTL-Gatter nehmen nur ca. $1/10$ der Leistung auf, die Standard-TTL-Gatter benötigen. Man erreicht die geringe Leistungsaufnahme durch eine Vergrößerung der Widerstände im Inneren der Schaltung. Ein typisches Low-Power-TTL-Gatter ist in Bild 6.71 dargestellt. Man stellt fest, dass sich der Schaltungsaufbau von einem Standard-TTL-Gatter praktisch nicht unterscheidet. Betrachtet man jedoch die einzelnen Widerstandswerte, wird der Unterschied klar. In Bild 6.71 sind die Widerstandswerte des Standard-TTL-Gatters rot und in Klammern angegeben. Die Werte einiger wichtiger Widerstände des Low-Power-TTL-Gatters sind 10...12-mal so groß.

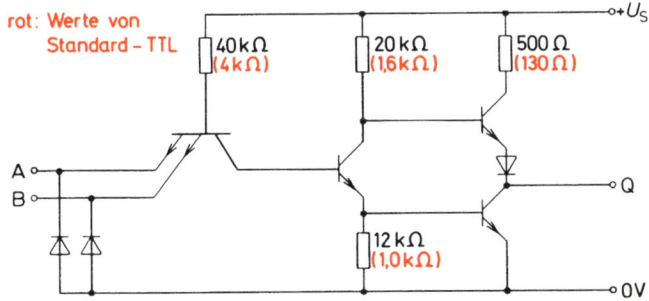

Bild 6.71   Typisches Low-Power-TTL-Gatter (NAND bei pos. Logik)

Die Leistung, die ein NAND-Gatter in Low-Power-Technik benötigt, ist ca. 1 mW. Die Schaltzeiten eines TTL-Gatters werden hauptsächlich durch die Ladungs- und Entladungs-Vorgänge der Transistor-Kapazitäten bestimmt. Vergrößert man die Widerstandswerte in den Stromkreisen, dauern die Ladungs- und Entladungsvorgänge entsprechend länger. Low-Power-TTL-Gatter haben also größere Schaltzeiten als Standard-TTL-Gatter.

Grundsatz

Low-Power-TTL-Gatter nehmen nur ca. 10% der Leistung der Standard-TTL-Gatter auf. Die Schaltzeiten sind jedoch ca. 3-mal so groß.

Die mittlere Impulsverzögerungszeit t_p – auch mittlere Signallaufzeit genannt – beträgt bei einem Low-Power-TTL-Gatter etwa 33 ns. Die LTTL-Familie ist weitgehend durch die moderne Advanced-Low-Power-Schottky-Logik (ALSTTL) ersetzt worden.

6.6.4 High-Speed-TTL (HTTL)

Bei High-Speed-TTL-Gattern kommt es vor allem auf möglichst kurze Schaltzeiten an (*high speed*, engl: hohe Geschwindigkeit). Bei dieser Unterfamilie wurde wie bei der Low-Power-TTL der grundsätzliche Schaltungsaufbau der Standard-TTL-Familie beibehalten. Die Widerstandswerte in den Stromkreisen wurden jedoch erheblich verringert (Bild 6.72). Die Ladungs- und Entladungsvorgänge der Transistor-Kapazitäten verlaufen nun wesentlich schneller. Man erreicht kurze Schaltzeiten. Die mittlere Signallaufzeit t_p beträgt ca. 5 ns.

Die geringen Widerstandswerte haben jedoch eine recht hohe Leistungsaufnahme zur Folge. Sie ist mehr als doppelt so hoch wie bei Standard-TTL-Gattern. Ein NAND-Gatter, wie in Bild 6.72 dargestellt, benötigt ca. 23 mW.

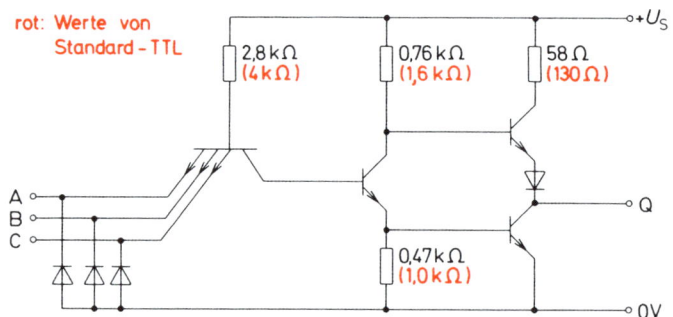

Bild 6.72 Typisches High-Speed-TTL-Gatter (NAND bei positiver Logik)

 Grundsatz

High-Speed-TTL-Gatter schalten etwa doppelt so schnell wie Standard-TTL-Gatter. Sie benötigen aber mehr als das Doppelte an Leistung.

Ein Computer, der mit High-Speed-TTL-Gattern aufgebaut ist, arbeitet also doppelt so schnell wie ein Computer mit Standard-TTL-Gattern. Er kann somit in gleicher Zeit die doppelte Arbeitsmenge bewältigen. Das ist sehr erwünscht. Weniger erwünscht ist der große Leistungsbedarf.

6.6.5 Schottky-TTL (STTL)

In dem Bemühen, eine schnelle und doch leistungssparende Schaltkreisfamilie zu entwickeln, erinnerte man sich daran, dass Transistoren, die nicht in den Übersteuerungszustand geschaltet werden, die also nicht im gesättigten Zustand arbeiten, kürzere Schaltzeiten haben (siehe Beuth/Schmusch, Elektronik 3 «Grundschaltungen»). Durch Zuschalten einer Diode gemäß Bild 6.73 kann ein Transistor daran gehindert werden, weit in den Übersteuerungszustand zu schalten. Die Diode muss allerdings eine kurze Schaltzeit haben. Man verwendet daher Schottky-Dioden (siehe Beuth, Elektronik 2 «Bauelemente»). Diese haben eine extrem kurze Schaltzeit und eine Schwellspannung von ca. 0,35 V.

Der Transistor in der Schaltung Bild 6.73 kann nur soweit durchsteuern, bis U_{CE} auf ca. 0,4 V abgesunken ist. Dann verhindert die Schottky-Diode ein weiteres Durchsteuern. Sie wird leitend. Vom Basisanschluss fließt ein Strom über die Schottky-Diode und die Kollektor-Emitter-Strecke des Transistors zur Masse. Dieser Strom steht als Basisstrom nicht mehr zur Verfügung.

Der Anfang des Übersteuerungsbereichs eines Transistors wird erreicht, wenn U_{CE} auf den Wert von U_{BE} abgesunken ist. Bei $U_{CE} = 0,4$ V ist der Transistor schon leicht in den Übersteuerungsbereich hineingesteuert worden. Die Übersteuerung ist allerdings sehr schwach.

Die Schottky-Diode in Bild 6.73 wird «Antisättigungs-Diode» genannt. Für einen Transistor mit Schottky-Antisättigungs-Diode wurde die Bezeichnung Schottky-Transistor eingeführt. Für Schottky-Transistoren wird das in Bild 6.74 dargestellte Schaltzeichen verwendet. Das Zeichnen der Schottky-Dioden entfällt.

Die Schaltung eines typischen Schottky-TTL-Gatters zeigt Bild 6.75. Das Gatter ist ein NAND-Gatter (bei positiver Logik). Die Signallaufzeit t_P liegt zwischen 2,5 und 3 ns. Sie ist also nur halb so lang wie bei Gattern der High-Speed-TTL-Unterfamilie.

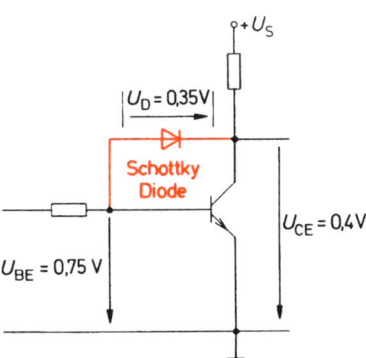

Bild 6.73
Transistor-Schalterstufe mit Schottky-Diode

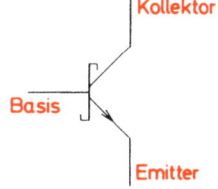

Bild 6.74
Schaltzeichen eines Schottky-Transistors

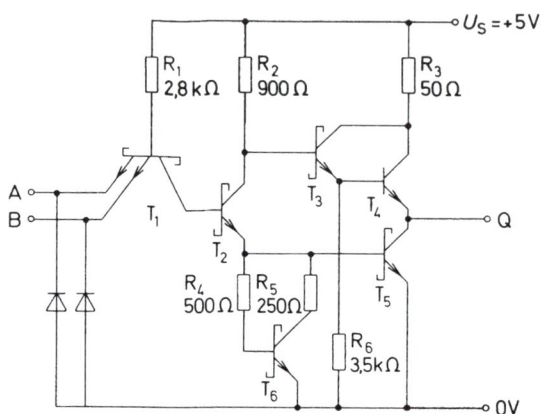

Bild 6.75
Schottky-TTL-
Gatter 74 S 00
(Texas Instruments)

Da die Schottky-Transistoren nur schwach durchsteuern, ist der L-Ausgangspegel höher als bei Standard-TTL-Gattern. Der Abstand zwischen L-Pegelbereich und H-Pegelbereich wird dadurch geringer. Dies führt zu einer Verminderung der statischen Störsicherheit.

> **Grundsatz**
>
> Schottky-TTL-Gatter haben sehr geringe Schaltzeiten und eine geringe statische Störsicherheit. Die Leistungsaufnahme ist recht groß.

Ein NAND-Gatter nach Bild 6.75 benötigt eine Leistung von ca. 20 mW und damit doppelt so viel wie ein Standard-TTL-NAND-Gatter. Die STTL-Familie ist im Wesentlichen von der Advanced-Schottky-TTL(ASTTL)-Familie abgelöst worden.

6.6.6 Low-Power-Schottky-TTL (LSTTL)

Schottky-TTL-Gatter nehmen weniger Leistung auf, wenn die Widerstände in den Stromkreisen der Schaltungen hochohmiger sind. Wir haben diesen Zusammenhang bereits bei der Unterfamilie Low-Power-TTL (Abschnitt 6.6.3) näher betrachtet. Leider laufen bei höheren Widerstandswerten auch die Ladungs- und Entladungsvorgänge der Transistorkapazitäten langsamer ab, so dass sich größere Schaltzeiten ergeben.

Die größeren Schaltzeiten nimmt man bei der Unterfamilie «Low-Power-TTL» in Kauf. Der Schaltungsaufbau der Low-Power-Schottky-TTL-Gatter entspricht dem Schaltungsaufbau der Schottky-TTL-Gatter. Nur die Widerstandswerte wurden größer gewählt. Bild 6.76 zeigt die Schaltung eines typischen Low-Power-Schottky-TTL-Gatters. Für dieses Gatter wird eine mittlere Signallaufzeit t_P, auch mittlere Impulsverzögerungszeit genannt, von 9,5 ns angegeben. Die Leistungsaufnahme beträgt aber nur 2 mW.

TTL-Schaltungen

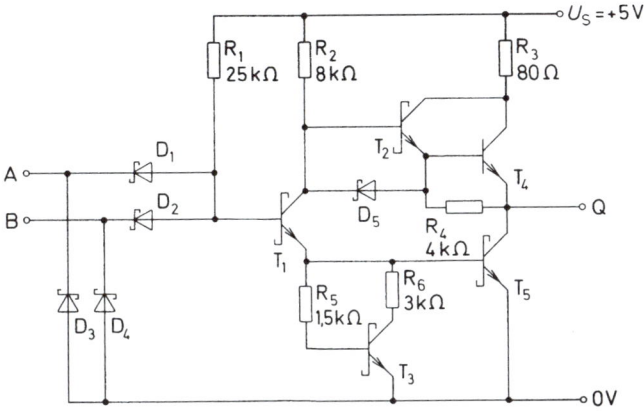

Bild 6.76 Low-Power-Schottky-TTL-Gatter 74 LS 00 (Texas Instruments)

Grundsatz
Low-Power-Schottky-TTL-Gatter haben praktisch die gleichen Schaltzeiten wie Standard-TTL-Gatter. Doch benötigen sie nur $1/5$ der Leistung.

Der Nachteil gegenüber Standard-TTL-Gattern liegt in der geringeren statischen Störsicherheit, die die Low-Power-Schottky-TTL-Gatter ebenso wie die Schottky-TTL-Gatter haben. Die LSTTL-Familie wird zunehmend durch die Advanced-Low-Power-Schottky-TTL(ALSTTL-)Familie ersetzt.

6.6.7 Advanced-Schottky-TTL (ASTTL)

Diese Schaltkreis-Unterfamilie hat die STTL-Bausteine weitgehend abgelöst. Die ASTTL-Familie ist derzeit die schnellste Transistor-Transistor-Logik. Nochmals wurde der Leistungsverbrauch stark vermindert. Allerdings geht diese Verringerung zu Lasten der Störsicherheit.

6.6.8 Advanced-Low-Power-Schottky-TTL (ALSTTL)

Die ALSTTL-Bausteine stellen eine Verbesserung der LSTTL-Bausteine dar. Sie sind etwa doppelt so schnell wie LSTTL-Bausteine und verbrauchen ca. die Hälfte an Energie.

6.6.9 Zusammenstellung wichtiger Eigenschaften

Ein ideales Verknüpfungsgatter muss außerordentlich schnell schalten, d.h., seine Signallaufzeit sollte fast 0 sein. Die Leistungsaufnahme sollte ebenfalls sehr klein und der Störabstand, d.h., die statische Störsicherheit, sollte sehr groß sein. Diese drei Forderungen lassen sich nicht gemeinsam möglichst weitgehend verwirklichen.

Sie schließen einander aus. Wünscht man eine kurze Schaltzeit, so muss man eine größere Leistungsaufnahme und meist auch einen kleineren Störabstand in Kauf nehmen. Will man die Leistungsaufnahme klein halten, so muss man sich mit längeren Schaltzeiten abfinden.

In dem Bestreben, kurze Schaltzeiten, geringe Leistungsaufnahme und großen Störabstand zu erreichen, muss man einen Kompromiss schließen. Dieser Kompromiss wird für jeden ins Auge gefassten Anwendungsfall anders aussehen.

Grundsatz

Bei jeder TTL-Unterfamilie wurde zwischen den Forderungen nach kurzer Schaltzeit, geringer Leistungsaufnahme und großer Störsicherheit ein anderer Kompromiss geschlossen.

In neuerer Zeit wurden die TTL-Schaltkreise in kleinen Schritten weiter verbessert. Bei den «Advanced-Typen» (engl.: *advanced* = fortgeschritten), also fortgeschrittenen oder verbesserten Typen, ist es gelungen, die Signallaufzeit und die Leistungsaufnahme weiter zu verringern und dabei den typischen Störabstand fast gleich zu lassen. Dies wurde möglich durch Ausnutzung aller Fortschritte bei der Herstellung integrierter Schaltungen. Die TTL-Unterfamilien Advanced-Schottky-TTL (ASTTL) und Advanced-Low-Power-Schottky-TTL (ALSTTL) haben die TTL-Familien TTL, LTTL, FTTL und STTL nahezu ersetzt. Die wichtigsten Daten dieser Unterfamilien sind in der folgenden Tabelle angegeben. Am häufigsten findet heute die Low-Power-Schottky-Familie Verwendung. Die anderen Familien werden zunehmend durch die CMOS-Technologie verdrängt.

Eine aktuelle Übersicht von integrierten Schaltkreisen der 74XX-Familie ist bei Wikipedia aufgelistet.

TTL-Unterfamilien	Standard-TTL	Low-Power-TTL	High-Speed TTL	Schottky-TTL	Low-Power-Schottky-TTL	Advanced Schottky-TTL	Advanced Low-Power-Schottky-TTL
Serienbezeichnung	74 00	74 L00	74 H00	74 S00	74 LS00	74 AS00	74 ALS00
Betriebsspannung	5 V	5 V	5 V	5 V	5 V	5 V	5 V
Leistungsaufnahme (je Gatter)	10 mW	1 mW	23 mW	20 mW	2 mW	8 mW	1,2 mW !
Signallaufzeit größte	10 ns	33 ns	5 ns	3 ns	9,5 ns	1,7 ns	4 ns
Schaltfrequenz	40 MHz	13 MHz	80 MHz	130 MHz	50 MHz	230 MHz	100 MHz
typischer Störabstand	1 V	1 V	1 V	0,5 V	0,6 V	0,4 V	0,5 V

6.7 ECL-Schaltungen

Die Bezeichnung «ECL» ist die Abkürzung der englischen Bezeichnung «Emitter Coupled Logic». Dies bedeutet «emittergekoppelte Logik». Andere Bezeichnungen für diese Schaltkreisfamilie lauten «Current Mode Logic» (CML), «Emitter Emitter Coupled Logic» (E^2CL) und «Emitter Coupled Transistor Logic» (ECTL). «Current Mode Logic» heißt auf deutsch «stromgesteuerte Logik».

Die ECL-Schaltungen sind als integrierte Schaltungen mit bipolaren Transistoren aufgebaut. Bei der Entwicklung der ECL-Schaltungen verfolgte man das Ziel, eine möglichst «schnelle Schaltkreisfamilie» zu schaffen, also eine Schaltkreisfamilie mit sehr kurzen Schaltzeiten. Sehr kurze Schaltzeiten lassen sich aber nur erreichen, wenn die Transistoren in Durchlassrichtung nicht voll in den Übersteuerungszustand geschaltet werden. Die sog. Sättigung darf nicht auftreten (siehe Beuth/Schmusch, Elektronik 3, Abschnitt 5.3).

Es wäre nun möglich, Schaltkreise in reiner Verstärkertechnik aufzubauen. In diesen Schaltkreisen werden die Transistoren nie voll gesperrt und nie ganz durchgesteuert. Das Hin- und Herschalten zwischen zwei derartigen Arbeitspunkten erfolgt außerordentlich schnell. Die reine Verstärkertechnik bringt aber große Probleme hinsichtlich der Störsicherheit mit sich. Die Unterschiede der Pegelbereiche L und H sind gering, und die Pegelwerte werden nicht gut gehalten. Bei Temperaturänderungen wandern die Pegel weg. Ein selbsttätiger Übergang von H nach L und umgekehrt wäre möglich.

Mit Verstärkerstufen nach dem Differenzverstärkerprinzip (siehe Beuth/Schmusch, Elektronik 3, Abschnitt 3.7.2) ist es jedoch möglich, stets einen Transistor sicher zu sperren und den anderen aufzusteuern. Für den aufgesteuerten Transistor ergibt sich eine starke Stromgegenkopplung. Diese bewirkt, dass kleine Basisspannungsänderungen am aufgesteuerten Transistor so gut wie keine Änderung des Kollektorstroms erzeugen. Der Ausgangspegel bleibt daher stabil, obwohl der aufgesteuerte Transistor nicht im Sättigungszustand ist.

Betrachten wir die Schaltung in Bild 6.77. Sie stellt einen Differenzverstärker dar. Die Basis des Transistors T_2 liegt an einer festen Spannung, z.B. an +2,7 V. An der Basis von T_1 sollen zunächst auch +2,7 V liegen. Beide Transistoren steuern soweit auf, wie es der gemeinsame Emitterwiderstand R_E erlaubt. Sie teilen sich den Emitterstrom von ca. 2 mA.

Wird die Spannung an der Basis von T_1 größer als +2,7 V, steuert T_1 weiter auf. Der Emitterstrom von T_1 wird größer. An R_E fällt eine größere Spannung ab. Der Transistor T_2 muss zusteuern.

Liegen 3,7 V an der Basis von T_1, kann ein Emitterstrom von ca. 3 mA fließen. R_{C1} muss so bemessen sein, dass die Kollektorspannung von T_1 nicht zu tief absinkt. T_1 darf nur soweit durchsteuern, dass die Übersteuerungsgrenze erreicht oder höchstens ein klein wenig überschritten wird. Der Transistor T_2 sperrt. Er benötigt keinen Emitterstrom.

Der Ausgang Z_2 des gesperrten Transistors T_2 wird auf +5 V liegen. Diese Spannung soll zum H-Pegelbereich gehören. Der Ausgang Z_1 des leitenden Transistors T_1 hat eine Spannung, die sich aus dem Spannungsabfall an R_E und der Spannung U_{CE} des leitenden Transistors ergibt. Sie ist ca. 3,5 V und soll zum L-Pegelbereich gehören.

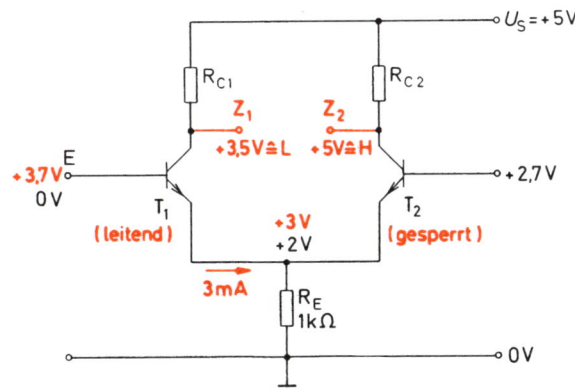

Bild 6.77
Differenzverstärkerschaltung

Sinkt die Spannung an der Basis von T_1 geringfügig ab oder steigt sie geringfügig an (z.B. um ±0,1 V), so ändern sich die Pegel am Z_1 und Z_2 praktisch nicht. Sie bleiben stabil. Sinkt die Spannung an der Basis von T_1 jedoch unter 2,7 V ab, erfolgt ein «Umkippen».

Transistor T_2 beginnt aufzusteuern und zwingt Transistor T_1 zum Sperren. Der Ausgang Z_1 geht auf H-Pegel, der Ausgang Z_2 auf L-Pegel. Der Kollektorwiderstand R_{C2} muss so bemessen sein, dass T_2 nicht in die Sättigung durchsteuern kann.

Dem Transistor T_1 kann man weitere Transistoren parallel schalten (Bild 6.78). Die Parallelschaltung wirkt als Wired-OR-Verknüpfung. Die Schaltung erzeugt bei positiver Logik am Ausgang Z_1 eine NOR-Verknüpfung. Da der Ausgang Z_2 stets entgegengesetzten Zustand wie der Ausgang Z_1 hat, ist an Z_2 eine ODER-Verknüpfung vorhanden.

Die H-Pegel und die L-Pegel der Ausgänge Z_1 und Z_2 eignen sich schlecht zum Ansteuern weiterer Verknüpfungsgatter. Man schaltet daher jedem der beiden Ausgänge eine Emitterfolgerstufe (Kollektorschaltung) nach. Man erhält dadurch eine Pegelverschiebung und die Möglichkeit, eine größere Anzahl nachgeschalteter Gatter zu steuern. Die üblichen Ausgangslastfaktoren (Fan-out) liegen zwischen 20 und 30. In Bild 6.79 ist die Schaltung eines ECL-Gatters mit Emitterfolgerstufen dargestellt.

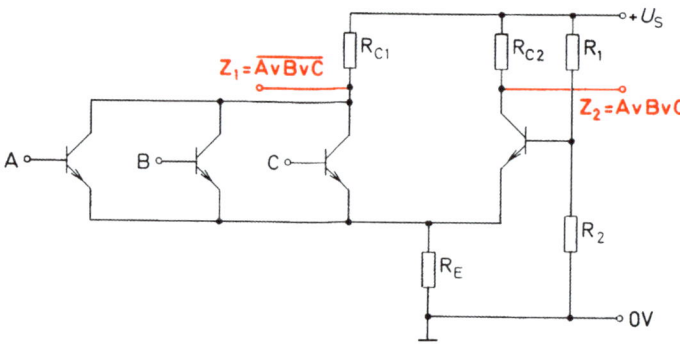

Bild 6.78 Grundschaltung eines ECL-Gatters

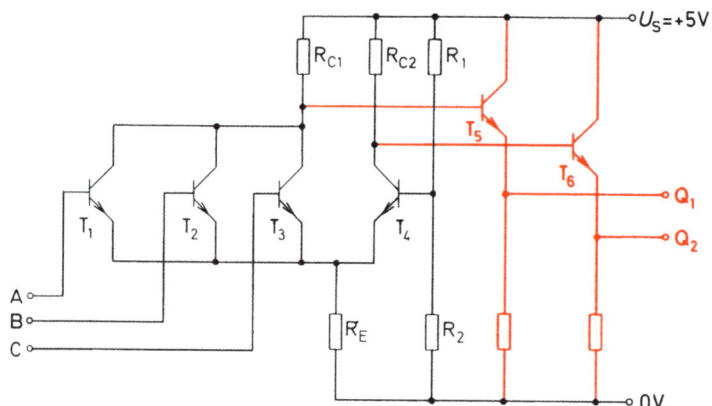

Bild 6.79 ECL-Gatter mit Emitterfolgerstufe

ECL-Schaltungen

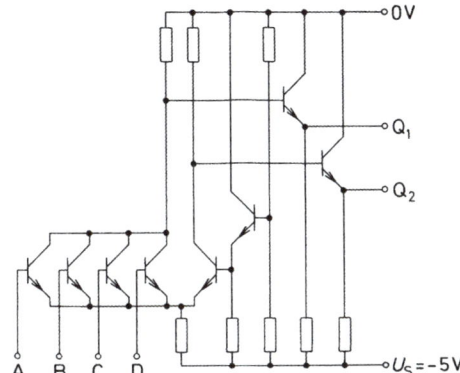
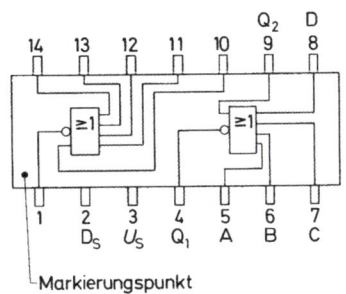

Bild 6.80 ECL-Gatter (Siemens)

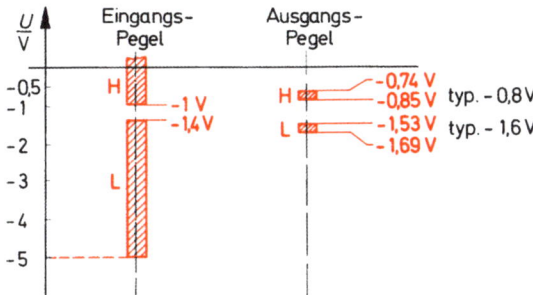

Bild 6.81 Pegelbereiche des ECL-Gatters

Die Festspannung für den Eingang des Transistors T_2 in Bild 6.77 kann mit Hilfe eines Spannungsteilers erzeugt werden. In der Schaltung in Bild 6.80 wird ein zusätzlicher Transistor verwendet, der dafür sorgt, dass die Festspannung besonders stabil bleibt. Durch die Festspannung wird die sog. Umschaltschwelle festgelegt.

Die Hersteller von ECL-Schaltungen verwenden meist eine negative Speisespannung von −5,0 V. Der positive Pol liegt an Masse. Für die H- und L-Pegel ergeben sich dann negative Spannungswerte. Die Pegelbereiche der Schaltung sind in Bild 6.81 angegeben. Die negative Speisespannung verbessert die Störsicherheit etwas. Die Eingangspegelbereiche für L und H liegen nur um 0,4 V auseinander. Die Störsicherheit ist dadurch gering. Die Hersteller geben in den Datenblättern eine statische Störsicherheit von 0,3 V an. Die Störsicherheiten sind in Abschnitt 6.4.5 näher erläutert.

Der besondere Vorteil der ECL-Schaltkreisfamilie ist durch die kurzen Schaltzeiten gegeben. Typische Signallaufzeiten liegen bei 2 ns. Eine verbesserte Technologie macht Signallaufzeiten von weniger als 1 ns möglich.

Grundsatz

Die Gatter der ECL-Schaltkreisfamilie sind die am schnellsten arbeitenden Verknüpfungsgatter, die es zz. überhaupt gibt.

Die sehr hohen Schaltgeschwindigkeiten verursachen Leitungsprobleme. Bei Schaltzeiten von 2 ns liegen wir bereits im oberen MHz-Bereich (ca. 250 MHz). Die Leitungen strahlen in erhöhtem Maße hochfrequente Energie ab. Es kommt zu sog. «Übersprechen» zwischen benachbarten Leitungen, d.h., von einer Leitung wird Energie in die andere übertragen und umgekehrt. Die Schaltzeiten liegen in der Größenordnung der Laufzeiten auf den Leitungen. Es gibt Anpassungsprobleme und Reflexionen auf den Verbindungsleitungen zwischen den Gattern. Die Wellenwiderstände der Leitungen müssen bei der Schaltungsauslegung beachtet werden.

Definition

Schaltungen mit ECL-Gattern müssen wie Hochfrequenzschaltungen aufgebaut werden.

Es sind besondere Abschirmmaßnahmen erforderlich. Notwendige längere Leitungen sind als Koaxialleitungen auszuführen. Günstig ist ein besonders kleiner Aufbau der integrierten Schaltungen, also eine hohe Packungsdichte. Die Leitungsverbindungen zwischen den Gattern sollten möglichst kurz sein.

Bei jedem Betriebszustand sind in den ECL-Gattern stets mehrere Transistoren leitend. Sie benötigen entsprechende Ströme.

Grundsatz

Gatter der ECL-Schaltkreisfamilie haben einen hohen Leistungsbedarf.

Je Verknüpfungsgatter müssen 40 bis 60 mW angesetzt werden. Das ist ein 6-mal so hoher Leistungsbedarf wie bei Standard-TTL-Gattern.

Die folgende Tabelle gibt eine Zusammenstellung der wichtigsten Eigenschaften von ECL-Gattern:

ECL-Schaltkreisfamilie	
Betriebsspannung	–5 V
Leistungsaufnahme (je Gatter)	50 mW
Signallaufzeit	0,5 ns
größte Schaltfrequenz	1 GHz (Gigahertz)
typischer Störabstand	0,3 V

Der Anwendungsbereich der ECL-Gatter liegt dort, wo höchste Arbeitsgeschwindigkeit absolute Priorität hat. Neben wenigen Anwendungsgebieten der industriellen Steuerungstechnik sind es vor allem militärische Bereiche, in denen die ECL-Technik angewendet wird.

6.8 MOS-Schaltungen

Verknüpfungsgatter der MOS-Schaltkreisfamilie und der Unterfamilien sind mit MOS-Feldeffekt-Transistoren aufgebaut. Die MOS-Feldeffekt-Transistoren benötigen fast keine Steuerleistung. Sie sind sehr klein und verhältnismäßig einfach herzustellen. Integrierte Schaltungen mit hoher Packungsdichte sind möglich.

6.8.1 Gefahr durch statische Aufladung

MOS-Feldeffekt-Transistoren sind besonders empfindlich gegen statische Aufladungen (siehe Beuth, Elektronik 2, Abschnitt 8.2). Diese Empfindlichkeit ist allgemein auch bei vollständigen integrierten Schaltungen vorhanden.

Grundsatz
Bei der Verarbeitung von MOS-Schaltungen sind besondere Sicherheitsmaßnahmen gegen statische Aufladungen zu treffen.

Zur Sicherheit sollte im Verarbeitungsraum ein elektrisch leitfähiger Fußbodenbelag verwendet werden. Jeder Arbeitstisch muss mit einer leitfähigen und geerdeten Auflageplatte versehen sein. Die mit der Verarbeitung betrauten Kräfte sollten keine Kunststoffkleidung tragen, z.B. keine Nylonkittel. Zweckmäßig ist das Tragen einer elektrisch leitfähigen Manschette, die über eine flexible Leitung geerdet ist.

Ein weiterer Gefahrenpunkt ist das Löten. Lötkolben und Lötbäder haben zwischen Heizkörpern und Lötspitze bzw. Lötzinn im Allgemeinen Übergangswiderstände von etwa 100 kΩ. Dieser Widerstand erscheint zunächst ausreichend hoch, ist aber sehr klein im Vergleich zu den Widerständen, die sich zwischen Gate und Substrat von MOS-Feldeffekt-Transistoren ergeben. Lötkolben und Lötbäder können Ladungsmengen liefern, durch die die MOS-Schaltungen beschädigt oder zerstört werden können. Moderne CMOS-Bausteine besitzen an den Eingängen Schutzbeschaltungen gegen Überspannungen.

Grundsatz
Zum Einlöten und Auslöten von MOS-Schaltungen sind besondere Sicherheits-Lötkolben und Sicherheits-Lötbäder zu verwenden.

MOS-Schaltungen, die gefährlich hohen Spannungen ausgesetzt worden sind, dies aber überlebt haben, sind mit großer Wahrscheinlichkeit beschädigt worden. Man nennt diese Art Beschädigung «Halbleiterstress». Durch Halbleiterstress wird die Lebensdauer herabgesetzt und die Ausfallrate erhöht. Was beim Halbleiterstress tatsächlich im Inneren der Kristalle passiert, ist weitgehend unbekannt.

6.8.2 PMOS

In Verknüpfungsgatter der PMOS-Unterfamilie werden selbstsperrende P-Kanal-MOS-Feldeffekt-Transistoren als Schaltelemente verwendet. Das Schaltbild eines einfachen PMOS-Gatters zeigt Bild 6.82. Am Ausgang Z liegt immer dann der Pegel L, wenn wenigstens einer der Feldeffekt-Transistoren gesperrt ist. Z führt nur dann den Pegel H, wenn an den Eingängen A und B L-Pegel liegt, die beiden Feldeffekt-Transistoren also durchgesteuert sind. Die zugehörigen Arbeitstabellen sind in Bild 6.83 dargestellt. Für positive Logik ergibt sich eine NOR-Verknüpfung.

Die Herstellung des Widerstandes R im Halbleiterkristall erfordert zusätzlichen Aufwand. Man ersetzt daher den Widerstand R durch einen Feldeffekt-Transistor mit besonderen Eigenschaften. Den üblichen Schaltungsaufbau eines PMOS-Gatters zeigt Bild 6.84.

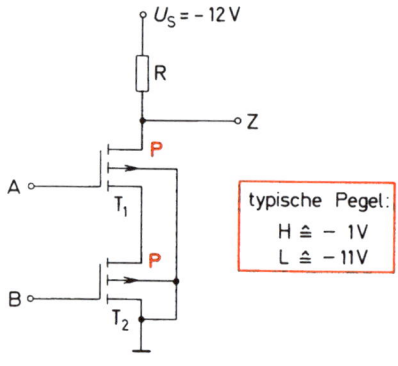

Bild 6.82
Einfaches PMOS-Gatter
(NOR bei positiver Logik)

Fall	B	A	Z
1	-11V	-11V	-1V
2	-11V	-1V	-11V
3	-1V	-11V	-11V
4	-1V	-1V	-11V

Fall	B	A	Z
1	L	L	H
2	L	H	L
3	H	L	L
4	H	H	L

Bild 6.83
Arbeitstabellen zur
Schaltung Bild 6.82

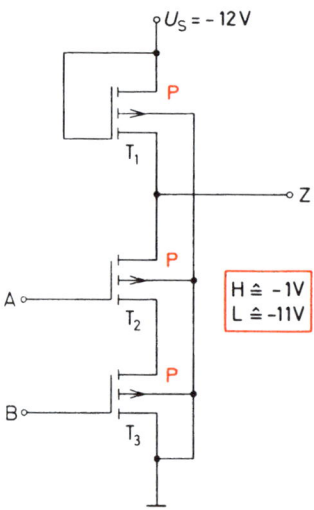

Bild 6.84
Übliche Schaltung eines
PMOS-Gatters
(NOR bei positiver Logik)

Betrachten wir den Transistor T_1, der den Lastwiderstand ersetzt. Der Gateanschluss liegt auf Speisespannungs-Potenzial. Wenn die beiden Schalter-Transistoren T_2 und T_3 durchsteuern, liegt der Sourceanschluss von T_1 und damit der Ausgang Z auf ca. –1 V. Der Transistor T_1 steuert also ebenfalls durch (U_{DS} = –11 V). Jetzt könnte ein zu großer Strom fließen, durch den der Pegel des Ausganges Z erheblich angehoben würde. Damit dies nicht geschieht, wird der Transistor T_1 so hergestellt, dass sein Kanalwiderstand im durchgesteuerten Zustand nicht unter ca. 100 kΩ absinkt. Die Transistoren T_2 und T_3 haben Kanalwiderstände von ca. 1...2 kΩ im durchgesteuerten Zustand. Im Sperrzustand ist der Kanalwiderstand von T_1 geringer als der von T_2 und T_3. Er beträgt bei T_1 ca. 1 MΩ, bei T_2 und T_3 ca. 10 MΩ. Sind also T_2 und T_3 gesperrt oder ist nur einer von ihnen gesperrt, so liegt am Ausgang Z eine Spannung von ca. –11 V, die zum L-Pegelbereich gehört.

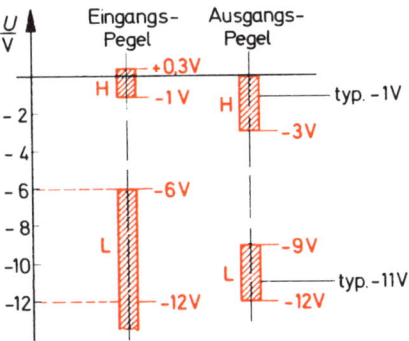

Bild 6.85
Pegelbereiche von
PMOS-Gattern (U_S = –12 V)

PMOS-Schaltkreise benötigen eine geringe Leistung. Die Speisespannung kann in einem größeren Bereich schwanken (z.B. zwischen –9 V und –20 V). Je größer die Speisespannung gewählt wird, desto größer wird die statische Störsicherheit, da mit wachsender Speisespannung der Abstand von L-Pegelbereichen und H-Pegelbereichen größer wird. Für eine Speisespannung von –12 V ergeben sich Pegelbereiche gemäß Bild 6.85.

Wichtige ungefähre Daten von PMOS-Gattern sind in folgender Tabelle zusammengestellt:

Betriebsspannung	–12 V	(–9... –20 V möglich)
Leistungsaufnahme je Gatter	6 mW	(bei Ausgangspegel H)
	0 mW	(bei Ausgangspegel L)
Signallaufzeit	40 ns	
größte Schaltfrequenz	10 MHz	
Störspannungsabstand	5 V	

Grundsatz

PMOS-Gatter arbeiten langsam und störsicher. Sie benötigen eine recht große Speisespannung.

Trotz günstiger Herstellungskosten wurde die PMOS-Technologie inzwischen durch die die CMOS-Technologie (Abschnitt 6.8.4)verdrängt.

6.8.3 NMOS

Verknüpfungsgatter der NMOS-Unterfamilie werden mit selbstsperrenden N-Kanal-MOS-Feldeffekt-Transistoren aufgebaut. Man verwendet eine andere Herstellungstechnologie, die noch kleinere Strukturen als bei der PMOS-Technik erlaubt. Es lassen sich wesentlich geringere Kanalwiderstände herstellen. Sie betragen etwa nur $1/3$ der Kanalwiderstände der PMOS-Technik. Die kleineren Kanalwiderstände und die geringeren Kapazitäten der in Mikrostruktur hergestellten Transistorsysteme führen zu verhältnismäßig kurzen Schaltzeiten.

Die geringeren Kanalwiderstände erlauben eine Herabsetzung der Speisespannung auf 5 V. Damit wird es möglich, NMOS-Gatter zusammen mit TTL-Gattern zu verwenden. Man sagt, sie sind kompatibel (verträglich).

> **Grundsatz**
> NMOS-Gatter sind kompatibel zu TTL-Gattern.

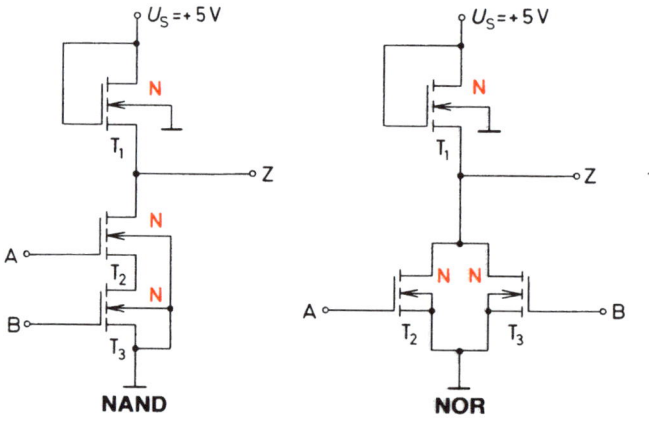

Bild 6.86   NMOS-Verknüpfungsgatter

Die Schaltungen der NMOS-Gatter sind gleichartig aufgebaut wie die Schaltungen der PMOS-Gatter., nur werden eben N-Kanal-MOS-FET verwendet. In Bild 6.86 sind 2 typische Schaltungen angegeben. Die linke Schaltung erzeugt bei positiver Logik eine NAND-Verknüpfung, die rechte Schaltung eine NOR-Verknüpfung. Die zugehörigen Pegelbereiche zeigt Bild 6.87. Einige wichtige Daten sind in der folgenden Tabelle angegeben:

Betriebsspannung +5 V
Leistungsaufnahme je Gatter 2 mW (bei Ausgangspegel L)
0 mW (bei Ausgangspegel H)
Signallaufzeit 5 ns
größte Schaltfrequenz 80 MHz
Störspannungsabstand ≈ 2,0 V

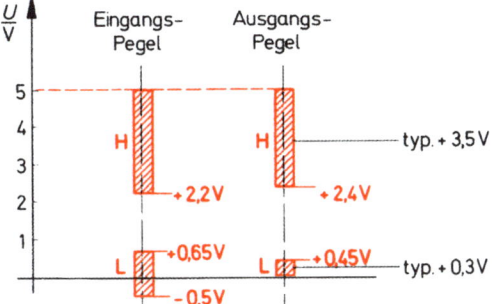

Bild 6.87
Pegelbereiche der
NMOS-Verknüpfungsgatter
in Bild 6.86

Integrierte Schaltungen mit Einzelgatter werden kaum hergestellt. Man fasst in einer integrierten Schaltung größere Einheiten zusammen, z.B. Addierstufen, Umcodierer, Zähler. Die Herstellung größerer Einheiten ist besonders wirtschaftlich. Die NMOS-Technologie wurde inzwischen durch die CMOS-Technologie (Abschnitt 6.8.4) verdrängt. Die CMOS-Technologie bietet vor allem Vorteile durch die geringere Leistungsaufnahme.

6.8.4 CMOS

Die Bezeichnung «CMOS» ist eine Abkürzung von «Complementary Symmetry-Metal Oxide Semiconductor». Die deutsche Übersetzung lautet «komplementär-symmetrischer Metall-Oxid-Halbleiter». Schaltgatter dieser MOS-Unterfamilie sind sowohl mit N-Kanal-MOS-Feldeffekt-Transistoren als auch mit P-Kanal-MOS-Feldeffekt-Transistoren aufgebaut. Der Schaltungsaufbau zeigt eine starke Symmetrie. Verwendet werden ausschließlich selbstsperrende MOS-FET (siehe Beuth, Elektronik 2, Abschnitt 8.2, MOS-Feldeffekt-Transistoren).

Den symmetrischen Schaltungsaufbau erkennt man besonders gut an der Schaltung eines NICHT-Gatters (Bild 6.88). Legt man an den Eingang A den H-Pegel von z.B. +5 V, so steuert der Transistor T_2 durch. Source und Substrat liegen auf 0 V. Die Gate-Source-Spannung U_{GS} beträgt also +5 V. Source und Substrat von Transistor T_1 liegen auf +5 V. Wenn das Gate auch +5 V hat, ist die Gate-Source-Spannung U_{GS} = 0 V. Der Transistor T_1 sperrt. Wenn T_1 sperrt und T_2 durchgesteuert ist, liegt am Ausgang Z L-Pegel (Bild 6.89).

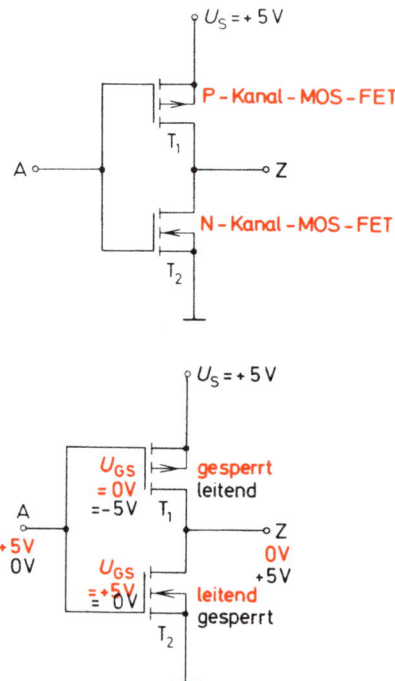

Bild 6.88
Schaltung eines
CMOS-NICHT-Gatters

Bild 6.89
Arbeitsweise eines
CMOS-NICHT-Gatters

Legt man an den Eingang A den L-Pegel von 0 V, so muss T_2 sperren, denn U_{GS} ist jetzt 0 V. Für T_1 ergibt sich jedoch eine Gate-Source-Spannung von −5 V, da der Sourceanschluss auf +5 V und der Gateanschluss auf 0 V liegen. T_1 kann durchsteuern. Wenn T_1 durchgesteuert und T_2 gesperrt ist, liegt am Ausgang Z H-Pegel.

> **Definition**
>
> Beim CMOS-NICHT-Gatter ist stets ein Transistor gesperrt und der andere durchgesteuert.

Führt das NICHT-Gatter den Ausgangspegel 0, fließt praktisch kein Strom, da T_1 gesperrt ist. Führt das NICHT-Gatter den Ausgangspegel H, fließt ebenfalls kein Strom, da jetzt T_2 gesperrt ist. Zum Ansteuern nachgeschalteter Gatter wird auch kein Strom benötigt, da Feldeffekt-Transistoren leistungslos gesteuert werden. Nur während des Umschaltens von einem Zustand in den anderen muss die Speisespannungsquelle einen geringen Strom liefern, da beide Transistoren eine kurze Zeit gleichzeitig schwach aufgesteuert sind. Der eine Transistor geht vom leitenden in den gesperrten Zustand über und ist noch nicht vollständig gesperrt. Der andere Transistor geht vom gesperrten in den leitenden Zustand über und ist nicht mehr vollständig gesperrt. Auch müssen die Transistorkapazitäten umgeladen werden.

Auch andere CMOS-Gatter sind stets so aufgebaut, dass – vom Umschaltaugenblick abgesehen – in jedem Stromzweig ein Transistor stets sperrt, während der andere leitend ist. Der Leistungsbedarf der CMOS-Gatter ist also extrem niedrig. Er hängt wesentlich von der Anzahl der Umschaltungen pro Sekunde, also von der Umschalthäufigkeit ab.

MOS-Schaltungen 171

ⓘ
Grundsatz
  CMOS-Gatter benötigen eine extrem geringe Leistung.

Die Schaltung Bild 6.90 ist eine weitere typische CMOS-Schaltung. Liegt an beiden Eingängen L-Pegel, so werden die Transistoren T_1 und T_2 durchgesteuert, die Transistoren T_3 und T_4 sperren (T_1 und T_2 haben bei 0 V an A und an B $U_{GS} = -5$ V, T_3 und T_4 haben $U_{GS} = 0$ V). Am Ausgang Z liegt der Pegel H.

Liegt an A der Pegel H (+5 V) und an B der Pegel L (0 V), so sperrt T_1 und T_2 steuert durch. Der Weg vom Speisespannungspol zum Ausgang Z ist durch einen gesperrten Transistor blockiert. Außerdem steuert der Transistor T_3 durch und zieht Z auf ungefähr 0 V, also auf L-Pegel. T_4 ist gesperrt. Z liegt immer dann auf L-Pegel, wenn wenigstens ein Eingang H-Pegel führt. Für die Schaltung Bild 6.90 ergibt sich die in Bild 6.91 dargestellte Arbeitstabelle. Die Schaltung erzeugt bei positiver Logik eine NOR-Verknüpfung.

Welche Verknüpfung erzeugt nun die Schaltung Bild 6.92? Zunächst soll für diese Schaltung die Arbeitstabelle aufgestellt werden. Liegt an beiden Eingängen L (0 V), werden die Transistoren T_1 und T_2 durchgesteuert ($U_{GS} = -5$ V). Die Transistoren T_3 und T_4 sperren ($U_{GS} = 0$ V). Am Ausgang liegt der H-Pegel.

Liegt an beiden Eingängen der H-Pegel (+5 V), steuern die Transistoren T_3 und T_4 durch. Die Transistoren T_1 und T_2 sperren. Der Ausgang Z wird auf L-Pegel gezogen.

Wenn ein Eingang H-Pegel führt und der andere Eingang L-Pegel, ist einer der oberen Transistoren in Bild 6.95 (T_1 oder T_2) durchgesteuert. Einer der unteren Transistoren (T_3 oder T_4) ist gesperrt. Über den durchgesteuerten Transistor wird der Ausgang an H-Pegel gelegt. Es ergibt sich die in Bild 6.93 dargestellte Wahrheitstabelle. Die Schaltung erzeugt bei positiver Logik eine NAND-Verknüpfung.

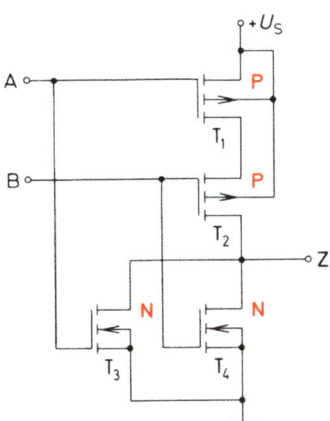

Bild 6.90
Schaltung eines CMOS-Gatters
(NOR bei positiver Logik)

Bild 6.91
Arbeitstabelle der
Schaltung Bild 6.90

Fall	B	A	Z
1	L	L	H
2	L	H	L
3	H	L	L
4	H	H	L

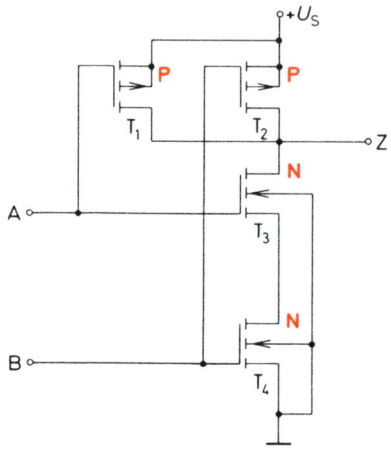

Bild 6.92
CMOS-Schaltung
(NAND bei pos. Logik)

Fall	B	A	Z
1	L	L	H
2	L	H	H
3	H	L	H
4	H	H	L

Bild 6.93
Arbeitstabelle der
Schaltung Bild 6.92

ⓘ **Definition**

CMOS-Gatter werden vor allem als NAND- und NOR-Gatter hergestellt.

Ein Gatter besonderer Art ist das Transmissionsgatter. Es besteht aus der Parallelschaltung eines N-Kanal-MOS-FET und eines P-Kanal-MOS-FET (Bild 6.94).

ⓘ **Grundsatz**

Ein Transmissionsgatter arbeitet wie ein Schalter.

Wird an G_1 der Pegel H (z.B. +5 V) und an G_2 der Pegel L (0 V) angelegt, sperren beide Transistoren. Beim P-Kanal-MOS-FET liegt zwischen Gate und Substrat die Spannung 0 V. Eine leitende Brücke zwischen Source und Drain kann sich nicht bilden. Auch beim N-Kanal-MOS-FET liegt zwischen Gate und Substrat die Spannung 0 V. Auch hier kann keine leitende Brücke entstehen. Zwischen den Punkten A und Z liegt ein Widerstand von einigen 100 MΩ.
  Wird jedoch an G_1 der Pegel L (0 V) angelegt und an G_2 der Pegel H (+5 V), so bedeutet das, dass der P-Kanal-MOS-FET eine Gatespannung von −5 V gegen Substrat hat. Der N-Kanal-MOS-FET hat eine Gatespannung von +5 V gegen Substrat. Bei diesen Spannungen bilden sich gut leitfähige Brücken zwischen Source und Drain. Die Strecke zwischen A und Z wird niederohmig (ca. 200...400 Ω). Die Arbeitstabelle ist in Bild 6.95 dargestellt.

MOS-Schaltungen 173

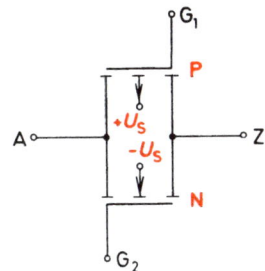

Bild 6.94
Schaltung eines Transmissionsgatters

Bild 6.95
Arbeitstabelle des Transmissionsgatters

L ≙ 0V
H ≙ +5V

Fall	G_2	G_1	
1	L	H	R_{AZ} hochohmig
2	H	L	R_{AZ} niederohmig

Die Anschlüsse G_1 und G_2 eines Transmissionsgatters werden stets mit entgegengesetzten Pegeln angesteuert. Die Ansteuerung kann mit Hilfe eines NICHT-Gatters erfolgen (Bild 6.96). Man erhält dann einen Zweirichtungsschalter. Bei den Feldeffekt-Transistoren des Transmissionsgatters können Source und Drain ihre Funktion vertauschen. Es ist daher üblich, den Gateanschluss in die Mitte der Gatelinie zu zeichnen (Bild 6.96).

Integrierte CMOS-Schaltungen enthalten stets mehrere Verknüpfungsgatter, die einzeln einsetzbar sind oder bereits im Inneren zu großen Baugruppen zusammengefasst wurden. Bild 6.97 zeigt den Aufbau der Schaltung CD 4000 A. Diese Schaltung enthält zwei NOR-Gatter mit je 3 Eingängen und ein NICHT-Gatter. Die Logikfamilie «4000» ist vergleichbar mit der 7400-Serie der TTL-Technik. Eine Weiterentwicklung ist die 4000B-CMOS-Logikfamilie. Die 4000er-Familie verwendet eine andere Nummerierung als die 7400-Familie. Die PIN-Belegung ist unterschiedlich. Neuere CMOS-Familien sind pinkompatibel.

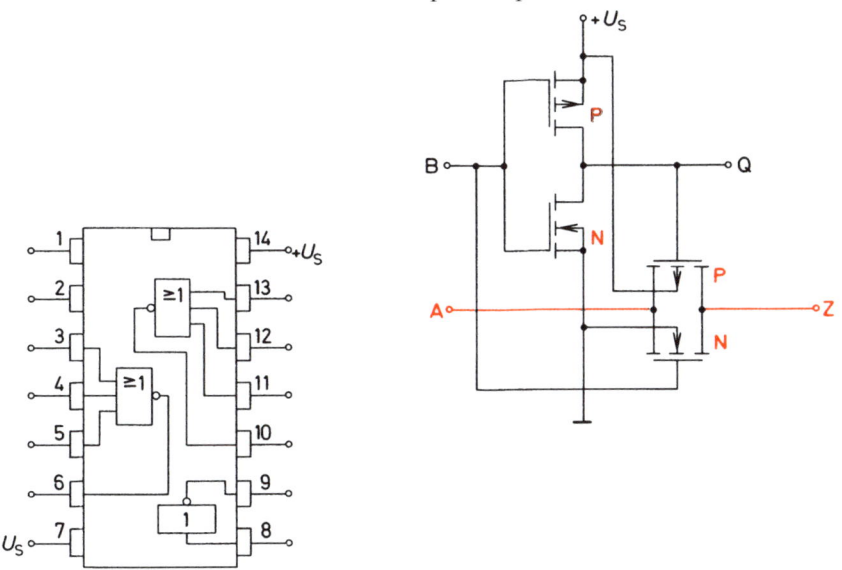

Bild 6.96   Transmissionsgatter mit NICHT-Gatter zur Aussteuerung

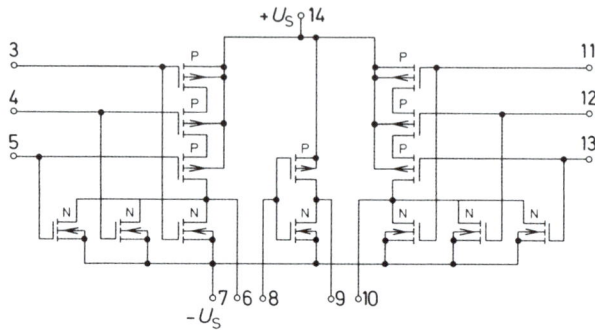

Bild 6.97   CMOS-Schaltung CD 4000 A

Baugruppenschaltungen enthalten sehr viele CMOS-Gatter in einem IC.

ⓘ Grundsatz

Integrierte Schaltungen in CMOS-Technik können mit sehr großer Integrationsdichte hergestellt werden.

Es ist möglich, ganze Rechnerschaltungen in einem IC unterzubringen. Die weitere Vervollkommnung der Technologie führt zu einer Steigerung der möglichen Integrationsdichte.

ⓘ Grundsatz

Die Speisespannung kann bei CMOS-Gattern in weiten Grenzen schwanken.

Für die CD-4000-A-Serie wird ein Speisespannungsbereich von 3...15 V angegeben. Die sich bei den einzelnen Speisespannungen ergebenden typischen Übertragungskennlinien zeigt Bild 6.98.

Häufig werden Speisespannungen von +5 V und +10 V verwendet. Für diese Speisespannungen sind die Pegeldiagramme in den Bildern 6.99 und 6.100 angegeben.

Für größere Speisespannungen ergeben sich größere Störsicherheiten.

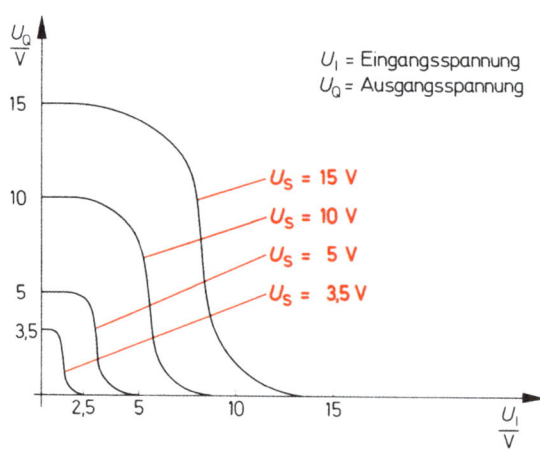

Bild 6.98
Übertragungskennlinien von CMOS-Gattern für verschiedene Speisespannungen

MOS-Schaltungen

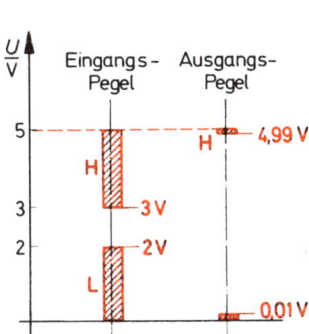
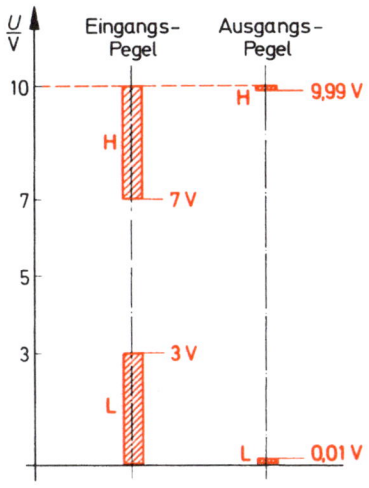

Bild 6.99   Pegeldiagramme für $U_S = 5$ V

Bild 6.100   Pegeldiagramme für $U_S = 10$ V

Grundsatz
Die Störabstände von CMOS-Schaltungen liegen bei ca 30...40% der Speisespannung.

Die wichtigsten Daten von CMOS-Schaltungen sind in nachstehender Tabelle zusammengefasst:

Betriebsspannung	0,75...15 V, z.B. 5 V
Leistungsaufnahme je Gatter	5...10 nW
	(je nach Schalthäufigkeit 10 µW/MHz)
Signallaufzeit	8 ns
größte Schaltfrequenz	50 MHz
typischer Störabstand	2 V
Eingangswiderstand	1012 Ω
Ausgangswiderstand	
bei H-Pegel	500 Ω
bei L-Pegel	200 Ω
Ausgangslastfaktor	>50
(Fan-out)	
Eingangsstrom	10 pA (maximal)

Die Eingänge moderner CMOS-Schaltungen sind heute überwiegend gegen statische Auf- bzw. Entladungen (**ESD** = Electrostatic discharge, engl. = elektrostatische Entladung) geschützt. Man verwendet Diodenschaltungen nach Bild 6.101. Übersteigt die Eingangsspannung die Speisespannung um den Wert von ca. 0,7 V (Diodenschwellspannung), wird die Diode D_1 leitend und lässt die Ladungen vom Eingang zur Speisespannungsquelle abfließen. In der Schaltung Bild 6.101 geschieht das bei Eingangsspannungen ab +5,7 V. Bei negativen Eingangsspannungen öffnet die Diode D_2 ab –0,7 V.

Die Diodenkristallstrecken sind sehr schwach dotiert und haben hohe Bahnwiderstände. Man erreicht dadurch, dass die sehr hohen Eingangswiderstände der CMOS-Schaltungen durch die Dioden nur geringfügig verringert werden. Bei geringen Bahnwiderständen würde überdies eine Falschpolung der Speisespannung zur sofortigen Zerstörung des Bauteils führen, da ein Kurzschlussstrom über D_1 und D_2 fließen würde.

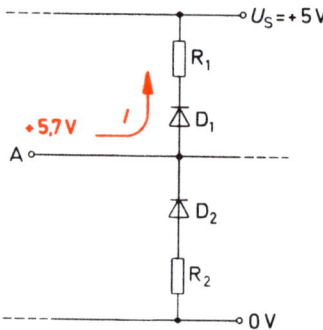

Bild 6.101
Schutzschaltung gegen statische Aufladung

Wird auf einen Eingang eine große Ladungsmenge gebracht, kann der zugehörige Feldeffekt-Transistor trotz der Schutzschaltung zerstört werden. Die Ladungen können wegen der großen Bahnwiderstände nicht schnell genug abfließen, so dass sich gefährlich hohe Spannungen aufbauen können. Die beim Arbeiten mit MOS-Schaltungen üblichen Vorsichtsmaßnahmen sollten in jedem Fall getroffen werden.

CMOS-Schaltungen haben sich ein großes Anwendungsgebiet erobert. Sie sind für viele Einsatzbereiche ausreichend schnell und benötigen nur eine geringe Leistung. Selbst sehr hochintegrierte Schaltungen lassen sich in großen Stückzahlen sehr preisgünstig herstellen.

6.8.5 Highspeed-CMOS (HCMOS)

Diese CMOS-Technologie arbeitet etwa so schnell wie aktuelle TTL-Technik und benötigt zudem bis zu mittleren Taktfrequenzen kaum Leistung. Auch der Störabstand ist groß. Nachteilig ist jedoch, dass im Gegensatz zu TTL-Bausteinen die Leistungsfähigkeit der Ausgangsschaltung sehr gering ist. HCMOS-Schaltungen sind deshalb nicht treiberfähig und benötigen daher nachgeschaltete Treiber. Auch die dynamische Verlustleistung wirkt sich bei hohen Schaltfrequenzen aus. Ab ca. 4,8 MHz übersteigt der Leistungsverbrauch des HCMOS-Bausteines den des ALSTTL-Bausteines. HCMOS-Bausteine sind nicht TTL-kompatibel.

6.8.6 HCTMOS

Diese Unterfamilie spielt nur eine Nebenrolle. Beim Einsatz von CMOS-Bausteinen an vorgeschaltete TTL-Logikschaltungen gibt es Anpassungsprobleme. Die TTL-

Schaltungen erzeugen keine symmetrischen Ausgangsspannungen und können daher die nachfolgende CMOS-Logik nicht ansteuern. Die CMOS-Logik hat einen Eingangsschaltpunkt in Höhe der halben Betriebsspannung. HCTMOS-Bausteine haben dieselben Eingangsschaltpunkte wie die TTL-Logik. An die Ausgänge der HCTMOS-Logik können die CMOS-Bausteine problemlos angeschlossen werden. HCTMOS-Bausteine dienen also als Interface zwischen TTL- und CMOS-Logik. Sie haben allerdings den Nachteil einer etwas geringeren Schaltgeschwindigkeit gegenüber den HCMOS-Bausteinen.

6.8.7 Advanced-CMOS (ACMOS)

Diese moderne CMOS-Logik-Unterfamilie weist die schnellsten Schaltzeiten mit zudem verbesserter Treiberfähigkeit auf. Diese Eigenschaften machen den Baustein empfindlich gegen hochfrequente Störungen. Der Baustein wird daher hinsichtlich der PIN-Belegung besonders symmetrisch aufgebaut. Der Leiterplattenentwurf erfordert höhere Sorgfalt.

6.8.8 Verlustleistungen TTL-CMOS

Im niederfrequenten oder gar statischen Betrieb, also bei nur sehr langsamen Schaltfrequenzen, bietet die CMOS-Familie große Vorteile. Im statischen Zustand nimmt sie keine Verlustleistung auf. Da die CMOS-Logik nur beim Schalten Leistung aufnimmt, ist die Verlustleistung von der Schaltfrequenz abhängig. Je höher die Schaltfrequenz wird, desto höher wird der Leistungsbedarf der Schaltung. Ab ca. 4,8 MHz übersteigt der Leistungsbedarf der CMOS-Schaltung den der TTL-Schaltung. Für hohe Taktfrequenzen sind daher TTL-Schaltung (ALSTTL) günstiger.

6.8.9 Kombinierte Bausteine (BiCMOS)

Wird hohe Geschwindigkeit und gleichzeitig hohe Ausgangsleistung (Treiber) gefordert, können bipolare und CMOS-Strukturen in einem Baustein vereint werden. Diese Unterfamilie wird BiCMOS genannt. Durch die CMOS-Struktur bleibt die Leistungsaufnahme des Logikteils gering. Der Ausgangsteil in bipolarer Technik liefert genügend Treiberleistung für nachfolgende Bausteine.

6.8.10 Low-Voltage-Technology (LVT)

Neuere Entwicklungen arbeiten mit verringerter Betriebsspannung (ca. 2,5...3,3 V). Dadurch lässt sich die Leistungsaufnahme weiter reduzieren. Das ist vor allem für die stark zunehmende Anwendung in Mobilgeräten (Smartphones und Tablets) vorteilhaft.

6.9 Lernziel-Test

1. Was versteht man unter einer Schaltkreisfamilie?
2. Nennen Sie die Namen der wichtigsten Schaltkreisfamilien.
3. Was sind binäre Spannungspegel?
4. Was versteht man unter positiver Logik, was unter negativer Logik?
5. Wodurch unterscheidet sich eine Arbeitstabelle von einer Wahrheitstabelle?
6. Geben Sie für die Schaltung Bild 6.102 die Arbeitstabelle an.

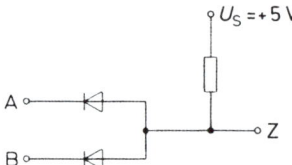

Bild 6.102
Verknüpfungsschaltung

7. Welche Verknüpfung erzeugt die Schaltung Bild 6.102 bei positiver und bei negativer Logik?
8. Bild 6.103 zeigt 2 Pegelbereiche. Welches ist der H-Pegelbereich und welches der L-Pegelbereich?

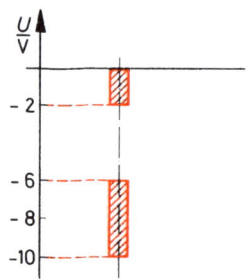

Bild 6.103
Pegelbereiche

9. Was versteht man unter einer Übertragungskennlinie? Skizzieren Sie eine mögliche Übertragungskennlinie.
10. Erläutern Sie die Begriffe «Signallaufzeiten» und «Signal-Übergangszeiten».
11. Was gibt der Eingangslastfaktor an?
12. Ein Verknüpfungsgatter hat einen Ausgangslastfaktor $F_Q = 10$. Was bedeutet das?
13. Wie sind Verknüpfungsgatter der DTL-Schaltkreisfamilie im Prinzip aufgebaut?
14. Skizzieren Sie die Schaltung eines typischen TTL-Gatters mit 3 Eingängen und Gegentaktausgang.
15. Welche Verknüpfung erzeugt die Schaltung Bild 6.104 bei positiver Logik?
16. Man hört oft die Begriffe «gesättigte Schaltkreisfamilie» und «ungesättigte Schaltkreisfamilie». Was bedeuten diese Begriffe?
17. Welche Vorteile und welche Nachteile hat die Low-Power-TTL-Familie gegenüber der Standard-TTL-Familie?
18. Wie sind NMOS-Schaltgatter aufgebaut?

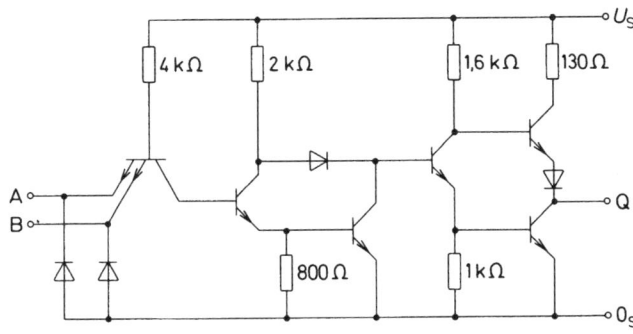

Bild 6.104

19. Ordnen Sie die Ihnen bekannten Schaltkreisfamilien
   a) nach dem Leistungsbedarf,
   b) nach den typischen Signallaufzeiten.
20. Skizzieren Sie die Schaltung eines CMOS-Gatters mit 2 Eingängen, das bei positiver Logik eine NOR-Verknüpfung erzeugt, und erklären Sie die Arbeitsweise dieser Schaltung.

7 Zeitabhängige binäre Schaltungen

7.1 Allgemeines

Flipflops sind bistabile Kippstufen. Sie haben eine Speicherwirkung. Der Schaltungsaufbau bistabiler Kippstufen ist in Band Elektronik 3, Kapitel 7, näher beschrieben.

Für ein einfaches Flipflop gilt das Schaltzeichen Bild 7.1. Die Seitenverhältnisse des Rechteckes können in weiten Grenzen beliebig gewählt werden (Bild 7.2).

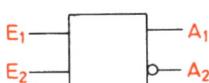

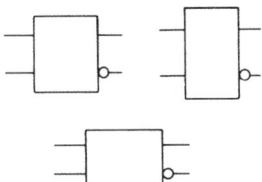

Bild 7.1 Schaltzeichen eines einfachen Flipflops

Bild 7.2 Schaltzeichen von Flipflops mit verschiedenen Seitenverhältnissen

Hauptausgang ist der Ausgang A_1, der selbstverständlich beliebig benannt werden darf. Der Ausgang A_2, der das negierte Signal des Ausganges A_1 führt, wird durch einen Negationskreis gekennzeichnet.

Es gelten folgende Vereinbarungen:

1. Anschlüsse für Speisespannungen werden grundsätzlich nicht gezeichnet.
2. An den beiden Ausgängen eines Flipflops liegen normalerweise entgegengesetzte Zustände.
3. Zur Beschreibung der Arbeitsweise eines Flipflops werden die logischen Zustände 0 und 1 verwendet. Es dürfen auch die Pegelangaben L und H benutzt werden. Wenn keine besonderen Angaben gemacht werden, gelten stets die Zuordnungen der positiven Logik (H $\triangleq$ 1, L $\triangleq$ 0).
4. Zustand 1 an E_1 schaltet das Flipflop auf $A_1 = 1$. Diesen Vorgang nennt man Setzvorgang. Hat das Flipflop bereits den Zustand $A_1 = 1$, so bewirkt die 1 am Eingang E_1 nichts. Es erfolgt dann keine Umschaltung des Flipflops.
5. Zustand 1 an E_2 schaltet das Flipflop auf $A_2 = 1$. Diesen Vorgang nennt man Rücksetzvorgang. Hat das Flipflop bereits den Zustand $A_2 = 1$, so bewirkt die 1 am Eingang E_2 nichts.
6. Zustände 0 haben normalerweise keine steuernde Wirkung.
7. Der Zustand von A_1 kennzeichnet den Speicherzustand des Flipflops. Ist $A_1 = 1$, so hat das Flipflop den Wert 1 gespeichert.

Selbstverständlich kann man auch Flipflops bauen, die durch 0-Zustände gesteuert werden. Diese Flipflops haben besondere, durch einen Negationskreis gekennzeichnete Eingänge (Bild 7.3) und werden nur in geringem Umfang eingesetzt.

182 Zeitabhängige binäre Schaltungen

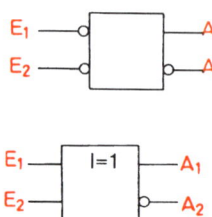

Bild 7.3
Schaltzeichen eines Flipflops, das durch 0-Zustände gesteuert wird

Bild 7.4
Schaltzeichen eines Flipflops mit festgelegter Grundstellung

Man verwendet häufig Flipflops mit einer festgelegten Grundstellung. Das Schaltzeichen eines solchen Flipflops zeigt Bild 7.4. Nach Anlegen der Speisespannung stellt sich dieses Flipflop stets auf den Zustand $A_1 = 0$, $A_2 = 1$ ein. Dieser Schaltzustand wird Ruhezustand, Ruhelage oder Rücksetzzustand genannt. Der Ausgang, der bei Ruhelage den Wert 1 hat, wurde früher durch einen dicken Balken gekennzeichnet.

 Grundsatz
Die Kennzeichnung der Grundstellung kann entfallen, wenn keine Unklarheiten entstehen.

Der Zustand $A_1 = 1$ und $A_2 = 0$ wird Arbeitszustand oder Setzzustand genannt. Man kann Flipflops so bauen, dass sie nach Einschalten der Versorgungsspannung den Arbeitszustand ($A_1 = 1$, $A_2 = 0$) annehmen. Ein solches Flipflop wird durch die Angabe I = 1 gekennzeichnet (Bild 7.5).

Flipflops, die nach Einschalten den Zustand haben, den sie beim Ausschalten der Versorgungsspannung hatten, heißen «non-voltile = nicht flüchtig». Sie verlieren also bei Spannungsverlust die gespeicherte Information nicht. Bei Flipflops dieser Art ist im Schaltzeichen NV einzutragen (non volatile, nullspannungsgesichert). Ein solches Flipflop zeigt Bild 7.6.

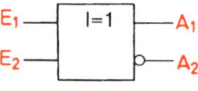

Bild 7.5
Schaltzeichen eines Flipflops, das nach Einschalten der Versorgungsspannung gesetzt ist.

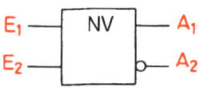

Bild 7.6
Schaltzeichen eines Flipflops, das nach Einschalten der Versorgungsspannung den Logik-Zustand hat, den es beim Abschalten der Versorgungsspannung hatte.

Man unterscheidet statische und dynamische Eingänge. Die bisher betrachteten Eingänge sind statische Eingänge.

Grundsatz
Statische Eingänge sprechen auf Eingangszustände an.

Allgemeines

Grundsatz
Dynamische Eingänge sprechen auf Eingangszustands-Änderungen an.

Es gibt nun 2 Arten dynamischer Eingänge. Die eine Art spricht an, wenn der Eingangszustand von 0 auf 1 ändert. Ein solcher Eingang heißt *dynamischer Eingang für die ansteigende Flanke* (Bild 7.7). Ein dynamischer Eingang der zweiten Art spricht an, wenn der Eingangszustand sich von 1 auf 0 ändert. Er wird *dynamischer Eingang für die abfallende Flanke* genannt (Bild 7.8).

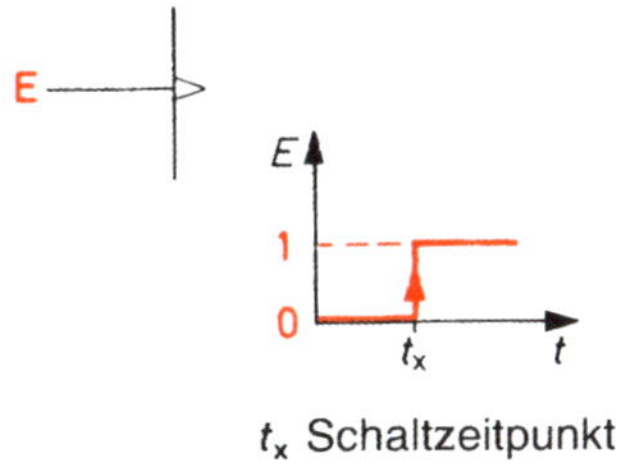

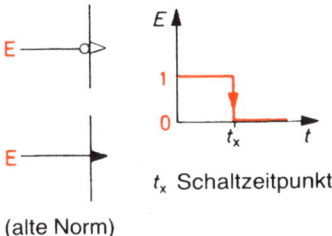

Bild 7.7
Darstellung eines dynamischen Eingangs für die ansteigende Flanke (0 → 1)

t_x Schaltzeitpunkt

Bild 7.8
Darstellung eines dynamischen Eingangs für die abfallende Flanke (1 → 0)

t_x Schaltzeitpunkt

(alte Norm)

Grundsatz
Flipflops können mehrere Eingänge haben, die miteinander verknüpft sind.

Das Flipflop in Bild 7.9 hat die Eingänge E_1 und E_3, die durch UND verknüpft sind. Sind Eingänge durch ODER verknüpft, so ist die Angabe des ODER-Verknüpfungszeichens erforderlich (Bild 7.10).

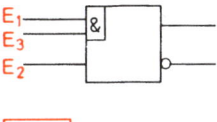

Bild 7.9
Schaltzeichen eines Flipflops, dessen Eingänge E1 und E3 durch UND verknüpft sind

$E_1 \wedge E_3$

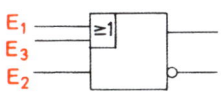

Bild 7.10
Schaltzeichen eines Flipflops, dessen Eingänge E1 und E3 durch ODER verknüpft sind

$E_1 \vee E_3$

Die Verknüpfung von Eingängen kann durch eine sog. *Abhängigkeits-Notation* kenntlich gemacht werden. Es werden folgende Buchstaben für die Eingänge verwendet:

Definition
G ⇒ UND-Abhängigkeit
V ⇒ ODER-Abhängigkeit
C ⇒ Steuer-Abhängigkeit
S ⇒ Setz-Abhängigkeit
R ⇒ Rücksetz-Abhängigkeit

Die verknüpften Eingänge werden durch Zählnummern, durch sog. Kennzahlen gekennzeichnet.

Definition
Bei steuernden Eingängen steht die Kennzahl nach dem Buchstaben.

Definition
Bei gesteuerten Eingängen steht die Kennzahl vor dem Buchstaben.

Das soll an einem Beispiel erläutert werden. Ein Flipflop hat die Eingänge S und R, die mit einem 3. Eingang, wie in Bild 7.12 dargestellt, UND-verknüpft sind. Die UND-Gatter dürfen an das Flipflop-Rechteck direkt angesetzt oder in das Flipflop-Rechteck einbezogen werden. Das ist die bisher übliche Darstellung von Eingangsverknüpfungen.

Mit Hilfe der Abhängigkeits-Notation wird die Darstellung wesentlich vereinfacht. Der 3. Eingang wird wegen der UND-Abhängigkeit G genannt. Da er mit den beiden anderen Eingängen verknüpft ist, wird er als der steuernde Eingang aufgefasst.

Er erhält die Kennzahl 1 nachgestellt. Die gleiche Kennzahl – in diesem Fall 1 – erhalten die Eingänge S und R (Bild 7.13). Sie wird vor die Buchstaben geschrieben.

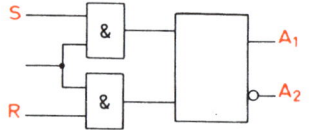 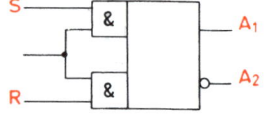 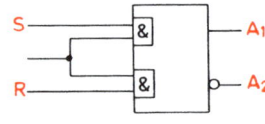

Bild 7.12 Übliche Darstellungen von Eingangsverknüpfungen

Bild 7.13
Darstellung von Eingangsverknüpfungen durch Abhängigkeits-Notation

Bild 7.13a
Flipflop mit dominierendem S-Eingang

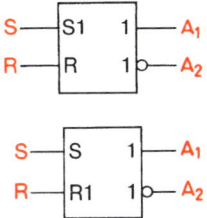

Bild 7.13b
Flipflop mit dominierendem R-Eingang

S ist der Setzeingang. Zustand 1 an S und Zustand 1 an G setzen das Flipflop (Schalten in die Arbeitsstellung). R ist der Rücksetzeingang. Zustand 1 an R und Zustand 1 an G setzen das Flipflop zurück (Schalten in die Ruhestellung).

Wenn nun gleichzeitig an den Eingängen S und R Zustand 1 anliegt, und der Eingang G auch Zustand 1 hat, wie schaltet das Flipflop dann? Bei den meisten Flipflops ist diese Zustands-Kombination verboten und führt zu unbestimmtem Schaltverhalten. Es gibt jedoch Flipflops, bei denen entweder der S-Eingang oder der R-Eingang bevorrechtigt (dominierend) ist.

Bild 7.13a zeigt ein Flipflop mit dominierendem S-Eingang. Eine steuernde UND-Abhängigkeit besteht nicht. Der G-Eingang fehlt. Bei S = 1 und R = 1 wird das Flipflop gesetzt. Die Kennzahl 1 gibt die sog. *S-Abhängigkeit* an. Statt der Kennzahl 1 könnte auch eine 2 oder eine andere Zahl stehen, wenn die 1 für eine andere Abhängigkeit verbraucht wäre.

In Bild 7.13b ist ein Flipflop mit dominierendem R-Eingang dargestellt. Bei S = 1 und R = 1 wird zurückgesetzt. Die Kennzahl 1 bei R und bei den Ausgängen drückt die *R-Abhängigkeit* aus. Die *C-Abhängigkeit* ist die Steuerabhängigkeit. Sie wird insbesondere bei der Taktflankensteuerung von Flipflops angewendet. Siehe hierzu Abschnitt 7.5.2.

7.2 Klassifizierung der Flipflop-Arten

Man kann eine sehr große Anzahl verschiedenartiger Flipflops bauen. Zwar ist allen gemeinsam, dass sie 2 stabile Zustände haben. Die Bedingungen aber, unter denen sie von einem stabilen Zustand in den anderen schalten und wieder zurück, sind sehr vielfältig. Bisher ist eine so große Zahl von Flipflop-Arten bekannt geworden, dass eine Einteilung in Gruppen nach bestimmten anwendungstechnischen Gesichtspunkten erforderlich ist.

Zunächst lassen sich 2 große Gruppen bilden. Die eine Gruppe umfasst alle Flipflops, die nicht taktgesteuert sind. Alle taktgesteuerten Flipflops gehören zu der 2. Gruppe. Was versteht man nun unter Taktsteuerung? Betrachten wir Bild 7.14. Ein Zustand 1 an E_1 kann nur wirksam werden, wenn auch an T Zustand 1 anliegt. Das wird durch die UND-Verknüpfung der Eingänge E_1 und T erreicht. Ebenfalls kann der Zustand 1 an E_2 nur wirksam werden, wenn gleichzeitig T = 1 ist. T ist das Taktsignal.

Das Flipflop nach Bild 7.14 kann also nur gesetzt oder zurückgesetzt werden, wenn das Taktsignal vorhanden ist. Man nennt die Eingänge E_1 und E_2 auch vorbereitende Eingänge. Zustand 1 an E_1 bereitet das Setzen vor. Das Setzen erfolgt aber erst, wenn der Takt kommt. Man kann so eine größere Zahl von Flipflops mit einem gemeinsamen Takt ungefähr gleichzeitig schalten. Diese Art der Taktsteuerung nennt man Taktzustandssteuerung. Die Takteingänge sind statische Eingänge.

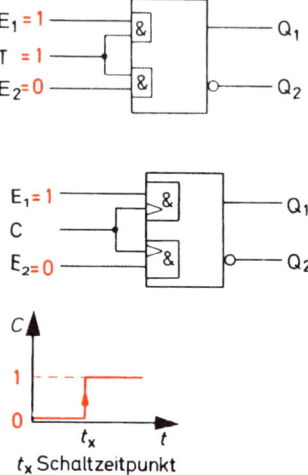

Bild 7.14
Taktzustandsgesteuertes Flipflop

Bild 7.15
Taktflankengesteuertes Flipflop ($0 \to 1$)

Das Flipflop in Bild 7.15 hat 2 dynamische Takteingänge, die zu einem Eingang C zusammengeschaltet sind. Diese dynamischen Takteingänge sprechen auf die ansteigende Flanke des Taktsignals an. Zustand 1 an E_1 kann nur wirksam werden, wenn das am Eingang C liegende Signal von 0 auf 1 ansteigt. Entsprechendes gilt für den Zustand 1 an E_2. Ein solches Flipflop ist taktflankengesteuert. Takteingänge, die auf beide Felder eines Flipflops wirken, werden üblicherweise in die Mitte zwischen beiden Feldern gezeichnet (Bild 7.16). Die Angabe der UND-Verknüpfung kann dann entfallen. Taktflankengesteuerte Flipflops lassen sich sehr genau gleichzeitig schalten.

Die taktflankengesteuerten Flipflops können als *1-Speicher-Flipflops* und als *2-Speicher-Flipflops* aufgebaut werden. 1-Speicher-Flipflops haben den Nachteil, dass Signale, z.B. 1-Werte, «durchrutschen» können.

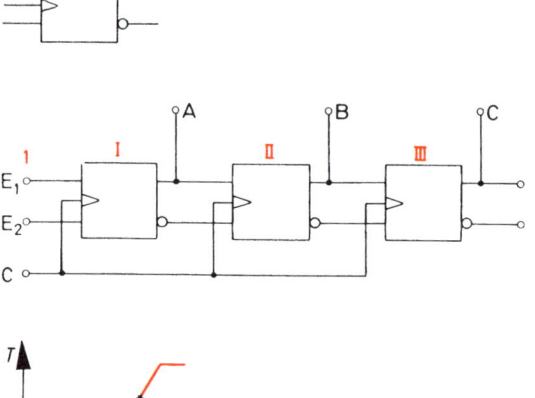

Bild 7.16
Taktflankengesteuertes Flipflop ($0 \to 1$)

Bild 7.17
Zusammengeschaltete 1-Speicher-Flipflops

Bild 7.18
Taktsignal mit verhältnismä-

Klassifizierung der Flipflop-Arten

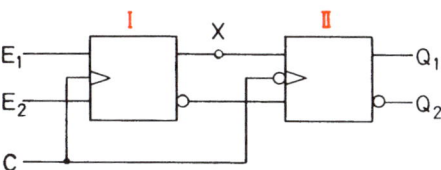

Bild 7.19
Aufbau eines
2-Speicher-Flipflops

Betrachten wir Bild 7.17. An E_1 liegt der Zustand 1. Kommt jetzt ein Taktsignal gemäß Bild 7.18, so schaltet das Flipflop I zum Zeitpunkt t_1. Einige Nanosekunden später liegt am Ausgang A der Zustand 1, z.B. zum Zeitpunkt t_2. Der Anstieg des Taktsignals ist aber noch nicht beendet. Das Flipflop II wird ebenfalls gesetzt (B = 1). Dies sollte jedoch nicht geschehen. Um ein solches Durchrutschen zu verhindern, muss man bei 1-Speicher-Flipflops Taktsignale mit sehr steilen Flanken verwenden.

2-Speicher-Flipflops bestehen im Prinzip aus 2 Speichergattern. Es gibt 2-Speicher-Flipflops, die aus dem eigentlichen Flipflop und einem dynamischen Zwischenspeicher bestehen. Diese werden nur mit einer Taktflanke gesteuert, gehören also zu den einflankengesteuerten Flipflops.

Die andere Gruppe der 2-Speicher-Flipflops besteht aus zwei zusammengeschalteten Flipflops (Bild 7.19). Das Flipflop I hat einen Takteingang, der auf die ansteigende Flanke des Taktsignals anspricht. Der Takteingang des Flipflops II spricht auf die abfallende Flanke des Taktsignals an. Flipflops dieser Art sind also zweiflankengesteuert. Sie werden Master-Slave-Flipflops genannt.

Am häufigsten werden einflankengesteuerte und zweiflankengesteuerte Flipflops verwendet. Bild 7.20 zeigt eine schematische Übersicht über die verschiedenen Flipflop-Gruppen.

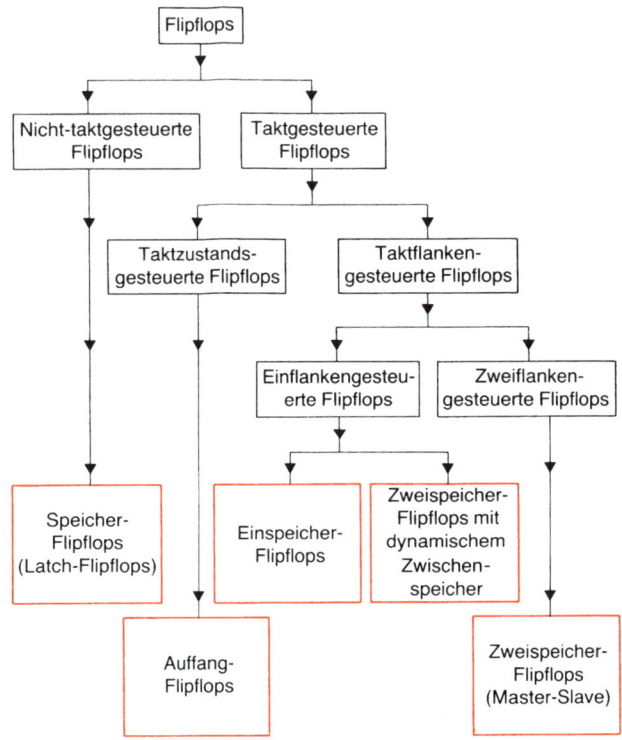

Bild 7.20   Schematische Übersicht über die Flipflop-Gruppen

7.3 Nicht-taktgesteuerte Flipflops

7.3.1 NOR-Flipflop (NOR-Latch)

Ein einfaches nicht-taktgesteuertes Flipflop kann aus zwei NOR-Gattern aufgebaut werden (Bild 7.21). Es wird NOR-Latch genannt (*latch*, engl. = Klinke, einrasten). Am Ausgang eines NOR-Gatters liegt immer dann 0, wenn an mindestens einem Eingang 1 anliegt (Bild 7.22). Wird also auf E_1 der Wert 1 gegeben, muss A_1 auf 0 gehen. Der Eingang E_2 soll 0 führen. An beiden Eingängen des NOR-Gatters II liegt dann 0. Der Ausgang A_2 wird auf 1 gehen (Fall 2 der Wahrheitstabelle in Bild 7.21).

Für Fall 3 der Wahrheitstabelle ($E_1 = 0$, $E_2 = 1$) wird entsprechend A_2 auf 0 und A_1 auf 1 gehen. Liegt an beiden Eingängen 0, bleibt der vorher vorhandene Zustand der Ausgänge erhalten. Man kann von Fall 2 nach Fall 1 oder von Fall 3 nach Fall 1 gehen. Die Signalzustände von Fall 2 sind in der Schaltung Bild 7.21 rot eingetragen. Ändert man E_1 auf 0, so ändert sich an den Ausgangszuständen nichts. Ein solcher Fall wird Speicherfall genannt.

Wenn an beiden Eingängen jedoch 1 liegt, müssen beide Ausgänge auf 0 gehen. Jetzt haben die Ausgänge keine entgegengesetzten Zustände mehr. Der Fall $E_1 = 1$ und $E_2 = 1$ ist irregulär, ein sog. verbotener Fall. Er sollte vermieden werden.

Nach den allgemeinen Regeln für Flipflops soll eine 1 an E_1 den Ausgang des gleichen Feldes auf 1 setzen. Eine 1 an E_2 soll entsprechend den Ausgang des gleichen Feldes, also hier des unteren Feldes, auf 1 setzen. Dies erreicht man durch Vertauschen der Ausgänge gemäß Bild 7.23. Dass A_2 zum oberen und A_1 zum unteren Feld gehören, ist ein kleiner Schönheitsfehler. Die Ausgänge werden daher wie folgt umbenannt: $A_2 = Q_1$, $A_1 = Q_2$.

Der Eingang E_1 ist der Setzeingang. Er wird meist mit S bezeichnet. Der Eingang E_2 ist der Rücksetzeingang. Für ihn wird oft der Buchstabe R verwendet. Das Flipflop Bild 7.23 wird *SR-Speicher-Flipflop* genannt. Die Bezeichnung *RS-Speicher-Flipflop* ist ebenfalls gebräuchlich.

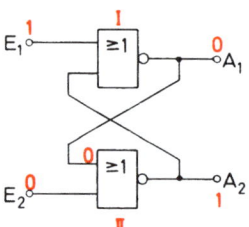

Fall	E_2	E_1	A_1	A_2	
1	0	0	X	X	Speicherfall
2	0	1	0	1	
3	1	0	1	0	
4	1	1	0	0	irregulär

Bild 7.21
Flipflops aus 2 NOR-Gattern (NOR-Latch) mit Wahrheitstabelle

Fall	B	A	AvB	$Z=\overline{AvB}$
1	0	0	0	1
2	0	1	1	0
3	1	0	1	0
4	1	1	1	0

Bild 7.22
Wahrheitstabelle eines NOR-Gatters

Nicht-taktgesteuerte Flipflops 189

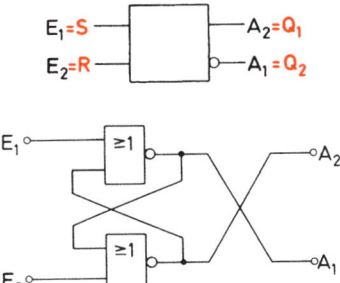

Bild 7.23
SR-Speicherflipflop
aus 2 NOR-Gattern

7.3.2 NAND-Flipflops (NAND-Latch)

Schaltet man 2 NAND-Gatter wie in Bild 7.24 zusammen, erhält man ebenfalls ein Flipflop. Wir wollen untersuchen, wie dieses Flipflop arbeitet. Zur Erleichterung ist in Bild 7.25 die Wahrheitstabelle eines NAND-Gatters dargestellt. Führt mindestens ein Eingang eines NAND-Gatters 0-Signal, so hat der Ausgang 1-Signal.

Bei $E_1 = 0$ und $E_2 = 1$ wird $A_1 = 1$ und $A_2 = 0$. Dies ist der Setzfall. Bei $E_1 = 1$ und $E_2 = 0$ wird $A_2 = 1$ und $A_1 = 0$. Dies ist der Rücksetzfall.

Führen beide Eingänge 1, so bleiben die vorher vorhandenen Ausgangszustände erhalten. Dieser Fall ist der Speicherfall.

Der Fall $E_1 = 0$ und $E_2 = 0$ sollte vermieden werden. In diesem Fall müssen beide Ausgänge auf 1 gehen. Das Flipflop aus 2 NAND-Gattern wird durch 0-Signale geschaltet. Es ergibt sich das in Bild 7.26 dargestellte Schaltzeichen. Schaltet man vor jeden Eingang ein NICHT-Gatter, erhält man ein SR-Speicherflipflop (Bild 7.27). Die zugehörige Wahrheitstabelle zeigt Bild 7.28. Sie ist gegenüber den bisher verwendeten Wahrheitstabellen etwas erweitert worden. Die Angabe im Fall 1, dem sog. Speicherfall, ist $Q_{1(m-1)}$ und $Q_{2(m-1)}$. Der Index m – 1 kennzeichnet die vorher vorhandenen Zustände der Ausgänge. Ist $Q_{1m} = Q_{1(m-1)}$ und $Q_{2m} = Q_{2(m-1)}$ so bedeutet dies, dass die jetzt vorhandenen Ausgangszustände (Q_{1m}, Q_{2m}) die gleichen sind wie die vorher vorhandenen Ausgangszustände ($Q_{1(m-1)}$, $Q_{2(m-1)}$). Der Speicherfall wird so exakt angegeben.

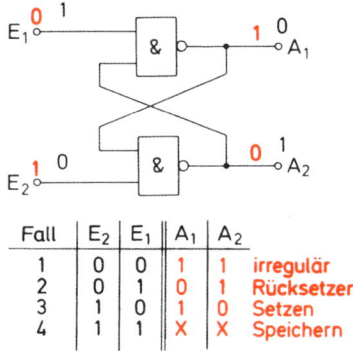

Bild 7.24
Flipflop aus 2 NAND-Gattern
(NAND-Latch) mit Wahrheitstabelle

Fall	E_2	E_1	A_1	A_2	
1	0	0	1	1	irregulär
2	0	1	0	1	Rücksetzen
3	1	0	1	0	Setzen
4	1	1	X	X	Speichern

Zeitabhängige binäre Schaltungen

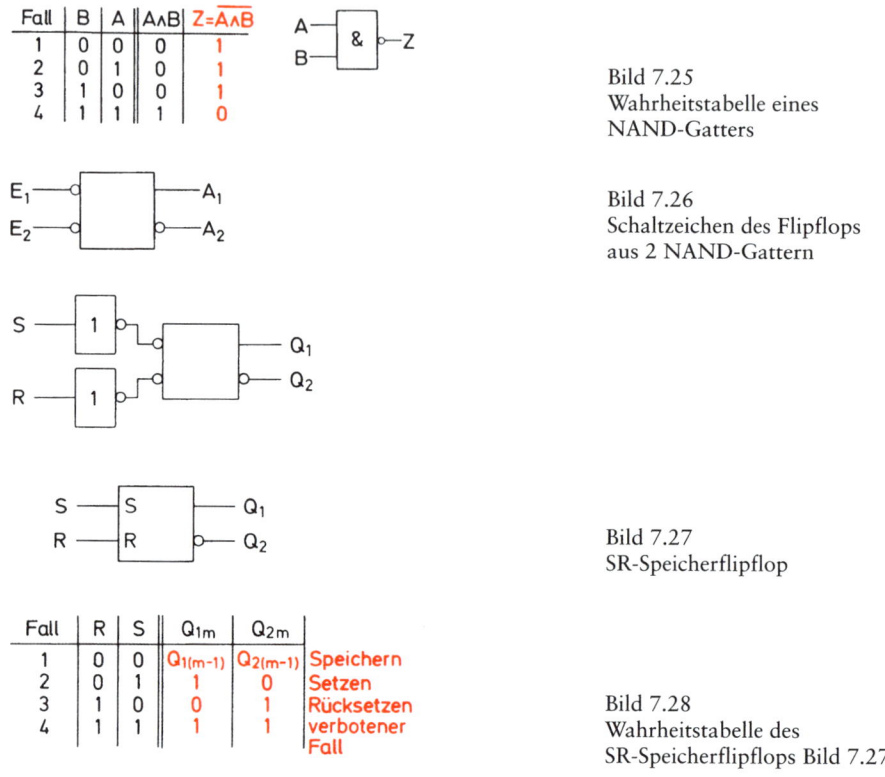

Bild 7.25
Wahrheitstabelle eines
NAND-Gatters

Bild 7.26
Schaltzeichen des Flipflops
aus 2 NAND-Gattern

Bild 7.27
SR-Speicherflipflop

Bild 7.28
Wahrheitstabelle des
SR-Speicherflipflops Bild 7.27

Die Flipflops Bild 7.21 und Bild 7.24 sind die einfachst möglichen Flipflops. Sie werden daher auch Basis-Flipflops genannt.

7.4 Taktzustandsgesteuerte Flipflops

Beim nichtgetakteten Flipflop ändert sich der Ausgangszustand einige Nanosekunden nach der Änderung des Eingangszustandes. Das ist in vielen Fällen unerwünscht. Man möchte die Änderung des Ausgangszustandes durch einen besonderen Befehl auslösen. Um dies zu erreichen, hat man taktzustandsgesteuerte Flipflops entwickelt. Diese Flipflops werden auch Auffang-Flipflops genannt, da sie vorwiegend zum Auffangen von Informationen verwendet werden.

7.4.1 SR-Flipflop

Schaltet man den Eingängen eines SR-Speicher-Flipflops je ein UND-Gatter vor, erhält man ein taktzustandsgesteuertes SR-Flipflop (Bild 7.29). Ein Signal 1 an E_1 kann nur wirksam werden, wenn auch am Steuereingang T das Signal 1 liegt. Legt man Signal 1 an E_1, so bereitet man das Setzen lediglich vor. Das Setzen erfolgt erst, wenn das Taktsignal T kommt. Entsprechendes gilt für das Rücksetzen.

Die Schaltzeichen des taktzustandsgesteuerten SR-Flipflops sind in Bild 7.30 angegeben. Das obere Schaltzeichen ist das häufiger verwendete. Die UND-Gatter der Schaltung Bild 7.29 sind in das Flipflop-Rechteck integriert.

Das untere Schaltzeichen wurde mit Hilfe der Abhängigkeitsnotation (siehe Abschnitt 7.1.1) gebildet. Der Buchstabe G steht für die UND-Verknüpfung. Die Zählnummer 1 gibt an, welche Eingänge miteinander durch UND verknüpft sind.

Das taktzustandsgesteuerte SR-Flipflop (Bild 7.29) kann mit 4 NAND-Gattern aufgebaut werden. Das SR-Speicherflipflop wurde gemäß Bild 7.24 aus 2 NAND-Gattern aufgebaut, denen 2 NICHT-Gatter vorgeschaltet wurden (Bild 7.27). Die beiden NICHT-Gatter und die beiden UND-Gatter für die Taktzustandssteuerung werden zu NAND-Gattern zusammengefasst (Bild 7.31).

Eine mögliche Wahrheitstabelle des taktzustandsgesteuerten SR-Flipflops zeigt Bild 7.32. In den Fällen 1...5 ändert sich der Ausgangszustand nicht. Es sind Speicherfälle. In den Fällen 1...4 ist das Taktsignal 0. Daher kann sich am Ausgang nichts ändern. Im Fall 5 ist $S = 0$ und $R = 0$. Das Taktsignal ist zwar 1, doch wird weder gesetzt noch rückgesetzt. Fall 6 ist der Setzfall, Fall 7 der Rücksetzfall. Der Fall 8 ist irregulär und sollte nicht auftreten.

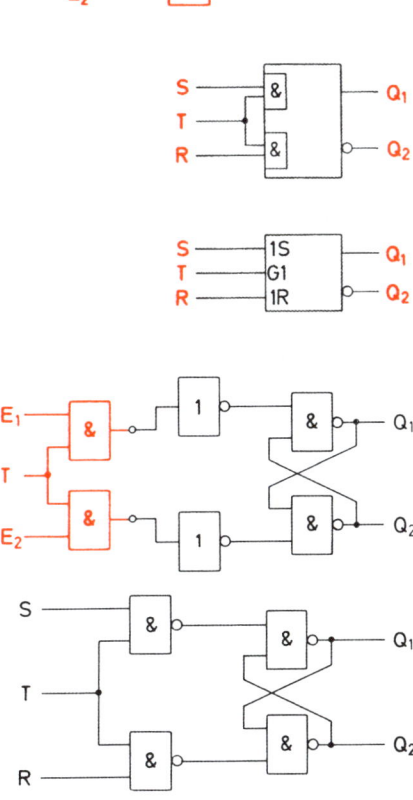

Bild 7.29
Taktzustandsgesteuertes
SR-Flipflop

Bild 7.30
Schaltzeichen des taktzustandsgesteuerten
SR-Flipflops

Bild 7.31
Aufbau eines taktzustandsgesteuerten
SR-Flipflops mit 4 NAND-Gattern

Bild 7.32
Mögliche Wahrheitstabelle eines taktzustandsgesteuerten SR-Flipflops

Fall	T	R	S	Q_1	Q_2	
1	0	0	0			
2	0	0	1			keine
3	0	1	0			Signaländerung,
4	0	1	1			Speicherfälle
5	1	0	0			
6	1	0	1	1	0	Setzen
7	1	1	0	0	1	Rücksetzen
8	1	1	1	=	=	verbotener Fall

Die Wahrheitstabelle wird jedoch meist ohne Taktsignal angegeben. Man führt stattdessen 2 Zeiten ein. Die Zeit t_n ist die Zeit nach dem n-ten Taktimpuls. Die Zeit t_{n+1} ist die Zeit nach dem folgenden Taktimpuls. Betrachtet man einen bestimmten Taktimpuls, so kann man auch sagen:

> **Definition**
>
> t_n ist ein Zeitpunkt vor einem bestimmten Taktimpuls, t_{n+1} ist ein Zeitpunkt nach einem bestimmten Taktimpuls.

Die Wahrheitstabelle wird in die Bereiche t_n und t_{n+1} aufgeteilt (Bild 7.33). Die Spalte für Q_2 kann wegfallen, da Q_2 immer entgegengesetzten Zustand hat wie Q_1. Diese Wahrheitstabelle ist allgemein üblich.

Für schaltalgebraische Berechnungen benötigt man jedoch eine Wahrheitstabelle, die über den tatsächlichen Zustand von Q_{1n} Auskunft gibt. Aus der Wahrheitstabelle Bild 7.33 erfahren wir nur, dass im Fall 1 der Ausgangszustand Q_1 so bleibt wie er war. Aber wie war er? Er kann 1 oder 0 gewesen sein. In der ausführlichen Wahrheitstabelle wird Q_{1n} als Variable hinzugenommen (Bild 7.34). Der Index n bei Q_{1n} kann entfallen, denn der Bereich t_n drückt aus, dass dieses Q_1 zu t_n gehört.

Im Fall 1 war Q_1 vor dem betrachteten Takt 0. Es ist auch nach diesem Takt 0. Im Fall 2 war Q_1 vor dem betrachteten Takt 1. Es ist auch nach dem betrachteten Takt 1. Die Fälle 1 und 2 sind die Speicherfälle.

Bild 7.33
Übliche Wahrheitstabelle eines taktzustandsgesteuerten SR-Flipflops

	t_n		t_{n+1}
Fall	R	S	Q_1
1	0	0	Q_{1n}
2	0	1	1
3	1	0	0
4	1	1	=

Bild 7.34
Ausführliche Wahrheitstabelle eines taktzustandsgesteuerten SR-Flipflops

	t_n			t_{n+1}	
Fall	R	S	Q_{1n}	Q_1	
1	0	0	0	0	} Speicherfälle
2	0	0	1	1	
3	0	1	0	1	} Setzfälle
4	0	1	1	1	
5	1	0	0	0	} Rücksetzfälle
6	1	0	1	0	
7	1	1	0	=	} verbotene Fälle
8	1	1	1	=	

Im Fall 3 war $Q_1 = 0$. Nach dem Takt ist Q_1 auf 1 gesetzt worden. Im Fall 4 war $Q_1 = 1$. Nach dem betrachteten Takt ist Q_1 auf 1 geblieben. Die Fälle 3 und 4 sind die *Setzfälle*. Welchen Zustand Q_1 auch vor dem Takt hatte, nach dem Takt ist Q_1 immer 1.

Die Fälle 5 und 6 sind die *Rücksetzfälle*. Hatte Q_1 den Zustand 0, so hat es den Zustand 0 auch nach dem Takt. Hatte Q_1 den Zustand 1, so wird auf $Q_1 = 0$ zurückgesetzt. Nach dem Takt ist Q_1 immer 0.

Die verbotenen Fälle 7 und 8 brauchen wir nicht näher zu betrachten. Sie dürfen bei diesem Flipflop nicht auftreten, da dann unbestimmt ist, welche Ausgangszustände auftreten würden.

7.4.2 SR-Flipflop mit dominierendem R-Eingang

Die verbotenen Fälle des taktzustandsgesteuerten SR-Flipflops geben Anlass zu einigen Überlegungen. Könnte man nicht ein Flipflop bauen, das bei $S = 1$ und $R = 1$ grundsätzlich Q_1 auf 0 zurücksetzt, wenn der Takt kommt? Durch eine besondere Eingangsbeschaltung ist das möglich.

Bild 7.35 zeigt diese Eingangsbeschaltung. Bei $S = 1$ und $R = 1$ kann das 1-Signal von S nicht wirksam werden, denn am Ausgang des NICHT-Gatters liegt 0. Das UND-Gatter sperrt. Das 1-Signal an R löst ein Rücksetzen aus. Der normale Setzvorgang bei $S = 1$ und $R = 0$ wird nicht behindert, da jetzt am Ausgang des NICHT-Gatters 1 liegt und das UND-Gatter am Ausgang 1 hat. Ein solches Flipflop heißt *SR-Flipflop mit dominierendem R-Eingang*. Es wird auch R-Flipflop genannt. Das besondere Schaltverhalten wird durch das Schaltzeichen Bild 7.36 ausgedrückt (siehe auch Abschnitt 7.1). Es besagt: Haben bei diesem Flipflop die beiden Eingänge S und R und der Eingang T Signale 1, so stellt sich bei Taktsignal 1 Q_1 auf 0 und Q_2 auf 1 ein.

Die Wahrheitstabelle eines taktzustandsgesteuerten SR-Flipflops mit dominierendem R-Eingang ist in Bild 7.37 dargestellt. Selbstverständlich gibt es auch ein taktzustandsgesteuertes SR-Flipflop mit dominierendem S-Eingang (siehe Lernziel-Test).

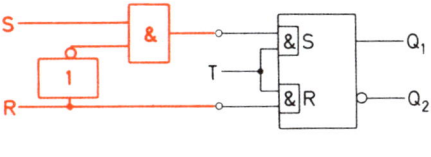

Bild 7.35
Taktzustandsgesteuertes SR-Flipflop mit dominierendem R-Eingang

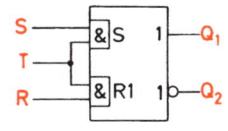

Bild 7.36
Schaltzeichen eines taktzustandsgesteuerten SR-Flipflops mit dominierendem R-Eingang

Bild 7.37
Wahrheitstabelle eines taktzustandsgesteuerten SR-Flipflops mit dominierendem R-Eingang

	t_n		t_{n+1}
Fall	R	S	Q_1
1	0	0	Q_{1n}
2	0	1	1
3	1	0	0
4	1	1	0

Fall	t_n		t_{n+1}	
	E_2	E_1	Q_1	
1	0	0	Q_{1n}	Speichern
2	0	1	1	Setzen
3	1	0	0	Rücksetzen
4	1	1	Q_{1n}	Speichern

Bild 7.38
Wahrheitstabelle eines taktzustandsgesteuerten E-Flipflops

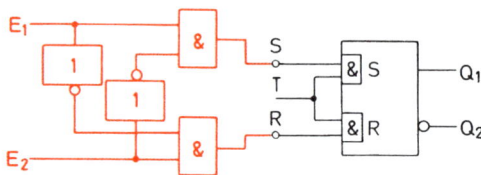

Bild 7.39
Entstehung eines taktzustandsgesteuerten E-Flipflops durch Zusatzbeschaltung

7.4.3 E-Flipflop

Ein seltener verwendetes Flipflop ist das sog. taktzustandsgesteuerte E-Flipflop. Für dieses Flipflop wird die Wahrheitstabelle Bild 7.38 angegeben. Für $E_1 = 1$ und $E_2 = 1$ ergibt sich ein Speicherfall. Das E-Flipflop kann durch Zusatzbeschaltung der Eingänge aus dem SR-Flipflop abgeleitet werden. Die Zusatzbeschaltung muss für $E_1 = 1$ und $E_2 = 1$ den Eingängen S und R die Signale 0 zuführen. Sie darf aber den Setzfall (Fall 2) und den Rücksetzfall (Fall 3) nicht behindern.

Das SR-Flipflop mit der erforderlichen Zusatzbeschaltung ist in Bild 7.39 dargestellt. Bei $E_1 = 1$ und $E_2 = 1$ sperren beide UND-Gatter., da an den Ausgängen der NICHT-Gatter 0 liegt. Bei $E_1 = 1$ und $E_2 = 0$ erhält der S-Eingang 1-Signal. Das Setzen kann also stattfinden. Bei $E_1 = 0$ und $E_2 = 1$ erhält der R-Eingang 1-Signal. Das Rücksetzen kann auch erfolgen.

7.4.4 D-Flipflop

Häufiger als das E-Flipflop wird das D-Flipflop verwendet. Das taktzustandsgesteuerte D-Flipflop kann ebenfalls aus dem SR-Flipflop abgeleitet werden. Das am S-Eingang anliegende Signal wird über ein NICHT-Gatter dem R-Eingang zugeführt (Bild 7.41). Der R-Eingang wird nicht mehr von außen angesteuert.

Das D-Flipflop heißt auch Delay-Flipflop und Verzögerungs-Flipflop (delay, engl.: Verzögerung). Es dient dazu, ein Eingangssignal so lange zu verzögern, bis das Taktsignal kommt. Dann wird das Eingangssignal an den Ausgang Q_1 weitergegeben. Ein 1-Signal am D-Eingang setzt Q_1 auf 1. Ein 0-Signal am D-Eingang setzt Q_1 auf 0. Die Wahrheitstabelle des D-Flipflops ist in Bild 7.42 wiedergegeben. Da nur ein Eingang vorhanden ist, enthält die Wahrheitstabelle nur zwei Fälle.

Das Schaltzeichen des taktzustandsgesteuerten D-Flipflops zeigt Bild 7.43. Der Buchstabe G deutet auf die UND-Verknüpfung hin. Die Ziffer 1 ist die Kennzahl der durch UND verknüpften Eingänge.

Taktflankengesteuerte Flipflops

Bild 7.41
Entstehung eines taktzustandsgesteuerten
D-Flipflops durch Zusatzbeschaltung

Bild 7.42
Wahrheitstabelle eines
taktzustandsgesteuerten D-Flipflops

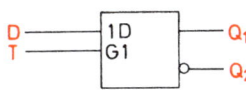

	t_n		t_{n+1}
Fall	D		Q_1
1	0		0
2	1		1

Bild 7.43
Schaltzeichen eines
taktzustandsgesteuerten D-Flipflops

7.4.5 Datenblätter

Die Hersteller von Flipflop-Schaltungen geben ausführliche Datenblätter heraus und veröffentlichen diese im Internet.

Die integrierte Schaltung 7475 ist eine TTL-Schaltung (siehe Schaltkreisfamilien, Abschnitt 6.6). Sie enthält 4 D-Flipflops (Bild 7.44). Anschlussanordnung, innerer Aufbau und Wahrheitstabelle können Bild 7.45 entnommen werden.

Das Datenblatt Bild 7.44 enthält die üblichen statischen Kenndaten der TTL-Schaltkreisfamilie, die in Abschnitt 6.6.2.2 näher erläutert sind. Von den Schaltzeiten dürften die Signallaufzeiten bekannt sein (Abschnitt 6.4.3). Die Speisespannung beträgt 5 V.

Mit t_V bezeichnet man die sog. Vorbereitungszeit am Eingang D. Dies ist die Zeit, die ein Signal mindestens vor Eintreffen des Taktsignals an D anliegen muss. Sie beträgt 20 ns. Liegt das Signal weniger als 20 ns am Eingang D an, ist die Übernahme in den Speicher nicht gewährleistet.

Der Taktimpuls muss weiterhin mindestens 20 ns lang anliegen. Diese Zeit wird mit t_{pT} bezeichnet. Die Schaltzeiten sind verhältnismäßig kurz. Die Flipflops arbeiten schnell.

7.5 Taktflankengesteuerte Flipflops

Mit der Taktflankensteuerung erreicht man ein sehr genaues gleichzeitiges Schalten vieler Flipflops. Selbst bei größeren Fertigungstoleranzen ergeben sich fast keine Abweichungen vom Soll-Schaltzeitpunkt.

Definition
   Mit Taktflankensteuerung werden Flipflops synchron geschaltet.

Ein weiterer Vorteil der Taktflankensteuerung ist die Verminderung der Störanfälligkeit. Störsignale an den Eingängen können nur dann Störungen verursachen, wenn sie in dem sehr kurzen Zeitraum des Schaltens gerade anliegen. Vor und nach diesem Zeitraum haben Störsignale keinen Einfluss.

Grundsatz
Durch Taktflankensteuerung wird eine größere Störsicherheit erreicht.

4-D-Flipflop

Das Flipflop hat 2 stabile Zustände, die mit dem Takt gesteuert werden können. Solange der Taktimpuls anliegt, wird jede am D-Eingang eingespeiste Information nach dem Q-Ausgang übertragen. Sie bleibt dort erhalten, auch wenn der Taktimpuls abfällt. Die Information wird gelöscht, wenn der Taktimpuls wiederkehrt.

Statische Kenndaten im Temperaturbereich 1 und 5

		Prüfbedingungen		Prüf-schaltung	untere Grenze B	typ.	obere Grenze A	Einheit
Speisespannung	U_S				4,75	5,0	5,25	V
H-Eingangsspannung	U_{IH}			36	2,0			V
L-Eingangsspannung	U_{IL}	$U_S=4{,}75$ V		37			0,8	V
Eingangsklemmspannung	$-U_I$	$U_S=4{,}75$ V, $-I_I=12$ mA					1,5	V
H-Ausgangsspannung	U_{QH}	$-I_{QH}=400$ µA	$U_S=$	36, 37	2,4	3,4		V
L-Ausgangsspannung	U_{QL}	$I_{QL}=16$ mA	4,74 V	36,37		0,2	0,4	V
Statische Störsicherheit	U_{ss}				0,4	1,0		V
Eingangsstrom pro Eingang	I_I	$U_I=5{,}5$ V		38			1	mA
H-Eingangsstrom an D,	I_{IH}	$U_{IH}=2{,}4$ V	$U_S=$	38			80	µA
an T	I_I	$U_I=5{,}5$ V	5,25	38			160	µA
L-Eingangsstrom an D,	$-I_{IL}$	$U_{IL}=0{,}4$ V		38			3,2	mA
an T	$-I_{IL}$	$U_{IL}=0{,}4$ V		38			6,4	mA
Kurzschlussausgangsstrom pro Ausgang	$-I_Q$	$U_S=5{,}25$ V		39	18		57	mA
Speisestrom	I_S	$U_S=5{,}25$ V		40		32	53	mA

Schaltzeiten bei $U_S=5$ V, $T_U=25$ °C

Taktimpulsdauer	t_{pT}			20		ns
Vorbereitungszeit an D	t_v			20		ns
Signallaufzeit von D nach Q	t_{PHL}				14	25	ns
	t_{PLH}				16	30	ns
von D nach $\overline{Q}$	t_{PHL}				7	15	ns
	t_{PLH}	$C_L=15$ pF, $R_L=400$ Ω			24	40	ns
von T nach Q	t_{PHL}				7	15	ns
	t_{PLH}				16	30	ns
von T nach $\overline{Q}$	t_{PHL}				7	15	ns
	t_{PLH}				16	30	ns

Logische Daten

Ausgangslastfaktor pro Ausgang	F_Q		10
Eingangslastfaktor an D	F_I		2
Eingangslastfaktor an T	F_I		4

Bild 7.44 Datenblatt der integrierten TTL-Schaltung 7475 (Siemens)

Taktflankengesteuerte Flipflops

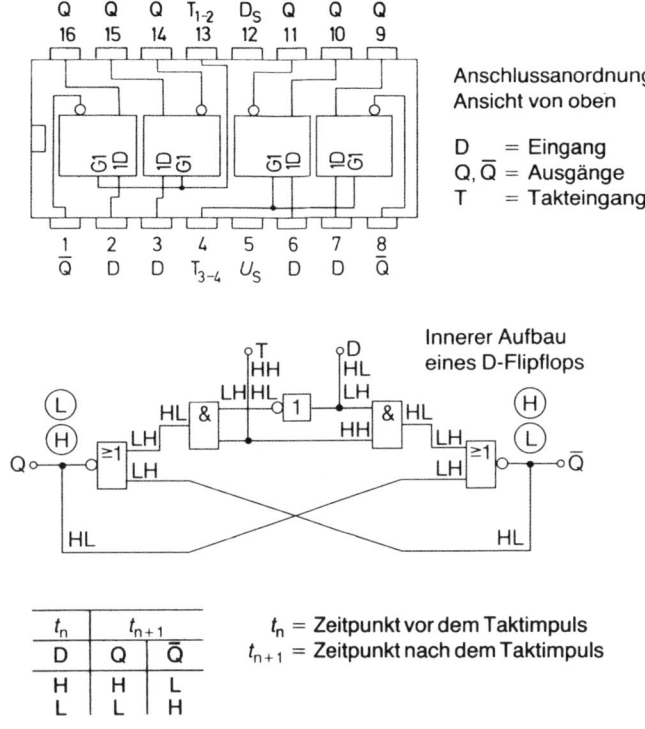

Bild 7.45 Anlage zum Datenblatt der integrierten TTL-Schaltung 7475 (Siemens)

7.5.1 Impulsgatter

Für die Taktflankensteuerung werden Impulsgatter benötigt. Diese Gatter haben einen statischen und einen dynamischen Eingang und arbeiten im Prinzip wie UND-Gatter. Das Impulsgatter nach Bild 7.46 liefert einen negativen Ausgangsimpuls nur dann, wenn A = 1 ist und das T-Signal von 1 nach 0 abfällt.

Eine mögliche innere Schaltung eines Impulsgatters nach Bild 7.46 ist in Bild 7.47 dargestellt. Am Eingang A soll das Signal 1 liegen. Am Punkt X liegt dann das Signal 0, das 0 V entspricht. Am T-Eingang soll ebenfalls das Signal 1 ($\triangleq$ +5 V) anliegen. Der Kondensator C wird jetzt auf 5 V aufgeladen. Springt das T-Signal auf 0 V zurück, hat der negative Pol des Kondensators im ersten Augenblick ein Potential von −5 V. Die Diode wird durchlässig. Am Ausgang Z liegt nach Abzug der Dioden-Schwellspannung eine Spannung von −4,3 V. Diese Spannung fällt mit der Entladung des Kondensators auf 0 ab.

Impulsgatter der zweiten Art liefern positive Ausgangsimpulse. Das Impulsgatter nach Bild 7.50 liefert nur dann einen positiven Impuls, wenn am Eingang A das Signal 1 liegt und das Taktsignal T von 0 auf 1 springt.

198 Zeitabhängige binäre Schaltungen

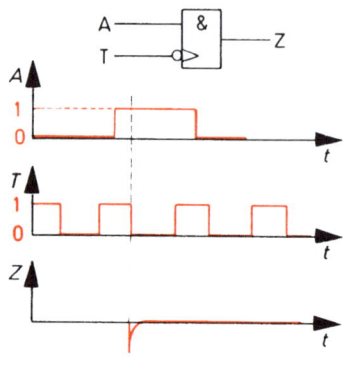

Bild 7.46
Schaltzeichen und Impulsdiagramm eines Impulsgatters für negative Ausgangsimpulse

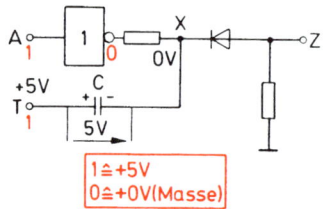

Bild 7.47
Innere Schaltung eines Impulsgatters

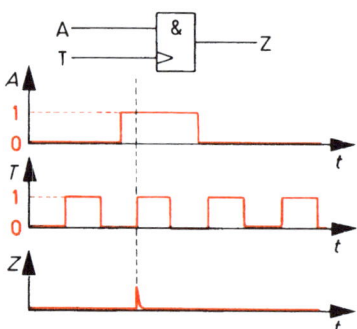

Bild 7.48
Schaltzeichen und Impulsdiagramm eines Impulsgatters für positive Ausgangsimpulse

7.5.2 Einflankengesteuerte SR-Flipflops

Aus dem nicht-taktgesteuerten SR-Flipflop (Bild 7.27) wurde durch Vorschalten von zwei UND-Gattern vor die Eingänge gemäß Bild 7.29 ein taktzustandsgesteuertes SR-Flipflop. Ersetzt man diese beiden UND-Gatter durch Impulsgatter, erhält man ein taktflankengesteuertes SR-Flipflop (Bild 7.49). Das Flipflop schaltet beim Übergang des Takt-Signals von 0 auf 1, also mit der ansteigenden Flanke. Für dieses Flipflop gilt das Schaltzeichen Bild 7.50. Für den Takteingang wird üblicherweise der Buchstabe C gewählt (C von engl.: *clock* = Uhr, Taktgeber). Der C-Eingang wirkt auf beide Flipflop-Felder und wird daher in die Mitte gezeichnet.

Taktflankengesteuerte Flipflops

Verwendet man Impulsgatter der anderen Art, erhält man ein SR-Flipflop, das mit abfallender Flanke schaltet (Bild 7.51). Man benötigt 2 zusätzliche NICHT-Gatter oder kann auch ein NAND-Latch gemäß Bild 7.26 verwenden.

Die im Bereich der integrierten Schaltungstechnik verwendeten Schaltungen sind meist komplizierter aufgebaut. Man ist bemüht, Störeinflüsse weitgehend auszuschalten und eine möglichst hohe Arbeitsgeschwindigkeit zu erreichen. Ein zusätzlicher Schaltungsaufwand erhöht die Kosten integrierter Schaltungen nur geringfügig. Für den Anwender spielt der interne Schaltungsaufbau eine untergeordnete Rolle. Wichtig sind gute Eigenschaften und Daten der angebotenen Flipflops.

Das betrachtete taktflankengesteuerte SR-Flipflop wird auch *einflankengesteuertes SR-Flipflop* genannt. Man will es damit von dem später zu besprechenden zweiflankengesteuerten SR-Flipflop unterscheiden.

Für das einflankengesteuerte SR-Flipflop gilt die gleiche Wahrheitstabelle wie für das taktzustandsgesteuerte SR-Flipflop, da in der Wahrheitstabelle die Art der Taktsteuerung nicht zum Ausdruck gebracht wird. Diese Wahrheitstabelle (Bild 7.52) ist daher sowohl für SR-Flipflops, die mit ansteigender Flanke gesteuert werden, als auch für SR-Flipflops, die mit abfallender Flanke gesteuert werden, gültig. Es können Schaltzeichen mit oder ohne Abhängigkeitsnotation verwendet werden (Bild 7.52).

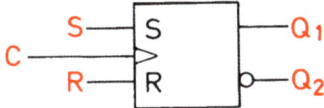

Bild 7.50   Schaltzeichen eines taktflankengesteuerten SR-Flipflops, das bei ansteigender Taktflanke schaltet

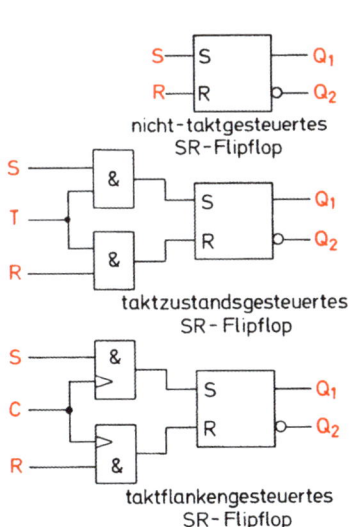

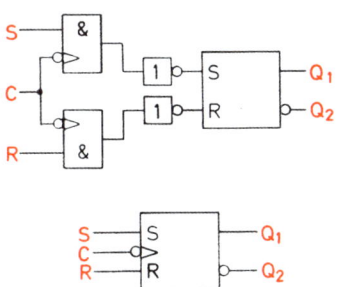

Bild 7.49   Entstehung eines taktflankengesteuerten SR-Flipflops

Bild 7.51   Aufbau und Schaltzeichen eines taktflankengesteuerten SR-Flipflops, das mit abfallender Flanke schaltet

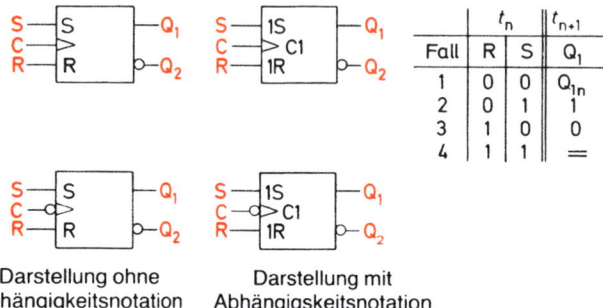

Bild 7.52 Schaltzeichen von einflankengesteuerten SR-Flipflops und Wahrheitstabelle

Es ist i.Allg. nicht erforderlich, die Grundstellung der SR-Flipflops besonders zu kennzeichnen. Einflankengesteuerte SR-Flipflops werden überwiegend mit festgelegter Grundstellung hergestellt. Diese ist $Q_1 = 0$, $Q_2 = 1$. Ist die Kennzeichnung der Grundstellung erwünscht, so sind die Zusatzangaben nach Abschnitt 7.1 zu verwenden (Bild 7.53).

Für viele Anwendungszwecke werden SR-Flipflops gewünscht, die zusätzlich taktunabhängig gesetzt und rückgesetzt werden können. Hierfür sind zusätzliche Eingänge erforderlich. Das Flipflop in Bild 7.54 hat einen taktunabhängigen Setzeingang S* und einen taktunabhängigen Rücksetzeingang R*. Die Negationsringe vor den Eingängen geben an, dass die Steuerung mit 0-Signalen erfolgt. 1-Signale sind unwirksam. Ein Signal 0 an R* setzt das Flipflop in die Grundstellung zurück. Der Takt ist hierzu nicht erforderlich. Entsprechend setzt ein 0-Signal an S* das Flipflop in die Arbeitsstellung ($Q_1 = 1$, $Q_2 = 0$).

Zur Kennzeichnung der gesteuerten Eingänge ist die Abhängigkeitsnotation erforderlich. Die taktflankengesteuerten Eingänge sind außer durch S und R durch die gleiche Kennzahl gekennzeichnet, die auch der steuernde Eingang C trägt. In Bild 7.54 ist die Kennzahl die 1. Die taktunabhängigen Eingänge sind im Flipflop-Rechteck nur mit S und R bezeichnet.

Alle SR-Flipflops haben einen wesentlichen Nachteil. Die Eingangssignal-Kombination S = 1 und R = 1 ist irregulär. Sie führt bei den einzelnen Schaltungen zu nichtdefinierten Ausgangszuständen und ist daher verboten.

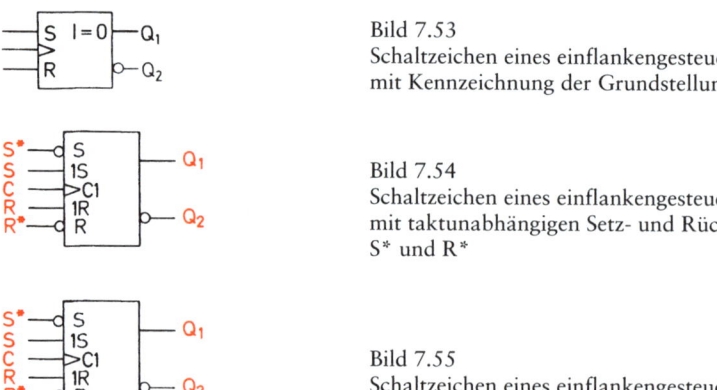

Bild 7.53
Schaltzeichen eines einflankengesteuerten SR-Flipflops mit Kennzeichnung der Grundstellung Q1 = 0, Q2 = 1

Bild 7.54
Schaltzeichen eines einflankengesteuerten SR-Flipflops mit taktunabhängigen Setz- und Rücksetzeingängen S* und R*

Bild 7.55
Schaltzeichen eines einflankengesteuerten SR-Flipflops mit dominierendem R-Eingang

Eine Schaltungsvariante, das SR-Flipflop mit dominierendem R-Eingang, wurde bei den taktzustandsgesteuerten Flipflops bereits besprochen. Ein solches SR-Flipflop kann auch mit Einflankensteuerung gebaut werden. Das entsprechende Schaltzeichen ist in Bild 7.55 dargestellt. Zur Kennzeichnung der R-Abhängigkeit wurde die Kennzahl 2 verwendet.

7.5.3 Einflankengesteuerte T-Flipflops

Sehr häufig benötigt man ein Flipflop, das bei jeder steuernden Taktflanke in den anderen Zustand kippt. Als steuernde Taktflanke soll zunächst einmal die ansteigende Taktflanke ($0 \rightarrow 1$) angenommen werden. Steht das Flipflop z.B. auf $Q_1 = 1$, so soll es bei der kommenden ansteigenden Taktflanke auf $Q_1 = 0$ schalten, bei der nächsten ansteigenden Taktflanke dann auf $Q_1 = 1$ und bei der danach folgenden ansteigenden Taktflanke wieder auf $Q_1 = 0$ usw. Ein solches Flipflop wird Trigger-Flipflop oder kurz *T-Flipflop* genannt. Es kann aus dem einflankengesteuerten SR-Flipflop abgeleitet werden.

Betrachten wir das SR-Flipflop in Bild 7.56. Es steht auf $Q_1 = 0$, $Q_2 = 1$ und soll bei der nächsten ansteigenden Taktflanke kippen. Das ist aber nur möglich, wenn am Eingang S ein 1-Signal liegt. Das 1-Signal kann vom Ausgang Q_2 geholt werden (schwarze Verbindung). Bei der ansteigenden Flanke des Taktsignals kippt das Flipflop jetzt.

Jetzt steht das SR-Flipflop auf $Q_1 = 1$, $Q_2 = 0$ (rote Eintragung in Bild 7.56). Es ist also jetzt gesetzt, d.h., es steht in Arbeitsstellung. Bei der nächsten ansteigenden Taktflanke soll das Flipflop wieder in die Grundstellung $Q_1 = 0$, $Q_2 = 1$ zurückkippen. Hierzu ist ein 1-Signal an R erforderlich. Dieses Signal kann von Q_1 geholt werden (rote Verbindung). Jetzt kippt das Flipflop wunschgemäß in die Grundstellung. Damit führt Q_2 1-Signal. Dieses liegt jetzt auch an S. Bei der nächsten ansteigenden Taktflanke kippt das Flipflop wieder in den Arbeitszustand. Wir haben also das gewünschte T-Flipflop gefunden.

Für ein T-Flipflop, das jeweils bei ansteigender Taktflanke kippt, gilt das Schaltzeichen Bild 7.57. Eine zweite Art von T-Flipflops schaltet bei abfallender Taktflanke. Das zugehörige Schaltzeichen zeigt Bild 7.58. Da nur ein Eingang vorhanden ist, wird die Wahrheitstabelle für diese T-Flipflops recht einfach (Bild 7.59).

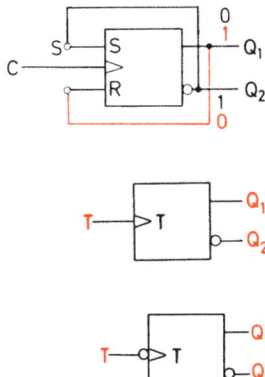

Bild 7.56
Einflankengesteuertes SR-Flipflop
mit Zusatzbeschaltung

Bild 7.57
Schaltzeichen eines einflankengesteuerten
T-Flipflops, das bei ansteigender Taktflanke schaltet

Bild 7.58
Schaltzeichen eines einflankengesteuerten
T-Flipflops, das bei abfallender Taktflanke schaltet

202 Zeitabhängige binäre Schaltungen

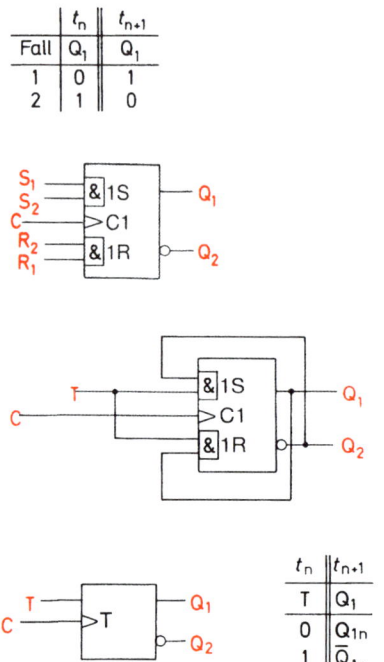

Bild 7.59
Wahrheitstabelle der T-Flipflops
von Bild 7.57 und Bild 7.58

Bild 7.60
Einflankengesteuertes SR-Flipflop
mit je 2 durch UND verknüpften
S- und R-Eingängen

Bild 7.61a
Bildung eines T-Flipflops mit
T-Eingang und C-Eingang aus
einem SR-Flipflop

Bild 7.61b
Schaltzeichen eines T-Flipflops
mit T-Eingang und C-Eingang mit
Wahrheitstabelle

Gelegentlich werden T-Flipflops benötigt, die über einen zusätzlichen Eingang gesperrt oder freigegeben werden können. Ein solches Flipflop kann ebenfalls aus einem einflankengesteuerten SR-Flipflop abgeleitet werden. Das SR-Flipflop muss jedoch zwei S-Eingänge und zwei R-Eingänge haben, die jeweils durch UND verknüpft sind (Bild 7.60).

Ein S- und ein R-Eingang werden wie in Bild 7.56 mit den Ausgängen Q_1 und Q_2 verbunden. Der freie S-Eingang und der freie R-Eingang werden miteinander verknüpft. Sie bilden den neuen T-Eingang (Bild 7.61a). Der Takteingang bekommt die Bezeichnung C. Diese Bezeichnungen sind bei diesem T-Flipflop üblich. Das T-Flipflop kippt nun mit dem C-Signal (hier mit der ansteigenden Flanke des C-Signals), wenn an T Signal 1 anliegt. Bei T = 0 ist das Flipflop gesperrt. Die Ausgangszustände ändern sich dann trotz weiterlaufendem C-Signal nicht mehr.

In Bild 7.61b sind das Schaltzeichen eines solchen T-Flipflops und die zugehörige Wahrheitstabelle angegeben. Bei T = 0 ist das Q_1 nach dem betrachteten Takt gleich dem Q_1 vor dem betrachteten Takt, nämlich gleich Q_{1n}. Bei T = 1 ist das Q_1 nach dem betrachteten Takt entgegengesetzt wie das Q_1 vor dem betrachteten Takt, nämlich $[Q]_{1n}$.

7.5.4 Einflankengesteuerte JK-Flipflops

Bei der Suche nach einem möglichst vielseitig einsetzbaren Flipflop ist man vom einflankengesteuerten SR-Flipflop ausgegangen. Das Universal-Flipflop sollte den Speicherfall, den Setzfall und den Rücksetzfall des SR-Flipflops haben (siehe Wahrheitstabelle Bild 7.52). Der verbotene Fall 4 mit S = 1 und R = 1 sollte das Flipflop wie ein T-Flipflop zum Kippen bringen.

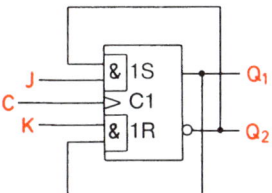

Bild 7.62
Bildung eines JK-Flipflops aus einem SR-Flipflop

Das gesuchte Universal-Flipflop haben wir mit der Schaltung in Bild 7.61a bereits gefunden. Wir müssen nur die Verbindung von S-Eingang und R-Eingang zum T-Eingang wieder auflösen (Bild 7.62). Die neuen Eingänge werden J und K genannt.

Bei J = 0 und K = 0 ist der Speicherfall gegeben. Bei J = 1 wird das Setzen ausgelöst, wenn $Q_1 = 0$ und $Q_2 = 1$ ist. Das Rücksetzen erfolgt bei K = 1, wenn $Q_1 = 1$ und $Q_2 = 0$ ist, selbstverständlich alles taktflankengesteuert. Und bei J = 1 und K = 1 kippt das Flipflop wie ein T-Flipflop.

Die Bezeichnungen J und K sind weitgehend willkürlich dem Alphabet entnommen worden. Hinter ihnen steckt keine besondere Bedeutung. Die Schaltzeichen eines einflankengesteuerten JK-Flipflops sind zusammen mit der zugehörigen Wahrheitstabelle in Bild 7.63 angegeben.

Selbstverständlich gibt es auch JK-Flipflops, die bei abfallender Flanke schalten. Meist haben die JK-Flipflops mehrere J-Eingänge und mehrere K-Eingänge, die durch UND verknüpft sind.

Taktunabhängige Setz- und Rücksetzeingänge sind ebenfalls oft vorhanden. Bild 7.64 zeigt das Schaltzeichen eines solchen JK-Flipflops. Die taktunabhängigen Setz- und Rücksetzeingänge werden mit 0-Signalen geschaltet, daher wurden sie mit [S] und [R] bezeichnet.

In Bild 7.65 ist das Datenblatt der einer TTL-Schaltung 7470 wiedergegeben. Dieses IC enthält ein JK-Flipflop mit 3 J- und 3 K-Eingängen, einem taktunabhängigen Setzeingang und einem taktunabhängigen Rücksetzeingang. Die Anschlussanordnung Bild 7.66 zeigt, dass die Eingänge K_1 und J_1 mit 0-Signalen gesteuert werden.

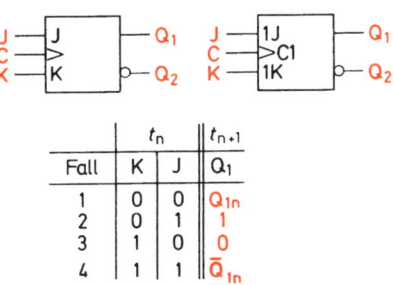

Bild 7.63
Schaltzeichen und Wahrheitstabelle eines einflankengesteuerten JK-Flipflops (Steuerung mit ansteigender Taktflanke)

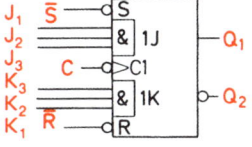

Bild 7.64
Schaltzeichen eines einflankengesteuerten JK-Flipflops mit 3 J- und 3 K-Eingängen, einem taktunabhängigen Setzeingang und einem taktunabhängigen Rücksetzeingang

Zeitabhängige binäre Schaltungen

JK-Flipflop mit je 3 Eingängen

Der Baustein ist flankengetriggert

Statische Kenndaten im Temperaturbereich 1 und 5

		Prüfbedingungen	untere Grenze B	typ.	obere Grenze A	Einheit
Speisespannung	U_S		4,75	5,0	5,25	V
H-Eingangsspannung	U_{IH}	$U_S=4{,}75$ V	2,0			V
L-Eingangsspannung	U_{IL}	$U_S=4{,}75$ V			0,8	V
Eingangsklemmspannung	$-U_I$	$U_S=4{,}75$ V, $-I_I=12$ mA			1,5	V
H-Ausgangsspannung	U_{QH}	$U_S=4{,}75$ V, $-I_{QH}=400$ µA $U_{IL}=0{,}8$ V, $U_{IH}=2{,}0$ V	2,4	3,4		V
L-Ausgangsspannung	U_{QL}	$U_S=4{,}75$ V, $I_{QL}=16$ mA $U_{IL}=0{,}8$ V, $U_{IH}=2{,}0$ V		0,2	0,4	V
Statische Störsicherheit	U_{ss}		0,4	1,0		V
Eingangsstrom pro Eingang	I_I	$U_S=5{,}25$ V, $U_I=5{,}5$ V			1	mA
H-Eingangsstrom an $\overline{R}$ oder $\overline{S}$	I_{IH}	$U_S=5{,}25$ V, $U_{IH}=2{,}4$ V			80	µA
an T, J oder K	I_{IH}				40	µA
L-Eingangsstrom an $\overline{R}$ oder $\overline{S}$	$-I_{IL}$	$U_S=5{,}25$ V, $U_{IL}=0{,}4$ V			3,2	mA
an T, J oder K	$-I_{IL}$				1,6	mA
Kurzschlussausgangsstrom pro Ausgang	$-I_Q$	$U_S=5{,}25$ V	18		57	mA
Speisestrom	I_S	$U_S=5{,}25$ V		13	26	mA

Schaltzeiten bei $U_S=5$ V, $T_U=25$ °C

Haltezeit	t_H		5			ns
Taktfrequenz	f_T		15	20		MHz
Signallaufzeit von $\overline{R}$	t_{PHL}	$C_L=15$ pF			50	ns
oder $\overline{S}$ nach Q	t_{PLH}	$R_L=400$ Ω			50	ns
Signallaufzeit	t_{PHL}		10	18	50	ns
von T nach Q	t_{PLH}		10	27	50	ns

Logische Daten

Ausgangslastfaktor pro Ausg.	F_Q				10	

Bild 7.65 Datenblatt einer TTL-Schaltung 7470 (nach Siemens-Unterlagen)

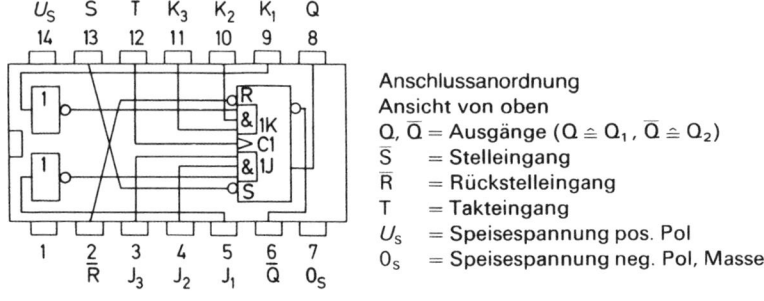

Anschlussanordnung
Ansicht von oben
Q, $\overline{Q}$ = Ausgänge (Q $\triangleq$ Q$_1$, $\overline{Q}$ $\triangleq$ Q$_2$)
$\overline{S}$ = Stelleingang
$\overline{R}$ = Rückstelleingang
T = Takteingang
U_S = Speisespannung pos. Pol
0_S = Speisespannung neg. Pol, Masse

Bild 7.66 Anschlussanordnung der TTL-Schaltung 7470

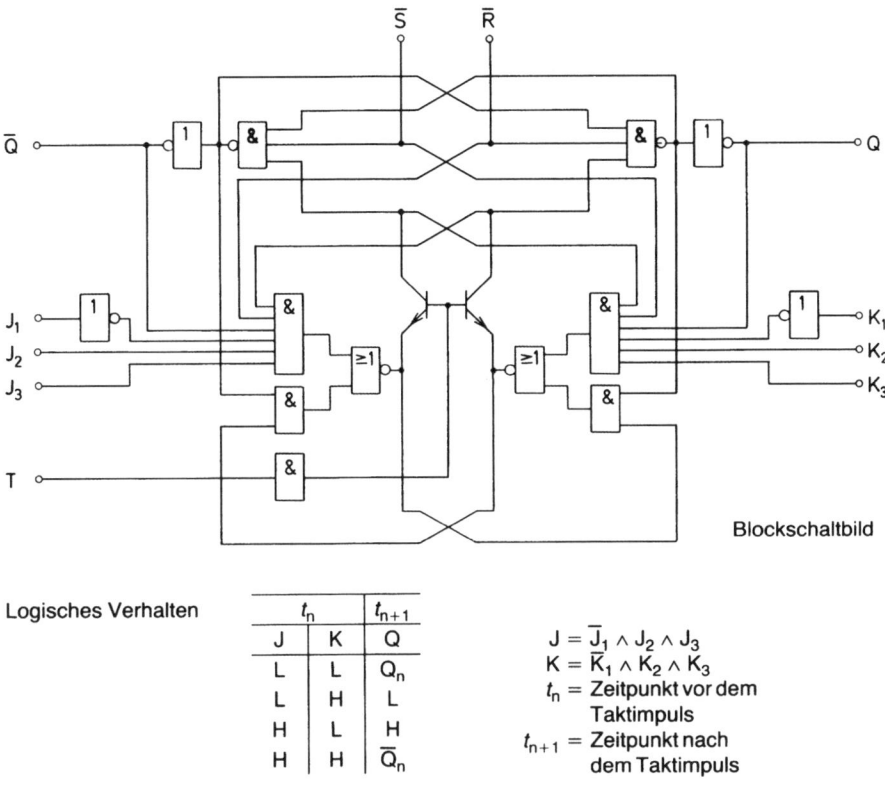

t_n		t_{n+1}
J	K	Q
L	L	Q_n
L	H	L
H	L	H
H	H	$\overline{Q}_n$

Logisches Verhalten

$J = \overline{J}_1 \wedge J_2 \wedge J_3$
$K = \overline{K}_1 \wedge K_2 \wedge K_3$
t_n = Zeitpunkt vor dem Taktimpuls
t_{n+1} = Zeitpunkt nach dem Taktimpuls

L-Potential an R bringt Q auf L-Signal
L-Potential an S bringt Q auf H-Signal
R und S arbeiten unabhängig von T

Bild 7.67 Anhang zum Datenblatt einer integrierten Schaltung 7470 (Siemens)

Die integrierte Schaltung 7470 gehört zur TTL-Schaltkreisfamilie. Die Daten dieser Schaltkreisfamilie sind in Abschnitt 6.6.2.2 näher beschrieben. Zusätzlich spielt hier die sog. *Haltezeit* eine Rolle. Nach Erreichen des Schaltzeitpunktes der Taktflanke (1,5 V typisch bei TTL-Schaltkreisen) müssen die Eingangssignale eine bestimmte Zeit erhalten bleiben. Diese Zeit wird *Haltezeit* genannt. Nach der Haltezeit (typisch 5 ns) sind Eingangssignal-Änderungen wirkungslos. Störsignale können also nur während der Haltezeit Störungen verursachen. Je kürzer die Haltezeit einer Schaltung ist, desto geringer ist ihre Störmöglichkeit.

Als Anhang zum Datenblatt werden ein Blockschaltbild und eine Pegeltabelle angegeben (Bild 7.67). In der Pegeltabelle entspricht L dem 0-Signal und H dem 1-Signal. Die taktunabhängigen Setz- und Rücksetzeingänge haben die Bezeichnungen [S] und [R] erhalten. Dadurch soll ausgedrückt werden, dass diese Eingänge mit 0-Signalen gesteuert werden.

Einflankengesteuerte JK-Flipflops haben oft einen sog. *dynamischen Zwischenspeicher*. Dieser vergrößert die Signallaufzeit und verhindert, dass sich die gewünschten Ausgangszustände noch während der Anstiegsflanke des Taktsignals bzw. während der Haltezeit einstellen. Dies könnte zu einem ungewollten Schalten führen. Betrachten wir ein einflankengesteuertes JK-Flipflop, das mit ansteigender Taktflanke schaltet. Bei J = 1 und K = 1 wird dieses Flipflop dann kippen, wenn die Taktflanke den Schwellwert (z.B. +1,5 V) erreicht hat. Wenn sich jetzt die gewünschten Ausgangszustände (z.B. $Q_1 = 1$, $Q_2 = 0$) sehr schnell an den Ausgängen zeigen, könnte es zu einem zweiten Kippen (z.B. auf $Q_1 = 0$ und $Q_2 = 1$) kommen. Der dynamische Zwischenspeicher besteht aus einer oder mehreren kleineren Kapazitäten, die umzuladen sind. Kapazitäten von Halbleitersperrschichten reichen dazu aus. Diese Flipflops muss man genau genommen zu den 2-Speicher-Flipflops zählen.

7.5.5 Einflankengesteuerte D-Flipflops

Das einflankengesteuerte D-Flipflop ist sehr ähnlich aufgebaut wie das taktzustandsgesteuerte D-Flipflop. Die beiden Flipflop-Arten unterscheiden sich nur durch die Steuerung. Bei den einflankengesteuerten D-Flipflops gibt es solche, die bei ansteigender Flanke des Taktsignals schalten, und solche, die bei abfallender Flanke des Taktsignals schalten (Bild 7.68). Die zugehörige Wahrheitstabelle zeigt Bild 7.69.

Das Signal, das am D-Eingang liegt, wird bei Eintreffen der steuernden Taktflanke in den Flipflop-Speicher übernommen und ist dann am Ausgang Q_1 in normaler und am Ausgang Q_2 in negierter Form verfügbar.

Einflankengesteuerte D-Flipflops werden vor allem für Schieberegister verwendet (siehe Abschnitt 12). In Bild 7.70 ist das Datenblatt einer TTL-Schaltung 7474 dargestellt. Dieses IC enthält 2 D-Flipflops mit Einflankensteuerung. Das Schalten erfolgt mit der ansteigenden (positiven) Taktflanke. Die Anschlussanordnung und das Blockschaltbild eines der beiden D-Flipflops zeigt Bild 7.71.

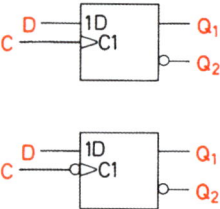

Bild 7.68
Schaltzeichen von einflankengesteuerten D-Flipflops

Fall	t_n	t_{n+1}
	D	Q_1
1	0	0
2	1	1

Bild 7.69
Wahrheitstabelle eines einflankengesteuerten D-Flipflops

2-D-Flipflop

Das Flipflop besitzt taktunabhängige Stell-und Rückstelleingänge. Die Weiterleitung einer Information am D-Eingang zum Q-Ausgang erfolgt während der positiven Taktflanke, sobald der Schwellwert des Eingangstransistors erreicht ist. Anschließend ist der D-Eingang wieder gesperrt.

Statische Kenndaten im Temperaturbereich 1 und 5		Prüfbedingungen	Prüfschaltung	untere Grenze B	typ.	obere Grenze A	Einheit
Speisespannung	U_S			4,75	5,0	5,25	V
H-Eingangsspannung	U_{IH}	} U_S=4,75 V	31	2,0			V
L-Eingangsspannung	U_{IL}					0,8	V
Eingangsklemmspannung	$-U_I$	U_S=4,75 V, $-I_I$=12 mA				1,5	V
H-Ausgangsspannung	U_{QH}	$-I_{QH}$=400 µA | U_S=	31	2,4	3,4		V
L-Ausgangsspannung	U_{QL}	I_{QL}=16 mA | 4,75 V	31		0,2	0,4	V
Statische Störsicherheit	U_{ss}			0,4	1,0		V
Eingangsstrom pro Eingang	I_I	U_I=5,5 V	32			1	mA
H-Eingangsstrom an D,	I_{IH}	U_{IH}=2,4 V | U_S=	32			40	µA
an $\overline{S}$ oder T	I_I	U_I=2,4 V | 5,25 V	32			80	µA
an $\overline{R}$	I_{IH}	U_{IH}=2,4 V	32			120	µA
L-Eingangsstrom an D oder $\overline{S}$	$-I_{IL}$	U_{IL}=0,4 V	33			1,6	mA
an $\overline{R}$ oder T	$-I_{IL}$	} U_{IL}=0,4 V	33			3,2	mA
Kurzschlussausgangsstrom pro Ausgang	$-I_{QH}$	U_S=5,25 V \\ U_S=5,25 V	34	18		57	mA
Speisestrom	I_S	U_I= 5 V	32		17	30	mA

Schaltzeiten bei U_S=5 V, T_U=25 °C

Taktimpulsdauer	t_{pT}			30			ns
Stellimpulsdauer	t_{pS}			30			ns
Rückstellimpulsdauer	t_{pR}			30			ns
Maximale Zählfrequenz	f_Z		30a	15	25		MHz
Minimale Vorbereitungszeit	t_V		30a		15	20	ns
Minimale Haltezeit	t_H		30a		2	5	ns
Signallaufzeit von T nach Q	t_{PHL}	} C_L = 15 pF, R_L = 400 Ω	30	10	20	40	ns
	t_{PLH}		30a	10	14	25	ns
von $\overline{R}$ oder T nach Q	t_{PHL}		30			40	ns
	t_{PLH}		30a			25	ns

Logische Daten

Ausgangslastfaktor pro Ausgang	F_Q					10	
Eingangslastfaktor an D	F_I					1	
an $\overline{S}$ oder T	F_I					2	
an $\overline{R}$	F_I					3	

Bild 7.70 Datenblatt einer TTL-Schaltung 7474 (Siemens)

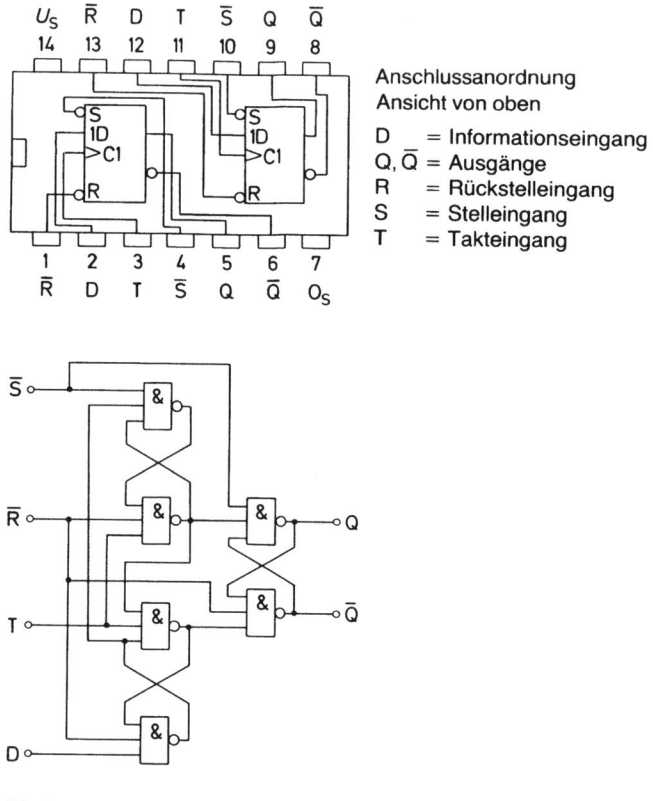

Blockschaltbild (ein Flipflop)

Bild 7.71 Anschlussanordnung und Blockschaltbild zum Datenblatt der TTL-Schaltung 7474

7.5.6 Zweiflankengesteuerte SR-Flipflops

Die zweiflankengesteuerten Flipflops nehmen bei der ansteigenden Taktflanke das Eingangssignal auf. Dieses wird zwischengespeichert und erscheint zunächst noch nicht am Ausgang. Erst wenn die Taktflanke wieder abfällt, wird das Signal zum Ausgang durchgeschaltet und ist dann dort verfügbar.

Man benötigt für dieses Verfahren 2 Speicher, also 2 zusammengeschaltete Flipflops. Das Flipflop, das die von außen kommende Information aufnimmt, wird *Master-Flipflop* oder kurz *Master* genannt (engl.: *master* = Herr). Das 2. Flipflop, das die Information vom Master übernimmt, heißt *Slave-Flipflop* oder kurz *Slave* (engl.: *slave* = Sklave) (Bild 7.72). Das Master-Flipflop schaltet mit ansteigender Taktflanke. Das Slave-Flipflop schaltet mit abfallender Taktflanke. Flipflops dieser Art werden *Master-Slave-Flipflops* genannt.

Master-Slave-Flipflops arbeiten besonders sicher. Ihre Ausgänge sind «retardiert». Man versteht darunter, dass die Ausgangsinformation erst dann verfügbar ist, wenn das Taktsignal wieder auf seinen ursprünglichen Zustand zurückgekehrt ist. In Bild 7.73 ist das Schaltzeichen eines SR-Master-Slave-Flipflops angegeben.

Der gezeichnete C-Eingang ist der C-Eingang des Master-Flipflops (Steuerung mit ansteigender Taktflanke). Der C-Eingang des Slave-Flipflops wird nicht gezeichnet. Um zu kennzeichnen, dass die Information erst nach abgefallener Taktflanke an den Ausgängen verfügbar ist, verwendet man 2 Winkelzeichen, die vor die Ausgänge gesetzt werden.

Bei der ansteigenden Taktflanke gibt es 2 Schaltzeitpunkte, bei der abfallenden Taktflanke ebenfalls (Bild 7.74). In diesen Schaltzeitpunkten geschieht Folgendes:

t_1: Slave-Flipflop wird vom Master-Flipflop getrennt.
t_2: Eingangsinformation wird vom Master-Flipflop aufgenommen.
t_3: Eingänge S und R werden gesperrt.
t_4: Information wird vom Master-Flipflop auf das Slave-Flipflop übertragen und ist an Q_1 und Q_2 verfügbar.

Zwischen den Zeitpunkten t_2 und t_3 kann das Master-Flipflop Störsignale aufnehmen und zwischenspeichern. Diese werden dann später an das Slave-Flipflop weitergegeben. Der Zeitraum zwischen t_2 und t_3 sollte also möglichst kurz sein, um die Störmöglichkeiten klein zu halten.

Durch einen besonderen Schaltungsaufwand kann man erreichen, dass das Sperren der Eingänge S und R zum Zeitpunkt t_5 (Bild 7.74) erfolgt. Dieser Zeitpunkt liegt ca. 5 ns nach t_2. Master-Slave-Flipflops, deren Eingänge frühzeitig zum Zeitpunkt t_5 gesperrt werden, heißen *Master-Slave-Flipflops mit Eingangssperre*.

Für das zweiflankengesteuerte SR-Flipflop gilt die gleiche Wahrheitstabelle wie für das einflankengesteuerte SR-Flipflop (Bild 7.52).

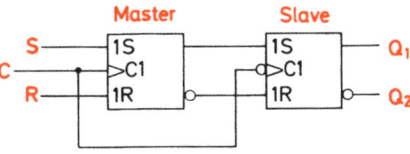

Bild 7.72
Aufbau eines SR-Master-Slave-Flipflops
(Zweiflankensteuerung)

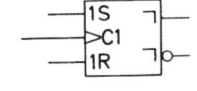

Bild 7.73
Schaltzeichen eines
SR-Master-Slave-Flipflops

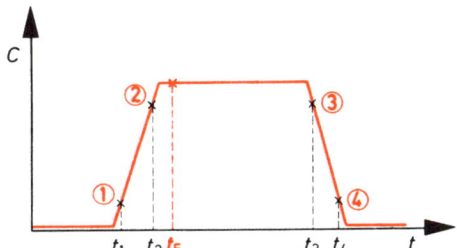

Bild 7.74
Schaltzeitpunkte bei Zweiflankensteuerung
(Master-Slave-Flipflops). Bei Vorhandensein
einer Eingangssperre werden die Eingänge
zum Zeitpunkt t_5 gesperrt.

7.5.7 Zweiflankengesteuerte JK-Flipflops

Das zweiflankengesteuerte JK-Flipflop ist ebenso wie das zweiflankengesteuerte SR-Flipflop ein Master-Slave-Flipflop. Das Master-Flipflop muss ein JK-Flipflop sein, denn es muss bei J = 1 und K = 1 kippen. Als Slave-Flipflop genügt ein SR-Flipflop (Bild 7.75). Es kann ja nicht vorkommen, dass beide Ausgänge des JK-Flipflops gleichzeitig Zustand 1 haben. Das Schaltzeichen dieses JK-Master-Slave-Flipflops ist in Bild 7.76 dargestellt. Es unterscheidet sich vom Schaltzeichen des einflankengesteuerten JK-Flipflops nur durch die Winkelzeichen vor den Ausgängen. Die Wahrheitstabelle ist die gleiche wie beim einflankengesteuerten JK-Flipflop (Bild 7.63). Es gibt aber auch zweiflankengesteuerte JK-Flipflops, die mit der abfallenden Taktflanke das Master-Flipflop schalten. Dann schaltet die ansteigende Taktflanke das Slave-Flipflop (Bild 7.77).

> **Grundsatz**
>
> In den Schaltzeichen zweiflankengesteuerter Flipflops (Master-Slave-Flipflops) wird stets die Taktflanke angegeben, mit der die Information aufgenommen wird. Die Weitergabe der Information an den Ausgang erfolgt dann mit der anderen Taktflanke (DIN 40 900 Teil 12).

In Bild 7.78 ist das Datenblatt einer TTL-Schaltung 7476 dargestellt. Diese integrierte Schaltung enthält 2 JK-Master-Slave-Flipflops mit taktunabhängigem Stell- und Rückstelleingang. Sie gehört zur TTL-Schaltkreisfamilie. Die Anschlussanordnung mit dem Blockschaltbild vom Innenaufbau eines Flipflops zeigt Bild 7.79.

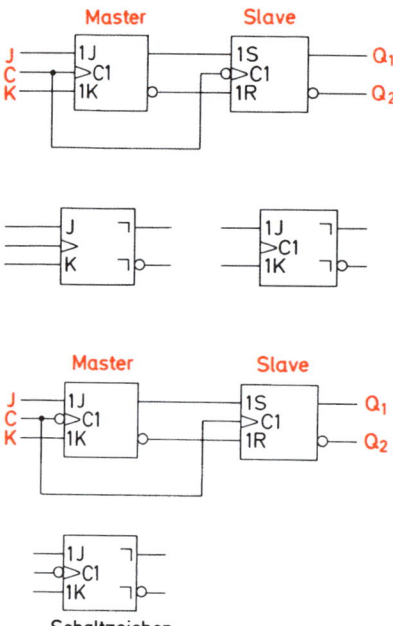

Bild 7.75
Aufbau eines
JK-Master-Slave-Flipflops

Bild 7.76
Schaltzeichen für
JK-Master-Slave-Flipflops

Bild 7.77
Aufbau und Schaltzeichen eines
JK-Master-Slave-Flipflops, das
bei abfallender Taktflanke die
Information aufnimmt

2-JK-Master-Slave-Flipflop mit Stell- und Rückstelleingang

Statische Kenndaten im Temperaturbereich 1 und 5		Prüfbedingungen	Prüfschaltung	untere Grenze B	typ.	obere Grenze A	Einheit
Speisespannung	U_S			4,75	5,0	5,25	V
H-Eingangsspannung	U_{IH}		24	2,0			V
L-Eingangsspannung	U_{IL}	$U_S=4{,}75$ V				0,8	V
Eingangsklemmspannung	$-U_I$	$U_S=4{,}75$ V, $-I_I=12$ mA				1,5	V
H-Ausgangsspannung	U_{QH}	$-I_{QH}=400$ µA $U_S=$	24	2,4	3,4		V
L-Ausgangsspannung	U_{QL}	$I_{QL}=16$ mA 4,75 V	24		0,2	0,4	V
Statische Störsicherheit	U_{SS}			0,4	1,0		V
Eingangsstrom an J oder K	I_{IH}	$U_{IH}=2{,}4$ V	25			40	µA
	I_I	$U_I=5{,}5$ V U_S	25			1	mA
H-Eingangsstrom an $\overline{R}$, $\overline{S}$ oder T	I_{IH}	$U_{IH}=2{,}4$ V $=5{,}25$ V	25			80	µA
	I_I	$U_I=5{,}5$ V	25			1	mA
L-Eingangsstrom an J, K,	$-I_{IL}$	$U_{IL}=0{,}4$ V	26			1,6	mA
an $\overline{R}$, $\overline{S}$ oder T	$-I_{IL}$	$U_{IL}=0{,}4$ V	26			3,2	mA
Kurzschlussausgangsstrom pro Ausgang	$-I_{QH}$	$U_S=5{,}25$ V	27	18		57	mA
Speisestrom	I_S	$U_S=5{,}25$ V $U_I=5{,}0$ V	25		20	40	mA

Schaltzeiten bei $U_S=5$, V, $T_U=25$ °C

Taktimpulsdauer	t_{pT}				20		ns
Stellimpulsdauer	t_{pS}				25		ns
Rückstellimpulsdauer	t_{pR}				25		ns
Vorbereitungszeit	t_V		29		t_{pT}		
Haltezeit	t_H				0		
Maximale Zählfrequenz	f_Z		29	15	20		MHz
Signallaufzeit von T nach Q	t_{PHL}	$C_L=15$ pF,	29	10	25	40	ns
	t_{PLH}	$R_L=400$ Ω	29	10	16	25	ns
Signallaufzeit von $\overline{R}$ oder $\overline{S}$ nach Q	t_{PHL}		30		25	40	ns
	t_{PLH}		30		16	25	ns

Logische Daten

Ausgangslastfaktor pro Ausgang	F_Q					10	
Eingangslastfaktor an J oder K	F_I					1	
an $\overline{R}$, $\overline{S}$ oder T	F_I					2	

Bild 7.78   Datenblatt einer TTL-Schaltung 7476 (Siemens)

Anschlussanordnung, Ansicht von oben

Taktimpuls

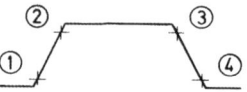

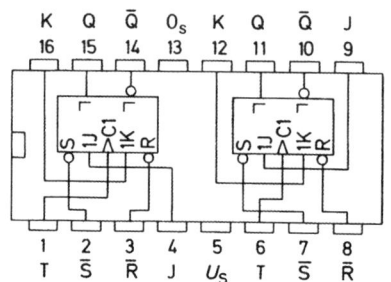

(1) Slave von Master trennen
(2) Signal von J und K in Master eingeben
(3) J- und K-Eingänge sperren
(4) Information von Master nach Slave übertragen

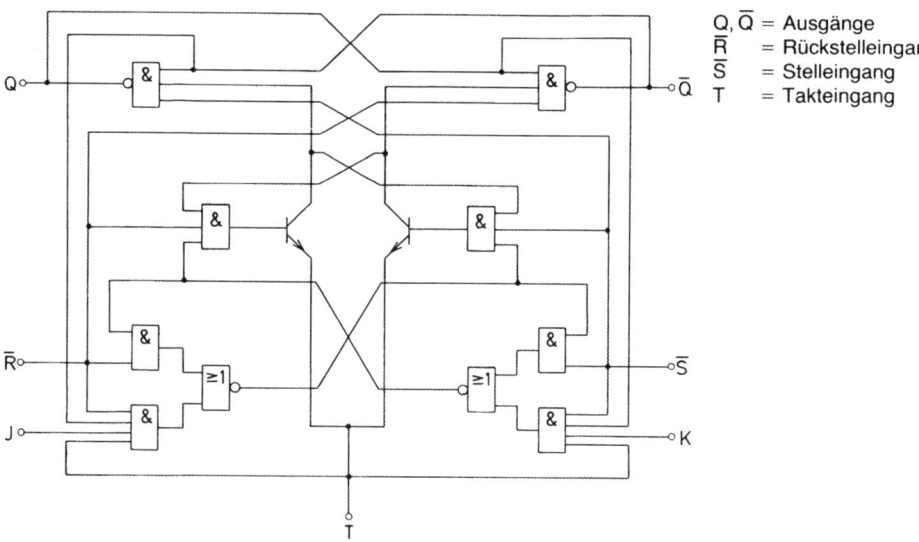

$Q, \overline{Q}$ = Ausgänge
$\overline{R}$ = Rückstelleingang
$\overline{S}$ = Stelleingang
T = Takteingang

Blockschaltbild (ein Flipflop)

Bild 7.79 Anschlussordnung Taktimpulsschema und Blockschaltbild zum Datenblatt TTL-Schaltung 7476

Die integrierte Schaltung 74110 enthält ein JK-Master-Slave-Flipflop mit Eingangssperre (Bild 7.80). Die Funktion der Eingangssperre wurde beim zweiflankengesteuerten SR-Flipflop näher erläutert. Sie bewirkt, dass die Eingänge eine bestimmte Zeit nach Erreichen des Signaleingabezeitpunkts auf der ansteigenden Flanke gesperrt werden. Diese sogenannte Haltezeit beträgt bei dieser Schaltung nur 5 ns. Störsignale können also nur während dieser kurzen Zeit zu Fehlschaltungen führen. Das Flipflop ist daher sehr störsicher.

Die 3 durch UND verknüpften J-Eingänge und die 3 ebenfalls durch UND verknüpften K-Eingänge erlauben einen wirtschaftlichen Aufbau von Synchronzählern (siehe Kapitel 11).

Taktflankengesteuerte Flipflops 213

JK-Master-Flipflop mit Eingangssperre

Der Baustein hat eine Haltezeit t_H von nur 5 ns, bezogen auf die ansteigende Taktflanke. Dies bedeutet, dass die JK-Signale bereits während des Taktimpulses wechseln dürfen, ohne Fehlinformationen hervorzurufen.

Statische Kenndaten im Temperaturbereich 1 und 5		Prüfbedingungen	untere Grenze B	typ.	obere Grenze A	Einheit
Speisespannung	U_S		4,75	5,0	5,25	V
H-Eingangsspannung	U_{IH}	$U_S=4{,}75$ V	2			V
L-Eingangsspannung	U_{IL}				0,8	V
Eingangsklemmspannung	$-U_I$	$U_S=4{,}75$ V, $-I_I=12$ mA			1,5	V
H-Ausgangsspannung	U_{QH}	$U_S=4{,}75$ V, $U_{IH}=2{,}0$ V $-I_{QH}=800$ µA	2,4	3,4		V
L-Ausgangsspannung	U_{QL}	$U_S=4{,}75$ V, $U_{IL}=0{,}8$ V $I_{QL}=16$ mA		0,2	0,4	V
Eingangsstrom pro Eingang	I_I	$U_S=5{,}25$ V, $U_{IL}=5{,}5$ V			1	mA
H-Eingangsstrom an J, K oder T	I_{IH}	$U_S=5{,}25$ V, $U_{IH}=2{,}4$ V			40	µA
an $\bar{R}$ oder $\bar{S}$	I_{IH}				160	µA
L-Eingangsstrom an J, K oder T	$-I_{IL}$	$U_S=5{,}25$ V, $U_{IL}=0{,}4$ V			1,6	mA
an $\bar{R}$ oder $\bar{S}$	$-I_{IL}$				3,2	mA
Kurzschlussausgangsstrom pro Ausgang	$-I_Q$	$U_S=5{,}25$ V	18		57	mA
Speisestrom	I_S	$U_S=5{,}25$ V		20	34	mA
Schaltzeiten bei $U_S=5$ V, $T_U=25$ °C						
Taktimpulsdauer	t_{pT}		25			ns
Stellimpulsdauer	t_{pS}		25			ns
Rückstellimpulsdauer	t_{pR}		25			ns
Vorbereitungszeit	t_V		20			ns
Haltezeit	t_H		5			ns
Maximale Zählfrequenz	f_Z		20	25		MHz
Signallaufzeit	t_{PLH}	$C_L=15$ pF, $R_L=400$ Ω		12	20	ns
von $\bar{S}$ oder $\bar{R}$ nach Q	t_{PHL}			18	25	ns
Signal-Laufzeit	t_{PLH}		10	20	30	ns
von T nach Q	t_{PHL}		6	13	20	ns
Logische Daten						
H-Ausgangslastfaktor pro Ausgang	F_{QH}				20	
L-Ausgangslastfaktor pro Ausgang	F_{QL}				10	
Eingangslastfaktor an JK	F_I				1	
an $\bar{R}$ und $\bar{S}$	F_I				2	
an T	F_I				3	

Zeitabhängige binäre Schaltungen

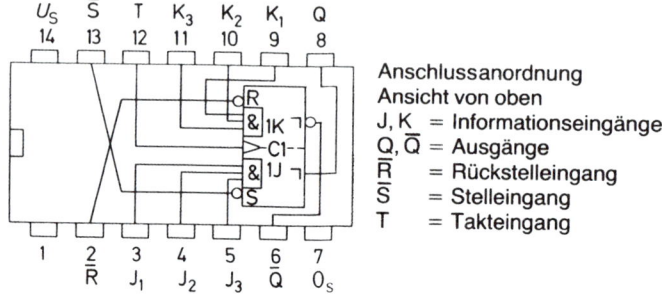

Bild 7.80 Datenblatt einer TTL-Schaltung 74 110 (Siemens)

7.5.8 Weitere Flipflop-Schaltungen

Die Zahl der möglichen Flipflop-Schaltungen ist außerordentlich groß. Die schon besprochenen D-Flipflops und T-Flipflops werden auch als Master-Slave-Flipflops, also als zweiflankengesteuerte Flipflops, hergestellt. Man kann ihre Schaltungen von der Schaltung des JK-Master-Slave-Flipflops ableiten.

Die Eingänge des JK-Master-Slave-Flipflops in Bild 7.81 werden an 1 bzw. an Speisespannung gelegt. Bei jedem Takt wird das Flipflop jetzt kippen. Es stellt ein T-Master-Slave-Flipflop dar und ist für den Aufbau von Asynchronzählern (Kapitel 11) sehr gut geeignet.

Ein D-Master-Slave-Flipflop ist ebenfalls sehr leicht aus einem JK-Master-Slave-Flipflop zu entwickeln (Bild 7.82). Ein weiteres interessantes Flipflop ist das DV-Flipflop. Für das DV-Flipflop gilt die Wahrheitstabelle Bild 7.83. Das Flipflop arbeitet als D-Flipflop, wenn am Vorbereitungseingang V ein 1-Signal liegt. Es ist gesperrt, d.h., es ergeben sich keine Ausgangszustandsänderungen, wenn an V das Signal 0 liegt.

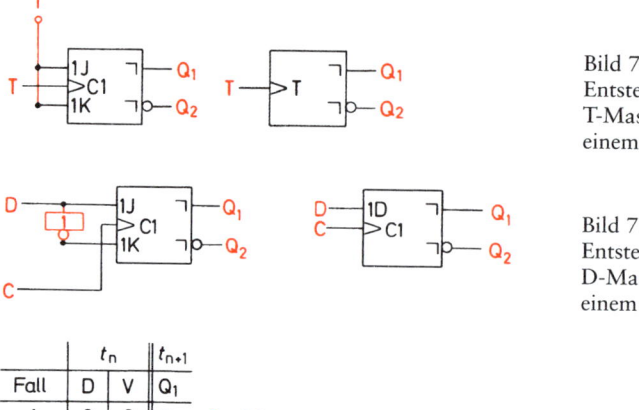

Bild 7.81
Entstehung eines
T-Master-Slave-Flipflops aus
einem JK-Master-Slave-Flipflop

Bild 7.82
Entstehung eines
D-Master-Slave-Flipflops aus
einem JK-Master-Slave-Flipflop

Bild 7.83
Wahrheitstabelle eines
DV-Flipflops

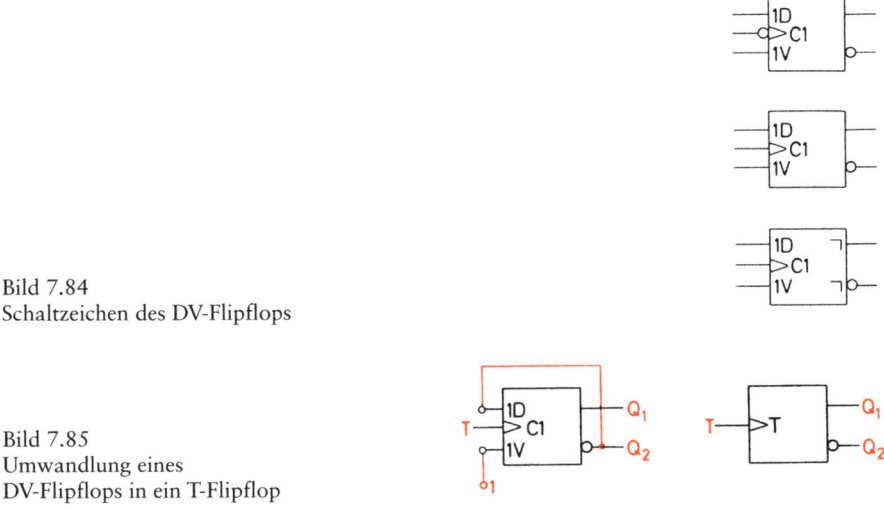

Bild 7.84
Schaltzeichen des DV-Flipflops

Bild 7.85
Umwandlung eines
DV-Flipflops in ein T-Flipflop

Die Schaltzeichen des DV-Flipflops sind in Bild 7.84 angegeben. Das DV-Flipflop ist als einflankengesteuertes Flipflop und als zweiflankengesteuertes sog. Master-Slave-Flipflop verfügbar. Es kann durch eine einfache Zusatzbeschaltung in ein T-Flipflop umgewandelt werden (Bild 7.85).

7.6 Zeitablauf-Diagramme

Zeitablauf-Diagramme, auch Impulsdiagramme genannt, sind Hilfsmittel, um die Funktion einzelner Flipflops oder ganzer Schaltungen einsichtig zu machen.

Grundsatz

Die Eingangssignale eines Zeitablauf-Diagramms sind vorgegeben oder können beliebig gewählt werden. Die Ausgangssignale ergeben sich dann in Abhängigkeit von den Eingangssignalen.

Ein einfaches Beispiel soll dies verdeutlichen. Bild 7.86 zeigt ein nicht-taktgesteuertes SR-Flipflop, ein sog. SR-Speicherflipflop, mit Wahrheitstabelle und Zeitablauf-Diagramm. Die Wahrheitstabelle gilt für einen Zeitpunkt t_m.

Zum Zeitpunkt t_1 wird das Flipflop gesetzt, da an S das Signal 1 anliegt. Zum Zeitpunkt t_2 wird das Flipflop zurückgesetzt. Der Eingang R führt jetzt das Signal 1. Zum Zeitpunkt t_3 kommt es zu einem erneuten Setzen.

Besonders interessant ist der Zeitpunkt t_4. Von diesem Zeitpunkt an liegt an beiden Eingängen 1. Dieser Fall ist irregulär. Beide Ausgänge gehen jetzt auf 1. Wenn im Zeitpunkt t_5 der R-Eingang auf 0 geht, geht auch Q_2 auf 0.

Im Zeitpunkt t_6 geht das S-Signal auf 0. Das Flipflop bleibt gesetzt. Ein Rücksetzen ist nur mit R = 1 möglich. Zum Zeitpunkt t_7 könnte ein erneutes Setzen stattfinden. Das Flipflop ist aber noch gesetzt. Somit ändern sich die Ausgangszustände nicht.

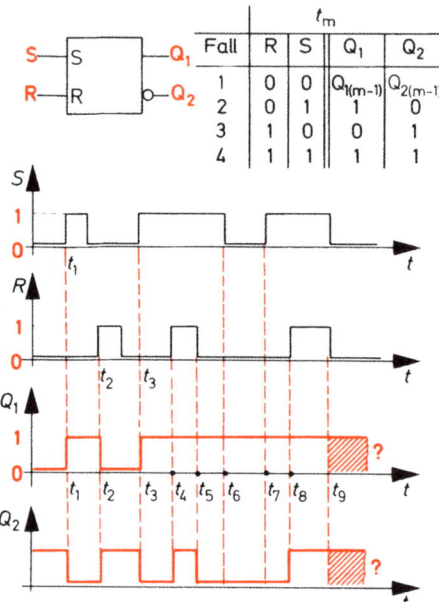

Bild 7.86
SR-Speicherflipflop mit Wahrheitstabelle für den Zeitpunkt t_m und Zeitablauf-Diagramm

Zum Zeitpunkt t_8 geht das R-Signal auf 1. Das S-Signal bleibt aber auf 1. Jetzt haben wir wieder den irregulären Zustand $Q_1 = 1$ und $Q_2 = 1$. Besonders kritisch ist der Zeitpunkt t_9, in dem S-Signal und R-Signal gleichzeitig auf 0 abfallen. Jetzt bleibt es völlig offen, wie sich das Flipflop einstellt. Der irreguläre Fall sollte also vermieden werden.

Betrachten wir Bild 7.87. Die Eingangssignale S und R sind gegeben, ebenfalls das Taktsignal T. Zum Zeitpunkt t_1 ist zwar S = 1, aber T führt noch 0-Signal. Ein Setzen kann nicht stattfinden. Erst zum Zeitpunkt t_2 wird das Flipflop gesetzt. Zum Zeitpunkt t_3 erfolgt ein Rücksetzen. Im Augenblick t_4 wird S = 1. Im Augenblick t_5 wird R = 1.

Da kein Takt vorhanden ist, können diese Signale nicht wirksam werden. Ein Wirksamwerden ist erst zum Zeitpunkt t_6 möglich. Jetzt müsste das Flipflop zurückgesetzt werden. Es ist aber schon zurückgesetzt, und somit erfolgt keine Änderung der Ausgangszustände.

Im Zeitpunkt t_7 wird das Flipflop gesetzt. Das Rücksetzen erfolgt im Zeitpunkt t_8, da jetzt der S-Eingang und der T-Eingang 1-Signal führen, der R-Eingang aber dominierend ist. Der Ausgang Q_2 hat immer den entgegengesetzten Zustand von Q_1.

Welcher zeitliche Verlauf würde sich bei gleichen Eingangssignalen für Q_1 und Q_2 ergeben, wenn das SR-Flipflop mit dominierendem R-Eingang eine Einflankensteuerung mit ansteigender Taktflanke hätte? Das zugehörige Zeitablauf-Diagramm ist in Bild 7.90 dargestellt. Schalten kann das Flipflop nur zu den Zeiten t_1, t_2 und t_3. Im Zeitpunkt t_1 wird das Flipflop gesetzt, da S = 1 ist. Im Zeitpunkt t_2 wird das Flipflop zurückgesetzt, da S = 1 und R = 1 ist. Im Zeitpunkt t_3 wird das Flipflop wieder gesetzt (S = 1). Für Q_1 und Q_2 ergibt sich ein ganz anderer zeitlicher Verlauf als in Bild 7.87.

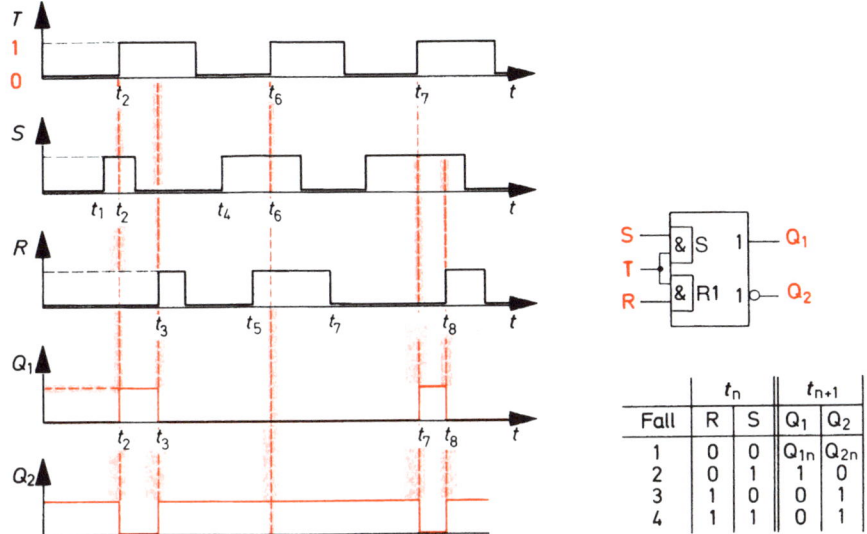

Bild 7.87 Taktzustandsgesteuertes SR-Flipflop mit dominierendem R-Eingang, Wahrheitstabelle und Zeitablauf-Diagramm

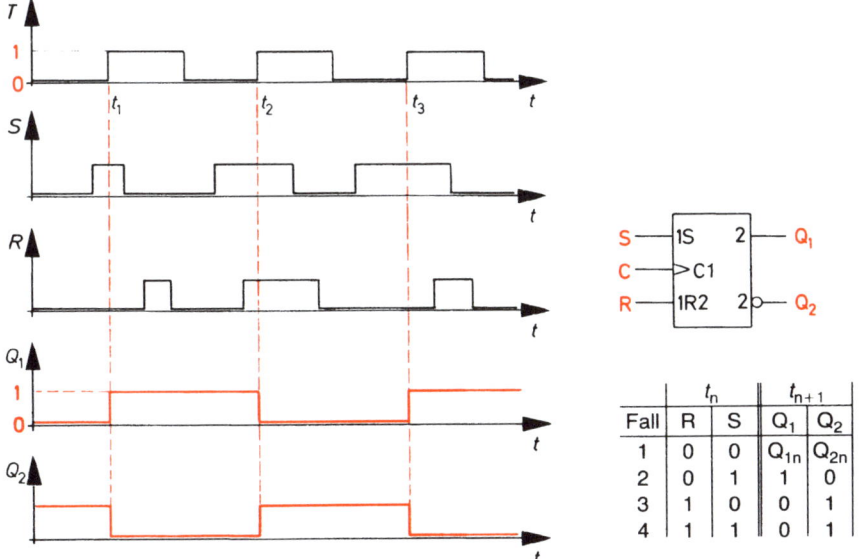

Bild 7.88 Einflankengesteuertes SR-Flipflop (ansteigende Taktflanke mit dominierendem R-Eingang, Wahrheitstabelle und Zeitablauf-Diagramm)

Für das einflankengesteuerte JK-Flipflop in Bild 7.89 ergibt sich das folgende Zeitablauf-Diagramm. Das Flipflop kann nur zu den Zeitpunkten t_1, t_2, t_3, t_4, t_5 und t_6 schalten. Nur zu diesen Zeitpunkten gibt es abfallende Flanken des C-Signals.

Zeitabhängige binäre Schaltungen

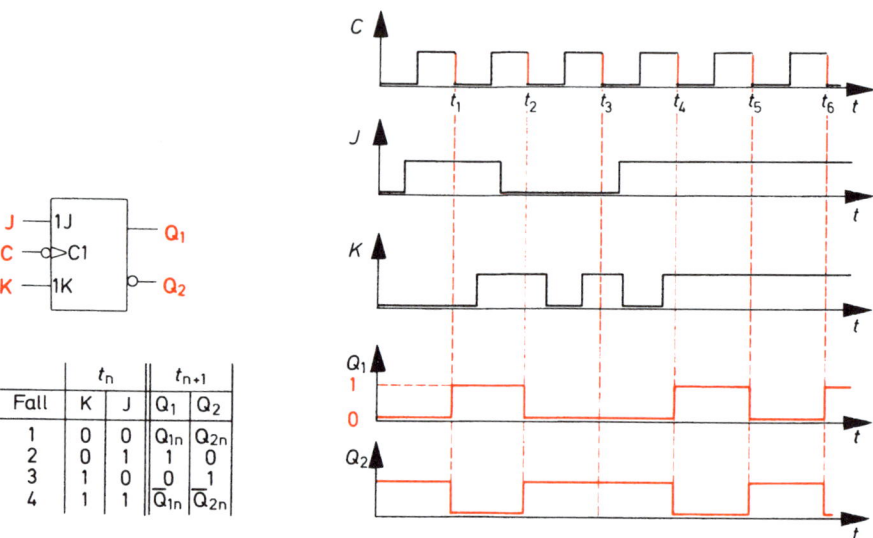

Bild 7.89 Einflankengesteuertes JK-Flipflop (abfallende Taktflanke) mit Wahrheitstabelle und Zeitablauf-Diagramm

Im Zeitpunkt t_1 wird das Flipflop gesetzt, da J = 1. Im Zeitpunkt t_2 wird das Flipflop rückgesetzt, da K = 1. Im Zeitpunkt t_3 sollte das Flipflop rückgesetzt werden. Da es aber schon rückgesetzt ist, ergibt sich keine Änderung für Q_1 und Q_2.

Im Zeitpunkt t_4 ist J = 1 und K = 1. Das Flipflop kippt. Da vor dem Zeitpunkt t_4 $Q_1 = 0$ war, ist nach dem Zeitpunkt t_4 $Q_1 = 1$. In den Zeitpunkten t_5 und t_6 kippt das Flipflop in den jeweils entgegengesetzten Zustand. Q_2 ist immer $[Q]_1$.

Als weiteres Beispiel soll das Zeitablauf-Diagramm eines zweiflankengesteuerten JK-Flipflops betrachtet werden (Bild 7.90). Im Zeitpunkt t_1 wird das Eingangssignal J = 1 in das Master-Flipflop übernommen. Erst im Zeitpunkt t_2 (also mit abfallender Taktflanke) erscheinen an den Ausgängen die zum Setzzustand gehörenden Signale $Q_1 = 1$ und $Q_2 = 0$.

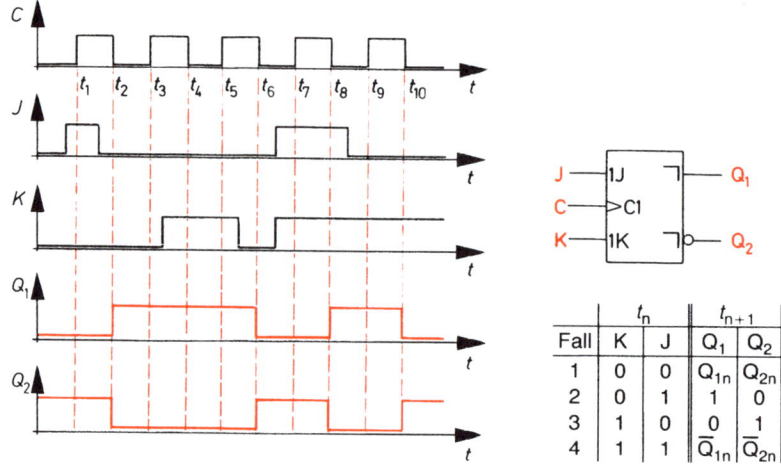

Bild 7.90 Zweiflankengesteuertes JK-Flipflop (Master-Slave-Flipflop) mit Wahrheitstabelle und Zeitablauf-Diagramm

Im Zeitpunkt t_3 ist J = 0 und K = 0. Das ist der Speicherfall. Im Zeitpunkt t_4 ergibt sich daher keine Änderung der Ausgangszustände. Das Signal K = 1 wird im Zeitpunkt t_5 in den Masterspeicher übernommen. Erst zum Zeitpunkt t_6 erscheinen die zum Rücksetzzustand gehörenden Signale Q_1 = 0 und Q_2 = 1 an den Ausgängen.

Im Zeitpunkt t_7 ist J = 1 und K = 1. Durch diese Signale wird der Kippvorgang ausgelöst. Das Kippen erfolgt an den Ausgängen aber erst zum Zeitpunkt t_8. Im Zeitpunkt t_9 wird K = 1 aufgenommen. Das Rücksetzen der Ausgangssignale erfolgt im Zeitpunkt t_{10}.

7.7 Charakteristische Gleichungen

Die Arbeitsweise von Flipflops wurde bisher in Worten erläutert und mit Wahrheitstabellen und Zeitablauf-Diagrammen beschrieben. Schaltungen, in denen Flipflops enthalten sind, sollten jedoch auch berechenbar sein. Es ist erwünscht, Flipflops mit Hilfe der Schaltalgebra zu erfassen. Da die Wahrheitstabellen von Flipflops bekannt sind, sollen aus diesen schaltalgebraische Gleichungen abgeleitet werden. Diese Gleichungen heißen *charakteristische Gleichungen*.

Grundsatz
Eine charakteristische Gleichung beschreibt die Arbeitsweise eines Flipflops in schaltalgebraischer Form.

Für jede Flipflop-Art lassen sich zugehörige charakteristische Gleichungen ableiten. Sie enthalten neben den Eingangsvariablen und der Ausgangsvariablen 2 Zeitangaben, die Zeitpunkte t_n und t_{n+1}.

Definition
t_n ist ein Zeitpunkt vor einem betrachteten Takt.

Definition
t_{n+1} ist ein Zeitpunkt nach einem betrachteten Takt.

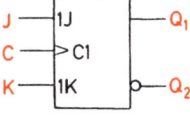

	t_n		t_{n+1}
Fall	K	J	Q_1
1	0	0	Q_{1n}
2	0	1	1
3	1	0	0
4	1	1	$\overline{Q}_{1n}$

Bild 7.91
Schaltzeichen und Wahrheitstabelle eines taktflankengesteuerten JK-Flipflops

220 Zeitabhängige binäre Schaltungen

	t_n			t_{n+1}	
Fall	K	J	Q_1	Q_1	
1	0	0	0	0	Speichern
2	0	0	1	1	$\Rightarrow Q_1 \wedge \bar{J} \wedge \bar{K}$
3	0	1	0	1	Setzen $\Rightarrow \bar{Q}_1 \wedge J \wedge \bar{K}$
4	0	1	1	1	$\Rightarrow Q_1 \wedge J \wedge \bar{K}$
5	1	0	0	0	Rücksetzen
6	1	0	1	0	
7	1	1	0	1	Kippen $\Rightarrow \bar{Q}_1 \wedge J \wedge K$
8	1	1	1	0	

Bild 7.92
Ausführliche Wahrheitstabelle eines taktflankengesteuerten JK-Flipflops

Zunächst soll die charakteristische Gleichung eines taktflankengesteuerten JK-Flipflops abgeleitet werden. Die Wahrheitstabelle eines JK-Flipflops ist in Bild 7.91 dargestellt.

Diese Wahrheitstabelle ist in eine *ausführliche Wahrheitstabelle* umzuformen. Ausführliche Wahrheitstabellen wurden in Abschnitt 7.4 näher erläutert. Sie enthalten die Variable Q_1 zur Zeit t_n. Es ergeben sich acht mögliche Fälle (Bild 7.92), die etwas näher betrachtet werden sollen.

Im Fall 1 (J = 0, K = 0) ist Q_1 vor dem Takt 0. Q_1 ist auch nach dem Takt 0. Im Fall 2 (J = 0, K = 0) ist Q_1 vor dem Takt 1. Q_1 ist auch nach dem Takt 1. Die Fälle Q_1 und Q_2 sind die *Speicherfälle*. Die Ausgangszustände ändern sich nicht.

Im Fall 3 (J = 1, K = 0) ist Q_1 vor dem Takt 0. Es wird mit der steuernden Taktflanke auf 1 gesetzt. Nach dem Takt ist also Q_1 = 1. Im Fall 4 (J = 1, K = 0) ist Q_1 vor dem Takt 1. Das Flipflop ist also schon gesetzt. Die steuernde Taktflanke bewirkt keine Änderung. Q_1 bleibt auf 1. Die Fälle 3 und 4 sind die *Setzfälle*. Welches Signal Q_1 vor dem Takt auch geführt hat, nach dem Takt führt Q_1 stets 1-Signal. Das Flipflop ist also gesetzt.

Im Fall 5 (J = 0, K = 1) ist Q_1 vor dem Takt 0. Das Flipflop sollte rückgesetzt werden. Da es schon rückgesetzt ist, ändert sich mit der steuernden Taktflanke das Ausgangssignal von Q_1 nicht. Im Fall 6 (J = 0, K = 1) ist Q_1 = 1. Das Flipflop ist vor dem Takt gesetzt. Es wird mit der steuernden Taktflanke auf Q_1 = 0 rückgesetzt. Die Fälle 5 und 6 sind die *Rücksetzfälle*. Welches Signal Q_1 vor dem Takt auch geführt hat, nach dem Takt führt Q_1 stets 0-Signal. Das Flipflop ist also rückgesetzt.

Im Fall 7 (J = 1, K = 1) ist Q_1 vor dem Takt 0. Mit der steuernden Taktflanke wird der Ausgang jetzt in den entgegengesetzten Zustand geschaltet (Kippen). Nach dem Takt ist also Q_1 = 1. Im Fall 8 (J = 1, K = 1) ist Q_1 vor dem Takt 1. Mit der steuernden Taktflanke wird das Flipflop gekippt. Nach dem Takt ist Q_1 also 0. Die Fälle 7 und 8 sind die *Kippfälle*.

Aus der ausführlichen Wahrheitstabelle wird nun die ODER-Normalform gebildet (siehe auch Abschnitt 5.2.1). In den Fällen 2, 3, 4 und 7 ist zu der Zeit t_{n+1} Q_1 = 1. Es ergeben sich vier Vollkonjunktionen (Bild 7.92). Die ODER-Normalform lautet:

$$Q_{1(n+1)} = [(Q_1 \wedge [\bar{J}] \wedge [\bar{K}]) \vee (\bar{Q}_1 \wedge J \wedge [\bar{K}]) \vee (Q_1 \wedge J \wedge [\bar{K}]) \vee (\bar{Q}_1 \wedge J \wedge K)]_n$$

Die Variablen K, J und Q_1 vor dem betrachteten Takt bekommen den Index n. Die Variable Q_1 nach dem betrachteten Takt bekommt den Index n + 1. Sie lautet also $Q_{1(n+1)}$.

Die gefundene disjunktive Normalform (DNF) kann nun mit Hilfe der Schaltalgebra oder mit KV-Diagramm vereinfacht werden (siehe auch Abschnitt 5.4). Das zugehörige KV-Diagramm zeigt Bild 7.93. Aus dem KV-Diagramm kann die vereinfachte Gleichung entnommen werden:

$$Q_{1(n+1)} = [(J \wedge \bar{Q}_1) \vee ([\bar{K}] \wedge Q_1)]_n \qquad \text{(JK-Flipflop)}$$

Die vorstehende Gleichung ist die charakteristische Gleichung eines taktflankengesteuerten JK-Flipflops. Für die Gleichung ist es nicht von Bedeutung, ob das Flipflop mit der ansteigenden oder mit der abfallenden Flanke schaltet. Die charakteristische Gleichung gilt also für beide taktflankengesteuerten JK-Flipflop-Arten. Sie gilt ebenfalls für zweiflankengesteuerte JK-Flipflops, da die Zeitpunkte t_n und t_{n+1} Zeitpunkte vor und nach einem betrachteten Takt und nicht Zeitpunkte vor und nach einer betrachteten Taktflanke sind.

Leiten wir nun die charakteristische Gleichung eines taktflankengesteuerten SR-Flipflops ab. Die Wahrheitstabelle in üblicher Form zeigt Bild 7.94. Die Wahrheitstabelle wird zur ausführlichen Wahrheitstabelle umgeformt (Bild 7.95).

Aus der ausführlichen Wahrheitstabelle wird die DNF entnommen. Sie lautet:

$$Q_{1(n+1)} = [(Q_1 \wedge [S] \wedge [R]) \vee (\bar{Q}_1 \wedge S \wedge [R]) \vee (Q_1 \wedge S \wedge [R])]_n$$

Die DNF wird mit Hilfe eines KV-Diagramms vereinfacht (Bild 7.96). Man erhält die folgende charakteristische Gleichung:

$$Q_{1(n+1)} = [(S \wedge [R]) \vee (Q_1 \wedge [R])]_n$$

$$Q_{1(n+1)} = [[\bar{R}] \wedge (S \vee Q_1)]_n \qquad \text{(SR-Flipflop)}$$

Die verbotenen Fälle 7 und 8 in Bild 7.95 haben wir bei der Ableitung der charakteristischen Gleichung weggelassen. Wir können diese Fälle jedoch im KV-Diagramm berücksichtigen.

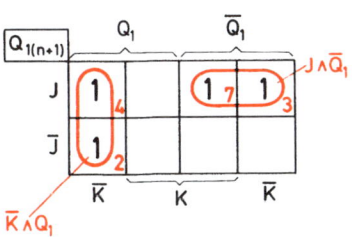

Bild 7.93 KV-Diagramm der DNF eines taktflankengesteuerten JK-Flipflops

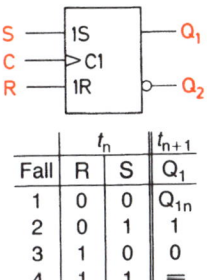

Bild 7.94 Schaltzeichen und Wahrheitstabelle eines taktflankengesteuerten SR-Flipflops

222 Zeitabhängige binäre Schaltungen

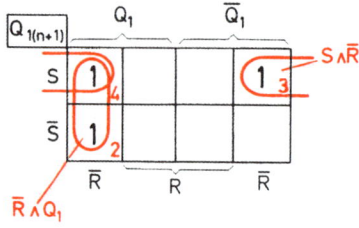

Bild 7.95
Ausführliche Wahrheitstabelle eines taktflankengesteuerten SR-Flipflops

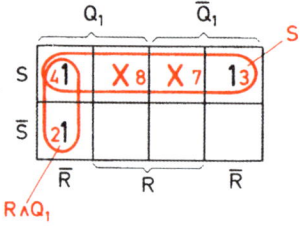

Bild 7.96
KV-Diagramm der DNF eines taktflankengesteuerten SR-Flipflops

Bild 7.97
KV-Diagramm der DNF eines taktflankengesteuerten SR-Flipflops mit Kennzeichnung der Felder, die nach Wunsch 0 oder 1 sein dürfen

Wenn sie ohnehin nicht auftreten dürfen, kann man sie so behandeln, als ob in diesen Fällen $Q_{1(n+1)}$ 0 oder 1 sein könnte. Die Plätze der den Fällen 7 und 8 entsprechenden Vollkonjunktionen im KV-Diagramm werden mit einem Kreuz gekennzeichnet (Bild 7.97). Für Fall 7 würde sich die Vollkonjunktion ($\bar{Q}_1 \land S \land R$) ergeben. Der zugehörige Platz erhält ein Kreuz. Die Vollkonjunktion für Fall 8 lautet ($Q_1 \land S \land R$). Auch ihr Platz erhält ein Kreuz.

ⓘ Definition

Plätze im KV-Diagramm, die durch ein Kreuz gekennzeichnet sind, dürfen nach Wunsch so behandelt werden, als enthielten sie eine 1 oder auch eine 0.

Mit den Plätzen, die ein Kreuz enthalten, lassen sich größere «Päckchen» bilden. Die Gleichungen werden dadurch einfacher. Für das KV-Diagramm Bild 7.77 ergibt sich die charakteristische Gleichung:

$$Q_{1(n+1)} = [S \lor ([\bar{R}] \land Q_1)]_n \qquad \text{(SR-Flipflop)}$$

Charakteristische Gleichungen 223

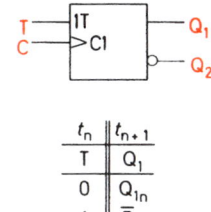

Bild 7.98
Schaltzeichen und Wahrheitstabelle eines
taktflankengesteuerten T-Flipflops mit
T-Eingang und C-Eingang

t_n	t_{n+1}
T	Q_1
0	Q_{1n}
1	$\bar{Q}_{1n}$

Wie sieht nun die charakteristische Gleichung eines taktflankengesteuerten T-Flipflops aus, das einen T-Eingang und einen C-Eingang hat? In Bild 7.98 sind die Wahrheitstabelle und das Schaltzeichen angegeben. Aus der Wahrheitstabelle kann die ausführliche Wahrheitstabelle abgeleitet werden (Bild 7.99).

Die DNF lautet:

$$Q_{1(n+1)} = [(Q_1 \wedge [\bar{T}]) \vee (\bar{Q}_1 \wedge T)]_n$$

Das KV-Diagramm in Bild 7.102 zeigt, dass eine Vereinfachung dieser DNF nicht mehr möglich ist. Die charakteristische Gleichung des taktflankengesteuerten T-Flipflops lautet also:

$$Q_{1(n+1)} = [(Q_1 \wedge [\bar{T}]) \vee (\bar{Q}_1 \wedge T)]_n \qquad \text{(T-Flipflop)}$$

Für taktzustandsgesteuerte Flipflops lassen sich auch charakteristische Gleichungen angeben. Leitet man eine charakteristische Gleichung für einen taktzustandsgesteuertes SR-Flipflop ab, erhält man dieselbe Gleichung wie für ein taktflankengesteuertes SR-Flipflop. Das liegt daran, dass die Zeitpunkte t_n und t_{n+1} als Zeitpunkte vor und nach einem betrachteten Taktimpuls definiert sind. Der eigentliche Schaltzeitpunkt, wie er im Zeitablauf-Diagramm auftritt, wird mit der charakteristischen Gleichung nicht erfasst.

Grundsatz
Die für taktflankengesteuerte Flipflops gefundenen charakteristischen Gleichungen gelten auch für entsprechende taktzustandsgesteuerte Flipflops.

Bild 7.99
Ausführliche Wahrheitstabelle eines
taktflankengesteuerten T-Flipflops

	t_n		t_{n+1}
Fall	T	Q	Q_1
1	0	0	0
2	0	1	1
3	1	0	1
4	1	1	0

Speichern $\Rightarrow Q_1 \wedge \bar{T}$
Kippen $\Rightarrow \bar{Q}_1 \wedge T$

Bild 7.100
KV-Diagramm der DNF eines
taktflankengesteuerten T-Flipflops

$Q_{1(n+1)}$	Q_1	$\bar{Q}_1$
T		1
$\bar{T}$	1	

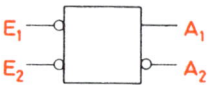

Fall	E_2	E_1	A_{1m}
1	0	0	1
2	0	1	0
3	1	0	1
4	1	1	$A_{1(m-1)}$

(Zeitpunkt t_m)

Bild 7.101
Schaltzeichen und Wahrheitstabelle eines nichttaktgesteuerten NAND-Flipflops

Fall	E_2	E_1	A_1	A_{1m}	
1	0	0	0	1	Irregulär
2	0	0	1	1	
3	0	1	0	0	Rücksetzen
4	0	1	1	0	
5	1	0	0	1	Setzen
6	1	0	1	1	
7	1	1	0	0	Speichern
8	1	1	1	1	

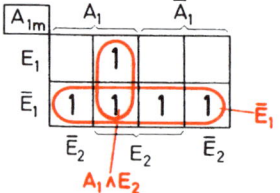

Bild 7.102
Ausführliche Wahrheitstabelle und KV-Diagramm eines nichttaktgesteuerten NAND-Flipflops

Die Arbeitsweise nicht-taktgesteuerter Flipflops kann auch durch charakteristische Gleichungen beschrieben werden. Die Zeitpunkte sind nur anders festzulegen. Der Zeitpunkt t_m ist der betrachtete Zeitpunkt, in dem Eingänge und Ausgänge die in der Wahrheitstabelle angegebenen Signale führen. Der Zeitpunkt t_{m-1} ist ein vorher liegender Zeitpunkt, in dem andere Eingangssignale vorhanden waren.

Für ein Flipflop aus 2 NAND-Gattern gilt das Schaltzeichen und die Wahrheitstabelle in Bild 7.101. Die ausführliche Wahrheitstabelle und das KV-Diagramm zeigt Bild 7.102. Es ergibt sich folgende charakteristische Gleichung:

$$A_{1m} = [\overline{E}_1 \vee (A_1 \wedge E_2)]_{m-1}$$

Mit Hilfe von charakteristischen Gleichungen lassen sich Schaltungen, die Flipflops und Verknüpfungsgatter enthalten, berechnen (siehe Kapitel 11).

7.8 Monostabile Kippstufen

Monostabile Kippstufen haben 2 Schaltzustände. Der eine Schaltzustand wird *stabiler Zustand* genannt.

Monostabile Kippstufen

Definition

Im stabilen Zustand führt der Hauptausgang Q einer monostabilen Kippstufe 0-Signal.

Der stabile Zustand stellt sich nach Anlegen der Speisespannung ein. Er bleibt so lange erhalten, bis durch ein Steuersignal am Eingang die Kippstufe in den 2. Schaltzustand, den sog. *nichtstabilen Zustand,* gekippt wird.

Definition

Im nichtstabilen Zustand führt der Hauptausgang Q einer monostabilen Kippstufe 1-Signal.

Die Dauer des nichtstabilen Zustandes wird durch extern anzuschließende Bauteile bestimmt. Meist verwendet man einen Kondensator (C_T) und einen Widerstand (R_T). Die Verweildauer oder Verweilzeit im nichtstabilen Zustand ergibt sich durch die Gleichung:

$$t_Q = 0{,}69 \cdot R_T \cdot C_T$$

(t_Q Verweilzeit)

Der innere Aufbau bistabiler Kippstufen ist in Beuth/Schmusch, Elektronik 3, Abschnitt 7.2, näher erläutert. Bistabile Kippstufen werden in großem Umfang als integrierte Schaltungen hergestellt. Die integrierten Schaltungen gehören meist zur TTL-Schaltkreisfamilie. Bild 7.103 zeigt das Schaltzeichen und das Zeitablauf-Diagramm einer monostabilen Kippstufe. Zum Zeitpunkt t_X erscheint ein 1-Signal am Eingang. Die Kippstufe kippt auf Q = 1. Nach Ablauf der Zeit t_Q kippt sie selbsttätig in den stabilen Zustand (Q = 0) zurück.

Grundsatz

Eine Änderung des Eingangssignals während der Zeit t_Q bleibt ohne Wirkung auf den Schaltzustand der monostabilen Kippstufe.

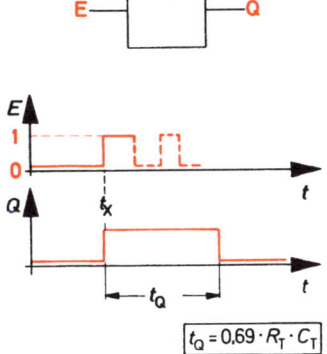

Bild 7.103
Schaltzeichen und Impulsdiagramm einer monostabilen Kippstufe (Zustandssteuerung)

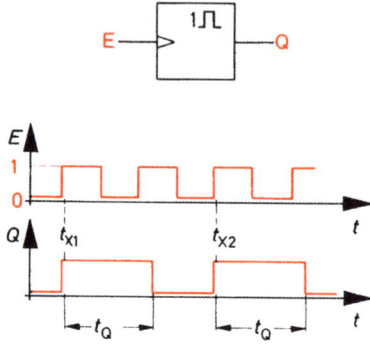

Bild 7.104
Schaltzeichen und Zeitablauf-Diagramm einer flankengesteuerten monostabilen Kippstufe (Steuerung mit ansteigender Flanke)

Ändert sich während der Zeit t_Q das Eingangssignal erneut von 0 auf 1, so führt das bei normalen bistabilen Kippstufen auch nicht zu einer Verlängerung der Zeit t_Q.

Monostabile Kippstufen werden auch mit Taktflankensteuerung gebaut. Sie kippen entweder mit der ansteigenden oder mit der abfallenden Flanke des Eingangssignals. In Bild 7.104 sind Schaltzeichen und Zeitablauf-Diagramm einer monostabilen Kippstufe dargestellt, die mit der ansteigenden Flanke des Eingangssignals schaltet. Die Kippstufe kippt im Zeitpunkt t_{X1}. Sie verharrt während der Zeit t_Q im nichtstabilen Zustand. Eingangssignaländerungen wirken sich während dieser Zeit nicht aus. Das Rückkippen in den stabilen Zustand erfolgt auch, während der Eingang 1-Signal führt. Die monostabile Kippstufe kippt erneut zum Zeitpunkt t_{X2}.

Bild 7.105 zeigt Schaltzeichen und Zeitablauf-Diagramm einer flankengesteuerten monostabilen Kippstufe, die mit abfallender Flanke schaltet.

Monostabile Kippstufen können mehrere Ausgänge haben. Diese werden, wie in Bild 7.106 angegeben, gekennzeichnet. Neben dem Hauptausgang Q ist meist ein Ausgang $\bar{Q}$ vorhanden, der stets das entgegengesetzte Signal wie der Ausgang Q führt. Ebenfalls sind mehrere Eingänge möglich. Diese Eingänge sind miteinander durch ODER verknüpft, wenn keine Kennzeichnung der Verknüpfung vorhanden ist. Bei einer UND-Verknüpfung der Eingänge ist eine Kennzeichnung gemäß Bild 7.106 durch ein eingezeichnetes UND-Gatter vorzunehmen.

Die Verweilzeit im nichtstabilen Zustand t_Q kann im Schaltzeichen einer monostabilen Kippstufe angegeben werden. Es können auch große Buchstaben für die Zeiteinheiten verwendet werden, also S für Sekunde, MS für Millisekunde und NS für Nanosekunde (Bild 7.107).

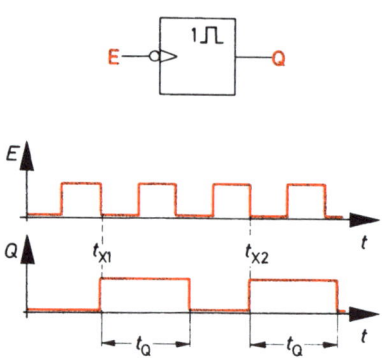

Bild 7.105
Schaltzeichen und Zeitablauf-Diagramm einer flankengesteuerten monostabilen Kippstufe (Steuerung mit abfallender Flanke)

Monostabile Kippstufen 227

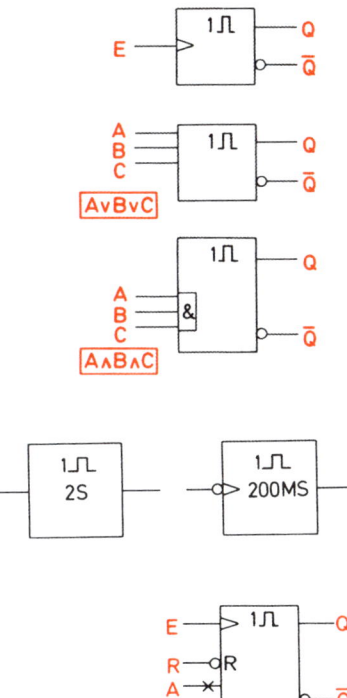

Bild 7.106
Schaltzeichen verschiedener
Bauarten monostabiler Kippstufen

Bild 7.107
Schaltzeichen monostabiler Kippstufen mit
Angabe der Verweilzeit im nichtstabilen Zustand

Bild 7.108
Schaltzeichen einer monostabilen Kippstufe
mit Bauteileingängen A und B und
einem Rücksetzeingang R

Die Zeit t_Q wird meist durch externe Bauteile bestimmt. Die Eingänge der integrierten Schaltung, an die diese Bauteile angeschlossen werden, sind durch Kreuze zu kennzeichnen. Bild 7.108 zeigt das Schaltzeichen einer monostabilen Kippstufe mit Steuereingang E, Rücksetzeingang R und den Eingängen A und B, an die die externen Bauteile angeschlossen werden. Ein 0-Signal an R setzt die monostabile Kippstufe auf Q = 0 zurück (Rücksetzen in den stabilen Zustand). Die Steuerung erfolgt mit ansteigender Taktflanke. Monostabile Kippgatter können so gebaut sein, dass sie mit Verzögerung ansprechen. Für diese Kippgatter werden Schaltzeichen gemäß Bild 7.109 verwendet. Die Verzögerungszeit kann im Schaltzeichen angegeben werden. Sie beträgt in Bild 7.109 $t_V = 0{,}2$ s. Neben den bisher betrachteten eigentlichen monostabilen Kippstufen gibt es als Sonderfall die *nachtriggerbaren monostabilen Kippstufen*.

Grundsatz
Bei nachtriggerbaren monostabilen Kippstufen kann die Verweilzeit im nichtstabilen Zustand durch weitere Steuerimpulse verlängert werden.

Ist eine solche monostabile Kippstufe in den nichtstabilen Zustand geschaltet oder, anders ausgedrückt, getriggert worden, beginnt die Verweilzeit t_Q zu laufen. Kommt während der Zeit t_Q ein weiterer Steuerimpuls, beginnt die Zeit t_Q erneut zu laufen. Der neue Steuerimpuls löst eine weitere Verweilzeit t_Q aus. In Bild 7.110 ist ein Zeitablaufplan einer nachtriggerbaren monostabilen Kippstufe dargestellt.

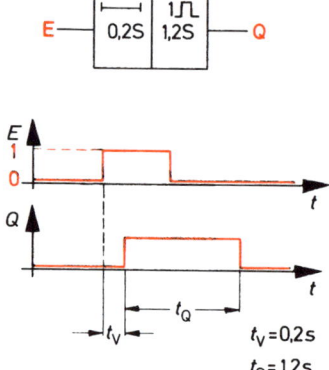

Bild 7.109
Schaltzeichen und Zeitablaufdiagramm einer monostabilen Kippstufe mit einer Verzögerungszeit t_V von 0,2 s und einer Verweilzeit t_Q von 1,2 s

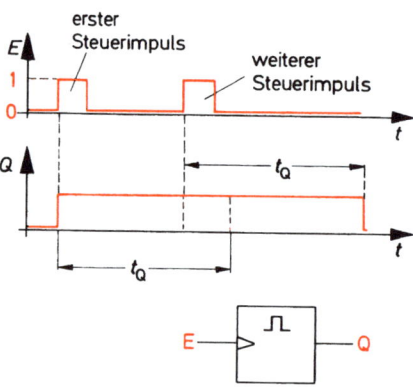

Bild 7.110
Schaltzeichen und Zeitablaufplan einer nachtriggerbaren monostabilen Kippstufe (Steuerung mit ansteigender Flanke)

Das Schaltzeichen für eine nachtriggerbare monostabile Kippstufe ist mit DIN 40 900 Teil 12 eingeführt worden. Es entspricht dem Schaltzeichen für eine nicht-nachtriggerbare monostabile Kippstufe bis auf die 1 vor dem Impulszeichen (Bild 7.110). Der früher verwendete Buchstabe N entfällt.

Die Hersteller integrierter Schaltungen bieten verschiedene monostabile Kippstufen an. Als Beispiel soll hier nur eine Schaltung angeführt werden. Die integrierte Schaltung 74 121 ist gemäß Bild 7.111 aufgebaut. Sie enthält ein ODER-Gatter mit invertierenden Eingängen. Über ein UND-Gatter wird die eigentliche monostabile Kippstufe angesteuert, die bei ansteigender Signalflanke schaltet. Der Eingang B ist ein Schmitt-Trigger-Eingang. Über diesen Eingang kann mit langsam ansteigenden Signalen (bis ca. 1 V/s) gesteuert werden.

Ändert sich an einem der A-Eingänge das Signal von 1 auf 0, so wechselt das Ausgangssignal des ODER-Gatters von 0 auf 1. Liegt am Eingang B Signal 1, ändert sich auch das Ausgangssignal des UND-Gatters von 0 auf 1. Die monostabile Kippstufe wird in den nichtstabilen Zustand gekippt. Von den A-Eingängen her wird die monostabile Kippstufe also mit abfallender Flanke gesteuert, wenn B = 1 ist. Ist B = 0, bewirken Signaländerungen an den A-Eingängen gar nichts.

Soll über den B-Eingang gesteuert werden, muss einer der A-Eingänge auf 0 liegen. Am Ausgang des ODER-Gatters liegt dann 1. Am Eingang B kann nun das Signal langsam ansteigen. Wird der Schwellwert des Schmitt-Triggers überschritten, wechselt sein Ausgangssignal von 0 auf 1. Ebenfalls wechselt dann das Ausgangssignal des UND-Gatters von 0 auf 1, und die monostabile Kippstufe kippt in den nichtstabilen Zustand.

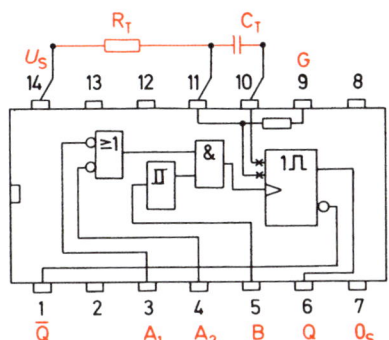

Bild 7.111
Aufbau einer
TTL-Schaltung 74 121

Die Bauelemente zur Festlegung der Verweilzeit t_Q sind der Widerstand R_T und der Kondensator C_T. Der Kondensator kommt an die Anschlüsse 10 und 11 (Pluspol an 11). Der Widerstand kommt an die Anschlüsse 11 und 14 (Bild 7.113). Ein Betrieb ohne externe Bauelemente ist möglich. Verbindet man den im Inneren des IC enthaltenen Widerstand von 2 kΩ (Anschluss 9) mit dem Anschluss 14 und lässt die Anschlüsse 10 und 11 offen, ergibt sich eine Verweilzeit von 30 ns.

Die integrierte Schaltung 74 121 gehört zur TTL-Schaltkreisfamilie. Sie ist für eine Speisespannung von 5 V ausgelegt und hat die sonst üblichen Daten dieser Schaltkreisfamilie, die den Datenbüchern der Hersteller entnommen werden können.

7.9 Verzögerungsgatter

Verzögerungsgatter haben die Aufgabe, Signale zu verzögern. Erfolgt am Eingang eines Verzögerungsgatters ein Signalübergang von 0 auf 1, so wird eine bestimmte Zeit t_1 später das Ausgangssignal dieses Gatters von 0 auf 1 wechseln. Eine Signaländerung von 1 auf 0 am Eingang bewirkt nach einer Zeit t_2 eine Signaländerung von 1 auf 0 am Ausgang. Für Verzögerungsgatter gelten die Schaltzeichen Bild 7.112. Das obere Schaltzeichen kennzeichnet Verzögerungsgatter allgemein. Das untere Schaltzeichen enthält die Zeiten t_1 und t_2. Für t_1 und t_2 können die tatsächlichen Verzögerungszeiten stehen.

Definition
Die Verzögerungszeit t_1 gibt an, um welche Zeit ansteigende Signalflanken verzögert werden.

Definition
Die Verzögerungszeit t_2 gibt an, um welche Zeit abfallende Signalflanken verzögert werden.

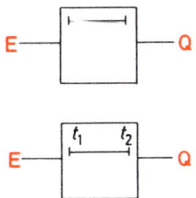

Bild 7.112
Schaltzeichen von Verzögerungsgattern

Das Verzögerungsgatter in Bild 7.113 hat eine Verzögerungszeit t_1 von 2 ms und eine Verzögerungszeit t_2 von 4 ms. Das zugehörige Zeitablaufdiagramm veranschaulicht die Verzögerungen. Sind die Verzögerungszeiten t_1 und t_2 gleich groß, so genügt die Angabe einer Zeit im Schaltzeichen (Bild 7.114).

Häufig benötigt man sogenannte *Einschalt-Verzögerungsgatter*. Diese Gatter verzögern die ansteigende Signalflanke um eine bestimmte Zeit t_1. Die abfallende Signalflanke wird nicht verzögert, t_2 ist also 0 (Bild 7.115).

Außer den Einschalt-Verzögerungsgatter gibt es auch *Ausschalt-Verzögerungsgatter*. Diese verzögern die ansteigende Signalflanke nicht. Die abfallende Signalflanke wird um die Zeit t_2 verzögert (Bild 7.116).

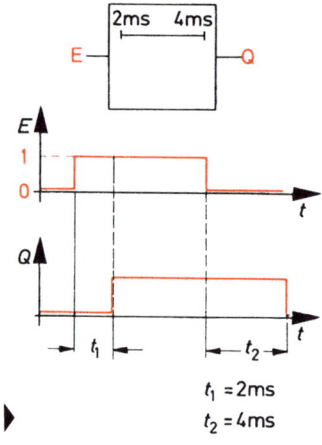

Bild 7.113
Verzögerungsgatter mit Zeitablaufdiagramm

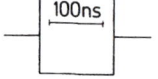

Bild 7.114
Verzögerungsgatter mit einer Verzögerung von $t_1 = t_2 = 100$ ns

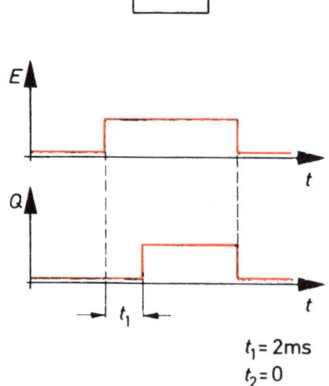

Bild 7.115
Einschalt-Verzögerungsgatter mit Zeitablaufdiagramm

Verzögerungsgatter 231

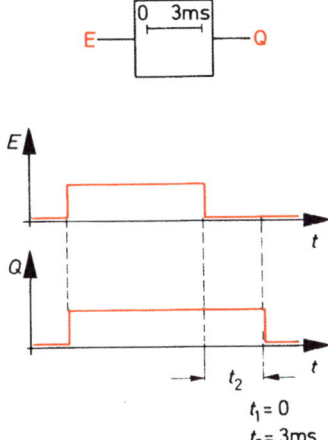

Bild 7.116
Ausschalt-Verzögerungsgatter
mit Zeitablaufdiagramm

$t_1 = 0$
$t_2 = 3\,\text{ms}$

Es werden auch Verzögerungsgatter mit mehreren verschiedenen Verzögerungszeiten gebaut. Diese Gatter heißen *Verzögerungsgatter mit Abgriffen*. Bild 7.117 zeigt den Aufbau und das Schaltzeichen eines solchen Verzögerungsgatters. Ein Verzögerungsgatter mit Abgriffen ist aus mehreren einfachen Verzögerungsgatter aufgebaut.

Verzögerungsgatter werden als integrierte Schaltungen hergestellt. Sie können aber auch mit monostabilen Kippstufen und Verknüpfungsgatter aufgebaut werden. Bild 7.118 zeigt den Aufbau eines Einschalt-Verzögerungsgatters mit zugehörigem Zeitablauf-Diagramm. Es vergeht eine gewisse, wenn auch kurze Zeit (etwa 10 ns), bis die monostabile Kippstufe geschaltet hat. Das Signal [X] ist noch 1, wenn die ansteigende Flanke des Eingangssignals kommt. Dadurch entsteht ein meist unerwünschter Nadelimpuls am Ausgang Q. Dieser Nadelimpuls wird durch Einschalten von 2 NICHT-Gattern gemäß Bild 7.119 verhindert. Jedes NICHT-Gatter hat eine Signallaufzeit von etwa 10 ns, so dass die ansteigende Flanke des Eingangssignals 20 ns später am Eingang des UND-Gatters erscheint.

Ein Ausschalt-Verzögerungsgatter ist gemäß Bild 7.120 aufgebaut. Auch hier werden die beiden NICHT-Gatter zur Laufzeitverzögerung benötigt.

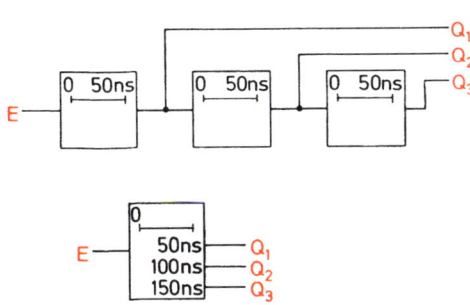

Bild 7.117
Aufbau eines Ausschalt-
Verzögerungsgatters mit Abgriffen

Zeitabhängige binäre Schaltungen

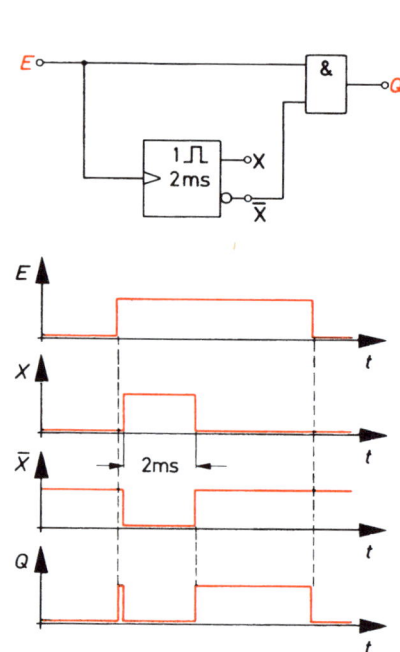

Bild 7.118 Aufbau eines Einschalt-Verzögerungsgatters

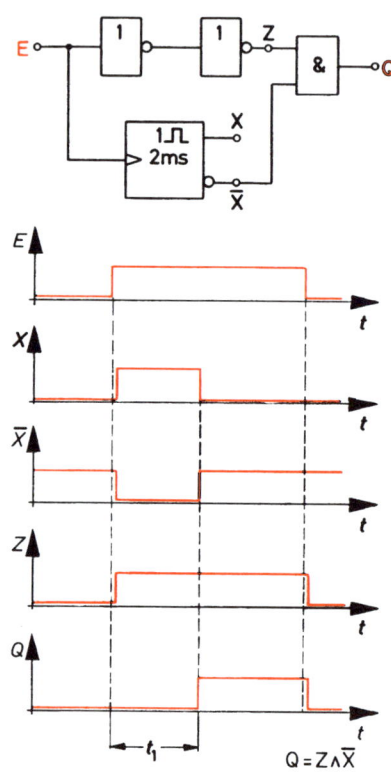

Bild 7.119 Aufbau eines Einschalt-Verzögerungsgatters

$Q = Z \wedge \overline{X}$

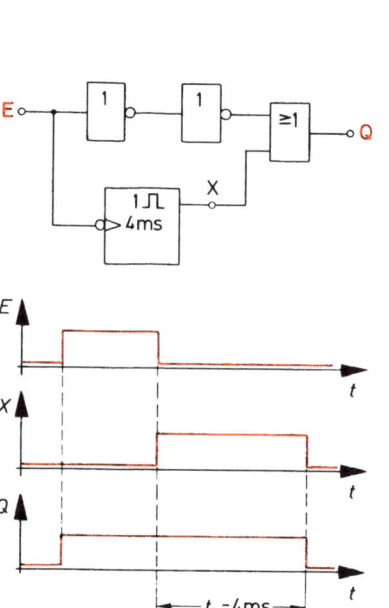

Bild 7.120
Aufbau eines Ausschalt-Verzögerungsgatters

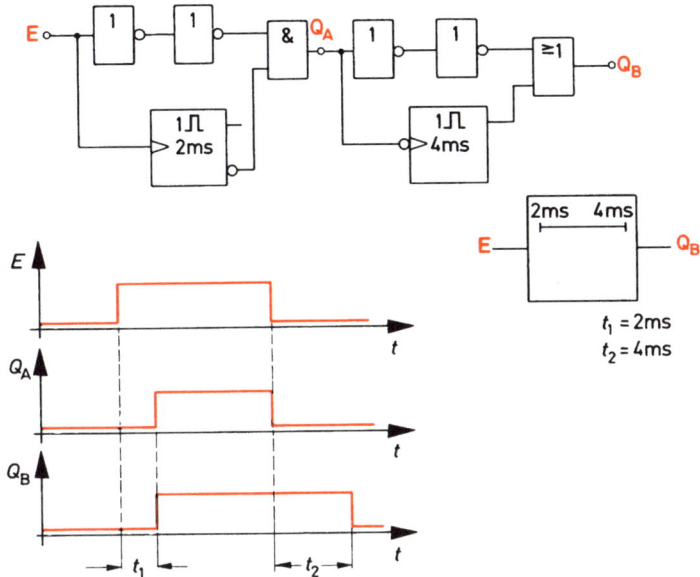

Bild 7.121 Verzögerungsgatter mit Einschalt- und Ausschaltverzögerung

Wünscht man eine Einschaltverzögerung und eine Ausschaltverzögerung, kann man ein Einschalt-Verzögerungsgatter und ein Ausschalt-Verzögerungsgatter hintereinander schalten (Bild 7.121). Die gewünschten Verzögerungszeiten kann man durch Beschalten der monostabilen Kippstufen mit externen Bauteilen (siehe Abschnitt 7.8) erreichen.

7.10 Lernziel-Test

1. Welche Bedeutung hat das Schaltzeichen Bild 7.122?

Bild 7.122
Schaltzeichen

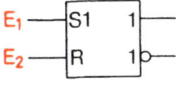

2. Wodurch unterscheidet sich ein taktzustandsgesteuertes Flipflop von einem taktflankengesteuerten Flipflop?
3. Ein mit abfallender Flanke schaltendes SR-Flipflop soll durch äußere Beschaltung in ein JK-Flipflop umgewandelt werden, das mit ansteigender Flanke schaltet. Zur Verfügung stehen beliebige Verknüpfungsgatter. Gesucht ist die Schaltung.
4. Wie arbeitet ein taktzustandsgesteuertes SR-Flipflop mit dominierendem S-Eingang? Geben Sie die Wahrheitstabelle an. Wie sieht das zugehörige Schaltzeichen aus?
5. Erläutern Sie die Arbeitsweise einer monostabilen Kippstufe.
6. Gesucht ist das Zeitablauf-Diagramm einer monostabilen Kippstufe, die mit abfallender Signalflanke schaltet und eine Verweilzeit von 4 ms hat.

7. Welche Bedeutung hat folgende Gleichung?

$$Q_{1(n+1)} = [(J \wedge \bar{Q}_1) \vee ([\bar{K}] \wedge Q_1)]_n$$

8. In Bild 7.123 ist die Wahrheitstabelle eines Flipflops angegeben. Stellen Sie die ausführliche Wahrheitstabelle auf und leiten Sie die charakteristische Gleichung für dieses Flipflop ab. Wie wird dieses Flipflop genannt?

Fall	t_n		t_{n+1}
	E_2	E_1	Q_1
1	0	0	Q_{1n}
2	0	1	Q_{1n}
3	1	0	0
4	1	1	1

Bild 7.123
Wahrheitstabelle eines Flipflops

9. Was versteht man unter einem Master-Slave-Flipflop?
10. Erklären Sie die Bedeutung der Eingänge und die Arbeitsweise des in Bild 7.124 dargestellten Flipflops.

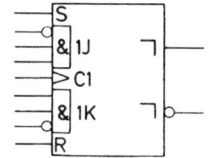

Bild 7.124
Schaltzeichen eines Flipflops

11. Geben Sie die Wahrheitstabelle eines einflankengesteuerten D-Flipflops an.
12. Aus 2 JK-Flipflops, die mit ansteigender Flanke schalten, ist ein T-Master-Slave-Flipflop aufzubauen. Gesucht ist die Schaltung.
13. Geben Sie für das Zeitablauf-Diagramm Bild 7.125 den Verlauf des Ausgangssignals Q_1 an,
    a) wenn das Flipflop mit ansteigender Taktflanke schaltet, und
    b) wenn das Flipflop mit abfallender Taktflanke schaltet.

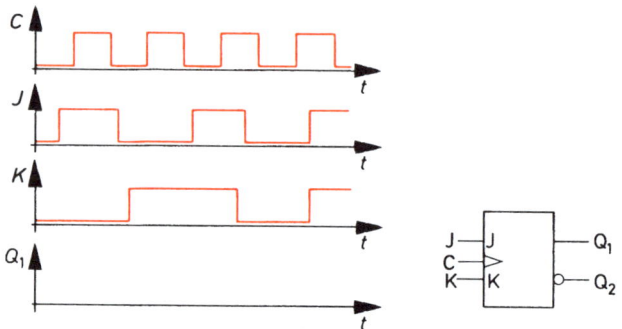

Bild 7.125 Zeitablauf-Diagramm

14. Welche Schaltung wird durch das Schaltzeichen Bild 7.126 dargestellt? Wie arbeitet diese Schaltung? Geben Sie das zu dieser Schaltung gehörende Zeitablauf-Diagramm maßstäblich an.

Bild 7.126
Schaltzeichen

15. Ein taktzustandsgesteuertes SR-Flipflop soll mit NAND-Gattern aufgebaut werden. Entwickeln Sie die Schaltung.
16. Was versteht man unter Abhängigkeitsnotation bei Flipflop-Schaltzeichen? Geben Sie ein Beispiel an.
17. Welche Signale Q_1 ergeben sich bei den Eingangssignalen gemäß Bild 7.127 für die Flipflops I und II? Zeichnen Sie die zeitlichen Signalverläufe.

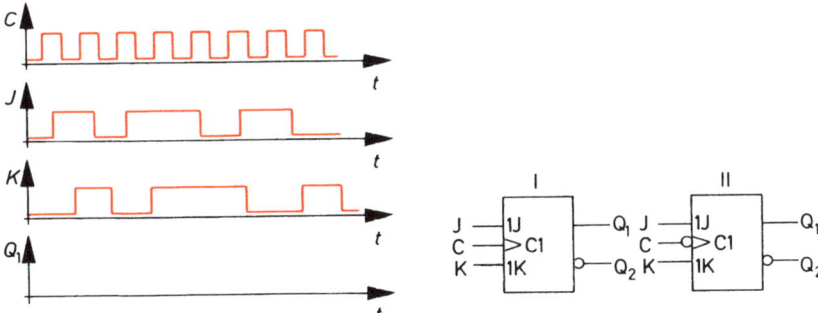

Bild 7.127 Zeitablauf-Diagramm

18. Ein Verzögerungsgatter gemäß Bild 7.128 soll mit monostabilen Kippstufen, die mit ansteigender Signalflanke schalten, und mit beliebigen Verknüpfungsgatter hergestellt werden. Geben Sie eine mögliche Schaltung an. Welche Verweilzeiten müssen die Monoflops haben?

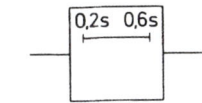

Bild 7.128
Schaltzeichen eines Verzögerungsgatters

8 Binäre Codes und Zahlensysteme

8.1 Allgemeines

Mit Hilfe digitaler Schaltungen soll gezählt und gerechnet werden. Es ist daher erforderlich, alle Dezimalziffern und alle benötigten Zahlen durch 0 und 1 darzustellen. Eine Darstellung mit nur zwei Zeichen wird *binäre Darstellung* genannt.

Definition
   Codes, die nur 2 Zeichen verwenden, heißen binäre Codes.

Es lassen sich außerordentlich viele binäre Codes aufstellen. Angewendet werden jedoch nur einige wenige der vielen möglichen binären Codes. Binäre Codes haben allgemein eine festgelegte Stellenzahl. Jede Dezimalziffer wird in einem bestimmten Code durch eine Zahl sog. *binärer Stellen* dargestellt. Eine binäre Stelle kann 0 oder 1 sein. Sie wird als Bit bezeichnet (von engl.: *binary digit* = binäre Einheit).

Definition
   Unter einem Bit versteht man eine binäre Stelle. Diese kann 0 oder 1 sein.

Mit binären Codes werden vor allem Dezimalziffern und Dezimalzahlen ausgedrückt. Es hat sich jedoch als zweckmäßig erwiesen, auch andere Zahlensysteme zu verwenden. Von besonderer Bedeutung ist das *hexadezimale Zahlensystem*. Daneben wird das *oktale Zahlensystem* häufig verwendet. Eine besondere Bedeutung hat das *duale Zahlensystem*. Das duale Zahlensystem ist gleichzeitig ein binärer Code, da es nur die Ziffern 0 und 1 benötigt.

8.2 Duales Zahlensystem

8.2.1 Aufbau des dualen Zahlensystems

Alle üblichen Zahlensysteme sind sog. *Stellenwert-Systeme*. Bei Stellenwert-Systemen ist jeder Stelle innerhalb einer Zahl ein besonderer Vervielfachungsfaktor in Form einer Potenzzahl zugeordnet.

Beim dezimalen Zahlensystem ist jeder Stelle innerhalb einer Zahl eine Zehnerpotenz zugeordnet (Bild 8.1). Man benötigt die 0 und 9 Ziffern, um in der Einerspalte bis 9 zählen zu können. Die Zahl 10 wird dann durch eine 1 in der Zehnerspalte und durch eine 0 in der Einerspalte ausgedrückt.

Binäre Codes und Zahlensysteme

Tausender	Hunderter	Zehner	Einer
$\cdot 10^3$	$\cdot 10^2$	$\cdot 10^1$	$\cdot 10^0$
2	3	7	1

$$2 \cdot 10^3 + 3 \cdot 10^2 + 7 \cdot 10^1 + 1 \cdot 10^0$$
$$2000 + 300 + 70 + 1$$

Bild 8.1
Aufbau des dezimalen Zahlensystems

$\cdot 16$	$\cdot 8$	$\cdot 4$	$\cdot 2$	$\cdot 1$
$\cdot 2^4$	$\cdot 2^3$	$\cdot 2^2$	$\cdot 2^1$	$\cdot 2^0$
1	0	1	1	0

$$1 \cdot 16 + 0 \cdot 8 + 1 \cdot 4 + 1 \cdot 2 + 0 \cdot 1$$
$$16 + 0 + 4 + 2 + 0$$

Bild 8.2
Aufbau des dualen Zahlensystems

Stehen nur die Ziffern 0 und 1 zur Verfügung, so muss jeder Stelle innerhalb einer Zahl eine Zweierpotenz zugeordnet werden (Bild 8.2). In der ersten Spalte von rechts kann nur von 0...1 gezählt werden. Zur Darstellung der 2 muss die zweite Spalte von rechts verwendet werden. Die Zahl 2 wird durch eine 0 in der ersten Spalte von rechts und durch eine 1 in der zweiten Spalte von rechts dargestellt (Bild 8.3). Die Zahl 7 wird durch 111 dargestellt. Die erste 1 von rechts repräsentiert den Wert 1, die zweite 1 den Wert 2 und die dritte 1 den Wert 4. Damit ergibt sich $4 + 2 + 1 = 7$.

Dezimal-zahl	Dualzahl				
	$\cdot 16$	$\cdot 8$	$\cdot 4$	$\cdot 2$	$\cdot 1$
0					0
1					1
2				1	0
3				1	1
4			1	0	0
5			1	0	1
6			1	1	0
7			1	1	1
8		1	0	0	0
9		1	0	0	1
10		1	0	1	0
11		1	0	1	1
12		1	1	0	0
13		1	1	0	1
14		1	1	1	0
15		1	1	1	1
16	1	0	0	0	0
17	1	0	0	0	1
18	1	0	0	1	0
19	1	0	0	1	1
20	1	0	1	0	0
21	1	0	1	0	1
22	1	0	1	1	0
23	1	0	1	1	1
24	1	1	0	0	0

Bild 8.3 Dezimalzahlen und zugehörige Dualzahlen

8.2.2 Umwandlung von Dualzahlen in Dezimalzahlen

Die Umwandlung von Dualzahlen in Dezimalzahlen ist sehr einfach. Man verwendet zweckmäßigerweise eine Tabelle gemäß Bild 8.4. Diese Tabelle kann nach links beliebig erweitert werden.

Die Dualzahl wird in eine Tabelle nach Bild 8.4 eingetragen. Die Spalten, in denen eine 0 steht, brauchen nicht weiter beachtet zu werden. Wichtig sind die Spalten, in denen eine 1 steht. Die erste Dualzahl in Bild 8.4 hat eine 1 in der Spalte 2^5. Diese 1 stellt den Wert von 32 dar. Eine weitere 1 steht in der Spalte 2^2. Diese 1 hat den Wert 4. Der Gesamtwert der Dualzahl beträgt also 32 + 4 = 36.

Die zweite Dualzahl hat eine 1 in Spalte 2^7. Diese 1 ist 128 wert. Eine weitere 1 steht in Spalte 2^5. Diese 1 ist 32 wert. Die beiden weiteren Einsen haben die Werte 4 und 2. Der Gesamtwert der Dualzahl ist also 128 + 32 + 4 + 2 = 166.

Die Werte der dritten und der vierten Dualzahl in Bild 8.4 sollen nun bestimmt werden. Für die dritte Dualzahl muss sich der Wert 1633 ergeben. Die vierte Dualzahl hat den Wert 752.

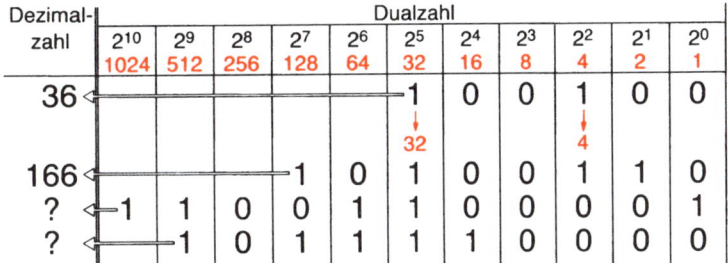

Bild 8.4   Tabelle zur Umwandlung von Dualzahlen in Dezimalzahlen

8.2.3 Umwandlung von Dezimalzahlen in Dualzahlen

Die Umwandlung von Dezimalzahlen in Dualzahlen kann ebenfalls durch eine Tabelle erfolgen. Die Tabelle muss eine genügend große Anzahl von Spalten haben. Bei der Umwandlung bestimmt man zunächst die Eins mit dem größtmöglichen Spaltenwert, danach die Einsen mit den kleineren Spaltenwerten. Der Gesamtwert der Dezimalzahl wird auf verschiedene Spaltenwerte aufgeteilt. Dies soll an einem Beispiel gezeigt werden.

Die Dezimalzahl 900 soll in eine Dualzahl umgewandelt werden. Eine 1 mit dem Wert 1024 kommt nicht in Frage, da die Dezimalzahl nur den Wert 900 hat. Wir können uns eine 1 in der Spalte 2^9 «leisten». Diese hat einen Wert von 512. Von den 900 sind jetzt 512 «verbraucht». Es steht noch ein Rest von 388 zur Verfügung. Eine weitere 1 in der Spalte 2^8 «kostet» 256. Jetzt beträgt der Rest nur noch 388 – 256 = 132. Die 1 in Spalte 2^7 «kostet» 128, so dass nur noch ein Rest von 4 übrig bleibt. Der Rest von 4 ergibt eine 1 in der Spalte 2^2. Die anderen Spalten bekommen eine 0. Damit ist die Dezimalzahl 900 in die Dualzahl 1110000100 umgewandelt. Man kann eine Probe machen, indem man die Dualzahl in die Dezimalzahl zurückverwandelt.

Dezimal-	Dualzahl										
zahl	2^{10}	2^9	2^8	2^7	2^6	2^5	2^4	2^3	2^2	2^1	2^0
	1024	512	256	128	64	32	16	8	4	2	1
900		1	1	1	0	0	0	0	1	0	0
1300	1	0	1	0	0	0	1	0	1	0	0
1877	1	1	1	0	1	0	1	0	1	0	1

```
 900      1300      1877       85
-512     -1024     -1024      -64
 388      276       853        21
-256     -256      -512       -16
 132       20       341         5
-128      -16      -256        -4
   4        4        85         1
  -4       -4                  -1
   0        0                   0
```

Bild 8.5 Tabelle zur Umwandlung von Dezimalzahlen in Dualzahlen

Die Dezimalzahlen 1300 und 1877 sollen nun in Dualzahlen umgewandelt werden. Man erhält folgende Ergebnisse:

1300 = 10100010100
1877 = 11101010101

8.2.4 Dualzahlen mit Kommastellen

Dualzahlen können auch mit Ziffern nach dem Komma geschrieben werden. Der 1. Stelle rechts vom Komma ist als Stellenwert die Zweierpotenz 2^{-1} zugeordnet. Die 2. Stelle rechts vom Komma hat den Stellenwert 2^{-2}. Bild 8.6 zeigt die Zuordnung der Zweierpotenzen zu den Stellen rechts vom Komma.
Dualzahlen mit Kommastellen werden auf die gleiche Weise in Dezimalzahlen umgerechnet wie Dualzahlen ohne Kommastellen. Entsprechend kann man auch Dezimalzahlen mit Kommastellen in Dualzahlen umrechnen.

Dezimal-	Dualzahl							
zahl	2^3	2^2	2^1	2^0	2^{-1}	2^{-2}	2^{-3}	2^{-4}
	8	4	2	1	0,5	0,25	0,125	0,0625
4,25		1	0	0,	0	1		
11,5625	1	0	1	1,	1	0	0	1

Bild 8.6 Darstellung mit Kommastellen

Duales Zahlensystem

Beispiel

Dezimalzahl	2^5	2^4	2^3	2^2	2^1	2^0	2^{-1}	2^{-2}	2^{-3}	2^{-4}
	32	16	8	4	2	1	0,5	0,25	0,125	0,0625
22,6875		1	0	1	1	0	1	0	1	1

```
    22,6875
  − 16
     6,6875
  −  4
     2,6875
  −  2
     0,6875
  −  0,5
     0,1875
  −  0,125
     0,0625
  −  0,0625
     0,0
```

Es kann sein, dass eine Dezimalzahl mit Kommastellen sich nicht ohne Rest in eine Dualzahl mit Kommastellen umwandeln lässt. Man muss dann entscheiden, auf wie viele Stellen nach dem Komma man die Dualzahl berechnen will, und nach Erreichen dieser Stellenzahl die Umrechnung abbrechen. Zur Erleichterung der Umrechnung dient die Tabelle Bild 8.7.

$2^0 =$ 1
$2^1 =$ 2 $2^{-1} = 0,5$
$2^2 =$ 4 $2^{-2} = 0,25$
$2^3 =$ 8 $2^{-3} = 0,125$
$2^4 =$ 16 $2^{-4} = 0,062\,5$
$2^5 =$ 32 $2^{-5} = 0,031\,25$

$2^6 =$ 64 $2^{-6} = 0,015\,625$
$2^7 =$ 128 $2^{-7} = 0,007\,812\,5$
$2^8 =$ 256 $2^{-8} = 0,003\,906\,25$
$2^9 =$ 512 $2^{-9} = 0,001\,953\,125$
$2^{10} =$ 1 024 $2^{-10} = 0,000\,976\,562\,5$

$2^{11} =$ 2 048 $2^{-11} = 0,000\,488\,281\,25$
$2^{12} =$ 4 096 $2^{-12} = 0,000\,244\,140\,625$
$2^{13} =$ 8 192 $2^{-13} = 0,000\,122\,070\,312\,5$
$2^{14} =$ 16 384 $2^{-14} = 0,000\,061\,035\,156\,25$
$2^{15} =$ 32 768 $2^{-15} = 0,000\,030\,517\,578\,125$

$2^{16} =$ 65 536
$2^{17} =$ 131 072
$2^{18} =$ 262 144
$2^{19} =$ 524 288
$2^{20} =$ 1 048 576

$2^{21} =$ 2 097 152
$2^{22} =$ 4 194 304
$2^{23} =$ 8 388 608
$2^{24} =$ 16 777 216
$2^{25} =$ 33 554 432

Bild 8.7
Tabelle der Zweierpotenzen

8.2.5 Addition von Dualzahlen

Dualzahlen werden in ähnlicher Weise addiert wie Dezimalzahlen. Es gelten folgende Regeln:

0 + 0 = 0
0 + 1 = 1
1 + 0 = 1
1 + 1 = 10
1 + 1 + 1 = 11

In einem Arbeitsgang werden immer nur 2 Zahlen addiert. Soll eine Summe aus vielen Zahlen gebildet werden, so addiert man zunächst die 1. und die 2. Zahl. Zum Ergebnis wird dann die 3. Zahl addiert. Zu dem dann gefundenen Ergebnis wird die 4. Zahl addiert und so weiter, bis alle Zahlen addiert sind. Eine Kolonnen-Addition wie bei Dezimalzahlen ist bei Dualzahlen nicht üblich. Sie ist prinzipiell möglich, bringt aber einige Schwierigkeiten mit dem Übertrag.
   Die beiden zu addierenden Zahlen werden stellenrichtig übereinander geschrieben. Dann werden die beiden Ziffern der Spalte mit der kleinsten zugeordneten Zweierpotenz addiert. Ergibt sich ein Übertrag, so wird dieser der nächsten Spalte zugeschrieben und bei der Addition dieser Spalte berücksichtigt. Mit Übertrag sind also dann drei Dualziffern zu addieren. Es wird eine Spalte nach der anderen von rechts nach links addiert, bis alle vorhandenen Ziffern addiert sind.

 Beispiel

$$
\begin{array}{ccccc}
2^4 & 2^3 & 2^2 & 2^1 & 2^0 \\
16 & 8 & 4 & 2 & 1 \\
\hline
 & & 1 & 1 & & \text{Übertrag} \\
 & 1 & 0 & 1 & 1 & \text{1. Zahl} \\
1 & 0 & 0 & 1 & 1 & \text{2. Zahl} \\
\hline
1 & 1 & 1 & 1 & 0 &
\end{array}
$$

Wandelt man die Dualzahlen in Dezimalzahlen um, so kann man leicht die Richtigkeit der durchgeführten Addition überprüfen.

$$
\begin{array}{ccccc}
 & 1 & 0 & 1 & 1_{(2)} \Rightarrow 11_{(10)} \\
1 & 0 & 0 & 1 & 1_{(2)} \Rightarrow 19_{(10)} \\
\hline
1 & 1 & 1 & 1 & 0_{(2)} \Rightarrow 30_{(10)}
\end{array}
$$

Die in Klammern tiefgesetzte 2 kennzeichnet eine Zahl als Dualzahl. Eine Zahl mit einer in Klammern tiefgesetzten 10 ist eine Dezimalzahl. Diese Kennzeichnung ist nur vorzunehmen, wenn Missverständnisse auftreten können.

8.2.6 Subtraktion von Dualzahlen

8.2.6.1 Direkte Subtraktion

Eine Dualzahl kann man ähnlich wie vom Dezimalsystem her bekannt von einer anderen Dualzahl abziehen. Dies ist die normale Subtraktion. Für sie gelten folgende Regeln:

0 − 0 = 0
1 − 0 = 1
1 − 1 = 0

Die Subtraktion 0 − 1 führt zu einem negativen Ergebnis. Hier gibt es einige Schwierigkeiten.
Bei der direkten Subtraktion wird die abzuziehende Zahl (Subtrahend) stellenrichtig unter die Zahl geschrieben, von der abzuziehen ist (Minuend).

Beispiel

```
    1  1  0  1  1     Minuend
 −  1  0  0  0  1     Subtrahend
    ─────────────
       1  0  1  0     Differenz
```

Die Subtraktion beginnt man bei der Spalte mit der kleinsten zugeordneten Zweierpotenz, also ganz rechts. Die Ziffer des Subtrahenden wird von der Ziffer des Minuenden abgezogen (1 − 1 = 0 im vorstehenden Beispiel). Dann erfolgt die Subtraktion in der 2. Spalte von rechts (1 − 0 = 1), dann in der 3. Spalte von rechts usw. Das vorstehende Beispiel bereitet keine Schwierigkeit, da niemals 0 − 1 zu rechnen ist. Im folgenden Beispiel ist es jedoch anders:

Beispiel

```
         ┌10
    1  ①  0  1  1        27
 −        1  1  1       − 7
    ─────────────        ────
    1  0  1  0  0        20
```

Um die Subtraktion in der 3. Spalte von rechts vornehmen zu können, ist die 1 aus der 4. Spalte zu «entleihen». Man rechnet: 10 − 1 = 1. Die rot eingekreiste 1 ist damit zu 0 geworden.

8.2.6.2 Subtraktion durch Addition des Komplements

In der Computertechnik wird die Subtraktion überwiegend durch Addition des Komplements der abzuziehenden Zahl vorgenommen.

Binäre Codes und Zahlensysteme

Eine Subtraktion durch Addition des Komplements ist auch im Dezimalsystem möglich. Der Kilometerzähler eines Autos möge 95 000 anzeigen (Bild 8.8). Wird das Auto weitere 15 000 km gefahren, so zeigt der Kilometerzähler 10 000 an. Die gleiche Zahl ergibt sich, wenn man von 95 000 die Zahl 85 000 abzieht. Die Zahl 15 000 wird Komplement zur Zahl 85 000 genannt. Das Ganze funktioniert natürlich nur, wenn der sich bei der Addition des Komplements ergebende Übertrag in die 6. Stelle vernichtet bzw. nicht angezeigt wird. Der Kilometerzähler in Bild 8.8 darf also nicht sechsstellig sein. In der Computertechnik lässt sich die Unterdrückung des Übertrages sehr einfach verwirklichen.

Bei 5-stelliger Darstellung im Dezimalsystem ergänzen sich Komplement und abzuziehende Zahl zu 100 000, also zu 10^5. Bei 6-stelliger Darstellung ergänzen sich Komplement und abzuziehende Zahl zu 10^6. Allgemein gilt:

Definition
Im Dezimalsystem ergänzen sich Komplement und abzuziehende Zahl bei n-stelliger Darstellung zu 10^n.

Das so gefundene Komplement wird B-Komplement genannt. Im Dualsystem lässt sich die Subtraktion durch Addition des Komplements entsprechend durchführen.

Beispiel

```
                                        ✗ 1 1 1   Übertrag
 1 1 1 1    15     1 1 1 1     1 1 1 1
   1 1 1   − 7   + [  ?  ]   + 1 0 0 1
 ─────── ────    ───────     ─────────
 1 0 0 0     8     1 0 0 0    1 0 0 0 0
```

Im vorstehenden Beispiel ist von der Zahl 15 die Zahl 7 abzuziehen. Das Ergebnis ist 8. Welche Zahl muss zu $15_{(10)} = 1111_{(2)}$ addiert werden, damit sich $8_{(10)} = 1000_{(2)}$ ergibt, wenn der Übertrag in die 5. Stelle vernichtet wird? Durch Probieren findet man die Zahl $1001_{(2)} = 9_{(10)}$. Diese Zahl ist das Komplement zu $111_{(2)} = 7_{(10)}$.

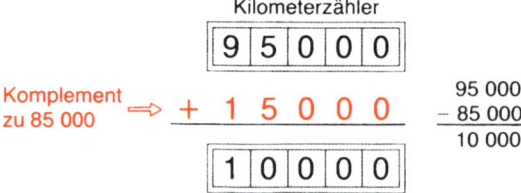

Bild 8.8 Subtraktion durch Addition des Komplements

Bei 4-stelliger Darstellung ergänzen sich also abzuziehende Zahl und Komplement zu $16 = 2^4$. Bei 5-stelliger Darstellung müssten sich demnach Komplement und abzuziehende Zahl zu $2^5 = 32$ ergänzen. Das folgende Beispiel zeigt, dass das auch der Fall ist. Komplement (25) und abzuziehende Zahl (7) ergänzen sich zu 32.

Duales Zahlensystem

Beispiel

$$
\begin{array}{r}
1\ 0\ 1\ 1\ 1 = 23 \\
1\ 1\ 1 = 7 \\
\hline
1\ 0\ 0\ 0\ 0 = 16
\end{array}
\qquad + \quad
\begin{array}{r}
1\ 1\ 1\ 1 \\
1\ 0\ 1\ 1\ 1 \\
1\ 1\ 0\ 0\ 1 = 25 \\
\hline
1\ 0\ 0\ 0\ 0
\end{array}
$$

Man kann also allgemein sagen:

Definition

Im Dualsystem ergänzen sich Komplement und abzuziehende Zahl bei n-stelliger Darstellung zu 2^n.

Will man das Komplement einer abzuziehenden Zahl finden, so muss man zunächst wissen, mit wie vielen Stellen gearbeitet werden soll. In der Computertechnik ist die Stellenzahl vorgegeben. Für unsere Überlegungen nehmen wir eine Stellenzahl von 6 an. Hat die abzuziehende Zahl weniger als 6 Stellen, so muss sie durch vorzusetzende Nullen auf 6 Stellen erweitert werden.

Beispiel

$\underline{0\ 0\ 0}\ 1\ 1\ 1$

Erweiterung

Bei 6 Stellen ergänzen sich Komplement und abzuziehende Zahl zu $2^6 = 64$. Ist die abzuziehende Zahl 7, so muss das Komplement 57 sein.
Invertiert man nun die erweiterte Zahl, schreibt man also für jede 0 eine 1 und für jede 1 eine 0, so erhält man eine Zahl, die nur um 1 kleiner ist als das gesuchte Komplement. Es ergibt sich die Zahl 56.

Beispiel

Das ist kein Zufall, sondern gilt allgemein, wie man an weiteren Beispielen leicht nachprüfen kann.

Definition

Invertiert man die auf die volle Stellenzahl erweiterte abzuziehende Zahl, so erhält man eine Zahl, die um 1 kleiner ist als das Komplement der abzuziehenden Zahl.

Die invertierte abzuziehende Zahl wird oft als *Einerkomplement* bezeichnet. Wenn man zu dem Einerkomplement 1 hinzuaddiert, erhält man das gesuchte Komplement. Dieses wird auch *Zweier*komplement genannt.

Definition

Bilden des Komplements im Dualsystem (Zweierkomplement):
1. Abzuziehende Zahl auf volle Stellenzahl durch Vorsetzen von Nullen erweitern
2. Abzuziehende Zahl invertieren (negieren)
3. Zur invertierten Zahl 1 addieren.

Die Richtigkeit dieses Verfahrens soll an folgenden Beispielen gezeigt werden.

Beispiel

(6-stellige Darstellung)

```
    1 0 1 1 1 1 = 47
  −   1 1 0 1 1 = 27
          ?
```

```
  0 1 1 0 1 1    abzuziehende Zahl
  ↓ ↓ ↓ ↓ ↓ ↓
  1 0 0 1 0 0    invertierte abzuziehende Zahl
            + 1
  1 0 0 1 0 1    Komplement
```

Übertrag   ̸1   1 1 1
                     | 1 0 1 1 1 1 | = 47
Komplement   + | 1 0 0 1 0 1 |
Ergebnis: | 0 1 0 1 0 0 | = 20

Beispiel

(8-stellige Darstellung)

```
    1 0 1 1 1 1 = 47
  −   1 1 0 1 1 = 27
          ?
```

```
  0 0 0 1 1 0 1 1    abzuziehende Zahl
  ↓ ↓ ↓ ↓ ↓ ↓ ↓ ↓
  1 1 1 0 0 1 0 0    invertierte abzuziehende Zahl
                + 1
  1 1 1 0 0 1 0 1    Komplement
```

8.2.7 Negative Dualzahlen

Wie sieht es nun aus, wenn die abzuziehende Zahl größer ist als die Zahl, von der abgezogen werden soll? Selbstverständlich erhält man als Ergebnis eine negative Zahl.

Beispiel

```
   27             1 1 0 1 1
 − 47          − 1 0 1 1 1 1
 − 20
```

```
Komplementbildung:    1 0 1 1 1 1
                      ↓ ↓ ↓ ↓ ↓ ↓
(6 Stellen)           0 1 0 0 0 0
                                + 1
                      ─────────────
                      0 1 0 0 0 1    Komplement zu 47
```

```
                  1       1 1
                  0 1 1 0 1 1    Zahl, von der abgezogen wird
                + 0 1 0 0 0 1    Komplement
                ─────────────
               □ 1 0 1 1 0 0    Ergebnis
                │
           kein Übertrag in
           die 7. Stelle
```

Das Ergebnis ist eine negative Zahl. Man erkennt das daran, dass kein Übertrag in die 7. Stelle auftritt.

Definition

Wenn bei Addition des Komplements in n-stelliger Darstellung kein Übertrag in die Stelle $n+1$ auftritt, ist das Ergebnis eine negative Zahl.

Um den Betrag der negativen Zahl festzustellen, ist vom Ergebnis das Komplement – genauer das Zweierkomplement – zu bilden:

Beispiel

```
  1 0 1 1 0 0    Ergebnis
  ↓ ↓ ↓ ↓ ↓ ↓
  0 1 0 0 1 1
              + 1
  ─────────────
  0 1 0 1 0 0    Komplement des Ergebnisses
```

Das Komplement des Ergebnisses hat den Betrag 20.

248 Binäre Codes und Zahlensysteme

Man kann ebenfalls von der Zahl 0 eine bestimmte Zahl abziehen. Als Ergebnis erhält man die abzuziehende Zahl als negative Zahl.

 Beispiel

```
    0           0 0 0 0 0
  - 9         - 0 1 0 0 1
  ---         -----------
  - 9               ?
```

Komplementbildung: 0 1 0 0 1
                    ↓ ↓ ↓ ↓ ↓
                    1 0 1 1 0
                          + 1
                    ----
                    1 0 1 1 1   Komplement zu 9
                                 (5-stellige Darstellung)

Die Zahl 10111 muss als −9 angesehen werden. Bildet man von dieser Zahl erneut das Komplement, so erhält man den Betrag 9:

```
1 0 1 1 1
↓ ↓ ↓ ↓ ↓
0 1 0 0 0
      + 1
---------
0 1 0 0 1 = 9
```

 Definition
Das Komplement einer Zahl kann als negativer Wert dieser Zahl angesehen werden.

Durch Komplementbildung können positive Dualzahlen in negative Dualzahlen umgewandelt werden. Negative Dualzahlen sind jedoch nicht sofort als solche zu erkennen. Die für − 9 gefundene Zahl 10111 kann auch als positive Zahl 23 aufgefasst werden. Man muss eine Zahlendefinition vornehmen.

Eine mögliche Zahlendefinition zeigt Bild 8.9. Es fällt auf, dass die Stelle mit dem Spaltenwert 2^4 bei positiven Zahlen stets 0 und bei negativen Zahlen stets 1 ist.

 Definition
Bei der Darstellung negativer Zahlen ist die werthöchste Stelle stets 1.

Die werthöchste Stelle kann als *Vorzeichenstelle* angesehen werden.

 Definition
Positive Dualzahlen sind durch eine 0, negative Dualzahlen durch eine 1 in der 1. Stelle von links gekennzeichnet.

BCD-Code

Dezimalzahl	(2^4) (16)	2^3 8	2^2 4	2^1 2	2^0 1	
+9	0	1	0	0	1	positiver Bereich
+8	0	1	0	0	0	
+7	0	0	1	1	1	
+6	0	0	1	1	0	
+5	0	0	1	0	1	
+4	0	0	1	0	0	
+3	0	0	0	1	1	
+2	0	0	0	1	0	
+1	0	0	0	0	1	
0	0	0	0	0	0	
−1	1	1	1	1	1	negativer Bereich
−2	1	1	1	1	0	
−3	1	1	1	0	1	
−4	1	1	1	0	0	
−5	1	1	0	1	1	
−6	1	1	0	1	0	
−7	1	1	0	0	1	
−8	1	1	0	0	0	
−9	1	0	1	1	1	

Bild 8.9
Definition positiver und negativer Dualzahlen

Computer arbeiten bei der Zahlendarstellung stets mit festgelegter Stellenzahl, z.B. mit 6, 8, 16 oder 32 Stellen. Die mögliche werthöchste Stelle ist somit stets bekannt und kann als Vorzeichenstelle verwendet werden, ohne dass Irrtümer entstehen.

8.3 BCD-Code

Der BCD-Code ist dem dualen Zahlensystem eng verwandt. Die Buchstabenfolge BCD leitet sich von der englischen Bezeichnung «Binary Coded Decimals» ab. Die deutsche Übersetzung lautet: «binär codierte Dezimalziffern».

8.3.1 Zahlendarstellung im BCD-Code

Im BCD-Code wird jede Dezimalziffer durch 4 binäre Stellen, also durch 4 Bit, dargestellt. Eine Einheit von 4 binären Stellen wird *Tetrade* genannt (griechisch: *tetrade* = Vierergruppe).

Dezimalziffer	2^3 8	2^2 4	2^1 2	2^0 1	
0	0	0	0	0	Tetraden
1	0	0	0	1	
2	0	0	1	0	
3	0	0	1	1	
4	0	1	0	0	
5	0	1	0	1	
6	0	1	1	0	
7	0	1	1	1	
8	1	0	0	0	
9	1	0	0	1	
	1	0	1	0	Pseudotetraden
	1	0	1	1	
	1	1	0	0	
	1	1	0	1	
	1	1	1	0	
	1	1	1	1	

Bild 8.10
BCD-Code

Der BCD-Code ist in Bild 8.10 dargestellt. Jede Dezimalziffer wird als Dualzahl ausgedrückt. Von den insgesamt 16 möglichen Tetraden werden nur 10 Tetraden genutzt. 6 Tetraden dürfen im BCD-Code nicht auftreten. Sie werden *Pseudo-Tetraden* genannt. Für jede Ziffer einer mehrstelligen Dezimalzahl wird eine Tetrade benötigt.

Definition

Eine *n*-stellige Dezimalzahl wird im BCD-Code durch n-Tetraden dargestellt.

Beispiel

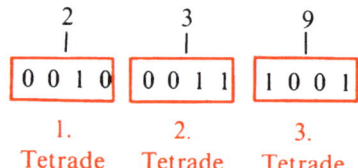

Beispiel

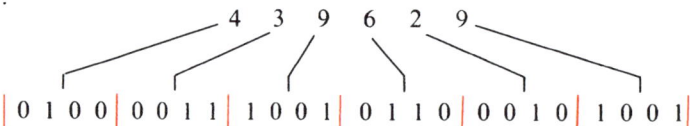

8.3.2 Addition im BCD-Code

Die Addition erfolgt im Prinzip wie beim dualen Zahlensystem. Sie ist völlig unproblematisch, solange das Ergebnis nicht in den Bereich der Pseudotetraden fällt.

Beispiel

```
  1 1
  0 0 1 1         3
+ 0 1 1 0       + 6
  ─────         ───
  1 0 0 1         9
```

Entsteht jedoch bei der Addition eine Pseudotetrade, so bedeutet das, dass die Summe größer als 9 ist, also durch 2 Tetraden dargestellt werden muss. In diesem Fall muss eine Korrektur-Addition vorgenommen werden. Zu der Pseudotetrade muss die Zahl $6_{(10)} = 0110_{(2)}$ addiert werden. Man erhält dann 2 Tetraden.

Beispiel

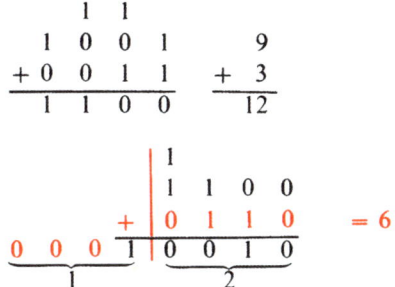

Beispiel

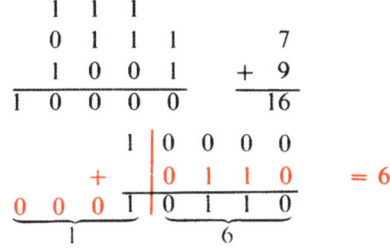

Allgemein gilt:

Definition
Ergibt sich bei der Addition von 2 BCD-Zahlen ein Ergebnis gleich oder größer als $10_{(10)}$, so ist zu diesem Ergebnis die Zahl $0110_{(2)}$ zur Korrektur zu addieren.

Bei der Addition von BCD-Zahlen, die aus mehreren Tetraden bestehen, ist die Addition tetradenweise von rechts nach links vorzunehmen. Ergibt sich bei der Addition von 2 Tetraden ein Übertrag in eine 5. Stelle, so ist dieser Übertrag der wertniedrigsten Stelle der nächsten Tetrade hinzuzurechnen. Die Korrektur-Addition von 0110 ist immer dann vorzunehmen, wenn das Ergebnis der Addition von 2 Tetraden gleich oder größer als 10 ist.

Beispiel
Entsteht bei der Korrektur-Addition von 0110 zu einer Pseudotetrade ein Übertrag in eine 5. Stelle, so ist dieser ebenfalls der wertniedrigsten Stelle der nächsten Tetrade hinzuzurechnen.

```
       1 1 1 1 ← 1
       0 1 1 1           1 0 0 0              78
     + 0 1 1 0         + 1 0 0 1            + 69
       -------           ---------           ----
       1 1 1 0           0 0 0 1             147

           1 1 1
           1 1 1 0       0 0 0 1
           0 1 1 0     + 0 1 1 0
   0 0 0 1 0 1 0 0       0 1 1 1
   -------  -------     --------
      1        4            7
```

Beispiel

```
    1 1 1 1
    0 1 0 1         0 1 1 1          57
    0 0 1 1       + 1 0 0 0        + 38
    -------         -------          ---
    1 0 0 1         1 1 1 1          95

      ↓                 1  1 1
                        1 1 1 1
                      + 0 1 1 0
                        -------
    1 0 0 1             0 1 0 1
    -------             -------
       9                   5
```

8.3.3 Subtraktion im BCD-Code

Die Subtraktion im BCD-Code wird auf die Addition eines Komplements zurückgeführt. Man unterscheidet das *Neunerkomplement* und das *Zehnerkomplement*.

Definition
Das Neunerkomplement K_9 einer BCD-Tetrade ist die Ergänzung des Tetraden-Wertes zu $1001_{(2)} = 9_{(10)}$.

Beispiel
Gesucht ist das Neunerkomplement von 0010.

```
    1 0 0 1           9
  - 0 0 1 0         - 2
    -------           ---
    0 1 1 1           7
```

Das Neunerkomplement K_9 zu $2_{(10)}$ ist $7_{(10)} = 0111_{(2)}$.

BCD-Code

Definition

Das Zehnerkomplement K_{10} einer BCD-Tetrade ist die Ergänzung des Tetraden-Wertes zu $1010_{(2)} = 10_{(10)}$.

Das Zehnerkomplement ist um 1 größer als das Neunerkomplement.

Beispiel

Gesucht ist das Zehnerkomplement von 0010.

```
  1 0 1 0         10
- 0 0 1 0       -  2
  1 0 0 0          8
```

Das Zehnerkomplement K_{10} zu $2_{(10)}$ ist $8_{(10)} = 1000_{(2)}$.

Soll von einer BCD-Tetrade A eine BCD-Tetrade B subtrahiert werden, so bildet man zunächst das Zehnerkomplement der BCD-Tetrade B. Dieses wird zur BCD-Tetrade A addiert.

Definition

Die Subtraktion im BCD-Code wird auf eine Addition des Zehnerkomplements der abzuziehenden Zahl zurückgeführt.

Ergibt sich eine Pseudotetrade, so wird die Korrektur-Addition von 0110 vorgenommen. Ein Übertrag in die 5. Stelle zeigt, dass das Ergebnis eine positive Zahl ist. Der Übertrag bleibt beim Ergebniswert unberücksichtigt.

Beispiel

```
A     1 0 0 1        9
B   - 0 1 1 1      - 7
        ?            2
```

K_{10} von $7_{(10)} = 0111_{(2)}$ ist $3_{(10)} = 0011_{(2)}$.

```
    1 1
    1 0 0 1
  + 0 0 1 1
    1 1 0 0    (Pseudotetrade)
```

Korrektur-Addition:
```
         1 1
       | 1 1 0 0
     + | 0 1 1 0
     1 | 0 0 1 0
             2
```
Ergebnis:

Negative BCD-Zahlen müssen als solche definiert werden. Ergibt sich bei einer Subtraktion eine negative Zahl, so ist diese nicht ohne weiteres als negative Zahl zu erkennen. Es muss ein besonderes Kennzeichen hinzukommen.

Definition
Ergibt sich bei der Addition des Zehnerkomplements zu einer BCD-Tetrade kein Übertrag in eine 5. Stelle, so ist das Ergebnis eine negative Zahl.

Beispiel

```
A    0 1 1 1         7
B  - 1 0 0 1        - 9
       ?           - 2
```

K_{10} von 9 ist 0001

```
    0 1 1 1   B
  + 0 0 0 1   K_{10}
    1 0 0 0   negative Zahl
```

Es ergibt sich kein Übertrag in eine 5. Stelle.

Das Ergebnis 1000 ist also eine negative Zahl. Um den Betrag dieser negativen Zahl ablesen zu können, ist eine Rückkomplementierung erforderlich. Der Betrag der negativen Zahl ist ihr Zehnerkomplement. Das Zehnerkomplement von 1000 ist also zu suchen.
K_{10} von $1000_{(2)} = 8_{(10)}$ ist $0010_{(2)} = 2_{(10)}$.
Der Betrag ist also 2. Das Ergebnis ist – 2.

8.4 Weitere Tetraden-Codes

Von den vielen Tetraden-Codes, die es außer dem BCD-Code noch gibt, sollen hier nur die 3 wichtigsten betrachtet werden. Die anderen Tetraden-Codes spielen eine untergeordnete Rolle und werden nur bei wenigen Spezialaufgaben eingesetzt.

8.4.1 3-Exzess-Code

Beim 3-Exzess-Code werden die ersten und die letzten 3 der 16 möglichen Tetraden nicht verwendet. Diese 6 Tetraden gelten als Pseudotetraden (Bild 8.11).
Fasst man die Tetraden des 3-Exzess-Codes als Dualzahlen auf, so stellt man fest, dass ihr Wert stets um 3 größer ist als der Wert der zugehörigen Dezimalziffer. Die Dezimalziffer 4 wird z.B. durch 0111, also durch die Dualzahl 7, dargestellt. Es ergibt sich ein symmetrischer Code (siehe Bild 8.11).
Wie beim BCD-Code wird jede Dezimalziffer durch eine Tetrade dargestellt.

Weitere Tetraden-Codes   255

Dezimalziffer	D	C	B	A	
	0	0	0	0	⎫
	0	0	0	1	⎬ Pseudotetrade
	0	0	1	0	⎭
0	0	0	1	1	
1	0	1	0	0	
2	0	1	0	1	
3	0	1	1	0	
4	0	1	1	1	Symmetrie
5	1	0	0	0	
6	1	0	0	1	
7	1	0	1	0	
8	1	0	1	1	
9	1	1	0	0	
	1	1	0	1	⎫
	1	1	1	0	⎬ Pseudotetrade
	1	1	1	1	⎭

Bild 8.11
3-Exzess-Code

Beispiel

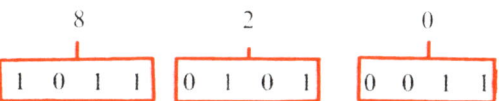

Von Vorteil ist, dass im 3-Exzess-Code die Tetrade 0000 nicht vorkommt. Da meist die Zuordnung $0 \triangleq 0$ V und $1 \triangleq U_S$ gilt, tritt die Tetrade 0000 bei Spannungsausfall auf. Ein weiterer Vorteil ist die einfache Neunerkomplement-Bildung.

Definition

Das Neunerkomplement K_9 wird im 3-Exzess-Code durch einfaches Invertieren gebildet.

Beispiel

Das Neunerkomplement von $0111 = 4_{(10)}$ ist gesucht.

$$\begin{array}{cccc} 0 & 1 & 1 & 1 \\ \downarrow & \downarrow & \downarrow & \downarrow \\ 1 & 0 & 0 & 0 \end{array} \quad \text{Invertieren} = 5_{(10)}$$

Addiert man zum Neunerkomplement 1, so erhält man das Zehnerkomplement. Für die Addition im 3-Exzess-Code gelten folgende Korrektur-Vorschriften:

Definition

Entsteht bei der Addition von 2 Tetraden kein Übertrag in eine 5. Stelle, so muss vom Ergebnis die Zahl 0011 subtrahiert werden.

Binäre Codes und Zahlensysteme

Definition
Entsteht bei der Addition von 2 Tetraden ein Übertrag in eine 5. Stelle, so muss zum Ergebnis jeder Tetrade die Zahl 0011 addiert werden.

Beispiel

```
  1
  0 1 0 0        1
  0 1 1 0      + 3
  1 0 1 0        4

  1 0 1 0
- 0 0 1 1
  1 1 1        = 4
```

Beispiel

```
    1
    1 0 0 1        6
    1 1 0 0      + 9
  1 0 1 0 1       15

          1 1 1
        1 0 1 0 1
  0 0 1 1 0 0 1 1
  0 1 0 0 1 0 0 0
    1       5
```

Durch den Übertrag in die 5. Stelle wird die durchzuführende Korrektur gesteuert. Die Durchführung ist von der Digitaltechnik her problemlos.

8.4.2 Aiken-Code

Beim Aiken-Code werden die ersten und die letzten 5 von 16 möglichen Tetraden verwendet. Die Pseudotetraden liegen in der Mitte (Bild 8.12). Es ergibt sich ein symmetrischer Code, der eine einfache Neunerkomplementbildung ermöglicht.

Definition
Beim Aiken-Code wird das Neunerkomplement K_9 durch einfaches Invertieren gebildet.

Für die einzelnen Plätze innerhalb einer Tetrade gilt folgende Wertigkeit:

D	C	B	A
2	4	2	1

Weitere Tetraden-Codes

Dezimal-ziffer	② D	④ C	② B	① A
0	0	0	0	0
1	0	0	0	1
2	0	0	1	0
3	0	0	1	1
4	0	1	0	0
Pseudo-tetraden	0	1	0	1
	0	1	1	0
	0	1	1	1
	1	0	0	0
	1	0	0	1
	1	0	1	0
5	1	0	1	1
6	1	1	0	0
7	1	1	0	1
8	1	1	1	0
9	1	1	1	1

Bild 8.12   Aiken-Code

Bei der Zahlendarstellung wird jede Dezimalziffer durch eine Tetrade gebildet.

Beispiel

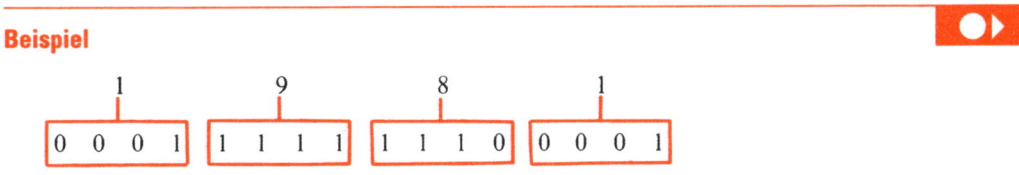

Bei der Addition ist nur dann eine Korrektur erforderlich, wenn eine Pseudotetrade entsteht. Es gelten folgende Regeln:

Definition
Entsteht bei der Addition von 2 Aiken-Tetraden eine Pseudotetrade mit Übertrag in eine 5. Stelle, so muss die Zahl 0110 subtrahiert werden.

Definition
Entsteht bei der Addition von 2 Aiken-Tetraden eine Pseudotetrade ohne Übertrag in eine 5. Stelle, so muss die Zahl 0110 addiert werden.

Beispiel

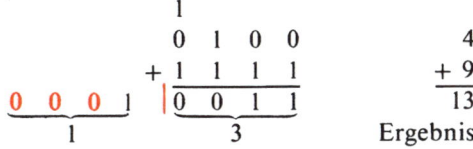

Keine Pseudotetraden, keine Korrektur erforderlich.

Beispiel

```
  0 1 0 0        4
+ 0 0 1 1      + 3
  ─────────    ───
  0 1 1 1        7
```

Pseudotetrade: (ohne Übertrag in 5. Stelle)

```
                0 1 1 1
Korrektur    +  0 1 1 0
             ──────────
                1 1 0 1    = 7 (Ergebnis)
```

Beispiel

```
       1 1 1
  ┌─┐
  │1│  1 0 1 1         5
  └─┘
    + 1 1 0 1        + 7
      ───────        ────
      1 0 0 0         12
```

Pseudotetrade (mit Übertrag in 5. Stelle)

```
                1 0 0 0
             -  0 1 1 0
             ──────────
  0 0 0 ┌1┐    0 0 1 0
        └─┘
  ─────────   ─────────
      1           2         (Ergebnis)
```

8.4.3 Gray-Code

Der Gray-Code wurde nicht unter dem Gesichtspunkt möglichst günstiger codeeigener Rechenverfahren entwickelt. Man hat vielmehr darauf geachtet, dass beim Übergang von einer Tetrade auf die nächste sich immer nur eine Stelle von 0 auf 1 oder von 1 auf 0 ändert. Es ändert sich also immer nur 1 Bit der Tetrade (Bild 8.13).

Definition

Codes, bei denen sich beim Übergang von einer Tetrade auf die nächstfolgende stets nur 1 Bit ändert, werden einschrittige Codes genannt. Der Gray-Code ist ein einschrittiger Code.

Eine andere Bezeichnung für einschrittige Codes ist *progressive Codes*. BCD-Code, 3-Exzess-Code und Aiken-Code sind dagegen mehrschrittige Codes. Bei mehrschrittigen Codes kann es beim Übergang von einer Code-Tetrade auf die nächste zu Fehlinformationen kommen, wenn sich nicht alle Bits, die sich ändern müssen, genau gleichzeitig ändern. Hat sich z.B. ein Bit geändert, 2 andere Bits aber noch nicht, so ist bis zur Änderung der anderen Bits eine falsche Tetrade vorhanden.

Weitere Tetraden-Codes

Dezimal-ziffer	G	R	A	Y
0	0	0	0	0
1	0	0	0	1
2	0	0	1	1
3	0	0	1	0
4	0	1	1	0
5	0	1	1	1
6	0	1	0	1
7	0	1	0	0
8	1	1	0	0
9	1	1	0	1

Bild 8.13
Gray-Code (nicht zyklisch)

Der Gray-Code wird vor allem für Steuerungen verwendet und hier besonders dann, wenn die Codierung von Steuerscheiben abgetastet wird. Bei solchen Abtastungen kann niemals sichergestellt werden, dass eine Signaländerung für alle Bits gleichzeitig erfolgt. Mehrschrittige Codes wären hier sehr problematisch.

Der in Bild 8.13 dargestellte Gray-Code hat jedoch den Nachteil, dass sich beim Übergang von $9_{(10)} = 1101$ auf $0_{(10)} = 0000$ 3 binäre Stellen ändern müssen. Man sagt, der Gray-Code ist nicht zyklisch.

Der Gray-Code kann jedoch auf alle 16 möglichen Tetraden erweitert werden (Bild 8.14). Beim erweiterten Gray-Code folgen die einzelnen Tetraden so aufeinander, dass sich beim Übergang von 15 auf 0 ebenfalls nur 1 Bit ändert. Der erweiterte Gray-Code ist also zyklisch.

Dezimal-ziffer	G	R	A	Y
0	0	0	0	0
1	0	0	0	1
2	0	0	1	1
3	0	0	1	0
4	0	1	1	0
5	0	1	1	1
6	0	1	0	1
7	0	1	0	0
8	1	1	0	0
9	1	1	0	1
10	1	1	1	1
11	1	1	1	0
12	1	0	1	0
13	1	0	1	1
14	1	0	0	1
15	1	0	0	0

Bild 8.14
Erweiterter Gray-Code (zyklisch)

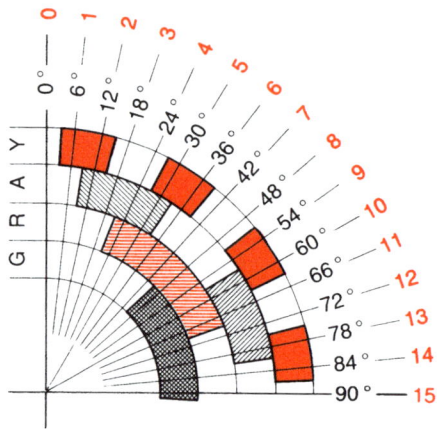

Bild 8.15
Winkel-Codierscheibe nach dem erweiterten Gray-Code

Ein häufiges Anwendungsgebiet des Gray-Codes ist die Winkelcodierung. Jeder Winkelgröße ist eine bestimmte Tetrade des Gray-Codes zugeordnet. Meist wird der erweiterte Gray-Code verwendet.

Bild 8.15 zeigt eine Winkel-Codierscheibe. Die 16 Tetraden des erweiterten Gray-Codes sind auf 90 Winkelgrade aufgeteilt. Die Segmente führen 1-Signal.

Die Codierscheibe wird mit 4 Bürsten elektrisch abgetastet. Die Scheibe sitzt z.B. auf einer Welle und dreht sich unter den feststehenden Bürsten. Etwa alle 6 Grad liegt an den vier Bürsten eine andere Tetrade. Eine feinere Auflösung erhält man, wenn man z.B. die 16 Tetraden 16 Winkelgraden zuordnet. Eine eindeutige Codierung ist dann jedoch nur für Winkel von 0...15° möglich.

8.5 Hexadezimales Zahlensystem

8.5.1 Aufbau des Hexadezimalsystems

Das hexadezimale Zahlensystem – auch Hexadezimalsystem und Sedezimalsystem genannt – gehört zu den Stellenwertsystemen. Als Stellenwerte werden Potenzen der Zahl 16 verwendet. Das Hexadezimalsystem ist also ein 16er-Zahlensystem.

Definition
> Jeder Stelle innerhalb einer Hexadezimalzahl ist eine 16er-Potenz zugeordnet.

Den Aufbau des Hexadezimalsystems zeigt Bild 8.16. In der Stelle, der die Potenz $16^0 = 1$ zugeordnet ist, muss man bis 15 zählen können. Erst ab 16 kann die 2. Stelle in Anspruch genommen werden. Man benötigt also mit der 0 insgesamt 16 Ziffern.

Definition
> Im Hexadezimalsystem werden 16 Ziffern benötigt.

Hexadezimales Zahlensystem 261

Dezimal-zahl	Hexadezimalzahl				
	16^4	16^3	16^2	16^1	16^0
	65536	4096	256	16	1
520 ⇐			2	0	8
			⇓	⇓	⇓
			2·256 +	0·16 +	8·1

Bild 8.16
Aufbau des Hexadezimalsystems

Dezimal-zahl	Hexadezimal-ziffer
0	0
1	1
2	2
3	3
4	4
5	5
6	6
7	7
8	8
9	9
10	A (∀)
11	B (ꓭ)
12	C (Ɔ)
13	D (ᗡ)
14	E (Ǝ)
15	F (Ⅎ)

Bild 8.17
Hexadezimalziffer

Verwendet werden zunächst einmal die bekannten 10 Ziffern 0...9 des Dezimalsystems.

Für die Zahlenwerte $10_{(10)}$ bis $15_{(10)}$ könnte man irgendwelche neuen Ziffern entwerfen. Diese müssten sich erst durchsetzen und wären auf Schreibmaschinen und in Druckereien meist nicht verfügbar. Man hat statt dessen die Buchstaben A, B, C, D, E und F zu Hexadezimalziffern ernannt (Bild 8.17). Die Doppelfunktion von Buchstabe und Ziffer führt i.Allg. zu keinen Verwechslungen. Aus dem Umfeld kann man meist ersehen, ob eine Buchstabenfunktion oder eine Zifferfunktion vorliegt. Will man Verwechslungen vorbeugen, kann man die Buchstaben auf den Kopf stellen, wenn sie Zifferfunktion haben sollen.

8.5.2 Umwandlung von Hexadezimalzahlen in Dezimalzahlen

Die Umwandlung von Hexadezimalzahlen in Dezimalzahlen erfolgt nach den vom Dualsystem her bekannten Prinzipien. Es ist vorteilhaft, eine Tabelle gemäß Bild 8.17a aufzustellen. Die Anzahl der Spalten dieser Tabelle richtet sich nach der größten auftretenden Hexadezimalzahl.

Dezimal-zahl	Hexadezimalzahl					
	16^5	16^4	16^3	16^2	16^1	16^0
	1048576	65536	4096	256	16	1
41551 ⇐			A	2	4	F
			10·4096 +	2·256 +	4·16 +	15·1
68651 ⇐		1	0	C	2	B

Bild 8.17a   Tabelle zur Umrechnung von Hexadezimalzahlen in Dezimalzahlen

Die Umrechnung der Hexadezimalzahl A24F in eine Dezimalzahl wird wie folgt vorgenommen:

$$
\begin{aligned}
A &\Rightarrow 10 \cdot 4096 = 40\,960 \\
2 &\Rightarrow 2 \cdot 256 = 512 \\
4 &\Rightarrow 4 \cdot 16 = 64 \\
F &\Rightarrow 15 \cdot 1 = \underline{15} \\
& 41\,551
\end{aligned}
$$

Für $10C2B_{(16)}$ ergibt sich:

$$
\begin{aligned}
1 &\Rightarrow 1 \cdot 65\,536 = 65\,536 \\
0 &\Rightarrow 0 \cdot 4096 = 0 \\
C &\Rightarrow 12 \cdot 256 = 3072 \\
2 &\Rightarrow 2 \cdot 16 = 32 \\
B &\Rightarrow 11 \cdot 1 = \underline{11} \\
& 68\,651
\end{aligned}
$$

Die Zuhilfenahme eines Taschenrechners erleichtert die Umrechnung sehr.

8.5.3 Umwandlung von Dezimalzahlen in Hexadezimalzahlen

Bei der Umwandlung von Dezimalzahlen in Hexadezimalzahlen ergeben sich einige kleinere Schwierigkeiten. Es wird vorgeschlagen, eine Tabelle nach Bild 8.17a zu verwenden. Die Spaltenwerte oder Stellenwerte sind also bekannt. Jeder Spaltenwert kann aber 0-mal bis 15-mal auftreten. Entsprechend sind die Ziffern 0...F zu wählen. Zweckmäßig ist eine Tabelle, aus der das 1- bis 15-fache der Spaltenwerte entnommen werden kann. Eine solche Tabelle bis zu den Spaltenwerten 16^4 ist in Bild 8.18 dargestellt.

Soll nun die Dezimalzahl 1982 als Hexadezimalzahl dargestellt werden, so ist eine kleine Tabelle gemäß Bild 8.19 zu zeichnen. Die Spalte 16^3 wäre nicht erforderlich. Nun wird in der Tabelle Bild 8.18 die größte Zahl gesucht, die gleich oder kleiner als 1982 ist. Diese Zahl $1792 = 7 \cdot 256 = 7 \cdot 16^2$. In die Spalte 16^2 kommt also die Ziffer 7. Der Betrag von 1792 ist jetzt verbraucht. Es verbleibt noch ein Rest von 190.

$$
\begin{aligned}
&1982 \\
-&\underline{1792} \\
&190
\end{aligned}
$$

Jetzt wird die größte Zahl aus der Tabelle Bild 8.18 gesucht, die gleich oder kleiner als 190 ist. Diese Zahl $176 = 11 \cdot 16^1$. In die Spalte 16^1 wird die Ziffer B eingetragen. Es verbleibt ein Rest von 14.

$$
\begin{aligned}
&190 \\
-&\underline{176} \\
&14
\end{aligned}
$$

Hexadezimales Zahlensystem

Dezimal-zahl	Hexa-dezimal-ziffer	Vielfache der Sechzehnerpotenzen				
		16^4	16^3	16^2	16^1	16^0
		65 536	4 096	256	16	1
1	1	65 536	4 096	256	16	1
2	2	131 072	8 192	512	32	2
3	3	196 608	12 288	768	48	3
4	4	262 144	16 384	1 024	64	4
5	5	327 680	20 480	1 280	80	5
6	6	393 216	24 576	1 536	96	6
7	7	458 752	28 672	1 792	112	7
8	8	524 288	32 768	2 048	128	8
9	9	589 824	36 864	2 304	144	09
10	A	655 360	40 960	2 560	160	10
11	B	720 896	45 056	2 816	176	11
12	C	786 432	49 152	3 072	192	12
13	D	851 968	53 248	3 328	208	13
14	E	917 504	57 344	3 584	224	14
15	F	983 040	61 440	3 840	240	15

Bild 8.18 Tabelle zur Umrechnung von Dezimalzahlen in Hexadezimalzahlen

Bild 8.19
Umwandlung von Dezimalzahlen
in Hexadezimalzahlen

Dezimal-zahl	Hexadezimalzahl			
	16^3	16^2	16^1	16^0
1 982	→ 7	B	E
50 860 → C	6	A	C

Der Rest von 14 ist 14 · 1 = 14 · 16^0. In die Spalte 16^0 wird die Ziffer E eingetragen. Damit ist der Rest verbraucht.

```
  14
- 14
  ──
   0
```

Die gesuchte Hexadezimalzahl lautet:

7BE

Als weiteres Beispiel soll die Dezimalzahl 50 860 in eine Hexadezimalzahl umgewandelt werden. Die größte Zahl in der Tabelle Bild 8.18, die gleich oder kleiner als 50 860 ist, ist 49 152 = 12 · 4096 = 12 · 16^3. In die Spalte 16^3 gehört also die Hexadezimalziffer 12 = C.

In die Spalte 16^2 kommt die Hexadezimalziffer 6, denn 6 · 16^2 = 6 · 256 ergibt 1536 (Tabelle Bild 8.18). Es verbleibt ein Rest von 1708 − 1536 = 172. In die Spalte 16^1 kann die Hexadezimalziffer A eingetragen werden, denn 10 · 16 ist 160. Es verbleibt ein Rest von 12. In der Spalte 16^0 kann die Hexadezimalziffer 12 = C eingetragen werden. Damit ist die Dezimalzahl 50 860 in die Hexadezimalzahl C6AC umgewandelt worden.

Die Richtigkeit der Umwandlung kann durch Rückumwandlung der Hexadezimalzahl in eine Dezimalzahl erfolgen.

Probe:

$$\begin{aligned}
C &\Rightarrow 12 \cdot 4\,096 = 49\,152 \\
6 &\Rightarrow 6 \cdot 256 = 1\,536 \\
A &\Rightarrow 10 \cdot 16 = 160 \\
C &\Rightarrow 12 \cdot 1 = \underline{12} \\
& 50\,860
\end{aligned}$$

8.5.4 Umwandlung von Dualzahlen in Hexadezimalzahlen

Sollen Dualzahlen in Hexadezimalzahlen umgewandelt werden, so kann man zunächst die Dualzahlen in Dezimalzahlen umwandeln. Sind die Dezimalzahlen bekannt, so erfolgt die weitere Umwandlung in Hexadezimalzahlen, wie in Abschnitt 8.5.3 beschrieben. Dieses Verfahren führt zum Ziel, ist aber sehr umständlich. Es gibt ein wesentlich einfacheres Umwandlungsverfahren.

Zwischen dem dualen Zahlensystem und dem hexadezimalen Zahlensystem besteht eine besonders enge Verwandtschaft. Alle Sechzehner-Potenzzahlen können auch als Zweierpotenzzahlen geschrieben werden ($16^0 = 2^0$, $16^1 = 2^4$, $16^2 = 2^8$ usw.). Stellt man die bereits bekannte Umrechnungstabelle für das Dualsystem auf, so zeigt sich, dass jede 4. Dualspalte im Spaltenwert einer Hexadezimalspalte entspricht (Bild 8.20).

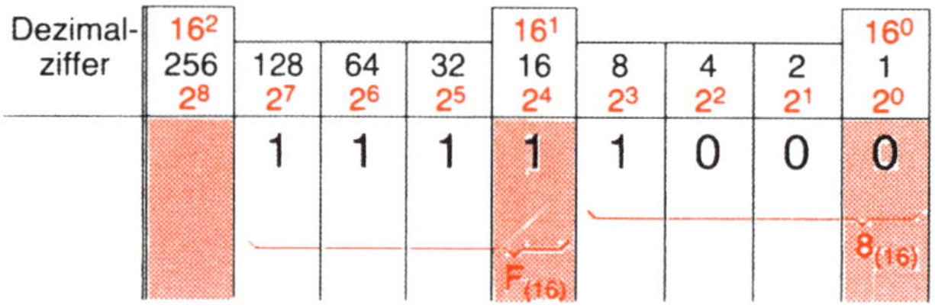

Bild 8.20
Umrechnungstabelle

Definition

Jede mit 4 Dualstellen darstellbare Zahl kann durch 1 Hexadezimalziffer dargestellt werden.

Mit 4 Dualstellen kann von 0...15 gezählt werden. Es ergeben sich insgesamt 16 Tetraden. Jede Tetrade entspricht einer Hexadezimalziffer (Bild 8.21).

Bei Dualzahlen mit mehr als 4 Stellen können jeweils 4 Stellen durch eine Hexadezimalziffer dargestellt werden. Bei ganzen Zahlen sind von rechts Viererblöcke von Dualstellen zu bilden. Enthält die letzte Gruppe links weniger als 4 Stellen, so ist sie durch vorzusetzende Nullen auf 4 Stellen aufzufüllen.

Hexadezimales Zahlensystem

Hexa-dezimal-ziffer	Dualzahl 2^3 8	2^2 4	2^1 2	2^0 1
0	0	0	0	0
1	0	0	0	1
2	0	0	1	0
3	0	0	1	1
4	0	1	0	0
5	0	1	0	1
6	0	1	1	0
7	0	1	1	1
8	1	0	0	0
9	1	0	0	1
A	1	0	1	0
B	1	0	1	1
C	1	1	0	0
D	1	1	0	1
E	1	1	1	0
F	1	1	1	1

Bild 8.21
Hexadezimalziffern, durch 4-stellige Dualzahlen dargestellt

Definition
Je 4 Dualstellen ergeben eine Hexadezimalstelle.

Beispiel

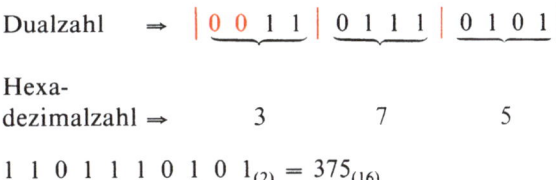

$1 1 0 1 1 1 0 1_{(2)} = 375_{(16)}$

Mit den Umrechnungstabellen in Bild 8.22 wird das Ergebnis überprüft. Das Ergebnis ist richtig.

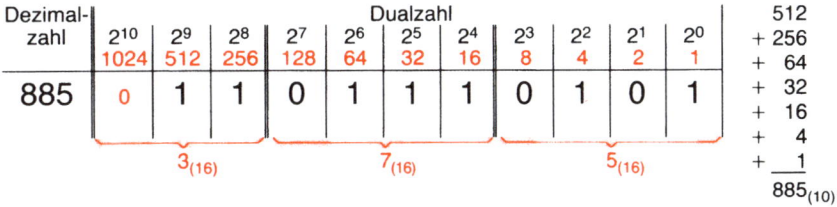

Bild 8.22   Ergebnisüberprüfung

Bei Dualzahlen mit Stellen nach dem Komma sind die 4er-Gruppen vom Komma aus nach rechts und links zu bilden.

Binäre Codes und Zahlensysteme

▶ **Beispiel**

$$|0\;1\;1\;0\;|\;1\;1\;1\;1,\;|\;1\;0\;1\;0\;|\;1\;0\;0\;0\;|$$
$$\Downarrow \qquad \Downarrow \qquad \Downarrow \qquad \Downarrow$$
$$6 \qquad F \quad , \quad A \qquad 8$$

$1\;0\;1\;1\;1\;1\;1,\;1\;0\;1\;0\;1_{(2)} = 6\;F\;,\;A\;8_{(16)}$

Die Überprüfung mit Hilfe der Umrechnungstabellen in Bild 8.23 zeigt, dass das gefundene Ergebnis richtig ist.

ⓘ **Grundsatz**

Das hexadezimale Zahlensystem wird häufig verwendet, um lange Dualzahlen kürzer und damit übersichtlicher darstellen zu können.

Dualzahlen mit z.B. 32 Stellen lassen sich mit 8 Hexadezimalstellen schreiben.

▶ **Beispiel**

$$|1001\;|\;0110\;|\;1110\;|\;1111\;|\;0001\;|\;1111\;|\;0100\;|\;0111\;|_{(2)} = 96EF1F47_{(16)}$$
$$\Downarrow \quad \Downarrow \quad \Downarrow \quad \Downarrow \quad \Downarrow \quad \Downarrow \quad \Downarrow \quad \Downarrow$$
$$9 \quad 6 \quad E \quad F \quad 1 \quad F \quad 4 \quad 7$$

Dezimal-zahl						Dualzahl						
	2^6	2^5	2^4	2^3	2^2	2^1	2^0	2^{-1}	2^{-2}	2^{-3}	2^{-4}	2^{-5}	2^{-6}
	64	32	16	8	4	2	1	0,5	0,25	0,125	0,0625	0,03125	0,015625
111,65625	1	1	0	1	1	1	1,	1	0	1	0	1

Dezimal-zahl		Hexadezimalzahl					
	16^2	16^1	16^0	16^{-1}	16^{-2}		
	256	16	1	0,0625	0,00390625		
111,65625			6	F ,	A	8	

$$
\begin{array}{rcl}
6 \cdot 16 & = & 96 \\
15 \cdot 1 & = & 15 \\
10 \cdot 0,0625 & = & 0,625 \\
8 \cdot 0,00390625 & = & 0,03125 \\
& & 111,65625_{(10)}
\end{array}
\qquad
\begin{array}{r}
64 \\
+ \; 32 \\
+ \; 8 \\
+ \; 4 \\
+ \; 2 \\
+ \; 1 \\
+ \; 0,5 \\
+ \; 0,125 \\
+ \; 0,03125 \\
\hline
111,65625_{(10)}
\end{array}
$$

Bild 8.23   Ergebnisüberprüfung

8.5.5 Umwandlung von Hexadezimalzahlen in Dualzahlen

Ist die Umwandlung von Dualzahlen in Hexadezimalzahlen bekannt, so bereitet die Rückumwandlung keine Schwierigkeiten.

Definition
  Jede Hexadezimalziffer wird durch **4 Dualstellen** dargestellt.

Mit Hilfe der Tabelle Bild 8.21 geht die Umwandlung von Hexadezimalzahlen in Dualzahlen sehr schnell. Für jede Hexadezimalziffer schreibt man die zugehörigen 4 Dualstellen.

Beispiel

8.6 Oktales Zahlensystem

8.6.1 Aufbau des Oktalsystems

Das oktale Zahlensystem – auch Oktalsystem oder 8er-System genannt – ist ein Stellenwertsystem wie das Hexadezimalsystem.

Definition
  Jeder Stelle innerhalb einer Oktalzahl ist eine 8er-Potenz zugeordnet.

Den Aufbau des Oktalsystems zeigt Bild 8.24. In der Stelle, der die Potenz $8^0 = 1$ zugeordnet ist, muss man bis 7 zählen können. Erst ab 8 kann die 2. Stelle in Anspruch genommen werden. Es werden also zusammen mit der Null 8 Ziffern benötigt. Man verwendet die vom Dezimalsystem her bekannten Ziffern.

Definition
  Im Oktalsystem werden 8 Ziffern benötigt.

Dezimalzahl	Oktalzahl					
	8^5	8^4	8^3	8^2	8^1	8^0
	32768	4096	512	64	8	1
2583			5	0	2	7
			$5 \cdot 512$ +	$0 \cdot 64$ +	$2 \cdot 8$ +	$7 \cdot 1$

Bild 8.24 Aufbau des Oktalsystems

Dezimalzahl	Oktalziffer
1	1
2	2
3	3
4	4
5	5
6	6
7	7
(8)	(10)

Bild 8.25
Oktalziffern

Bild 8.25 zeigt die Zuordnung der Oktalziffern zu den Dezimalzahlen 0…7. Können Verwechslungen zwischen Dezimalzahlen und Oktalzahlen vorkommen, so kennzeichnet man die Zahlen durch einen in Klammern gesetzten Index. Die Indexzahl 8 kennzeichnet das Oktalsystem, die Indexzahl 10 das Dezimalsystem.

Beispiel

$2583_{(10)} = 5027_{(8)}$

8.6.2 Umwandlung von Oktalzahlen

Die Umwandlung von Oktalzahlen in Dezimalzahlen erfolgt nach dem gleichen Verfahren wie die Umwandlung von Hexadezimalzahlen in Dezimalzahlen (Abschnitt 8.5.2).

Will man Dezimalzahlen in Oktalzahlen umwandeln, so verfährt man wie in Abschnitt 8.5.3 beschrieben. Man muss nur die gegenüber dem Hexadezimalsystem anderen Spaltenwerte beachten.

Beispiel

Die Dezimalzahl 1983 soll in eine Oktalzahl umgewandelt werden. Es wird vorgeschlagen, eine Tabelle gemäß Bild 8.26 zu verwenden. In der Spalte 8^3 kann die Oktalziffer 3 stehen, denn 3 · 512 sind 1536. Die Oktalziffer 3 in der Spalte 8^3 hat also einen Wert von 1536. Es bleibt noch ein Rest von 447.
In der Spalte 8^2 kann die Oktalziffer 6 stehen, denn 6 · 64 sind 384. Diesen Wert hat die Oktalziffer 6 in dieser Spalte. Es gibt sich ein Rest von 63.

$$\begin{array}{r} 1983 \\ -\underline{1536} = 3 \cdot 512 \\ 447 \\ -\underline{384} = 6 \cdot 64 \\ 63 \end{array}$$

Für die Spalte 8^1 ergibt sich die Oktalziffer 7. Sie repräsentiert einen Wert von 7 · 8 = 56. Zieht man von 63 die Zahl 56 ab, so verbleibt ein Rest von 7. In die Spalte 8^0 kommt also die Oktalziffer 7, denn 7 · 1 ist 7.

Oktales Zahlensystem 269

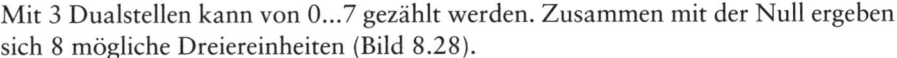

Dezimal-zahl	Oktalzahl			
	8^3	8^2	8^1	8^0
	512	64	8	1
1983	3	6	7	7

$3 \cdot 512 = 1536$
$6 \cdot 64 = 384$
$7 \cdot 8 = 56$
$7 \cdot 1 = 7$
$\overline{1983}$

Bild 8.26
Umwandlung von Dezimalzahlen in Oktalzahlen

63
$-56 = 7 \cdot 8$
$\overline{7}$
$-7 = 7 \cdot 1$
$\overline{0}$

Das Ergebnis der Umwandlung lautet also:
$1983_{(10)} = 3677_{(8)}$

Das oktale Zahlensystem hat wie das hexadezimale Zahlensystem eine enge Verwandtschaft zum dualen Zahlensystem. Alle Achter-Potenzzahlen können auch als Zweier-Potenzzahlen geschrieben werden ($8^0 = 2^0$, $8^1 = 2^3$, $8^2 = 2^6$ usw.). Beim Vergleich der Umrechnungstabelle Bild 8.26 mit der Umrechnungstabelle für das Dualsystem (Bild 8.4) zeigt sich, dass jede 3. Dualspalte einer Oktalspalte entspricht (Bild 8.27).
Daraus ergibt sich:

Definition
Jede mit 3 Dualstellen darstellbare Zahl kann durch eine Oktalziffer dargestellt werden.

Mit 3 Dualstellen kann von 0...7 gezählt werden. Zusammen mit der Null ergeben sich 8 mögliche Dreiereinheiten (Bild 8.28).
Bei Dualzahlen mit mehr als 3 Stellen können jeweils 3 Stellen durch eine Oktalziffer dargestellt werden. Bei ganzen Zahlen sind von rechts Dreiergruppen von Dualstellen zu bilden. Enthält die letzte Gruppe links weniger als 3 Stellen, so ist sie durch vorzusetzende Nullen auf 3 Stellen aufzufüllen.

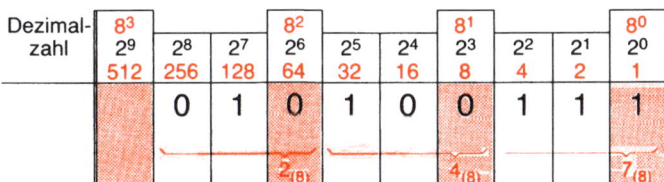

Bild 8.27 Umrechnungstabelle

270 Binäre Codes und Zahlensysteme

Oktal-ziffer	Dualzahl 2^2	2^1	2^0
	4	2	1
0	0	0	0
1	0	0	1
2	0	1	0
3	0	1	1
4	1	0	0
5	1	0	1
6	1	1	0
7	1	1	1

Bild 8.28
Oktalziffern, durch 3-stellige Dualzahlen dargestellt

Definition
Je 3 Dualstellen ergeben eine Oktalstelle.

Beispiel

Dualzahl ⇒ | 0 0 1 | 1 0 1 | 1 1 0 | 1 0 1 |

Oktalzahl ⇒   1   5   6   5

$1\,1\,0\,1\,1\,1\,0\,1\,0\,1_{(2)} = 1565_{(8)}$

Es ist also sehr leicht, Dualzahlen in Oktalzahlen umzuwandeln. Sollen Oktalzahlen in Dualzahlen umgewandelt werden, so schreibt man für jede Oktalziffer die zugehörigen 3 Dualstellen.

Definition
Jede Oktalziffer wird durch 3 Dualstellen dargestellt.

Beispiel

```
    3     6     7     7
    |     |     |     |
  | 0 1 1 | 1 1 0 | 1 1 1 | 1 1 1 |
```

$3677_{(8)} = 1\,1\,1\,1\,0\,1\,1\,1\,1\,1_{(2)} = 1983_{(10)}$

Gemäß Bild 8.26 ist $3677_{(8)} = 1983_{(10)}$.

Soll eine Oktalzahl in eine Hexadezimalzahl umgewandelt werden, so geht dies besonders einfach über die Dualzahl. Hat man die Oktalzahl als Dualzahl geschrieben, so bildet man Vierergruppen von Dualziffern und ersetzt jede Vierergruppe durch die entsprechende Hexadezimalziffer.

Beispiel

$3677_{(8)} = \underbrace{0\ 1\ 1\ 1}_{7}\ |\ \underbrace{1\ 0\ 1\ 1}_{B}\ |\ \underbrace{1\ 1\ 1\ 1}_{F}$

$3677_{(8)} = 7BF_{(16)}$

8.7 Codierung von Textzeichen

8.7.1 Codes fester Wortlänge (Blockcodes)

Die einfachste Art, Textzeichen wie z.B. Buchstaben, Symbole oder Satzzeichen zu codieren, ist, ihnen in einer Liste eine Dualzahl zuzuweisen. Das Alphabet besitzt 26 Buchstaben. Soll Groß- und Kleinschreibung unterschieden werden und will man die vielen Satzzeichen auch codieren, müssen ca. 100 Textzeichen codiert werden. Dazu benötigen wir 7 Bit. Mit 7 Bit können insgesamt 128 Zeichen codiert werden. Wir können also auch noch einigen Sonderzeichen und Steuerzeichen zusätzlich Dualzahlen zuweisen. Da die meisten Logikbausteine für 8-Bit-Eingaben konzipiert sind, wurde der Code auf 8 Bit erweitert. Das 8. Bit kann als Prüfbit oder zur Codierung weiterer Textzeichen verwendet werden. Diese Erweiterung ist vor allem für die vielen Sonderzeichen (z.B.: Ctrl-A oder «Return») in den romanischen Sprachen wichtig (z.B.: Umlaute wie «ü» oder Buchstaben mit diakritischen Zeigern (Kopfzeiger) z.B.: «à» bzw. «é»).

Bild 8.29 zeigt die Zuweisung. Sie ist genormt (**A**merican **S**tandard **C**ode for **I**nformation **I**nterchange = ASCII). Der **ASCII-Code** wird im Wesentlichen bei PC verwendet und ist dadurch sehr verbreitet. Die ersten 32 Codes definieren die Steuerzeichen der Computertastatur. Dann folgen die Schriftzeichen.

Definition
 Der ASCII-Code ist ein Block-Code mit einer Wortlänge von 8 Bit.

Durch die abweichenden Erweiterungscodes für unterschiedliche Länder kommt es häufig zu Problemen bei der Decodierung. Daher ist von der internationalen Normierungskommission ISO in den Neunziger-Jahren ein internationaler allgemein gültiger Zeichencode entwickelt worden. Dieser universelle Code soll sprachunabhängig alle weltweit bekannten und genutzten Zeichen codieren. Er wird daher **Unicode** genannt.

Da der Unicode neben Buchstaben, Satzzeichen und Sonderzeichen auch Währungszeichen und mathematische sowie technische Sonderzeichen codieren soll, wurde seine Wortlänge auf 16 Bit festgelegt. Damit lassen sich 65 536 Zeichen codieren. Der Unicode 3.0 umfasst 49 194 Zeichen. Der Unicode 3.1 codiert 94 140 Zeichen und benötigt hierzu eine Wortlänge von 32 Bit.

Dezimal	HEX	Funktion bzw. Buchstabe	Dezimal	HEX	Funktion bzw. Buchstabe	Dezimal	HEX	Funktion bzw. Buchstabe
000	00	Nul	043	2B	+	085	55	U
001	01	TC	044	2C	,	086	56	V
002	02	SOH	045	2D	-	087	57	W
003	03	ETX	046	2E	.	088	58	X
004	04	EOT	047	2F	/	089	59	Y
005	05	ENQ	048	30	0	090	5A	Z
006	06	ACK	049	31	1	091	5B	[
007	07	BEL	050	32	2	092	5C	\
008	08	BS	051	33	3	093	5D	]
009	09	HT	052	34	4	094	5E	^
010	0A	LF	053	35	5	095	5F	_
011	0B	VT	054	36	6	096	60	`
012	0C	FF	055	37	7	097	61	a
013	0D	CR	056	38	8	098	62	b
014	0E	SO	057	39	9	099	63	c
015	0F	SI	058	3A	:	100	64	d
016	10	DLE	059	3B	;	101	65	e
017	11	DC1	060	3C	<	102	66	f
018	12	DC2	061	3D	=	103	67	g
019	13	DC3	062	3E	>	104	68	h
020	14	DC4	063	3F	?	105	69	i
021	15	NAK	064	40	@	106	6A	j
022	16	SYN	065	41	A	107	6B	k
023	17	ETB	066	42	B	108	6C	l
024	18	CAN	067	43	C	109	6D	m
025	19	EM	068	44	D	110	6E	n
026	1A	SUB	069	45	E	111	6F	o
027	1B	ESC	070	46	F	112	70	p
028	1C	FS	071	47	G	113	71	q
029	1D	GS	072	48	H	114	72	r
030	1E	RS	073	49	I	115	73	s
031	1F	US	074	4A	J	116	74	t
032	20	Space	075	4B	K	117	75	u
033	21	!	076	4C	L	118	76	v
034	22	"	077	4D	M	119	77	w
035	23	#	078	4E	N	120	78	x
036	24	$	079	4F	O	121	79	y
037	25	%	080	50	P	122	7A	z
038	26	&	081	51	Q	123	7B	{
039	27	'	082	52	R	124	7C		
040	28	(	083	53	S	125	7D	}
041	29	)	084	54	T	126	7E	~
042	2A	*				127	7F	DEL

Bild 8.29   ASCII-Code

Definition

Der Unicode ist ein internationaler Standardblock-Code mit einer Wortlänge von 16 bzw. 32 Bit.

Block-Codes wie der ASCII-Code und der Unicode sind einfach zu verarbeiten. Am Empfangsort ist die jeweilige Decodierungstabelle gespeichert. Da der Code sich nicht in Abhängigkeit des Textes ändert, muss er nicht übertragen werden.

Nachteilig sind aber große Datenmengen, die bei Wortlängen von bis zu 32 Bit erzeugt werden.

8.7.2   Codes variabler Wortlänge (Shannon-Fano-Code, Huffman-Code)

In der Sprache kommen Vokale viel häufiger vor als Konsonanten. Der Buchstabe «e» kommt besonders häufig vor. Es liegt daher nahe, solche Buchstaben mit einem kurzen Codewort zu codieren und den selteneren Buchstaben oder Textzeichen die längeren Codewörter zuzuweisen. Dadurch verringert sich die Datenmenge deutlich. Des Weiteren kommen bestimmte Buchstabenkombinationen in der deutschen Sprache häufiger (z.B. «qu»), andere weniger häufig vor. Auch diese Information lässt sich zur Datenreduzierung nutzen.

Codierung von Textzeichen

Ein bekanntes Beispiel für einen längenvariierenden Code ist der bereits im 19. Jahrhundert von SAMUEL MORSE entwickelte **Morse-Code**. Der Morse-Code ist ein Binärcode mit den Zeichen «.» und «-». SAMUEL MORSE wies damals dem «e» das kurze Codewort «.» zu. Das seltene «y» bekam den Code «-.--» (Bild 8.30).

Nachteilig bei einem Code mit variierender Wortlänge ist, dass die decodierende Seite nicht weiß, wann ein Wort endet. Das führt bei einem kontinuierlichen Datenstrom zu Fehldecodierungen. Der Morse-Code benötigt zur Trennung der Zeichen eine Pause.

Wird die Pause weggelassen, ist der Datenstrom nicht mehr eindeutig. Das Wort «Eva» lautet nach dem Morse-Code:

. / ...- / .-

Würde es ohne Pausen codiert werden, ergäbe sich

....-.-

Dieser Code könnte auch als «Saa» decodiert werden.

Buchstaben			Buchstaben			Zahlen	
Buchstabe	Code		Buchstabe	Code		Zahl	Code
A	.—		N	—.		1	.————
B	—...		O	———		2	..———
C	—.—.		P	.——.		3	...——
D	—..		Q	——.—		4	....—
E	.		R	.—.		5	.....
F	..—.		S	...		6	—....
G	——.		T	—		7	——...
H	....		U	..—		8	———..
I	..		V	...—		9	————.
J	.———		W	.——		0	—————
K	—.—		X	—..—			
L	.—..		Y	—.——			
M	——		Z	——..			

Bild 8.30 Morse-Code

Der Fehler entsteht dadurch, dass einzelne Codewörter als Anfangsteil (Präfix) am Anfang eines längeren Codewortes stehen. Der Empfänger weiß nicht, ob er den Anfang eines langes Codewortes einliest oder ein vollständiges kurzes Codewort. Der Morse-Code ist nicht präfixfrei. Das Codewort für «e» «.» ist zugleich Präfix des Codewortes für «a», «f» und viele andere. Es muss daher ein Code gefunden werden, der dieses vermeidet. Der Mathematiker ROBERT FANO hat hierzu eine Bedingung formuliert:

> **Definition**
>
> Steht kein Codewort am Anfang eines anderen Codewortes, ist jede codierte Datenreihe eindeutig decodierbar (Fano-Bedingung).

Ein solcher Code wird auch **präfixfrei** genannt.

> **Definition**
>
> Ein präfixfreier Code ist eindeutig decodierbar.

Wir wollen nun ein Verfahren betrachten, mit dem ein präfixfreier Code gefunden werden kann.

Für die folgenden Betrachtungen wollen wir vereinfachend davon ausgehen, dass die Buchstaben mit unterschiedlicher Wahrscheinlichkeit im Text auftreten, aber nicht von ihrem Vorgängerbuchstaben oder nachfolgenden Buchstaben abhängen. Diese Definition erlaubt eine einfachere Anwendung der Buchstabenwahrscheinlichkeiten und geht auf den Mathematiker CLAUDE SHANNON zurück. Eine solche Informationsquelle wird daher als **Shannonsche Informationsquelle** bezeichnet.

C. SHANNON und R. FANO haben ein Verfahren entwickelt, das Buchstaben mit fester Wahrscheinlichkeit ein Codewort unterschiedlicher Länge zuweist. Buchstaben, die im Text häufig auftreten, erhalten kurze Codewörter, weniger häufig auftretende Buchstaben erhalten lange Codewörter. Hierzu wird ein Baumdiagramm verwendet.

Der Mathematiker D. HUFFMAN hat ein ähnliches Verfahren entwickelt. Im Vergleich zum Shannon-Fano-Code liefert er die optimale Codierung hinsichtlich der Datenwortlänge.

> **Definition**
>
> Der Huffman-Code liefert bei festen gegebenen Wahrscheinlichkeiten einen Code mit minimaler Länge.

Wir wollen das Wort «Institut» mit dem Huffman-Algorithmus codieren.

Dazu bestimmen wir zunächst die Wahrscheinlichkeiten der einzelnen Buchstaben. Der Buchstabe «T» kommt am häufigsten vor (3-mal). Der Buchstabe «I» taucht 2-mal auf, die Buchstaben «N», «S» und «U» nur 1-mal. Wir schreiben die Wahrscheinlichkeiten in eine Tabelle (Bild 8.31). Das weitere grafische Verfahren beschreiben wir in Schritten:

INSTITUT

Wahrscheinlichkeiten

T	I	N	S	U
3	2	1	1	1

Schritt 1:

Wahrscheinlichkeit	③	②	①	①	①
Buchstabe	T	I	N	S	U

Schritt 2:

Wahrscheinlichkeit	③	②	①	①	①
Buchstabe	T	I	N	S	U

Schritt 3:

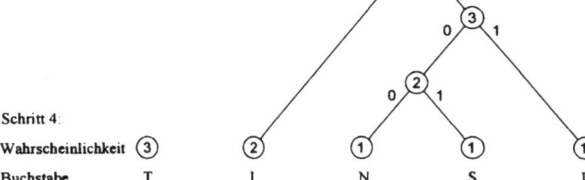

Wahrscheinlichkeit	③	②	①	①	①
Buchstabe	T	I	N	S	U

Schritt 4:

Wahrscheinlichkeit	③	②	①	①	①
Buchstabe	T	I	N	S	U

Schritt 5:

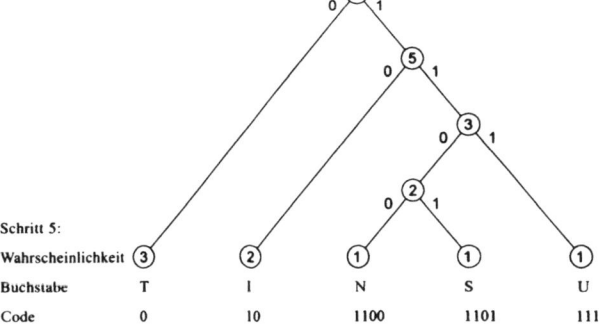

Wahrscheinlichkeit	③	②	①	①	①
Buchstabe	T	I	N	S	U
Code	0	10	1100	1101	111

Bild 8.31 Huffman-Codierung

1. Wir schreiben die Wahrscheinlichkeiten in Kreise und sortieren diese von links nach rechts in der Reihenfolge ihrer Größe.

2. Wir wählen 2 Kreise mit den geringsten Wahrscheinlichkeiten und zeichnen von ihnen 2 Linien zu einem neuen Kreis. In diesen Kreis schreiben wir die Summe der Wahrscheinlichkeiten. An die linke Linie schreiben wir eine 0, an die rechte eine 1.
3. Der noch freie Kreis mit der niedrigsten Wahrscheinlichkeit und der neu gebildete Kreis aus Schritt 2 bilden einen neuen Kreis mit der Wahrscheinlichkeit 3. Die Linien werden wieder wie in Schritt 2 beschriftet.
4. Schritt 3 wird wiederholt, es ergibt sich der Kreis mit der Wahrscheinlichkeit 5.
5. Schritt 3 wird wiederholt, es ergibt sich der Kreis mit der Wahrscheinlichkeit 8. Wir können nun den Code für die einzelnen Buchstaben ablesen. Dazu gehen wir von oben bis zum jeweiligen Buchstaben unten, reihen die Dualzahlen der einzelnen Zweige, die zu dem jeweiligen Buchstaben führen, aneinander und schreiben den sich so ergebenden Binärcode unter den Buchstaben.

I	N	S	T	I	T	U	T
10	1100	1101	0	10	0	111	0

Wortlänge: 18 bit

Bild 8.32
Huffman-codiertes Wort

Bild 8.32 zeigt das codierte Wort.

Es sind verschiedene Alternativen möglich. Sie liefern zwar unterschiedliche Codes, sie sind jedoch alle eindeutig und ergeben dieselbe Datenmenge (18 Bit), bezogen auf den gesamten zu codierenden Text.

Würde das Beispielwort «Institut» mit dem ASCII-Code codiert werden, erhielte man 8 × 8 = 64 Bit. Ein eigener Block-Code zur Codierung der 5 Zeichen (T, I, N, S, U) würde eine Wortlänge von 3 Bit benötigen. Insgesamt ergäbe sich eine Wortlänge von 3 × 8 = 24 Bit.

In unserem Beispiel konnte die Datenmenge durch die Huffman-Codierung um 25 % reduziert werden. Da der Huffman-Code in Abhängigkeit der Wahrscheinlichkeit der Textzeichen des Senders gebildet wird, kann er dem Empfänger nicht vorliegen. Jeder Text erzeugt einen neuen Code. Er muss zur Decodierung der Zeichen an den Empfänger mit übertragen werden.

8.7.3 Rasterorientierte Codes

Sollen Buchstaben auf dem Bildschirm dargestellt werden, müssen sie in einzelne Punkte zerlegt werden. Diese Punkte (engl.: *pixel*) werden dann hell oder dunkel gesteuert. Auf einer Matrix entsteht so das Bild eines Textzeichens. Bild 8.33 zeigt eine 8×8-Matrix. Zur Speicherung eines Textzeichens sind 8 Byte nötig. Das gilt nur für eine einfarbige Ansteuerung, bei der jeder Punkt über ein Bit (1 = schwarz, 0 = weiß) definiert werden kann. Bei farblicher Darstellung werden pro Bildpunkt mehr Bits benötigt. Sollen 256 Farben dargestellt werden, benötigen wir 8 Bit.

Definition
Der Begriff **Farbtiefe** gibt an, wie viele Bits die Farbe im Bildpunkt codieren.

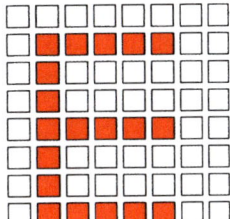

Bild 8.33
Textzeichen in einer 8×8-Matrix

Die Farbtiefe bestimmt, wie viele verschiedene Farbtöne codiert wurden und zur Wiedergabe des Bildes zur Verfügung stehen. Eine Farbtiefe von 1 bedeutet, dass nur 1 Bit zur Codierung zur Verfügung steht. Es können nur 2 ($2^1 = 2$) Farben dargestellt werden (meist Schwarz und Weiß). Je mehr Farbtöne zur Verfügung stehen, desto nuancenreicher und wirklichkeitsnaher wird die Farbwiedergabe. Mit 256 Farben lässt sich schon ein sehr wirklichkeitsnahes Farbbild darstellen. Dafür benötigt man 8 Bit ($2^8 = 256$).

Grundsatz
Für eine Farbtiefe von 8 Bit wird ein Byte pro Bildpunkt benötigt.

Rasterorientierte Codierung ist sehr speicherintensiv. Die Datenmenge ist stark von der Auflösung abhängig. Durchschnittliche Drucker arbeiten mit 300 dpi (engl.: *dots per inch* = Punkte pro inch = 2,54 cm). Diese Auflösung entspricht ca. 118 Punkten pro cm. Eine DIN-A4-Seite (Breite ca. 20 cm) besitzt ca. 2360 Punkte in einer Zeile und 3540 Zeilen. Ein vollflächiges Farbfoto mit einer Farbtiefe von 8 Bit hätte dann einen Speicherbedarf von 8,3 MByte (2360 × 3540 × 8 Bit), 8 Bit = 1 Byte. Heute verwendet man meist Farbtiefen von 24 Bit (TrueColor). Damit lassen sich 16,77 Mio. Farben darstellen (2^{24} = 16,77 Mio.).

8.8 Fehlererkennende Codes

8.8.1 Begriff der Redundanz

Eine Erkennung von Fehlern ist nur möglich, wenn die vorhandene Information das notwendige Minimum überschreitet, wenn also mehr Information übermittelt wird, als eigentlich benötigt würde. Wenn ein Redner einen Sachverhalt ganz knapp angibt, kann man ohne verfügbare weitere Information die Richtigkeit der Aussage nicht überprüfen. Stellt der Redner den Sachverhalt jedoch weitschweifig dar und gibt damit selbst zusätzliche Informationen, so ist eine Überprüfung der Richtigkeit schon eher möglich. Die zusätzlich gegebene Information wird *Redundanz* genannt (lat.: *redundans* = im Überfluss vorhanden).

Unsere Sprache und unsere Schrift enthalten eine ziemlich große Redundanz. Nur durch diese Redundanz können z.B. Schreibfehler und Druckfehler als solche erkannt werden. Dies wird besonders klar, wenn wir Informationen ohne Redundanz betrachten. Die Ziffer 7 wird im BCD-Code als 0111 dargestellt. Wird bei der Übertragung dieser Ziffer eine 1 in eine 0 verwandelt, so ergibt sich z.B. 0101. Dieser

Ausdruck bedeutet aber Ziffer 5. Ohne zusätzliche Information ist jetzt nicht mehr feststellbar, dass Ziffer 5 falsch ist.

Wird die Ziffer 7 in wörtlicher Darstellung, also als «*sieben*», übertragen und wird durch einen Fehler ein Buchstabe geändert, so erkennt man sofort, dass ein Fehler vorliegt (z.B. «siepen» statt «sieben»). Die wörtliche Darstellung enthält eine überschüssige Information, sie enthält Redundanz.

Definition

Redundanz liegt immer dann vor, wenn außer der eigentlichen Information noch zusätzliche Informationen übertragen werden, die eine Fehlererkennung oder eine Fehlerkorrektur ermöglichen.

Um zu erkennen, dass ein Fehler vorliegt, genügt in vielen Fällen eine geringe Redundanz. Soll der Fehler nicht nur erkannt, sondern auch korrigiert werden, sind mehr zusätzliche Informationen – also eine größere Redundanz – erforderlich.

Definition

Für die Fehlerkorrektur benötigt man eine größere Redundanz als für die Fehlererkennung.

Die Möglichkeiten der Fehlererkennung und der Fehlerkorrektur haben zur Entwicklung besonderer Codes geführt.

8.8.2 Dualergänzter Code

Die Entstehung eines fehlererkennenden Codes kann am besten am dualergänzten Code betrachtet werden. Bild 8.34 zeigt den bekannten BCD-Code. Dieser erhält eine zusätzliche Stelle, also ein zusätzliches 5. Bit. Die Spalte des 5. Bit ist in Bild 8.34 mit E bezeichnet.

Durch das 5. Bit wird nun der BCD-Code auf «Geradzahligkeit ergänzt». Das bedeutet, er wird so ergänzt, dass die Anzahl der Bits, die den Wert 1 haben, geradzahlig ist.

Dezimal-ziffer	2^3 8	2^2 4	2^1 2	2^0 1	E
0	0	0	0	0	0
1	0	0	0	1	1
2	0	0	1	0	1
3	0	0	1	1	0
4	0	1	0	0	1
5	0	1	0	1	0
6	0	1	1	0	0
7	0	1	1	1	1
8	1	0	0	0	1
9	1	0	0	1	0

Bild 8.34
Entstehung des dualergänzten Codes aus dem BCD-Code

Fehlererkennende Codes

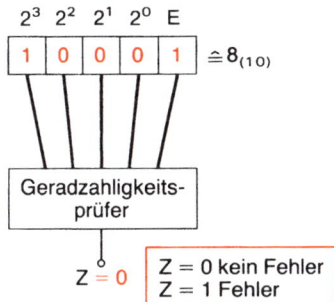

Bild 8.35
Fehlererkennung durch Geradzahligkeitsprüfung

Bei der Dezimalziffer 0 ist keine Ergänzung erforderlich. Die Dezimalziffer 1 wird durch 0001 dargestellt. Die Anzahl der Bits, die den Wert 1 haben, ist 1, also ungeradzahlig. Somit erhält das 5. Bit den Wert 1. Bei der Dezimalziffer 2 (0010) hat ebenfalls nur 1 Bit den Wert 1. E erhält also den Wert 1. Bei der Dezimalziffer 3 (0011) führen 2 Bit den Wert 1. Die Anzahl der Bits, die den Wert 1 führen, ist also geradzahlig. E erhält den Wert 0 usw.

Jede Dezimalziffer wird durch eine 5-Bit-Einheit dargestellt. Das 5. Bit ist die zusätzliche Information, also die Redundanz. Es wird auch *Prüfbit* genannt.

Jede 5-Bit-Einheit wird nun durch eine besondere Digitalschaltung, durch einen sog. Geradzahligkeitsprüfer, auf Geradzahligkeit der Anzahl der Einsen geprüft (Bild 8.35). Liegt Geradzahligkeit vor, so ist $Z = 0$. Liegt Ungeradzahligkeit vor, so ist $Z = 1$. Bei $Z = 1$ erfolgt Fehlermeldung.

Wird also auf einem Übertragungsweg ein Bit von 0 auf 1 oder von 1 auf 0 geändert, so wird der Fehler erkannt. Es erfolgt Fehlermeldung. Erkannt wird nur, dass die übertragene Dezimalziffer falsch ist. Es ist nicht feststellbar, wie sie richtig lauten müsste. Sie kann also nicht korrigiert werden.

Sind in einer 5-Bit-Einheit 2 Bits falsch, so erfolgt keine Fehlermeldung, da die Anzahl der 1-Zustände wieder geradzahlig ist. Solche Fehler werden also bei Verwendung des dual ergänzten Codes nicht erkannt.

Die Wahrscheinlichkeit, dass ein solcher Fehler auftritt, ist aber sehr gering. Sollte er doch auftreten, so gibt es bestimmt mehrere Fehlerfälle vorher oder nachher, bei denen nur ein Bit falsch ist und die Fehlerhaftigkeit der Anlage gemeldet wird.

8.8.3 2-aus-5-Codes

Außer dem dual ergänzten Code gibt es eine Vielzahl von 5-Bit-Codes, von denen die sogenannten 2-aus-5-Codes eine besondere Bedeutung haben. Bei diesen Codes erfolgt die Fehlererkennung wie beim dual ergänzten Code durch Geradzahligkeitsprüfung. Bild 8.36 zeigt die Codetabellen des *Lexikographischen Codes*, des *Walking-Codes*, des 7-4-2-1-0-Codes und des 8-4-2-1-0-Codes.

Der Lexikographische Code und der Walking-Code haben keine Wertigkeit der Binärstellen. Beim 7-4-2-1-0-Code sind den Binärstellen die Wertigkeiten 7, 4, 2, 1 und 0 zugeordnet. Die Wertigkeit gilt aber nicht für die Dezimalziffer 0, d.h. für die erste Zeile der Code-Tabelle.

Binäre Codes und Zahlensysteme

Bit-Nr.	Lexikographischer Code					Walking-Code					7–4–2–1–0–Code					8–4–2–1–0–Code				
	5	4	3	2	1	5	4	3	2	1	5	4	3	2	1	5	4	3	2	1
Wertigkeit	keine					keine					7	4	2	1	0	8	4	2	1	0
Dezimalziffer																				
0	0	0	0	1	1	0	0	0	1	1	1	1	0	0	0	1	0	1	0	0
1	1	1	0	0	0	0	0	1	0	1	0	0	0	1	1	0	0	0	1	1
2	1	0	1	0	0	0	0	1	1	0	0	0	1	0	1	0	0	1	0	1
3	1	0	0	1	0	0	1	0	1	0	0	0	1	1	0	0	0	1	1	0
4	1	0	0	0	1	0	1	1	0	0	0	1	0	0	1	0	1	0	0	1
5	0	1	1	0	0	1	0	1	0	0	0	1	0	1	0	0	1	0	1	0
6	0	1	0	1	0	1	1	0	0	0	0	1	1	0	0	0	1	1	0	0
7	0	1	0	0	1	0	1	0	0	1	1	0	0	0	1	1	1	0	0	0
8	0	0	1	1	0	1	0	0	0	1	1	0	0	1	0	1	0	0	0	1
9	0	0	1	0	1	1	0	0	1	0	1	0	1	0	0	1	0	0	1	0

Bild 8.36 Code-Tabellen der wichtigsten 2-aus-5-Codes

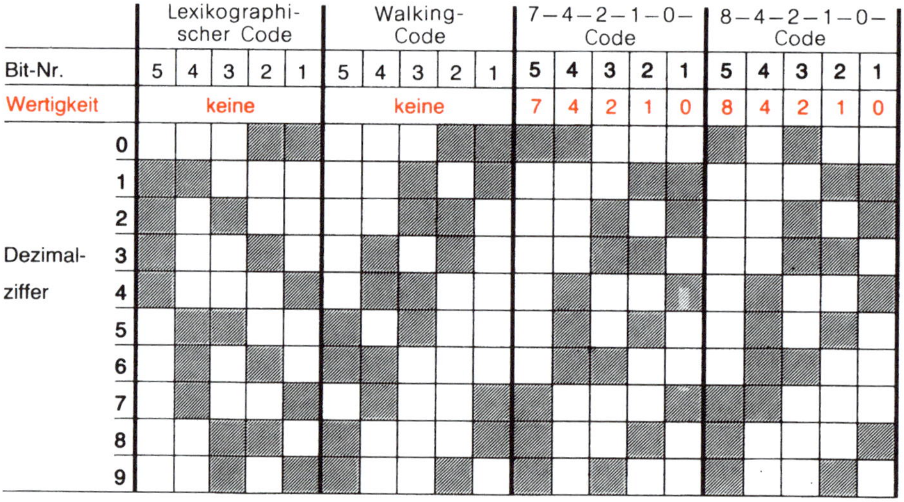

Bild 8.37 Code-Tafeln der wichtigsten 2-aus-5-Codes

Die Binärstellen des 8-4-2-1-0-Codes haben die Wertigkeiten 8, 4, 2, 1 und 0. Auch diese Wertigkeiten gelten nur eingeschränkt. Sie sind für die Dezimalziffern 0 und 7 nicht gültig.

Außer den Code-Tabellen mit 0- und 1-Werten werden auch sogenannte Code-Tafeln verwendet. In den Code-Tafeln ist jeder 1-Wert durch ein ausgefülltes Feld und jeder 0-Wert durch ein nicht ausgefülltes Feld gekennzeichnet (Bild 8.37). Diese Darstellung ist sehr übersichtlich.

8.8.4 3-aus-5-Codes

Mit 5-Bit-Einheiten lassen sich auch 3-aus-5-Codes aufbauen. Jede 5-Bit-Einheit – auch 5-Bit-Wert genannt – enthält drei 1-Zustände und zwei 0-Zustände. Häufig verwendet werden der Lorenz-Code und der Ziffernsicherungs-Code Nr. 3. Die Code-Tafeln sind in Bild 8.38 dargestellt.

Fehlererkennende Codes

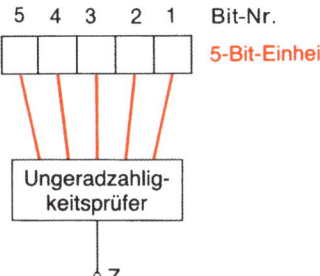

Bild 8.38
Code-Tafeln der
wichtigsten 3-aus-5-Codes

Bild 8.39
Fehlererkennung durch
Ungeradzahligkeitsprüfung

Zur Fehlererkennung wird eine Ungeradzahligkeits-Prüfung durchgeführt. Eine 5-Bit-Einheit ist nur dann fehlerfrei, wenn 3 Bits den Zustand 1 und 2 Bits den Zustand 0 haben. Ist das nicht der Fall, so zeigt der Ungeradzahligkeitsprüfer am Ausgang Zustand 1 an und löst die Fehlermeldung aus (Bild 8.39).

3-aus-5-Codes werden vor allem zur gesicherten Zahlenübertragung über Fernschreibkanäle verwendet.

8.8.5 2-aus-7-Codes

2-aus-7-Codes bestehen aus 7-Bit-Einheiten. Eine 7-Bit-Einheit wird auch 7-Bit-Wort genannt. Jede Dezimalziffer wird durch 7 Bits dargestellt. Es ergibt sich eine größere Redundanz als bei der Darstellung durch nur 5 Bits.

Von den 7 Bits haben stets 2 Bits 1-Zustand und 5 Bits 0-Zustand. Zwei häufig verwendete 2-aus-7-Codes zeigt Bild 8.40. Es sind dies der Biquinär-Code und der reflektierte Biquinär-Code. Biquinär-Code heißt übersetzt «2er-5er-Code». Die Bits Nr. 6 und 7 bilden einen 1-aus-2-Code. Die Bits Nr. 5, 4, 3, 2 und 0 bilden einen 1-aus-5-Code. Dieser Code-Aufbau erlaubt eine verhältnismäßig einfache Weiterverarbeitung der 7-Bit-Wörter. Beim reflektierten Biquinär-Code ergibt sich eine sehr einfache Komplementbildung. Das Komplement wird durch Vertauschen des 1-Zustandes und des 0-Zustandes in den Bits Nr. 6 und 7 gebildet.

8 Binäre Codes und Zahlensysteme

Bild 8.40 Code-Tafeln des Biquinär-Codes und des reflektierten Biquinär-Codes

8.9 Fehlerkorrigierende Codes

8.9.1 Arbeitsweise

Bevor ein Fehler korrigiert werden kann, muss er zunächst einmal erkannt werden.

 Definition
> Ein fehlerkorrigierender Code ist also stets auch ein fehlererkennender Code.

Im Vergleich zum fehlererkennenden Code enthält der fehlerkorrigierende Code eine größere Redundanz. Pro Zeichen sind einige Bits mehr erforderlich. Eine Dezimalziffer wird z.B. durch 7 Bits statt – wie beim fehlererkennenden Code – durch 5 Bits dargestellt.

Die größere Redundanz erlaubt es, das einzelne Bit festzustellen, das fehlerhaft ist. Ist das fehlerhafte Bit bekannt, so ist eine selbsttätige Korrektur verhältnismäßig einfach. Enthält das fehlerhafte Bit eine 1, so ist der richtige Wert eine 0. Enthält das fehlerhafte Bit eine 0, so ist der richtige Wert eine 1. Das fehlerhafte Bit muss also invertiert werden.

Grundsatz
> Ein fehlerkorrigierender Code erlaubt eine selbsttätige Korrektur eines fehlerhaften Zeichens.

Eine Fehlermeldung kann unabhängig von einer selbsttätigen Korrektur erfolgen. In vielen Fällen ist eine Registrierung auftretender Fehler erwünscht.

Die meisten fehlerkorrigierenden Codes können nur einen Fehler pro Zeichen korrigieren. Sind also in einem Zeichen 2 Bits fehlerhaft, so ist zwar meist eine Fehlermeldung möglich. Eine selbsttätige Fehlerkorrektur kann jedoch nicht erfolgen. Die Wahrscheinlichkeit, dass in einem Zeichen – also z.B. in einer 7-Bit-Einheit – gleich 2 Bits falsch sind ist aber außerordentlich gering. Tritt ein solcher Fehler dennoch auf, so ist nach Fehlermeldung die Anlage stillzulegen und die Fehlerursache zu beseitigen.

Fehlererkennende Codes, die 2 und mehr Bits pro Zeichen korrigieren können, sind zwar entwickelt worden. Sie benötigen jedoch eine so große Zahl von Bits pro Zeichen und sind so kompliziert aufgebaut, dass ein Einsatz unwirtschaftlich ist.

8.9.2 Hamming-Code

Der am häufigsten verwendete fehlererkennende Code ist der Hamming-Code, auch Hamming-ergänzter. BCD-Code genannt. Diese Codes benötigen zur Darstellung einer Dezimalziffer 7 Bits (Bild 8.41).

Der Hamming-Code ist aus 4 Informations-Bits und 3 Kontroll-Bits aufgebaut. Es werden 3 Kontrollgruppen gebildet.

Grundsatz
> Jede Kontrollgruppe des Hamming-Codes besteht aus 3 Informations-Bits und 1 Kontroll-Bit.

Mit Hilfe des Kontroll-Bits werden die 3 Informations-Bits einer Kontrollgruppe auf Geradzahligkeit der 1-Zustände ergänzt.

Den Aufbau der Kontrollgruppe K_2 zeigt Bild 8.42. Die Informations-Bits sind die Bits Nr. 5, Nr. 6 und Nr. 7. Das Kontroll-Bit ist das Bit Nr. 4. Bei der Darstellung der Dezimalziffer 0 haben die Informations-Bits keinen 1-Zustand. Das Kontroll-Bit erhält daher auch keinen 1-Zustand.

Bit-Nr.	1	2	3	4	5	6	7
Wertigkeit	K_0	K_1	2^3	K_2	2^2	2^1	2^0
Dezimalziffer 0	0	0	0	0	0	0	0
Dezimalziffer 1	1	1	0	1	0	0	1
Dezimalziffer 2	0	1	0	1	0	1	0
Dezimalziffer 3	1	0	0	0	0	1	1
Dezimalziffer 4	1	0	0	1	1	0	0
Dezimalziffer 5	0	1	0	0	1	0	1
Dezimalziffer 6	1	1	0	0	1	1	0
Dezimalziffer 7	0	0	0	1	1	1	1
Dezimalziffer 8	1	1	1	0	0	0	0
Dezimalziffer 9	0	0	1	1	0	0	1

Bild 8.41 Hamming-Code

284 Binäre Codes und Zahlensysteme

Bit-Nr.	1	2	3	4	5	6	7
Wertigkeit				K_2	2^2	2^1	2^0
Dezimalziffer 0				0	0	0	0
Dezimalziffer 1				1	0	0	1
Dezimalziffer 2				1	0	1	0
Dezimalziffer 3				0	0	1	1
Dezimalziffer 4				1	1	0	0
Dezimalziffer 5				0	1	0	1
Dezimalziffer 6				0	1	1	0
Dezimalziffer 7				1	1	1	1
Dezimalziffer 8				0	0	0	0
Dezimalziffer 9				1	0	0	1

Kontrollgruppe K_2

Bild 8.42 Aufbau der Kontrollgruppe K2

Bei der Darstellung der Dezimalziffer 1 enthalten die Informations-Bits einen 1-Zustand. Das Kontroll-Bit bekommt hier den Zustand 1. Damit ist die Anzahl der 1-Zustände der Kontrollgruppe geradzahlig. Das gleiche gilt für die Darstellung der Dezimalziffer 2.

Bei der Darstellung der Dezimalziffer 3 enthalten die Informations-Bits zwei 1-Zustände. Die Zahl der 1-Zustände ist geradzahlig. Das Kontroll-Bit bekommt hier den Zustand 0. Bei den Dezimalziffern 4...9 ist das Kontroll-Bit immer dann 1, wenn die 3 Informations-Bits eine ungerade Anzahl von 1-Zuständen enthalten. Das Kontroll-Bit ist immer 0, wenn die 3 Informations-Bits eine gerade Anzahl von 1-Zuständen enthalten.

Die Kontrollgruppe K_1 besteht aus den Informations-Bits Nr. 3, Nr. 6 und Nr. 7 und aus dem Kontroll-Bit Nr. 2 (Bild 8.43). Mit Hilfe des Kontroll-Bits (K_1) werden die 3 Informations-Bits auf Geradzahligkeit der Anzahl der 1-Zustände ergänzt. Dabei geht man wie beim Aufbau der Kontrollgruppe K_2 vor.

Die 3. Kontrollgruppe ist die Kontrollgruppe K_0. Sie besteht aus den Informations-Bits Nr. 3, Nr. 5 und Nr. 7. Das Kontroll-Bit K_0 hat die Nummer 1 (Bild 8.44).

Die 3 Informations-Bits werden durch das Kontroll-Bit K_0 auf Geradzahligkeit ergänzt. K_0 hat immer dann Zustand 1, wenn die Anzahl der 1-Zustände der Informations-Bits ungeradzahlig ist. Die Fehlerfeststellung erfolgt durch Geradzahligkeitsprüfung der Kontrollgruppen.

Bit-Nr.	1	2	3	4	5	6	7
Wertigkeit		K_1	2^3			2^1	2^0
Dezimalziffer 0		0	0			0	0
Dezimalziffer 1		1	0			0	1
Dezimalziffer 2		1	0			1	0
Dezimalziffer 3		0	0			1	1
Dezimalziffer 4		0	0			0	0
Dezimalziffer 5		1	0			0	1
Dezimalziffer 6		1	0			1	0
Dezimalziffer 7		0	0			1	1
Dezimalziffer 8		1	1			0	0
Dezimalziffer 9		0	1			0	1

Kontrollgruppe K_1

Bild 8.43 Aufbau der Kontrollgruppe K1

Fehlerkorrigierende Codes

	Bit-Nr.	1	2	3	4	5	6	7
	Wertigkeit	K_0		2^3		2^2		2^0
Dezimal-ziffer	0	0		0		0		0
	1	1		0		0		1
	2	0		0		0		0
	3	1		0		0		1
	4	1		0		1		0
	5	0		0		1		1
	6	1		0		1		0
	7	0		0		1		1
	8	1		1		0		0
	9	0		1		0		1

Kontrollgruppe K_0

Bild 8.44 Aufbau der Kontrollgruppe K0

Grundsatz
Beim Hamming-Code wird jede Kontrollgruppe für sich auf Geradzahligkeit geprüft.

Zur Prüfung einer 7-Bit-Einheit sind also 3 Geradzahligkeitsprüfer erforderlich. Sie werden gemäß Bild 8.45 angeschlossen. Bei Ungeradzahligkeit einer Kontrollgruppe erscheint am Ausgang des zugehörigen Geradzahligkeitsprüfers Zustand 1. Dieser Zustand bedeutet Fehlermeldung.

Definition
Eine 7-Bit-Einheit des Hamming-Codes ist immer dann fehlerhaft, wenn wenigstens ein Geradzahligkeitsprüfer Fehler macht.

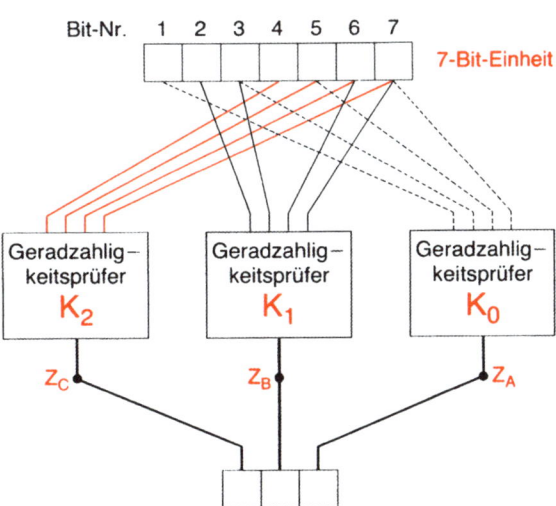

Bild 8.45 Anschluss der Geradzahligkeitsprüfer

Fehler im Bit Nr.	Fehlermeldung der Geradzahligkeitsprüfer	Ausgangszustände		
		K_2 Z_C	K_1 Z_B	K_0 Z_A
1	K_0	0	0	1
2	K_1	0	1	0
3	K_0 und K_1	0	1	1
4	K_2	1	0	0
5	K_0 und K_2	1	0	1
6	K_1 und K_2	1	1	0
7	K_0, K_1 und K_2	1	1	1
		2^2	2^1	2^0

Bild 8.46
Zusammenstellung der Fehlermeldungen und der Ausgangszustände der Geradzahligkeitsprüfer

Die Fehlererkennung ist also unproblematisch. Wie sieht es nun mit der Fehlerkorrektur aus? Tritt ein Fehler im Bit Nr. 1 auf, so meldet der zu K_0 gehörige Geradzahligkeitsprüfer den Fehler. Der Ausgang Z_A nimmt den Zustand 1 an. Ein Fehler im Bit Nr. 2 wird von dem zu K_1 gehörenden Geradzahligkeitsprüfer gemeldet ($Z_B = 1$). Bei einem Fehler im Bit Nr. 3 melden die Geradzahligkeitsprüfer K_0 und K_1 Fehler. In Bild 8.46 ist zusammengestellt, welche Geradzahligkeitsprüfer eine Fehlermeldung machen und wie die Ausgangszustände von Z_A, Z_B und Z_C bei Fehlern in den einzelnen Bits sind.

Bei eingehender Betrachtung von Bild 8.46 stellt man fest, dass die Ausgangszustände von Z_A, Z_B und Z_C eine Dualzahl bilden, die der Nr. des fehlerhaften Bits entspricht. Dem Ausgang Z_A ist 2^0, dem Ausgang Z_B 2^1 und dem Ausgang Z_C 2^2 zuzuordnen.

Definition

Die Ausgangszustände der Geradzahligkeitsprüfer geben beim Hamming-Code die Nummer des fehlerhaften Bits an.

Damit ist das fehlerhafte Bit eindeutig identifiziert. Es kann jetzt korrigiert werden. Die Korrektur erfolgt selbsttätig mit Hilfe einer Digitalschaltung, die das als fehlerhaft bezeichnete Bit invertiert. Mehr ist nicht zu tun, denn wenn das fehlerhafte Bit 1 ist, so ist sein richtiger Wert 0. Wenn das fehlerhafte Bit 0 ist, so ist sein richtiger Wert 1.

Bei Schaltungen, die mit dem Hamming-Code arbeiten, wird jede 7-Bit-Einheit des Hamming-Codes an bestimmten Stellen der Schaltung geprüft und, wenn erforderlich, korrigiert. Eine solche Prüfung und Korrektur ist vor allem nach dem Durchlaufen von längeren Leitungen angebracht, da auf längeren Leitungen eine erhöhte Störgefahr besteht.

8.10 Lernziel-Test

1. Welcher Unterschied besteht zwischen den Begriffen «binär» und «dual»?
2. Die in Tabelle 8.42 dargestellten Dualzahlen sind in Dezimalzahlen umzuwandeln.

Dezimal-ziffer	2^{12}	2^{11}	2^{10}	2^9	2^8	2^7	2^6	2^5	2^4	2^3	2^2	2^1	2^0
	4 096	2 048	1 024	512	256	128	64	32	16	8	4	2	1
							1	1	0	0	1	0	
						1	1	0	1	0	1	1	1
						1	0	1	0	1	1	0	0
?				1	0	1	0	1	1	0	0	0	0
				1	1	1	0	0	0	1	1	0	1
			1	1	1	0	0	0	1	1	1	0	0
		1	1	0	0	1	1	0	0	1	1	0	0
		1	0	0	1	0	1	1	1	0	1	1	1
	1	0	1	1	1	1	0	1	0	0	1	0	0
	1	1	0	0	0	1	1	1	0	1	1	0	1
	1	0	1	0	1	1	0	0	0	0	1	1	1
	1	1	1	1	0	0	0	1	1	0	1	0	0

Bild 8.47 Umwandlung von Dualzahlen in Dezimalzahlen

3. Die folgenden Dezimalzahlen sollen in Dualzahlen umgewandelt werden:
     58
    512
   1 298
   1 983
   20 000
   17 750
    2 730
    9 990
   11 000
   32 000

4. Dualzahlen mit Kommastellen können ebenfalls als Dezimalzahlen dargestellt werden. Wandeln Sie die nachstehenden Dualzahl in Dezimalzahlen um:
    a)   110110,101
    b)   100101,1101
    c)   1010,11101
    d)   0,10101
    e)   0,011101

5. Addition im dualen Zahlensystem. Lösen Sie bitte folgende Aufgaben durch duale Addition. Prüfen Sie die Ergebnisse durch Umwandeln der Zahlen ins Dezimalsystem nach.

    a)   1101   b)   111101   c)   11011   d)   110001
       + 100   + 1001   + 100100   + 11101
         ?   ?   ?   ?

    e)   111100   f)   110011   g)   1000,11   h)   1100,11
       + 1100111   + 1010100   + 111,11   + 111,01
          ?   ?   ?   ?

6. Subtraktion im dualen Zahlensystem. Die Aufgaben sollen durch Addition des Komplements gelöst werden.

    a)   1101   b)   111101   c)   11011   d)   1001100
       – 100   – 1001   – 1111   – 101010
         ?   ?   ?   ?

e) 100111   f) 110011   g) 111000   h) 1101
   − 10111   − 11010   − 10011   − 10100
   ?   ?   ?   ?

7. Die Dezimalzahlen:
   a) 10 941
   b)   3 890
   c)   7 863
   d) 98 001
   e)   7 989
   sollen in den BCD-Code überführt werden.

8. Addition im BCD-Code
   a) 0100   b) 1000   c) 0111   d) 0011
      + 0011   + 0110   + 1001   + 110
       ?   ?   ?   ?

   e) 1001   f) 1001   g) 0110   h) 1001
      + 1000   + 0001   + 0110   + 0110
       ?   ?   ?   ?

9. Subtraktion im BCD-Code
   a) 1000   b) 1001   c) 0111   d) 1001
      − 0111   − 1000   − 0110   − 0111
       ?   ?   ?   ?

   e) 0111   f) 0111   g) 1000   h) 0011
      − 0011   − 1001   − 0011   − 1000
       ?   ?   ?   ?

10. Die Hexadezimalzahlen sind in Dezimalzahlen und Dualzahlen zu verwandeln:
    a) AB1   b) 87F2   c) E605   d) BCD4
    e) 12B31   f) BA1A   g) 31 459   h) 1A1B

11. Die Dezimalzahlen sind in Hexadezimalzahlen und Dualzahlen zu verwandeln:
    a)   100   b)   259   c) 1 020   d) 1 983
    e) 10 000   f)   126   g) 18 020   h)   999

12. Die in der Tabelle Bild 8.48 eingetragenen Zahlen sind umzucodieren. Für jedes freie Feld ist ein Ergebnis zu suchen. Die Dezimalzahl 2560 z.B. soll in eine Dualzahl, in eine Hexadezimalzahl, in eine Oktalzahl und in eine BCD-Zahl umgewandelt werden.

Dezimal-zahl	Dualzahl	Hexadezimal-zahl	Oktal-zahl	BCD-Zahl			
2560							
	100 1111 0110						
		AF36					
			1772				
				11	1001	0111	0001	1000
		1A2BC					

Bild 8.48   Umcodierungsaufgabe

13. Erläutern Sie den Aufbau des 3-Exzess-Codes.
14. Was versteht man unter dem Begriff Redundanz?
15. Wie ist ein *einschrittiger* Code aufgebaut?
16. Nennen Sie die Namen von drei fehlererkennenden Codes, und erläutern Sie an einem Beispiel, wie die Fehlererkennung funktioniert.
17. Was ist Geradzahligkeitsprüfung?
18. Erklären Sie, wie negative Zahlen im dualen Zahlensystem dargestellt werden.
19. Wie unterscheidet sich ein fehlererkennender Code von einem fehlerkorrigierenden Code?
20. Wie ist der Hamming-Code aufgebaut, und wie erfolgt die Fehlerkorrektur?

9 Code- und Pegel-Umsetzerschaltungen

9.1 Code-Umsetzer

Code-Umsetzer haben die Aufgabe, Informationen, die in einem bestimmten Code dargestellt sind, in einen anderen Code umzusetzen. Sie werden auch *Code-Wandler* genannt.

9.1.1 Berechnung von Code-Umsetzern

Die Anzahl der Eingänge eines Code-Umsetzers entspricht stets der Anzahl der Elemente des umzusetzenden Codes. Für einen 4-Bit-Code (Tetraden-Code) sind z.B. 4 Eingänge erforderlich. Die Anzahl der Ausgänge entspricht der Anzahl der Elemente des Codes, in den zu wandeln ist. Soll vom Aiken-Code in den Hamming-Code umgesetzt werden, so sind 4 Eingänge und 7 Ausgänge erforderlich (Bild 9.1).

Definition
   Code-Umsetzer werden nach den Regeln der Schaltungssynthese berechnet.

Die gewünschte Code-Umsetzung ist in einer Wahrheitstabelle darzustellen. Aus dieser Wahrheitstabelle kann für jeden Ausgang eine disjunktive Normalform (DNF) abgeleitet werden. Die DNF sind dann möglichst weitgehend zu vereinfachen. Nach den vereinfachten Gleichungen ist die Schaltung aufzubauen.

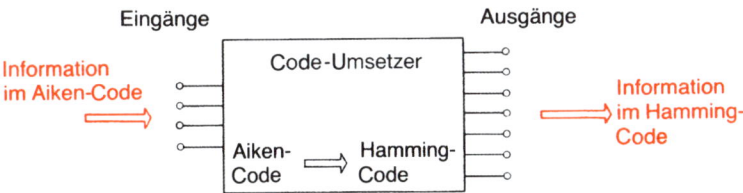

Bild 9.1 Code-Umsetzer, der vom Aiken-Code in den Hamming-Code umsetzt

Beispiel
   Gesucht ist ein Code-Umsetzer, der vom Aiken-Code in den BCD-Code umsetzt. Benötigt wird eine Schaltung mit 4 Eingängen und 4 Ausgängen gemäß Bild 9.2. Die Verknüpfung, die diese Schaltung erzeugen soll, ist in der Wahrheitstabelle Bild 9.3 dargestellt.

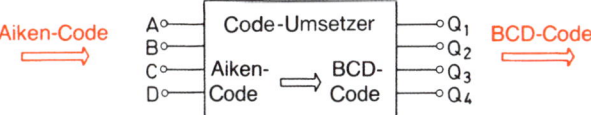

Bild 9.2 Code-Umsetzer, der vom Aiken-Code in den BCD-Code umsetzt

Code- und Pegel-Umsetzerschaltungen

	Eingänge Aiken-Code				Ausgänge BCD-Code			
	D	C	B	A	Q_4	Q_3	Q_2	Q_1
0	0	0	0	0	0	0	0	0
1	0	0	0	1	0	0	0	1
2	0	0	1	0	0	0	1	0
3	0	0	1	1	0	0	1	1
4	0	1	0	0	0	1	0	0
5	1	0	1	1	0	1	0	1
6	1	1	0	0	0	1	1	0
7	1	1	0	1	0	1	1	1
8	1	1	1	0	1	0	0	0
9	1	1	1	1	1	0	0	1

Bild 9.3
Wahrheitstabelle des Code-Umsetzers, der vom Aiken-Code in den BCD-Code umsetzt

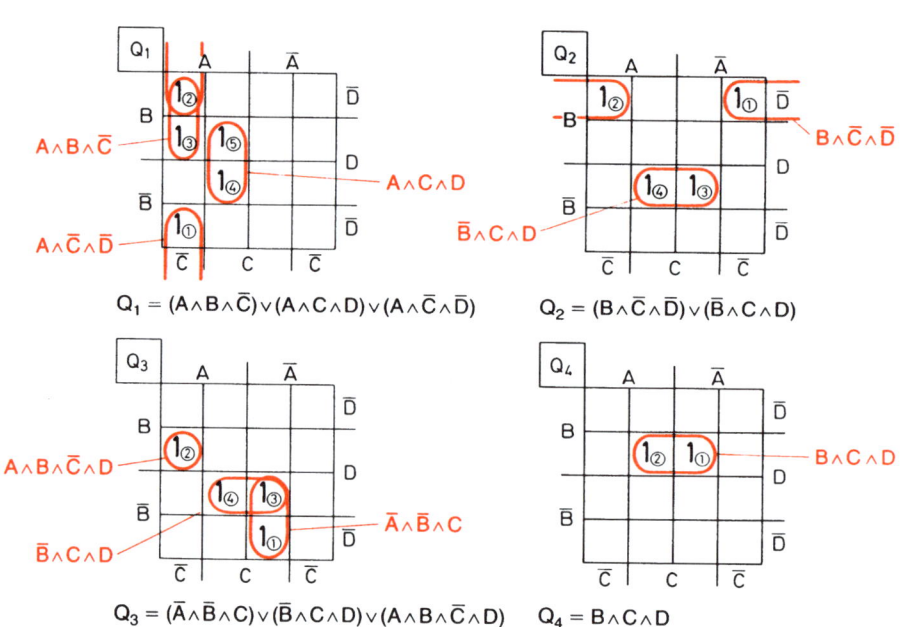

Bild 9.4 Vereinfachung der DNF

Für die Ausgänge Q_1, Q_2, Q_3 und Q_4 ergeben sich folgende DNF:

$Q_1 = (A \wedge \bar{B} \wedge \bar{C} \wedge \bar{D}) \vee (A \wedge B \wedge \bar{C} \wedge \bar{D}) \vee (A \wedge B \wedge \bar{C} \wedge D)$
$\qquad \vee (A \wedge \bar{B} \wedge C \wedge D) \vee (A \wedge B \wedge C \wedge D)$
$Q_2 = (\bar{A} \wedge B \wedge \bar{C} \wedge \bar{D}) \vee (A \wedge B \wedge \bar{C} \wedge \bar{D})$
$\qquad \vee (\bar{A} \wedge \bar{B} \wedge C \wedge D) \vee (A \wedge \bar{B} \wedge C \wedge D)$
$Q_3 = (\bar{A} \wedge \bar{B} \wedge C \wedge \bar{D}) \vee (A \wedge B \wedge \bar{C} \wedge D) \vee (A \wedge \bar{B} \wedge C \wedge D)$
$\qquad \vee (A \wedge \bar{B} \wedge C \wedge D)$
$Q_4 = (\bar{A} \wedge B \wedge C \wedge D) \vee (A \wedge B \wedge C \wedge D)$

Die DNF werden mit Hilfe von KV-Diagrammen vereinfacht (Bild 9.4).

$Q_1 = (A \wedge B \wedge \overline{C}) \vee (A \wedge C \wedge D) \vee (A \wedge \overline{C} \wedge \overline{D})$
$Q_2 = (B \wedge \overline{C} \wedge \overline{D}) \vee (\overline{B} \wedge C \wedge D)$
$Q_3 = (\overline{A} \wedge \overline{B} \wedge C) \vee (\overline{B} \wedge C \wedge D) \vee (A \wedge B \wedge \overline{C} \wedge D)$
$Q_4 = B \wedge C \wedge D$

Nach den vereinfachten Gleichungen kann die Schaltung aufgebaut werden. Stehen nur NAND-Gatter zur Verfügung, ist entsprechend umzurechnen. Bild 9.5 zeigt die mit NAND-Gattern aufzubauende Schaltung.

$Q_1 = \overline{\overline{A \wedge B \wedge \overline{C}} \wedge \overline{A \wedge C \wedge D} \wedge \overline{A \wedge \overline{C} \wedge \overline{D}}}$
$Q_2 = \overline{\overline{B \wedge \overline{C} \wedge \overline{D}} \wedge \overline{\overline{B} \wedge C \wedge D}}$
$Q_3 = \overline{\overline{\overline{A} \wedge \overline{B} \wedge C} \wedge \overline{\overline{B} \wedge C \wedge D} \wedge \overline{A \wedge B \wedge \overline{C} \wedge D}}$
$Q_4 = \overline{\overline{B \wedge C \wedge D}}$

Nach diesem Verfahren können Code-Umsetzer für jede beliebige Umsetzungsaufgabe berechnet werden. Für Umsetzungen zwischen häufig verwendeten Codes stehen integrierte Schaltungen zur Verfügung.

9.1.2 Dezimal-BCD-Code-Umsetzer

Bei vielen Digitalschaltungen – vor allem bei Rechnerschaltungen – werden Zahlen mit Dezimalziffern eingegeben. Eine Umsetzung aus dem Dezimal-Code in den Dual-Code oder in den BCD-Code ist erforderlich.

Definition
Dezimal-BCD-Code-Umsetzer setzen Dezimalziffern in Dualzahlen um.

Der Dezimal-Code ist ein 1-aus-10-Code. Ein Code-Umsetzer, der Dezimalziffern in den BCD-Code umsetzt, muss 10 Eingänge und 4 Ausgänge haben. Da die Dezimalziffer 0 im BCD-Code durch 0000 ausgedrückt wird, kann der Eingang für die Dezimalziffer 0 entfallen. Man benötigt also nur 9 Eingänge (Bild 9.6).
Die Schaltung kann, wie in Abschnitt 9.1.1 gezeigt, berechnet werden. Durch einfache Überlegungen kommt man hier jedoch schneller zum Ziel. Die Wahrheitstabelle des Dezimal-BCD-Code-Umsetzers ist in Bild 9.7 dargestellt. Jedes 1-Signal an einem der Eingänge soll an bestimmten Ausgängen 1-Signale hervorrufen.
Das Eingangssignal muss auf die in Frage kommenden Ausgänge verteilt werden. Man kann hier nach dem Prinzip des Kreuzschienenverteilers vorgehen (Bild 9.8). Jeder Ausgang wird über ein ODER-Gatter mit 1-Signalen versorgt.
Dezimal-BCD-Code-Umsetzer werden als integrierte Schaltungen hergestellt. In der TTL-Schaltkreisfamilie sind z.B. die Schaltungen 74 147 und 84 147 verfügbar.

Code- und Pegel-Umsetzerschaltungen

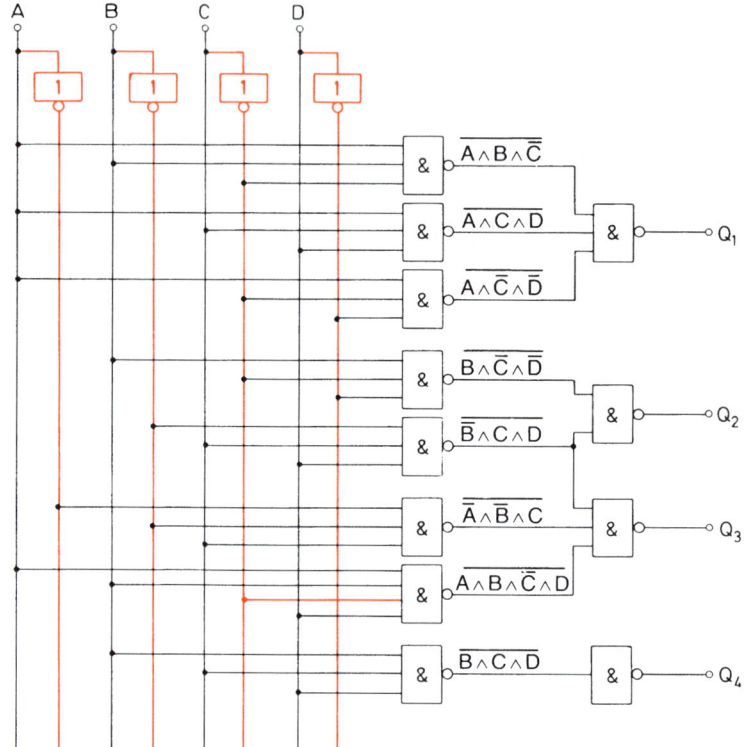

Bild 9.5   Code-Umsetzer (Aiken-Code ⇒ BCD-Code)

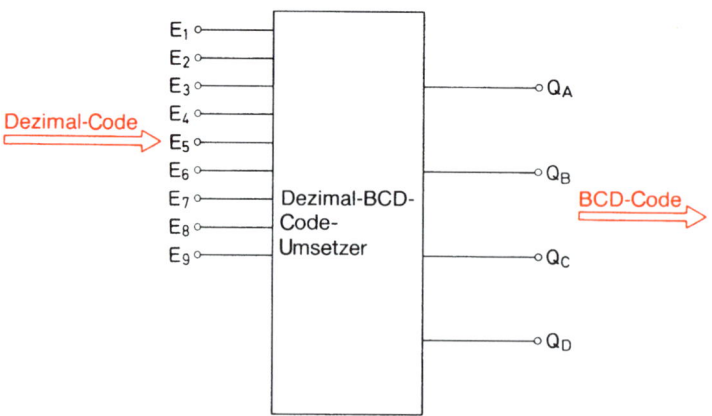

Bild 9.6   Code-Umsetzer zur Umsetzung von Dezimalziffern in BCD-Zahlen

Code-Umsetzer

Dezimal-zahlenwert	Eingänge Dezimal-Code (1-aus-10-Code)									Ausgänge BCD-Code			
										2^3	2^2	2^1	2^0
	E_1	E_2	E_3	E_4	E_5	E_6	E_7	E_8	E_9	Q_D	Q_C	Q_B	Q_A
1	1	0	0	0	0	0	0	0	0	0	0	0	1
2	0	1	0	0	0	0	0	0	0	0	0	1	0
3	0	0	1	0	0	0	0	0	0	0	0	1	1
4	0	0	0	1	0	0	0	0	0	0	1	0	0
5	0	0	0	0	1	0	0	0	0	0	1	0	1
6	0	0	0	0	0	1	0	0	0	0	1	1	0
7	0	0	0	0	0	0	1	0	0	0	1	1	1
8	0	0	0	0	0	0	0	1	0	1	0	0	0
9	0	0	0	0	0	0	0	0	1	1	0	0	1

Bild 9.7 Wahrheitstabelle des Dezimal-BCD-Code-Umsetzers

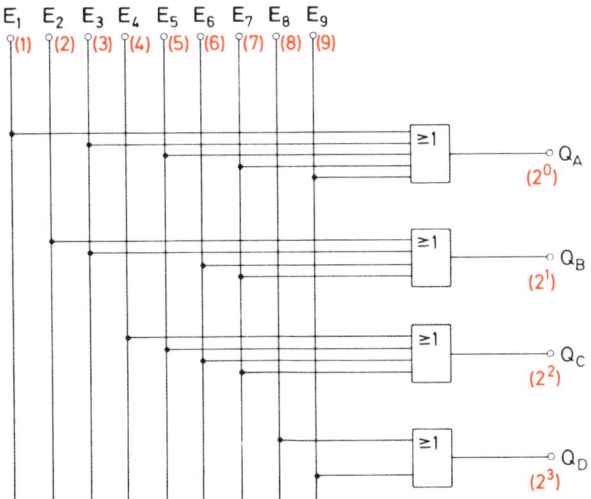

Bild 9.8 Schaltung eines Dezimal-BCD-Code-Umsetzers

9.1.3 BCD-Dezimal-Code-Umsetzer

Zur Umsetzung von BCD-Zahlen in Dezimalziffern werden BCD-Dezimal-Code-Umsetzer benötigt. Ein solcher Code-Umsetzer muss 4 Eingänge zur Aufnahme der BCD-Zahlen haben. Für jede Dezimalziffer ist ein besonderer Ausgang erforderlich. Signal 1 an dem der Dezimalziffer 3 zugeordneten Ausgang bedeutet, dass Ziffer 3 angezeigt werden soll. Eine solche Anzeige kann z.B. durch 7-Segment-Anzeigen erfolgen (s. Abschnitt 9.1.9).

Code- und Pegel-Umsetzerschaltungen

 Definition
Ein BCD-Dezimal-Code-Umsetzer setzt BCD-Zahlen in Dezimalziffern um.

Dezimal-zahlen-wert	Eingänge BCD-Code				Ausgänge Dezimal-Code (1-aus-10-Code)									
	2^3 D	2^2 C	2^1 B	2^0 A	Z_0	Z_1	Z_2	Z_3	Z_4	Z_5	Z_6	Z_7	Z_8	Z_9
0	0	0	0	0	1	0	0	0	0	0	0	0	0	0
1	0	0	0	1	0	1	0	0	0	0	0	0	0	0
2	0	0	1	0	0	0	1	0	0	0	0	0	0	0
3	0	0	1	1	0	0	0	1	0	0	0	0	0	0
4	0	1	0	0	0	0	0	0	1	0	0	0	0	0
5	0	1	0	1	0	0	0	0	0	1	0	0	0	0
6	0	1	1	0	0	0	0	0	0	0	1	0	0	0
7	0	1	1	1	0	0	0	0	0	0	0	1	0	0
8	1	0	0	0	0	0	0	0	0	0	0	0	1	0
9	1	0	0	1	0	0	0	0	0	0	0	0	0	1

Bild 9.9 Wahrheitstabelle des BCD-Dezimal-Code-Umsetzers

Die Berechnung eines BCD-Dezimal-Code-Umsetzers ist sehr einfach. Wie die Wahrheitstabelle Bild 9.9 zeigt, ergibt sich für jeden Ausgang nur eine Vollkonjunktion.

Die Eingangsvariablen A, B, C und D müssen negiert und nicht negiert verfügbar sein. Zur Verwirklichung der Vollkonjunktionen werden 10 UND-Gatter mit je 4 Eingängen benötigt (Bild 9.10).

$Z_0 = \overline{A} \wedge \overline{B} \wedge \overline{C} \wedge \overline{D}$ $Z_5 = A \wedge \overline{B} \wedge C \wedge \overline{D}$
$Z_1 = A \wedge \overline{B} \wedge \overline{C} \wedge \overline{D}$ $Z_6 = \overline{A} \wedge B \wedge C \wedge \overline{D}$
$Z_2 = \overline{A} \wedge B \wedge \overline{C} \wedge \overline{D}$ $Z_7 = A \wedge B \wedge C \wedge \overline{D}$
$Z_3 = A \wedge B \wedge \overline{C} \wedge \overline{D}$ $Z_8 = \overline{A} \wedge \overline{B} \wedge \overline{C} \wedge D$
$Z_4 = \overline{A} \wedge \overline{B} \wedge C \wedge \overline{D}$ $Z_9 = A \wedge \overline{B} \wedge \overline{C} \wedge D$

Die Schaltung Bild 9.10 kann auch durch Überlegen gefunden werden. Jeder 4-Bit-Einheit des BCD-Codes muss ein einziger Ausgang eindeutig zugeordnet werden. Durch eine UND-Verknüpfung der in Frage kommenden Variablen oder ihrer Negation lässt sich die gewünschte Zuordnung erreichen.

BCD-Dezimal-Code-Umsetzer werden als integrierte Schaltungen hergestellt. Eine häufig verwendete integrierte Schaltung aus der TTL-Schaltkreisfamilie trägt die Bezeichnung 7442A. In Bild 9.11 ist die Anschlussordnung dieser Schaltung zusammen mit den Daten und der Pegeltabelle angegeben. Die Dezimalausgänge führen L-Pegel, wenn die zugehörige Ziffer ausgegeben wird. Dies ist zweckmäßig, wenn Ziffernanzeigeröhren über Treiberstufen angesteuert werden sollen.

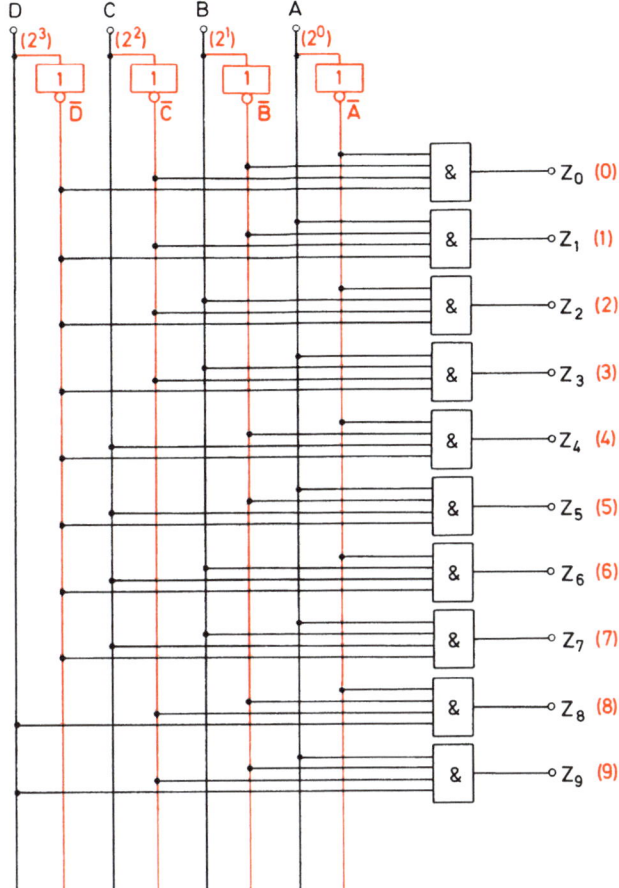

Bild 9.10   Schaltung eines BCD-Dezimal-Code-Umsetzers

Erscheinen an den Eingängen A, B, C und D der Schaltung 7442A Viererkombinationen, die nicht zum BCD-Code gehören, also sog. Pseudotetraden, so führt das zu keiner Ziffernausgabe. Die Pegeltabelle Bild 9.11 zeigt, dass Pseudotetraden unterdrückt werden.

BCD-Dezimal-Decoder

Der Baustein 7442A decodiert binäre Dezimalzahlen. Die Eingänge sind direkt an die Ausgänge aller Dezimalzähler anschließbar, wobei A mit Q_A, B mit Q_B, C mit Q_C und D mit Q_D verbunden wird.

Statische Kenndaten im Temperaturbereich 1 und 5		Prüfbedingungen	untere Grenze B	typ.	obere Grenze A	Einheit
Speisespannung	U_S		4,75	5,0	5,25	V
H-Eingangsspannung	U_{IH}	$U_S = 4,75$ V	2,0			V
L-Eingangsspannung	U_{IL}				0,8	V
Eingangsklemmspannung	$-U_I$	$U_S = 4,75$ V, $-I_I = 12$ mA			1,5	V
H-Ausgangsspannung	U_{QH}	$U_S = 4,75$ V $U_{IH} = 2$ V, $U_{IL} = 0,8$ V $-I_{QH} = 800$ µA	2,4	3,4		V
L-Ausgangsspannung	U_{QL}	$U_S = 4,75$ V $U_{IH} = 2$ V, $U_{IL} = 0,8$ V $I_{QL} = 16$ mA		0,2	0,4	V
Eingangsstrom pro Eingang	I_I	$U_I = 5,5$ V $\mid U_S$			1	mA
H-Eingangsstrom pro Eingang	I_{IH}	$U_{IH} = 2,4$ V $\mid = 5,25$ V	18		55	mA
L-Eingangsstrom pro Eingang	$-I_{IL}$	$U_{IL} = 0,4$ V $U_S = 5,25$ V			40	µA
Kurzschlussausgangsstrom pro Ausgang	$-I_Q$	$U_S = 5,25$ V			1,6	mA
Speisestrom	I_S	$U_S = 5,25$ V		28	56	mA

Schaltzeiten bei $U_S = 5$ V, $T_U = 25$ °C

Signallaufzeit nach Ausgang 0	t_{PHL}			14	25	ns
nach Ausgang 1 bis 9	t_{PHL}	$R_L = 400\,\Omega$ $C_L = 15$ pF		17	30	ns
Signallaufzeit nach Ausgang 0	t_{PLH}			10	25	ns
nach Ausgang 1 bis 9	t_{PLH}			17	30	ns

Logische Daten

Ausgangslastfaktor pro Ausgang H-Signal	F_{QH}				20	
L-Signal	F_{QL}				10	
Eingangslastfaktor pro Eingang	F_I				1	

Code-Umsetzer

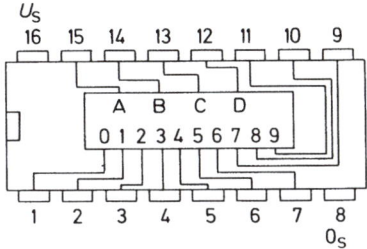

Anschlussanordnung
Ansicht von oben

Logisches Verhalten

BCD-Eingänge				Dezimal-Ausgänge									
D	C	B	A	0	1	2	3	4	5	6	7	8	9
L	L	L	L	L	H	H	H	H	H	H	H	H	H
L	L	L	H	H	L	H	H	H	H	H	H	H	H
L	L	H	L	H	H	L	H	H	H	H	H	H	H
L	L	H	H	H	H	H	L	H	H	H	H	H	H
L	H	L	L	H	H	H	H	L	H	H	H	H	H
L	H	L	H	H	H	H	H	H	L	H	H	H	H
L	H	H	L	H	H	H	H	H	H	L	H	H	H
L	H	H	H	H	H	H	H	H	H	H	L	H	H
H	L	L	L	H	H	H	H	H	H	H	H	L	H
H	L	L	H	H	H	H	H	H	H	H	H	H	L
H	L	H	L	H	H	H	H	H	H	H	H	H	H
H	L	H	H	H	H	H	H	H	H	H	H	H	H
H	H	L	L	H	H	H	H	H	H	H	H	H	H
H	H	L	H	H	H	H	H	H	H	H	H	H	H
H	H	H	L	H	H	H	H	H	H	H	H	H	H
H	H	H	H	H	H	H	H	H	H	H	H	H	H

Bild 9.11 Anschlussanordnung, Datenblatt und Pegeltabelle der TTL-Schaltung 7442A (Siemens)

9.1.4 Dezimal-3-Exzess-Code-Umsetzer

Definition
Ein Dezimal-3-Exzess-Code-Umsetzer setzt Dezimalziffern in 4-Bit-Einheiten des 3-Exzess-Codes um.

Der Code-Umsetzer kann nach dem in Abschnitt 9.1.1 gezeigten Verfahren berechnet werden. Einfacher ist es jedoch, ihn nach dem Prinzip des Kreuzschienenverteilers aufzubauen. Die 1-Zustände an den Dezimaleingängen werden auf die 3-Exzess-Ausgänge über ODER-Gatter «verteilt» (Bild 9.12).

Code- und Pegel-Umsetzerschaltungen

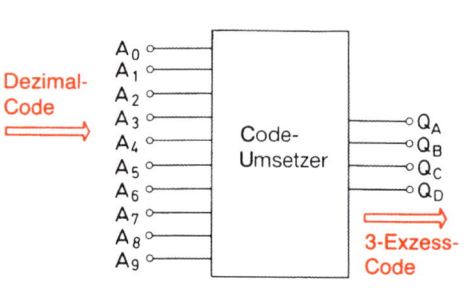

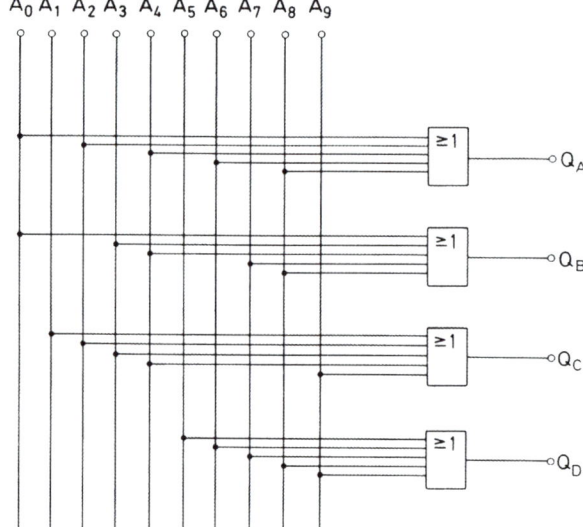

Bild 9.12 Dezimal-3-Exzess-Code-Umsetzer

9.1.5 3-Exzess-Dezimal-Code-Umsetzer

> **Definition**
> Ein 3-Exzess-Dezimal-Code-Umsetzer setzt 4-Bit-Einheiten des 3-Exzess-Codes in Dezimalziffern um.

Eine Berechnung des Code-Umsetzers ist nicht erforderlich. Er kann wie ein BCD-Dezimal-Code-Umsetzer aufgebaut werden – mit einer dem 3-Exzess-Code entsprechenden Verdrahtung. Benötigt werden die Eingangsvariablen in negierter und nicht negierter Form. Die Zuordnung der 4-Bit-Einheiten des 3-Exzess-Codes zu den Dezimalziffern erfolgt über UND-Gatter (Bild 9.13).

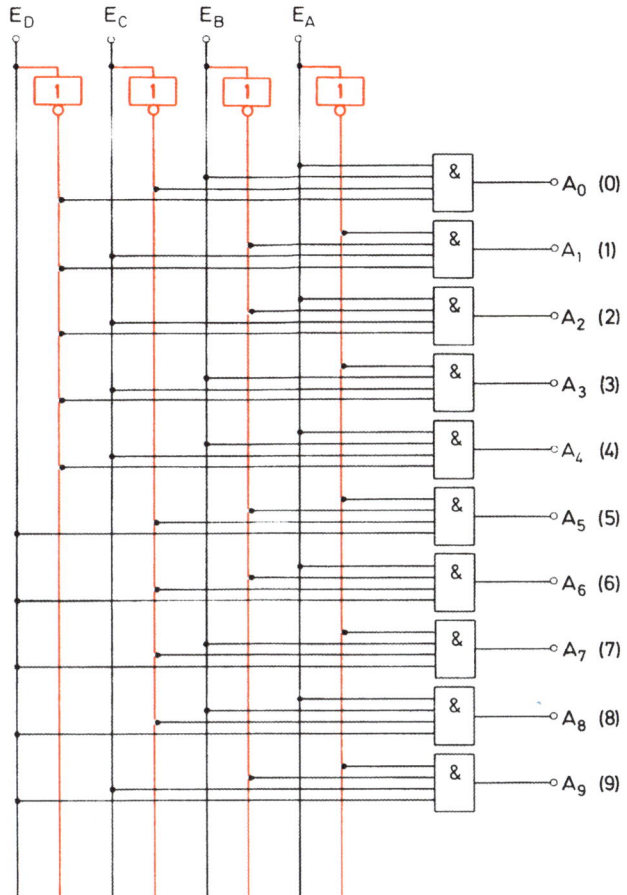

Bild 9.13 3-Exzess-Dezimal-Code-Umsetzer

9.1.6 Dezimal-7-Segment-Code-Umsetzer

Dezimalziffern werden überwiegend durch 7-Segment-Anzeigeeinheiten dargestellt. Diese Anzeigeeinheiten sind mit Leuchtdioden-Segmenten oder mit Flüssigkristall-Segmenten aufgebaut (s. Beuth, Elektronik 2).

Zur Ansteuerung von 7-Segment-Anzeigeeinheiten wird ein besonderer Code benötigt, der *7-Segment-Code* genannt wird. Dieser Code gibt an, welche Segmente zur Darstellung der einzelnen Dezimalziffern verwendet werden sollen. Zur Darstellung der Dezimalziffer 3 sollen z.B. die Segmente a, b, c, d und g (Bild 9.14) verwendet werden. Zur Darstellung der Dezimalziffer 8 werden alle Segmente benötigt. In Bild 9.15 ist der 7-Segment-Code dargestellt.

Definition
Dezimal-7-Segment-Code-Umsetzer setzen den Dezimal-Code in den 7-Segment-Code um.

Code- und Pegel-Umsetzerschaltungen

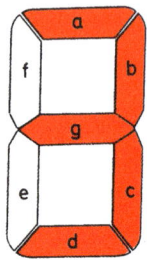

Bild 9.14
7-Segment-Anzeigeeinheit

Dezimal-ziffer	7-Segment-Code						
	a	b	c	d	e	f	g
0	1	1	1	1	1	1	0
1	0	1	1	0	0	0	0
2	1	1	0	1	1	0	1
3	1	1	1	1	0	0	1
4	0	1	1	0	0	1	1
5	1	0	1	1	0	1	1
6	0	0	1	1	1	1	1
7	1	1	1	0	0	0	0
8	1	1	1	1	1	1	1
9	1	1	1	0	0	1	1

Bild 9.15
7-Segment-Code

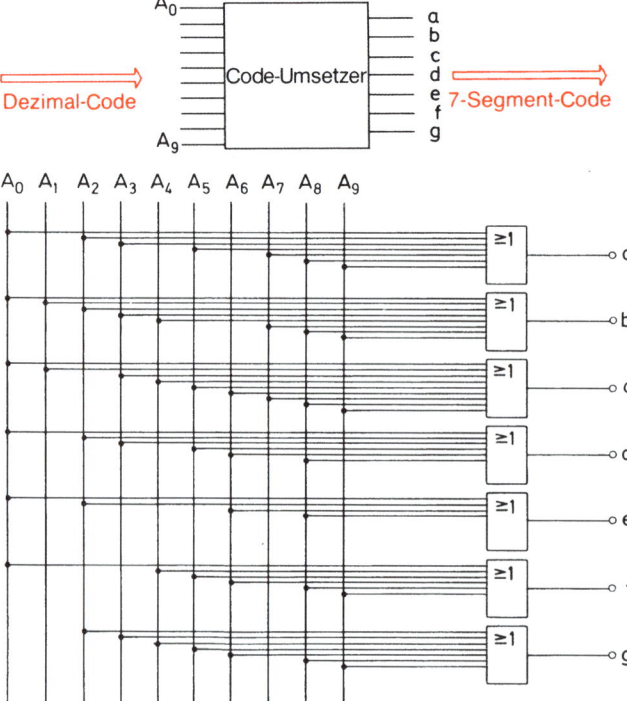

Bild 9.16   Dezimal-7-Segment-Code-Umsetzer

Ein Dezimal-7-Segment-Code-Umsetzer muss nicht berechnet werden. Er kann nach dem Prinzip des Kreuzschienenverteilers aufgebaut werden. Die 1-Zustände der Dezimaleingänge werden über ODER-Gatter auf die 7-Segment-Ausgänge «verteilt» (Bild 9.16).

9.1.7 BCD-7-Segment-Code-Umsetzer

Der BCD-Code wird in großem Umfang angewendet. Entsprechend häufig sollen BCD-codierte Informationen über 7-Segment-Anzeigeeinheiten ausgegeben werden. Code-Umsetzer, die den BCD-Code in den 7-Segment-Code umsetzen, haben daher eine große Bedeutung.

Definition
BCD-7-Segment-Code-Umsetzer setzen den BCD-Code in den 7-Segment-Code um.

Ein solcher Code-Umsetzer könnte mit 2 der bisher besprochenen Code-Umsetzer verwirklicht werden. Schaltet man einen BCD-Dezimal-Code-Umsetzer und einen Dezimal-7-Segment-Code-Umsetzer zusammen, so erhält man einen Code-Umsetzer, der den BCD-Code in den 7-Segment-Code umsetzt. Die Schaltung eines derartigen Codee-Umsetzers zeigt Bild 9.17.

Die Berechnung eines BCD-7-Segment-Code-Umsetzers führt jedoch zu einer einfacheren Schaltung. Die Wahrheitstabelle der gesuchten Code-Umsetzerschaltung zeigt Bild 9.18. Für jeden der Ausgänge a, b, c, d, e, f und g lässt sich eine DNF aufstellen. Die DNF werden mit Hilfe von KV-Diagrammen vereinfacht (Bild 9.19).

Die BCD-Pseudotetraden dürfen nicht auftreten. Daher können die Plätze dieser Pseudotetraden in den KV-Diagrammen durch ein X gekennzeichnet werden. Diese Felder können nach Wunsch so behandelt werden, als enthielten sie eine 1 oder eine 0. Die Päckchenbildung wird dadurch sehr erleichtert. Nach den in Bild 9.19 für die Ausgänge a, b, c, d, e, f und g gefundenen Gleichungen kann die Schaltung aufgebaut werden (Bild 9.20).

BCD-7-Segment-Code-Umsetzer sind selbstverständlich als integrierte Schaltungen verfügbar. Eine häufig verwendete integrierte Schaltung der TTL-Schaltkreisfamilie trägt die Bezeichnung 7448. Datenblatt, Anschlussanordnung und Pegeltabelle dieser Schaltung sind in Bild 9.21 wiedergegeben. Die Schaltung verfügt über die Möglichkeiten der Nullausblendung und der Dunkeltastung. Bei mehrstelligen Anzeigeeinheiten können alle Nullen links vom eigentlichen Zahlenwert unterdrückt werden (Bild 9.22). Ebenfalls können nicht erwünschte Ziffern dunkelgetastet werden.

Code- und Pegel-Umsetzerschaltungen

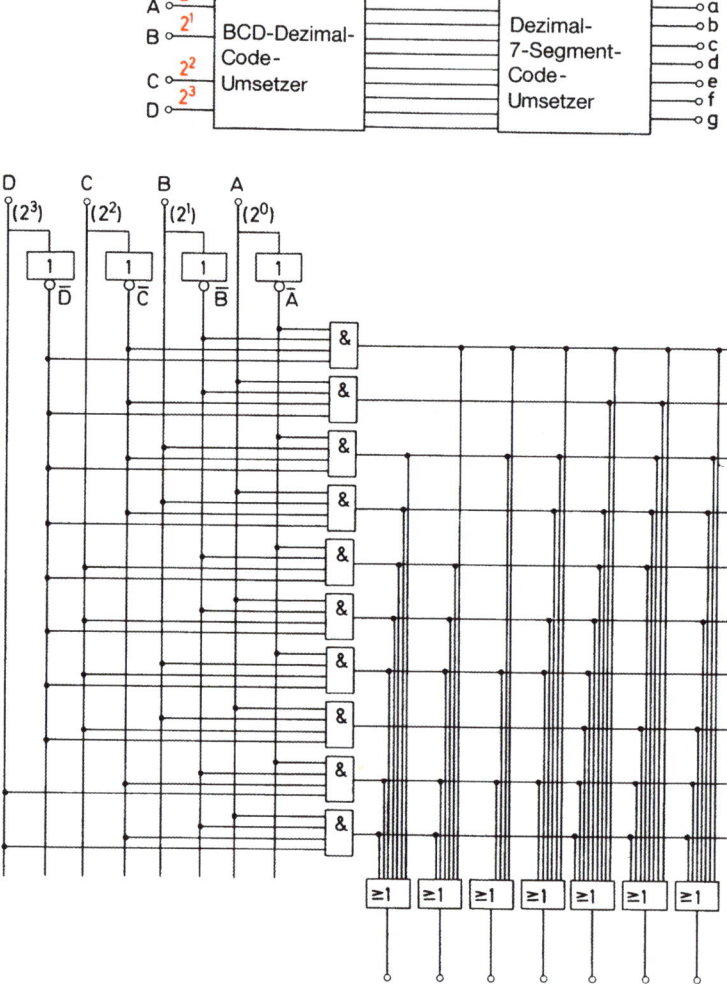

Bild 9.17 BCD-7-Segment-Code-Umsetzer, aufgebaut aus einem BCD-Dezimal-Code-Umsetzer und einem Dezimal-7-Segment-Code-Umsetzer

Dezimal-	BCD-Code				7-Segment-Code						
ziffer	D	C	B	A	a	b	c	d	e	f	g
0	0	0	0	0	1	1	1	1	1	1	0
1	0	0	0	1	0	1	1	0	0	0	0
2	0	0	1	0	1	1	0	1	1	0	1
3	0	0	1	1	1	1	1	1	0	0	1
4	0	1	0	0	0	1	1	0	0	1	1
5	0	1	0	1	1	0	1	1	0	1	1
6	0	1	1	0	0	0	1	1	1	1	1
7	0	1	1	1	1	1	1	0	0	0	0
8	1	0	0	0	1	1	1	1	1	1	1
9	1	0	0	1	1	1	1	0	0	1	1

Bild 9.18
Wahrheitstabelle einer
BCD-7-Segment-Code-
Umsetzerschaltung

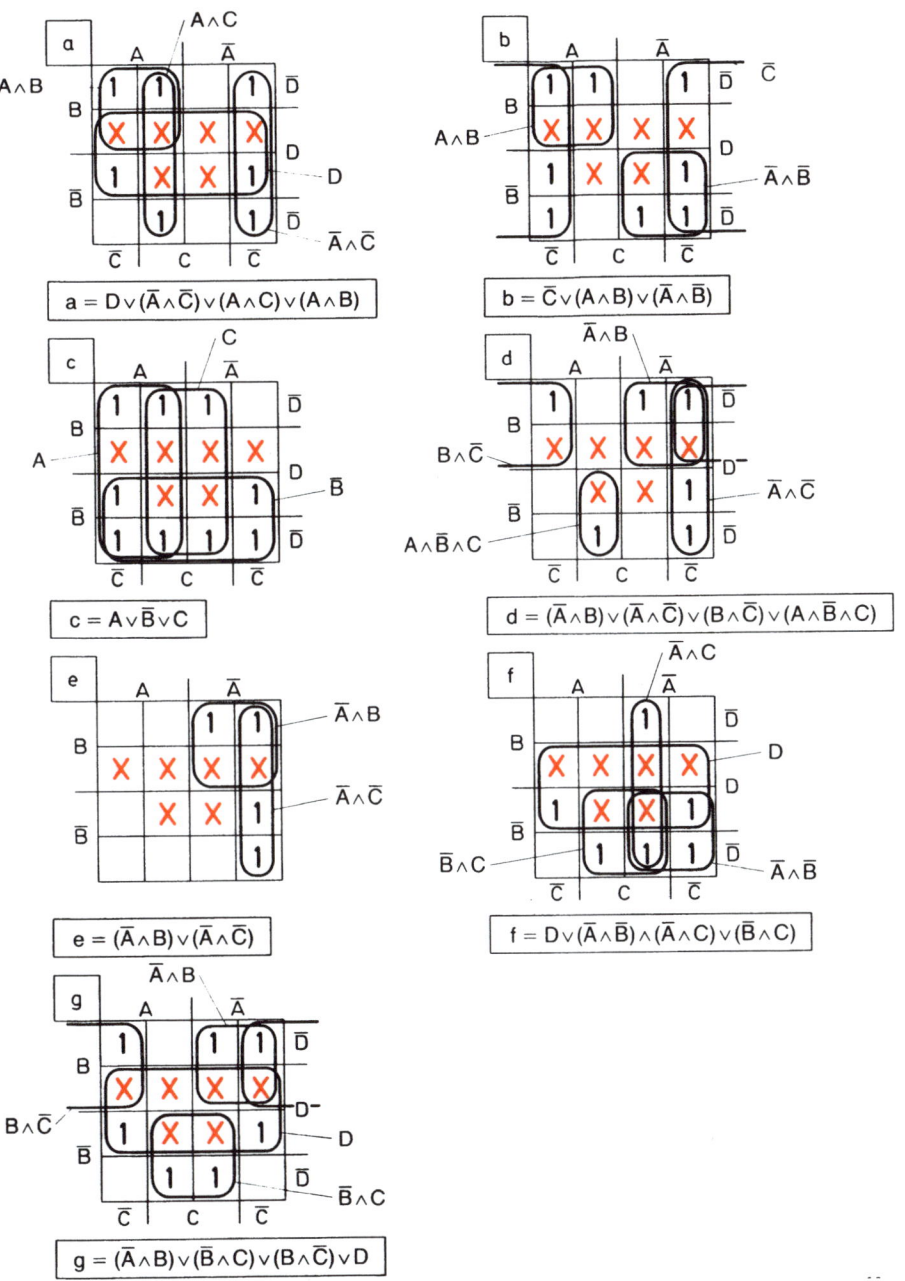

Bild 9.19 Vereinfachung der diskunktiven Normalformen (DNF) der Ausgänge a, b, c, d, e, f und g eines 7-Segment-Code-Umsetzers

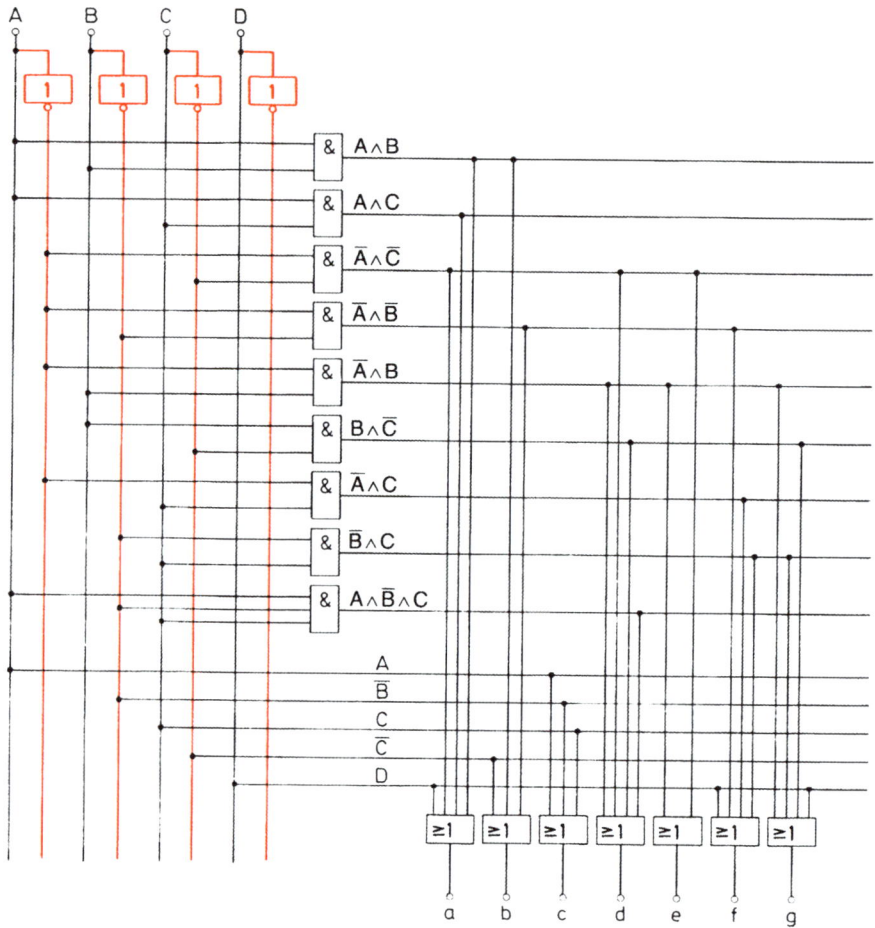

Bild 9.20 Schaltung eines BCD-7-Segment-Code-Umsetzers

BCD-7-Segment-Decoder

Der Baustein 7448 nimmt binär-codierte 4-Bit-Wörter auf, decodiert sie abhängig von den Bedingungseingängen (BI, RBI, LT) und liefert an den Ausgängen a, b, c, d, e, f, g einen 7-Segment-Code (TTL-Pegel, Eintakt-Ausgänge mit Kollektorwiderstand).
Durch den Übertragungseingang zur Nullausblendung RBI wird bei L-Signal die Null-Anzeige unterdrückt. Bei mehrstelligen Zahlen wird durch den Übertragungsausgang zur Nullausblendung RBQ (mit Eingang BI intern verbunden) eine automatische Null-Austastung über mehrere Dekaden ermöglicht. Durch Eingang Ausblendung BI erfolgt generelle Dunkeltastung, durch Eingang Lampen-Test LT erfolgt eine Kontrolle der Anzeigeröhre (Helltastung aller Segmente).

Statische Kenndaten im Temperaturbereich 1 und 5		Prüfbedingungen	untere Grenze B	typ.	obere Grenze A	Einheit
Speisespannung	U_S		4,75	5,0	5,25	V
H-Eingangsspannung	U_{IH}	$U_S = 4{,}75\,V$	2,0			V
L-Eingangsspannung	U_{IL}	$U_S = 4{,}75\,V$			0,8	V
Eingangsklemmspannung	$-U_I$	$U_S = 4{,}75\,V, -I_I = 12\,mA$			1,5	V
H-Ausgangsspannung						
an a bis g	U_{QH}	$-I_{QH} = 400\,\mu A \mid U_S =$	2,4	4,2		V
an BI/RBQ	U_{QH}	$-I_{QH} = 200\,\mu A \mid 5{,}25\,V$	2,4	3,7		V
L-Ausgangsspannung						
an a bis g	U_{QL}	$I_{QL} = 6{,}4\,mA \mid U_S =$		0,27	0,4	V
an BI/RBQ	U_{QL}	$I_{QL} = 8\,mA \mid 4{,}75\,V$		0,27	0,4	V
H-Eingangsstrom	I_I	$U_I = 5{,}5\,V$			1	mA
pro Eingang		$U_S =$				
außer BI/RBQ	I_{IH}	$U_{IH} = 2{,}4\,V \mid 5{,}25$			40	μA
L-Eingangsstrom						
an BI/RBQ	I_{IL}	$\}U_S = 5{,}25\,V, U_{IL} = 0{,}4\,V$			4	mA
übrige Eingänge	I_{IL}				1,6	mA
Kurzschlussausgangsstrom						
an BI/RBQ	$-I_Q$	$U_S = 5{,}25\,V$			4	mA
Speisestrom	I_S	$U_S = 5{,}25\,V$		53	90	mA
		Ausgänge offen		53	90	mA

Schaltzeiten bei $U_S = 5\,V$, $T_U = 25\,°C$

Signallaufzeit					
Eingang A nach	t_{PHL}			100	ns
beliebigem Ausgang	t_{PHL}	$\}C_L = 15\,pF, R_L = 1\,k\Omega$		100	ns
von RBI nach	t_{PLH}			100	ns
beliebigem Ausgang	t_{PHL}			100	ns

Logische Daten

Ausgangslastfaktor			
an BI/RBQ	F_Q		5
an a bis g H-Signal	F_{QH}		10
L-Signal	F_{QL}		4
Eingangslastfaktor			
an BI/RBQ	F_I		2,6
übrige Eingänge	F_I		1

Anschlussanordnung Ansicht von oben

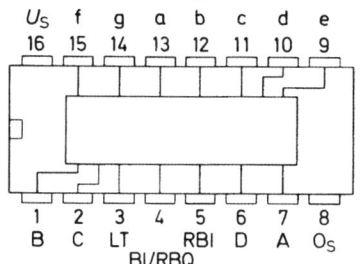

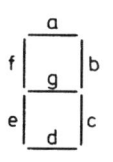

Identifizierung der Segmente

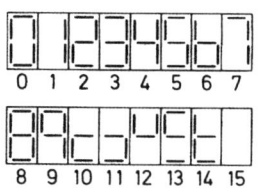

Darstellung der aufgezählten Funktionen

Logisches Verhalten

Funktion	LT	RBI	D	C	B	A	BI/RBQ	a	b	c	d	e	f	g
0[1]	H	H	L	L	L	L	H	H	H	H	H	H	H	L
1	H	X	L	L	L	H	H	L	H	H	L	L	L	L
2	H	X	L	L	H	L	H	H	H	L	H	H	L	H
3	H	X	L	L	H	H	H	H	H	H	H	L	L	H
4	H	X	L	H	L	L	H	L	H	H	L	L	H	H
5	H	X	L	H	L	H	H	H	L	H	H	L	H	H
6	H	X	L	H	H	L	H	L	L	H	H	H	H	H
7	H	X	L	H	H	H	H	H	H	H	L	L	L	L
8	H	X	H	L	L	L	H	H	H	H	H	H	H	H
9	H	X	H	L	L	H	H	H	H	H	L	L	H	H
10	H	X	H	L	H	L	H	L	L	L	H	H	L	H
11	H	X	H	L	H	H	H	L	L	H	H	L	L	H
12	H	X	H	H	L	L	H	L	H	L	L	L	H	H
13	H	X	H	H	L	H	H	H	L	L	H	L	H	H
14	H	X	H	H	H	L	H	L	L	L	H	H	H	H
15	H	X	H	H	H	H	H	L	L	L	L	L	L	L
BI[2]	X	X	X	X	X	X	L	L	L	L	L	L	L	L
RBI[3]	H	L	L	L	L	L	L	L	L	L	L	L	L	L
LT[4]	L	X	X	X	X	X	H	H	H	H	H	H	H	H

Bemerkungen:

X ≙ H- oder L-Signal

[1] Bei der Null-Anzeige muss am Übertragseingang zur Nullausblendung RBI H-Signal liegen.
[2] Wenn L-Signal am Eingang Ausblendung BI anliegt, erhalten die Segment-Ausgänge L-Signal, unabhängig von den Eingängen.
[3] Wenn L-Signal am Übertragseingang zur Nullausblendung RBI anliegt, erhalten die Segmentausgänge L-Signal und am Übertragungsausgang zur Nullausblendung RBQ entsteht L-Signal, vorausgesetzt die Eingänge A, B, C, D liegen an L-Signal (Nullbedingung).
[4] Wenn L-Signal am Eingang Lampen-Test LT anliegt, erhalten die Segment-Ausgänge H-Signal (Helltastung) – vorausgesetzt, an BI/RBQ liegt H-Signal, unabhängig von den Eingängen A, B, C, D, RBI.

Bild 9.21 Datenblatt, Anschlussanordnung und Pegeltabelle einer TTL-Schaltung 7448 (Siemens)

Bild 9.22
5-stellige 7-Segment-
Anzeigeeinheit mit
Nullausblendung

ausgeblendete Nullen

9.2 Pegelumsetzer

9.2.1 Allgemeines

Schaltkreisfamilien können mit sehr unterschiedlichen Spannungspegeln arbeiten. Will man Baugruppen verschiedener Schaltkreisfamilien miteinander verbinden, so ist zunächst zu prüfen, ob Kompatibilität zwischen den Schaltkreisfamilien besteht. Bei Kompatibilität (Verträglichkeit, Vereinbarkeit) können die Ausgänge der einen Schaltkreisfamilie mit den Eingängen der anderen Schaltkreisfamilie verbunden werden.

Zwischen vielen Schaltkreisfamilien besteht eine eingeschränkte Kompatibilität. Die Ausgänge eines C-MOS-Gatters können z.B. TTL-kompatibel sein, die Eingänge nicht. Das bedeutet, dass z.B. eine mit einer Speisespannung von +5 V betriebene C-MOS-Schaltung TTL-Gatter steuern kann. Die Pegel passen zusammen, d.h., die möglichen H-Pegel der C-MOS-Schaltung fallen in den Bereich der möglichen H-Pegel der TTL-Schaltung. Ebenfalls fallen die möglichen L-Pegel der C-MOS-Schaltung in den Bereich der möglichen L-Pegel der TTL-Schaltung (Bild 9.23). Die C-MOS-Ausgänge müssen die bei TTL-Schaltungen üblichen Ströme abgeben und aufnehmen können. Ist das der Fall, sind C-MOS-Gatter ausgangskompatibel.

Besteht zwischen 2 Schaltkreisfamilien keine Kompatibilität oder nur eine eingeschränkte Kompatibilität, so können Baugruppen, die mit diesen Schaltkreisfamilien aufgebaut sind, nur über Pegelumsetzer miteinander verbunden werden.

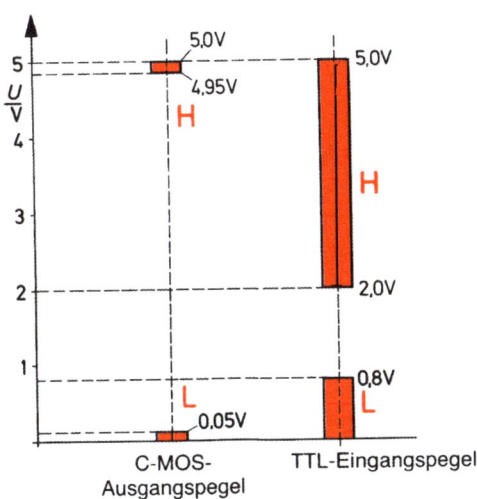

Bild 9.23
Pegeldiagramme

Definition

Pegelumsetzer haben die Aufgabe, die Spannungs- und Strompegel einer Schaltkreisfamilie in die Spannungs- und Strompegel einer anderen Schaltkreisfamilie umzusetzen.

Eine andere Bezeichnung für Pegelumsetzer ist Interfaceschaltung (engl.: *interface* = Kopplung).

9.2.2 Aufbau von Pegelumsetzern

Pegelumsetzer können mit Gattern verschiedener Schaltkreisfamilien aufgebaut werden. Besonders geeignet sind NICHT-Gatter und NAND-Gatter. Die Hersteller der Schaltkreisfamilien geben hierzu bestimmte Anweisungen. Der Aufbau soll am Beispiel eines Pegelumsetzers von TTL auf CMOS betrachtet werden.

Für die TTL-Seite wird ein NAND-Gatter verwendet. Dieses Gatter soll ein CMOS-NICHT-Gatter steuern (Bild 9.24). Für die TTL-Seite und für die CMOS-Seite gelten folgende wichtige Daten:

TTL-Seite			CMOS-Seite		
U_S	= 5 V ± 0,5 V	(Speisespannung)	U_S	= 5 V	(Speisespannung)
$U_{QL\,max}$	= 0,4 V	(größter L-Ausgangspegel)	$U_{IL\,max}$	= 1,5 V	(größter L-Eingangspegel)
$U_{QH\,min}$	= 2,4 V	(kleinster H-Ausgangspegel)	$U_{IH\,min}$	= 3,5 V	(kleinster H-Eingangspegel)
$I_{QL\,max}$	= 16 mA	(größter L-Ausgangsstrom)	I_{IL}	= 10 pA	(L-Eingangsstrom)
$I_{CEX\,max}$	= 100 µA	(größter Ausgangsreststrom)	I_{IH}	= 10 pA	(H-Eingangsstrom)

Beim L-Ausgangszustand des NAND-Gatters ergibt sich ein größter Ausgangspegel von 0,4 V. Dieser liegt unterhalb des größten L-Eingangspegels des CMOS-Gatters von 1,5 V. Eine Pegelanpassung ist hier nicht erforderlich (Bild 9.25).

Das TTL-Gatter benötigt jedoch einen L-Eingangsstrom. Diesen kann das CMOS-Gatter nicht liefern. Es ist ein Widerstand R_X gegen Speisespannung zu schalten (Bild 9.24). Über R_X fließt der L-Eingangsstrom.

Hat das NAND-Gatter H-Ausgangszustand, so ist der Transistor T_4 (Bild 9.24) gesperrt. Über R_X wird der Ausgang auf ungefähr +5 V gelegt. Der Ausgangspegel kann also nicht, wie bei TTL-Gattern zulässig, bis auf 2,4 V absinken. Ein Pegel von 2,4 V würde nicht mehr als H-Eingangspegel für das CMOS-Gatter verwendbar sein, da dessen kleinster H-Eingangspegel bei 3,5 V liegt.

Bei der Berechnung des Wertes von R_X ist die erforderliche Störsicherheit zu berücksichtigen. R_X darf nicht zu klein und nicht zu groß sein:

$$R_{X\,min} = \frac{U_{S\,max} - U_{QL\,max}}{I_{QL\,max}}$$

$$R_{X\,max} = \frac{U_S - U_{IH\,min}}{I_{CEX\,max}}$$

Pegelumsetzer

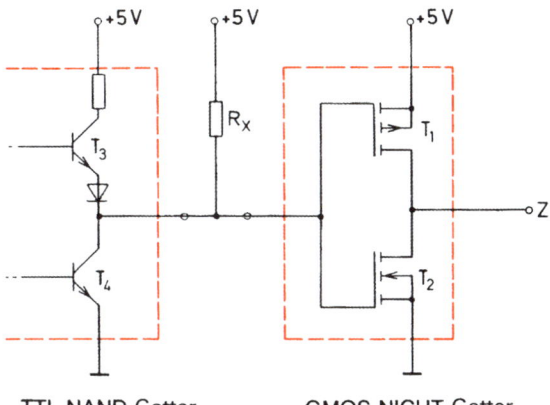

Bild 9.24
Pegelumsetzer, aufgebaut aus TTL-NAND-Gatter und CMOS-NICHT-Gatter

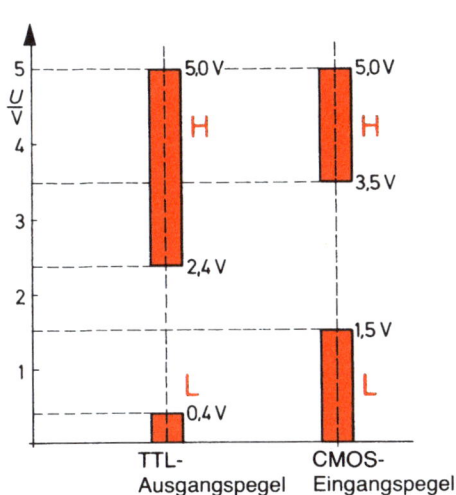

Bild 9.25
Pegeldiagramm TTL-CMOS

Für das vorstehende Beispiel eines Pegelumsetzers ergeben sich folgende R_X-Werte:

$$R_{X\,min} = \frac{5,5\text{ V} - 0,4\text{ V}}{16\text{ mA}} = 319\ \Omega$$

$$R_{X\,max} = \frac{5\text{ V} - 3,5\text{ V}}{100\ \mu\text{A}} = 15\text{ k}\Omega$$

Der kleinste Wert von R_X ergibt zwar die größte Störsicherheit, belastet aber die Spannungsquelle zu stark. Ein Wert von einigen kΩ ist sinnvoll. Für die betrachtete Pegelumsetzerschaltung wird gewählt:

$\underline{R_X = 4,7\text{ k}\Omega}$

9.3 Lernziel-Test

1. Skizzieren Sie die Schaltung eines Dezimal-BCD-Code-Umsetzers.
2. Das Verfahren der Berechnung eines Code-Umsetzers für beliebige Codes ist zu beschreiben.
3. Geben Sie die Schaltung eines Code-Umsetzers an, der den Dezimalcode in den Aiken-Code wandelt.
4. Ein Code-Umsetzer für die Umsetzung des Gray-Codes (Bild 8.13) in den BCD-Code ist zu berechnen.
5. Welche Aufgaben muss ein Pegelumsetzer erfüllen?
6. Eine C-MOS-Schaltung wird mit einer Speisespannung von 3 V betrieben. Zur Datenausgabe soll auf die TTL-Standard-Schaltkreisfamilie umgesetzt werden, damit 7-Segment-Anzeigeeinheiten mit Leuchtdiodensegmenten angesteuert werden können. Welche Probleme ergeben sich bei der Pegelumsetzung?

10 Zähler und Frequenzteiler

10.1 Zählen und Zählerarten

Zählen – oder genauer gesagt Vorwärtszählen – ist eine fortlaufende 1-Addition. Zu einem Anfangswert, der oft 0 ist, wird immer wieder 1 hinzugezählt, bis der Zählvorgang beendet ist.

Rückwärtszählen ist eine fortlaufende 1-Subtraktion. Das Rückwärtszählen beginnt bei einem Anfangswert und wird bis zu einem Endwert fortgesetzt. Dieser Endwert kann – muss aber nicht – 0 sein.

Das Zählen im dezimalen Zahlensystem ist allgemein bekannt und üblich. Jedes andere Zahlensystem ist zum Zählen jedoch ebenfalls geeignet. Man kann z.B. im dualen oder auch im hexadezimalen Zahlensystem zählen. Auch kann in allen nur möglichen Codes gezählt werden.

Für alle auftretenden Zählaufgaben können elektronische Zählerschaltungen gebaut werden. Eine besondere Bedeutung haben binär arbeitende Zählerschaltungen, sog. Binärzähler.

> **Definition**
> Binärzähler verarbeiten nur die Signale 0 und 1.

Fast alle zur Zeit verwendeten elektronischen Zähler sind Binärzähler. Zähler, die mit 3, 4 oder mehr verschiedenen Eingangssignalen arbeiten, haben keine praktische Bedeutung. Für Binärzähler kann daher allgemein die Bezeichnung «Zähler» verwendet werden.

Zähler können mit verschiedenen Codes oder Zahlensystemen arbeiten. Die Zahlensysteme gelten als besondere Codes. Je nach Zählaufgabe benötigt man Vorwärtszähler, Rückwärtszähler oder Zähler mit umschaltbarer Zählrichtung.

> **Definition**
> Zähler werden nach dem verwendeten Code und nach der Zählrichtung unterschieden.

Zähler sind mit binären Bausteinen aufgebaut, Grundbausteine sind bistabile Kippgatter, sog. Flipflops. Diese Flipflops werden zu bestimmten Zeitpunkten geschaltet. Werden alle Flipflops zum gleichen Zeitpunkt geschaltet, spricht man von synchronem Betrieb. Asynchroner Betrieb liegt dann vor, wenn die Flipflops zu unterschiedlichen Zeitpunkten geschaltet werden. Zähler, die im synchronen Betrieb arbeiten, heißen Synchronzähler. Zähler, die im asynchronen Betrieb arbeiten, heißen Asynchronzähler.

Zähler und Frequenzteiler

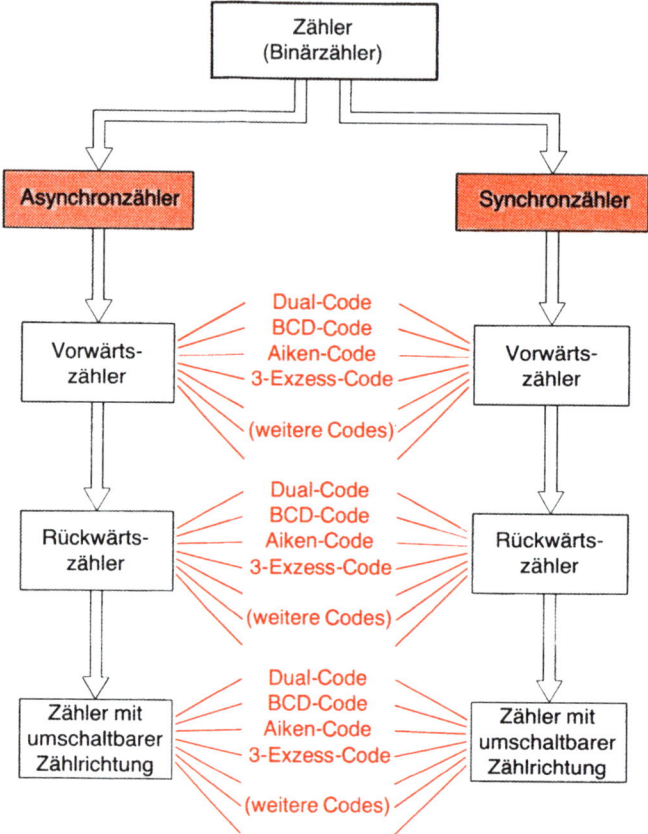

Bild 10.1 Übersicht über die Zählerarten

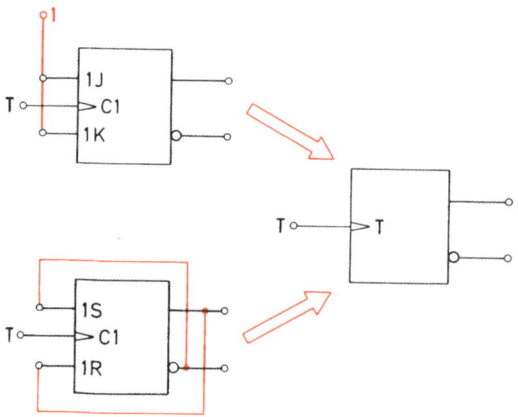

Bild 10.2
JK-Flipflop und SR-Flipflop,
als T-Flipflop geschaltet

Definition

Man unterscheidet bei Zählern zwischen Synchronzählern und Asynchronzählern.

Insgesamt ergibt sich eine große Anzahl möglicher Zähler. Bild 10.1 gibt eine Übersicht über die Zählerarten.

10.2 Asynchronzähler

Definition
Bei Asynchronzählern werden die Kippgatter nicht durch einen gemeinsamen Schaltbefehl (Takt) gleichzeitig geschaltet.

10.2.1 Asynchrone Dualzähler

Asynchrone Dualzähler arbeiten nach dem dualen Zahlensystem. Sie können mit verschiedenen Flipfloparten aufgebaut werden. Der einfachste Aufbau ergibt sich mit T-Flipflops. JK- und SR-Flipflops können so geschaltet werden, dass sie wie T-Flipflops arbeiten (Bild 10.2).

10.2.1.1 Dual-Vorwärtszähler

Die Schaltung von Bild 10.3 zeigt einen aus 3 T-Flipflops aufgebauten Dual-Vorwärtszähler. Ein solcher Zähler wird *3-Bit-Dual-Vorwärtszähler* oder 3-stufiger Dual-Vorwärtszähler genannt. Jedes Flipflop hat eine Speicherkapazität von 1 Bit und steht für eine binäre Stelle. Die von den Ausgängen gebildete Ergebnis-Dualzahl hat so viele Stellen, wie Flipflops vorhanden sind.

Die T-Flipflops der Schaltung Bild 10.3 schalten beim Übergang des Signals von 1 auf 0, also mit der fallenden Signalflanke (vgl. Abschnitt 7.5.3). Die einzelnen Schaltvorgänge sind im Zeitablaufdiagramm Bild 10.4 dargestellt.

Das Zeitablaufdiagramm ist etwas idealisiert. Wenn das Signal von Q_I von 1 auf 0 geht, so vergeht eine bestimmte Zeit, bis das Signal an Q_{II} von 0 auf 1 geht. Diese Zeit ist die *Signallaufzeit*. Sie beträgt bei Flipflops der TTL-Schaltkreisfamilie 30...50 ns. Bei kleinen Eingangssignalfrequenzen kann die Signallaufzeit vernachlässigt werden. Wenn das Eingangssignal in Bild 10.4 jedoch eine Periodendauer von 0,2 µs = 200 ns (5 MHz) hat, muss die Signallaufzeit berücksichtigt werden. Es ergeben sich für Q_I, Q_{II} und Q_{III} zeitlich verschobene Impulsreihen gemäß Bild 10.5. Die Verschiebung der Impulsreihen ist ein Nachteil des Asynchronverfahrens. Sie führt zu einer Verringerung der höchstmöglichen Zählfrequenz.

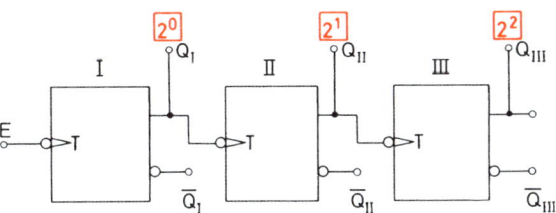

Bild 10.3
Dual-Vorwärtszähler

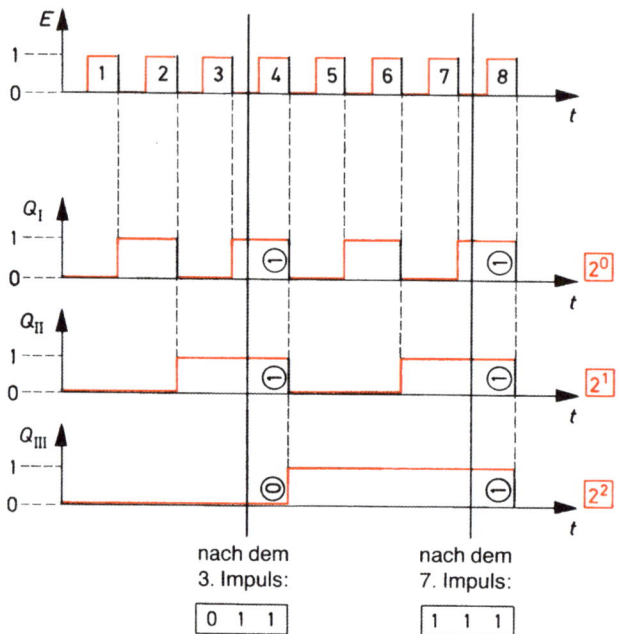

Bild 10.4 Zeitablaufdiagramm des Dualzählers Bild 10.3

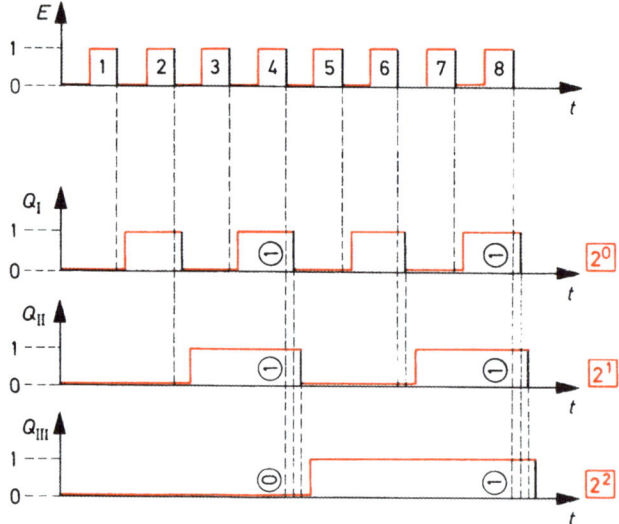

Bild 10.5 Zeitablauf-Diagramm mit Berücksichtigung der Signallaufzeit (Periodendauer des Eingangssignals 200 ns, Signallaufzeit 30 ns)

Stehen für den Aufbau eines Dual-Vorwärtszählers T-Flipflops zur Verfügung, die mit der ansteigenden Flanke des Eingangssignals kippen, so werden die negierten Ausgangssignale ($\overline{Q}$) für die Ansteuerung des nächsten Flipflops verwendet (Bild 10.6). Der 4-Bit-Dual-Vorwärtszähler kann bis 15 zählen.

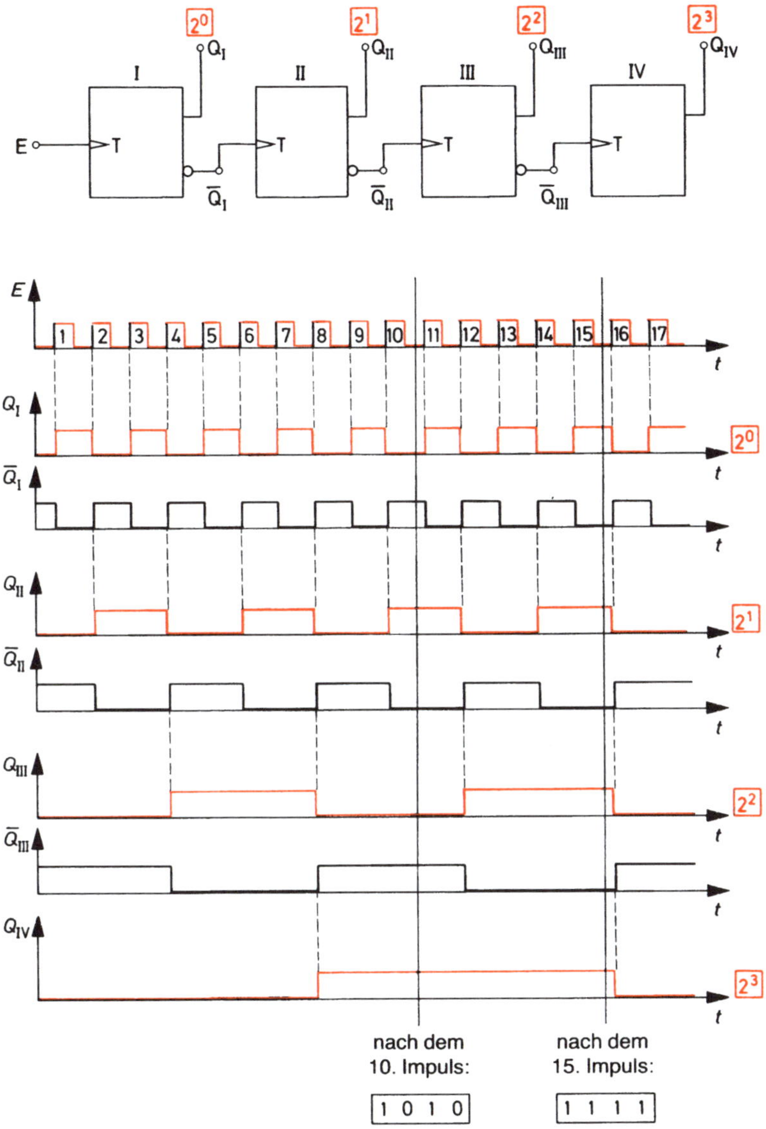

Asynchronzähler 317

Bild 10.6 4-Bit-Dual-Vorwärtszähler mit zugehörigem Zeitablaufdiagramm

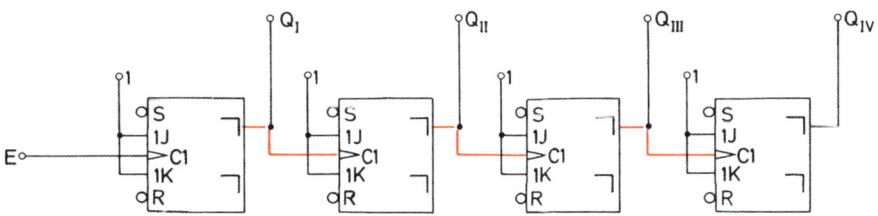

Bild 10.7 4-Bit-Dual-Vorwärtszähler, aufgebaut mit JK-Master-Slave-Flipflops

Definition
Dual-Vorwärtszähler zählen von 0 ab bis zu ihrem möglichen Höchstwert, schalten dann auf 0 zurück und beginnen den Zählvorgang erneut.

Das JK-Master-Slave-Flipflop hat sich zum Universal-Flipflop entwickelt. Integrierte Schaltungen, die mehrere dieser Flipflops enthalten, sind preiswert zu haben. Die TTL-Schaltung 7476 (Bild 7.80) enthält 2 JK-Master-Slave-Flipflops. Mit 2 Exemplaren dieser integrierten Schaltung ist ein 4-Bit-Dual-Vorwärtszähler aufzubauen. Wie sieht das Schaltbild dieses Zählers aus?

Die JK-Flipflops sollen wie T-Flipflops arbeiten. Alle J- und K-Eingänge sind also auf Zustand 1 zu legen, d.h. mit Betriebsspannung zu verbinden. Wie steht es nun mit dem Kippen dieser Flipflops? Kippen sie bei ansteigender oder abfallender Signalflanke? Der offene Pfeil im Schaltzeichen weist auf das Kippen des Master-Flipflops hin. Dieser kippt demnach bei ansteigender Signalflanke. Das Slave-Flipflop kippt bei abfallender Signalflanke. Die Weitergabe des Signals an das folgende Flipflop erfolgt also bei abfallender Signalflanke – wie bei einem T-Flipflop, das einen Negationsring vor dem Pfeil im Schaltzeichen hat. Der Q-Ausgang eines Flipflops ist daher jeweils mit dem C-Eingang des folgenden Flipflops zu verbinden. Es ergibt sich die in Bild 10.7 dargestellte Schaltung.

Die JK-Flipflops haben taktunabhängige Setz- und Rücksetzeingänge. Die Setzeingänge sind mit S, die Rücksetzeingänge mit R bezeichnet. Diese Eingänge werden nicht benötigt.

Zähler dieser Art werden oft benötigt. Es ist deshalb von Vorteil, sie durch ein Gesamtschaltzeichen darstellen zu können. Das entsprechende Schaltzeichen zeigt Bild 10.8. An einen Steuerblock sind 4 Master-Slave-Flipflops gehängt. Sie sind so zusammengeschaltet, dass sich ein Vorwärtszähler ergibt. Das Pluszeichen kennzeichnet den Vorwärtszähler. Die Bezeichnung «CTR» ist die Abkürzung von Counter, dem englischen Wort für Zähler. Die nachgestellte Zahl gibt die Anzahl der möglichen Zählschritte an.

Der 4-Bit-Dual-Vorwärtszähler soll etwas erweitert werden. Erwünscht ist eine Möglichkeit, den Zähler auf einen gewählten Zahlenwert zu setzen. Das Setzen kann über die taktunabhängigen Setzeingänge S erfolgen. Der Negationskreis vor den Setzeingängen besagt, dass zum Setzen ein 0-Signal erforderlich ist. Um mit 1-Signalen setzen zu können, werden NICHT-Gatter den Setzeingängen vorgeschaltet.

Die Rücksetzeingänge R können zum gemeinsamen taktunabhängigen Nullsetzen des Zählers verwendet werden. Die R-Eingänge werden alle miteinander verbunden. Ein 0-Signal E_R setzt den Zähler taktunabhängig auf 0 zurück. Die Schaltung des 4-Bit-Dual-Vorwärtszählers mit Setz- und Rücksetzmöglichkeit zeigt Bild 10.9. Ein solcher Zähler wird Dual-Vorwärtszähler mit Vorwahlmöglichkeit genannt.

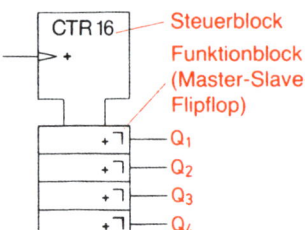

Bild 10.8
Gesamtschaltzeichen eines 4-Bit-Dual-Vorwärtszählers, mit Master-Slave-Flipflops aufgebaut. CTR 16 bedeutet 16 Zählschritte. CTR steht für engl.: Counter = Zähler.

Asynchronzähler

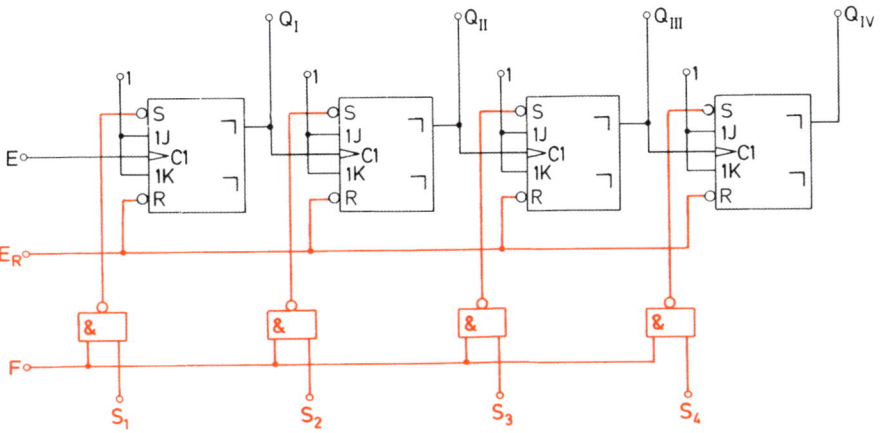

Bild 10.9 4-Bit-Dual-Vorwärtszähler mit taktunabhängiger Setz- und Rücksetzmöglichkeit

Anzahl der Flipflops (n)	Zählkapazität (K)	
2	3	
3	7	
4	15	
5	31	
6	63	$K = 2^n - 1$
7	127	
8	255	
9	511	
10	1023	

Aus der Stellenzahl eines Dual-Vorwärtszählers ergibt sich seine Zählkapazität. Ein 4-Bit-Zähler zählt bis 15. Ein 5-Bit-Zähler zählt bis 31, ein 6-Bit-Zähler bis 63 usw.

Asynchrone Dual-Vorwärtszähler gibt es in verschiedenen Ausführungen als integrierte Schaltungen. Klar und leicht verständlich aufgebaut ist die TTL-Schaltung 7493A. Das Schaltbild und die Anschlussordnung ist in Bild 10.10 dargestellt. Um die integrierte Schaltung für verschiedene Zwecke verwendbar zu machen, ist der Ausgang Q_A nicht mit dem Eingang B intern verbunden. Die Schaltung kann z.B. auch als 3-Bit-Dual-Vorwärtszähler verwendet werden, wenn das Eingangssignal auf den Eingang B gegeben wird. Ein 4-Bit-Dual-Vorwärtszähler entsteht erst dann, wenn der Anschluss Q_A mit dem Anschluss B verbunden wird (rot in Bild 10.11).

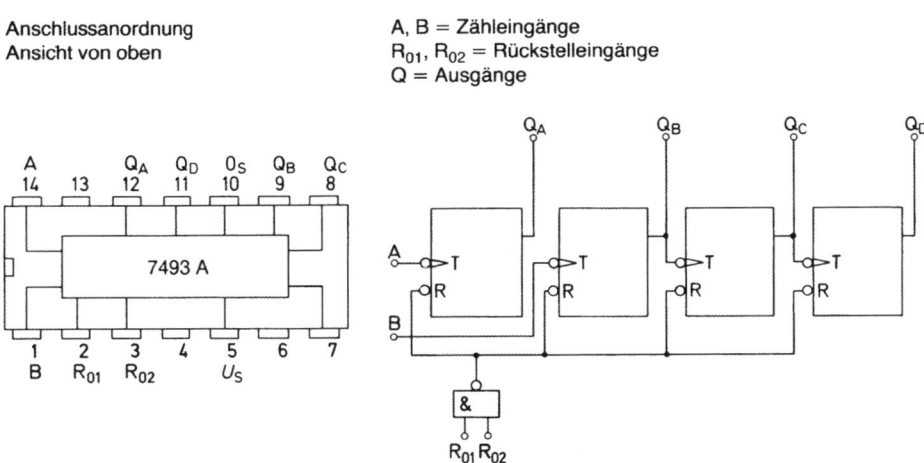

Bild 10.10 Schaltbild und Anschlussanordnung des 4-Bit-Dual-Vorwärtszählers 7493A (Siemens)

Die integrierte Schaltung 7493A enthält taktunabhängige Rückstelleingänge, die über ein NAND-Gatter angesteuert werden. Der Zähler wird auf 0 zurückgestellt, wenn an den beiden Eingängen R_{01} und R_{02} 1-Signal anliegt.

Beispiel

Mit 2 integrierten Schaltungen vom Typ 7493A ist ein 8-Bit-Dual-Vorwärtszähler aufzubauen. Der Zähler soll durch ein 1-Signal an einem gemeinsamen Rückstelleingang R auf 0 zurückgesetzt werden können. Gesucht sind das Schaltbild des Zählers und der Verdrahtungsplan der beiden integrierten Schaltungen.
Die beiden integrierten Schaltungen sind so zusammenzuschalten, dass der Ausgang Q_D der 1. Schaltung den Eingang A der 2. Schaltung steuert. Bei jeder Schaltung ist Q_A mit B zu verbinden.
Die Rückstelleingänge R_{01} und R_{02} beider Schaltungen werden zum gemeinsamen Rückstelleingang R verbunden (Bild 10.11).
Der Verdrahtungsplan der Schaltung ist in Bild 10.12 dargestellt.

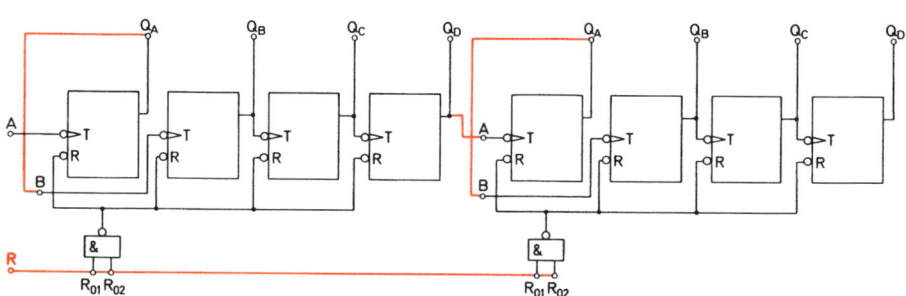

Bild 10.11 8-Bit-Dual-Vorwärtszähler, aufgebaut aus 2 integrierten Schaltungen 7493A

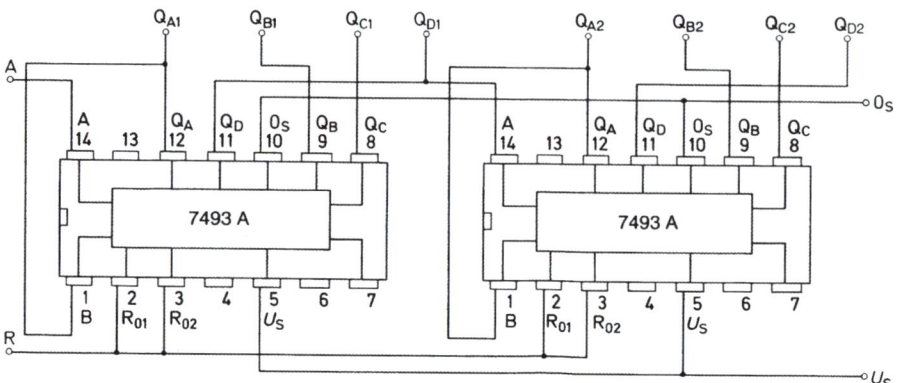

Bild 10.12 Verdrahtungsplan des 8-Bit-Dual-Vorwärtszählers Bild 10.11

Asynchronzähler **321**

10.2.1.2 Dual-Rückwärtszähler

Definition
Dual-Rückwärtszähler zählen von ihrem möglichen Höchstwert ab rückwärts bis auf 0, springen dann wieder auf den Höchstwert und zählen erneut zurück.

Der in Bild 10.3 dargestellte 3-Bit-Dual-Vorwärtszähler kann sehr leicht in einen 3-Bit-Dual-Rückwärtszähler umgebaut werden. Die von den Q-Ausgängen zu den T-Eingängen geführten Steuerleitungen werden von den Q-Ausgängen abgeklemmt und an die $\bar{Q}$-Ausgänge angeschlossen (Bild 10.13). Für den 3-Bit-Rückwärtszähler ergibt sich das Zeitablaufdiagramm (Bild 10.14).

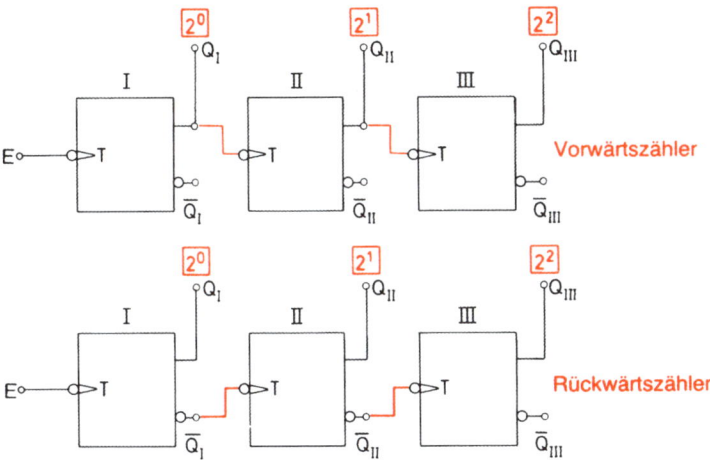

Bild 10.13   Umbau eines 3-Bit-Dual-Vorwärtszählers in einen 3-Bit-Dual-Rückwärtszähler

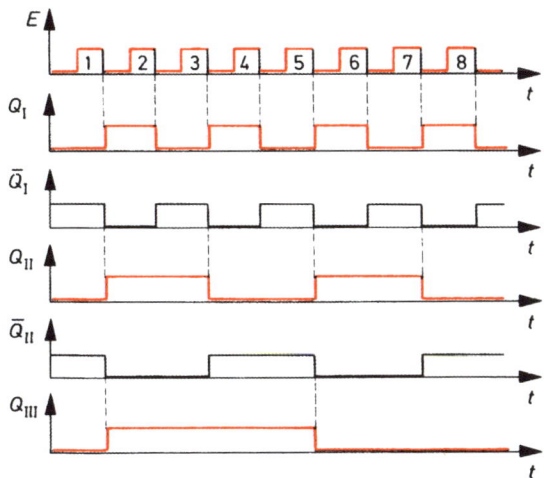

Bild 10.14   Zeitablaufdiagramm des 3-Bit-Dual-Rückwärtszählers von Bild 10.13

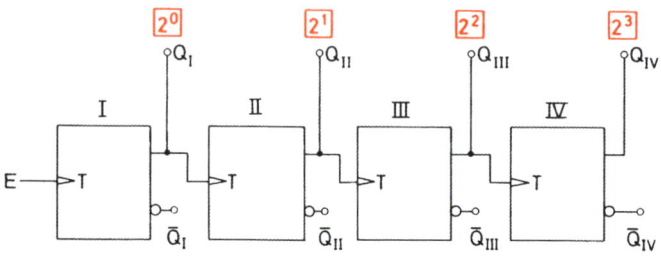

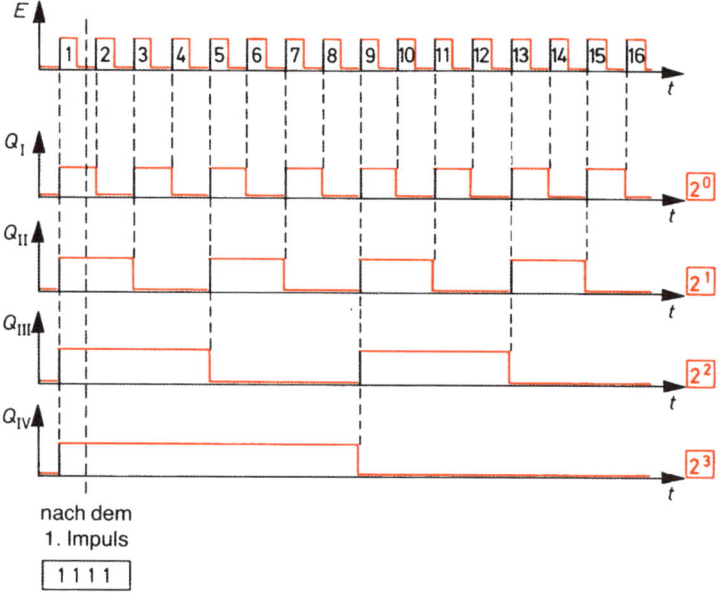

nach dem
1. Impuls

Bild 10.15 4-Bit-Dual-Rückwärtszähler mit Zeitablaufdiagramm

Stehen T-Flipflops zur Verfügung, die beim Signalübergang von 0 auf 1 – also mit ansteigender Flanke – schalten, so sind die Signale an den Q-Ausgängen für die Steuerung der folgenden Flipflops zu verwenden. Bild 10.15 zeigt die Schaltung eines 4-Bit-Dual-Rückwärtszählers, der mit derartigen T-Flipflops aufgebaut ist, und das zugehörige Zeitablauf-Diagramm.

▶ Beispiel

Mit JK-Master-Slave-Flipflops der integrierten Schaltung 7476 soll ein 6-Bit-Dual-Rückwärtszähler aufgebaut werden. Gesucht ist das Schaltbild dieses Zählers. Der Zähler ist außerdem durch ein Schaltzeichen nach DIN EN 60 617 darzustellen. Jedes JK-Master-Slave-Flipflop der Schaltung 7474 ist so zu beschalten, dass es wie ein T-Flipflop arbeitet, also bei jedem Takt kippt. An die Eingänge J und K wird 1-Zustand gelegt. Die Weitergabe des Signals an die Ausgänge erfolgt mit abfallender Signalflanke – also wie bei einem T-Flipflop, dessen T-Eingang durch einen Negationskreis gekennzeichnet ist (Bild 10.16).

Asynchronzähler **323**

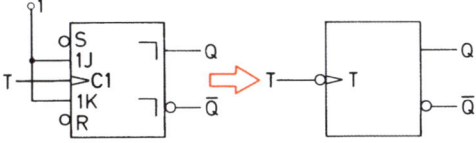

Bild 10.16
JK-Master-Slave-Flipflop,
das wie ein T-Flipflop bei
jedem Takt kippt

Wie sind nun die einzelnen Flipflops miteinander zu verbinden? Welches Ausgangssignal muss zur Ansteuerung des jeweils folgenden Flipflops verwendet werden? Um einen Dual-Vorwärtszähler zu erhalten, müsste man das Q-Ausgangssignal mit dem Takteingang des folgenden Flipflops verbinden. Da jedoch ein Dual-Rückwärtszähler entstehen soll, müssen die $\overline{Q}$-Ausgangssignale zur Steuerung verwendet werden. Die gesuchte Schaltung ist in Bild 10.17 dargestellt.

Das Schaltzeichen des 6-Bit-Dual-Rückwärtszählers nach DIN EN 60617 zeigt Bild 10.18. An den Steuerblock sind 6 Funktionsblöcke angehängt.

Dual-Rückwärtszähler werden als integrierte Schaltungen kaum gebaut. Das hat einen besonderen Grund. Aus einem Dual-Vorwärtszähler lässt sich sehr leicht ein Dual-Rückwärtszähler machen. Man muss lediglich die Signale aller Ausgänge negieren oder die $\overline{Q}$-Ausgänge der Flipflops als Zählerausgänge verwenden. Bei integrierten Schaltungen sind die $\overline{Q}$-Ausgänge meist nicht herausgeführt. Das Negieren der Q-Signale bereitet jedoch keine Schwierigkeiten.

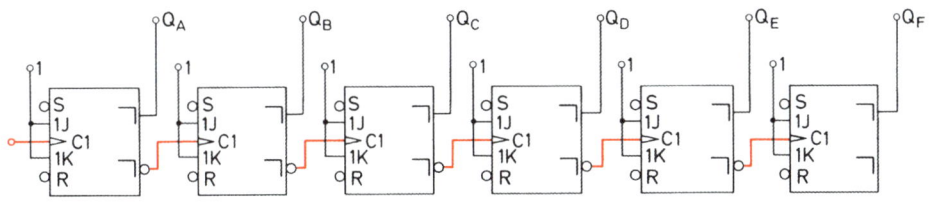

Bild 10.17   6-Bit-Dual-Rückwärtszähler

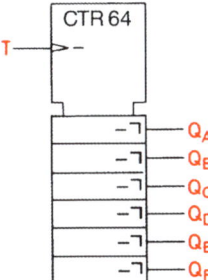

Bild 10.18
Schaltzeichen eines
6-Bit-Dual-Rückwärtszählers
nach Bild 10.17, 64 Zählschritte

10.2.1.3 Dualzähler mit umschaltbarer Zählrichtung

Die Zählrichtung eines Dualzählers ist davon abhängig, welche Signale für die Ansteuerung der jeweils folgenden Flipflops verwendet werden. Man kann mit den Ausgangssignalen Q oder mit den Ausgangssignalen $\bar{Q}$ steuern. Die Zählrichtung ist weiterhin von der Art der verwendeten Flipflops abhängig – insbesondere davon, ob diese Flipflops mit der ansteigenden oder mit der abfallenden Signalflanke schalten.

Verwendet man für einen Zähler T-Flipflops, die mit der abfallenden Signalflanke schalten, so führt eine Ansteuerung mit Q-Signalen zu einem Vorwärtszähler (s. Abschnitt 10.2.1.1). Bei Ansteuerung mit $\bar{Q}$-Signalen ergibt sich ein Rückwärtszähler (s. Abschnitt 10.2.1.2).

Kennt man diese Zusammenhänge, so ist es leicht, einen Dualzähler mit umschaltbarer Zählrichtung zu entwerfen.

Definition

Bei einem Dualzähler wird eine Umschaltung der Zählrichtung durch ein Umschalten der Ansteuersignale Q und $\bar{Q}$ erreicht.

Bild 10.19 zeigt das Entstehen eines 4-Bit-Dualzählers mit umschaltbarer Zählrichtung.

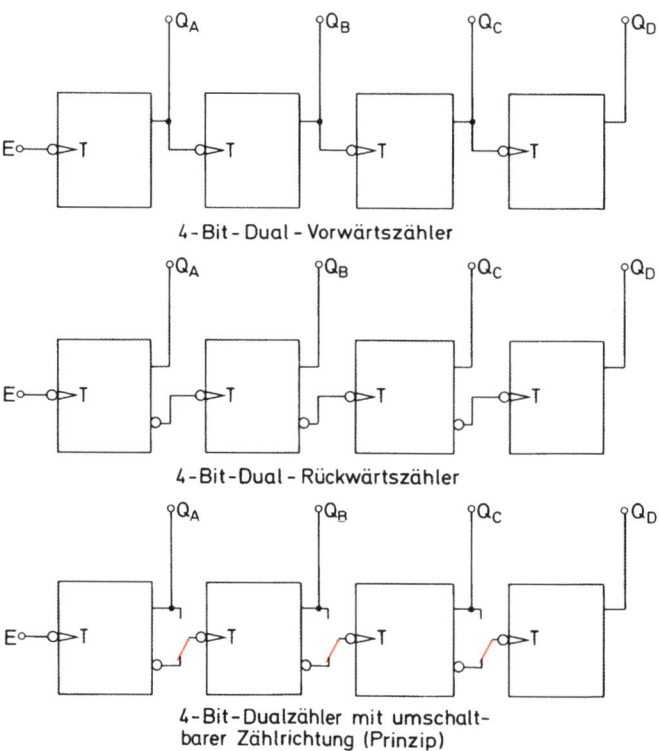

Bild 10.19 Entstehen eines 4-Bit-Dualzählers mit umschaltbarer Zählrichtung

Die Umschaltung erfolgt hier durch Kontaktschalter. Die Kontaktschalter bringen erhebliche Nachteile. Sie werden in der Praxis durch Verknüpfungsgatter ersetzt. In Bild 10.20 ist eine übliche Schaltung eines 4-Bit-Dualzählers mit umschaltbarer Zählrichtung angegeben. Liegt Signal 1 am Steuereingang U, arbeitet der Zähler als Vorwärtszähler. Liegt Signal 0 an Steuereingang U, so arbeitet der Zähler als Rückwärtszähler.

Dualzähler mit umkehrbarer Zählrichtung, auch Dual-Umkehrzähler genannt, sind als integrierte Schaltungen verfügbar. Ein 4-Bit-Dual-Umkehrzähler der TTL-Schaltkreisfamilie trägt die Bezeichnung 74 191. Er ist außerdem voreinstellbar, d.h., er kann über 4 Dateneingänge auf einen Anfangswert eingestellt werden.

Dualzähler mit umkehrbarer Zählrichtung können nach DIN EN 60 617 durch ein Schaltzeichen dargestellt werden. In Bild 10.21 ist ein solches Schaltzeichen angegeben.

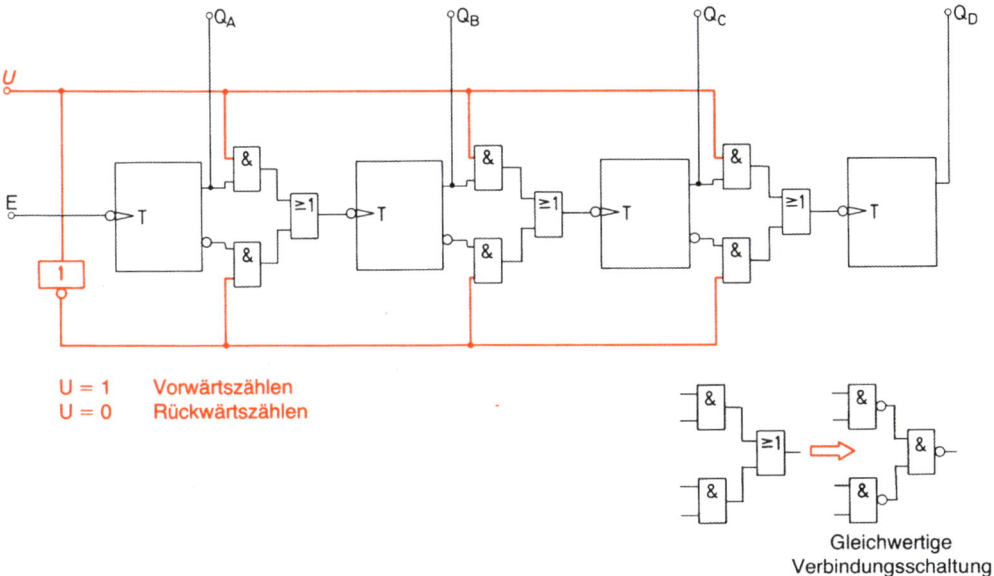

Bild 10.20 4-Bit-Dualzähler mit umschaltbarer Zählrichtung

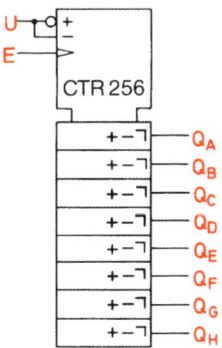

Bild 10.21
Schaltzeichen eines 8-Bit-Dualzählers
mit umkehrbarer Zählrichtung,
256 Zählschritte

Es gilt für einen 8-Bit-Dualzähler mit umkehrbarer Zählrichtung. Liegt 0-Signal am Eingang U, so arbeitet der Zähler als Vorwärtszähler. Liegt 1-Signal am Eingang U, arbeitet der Zähler als Rückwärtszähler.

10.2.2 Asynchrone BCD-Zähler

Definition

BCD-Zähler sind grundsätzlich 4-Bit-Zähler. An ihren Ausgängen müssen Signale des BCD-Codes abnehmbar sein.

Der BCD-Code drückt die Dezimalziffern 0...9 als Dualzahlen aus, er ist also ein Dezimalziffern-Code. Da die BCD-Zähler codierte Dezimalziffern zählen, werden sie oft *Dezimalzähler* genannt. Diese Bezeichnung führt jedoch zu Missverständnissen. Eine Verwechslung mit Zählern, die nach dem 1-aus-10-Code arbeiten, ist möglich.

BCD-Zähler gibt es als *Vorwärtszähler*, als *Rückwärtszähler* und als *Zähler mit umschaltbarer Zählrichtung*.

10.2.2.1 BCD-Vorwärtszähler

Ein BCD-Vorwärtszähler kann aus einem 4-Bit-Dual-Vorwärtszähler entwickelt werden. Die verwendeten Flipflops müssen lediglich einen taktunabhängigen Rückstelleingang haben. Der Zähler darf nur bis zur Dualzahl 1001, also bis zur Dezimalziffer 9, zählen und muss dann auf 0 zurückgestellt werden. Das Zurückstellen muss in dem Augenblick erfolgen, in dem der Zähler von 1001 auf 1010 schaltet.

Die Schaltung eines 4-Bit-Dual-Vorwärtszählers ist in Bild 10.22 dargestellt. Die T-Flipflops haben taktunabhängige Rückstelleingänge R. Welche Zusatzbeschaltung ist erforderlich, um aus dem 4-Bit-Dual-Vorwärtszähler einen BCD-Vorwärtszähler zu machen?

Für die Rückstellung sind 1-Signale an den R-Eingängen dieser Flipflops erforderlich. Alle Flipflops werden gemeinsam zurückgestellt. Daher ist es zweckmäßig, alle R-Eingänge miteinander zu verbinden.

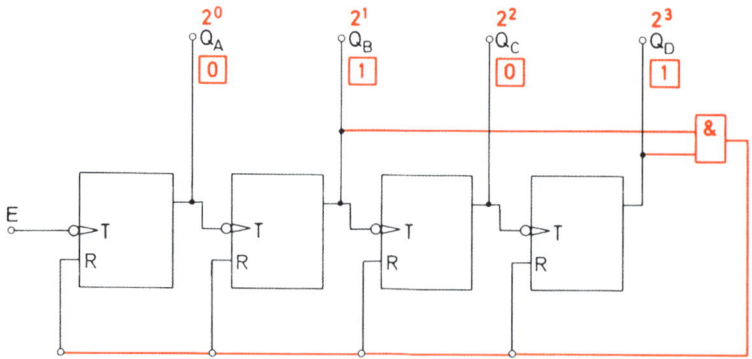

Bild 10.22 Umwandlung eines 4-Bit-Dual-Vorwärtszählers in einen BCD-Vorwärtszähler

Asynchronzähler

Dezimal-ziffer	BCD-Code			
	2^3 Q_D	2^2 Q_C	2^1 Q_B	2^0 Q_A
0	0	0	0	0
1	0	0	0	1
2	0	0	1	0
3	0	0	1	1
4	0	1	0	0
5	0	1	0	1
6	0	1	1	0
7	0	1	1	1
8	1	0	0	0
9	1	0	0	1

Bild 10.23
BCD-Code

Die Rückstellung soll erfolgen, wenn der Zähler vom Dezimalzahlenwert 9 auf den Dezimalzahlenwert 10 übergeht. Q_B und Q_D müssen also 1-Signal führen. Die Ausgänge Q_B und Q_D werden über ein UND-Gatter verknüpft. Der Ausgang des UND-Gatters wird mit den Rückstelleingängen R verbunden. Diese Zusatzbeschaltung ist in Bild 10.22 rot eingezeichnet.

Ein solcher Zähler arbeitet bei nicht zu hohen Impulsfrequenzen einwandfrei. Ein unbeabsichtigtes Rückstellen kann vor Erreichen des Dezimalzahlenwertes 10 nicht erfolgen, denn erst bei diesem Dezimalzahlenwert führen Q_B und Q_D 1-Signal (s. Bild 10.23). Bei allen vorherigen Ausgangssignal-Kombinationen – bei den Dezimalzahlenwerten 0...9 – tritt niemals $Q_B = 1$ und $Q_D = 1$ auf.

Etwas störend ist, dass kurzzeitig die Ausgangssignalkombination mit dem Dezimalzahlenwert 10 auftritt. Der Zähler zählt also bis einschließlich 10 und löscht dann den Zustand 10. Bei TTL-Schaltungen liegt der Dezimalzahlenwert 10 ca. für die Dauer von 50 ns an den Ausgängen. Das ist zwar nur eine sehr kurze Zeit. Bei einigen Anwendungsfällen kann dieser Vorgang jedoch Störungen verursachen.

Der Nachteil des kurzzeitigen Anliegens des Dezimalzahlenwertes 10 wird bei der Schaltung Bild 10.24 vermieden. Dieser Zähler ist mit einflankengesteuerten JK-Flipflops aufgebaut. Die Verdrahtung wurde schrittweise mit Hilfe des Zeitablaufdiagramms gefunden.

Das Flipflop A arbeitet wie ein T-Flipflop. Das Flipflop B arbeitet ebenfalls wie ein T-Flipflop – aber nur so lange, wie sich Flipflop D im Ruhezustand befindet (für das Arbeiten als T-Flipflop muss bekanntlich an J und an K 1-Signal anliegen). Die Impulsreihe Q_A ergibt sich wie gewohnt. Die Impulsreihe Q_B wird gestört, sobald Flipflop D in den Arbeitszustand kippt. Wenn das 1-Signal an J_B wegfällt, muss das Flipflop B im Ruhezustand bleiben.

Das Flipflop C arbeitet wieder wie ein T-Flipflop. Es wird von der Impulsreihe Q_B gesteuert. Interessant ist das Signal J_D. Für J_D gilt:

$$J_D = Q_B \wedge Q_C$$

Das Signal J_D ist im Zeitablaufdiagramm Bild 10.24 besonders aufgeführt. Zum Zeitpunkt t_X wird $J_D = 1$. Nun kann das Flipflop D in den Arbeitszustand kippen, aber erst dann, wenn das «Taktsignal» Q_A von 1 auf 0 geht. Das ist im Zeitpunkt t_Y der Fall. Q_D wird 1. Kurz danach wird J_D wieder 0, und das Flipflop D muss mit der abfallenden Flanke seines Taktsignals Q_A in den Ruhezustand kippen, und zwar im Zeitpunkt t_Z. Nach der 10. abfallenden Flanke des Eingangssignals E zeigen die

Ausgänge 0000 an. Der BCD-Zähler ist auf 0 gestellt und beginnt den Zählvorgang von Neuem. Der BCD-Vorwärtszähler Bild 10.24 wird mit kleineren Abänderungen als integrierte Schaltung 7490A gebaut.

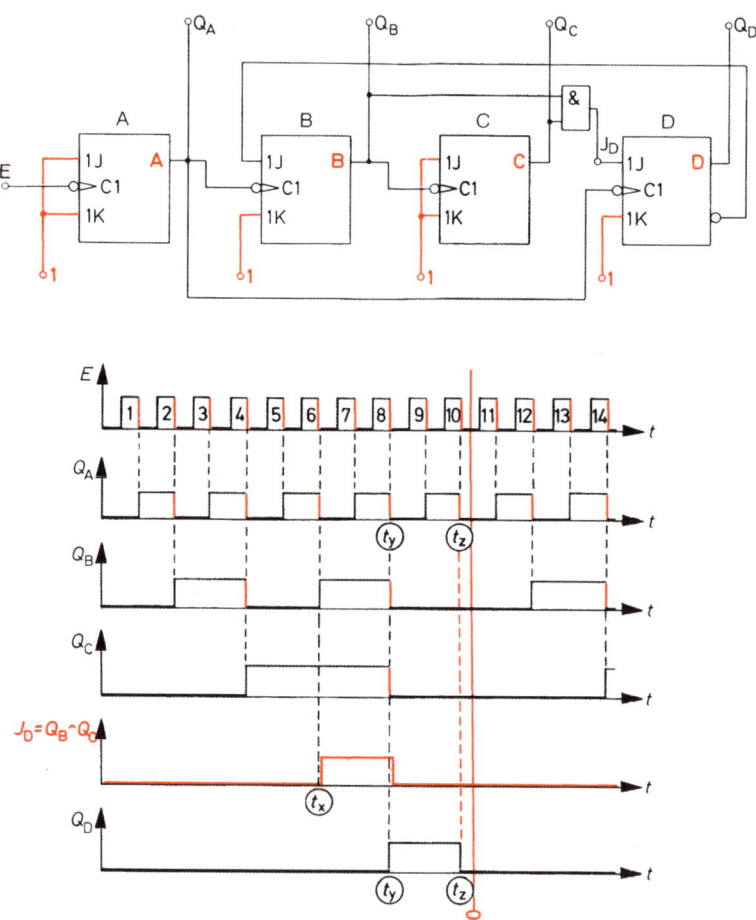

Bild 10.24 Asynchroner BCD-Vorwärtszähler mit Zeitablaufdiagramm

Der gesamte BCD-Zähler kann durch ein Schaltzeichen dargestellt werden. Dieses besteht aus dem Steuerblock und aus 4 Funktionsblöcken, die den 4 Flipflops entsprechen. Die Funktion des Vorwärtszählers wird durch ein Pluszeichen kenntlich gemacht. Der Code, nach dem der Zähler arbeitet, ist im Steuerblock anzugeben (Bild 10.25).

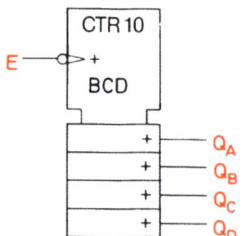

Bild 10.25
Schaltzeichen eines BCD-Vorwärtszählers, der mit abfallender Signalflanke schaltet. CTR steht für engl.: Counter = Zähler. Die nachgestellte Zahl gibt die Anzahl der Zählschritte an.

10.2.2.2 BCD-Rückwärtszähler

Auch der BCD-Rückwärtszähler lässt sich aus einem Dual-Rückwärtszähler ableiten (Bild 10.26). Der Dual-Rückwärtszähler muss durch eine Zusatzbeschaltung dazu gebracht werden, mit dem Dezimalzahlenwert 9, also mit der Dualzahl 1001, das Rückwärtszählen zu beginnen. Ohne Zusatzbeschaltung würde er mit dem Dezimalzahlenwert 15 bzw. mit der Dualzahl 1111 beginnen.

Ganz kurzzeitig (ca. 50 ns) liegt die Dualzahl 1111 an den Ausgängen. Mit diesem Signal müssen die Flipflops B und C (Bild 10.26) in die Ruhelage zurückgesetzt werden ($Q_B = 0$, $Q_C = 0$). Dies geschieht über die taktunabhängigen Rücksetzeingänge. Man könnte alle vier Ausgangssignale auf ein UND-Gatter geben. Das ist aber nicht erforderlich. Es genügt, die Signale Q_B und Q_D dem UND-Gatter zuzuführen, denn im Bereich der Dezimalzahlenwerte 9 bis 0 taucht $Q_B = 1$ und $Q_D = 1$ nie gleichzeitig auf. (Es wäre auch möglich, die Signale Q_C und Q_D zu verwenden.) Die erforderliche Zusatzbeschaltung ist rot in Bild 10.26 eingetragen.

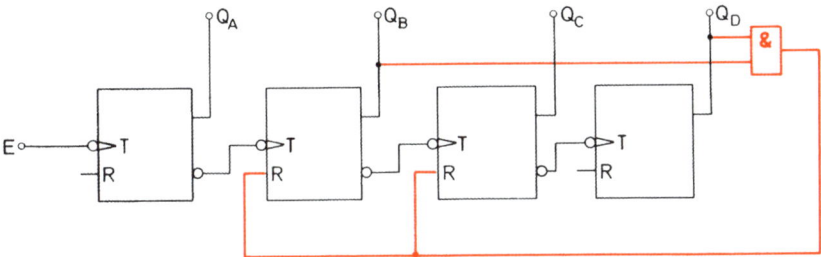

Bild 10.26 Umwandlung eines 4-Bit-Dual-Rückwärtszählers in einen BCD-Rückwärtszähler

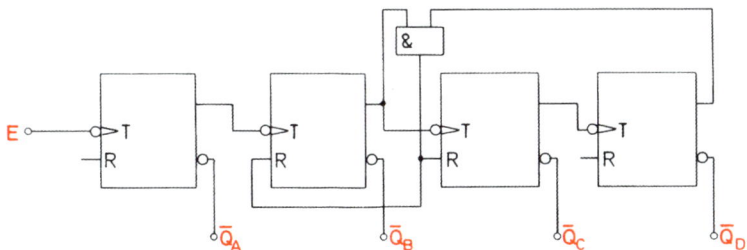

Bild 10.27 Dual-Rückwärtszähler

Dezi-malziffer	Q_D	Q_C	Q_B	Q_A	$\overline{Q_D}$	$\overline{Q_C}$	$\overline{Q_B}$	$\overline{Q_A}$	Dezimalzahlenwert
0	0	0	0	0	1	1	1	1	15
1	0	0	0	1	1	1	1	0	14
2	0	0	1	0	1	1	0	1	13
3	0	0	1	1	1	1	0	0	12
4	0	1	0	0	1	0	1	1	11
5	0	1	0	1	1	0	1	0	10
6	0	1	1	0	1	0	0	1	9
7	0	1	1	1	1	0	0	0	8
8	1	0	0	0	0	1	1	1	7
9	1	0	0	1	0	1	1	0	6

Bild 10.28 Code-Tabelle

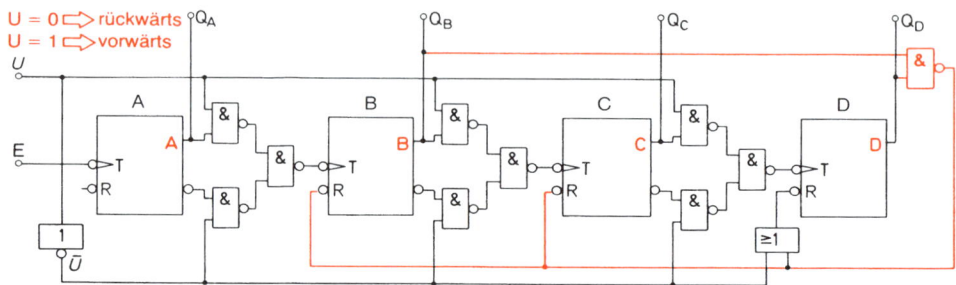

Bild 10.29 BCD-Zähler mit umschaltbarer Zählrichtung

Aus einem BCD-Vorwärtszähler lässt sich recht einfach ein Dual-Rückwärtszähler machen. Man muss nur die Ausgangssignale des BCD-Vorwärtszählers negieren oder die $\bar{Q}$-Ausgänge der Flipflops als Zählerausgänge verwenden (Bild 10.27). Dass das zum Erfolg führt, zeigt die Code-Tabelle Bild 10.28.

10.2.2.3 BCD-Zähler mit umschaltbarer Zählrichtung

Der BCD-Zähler mit umschaltbarer Zählrichtung kann aus dem 4-Bit-Dualzähler mit umschaltbarer Zählrichtung (Bild 10.20) abgeleitet werden. Besondere Aufmerksamkeit ist der Beschaltung der Rückstelleingänge zu widmen.

Der Zähler Bild 10.29 ist mit T-Flipflops aufgebaut, die mit abfallender Signalflanke schalten. Die Rückstelleingänge dieser Flipflops werden mit 0-Signalen gesteuert. Bei Betrieb als Vorwärtszähler muss am Umschalteingang U Signal 1 liegen. Bei Signal 0 an U arbeitet der Zähler als Rückwärtszähler.

Ein BCD-Rückwärtszähler muss vor Beginn des Zählvorgangs auf den Dezimalzahlenwert 9, also auf die Dualzahl 1001, eingestellt werden. Die Flipflops B und C müssen auf 0 gesetzt werden. Bei $Q_B = 1$ und $Q_D = 1$ liegt am Ausgang des NAND-Gatters 0. Mit diesem Signal werden die Flipflops B und C zurückgesetzt. Das Flipflop D wird nicht zurückgesetzt, da von der Steuerleitung über das ODER-Gatter 1-Signal an seinem Rückstelleingang liegt.

Arbeitet der Zähler als Vorwärtszähler, muss er auf 0 zurückgesetzt werden, wenn $Q_B = 1$ und $Q_D = 1$ sind. Am Ausgang des NAND-Gatters erscheint 0-Signal. Mit diesem werden die Flipflops B, C und D zurückgesetzt. D wird jetzt auch zurückgesetzt, da auf der unteren Steuerleitung 0-Signal liegt. Ein Zurücksetzen des Flipflops A ist nicht erforderlich, da dieses ohnehin auf 0 steht ($Q_A = 0$).

 Beispiel
Der BCD-Zähler Bild 10.29 soll mit integrierten Schaltungen 7476 und 7400 aufgebaut werden. Gesucht ist das Schaltbild des Zählers.
Die integrierte Schaltung 7476 enthält 2 JK-Master-Slave-Flipflops. 2 dieser integrierten Schaltungen werden also benötigt. Die integrierte Schaltung 7400 (siehe Bild 6.65) enthält 4 NAND-Gatter. Für die Umschalteinrichtung zwischen 2 Flipflops werden 3 NAND-Gatter gebraucht, für 3 Umschalteinrichtungen also 9. Ein weiteres NAND-Gatter ist für die Gewinnung des Rückstellsignals erforderlich. Der Ersatz des ODER-Gatters erfordert 3 NAND-Gatter. Das wären insgesamt 13 NAND-Gatter. Man müsste also 4 integrierte Schaltungen 7400 beschaffen und hätte dann 16

NAND-Gatter. Vielleicht ist es möglich, ein NAND-Gatter einzusparen, dann wären nur 3 IC 7400 erforderlich.

Bild 10.30 zeigt die gesuchte Schaltung. Ein NAND-Gatter lässt sich tatsächlich einsparen, wenn statt des Signals $\bar{U}$ das Signal U zur Steuerung der Rückstellung des Flipflops D verwendet wird.

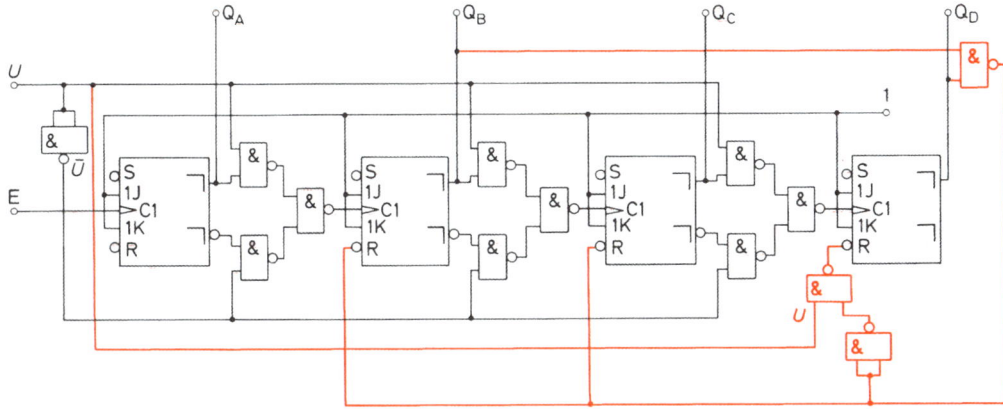

Bild 10.30 BCD-Zähler mit umschaltbarer Zählrichtung (2 × 7476, 3 × 7400)

10.2.3 Asynchrone Dekadenzähler

10.2.3.1 BCD-Dekadenzähler

BCD-Vorwärtszähler zählen von 0...9. Will man weiterzählen, ist ein 2. BCD-Vorwärtszähler erforderlich. Mit 2 Zählern dieser Art kann man bis 99 zählen. Jeder Zähler zählt eine Dekade. 3 Zähler erlauben es, bis 999 zu zählen.

Dekadenzähler sind meist aus 2 oder mehr BCD-Vorwärtszählern aufgebaut. Jeder Zähler hat 4 Ausgänge, an denen eine Dualzahl liegt, die einer Dezimalziffer entspricht. Die Zusammenschaltung der Zähler zeigt Bild 10.31.

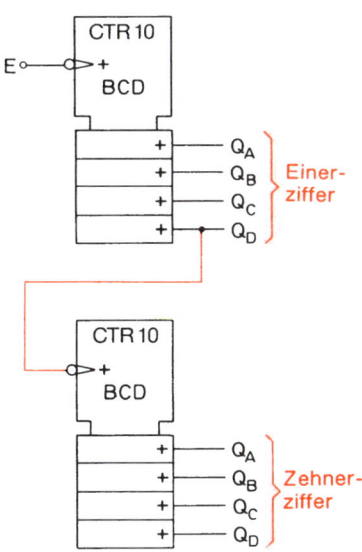

Bild 10.31
BCD-Dekadenzähler für 2 Dekaden

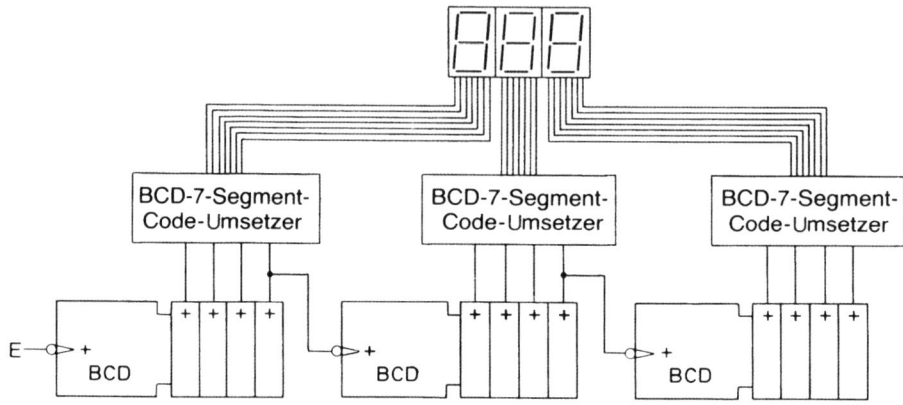

Bild 10.32 Dreistufiger BCD-Dekadenzähler mit BCD-7-Segment-Code-Umsetzern und 7-Segment-Anzeigeeinheiten

Wenn der obere Zähler auf 0 zurückstellt, ändert sich das Signal an Q_D von 1 auf 0. Die abfallende Signalflanke wird zur Ansteuerung des unteren Zählers verwendet. Der untere Zähler schaltet immer dann weiter, wenn der obere Zähler auf 0 geht. Er verarbeitet also den Übertrag in die 2. Dekade.

Bei Dekadenzählern kann das Zählergebnis sehr leicht als Dezimalzahl ausgegeben werden. Die Ausgangssignale eines jeden BCD-Zählers werden einem BCD-7-Segment-Code-Umsetzer zugeführt. Die Dezimalziffer wird durch eine 7-Segment-Anzeigeeinheit dargestellt (Bild 10.32).

10.2.3.2 Andere Dekadenzähler

Dekadenzähler können auch mit Zählern aufgebaut werden, die nach dem Aiken-Code, nach dem 3-Exzess-Code oder einem anderen Code arbeiten. Solche Zähler werden jedoch nur in geringem Umfang verwendet. Dekadenzähler dieser Art werden nach dem gleichen Prinzip aufgebaut wie BCD-Dekadenzähler.

10.2.4 Asynchrone Modulo-*n*-Zähler

10.2.4.1 Prinzip der Modulo-n-Zähler

Für verschiedene Zählaufgaben in der Steuerungstechnik und in der Technik der Informationsverarbeitung und Zeitmessung werden Zähler benötigt, die bis zu einem gewünschten Zahlenwert zählen, dann auf 0 rücksetzen und die Zählung erneut beginnen oder stehen bleiben und auf ein neues Startsignal warten. Die Zahl, bis zu der zu zählen ist, kann beliebig sein.

Solche Zähler werden Modulo-*n*-Zähler genannt (von modulus, lat.: Maß). Der kleine Buchstabe *n* steht für die Anzahl der möglichen Zählerzustände. Ein BCD-Zähler z.B. könnte als Modulo-10-Zähler bezeichnet werden. Er zählt zwar nur bis 9. Einschließlich der 0 hat er jedoch 10 mögliche Zählerzustände.

10.2.4.2 Modulo-5-Zähler

Ein Modulo-5-Zähler muss bis 4 zählen können und mit dem 5. Impuls auf 0 gesetzt werden. Wie sieht die Schaltung eines solchen Zählers aus?

Asynchronzähler

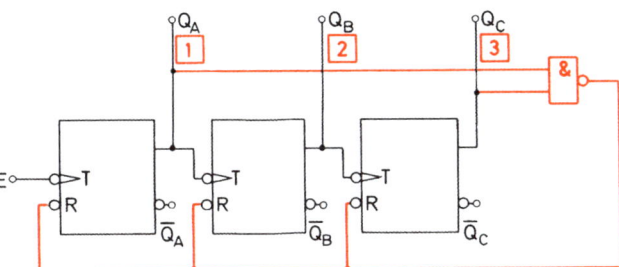

Bild 10.33
Schaltung eines
Modulo-5-Zählers

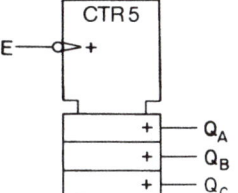

Bild 10.34
Schaltzeichen eines
Modulo-5-Zählers,
5 Zählschritte (CTR5)

Der Einfachheit halber werden T-Flipflops verwendet, obwohl das JK-Flipflop sich zum Universalflipflop entwickelt hat. Aus dem JK-Flipflop wird ja bekanntlich ein T-Flipflop, wenn die Eingänge J und K auf 1-Signal gelegt werden. Für die Schaltung werden 3 Flipflop benötigt (Bild 10.33). Der Zähler kann bis 7 zählen. Beim Übergang von 4 auf 5 muss der Zähler auf 0 gestellt werden.

Das Rückstellen kann auf die gleiche Art wie beim BCD-Zähler erreicht werden. Wenn $Q_A = 1$ und $Q_C = 1$ sind, soll zurückgestellt werden. Als Rückstellsignal wird ein 0-Signal benötigt. Die Ausgänge Q_A und Q_C werden über ein NAND-Gatter verknüpft.

Der Ausgang des NAND-Gatters liefert das Rückstellsignal 0, wenn Q_A und Q_C 1-Signal führen.

Das Schaltzeichen eines Modulo-5-Zählers ist in Bild 10.34 angegeben.

Beispiel

Wie arbeitet der Modulo-5-Zähler, Bild 10.33, wenn statt der Q-Ausgänge die $\bar{Q}$-Ausgänge als Ergebnisausgänge verwendet werden?
Zur Lösung dieser Aufgabe sind die Zählerzustände in einer Tabelle gegenüberzustellen (Bild 10.35). Die Tabelle ergibt, dass der Zähler von 7 bis 3 zählt und bei Erscheinen der 2 zurückstellt. Er arbeitet als Rückwärtszähler und hat wiederum 5 mögliche Zählerzustände. Der Zähler beginnt mit dem Zählen bei der höchsten durch die Anzahl der Flipflops gegebenen Zahl (hier $7_{(10)} = 111_{(2)}$).

Dezimal-ziffer	Q_C	Q_B	Q_A	$\bar{Q}_C$	$\bar{Q}_B$	$\bar{Q}_A$	Dezimal-ziffer
0	0	0	0	1	1	1	7
1	0	0	1	1	1	0	6
2	0	1	0	1	0	1	5
3	0	1	1	1	0	0	4
4	1	0	0	0	1	1	3
Rück-stellen	1	0	1	0	1	0	

Bild 10.35
Gegenüberstellung der Zählerzustände

10.2.4.3 Modulo-60-Zähler

Ein Modulo-60-Zähler wird z.B. für elektronische Uhren benötigt. Die Sekunden werden von 0...60 gezählt. Wie viel Flipflops sind erforderlich? Mit 5 Flipflops kann bis 31 gezählt werden, mit 6 Flipflops bis 63. Wir benötigen also 6 Flipflops (Bild 10.36).

Beim Erscheinen des Dezimalzahlenwertes 60 muss der Zähler auf 0 zurückgestellt werden. Die Ausgänge Q_C, Q_D, Q_E und Q_F müssen 1-Signal führen. Aus diesen Signalen wird das Rückstellsignal gewonnen. Der Zähler ist für die Sekundenzählung gut geeignet, wenn die Sekunden nicht als Dezimalzahl angezeigt werden sollen.

Sollen die Sekunden als Dezimalzahl angezeigt werden, ist es zweckmäßig, Einer und Zehner getrennt zu zählen. Für die Einer benötigt man einen Modulo-10-Zähler, für die Zehner einen Modulo-6-Zähler (Bild 10.37). Die Ausgangssignale können BCD-7-Segment-Code-Umsetzer zugeführt und als Dezimalziffern mit 7-Segment-Anzeigen dargestellt werden.

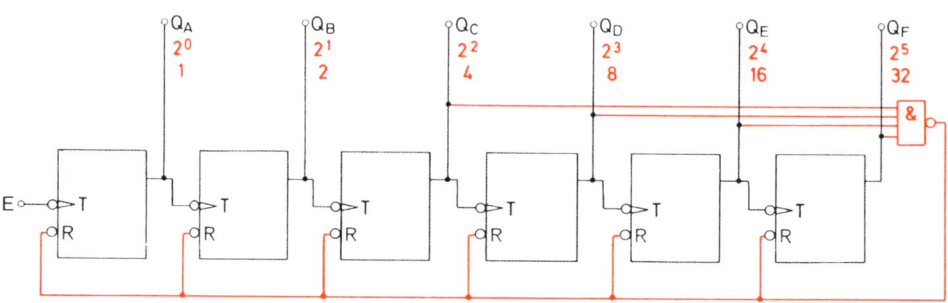

Bild 10.36   Modulo-60-Zähler

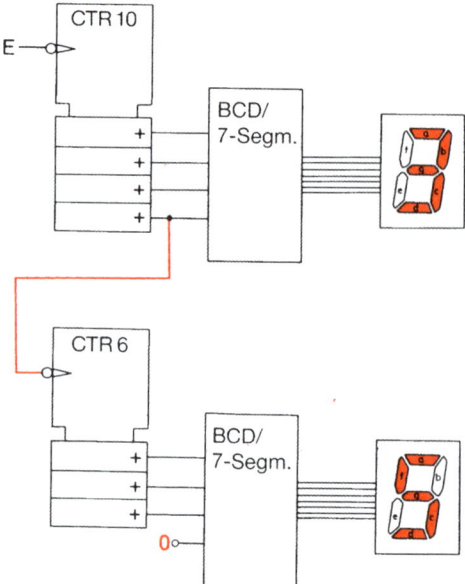

Bild 10.37   Zusammenschaltung eines Modulo-10-Zählers und eines Modulo-6-Zählers mit Code-Umsetzer und 7-Segment-Anzeige

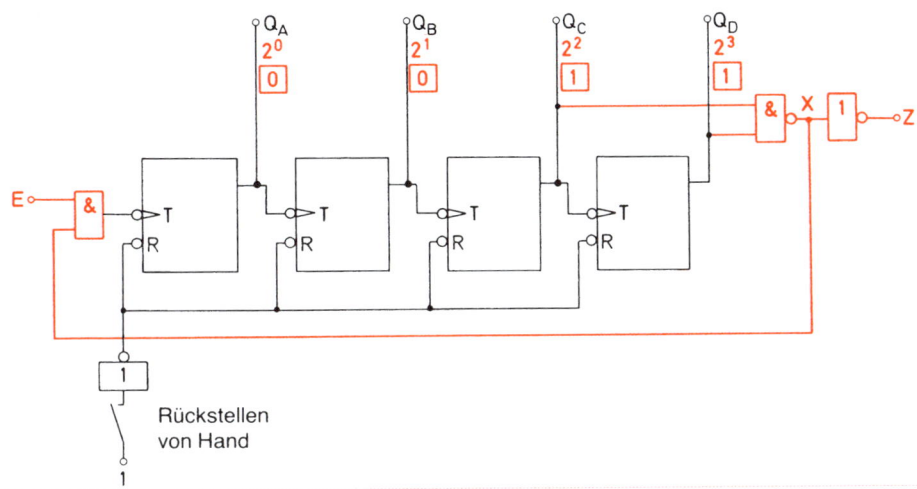

Bild 10.38   Modulo-13-Zähler, der beim Dezimalzahlenwert 12 stehen bleibt

10.2.4.4 Modulo-13-Zähler mit Wartepflicht

Gesucht ist ein Modulo-*n*-Zähler, der bei Erreichen des Dezimalwertes 12 stehen bleibt und wartet und an einem Ausgang Z 1-Signal bereitstellt. Der Zähler soll auf Tastendruck zurückstellen und erneut mit dem Zählvorgang beginnen.

Für die Zählerschaltung werden 4 Flipflops benötigt. Der Eingang E muss über ein UND-Gatter sperrbar sein. Als Sperrsignal wird 0-Signal verwendet. Das Sperrsignal wird aus den Ausgangssignalen Q_C und Q_D mit Hilfe eines NAND-Gatters gewonnen (Bild 10.38).

Bei Erreichen des Dezimalzahlenwertes 12 ($Q_C = 1$, $Q_D = 1$) liegt am Ausgang X des NAND-Gatters 0-Signal. Der Eingang sperrt. Der Zähler bleibt stehen. Gleichzeitig erscheint am Ausgang Z 1-Signal. Durch Drücken der Taste wird der Zähler zurückgestellt. Die Eingangssperre wird aufgehoben, da Q_C und Q_D jetzt 0-Signal führen. Der Zähler beginnt mit einem neuen Zählvorgang. Da 13 Zählerzustände einschließlich 0 möglich sind, ist der Zähler ein Modulo-13-Zähler.

10.2.5   Asynchrone Vorwahlzähler

Asynchrone Vorwahlzähler sind Zähler, die bis zu einem bestimmten vorgewählten Zahlenwert zählen und dann stehen bleiben oder mit dem Zählvorgang erneut beginnen. Diese Zähler können Vorwärts- oder Rückwärtszähler sein. Der Zahlenwert, bis zu dem zu zählen ist, wird meist von Hand mittels Schaltern eingestellt. Er kann auch durch einen zweiten Zähler gegeben werden. Vorwahlzähler dieser Art nennt man auch *programmierte Zähler*.

Das Prinzip der asynchronen Vorwahlzähler zeigt Bild 10.39. Die Zahl, bis zu der der Zähler zählen soll, wird mit der Vorwahltastatur eingestellt. Sie soll z.B. 9 sein. Die Zahl 9 liegt als Dualzahl an den Ausgängen X_A, X_B, X_C und X_D.

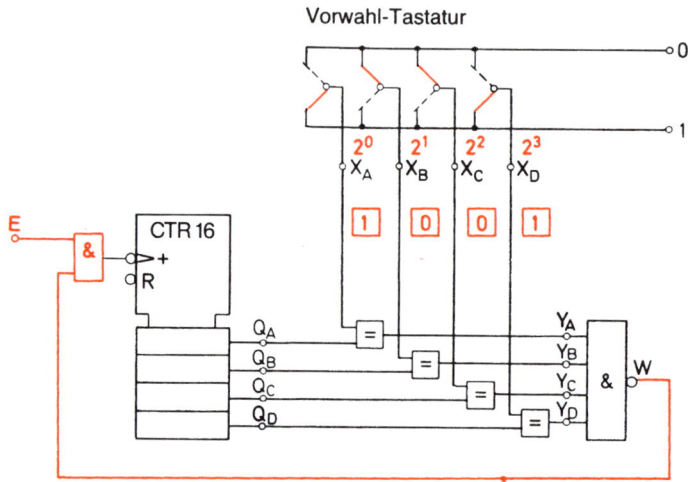

Bild 10.39 Asynchroner Vorwahlzähler

Die Ausgangssignale von X_A, X_B, X_C und X_D werden nun mit den Ausgangssignalen des Zählers Q_A, Q_B, Q_C und Q_D verglichen. Die Ausgänge der Äquivalenzgatter führen nur dann Ausgangssignal 1, wenn beide Eingangssignale gleich sind. Bei $X_A = Q_A$, $X_B = Q_B$, $X_C = Q_C$ und $X_D = Q_D$ sind alle Ausgänge der Äquivalenzgatter 1. Am Ausgang des NAND-Gatters liegt dann 0-Signal.

Das 0-Signal am Ausgang W des NAND-Gatters zeigt an, dass die Zahl, bis zu der der Zähler gezählt hat, und die voreingestellte Zahl gleich sind. Das 0-Signal verursacht eine Eingangssperre. Der Zähler bleibt stehen. Am Ausgang Z ist für irgendwelche Steuerzwecke 1-Signal verfügbar. Die Vorwahltastatur kann durch einen Zähler ersetzt werden, der durch eine eigene Steuerschaltung eingestellt wird.

Vorwahlzähler findet man z.B. in modernen Kopierautomaten. Die gewünschte Kopienzahl wird von Hand eingestellt oder eingetastet. Damit ist die Vorwahl eingeführt. Der Zähler zählt nun die Kopien und stoppt den Kopiervorgang, wenn die Zahl der Kopien mit der vorgewählten Zahl übereinstimmt.

10.2.6 Asynchronzähler für den Aiken-Code

Ein Asynchronzähler, der im Aiken-Code zählt, ist in Bild 10.40 dargestellt. Eine derartige Schaltung lässt sich nur schwer berechnen. Sie kann aber mit Hilfe eines Zeitablaufdiagramms (s. Bild 10.24) entwickelt werden.

10.2.7 Asynchronzähler für den 3-Exzess-Code

Der 3-Exzess-Code ist ein häufig verwendeter Code. Zähler, die in diesem Code zählen, sind jedoch selten als integrierte Schaltungen erhältlich. Bild 10.41 zeigt den Aufbau eines Zählers für diesen Code.

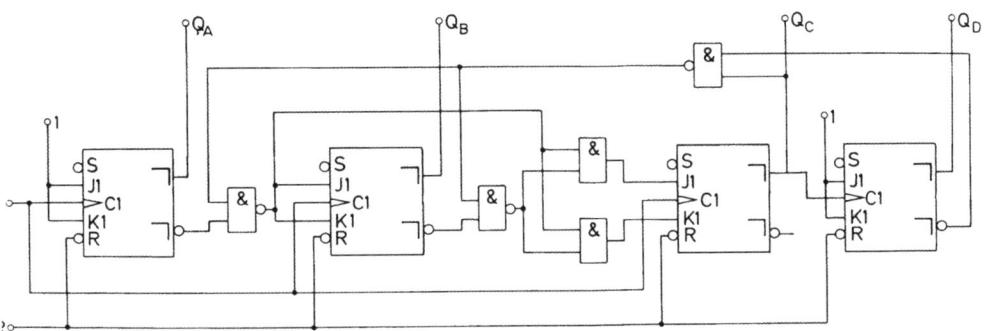

Bild 10.40 Schaltung eines Asynchronzählers für den Aiken-Code

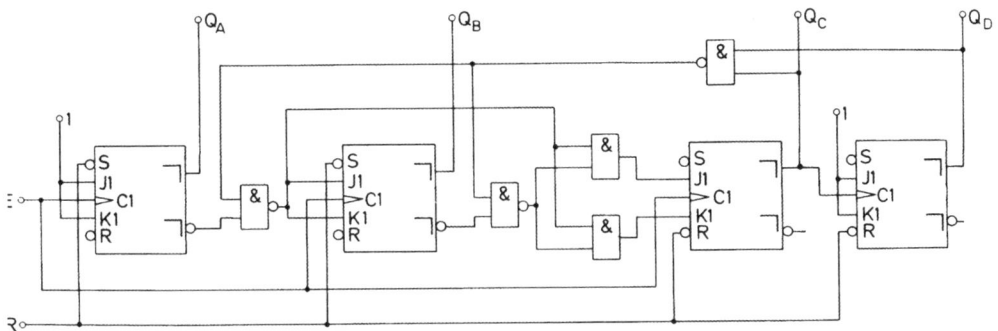

Bild 10.41 Schaltung eines Asynchronzählers für den 3-Exzess-Code

10.3 Synchronzähler

10.3.1 Das Synchronprinzip

Bei den bisher betrachteten Zählern, den sog. Asynchronzählern, steuert ein Ausgang des 1. Flipflops das 2. Flipflop – ein Ausgang des 2. Flipflops steuert das 3. Flipflop und so fort. Die Flipflops schalten also nicht zum gleichen Zeitpunkt, sondern zeitlich nacheinander. Die Schaltverzögerung ist durch die Signallaufzeit der Flipflops gegeben. Bei Flipflops, die zur TTL-Schaltkreisfamilie gehören, beträgt die Signallaufzeit 30...50 ns. Um diese Signallaufzeit ist die Ausgangsimpulsreihe des 2. Flipflops gegenüber der Ausgangsimpulsreihe des 1. Flipflops verschoben. Diese Verschiebung setzt sich von Flipflop zu Flipflop fort. Bei einem 12-Bit-Asynchronzähler ist die letzte Ausgangsimpulsreihe gegenüber der Eingangsimpulsreihe bei einer Signallaufzeit von 50 ns bereits um ca. 600 ns verschoben. Dies führt zu Störungen und Fehlern, vor allem bei hohen Zählfrequenzen.

Will man für hohe Zählfrequenzen geeignete Zähler bauen, muss die Verschiebung der Impulsreihen von Flipflop zu Flipflop vermieden werden. Dies ist nur zu erreichen, wenn alle Flipflops, die kippen sollen, im gleichen Augenblick kippen. Man erreicht ein gleichzeitiges, also synchrones Kippen durch Steuerung mit einem gemeinsamen Taktsignal. Zähler, die so kippen, heißen *Synchronzähler*.

Grundsatz

Bei Synchronzählern werden die Kippgatter durch einen gemeinsamen Schaltbefehl (Takt) gleichzeitig geschaltet.

Die Information, ob ein Flipflop kippen soll oder nicht, muss den Flipflops vor Eintreffen des Schaltbefehls gegeben werden. Hierzu sind außer dem Takteingang weitere Eingänge erforderlich. Synchronzähler können also nicht mit T-Flipflops aufgebaut werden.

 Grundsatz

Für den Aufbau von Synchronzählern verwendet man fast ausschließlich JK-Flipflops.

Besonders sicher sind JK-Master-Slave-Flipflops (s. Abschnitt 7.5.7). SR-Flipflops können ebenfalls verwendet werden. Sie führen jedoch zu einem umfangreicheren Schaltungsaufbau.

10.3.2 Synchrone Dualzähler

Synchrone Dualzähler zählen nach dem dualen Zahlensystem. Sie werden als Dual-Vorwärtszähler, als Dual-Rückwärtszähler und Dualzähler mit umschaltbarer Zählrichtung gebaut.

10.3.2.1 Dual-Vorwärtszähler

Die Schaltung eines synchron arbeitenden Dual-Vorwärtszählers kann man berechnen (Abschnitt 10.3.3). Man kann sie aber auch durch Überlegung finden. In Bild 10.42 sind 4 JK-Flipflops dargestellt. Alle werden durch einen gemeinsamen Takt mit der abfallenden Taktflanke geschaltet.

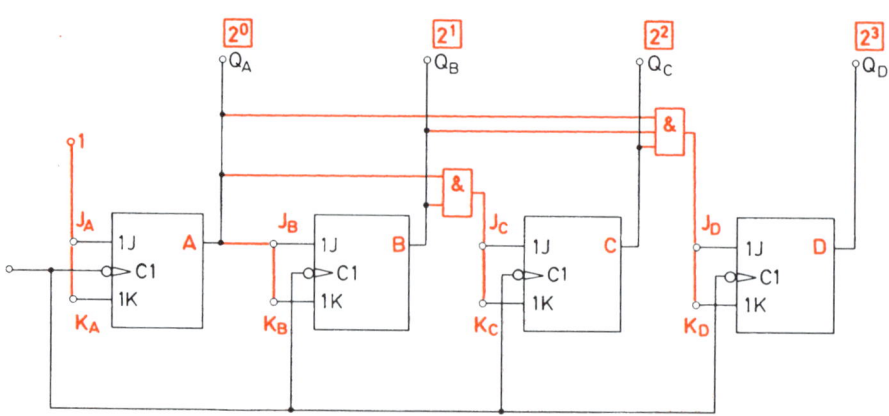

Bild 10.42 Aufbau eines synchron arbeitenden 4-Bit-Dual-Vorwärtszählers

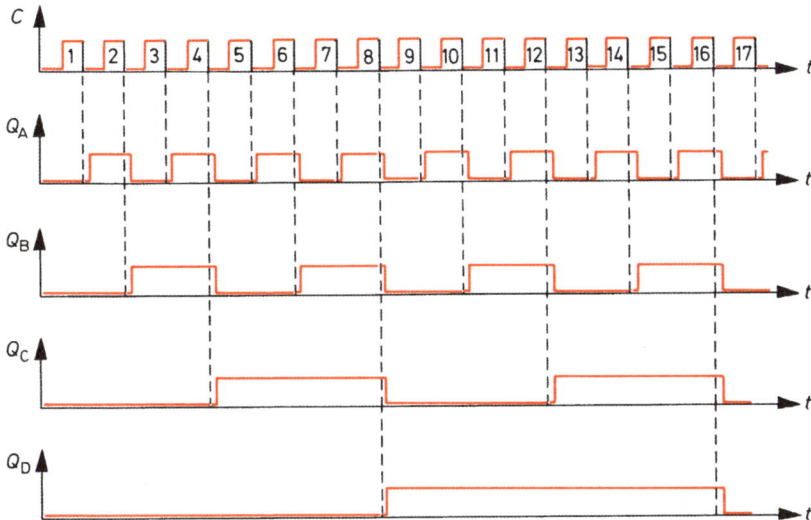

Bild 10.43   Zeitablaufdiagramm eines 4-Bit-Dual-Vorwärtszählers

Die J- und K-Eingänge müssen nun so beschaltet werden, dass der Zähler im dualen Zahlensystem vorwärts zählt. Wie muss diese Beschaltung aussehen? Das Zeitablaufdiagramm eines Dual-Vorwärtszählers Bild 10.43 kann einige wertvolle Hilfen geben. Das Flipflop A muss bei jeder abfallenden Taktflanke kippen. Die Eingänge J_A und K_A sind also auf 1-Signal zu legen.

Das Flipflop B darf nur bei Eintreffen des Taktes kippen, wenn das Flipflop A gesetzt ist, wenn also $Q_A = 1$ ist. Der Ausgang Q_A muss als mit J_B und K_B verbunden werden (rot in Bild 10.42).

Unter welchen Bedingungen darf nun das Flipflop C kippen? Aus Bild 10.43 ist zu entnehmen, dass das Flipflop C immer nur dann kippen darf, wenn sowohl Flipflop A als auch Flipflop B gesetzt sind, wenn also $Q_A = 1$ und $Q_B = 1$ sind. Die Ausgänge Q_A und Q_B sind also durch UND zu verknüpfen und mit J_C und K_C zu verbinden (rot in Bild 10.42).

Die Bedingungen, unter denen das Flipflop D kippen darf, sind ebenfalls aus dem Zeitablaufdiagramm Bild 10.43 zu entnehmen. Flipflop D darf nur dann kippen, wenn $Q_A = 1$, $Q_B = 1$ und $Q_C = 1$ sind. Die Ausgänge Q_A, Q_B und Q_C müssen durch UND verknüpft werden. Der Ausgang des UND-Gatters wird mit J_D und K_D verbunden (rot in Bild 10.42). Man könnte die Verknüpfung von Q_A und Q_B durch das 1. UND-Gatter mitbenutzen und käme dann zur Erzeugung von $Q_A \wedge Q_B \wedge Q_C$ mit einem UND-Gatter mit 2 Eingängen aus.

Werden synchron arbeitende Dual-Vorwärtszähler mit mehr als 4 Bit benötigt, kann der Zähler gemäß Bild 10.42 nach gleichem Prinzip weitergebaut werden. Für den Zähleraufbau mit JK-Flipflops gelten folgende Regeln:

Definition

Bei einem synchron arbeitenden Dual-Vorwärtszähler sind die Eingänge J und K bei jedem Flipflop miteinander zu verbinden.

340 Zähler und Frequenzteiler

Definition
Beim 1. Flipflop wird 1-Signal an die Eingänge gelegt. Jedes folgende Flipflop erhält als Eingangssignal die UND-Verknüpfung der Q-Ausgänge aller vorhergehenden Flipflops.

Beispiel
Das Schaltbild eines synchron arbeitenden 5-Bit-Dual-Vorwärtszählers ist zu entwerfen. Der Zähler soll mit JK-Master-Slave-Flipflops aufgebaut werden, die die Signale mit ansteigender Taktflanke aufnehmen und mit abfallender Taktflanke auf die Ausgänge weitergeben. Für diesen Zähler ist das Zeitablaufdiagramm zu zeichnen.
Bei Synchronzählern ist die Art der Steuerung durch die Taktflanken von untergeordneter Bedeutung. Der Zähleraufbau ist stets gleich, ob die Flipflops nun mit ansteigender oder abfallender Flanke kippen. Lediglich die Zeitablaufdiagramme sind geringfügig gegeneinander verschoben, da der Schaltzeitpunkt ein anderer ist. Werden JK-Flipflops verwendet, die mit ansteigender Taktflanke die Signale aufnehmen und sie mit abfallender Taktflanke an die Ausgänge weitergeben, so ergibt sich ein Zeitablaufdiagramm wie bei Flipflops, die mit abfallender Taktflanke kippen.
Das gesuchte Schaltbild und das zugehörige Zeitablaufdiagramm sind in Bild 10.44 dargestellt.

10.3.2.2 Dual-Rückwärtszähler

Der synchron arbeitende Dual-Rückwärtszähler lässt sich aus den synchron arbeitenden Dual-Vorwärtszählern ableiten. Statt der Q-Ausgänge werden die $\bar{Q}$-Ausgänge zur Beschaltung der J- und K-Eingänge verwendet. Sonst ist das Aufbauprinzip gleich. An die Eingänge J und K des 1. Flipflops wird 1-Signal gelegt. Das Schaltbild eines 4-Bit-Synchron-Dual-Rückwärtszählers zeigt Bild 10.45.
Ein besonderer Synchron-Dual-Rückwärtszähler wird eigentlich nicht benötigt. Aus jedem Dual-Vorwärtszähler lässt sich leicht ein Dual-Rückwärtszähler machen. Man muss lediglich die $\bar{Q}$-Ausgänge als Ergebnisausgänge verwenden. Wenn die $\bar{Q}$-Ausgänge nicht zugänglich sind, was bei vielen integrierten Schaltungen der Fall ist, müssen die Q-Ausgänge negiert werden. Die Ausgangssignale bei Verwendung der Q-Ausgänge und der $\bar{Q}$-Ausgänge als Ergebnissignale sind in Bild 10.46 gegenübergestellt.
Der Zähler in Bild 10.45 hat seine Bedeutung für den Aufbau eines Synchron-Dualzählers mit umschaltbarer Zählrichtung.

10.3.2.3 Dualzähler mit umschaltbarer Zählrichtung

Ein synchron arbeitender Dualzähler mit umschaltbarer Zählrichtung lässt sich aus dem Synchron-Dual-Vorwärtszähler (Bild 10.42) und aus dem Synchron-Dual-Rückwärtszähler (Bild 10.45) entwickeln. Beim Vorwärtszähler werden die Q-Ausgänge für die Beschaltung der J- und K-Eingänge verwendet, beim Rückwärtszähler werden die $\bar{Q}$-Ausgänge verwendet.

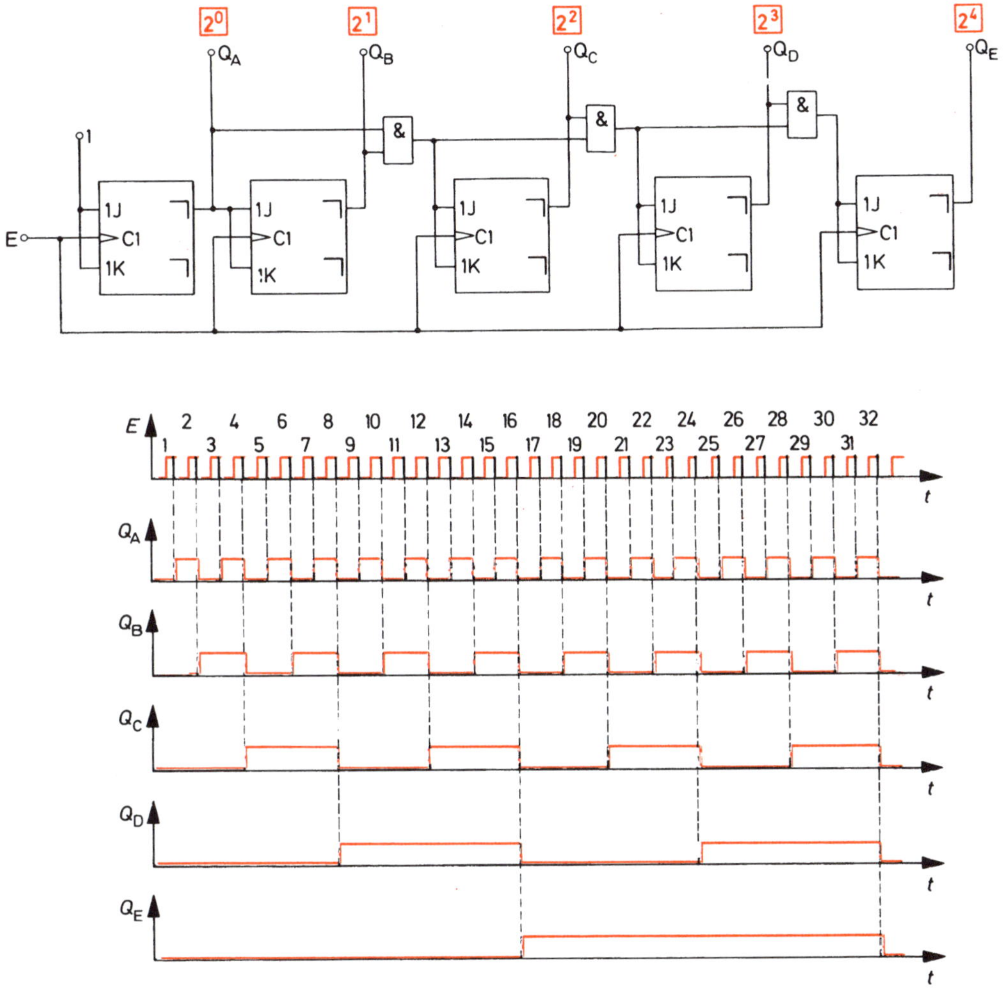

Synchronzähler

Bild 10.44 Schaltbild eines synchron arbeitenden 5-Bit-Dual-Vorwärtszählers mit zugehörigem Zeitablaufdiagramm

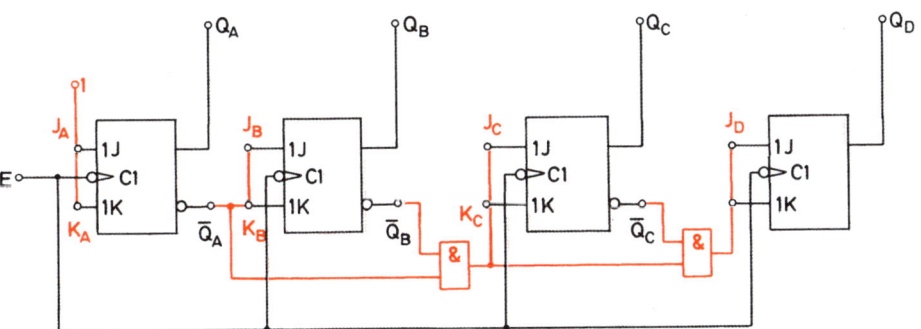

Bild 10.45 Schaltbild eines 4-Bit-Synchron-Dual-Rückwärtszählers

Dezimal-zahlenwert	Q_D	Q_C	Q_B	Q_A	$\overline{Q}_D$	$\overline{Q}_C$	$\overline{Q}_B$	$\overline{Q}_A$	Dezimal-zahlenwert
0	0	0	0	0	1	1	1	1	15
1	0	0	0	1	1	1	1	0	14
2	0	0	1	0	1	1	0	1	13
3	0	0	1	1	1	1	0	0	12
4	0	1	0	0	1	0	1	1	11
5	0	1	0	1	1	0	1	0	10
6	0	1	1	0	1	0	0	1	9
7	0	1	1	1	1	0	0	0	8
8	1	0	0	0	0	1	1	1	7
9	1	0	0	1	0	1	1	0	6
10	1	0	1	0	0	1	0	1	5
11	1	0	1	1	0	1	0	0	4
12	1	1	0	0	0	0	1	1	3
13	1	1	0	1	0	0	1	0	2
14	1	1	1	0	0	0	0	1	1
15	1	1	1	1	0	0	0	0	0

Bild 10.46 Gegenüberstellung der Ausgangssignale bei Verwendung der Q-Ausgänge und der $\overline{Q}$-Ausgänge

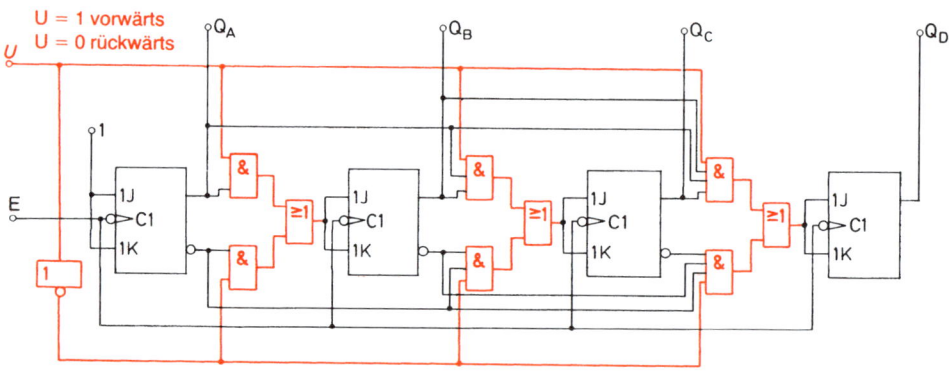

Bild 10.47 4-Bit-Synchron-Dualzähler mit umschaltbarer Zählrichtung

Benötigt werden Umschalteinrichtungen zwischen Q- und $\overline{Q}$-Ausgängen. Eine mögliche Schaltung ist in Bild 10.47 dargestellt.

10.3.3 Berechnung von Synchronzählern

10.3.3.1 Berechnungsverfahren

Für die Berechnung von Synchronzählern gibt es verschiedene Verfahren. Das hier vorgestellte Verfahren hat den Vorteil der leichten Durchschaubarkeit. Alle Schritte lassen sich klar begründen. Die Berechnung eines Synchronzählers erfolgt in 5 Schritten:

1. Aufstellen der Wahrheitstabelle, aus der die gewünschte Funktion des Zählers hervorgeht.
2. Aufstellen und Vereinfachen der Anwendungsgleichungen.
3. Bestimmen der charakteristischen Gleichung der zu verwendenden Flipflops.

4. Bestimmen der Verknüpfungsgleichungen durch Koeffizientenvergleich.
5. Zeichnen des Schaltbildes nach den Verknüpfungsgleichungen.

Aus der Wahrheitstabelle muss hervorgehen, wie die Zählerausgangssignale in den einzelnen Zählschritten aufeinander folgen sollen. Bei 4-Bit-Zählern haben wir die Ausgänge Q_A, Q_B, Q_C und Q_D. Sie sollen zum Zeitpunkt t_n (also vor einem betrachteten Takt) $Q_A = 0$, $Q_B = 0$, $Q_C = 0$ und $Q_D = 0$ sein. Nach dem betrachteten Takt, also zum Zeitpunkt t_{n+1}, wenn ein Zählschritt getan ist, müssen einer oder mehrere Ausgänge ihr Signal geändert haben. Welche Signaländerung wird gewünscht? Welche Signaländerung soll der Zähler ausführen? Bei einem Dual-Vorwärtszähler müsste jetzt $Q_A = 1$, $Q_B = 0$, $Q_C = 0$ und $Q_D = 0$ sein. Die Wahrheitstabelle muss also Spalten für Q_A, Q_B, Q_C und Q_D für den Zeitpunkt t_n und Spalten für Q_A, Q_B, Q_C und Q_D für den Zeitpunkt t_{n+1} haben.

Die Anwendungsgleichungen ergeben sich aus den disjunktiven Normalformen (DNF) für $Q_{A(n+1)}$, $Q_{B(n+1)}$, $Q_{C(n+1)}$ und $Q_{D(n+1)}$. Die DNF sind zu bilden und mit Hilfe von KV-Diagrammen zu vereinfachen. Für jedes Flipflop ergibt sich eine Anwendungsgleichung. Alle Anwendungsgleichungen zusammen geben in schaltalgebraischer Form den Inhalt der Wahrheitstabelle wieder.

Eine charakteristische Gleichung beschreibt die Arbeitsweise eines Flipflops in schaltalgebraischer Form. Sollen z.B. JK-Flipflops verwendet werden, ist die charakteristische Gleichung für JK-Flipflops zu bilden (s. Abschnitt 7.7).

Die charakteristische Gleichung und die vereinfachten Anwendungsgleichungen werden nun miteinander verglichen. Bei 4 Flipflops ist dieser Vergleich 4-mal durchzuführen, denn jede der 4 Anwendungsgleichungen muss mit der charakteristischen Gleichung verglichen werden. Hieraus ergeben sich die Verknüpfungsgleichungen für die 4 J-Eingänge und für die 4 K-Eingänge.

Liegen die Verknüpfungsgleichungen vor, kann das Schaltbild gezeichnet werden. Das Zeichnen des Schaltbildes nach vorgegebenen Gleichungen bereitet i.Allg. keine Schwierigkeiten.

10.3.3.2 Berechnungsbeispiel

Das Berechnungsverfahren soll an einem Beispiel verdeutlicht werden. Zu berechnen ist ein 4-Bit-Synchron-Dual-Vorwärtszähler, der mit JK-Master-Slave-Flipflops aufgebaut werden soll.

1. Schritt:
Aufstellen der Wahrheitstabelle
Für einen 4-Bit-Zähler werden 4 Flipflops benötigt. Die Ausgänge dieser Flipflops sollen Q_A, Q_B, Q_C und Q_D heißen. Für jeden dieser Ausgänge wird eine Spalte im Bereich t_n und eine Spalte im Bereich t_{n+1} vorgesehen (Bild 10.48).

Der erste Zählerstand im Bereich t_n sei 0000, was dem Dezimalzahlenwert 0 entspricht. Nachdem ein Taktimpuls gekommen ist, also zum Zeitpunkt t_{n+1}, muss der Zähler um 1 weitergezählt haben. Er muss also auf dem Dezimalwert 1 stehen. Die entsprechende Dualzahl im Bereich t_{n+1} ist 0001. Das ist der Inhalt der 1. Zeile der Wahrheitstabelle Bild 10.48.

Betrachten wir nun die 2. Zeile der Wahrheitstabelle. Der Zähler steht im Bereich t_n auf der Dualzahl 0001. Im Bereich t_{n+1} muss die Dualzahl stehen, die der Zähler nach einem weiteren Zähltakt anzeigen soll. Diese Dualzahl ist 0010.

344 Zähler und Frequenzteiler

Dezimal-zahlenwert	t_n				t_{n+1}				Dezimal-zahlenwert
	2^3 Q_D	2^2 Q_C	2^1 Q_B	2^0 Q_A	2^3 Q_D	2^2 Q_C	2^1 Q_B	2^0 Q_A	
0	0	0	0	0	0	0	0	1	1
1	0	0	0	1	0	0	1	0	2
2	0	0	1	0	0	0	1	1	3
3	0	0	1	1	0	1	0	0	4
4	0	1	0	0	0	1	0	1	5
5	0	1	0	1	0	1	1	0	6
6	0	1	1	0	0	1	1	1	7
7	0	1	1	1	1	0	0	0	8
8	1	0	0	0	1	0	0	1	9
9	1	0	0	1	1	0	1	0	10
10	1	0	1	0	1	0	1	1	11
11	1	0	1	1	1	1	0	0	12
12	1	1	0	0	1	1	0	1	13
13	1	1	0	1	1	1	1	0	14
14	1	1	1	0	1	1	1	1	15
15	1	1	1	1	0	0	0	0	0

Bild 10.48 Wahrheitstabelle eines 4-Bit-Synchron-Dual-Vorwärtszählers

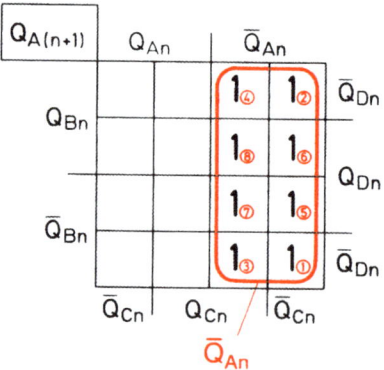

Bild 10.49 KV-Diagramm der DNF von $Q_{A(n+1)}$

In der 3. Zeile der Wahrheitstabelle steht der Zähler im Bereich t_n auf $0010_{(2)}$. Nach einem weiteren Takt soll der Zähler auf $0011_{(2)}$ stehen (Bereich t_{n+1}). So wird die Wahrheitstabelle Zeile für Zeile weiter aufgebaut, bis der Zähler im Bereich t_n auf $1111_{(2)}$ steht. Nach einem weiteren Takt soll er jetzt auf $0000_{(2)}$ schalten, und der ganze Zählvorgang soll von neuem beginnen. Damit ist die Wahrheitstabelle fertig gestellt. Sie beschreibt eindeutig die gewünschte Funktion des Zählers.

2. Schritt:
Aufstellen und Vereinfachen der Anwendungsgleichungen
Zunächst ist für $Q_{A(n+1)}$ die DNF aufzustellen (Näheres hierzu siehe Kapitel 5). Die DNF besteht aus 8 Vollkonjunktionen. Sie lautet:

Synchronzähler

$$Q_{A(n+1)} = [(\overline{A} \wedge \overline{B} \wedge \overline{C} \wedge \overline{D}) \vee (\overline{A} \wedge B \wedge \overline{C} \wedge \overline{D}) \vee (\overline{A} \wedge \overline{B} \wedge C \wedge \overline{D}) \vee$$
① ② ③
$$(\overline{A} \wedge B \wedge C \wedge \overline{D}) \vee (\overline{A} \wedge \overline{B} \wedge \overline{C} \wedge D) \vee (\overline{A} \wedge B \wedge \overline{C} \wedge D) \vee$$
④ ⑤ ⑥
$$(\overline{A} \wedge \overline{B} \wedge C \wedge D) \vee (\overline{A} \wedge B \wedge C \wedge D)]_n$$
⑦ ⑧

Diese DNF ist mit Hilfe eines KV-Diagramms zu vereinfachen. Das zugehörige KV-Diagramm zeigt Bild 10.49.

Es lässt sich ein Achterpäckchen bilden. Die vereinfachte DNF lautet:

$$Q_{A(n+1)} = \overline{Q}_{An}$$

Dies ist die 1. Anwendungsgleichung.

Als Nächstes ist die DNF für $Q_{B(n+1)}$ zu bilden. Auch diese DNF besteht aus 8 Vollkonjunktionen. Sie kann gleich in ein entsprechendes KV-Diagramm eingetragen werden (Bild 10.50). Die Variablen Q_{An}, Q_{Bn}, Q_{Cn} und Q_{Dn} werden als Q_A, Q_B, Q_C und Q_D geschrieben. Durch die vereinfachte Schreibweise entstehen keine Verwechslungen.

Aus dem KV-Diagramm ergibt sich die Gleichung:

$$Q_{B(n+1)} = (Q_A \wedge \overline{Q}_B) \vee (\overline{Q}_A \wedge Q_B)$$

Diese Gleichung ist die 2. Anwendungsgleichung.

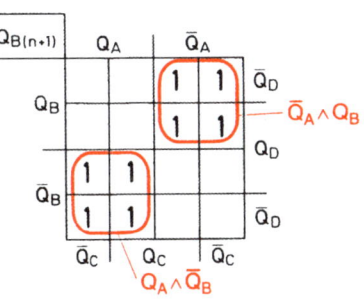

Bild 10.50
KV-Diagramm der DNF
von $Q_{B(n+1)}$. Die Indizes n wurden bei den
Variablen der Einfachheit halber weggelassen.

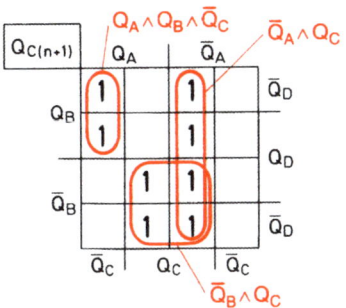

Bild 10.51
KV-Diagramm der DNF
für $Q_{C(n+1)}$

Die Anwendungsgleichung für $Q_{C(n+1)}$ wird auf gleiche Weise gefunden. Die DNF besteht wiederum aus 8 Vollkonjunktionen, die in das KV-Diagramm Bild 10.51 eingetragen sind. Die Anwendungsgleichung lautet:

$$Q_{C(n+1)} = (Q_A \wedge Q_B \wedge \bar{Q}_C) \vee (\bar{Q}_A \wedge Q_C) \vee (\bar{Q}_B \wedge Q_C)$$

Sie kann noch etwas vereinfacht werden:

$$Q_{C(n+1)} = (Q_A \wedge Q_B \wedge \bar{Q}_C) \vee [Q_C \wedge (\bar{Q}_A \vee \bar{Q}_B)]$$

$$Q_{C(n+1)} = (Q_A \wedge Q_B \wedge \bar{Q}_C) \vee (\overline{Q_A \wedge Q_B} \wedge Q_C)$$

Für $Q_{D(n+1)}$ erhält man die im KV-Diagramm Bild 10.52 dargestellte DNF. Die vereinfachte Gleichung lautet:

$$Q_{D(n+1)} = (Q_A \wedge Q_B \wedge Q_C \wedge \bar{Q}_D) \vee (\bar{Q}_A \wedge Q_D) \vee (\bar{Q}_B \wedge Q_D) \vee (\bar{Q}_C \wedge Q_D)$$

Die Variable Q_D kann ausgeklammert werden.

$$Q_{D(n+1)} = (Q_A \wedge Q_B \wedge Q_C \wedge \bar{Q}_D) \vee [Q_D \wedge (\bar{Q}_A \vee \bar{Q}_B \vee \bar{Q}_C)]$$

$$Q_{D(n+1)} = (Q_A \wedge Q_B \wedge Q_C \wedge \bar{Q}_D) \vee (\overline{Q_A \wedge Q_B \wedge Q_C} \wedge Q_D)$$

Dies ist die letzte der 4 Anwendungsgleichungen.

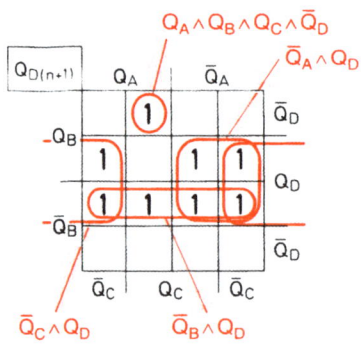

Bild 10.52
KV-Diagramm der DNF für $Q_{D(n+1)}$

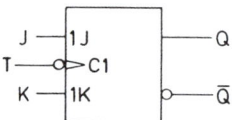

Bild 10.53
JK-Flipflop

3. Schritt:
Bestimmen der charakteristischen Gleichung der zu verwendenden Flipflops

Synchronzähler 347

Wie die charakteristische Gleichung eines bestimmten Flipflop-Typs abgeleitet wird, ist in Abschnitt 7.7 ausführlich beschrieben. Für JK-Flipflops mit der in Bild 10.53 angegebenen Bezeichnung der Ausgänge gilt allgemein die charakteristische Gleichung:

$Q_{(n+1)} = [(J \wedge \bar{Q}) \vee (\bar{K} \wedge Q)]_n$

Auf der rechten Gleichungsseite soll zur Vereinfachung der Index n weggelassen werden:

$Q_{(n+1)} = (J \wedge \bar{Q}) \vee (\bar{K} \wedge Q)$

Für die 4 verwendeten Flipflops erhält man 4 charakteristische Gleichungen:

$Q_{A(n+1)} = (J_A \wedge \bar{Q}_A) \vee (\bar{K}_A \wedge Q_A)$
$Q_{B(n+1)} = (J_B \wedge \bar{Q}_B) \vee (\bar{K}_B \wedge Q_B)$
$Q_{C(n+1)} = (J_C \wedge \bar{Q}_C) \vee (\bar{K}_C \wedge Q_C)$
$Q_{D(n+1)} = (J_D \wedge \bar{Q}_D) \vee (\bar{K}_D \wedge Q_D)$

4. Schritt:
Bestimmen der Verknüpfungsgleichungen durch Koeffizientenvergleich
Die einzelnen Verknüpfungsgleichungen werden nun den charakteristischen Gleichungen gegenübergestellt.

$Q_{A(n+1)} = (J_A \wedge \bar{Q}_A) \vee (\bar{K}_A \wedge Q_A)$ charakteristische Gleichung
$Q_{A(n+1)} = \bar{Q}_A$ Anwendungsgleichung

Welchen Wert muss J_A haben, damit aus der Gleichung $\bar{Q}_A$ herauskommt? J_A muss den Wert 1 haben.
    Welchen Wert muss $\bar{K}_A$ haben, damit der Klammerausdruck mit $\bar{K}_A$ wegfällt? $\bar{K}_A$ muss den Wert 0 haben.

$Q_{A(n+1)} = (J_A \wedge \bar{Q}_A) \vee (\bar{K}_A \wedge Q_A)$ charakteristische Gleichung
$Q_{A(n+1)} = (1 \wedge \bar{Q}_A) \vee (0 \wedge Q_A)$ Anwendungsgleichung

Für J_A und K_A ergeben sich also folgende Gleichungen:

$\bar{K}_A = 0$

| $J_A = 1$ | $K_A = 1$ |

Dies sind die ersten beiden Verknüpfungsgleichungen. Sie gelten für das 1. Flipflop, für das Flipflop A.
    Für das Flipflop B ergeben sich die nachstehend abgeleiteten Verknüpfungsgleichungen:
$Q_{B(n+1)} = (J_B \wedge \bar{Q}_B) \vee (\bar{K}_B \wedge Q_B)$ charakteristische Gleichung

$Q_{B(n+1)} = (Q_A \wedge \overline{Q}_B) \vee (\overline{Q}_A \wedge Q_B)$ Anwendungsgleichung
$\overline{K}_B = \overline{Q}_A$

> $J_B = Q_A$ $\hspace{4cm}$ $K_B = Q_A$

Nach den gleichen Verfahren erhält man die Verknüpfungsgleichungen für das Flipflop C:

$Q_{C(n+1)} = (J_C \wedge \overline{Q}_C) \vee (\overline{K}_C \wedge Q_C)$ charakteristische Gleichung

$Q_{C(n+1)} = (Q_A \wedge Q_B \wedge \overline{Q}_C) \vee (\overline{Q_A \wedge Q_B} \wedge Q_C)$ Anwendungsgleichung

$\overline{K}_C = \overline{Q_A \wedge Q_B} \wedge Q_C$

> $J_C = Q_A \wedge Q_B$ $\hspace{3cm}$ $K_C = Q_A \wedge Q_B$

Entsprechend ergeben sich die Verknüpfungsgleichungen für das Flipflop D:

$Q_{D(n+1)} = (J_D \wedge \overline{Q}_D) \vee (\overline{K}_D \wedge Q_D)$ charakteristische Gleichung

$Q_{D(n+1)} = (Q_A \wedge Q_B \wedge Q_C \wedge \overline{Q}_D) \vee (\overline{Q_A \wedge Q_B \wedge Q_C} \wedge Q_D)$ Anwendungsgleichung

$\overline{K}_D = \overline{Q_A \wedge Q_B \wedge Q_C} \wedge Q_D$

> $J_D = Q_A \wedge Q_B \wedge Q_C$ $\hspace{2cm}$ $K_D = Q_A \wedge Q_B \wedge Q_C$

Damit wären alle Verknüpfungsgleichungen gefunden.

5. Schritt:
Zeichnen des Schaltbildes nach den Verknüpfungsgleichungen
Die gefundenen Verknüpfungsgleichungen werden zusammengestellt:

$J_A = 1$ $\hspace{4cm}$ $K_A = 1$
$J_B = Q_A$ $\hspace{4cm}$ $K_B = Q_A$
$J_C = Q_A \wedge Q_B$ $\hspace{3cm}$ $K_C = Q_A \wedge Q_B$
$J_D = Q_A \wedge Q_B \wedge Q_C$ $\hspace{2cm}$ $K_D = Q_A \wedge Q_B \wedge Q_C$

Die Gleichungen lauten für den J- und den K-Eingang eines jeden Flipflops gleich. Die Eingänge J und K können also gemeinsam angesteuert werden.

Die Schaltung, die sich nach den Gleichungen ergibt, ist in Bild 10.54 dargestellt. Die Berechnung hat die gleiche Schaltung ergeben, die auch mit Hilfe des Zeitablaufdiagramms Bild 10.43 gefunden wurde.

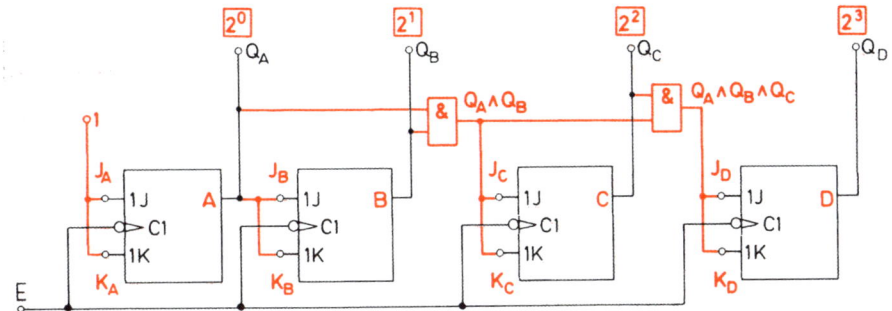

Bild 10.54 Zählerschaltung nach gefundenen Verknüpfungsgleichungen

10.3.4 Synchrone BCD-Zähler

10.3.4.1 Berechnung eines Synchron-BCD-Vorwärtszählers

Nach dem in Abschnitt 10.3.3 vorgestellten Berechnungsverfahren sollen die Verknüpfungsgleichungen für einen Synchron-BCD-Vorwärtszähler bestimmt werden.

1. Schritt:
Aufstellen der Wahrheitstabelle
Die Pseudo-Tetraden dürfen nicht auftreten. Ihre Plätze in den KV-Diagrammen sind mit X zu kennzeichnen. Bei der Päckchenbildung darf X wahlweise als 1 oder als 0 angesehen werden.

Dezimal-ziffer	t_n				t_{n+1}				Dezimal-ziffer
	2^3 Q_D	2^2 Q_C	2^1 Q_B	2^0 Q_A	2^3 Q_D	2^2 Q_C	2^1 Q_B	2^0 Q_A	
0	0	0	0	0	0	0	0	1	1
1	0	0	0	1	0	0	1	0	2
2	0	0	1	0	0	0	1	1	3
3	0	0	1	1	0	1	0	0	4
4	0	1	0	0	0	1	0	1	5
5	0	1	0	1	0	1	1	0	6
6	0	1	1	0	0	1	1	1	7
7	0	1	1	1	1	0	0	0	8
8	1	0	0	0	1	0	0	1	9
9	1	0	0	1	0	0	0	0	0
(10)	1	0	1	0	x	x	x	x	Pseudo-tetraden
(11)	1	0	1	1	x	x	x	x	
(12)	1	1	0	0	x	x	x	x	
(13)	1	1	0	1	x	x	x	x	
(14)	1	1	1	0	x	x	x	x	
(15)	1	1	1	1	x	x	x	x	

Bild 10.55
Wahrheitstabelle eines
Synchron-BCD-Vorwärtszählers

2. Schritt:
Aufstellen und Vereinfachen der Anwendungsgleichungen

Die DNF von $Q_{A(n+1)}$, $Q_{B(n+1)}$, $Q_{C(n+1)}$ und $Q_{D(n+1)}$ werden in KV-Diagrammen dargestellt und vereinfacht (Bild 10.56). Die vereinfachten Anwendungsgleichungen lauten:

$$Q_{A(n+1)} = \overline{Q}_A$$
$$Q_{B(n+1)} = (\overline{Q}_A \wedge Q_B) \vee (Q_A \wedge \overline{Q}_B \wedge \overline{Q}_D)$$
$$Q_{C(n+1)} = (\overline{Q}_A \wedge Q_C) \vee (\overline{Q}_B \wedge Q_C) \vee (Q_A \wedge Q_B \wedge \overline{Q}_C)$$
$$Q_{D(n+1)} = (\overline{Q}_A \wedge Q_D) \vee (Q_A \wedge Q_B \wedge Q_C \wedge \overline{Q}_D)$$

Betrachten wir das KV-Diagramm für $Q_{D(n+1)}$. Es fällt auf, dass die Vollkonjunktion ($Q_A \wedge Q_B \wedge Q_C \wedge \overline{Q}_D$) nicht über ein mögliches Zweierpäckchen vereinfacht wurde. Dadurch wäre die Variable Q_D herausgefallen, die wir jedoch für den Koeffizientenvergleich benötigen.

Allgemein gilt: Beim KV-Diagramm für $Q_{A(n+1)}$ darf die Variable Q_A nicht herausfallen. Beim KV-Diagramm für $Q_{B(n+1)}$ darf die Variable Q_B nicht herausfallen. Beim KV-Diagramm für $Q_{C(n+1)}$ darf die Variable C nicht herausfallen. Beim KV-Diagramm für $Q_{D(n+1)}$ darf die Variable D nicht herausfallen.

Der Päckchenbildung sind Grenzen gesetzt. Diese Grenzen sind in Bild 10.56 durch dicke Striche markiert. Bei der Päckchenbildung dürfen die dicken Striche nicht überschritten werden. Man verzichtet also bewusst auf die größtmögliche Vereinfachung.

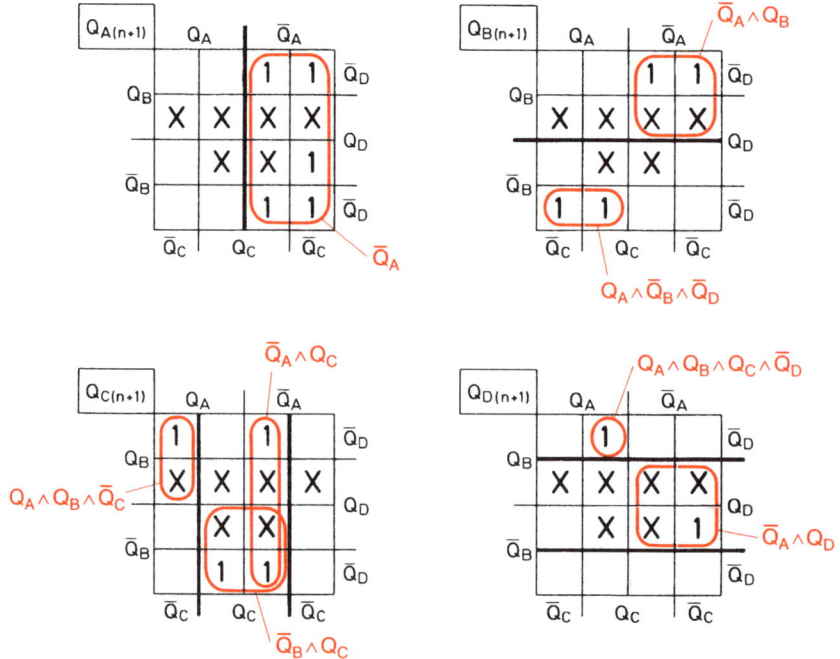

Bild 10.56 KV-Diagramm zur Bestimmung der Anwendungsgleichungen

Synchronzähler

3. Schritt:
Bestimmen der charakteristischen Gleichungen der zu verwendenden Flipflops
Es sollen JK-Master-Slave-Flipflops verwendet werden. Für sie gilt die allgemeine charakteristische Gleichung unter Weglassung des Index n:

$Q_{(n+1)} = (J \wedge \overline{Q}) \vee (\overline{K} \wedge Q)$

Für die benötigten 4 Flipflops A, B, C und D lauten die charakteristischen Gleichungen:

$Q_{A(n+1)} = (J_A \wedge \overline{Q}_A) \vee (\overline{K}_A \wedge Q_A)$
$Q_{B(n+1)} = (J_B \wedge \overline{Q}_B) \vee (\overline{K}_B \wedge Q_B)$
$Q_{C(n+1)} = (J_C \wedge \overline{Q}_C) \vee (\overline{K}_C \wedge Q_C)$
$Q_{D(n+1)} = (J_D \wedge \overline{Q}_D) \vee (\overline{K}_D \wedge Q_D)$

4. Schritt:
Bestimmen der Verknüpfungsgleichungen durch Koeffizientenvergleich
Flipflop A

$Q_{A(n+1)} = (J_A \wedge \overline{Q}_A) \vee (\overline{K}_A \wedge Q_A)$ charakteristische Gleichung
$Q_{A(n+1)} = \overline{Q}_A$ Anwendungsgleichung
$Q_{A(n+1)} = (J_A \wedge \overline{Q}_A) \vee (\overline{K}_A \wedge Q_A)$
$Q_{A(n+1)} = (1 \wedge \overline{Q}_A) \vee (0 \wedge Q_A)$

$\overline{K}_A = 0$

| $J_A = 1$ | $K_A = 1$ |

Flipflop B
$Q_{B(n+1)} = (J_B \wedge \overline{Q}_B) \vee (\overline{K}_B \wedge Q_B)$ charakteristische Gleichung
$Q_{B(n+1)} = (\overline{Q}_A \wedge Q_B) \vee (Q_A \wedge \overline{Q}_B \wedge \overline{Q}_D)$ Anwendungsgleichung

Die Anwendungsgleichung muss vor Durchführung des Koeffizientenvergleichs anders geschrieben werden.

$Q_{B(n+1)} = (Q_A \wedge \overline{Q}_D \wedge \overline{Q}_B) \vee (\overline{Q}_A \wedge Q_B)$ Anwendungsgleichung
$Q_{B(n+1)} = (J_B \wedge \overline{Q}_B) \vee (\overline{K}_B \wedge Q_B)$ charakteristische Gleichung
$\overline{K}_B = \overline{Q}_A$
$J_B = Q_A \wedge \overline{Q}_D$ | $K_B = Q_A$ |

Flipflop C
$Q_{C(n+1)} = (J_C \wedge \overline{Q}_C) \vee (\overline{K}_C \wedge Q_C)$ charakteristische Gleichung
$Q_{C(n+1)} = (\overline{Q}_A \wedge Q_C) \vee (\overline{Q}_B \wedge Q_C) \vee (Q_A \wedge Q_B \wedge \overline{Q}_C)$ Anwendungsgleichung

Die Anwendungsgleichung muss vor Durchführung des Koeffizientenvergleichs umgeformt werden.

$Q_{C(n+1)} = (Q_A \wedge Q_B \wedge \overline{Q}_C) \vee Q_C \wedge (\overline{Q}_A \wedge \overline{Q}_B)$

$Q_{C(n+1)} = (Q_A \wedge Q_B \wedge \overline{Q}_C) \vee (\overline{Q_A \wedge Q_B} \wedge Q_C \wedge Q_C)$

$Q_{C(n+1)} = (J_C \wedge \overline{Q}_C) \vee \quad (K_C \wedge Q_C)$

$\overline{K}_C = \overline{Q_A \wedge Q_B} \wedge Q_C$

| $J_C = Q_A \wedge Q_B$ | $K_C = Q_A \wedge Q_B$ |

Flipflop D

$Q_{D(n+1)} = (J_D \wedge \overline{Q}_D) \vee (\overline{K}_D \wedge Q_D)$ charakteristische Gleichung

$Q_{D(n+1)} = (\overline{Q}_A \wedge Q_D) \vee (Q_A \wedge Q_B \wedge Q_C \wedge \overline{Q}_D)$ Anwendungsgleichung

Die Anwendungsgleichung wird etwas anders geschrieben:

$Q_{D(n+1)} = (Q_A \wedge Q_B \wedge Q_C \wedge \overline{Q}_D) \vee (\overline{Q}_A \wedge Q_D)$

$Q_{D(n+1)} = (J_D \wedge \overline{Q}_D) \vee \quad (\overline{K}_D \wedge Q_D)$

$\overline{K}_D = \overline{Q}_A$

| $J_D = Q_A \wedge Q_B \wedge Q_C$ | $K_D = Q_A$ |

Damit sind die Verknüpfungsgleichungen bestimmt.

5. Schritt:
Zeichnen des Schaltbildes nach den Verknüpfungsgleichungen
Zusammenstellung der Verknüpfungsgleichungen:

$J_A = 1$ $\qquad\qquad\qquad K_A = 1$
$J_B = Q_A \wedge \overline{Q}_D$ $\qquad\qquad K_B = Q_A$
$J_C = Q_A \wedge Q_B$ $\qquad\qquad K_C = Q_A \wedge Q_B$
$J_D = Q_A \wedge Q_B \wedge Q_C$ $\qquad K_D = Q_A$

Die Flipflops A, B, C und D werden entsprechend den Verknüpfungsgleichungen miteinander verbunden. Die Schaltung des gesuchten Zählers zeigt Bild 10.57.

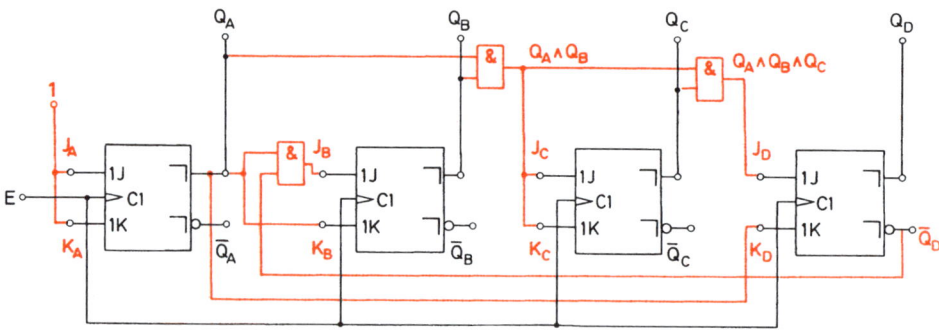

Bild 10.57 Synchron-BCD-Vorwärtszähler

Synchronzähler

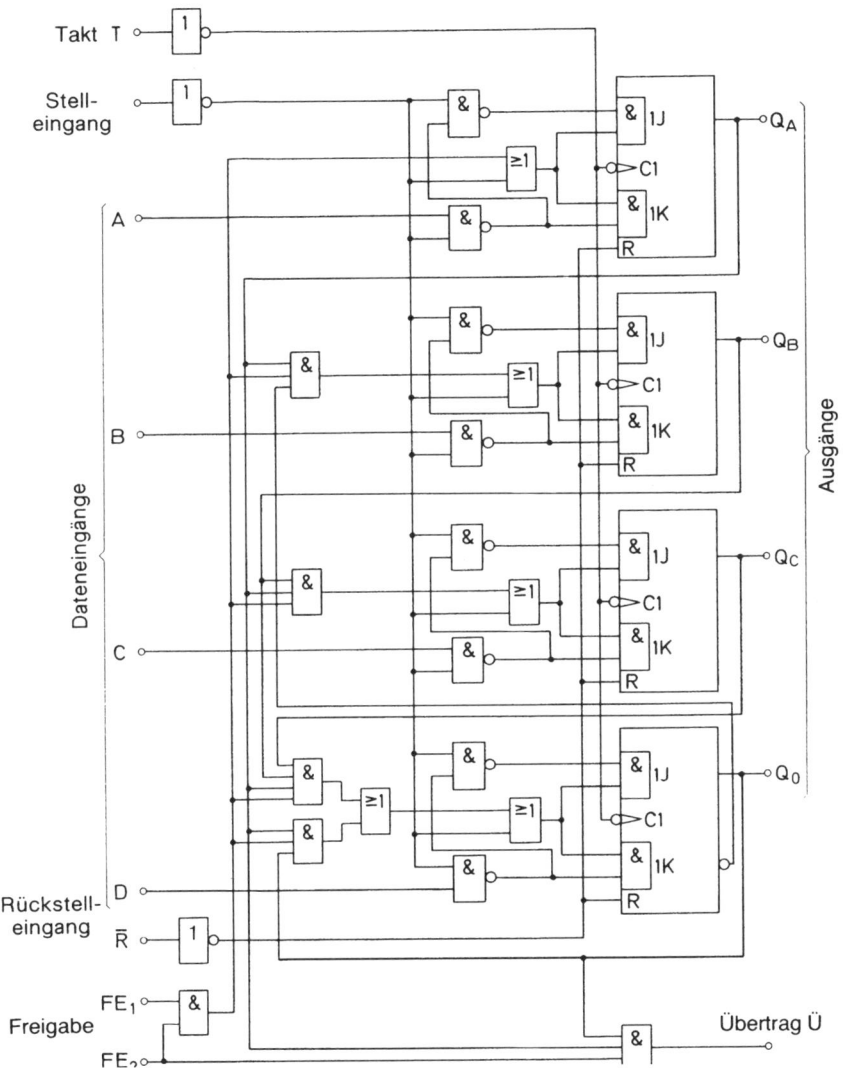

Bild 10.58 Innenaufbau und Anschlussanordnung der integrierten Schaltung 74160 (Synchron-BCD-Vorwärtszähler)

10.3.4.2 Synchron-BCD-Vorwärtszähler als integrierte Schaltung

Synchron-BCD-Vorwärtszähler werden in größeren Stückzahlen benötigt. Sie werden daher als integrierte Schaltungen hergestellt. Integrierte Schaltungen können etwas komplizierter ausgelegt werden, ohne dass die Schaltungen dadurch wesentlich teurer werden. So haben integrierte Synchron-BCD-Vorwärtszähler fast immer eine taktunabhängige oder taktabhängige Rückstellmöglichkeit. Auch sind die Zähler oft voreinstellbar, d.h., über besondere Eingänge kann der Zähler auf einen Anfangswert gestellt werden, von dem aus er dann weiterzählt.

Eine typische integrierte Schaltung dieser Art ist der Synchron-BCD-Vorwärtszähler 74 160. Er gehört zur TTL-Schaltkreisfamilie. Der Innenaufbau der integrierten Schaltung ist in Bild 10.58 dargestellt.

Der Rückstelleingang $\overline{R}$ arbeitet taktunabhängig. Ein 0-Signal am Rückstelleingang setzt den Zähler zurück.

Der Stelleingang $\overline{S}$ arbeitet mit den Dateneingängen A, B, C und D zusammen. Eine Voreinstellung des Zählers über die Dateneingänge ist nur möglich, wenn am Stelleingang ein 0-Signal liegt. Das Flipflop A kann durch 1-Signal am Eingang A gesetzt werden. Es kann durch 0-Signal am Eingang A zurückgesetzt werden. Entsprechend können die Flipflops B, C und D über die zugehörigen Dateneingänge gesetzt und rückgesetzt werden. Setzen und Rücksetzen erfolgt synchron mit der ansteigenden Taktflanke.

Die an den Dateneingängen A, B, C und D liegenden Signale werden also bei Anliegen des Stellsignals in den Zähler übernommen.

Von besonderer Bedeutung sind die Freigabeeingänge FE_1 und FE_2. Führt einer der Freigabeeingänge 0-Signal, so kann der Zähler zwar voreingestellt werden, er kann aber nicht zählen. Das Zählen wird erst dann freigegeben, wenn beide Freigabeeingänge auf 1-Signal liegen. Liegt nur der Freigabeeingang FE_2 auf 1, wird nur der Übertrag freigegeben.

Der Zähler 74160 ist fast universell anwendbar. Was man von den gegebenen Möglichkeiten nicht nutzen will, kann wirkungslos geschaltet werden.

10.3.5 Synchron-Zähler für den 3-Exzess-Code

Gesucht ist die Schaltung eines Synchron-Vorwärtszählers, der nach dem 3-Exzess-Code arbeitet. Zur Verfügung stehen JK-Flipflops, die mit der abfallenden Taktflanke schalten (Bild 10.59). Die Schaltung soll nach dem in Abschnitt 10.3.3 vorgestellten Verfahren berechnet werden.

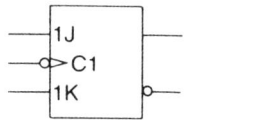

Bild 10.59
JK-Flipflop

1. Schritt:
Aufstellen der Wahrheitstabelle
In Bild 10.60 ist der 3-Exzess-Code angegeben. Nach jedem Takt soll der Zähler um einen Schritt vorwärts gestellt sein. Aufgrund dieser Bedingung ergibt sich die Wahrheitstabelle Bild 10.61. Die 6 nicht benötigten Tetraden sind Pseudotetraden (Bild 10.62). Sie dürfen im 3-Exzess-Code nicht auftreten und können in der Wahrheitstabelle weggelassen werden. Ihre Plätze in den KV-Diagrammen werden durch ein X gekennzeichnet. Nach Bild 10.62 wird X_a bis X_f verwendet. Bei der Päckchenbildung darf X wahlweise als 1 oder als 0 angesehen werden.

2. Schritt:
Aufstellen und Vereinfachen der Anwendungsgleichungen
Die DNF von $Q_{a(n+1)}$, $Q_{B(n+1)}$, $Q_{C(n+1)}$ und $Q_{D(n+1)}$ werden in KV-Diagrammen dargestellt und durch Päckchenbildung vereinfacht (Bild 10.63).

Bild 10.60
3-Exzess-Code

Dezimal-Ziffer	D	C	B	A
0	0	0	1	1
1	0	1	0	0
2	0	1	0	1
3	0	1	1	0
4	0	1	1	1
5	1	0	0	0
6	1	0	0	1
7	1	0	1	0
8	1	0	1	1
9	1	1	0	0

Bild 10.61
Wahrheitstabelle eines
Synchron-Vorwärtszählers
für den 3-Exzess-Code

Dezimal-ziffer	t_n				t_{n+1}				Dezimal-ziffer
	Q_D	Q_C	Q_B	Q_A	Q_D	Q_C	Q_B	Q_A	
0	0	0	1	1	0	1	0	0	1
1	0	1	0	0	0	1	0	1	2
2	0	1	0	1	0	1	1	0	3
3	0	1	1	0	0	1	1	1	4
4	0	1	1	1	1	0	0	0	5
5	1	0	0	0	1	0	0	1	6
6	1	0	0	1	1	0	1	0	7
7	1	0	1	0	1	0	1	1	8
8	1	0	1	1	1	1	0	0	9
9	1	1	0	0	0	0	1	1	0

Bild 10.62
Pseudotetraden

Q_D	Q_C	Q_B	Q_A	
0	0	0	0	x_a
0	0	0	1	x_b
0	0	1	0	x_c
1	1	0	1	x_d
1	1	1	0	x_e
1	1	1	1	x_f

Es ergeben sich die nachstehenden vereinfachten und umgeformten Anwendungsgleichungen. Die Umformungen sind zu empfehlen, um einen späteren Koeffizientenvergleich mit den charakteristischen Gleichungen der Flipflops zu erleichtern.

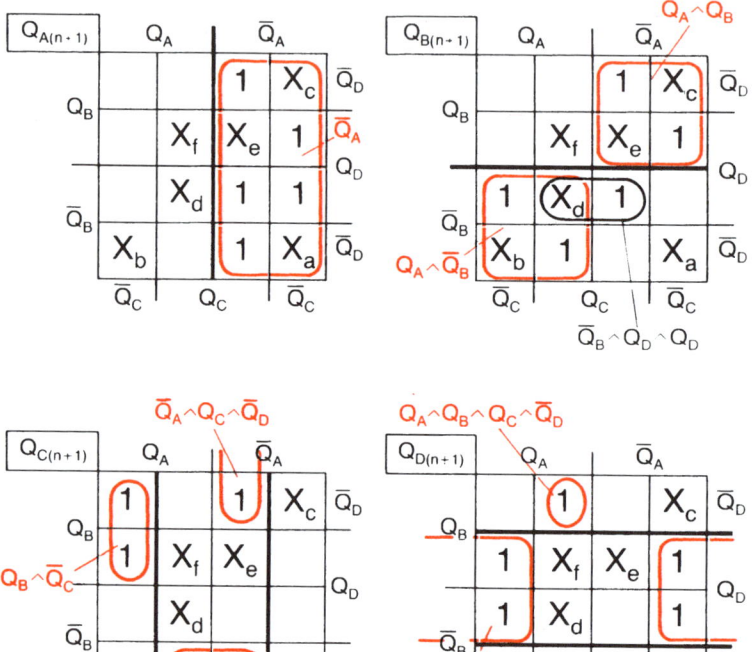

Bild 10.63 KV-Diagramme zur Bestimmung vereinfachter Anwendungsgleichungen

Anwendungsgleichungen

$Q_{A(n+1)} = \overline{Q}_A$

$\underline{Q_{A(n+1)} = (1 \wedge \overline{Q}_A) \vee (0 \wedge Q_A)}$ ①

$Q_{B(n+1)} = (\overline{Q}_B \wedge Q_C \wedge Q_D) \vee (Q_A \wedge \overline{Q}_B) \vee (\overline{Q}_A \wedge Q_B)$

$Q_{B(n+1)} = [\overline{Q}_B \wedge [(Q_C \wedge Q_D) \vee Q_A]] \vee (\overline{Q}_A \wedge Q_B)$

$\underline{Q_{B(n+1)} = [[(Q_C \wedge Q_D) \vee Q_A] \wedge \overline{Q}_B] \vee (\overline{Q}_A \wedge Q_B)}$ ②

$Q_{C(n+1)} = (Q_A \wedge Q_B \wedge \overline{Q}_C) \vee (\overline{Q}_A \wedge Q_C \wedge \overline{Q}_D) \vee (\overline{Q}_B \wedge Q_C \wedge \overline{Q}_D)$

$Q_{C(n+1)} = (Q_A \wedge Q_B \wedge \overline{Q}_C) \vee [[(\overline{Q}_A \wedge \overline{Q}_D) \vee (\overline{Q}_B \wedge \overline{Q}_D)] \wedge Q_C]$

$\underline{Q_{C(n+1)} = (Q_A \wedge Q_B \wedge \overline{Q}_C) \vee [[\overline{Q}_D \wedge (\overline{Q}_A \vee \overline{Q}_B)] \wedge Q_C]}$ ③

$\underline{Q_{D(n+1)} = (Q_A \wedge Q_B \wedge Q_C \wedge \overline{Q}_D) \vee (\overline{Q}_C \wedge Q_D)}$ ④

3. Schritt:
Charakteristische Gleichungen

Gesucht sind jetzt die charakteristischen Gleichungen der zu verwendenden Flipflops. Es sollen JK-Flipflops verwendet werden. Für diese gilt die allgemeine charakteristische Gleichung unter Weglassung des Index n:

$Q_{(n+1)} = (J \wedge \overline{Q}) \vee (\overline{K} \wedge Q)$

Für die Herstellung des Zählers werden 4 Flipflops benötigt, die mit A, B, C und D bezeichnet werden sollen. Sie haben die folgenden charakteristischen Gleichungen:

$Q_{A(n+1)} = (J_A \wedge \overline{Q}_A) \vee (\overline{K}_A \wedge Q_A)$ ⑤
$Q_{B(n+1)} = (J_B \wedge \overline{Q}_B) \vee (\overline{K}_B \wedge Q_B)$ ⑥
$Q_{C(n+1)} = (J_C \wedge \overline{Q}_C) \vee (\overline{K}_C \wedge Q_C)$ ⑦
$Q_{D(n+1)} = (J_D \wedge \overline{Q}_D) \vee (\overline{K}_D \wedge Q_D)$ ⑧

4. Schritt:
Bestimmen der Verknüpfungsgleichungen

Die Anwendungsgleichungen und die charakteristischen Gleichungen sind nun bekannt. Durch Koeffizientenvergleich werden nun die Verknüpfungsgleichungen bestimmt.

Flipflop A

$Q_{A(n+1)} = (J_A \wedge \overline{Q}_A) \vee (\overline{K}_A \wedge Q_A)$ ⑤
$\quad\quad\quad\quad\quad \Downarrow \quad\quad\quad\quad \Downarrow$
$Q_{A(n+1)} = (1 \wedge \overline{Q}_A) \vee (0 \wedge Q_A)$ ①

$\quad\quad J_A = 1, \quad\quad \boxed{J_A = 1}$

$\quad\quad \overline{K}_A = 0, \quad\quad \boxed{K_A = 1}$

Flipflop B

$Q_{B(n+1)} = \quad\quad (J_B \wedge \overline{Q}_B) \quad\quad \vee (\overline{K}_B \wedge Q_B)$ ⑥
$\quad\quad\quad\quad\quad\quad \Downarrow \quad\quad\quad\quad\quad \Downarrow$
$Q_{B(n+1)} = \overline{[[(Q_C \wedge Q_D) \vee Q_A] \wedge \overline{Q}_B]} \; (\overline{Q}_A \wedge Q_B)$ ②

$\quad\quad\quad\quad\quad\quad \boxed{J_B = Q_A \vee (Q_C \wedge Q_D)}$

$\quad\quad \overline{K}_B = \overline{Q}_A, \quad\quad \boxed{K_B = Q_A}$

Flipflop C

$$Q_{C(n+1)} = \underbrace{(J_C \wedge \overline{Q}_C)}_{\Downarrow} \vee \underbrace{(\overline{K}_C \wedge Q_C)}_{\Downarrow} \qquad ⑦$$

$$Q_{C(n+1)} = \overbrace{(Q_A \wedge Q_B \wedge \overline{Q}_C)} \vee \overbrace{[[\overline{Q}_D \wedge (\overline{Q}_A \vee \overline{Q}_B)] \wedge Q_C]} \qquad ③$$

$\overline{K}_C = \overline{Q}_D \wedge (\overline{Q}_A \vee \overline{Q}_B)$

$\boxed{J_C = Q_A \wedge Q_B}$

$K_C = \overline{\overline{Q}_D \wedge (\overline{Q}_A \vee \overline{Q}_B)} = Q_D \vee \overline{\overline{Q}_A \vee \overline{Q}_B}$

$K_C = Q_D \vee (Q_A \wedge Q_B)$

$\boxed{K_C = (Q_A \wedge Q_B) \vee Q_D}$

Flipflop D

$$Q_{D(n+1)} = \underbrace{(J_D \wedge \overline{Q}_D)}_{\Downarrow} \vee (\overline{K}_D \wedge Q_D) \qquad ⑧$$

$$Q_{D(n+1)} = \overbrace{(Q_A \wedge Q_B \wedge Q_C \wedge \overline{Q}_D)} \vee (\overline{Q}_C \wedge Q_D) \qquad ④$$

$\boxed{J_C = Q_A \wedge Q_B \wedge Q_C}$

$\overline{K}_D = \overline{Q}_C,$ $\boxed{K_D = Q_C}$

Sind die Verknüpfungsgleichungen bekannt, so kann der Zähler aufgebaut werden. Die Verbindungen zwischen den einzelnen Flipflops sind entsprechend den Verknüpfungsgleichungen zu schalten. Die fertige Zählerschaltung ist in Bild 10.64 dargestellt. Der Zähler läuft beliebig an. Soll er stets beim Nullschritt anlaufen, so ist eine Zusatzschaltung nötig.

Man hat manchmal die Möglichkeit, die Päckchenbildung in den KV-Diagrammen bei gleichem Vereinfachungsgrad anders vorzunehmen. In unserem Beispiel ist dies im KV-Diagramm für $Q_{C(n+1)}$ der Fall. Es ergeben sich bei anderer Päckchenbildung andere Anwendungsgleichungen und damit auch andere Verknüpfungsgleichungen, die gleichwertige Lösungen der Aufgabe darstellen.

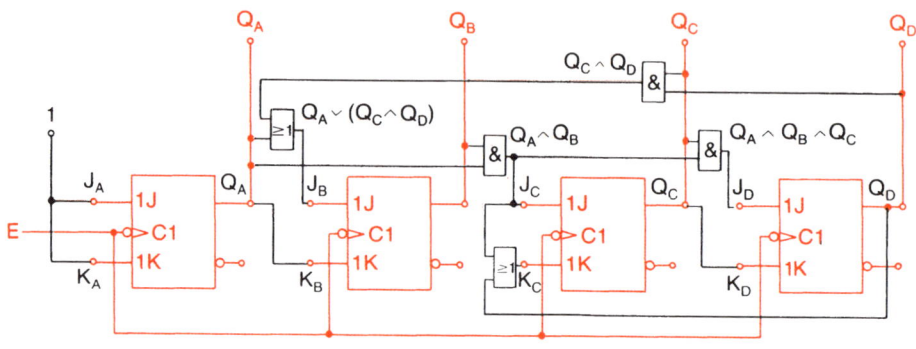

Bild 10.64 Synchron-Vorwärtszähler nach dem 3-Exzess-Code

10.4 Frequenzteiler

Definition
Frequenzteiler sind Schaltungen, die die Frequenz rechteckförmiger Signale in einem bestimmten Verhältnis herunterteilen.

Ein einzelnes Flipflop erzeugt eine Frequenzteilung im Verhältnis 2 : 1. Mit 2 Flipflops kann ein Frequenzteiler für ein Teilerverhältnis 4 : 1 aufgebaut werden.
　　Man unterscheidet Frequenzteiler mit festem Teilerverhältnis und Frequenzteiler, deren Teilerverhältnis in einem gewissen Bereich einstellbar ist. Letztere werden auch programmierbare Frequenzteiler genannt.

10.4.1 Asynchrone Frequenzteiler mit festem Teilerverhältnis

Als Frequenzteiler können bereits bekannte Schaltungen verwendet werden.

Grundsatz
Jeder Asynchron-Dualzähler eignet sich als Frequenzteiler mit festem Teilerverhältnis.

Betrachten wir die Schaltung und das Zeitablaufdiagramm des 3-Bit-Dual-Vorwärtszählers in Bild 10.65. Das 1. Flipflop des Zählers halbiert die Frequenz des Eingangssignals E. Das 2. Flipflop halbiert die schon halbierte Frequenz ein weiteres Mal.
　　Nochmals wird die Frequenz durch das 3. Flipflop halbiert. Ein 3-Bit-Dual-Vorwärtszähler arbeitet also als Frequenzteiler mit dem Teilerverhältnis 8 : 1.
　　Dual-Rückwärtszähler sind ebenfalls als Frequenzteiler geeignet (Bild 10.66). Die geteilten Signale haben lediglich eine andere Phasenlage als bei Dual-Vorwärtszählern.
　　Geradzahlige Teilerverhältnisse nach der Zweierpotenzreihe lassen sich also leicht erreichen. Jedes Flipflop teilt um den Faktor 2. Es gilt die Gleichung:

$$f_T = \frac{f_E}{2^n}$$

f_E Eingangsfrequenz
f_T geteilte Frequenz
n Zahl der Flipflops

Wie sieht es nun mit ungeradzahligen Teilerverhältnissen aus? Um ungeradzahlige Teilerverhältnisse zu erreichen, müssen die für die Schaltung verwendeten Flipflops Rückstelleingänge haben. Ein Frequenzteiler mit dem Teilerverhältnis 3 : 1 ist in Bild 10.67 dargestellt.

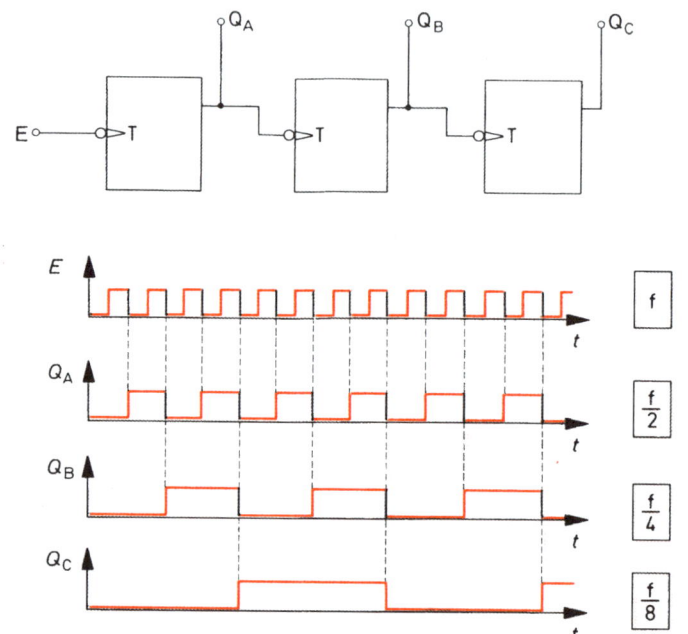

Bild 10.65 Asynchroner 3-Bit-Dual-Vorwärtszähler als Frequenzteiler mit Teilerverhältnis 8 : 1

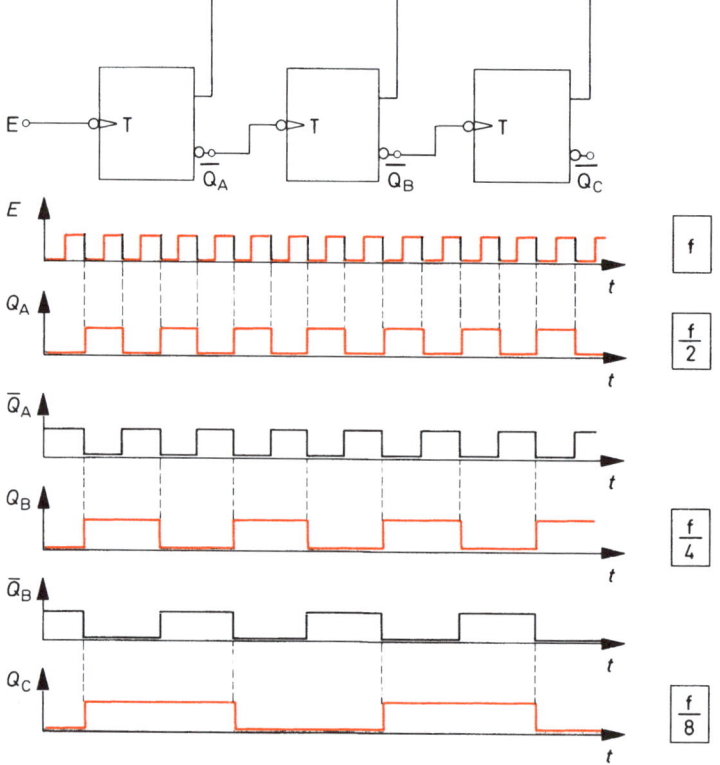

Bild 10.66 Asynchroner 3-Bit-Dual-Rückwärtszähler als Frequenzteiler mit Teilerverhältnis 8 : 1

Frequenzteiler

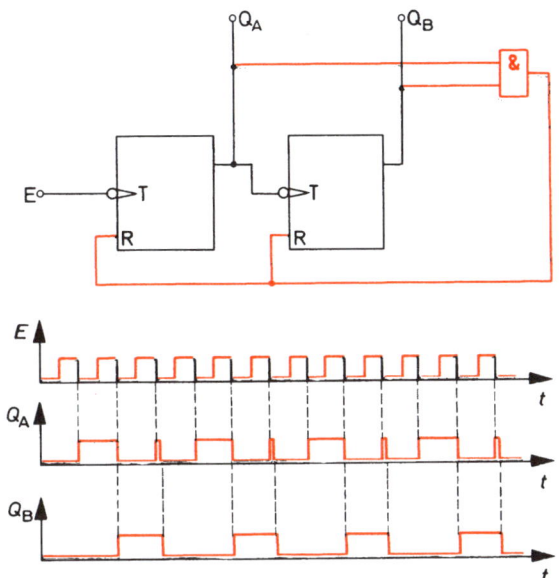

Bild 10.67 Frequenzteiler mit einem Teilerverhältnis 3 : 1 und Zeitablauf-Diagramm

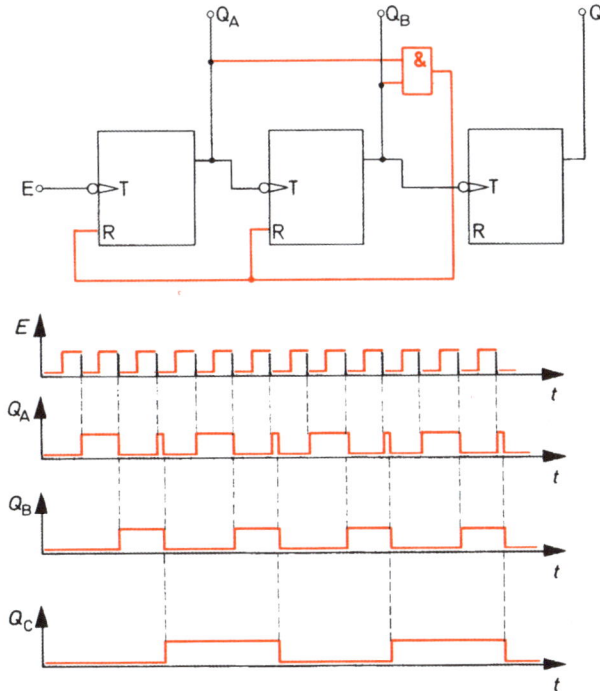

Bild 10.68 Frequenzteiler mit einem Teilerverhältnis 6 : 1 und Zeitablauf-Diagramm

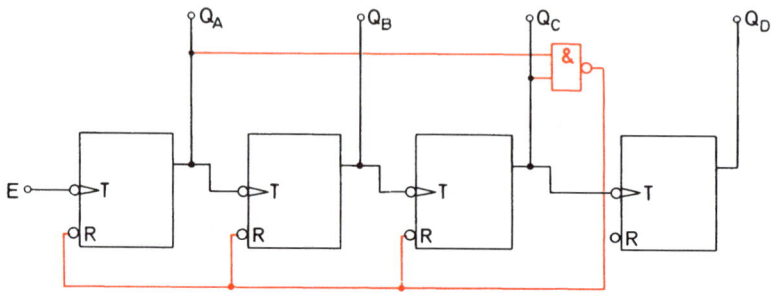

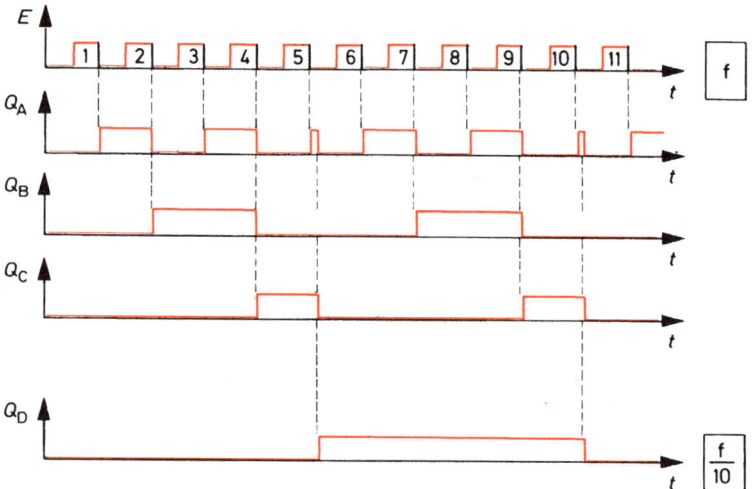

Bild 10.69 Frequenzteiler mit einem Teilerverhältnis 10 : 1 und Zeitablauf-Diagramm

Das Ausgangssignal Q_B hat ein anderes Impuls-Pausen-Verhältnis als das Eingangssignal E. Das ist für viele Anwendungsfälle ungünstig. Schaltet man ein weiteres Flipflop nach, ergibt sich wieder ein Impuls-Pausen-Verhältnis von 1 : 1 (Bild 10.68).

 Beispiel

Gesucht ist die Schaltung eines Frequenzteilers mit dem Teilerverhältnis 10 : 1. Das Impuls-Pausen-Verhältnis des Ausgangssignals soll 1 : 1 sein.
Zunächst ist die Schaltung eines Frequenzteilers 5 : 1 zu entwickeln. Dieser Schaltung wird ein Frequenzteiler 2 : 1, also ein weiteres Flipflop, nachgeschaltet (Bild 10.69).

10.4.2 Synchrone Frequenzteiler mit festem Teilerverhältnis

Für synchron arbeitende Dualzähler gilt im Prinzip das Gleiche wie für asynchron arbeitende Dualzähler:

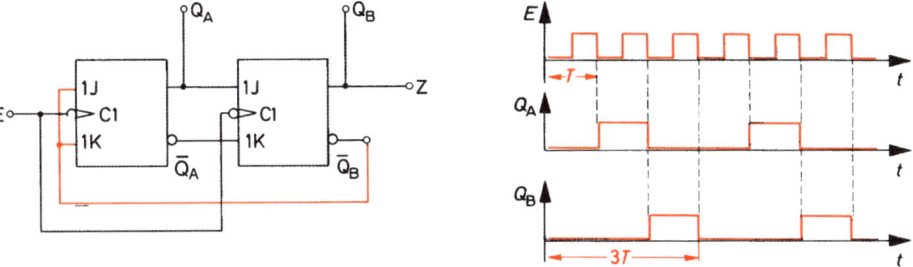

Bild 10.70 Synchron arbeitender Frequenzteiler mit einem Teilerverhältnis von 3 : 1 und Zeitablauf-Diagrammen

Grundsatz

Jeder Synchron-Dualzähler kann auch als Frequenzteiler mit festem Teilerverhältnis arbeiten.

Das gilt ohne Einschränkungen nur für die Teilerverhältnisse, die zur Zweierpotenzreihe gehören, also für die Teilerverhältnisse 2 : 1, 4 : 1, 8 : 1, 16 : 1 usw. Für andere Teilerverhältnisse, insbesondere für ungerade, muss die Beschaltung der Eingänge der Flipflops geändert werden. Bild 10.70 zeigt die Schaltung und das Zeitablauf-Diagramm eines synchron arbeitenden Frequenzteilers mit einem Teilerverhältnis 3 : 1.

10.4.3 Frequenzteiler mit einstellbarem Teilerverhältnis

Frequenzteiler mit einstellbarem Teilerverhältnis sind im Prinzip umschaltbare Frequenzteiler. Sie führen mehrere Frequenzteilungen durch. Das Signal mit der gewünschten Frequenzteilung wird über eine Auswahlschaltung auf den Ausgang gegeben.

10.5 Lernziel-Test

1. Wodurch unterscheiden sich Synchronzähler und Asynchronzähler?
2. Skizzieren Sie die Schaltung eines asynchron arbeitenden 8-Bit-Dual-Vorwärtszählers. Zu verwenden sind einflankengesteuerte JK-Flipflops, die mit der ansteigenden Taktflanke kippen.
3. Wie kann man aus einem asynchron arbeitenden 4-Bit-Dual-Vorwärtszähler, der mit T-Flipflops aufgebaut ist, einen BCD-Vorwärtszähler machen? Die T-Flipflops sollen mit abfallender Taktflanke kippen und einen taktunabhängigen Rückstelleingang haben, der mit 0-Signal das Flipflop zurückstellt.
4. Was versteht man unter Modulo-n-Zählern?
5. Skizzieren Sie die Schaltung eines Modulo-19-Zählers (Vorwärtszähler). Zur Verfügung stehen die in Frage 3 beschriebenen Flipflops.
6. Ändern Sie die Schaltung des Modulo-19-Zählers aus Frage 5 so, dass er mit 18 zu zählen beginnt und dann bis 0 rückwärts zählt.

7. Wie arbeitet die in Bild 10.71 dargestellte Schaltung?

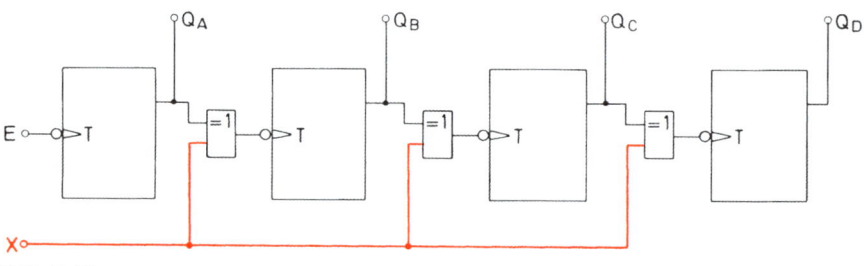

Bild 10.71

8. Wodurch unterscheiden sich voreinstellbare Zähler und Vorwahlzähler?
9. Ändern Sie die Schaltung des 4-Bit-Dual-Vorwärtszählers nach Bild 10.7 so, dass ein voreinstellbarer Zähler entsteht.
10. Geben Sie die Schaltung eines synchron arbeitenden 5-Bit-Dual-Vorwärtszählers an. Zur Verfügung stehen einflankengesteuerte JK-Flipflops, die mit abfallender Taktflanke schalten.
11. Beschreiben Sie das Verfahren zur Berechnung von Synchronzählern.
12. Wie kann man aus einem 4-Bit-Synchron-Dual-Vorwärtszähler einen 4-Bit-Synchron-Dual-Rückwärtszähler machen? Es sollen möglichst wenig Schaltungsänderungen vorgenommen werden.
13. Ein 4-Bit-Synchron-Dual-Vorwärtszähler soll als Frequenzteiler mit einem Teilerverhältnis 8 : 1 verwendet werden. Was ist schaltungstechnisch zu tun?
14. Gesucht ist die Schaltung eines Frequenzteilers mit einem Teilerverhältnis 14 : 1. Zur Verfügung stehen die in Frage 3 beschriebenen Flipflops. Das Impuls-Pausen-Verhältnis des Ausgangssignals soll 1 : 1 sein.

11 Digitale Auswahl- und Verbindungsschaltungen

11.1 Datenselektor, Multiplexer, Demultiplexer

Grundsatz
Datenselektoren haben die Aufgabe, aus verschiedenen angebotenen Daten die gewünschten Daten auszuwählen und über die Ausgänge weiterzuleiten.

Dateneingaben können z.B. zeitlich nacheinander nach dem sog. Zeitmultiplexverfahren erfolgen. Eine Schaltung, die zeitlich nacheinander bestimmte Eingangssignale an ihre Ausgänge weitergibt, wird *Multiplexer* genannt (Bild 11.1a).

Definition
Ein Multiplexer ist ein zeitabhängig gesteuerter Datenselektor.

Ebenfalls kann man ankommende Daten zeitlich nacheinander auf verschiedene Ausgänge verteilen.

Grundsatz
Eine Schaltung, die am Eingang erscheinende Daten je nach Befehl zu einem bestimmten Ausgang durchschaltet, heißt Demultiplexer.

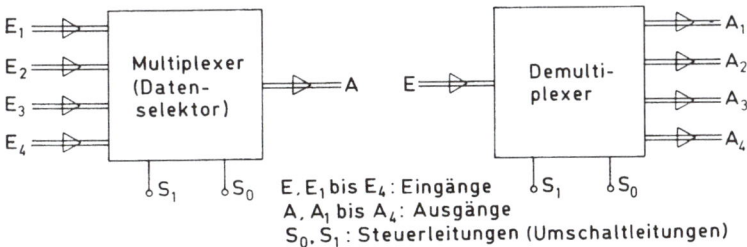

Bild 11.1a   Datenselektor-Multiplexer, Demultiplexer

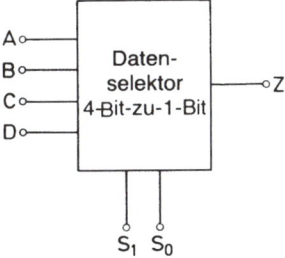

Bild 11.1b
4-Bit-zu-1-Bit-Datenselektor

Digitale Auswahl- und Verbindungsschaltungen

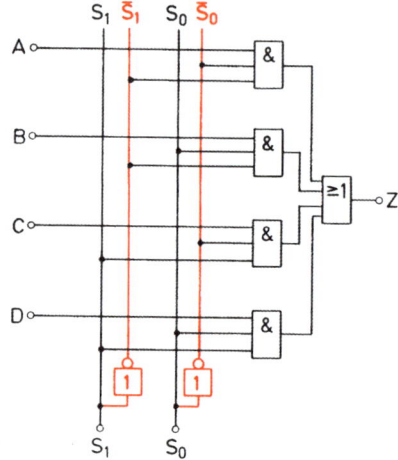

Schaltstufe	S_1	S_0	Z =
1	0	0	A
2	0	1	B
3	1	0	C
4	1	1	D

Bild 11.2
Wahrheitstabelle des
4-Bit-zu-1-Bit-Datenselektors

Bild 11.3
Schaltungen eines
4-Bit-zu-1-Bit-Datenselektors

11.1.1 4-Bit-zu-1-Bit-Datenselektor

Die Arbeitsweise eines Datenselektors soll an einer einfachen Schaltung erläutert werden. Ein 4-Bit-zu-1-Bit-Datenselektor hat 4 Eingänge. Jeder dieser 4 Eingänge soll wahlweise zum Ausgang Z durchgeschaltet werden können (Bild 11.1b).

Der Datenselektor arbeitet also wie ein Umschalter mit 4 Schaltstufen. In Schaltstufe 1 wird A mit Z verbunden. In Schaltstufe 2 wird B mit Z verbunden usw. Die Einstellung der Schaltstufe erfolgt mit Hilfe der Steuerleitungen. Zur digitalen Steuerung von 4 verschiedenen Schaltstufen sind 2 Steuerleitungen erforderlich. Mit 2 Bit lassen sich 4 verschiedene Befehle erzeugen, mit denen die 4 Schaltstufen eingestellt werden (Bild 11.2).

Die Schaltung eines 4-Bit-zu-1-Bit-Datenselektors lässt sich leicht entwickeln. Die Variablen S_1 und S_2 müssen in negierter und nichtnegierter Form zur Verfügung stehen. Die Eingänge werden über UND-Gatter freigegeben, wenn der zugehörige Befehl an den Steuerleitungen liegt (Bild 11.3).

11.1.2 2 × 4-Bit-zu-4-Bit-Datenselektor

Ein 2×4-Bit-zu-4-Bit-Datenselektor hat 2 Eingänge zu je 4 Bit und einen 4-Bit-Ausgang (Bild 11.4). Entweder werden die 4 A-Eingänge oder die 4 B-Eingänge auf den Ausgang Z durchgeschaltet. Da nur 2 Schaltstellungen möglich sind, kommt man mit einer Steuerleitung S aus (Bild 11.4). Die Schaltung dieses Datenselektors ist in Bild 11.5 dargestellt.

Datenselektor, Multiplexer, Demultiplexer

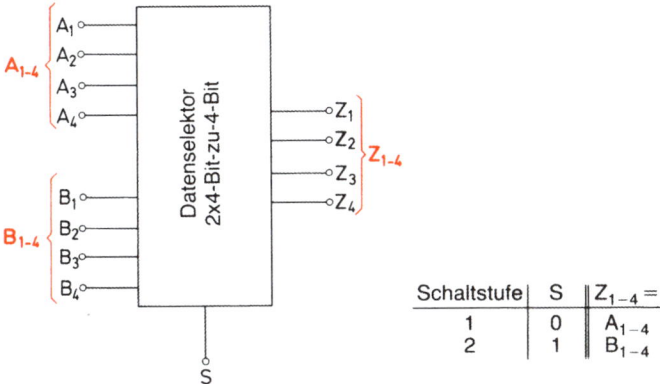

Bild 11.4 2×4-Bit-zu-4-Bit-Datenselektor

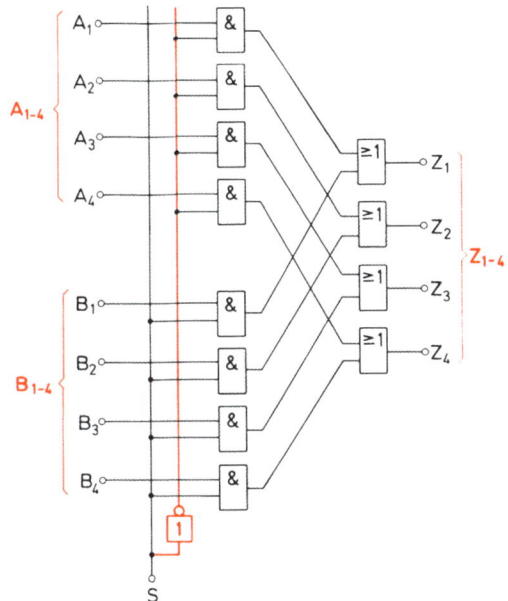

Bild 11.5 Schaltung eines 2×4-Bit-zu-4-Bit-Datenselektors

11.1.3 4 × 8-Bit-zu-8-Bit-Datenselektor

Als weiterer Datenselektor soll ein 4×8-Bit-zu-8-Bit-Datenselektor vorgestellt werden, der in der Mikroprozessortechnik große Bedeutung hat (Bild 11.6). Bei diesem Datenselektor werden 8-Bit-Wörter wahlweise auf den 8-Bit-Ausgang gegeben. Vier Schaltstufen sind erforderlich. Die Schaltbefehle werden über die beiden Steuerleitungen S_0 und S_1 gegeben (2-Bit-Befehle).

Der Schaltbefehl $S_0 = 0$, $S_1 = 0$ schaltet die 8 A-Eingänge auf die 8 Z-Ausgänge $Z_1 = A_1$, $Z_2 = A_2$, $Z_3 = A_3$, $Z_4 = A_4$ usw.). Sollen die B-Eingänge zum Ausgang durchgeschaltet werden, muss der Schaltbefehl $S_0 = 1$, $S_1 = 0$ lauten. Für das Durchschalten der C-Eingänge und der D-Eingänge gilt entsprechend $S_0 = 0$, $S_1 = 1$ und $S_0 = 1$, $S_1 = 1$.

Digitale Auswahl- und Verbindungsschaltungen

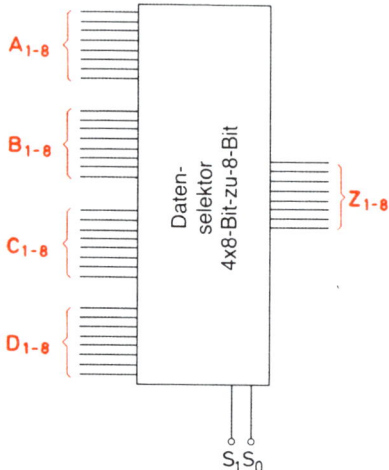

Bild 11.6
4×8-Bit-zu-8-Bit-Datenselektor

11.1.4 16-Bit-zu-1-Bit-Datenselektor-Multiplexer

Der 16-Bit-zu-1-Bit-Datenselektor hat 16 Eingänge, von denen jeder zum Ausgang Q durchgeschaltet werden kann. Es werden 16 Schaltstufen benötigt. Da jede Schaltstufe durch einen zugeordneten Befehl eingestellt wird, sind 16 Befehle erforderlich. Zur Darstellung von 16 verschiedenen Befehlen benötigt man 4 Bit. Die Schaltung muss also 4 Steuereingänge haben (Bild 11.7).

Ein 16-Bit-zu-1-Bit-Datenselektor ist als integrierte TTL-Schaltung mit der Bezeichnung 74 150 verfügbar. Das Schaltbild und die Anschlussordnung sind in Bild 11.8 angegeben. Die an den Eingängen liegenden Signale erscheinen nach Durchschaltung am Ausgang negiert. Bild 11.9 zeigt das Datenblatt des Datenselektors 74 150.

Der 16-Bit-zu-1-Bit-Datenselektor arbeitet als Multiplexer, wenn die 16 möglichen 4-Bit-Befehle zeitlich nacheinander an die Steuereingänge gelegt werden. Jeder Befehl liegt zum Beispiel eine Millisekunde lang an, dann folgt der nächste Befehl. Man beginnt üblicherweise mit 0000 und setzt fort bis 1111. Danach beginnt der Zyklus von Neuem.

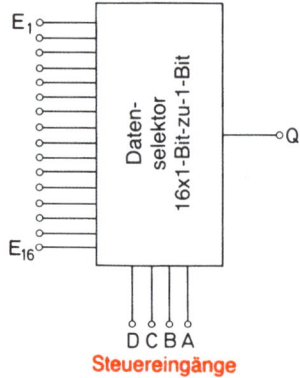

Bild 11.7
16-Bit-zu-1-Bit-Datenselektor

Datenselektor, Multiplexer, Demultiplexer 369

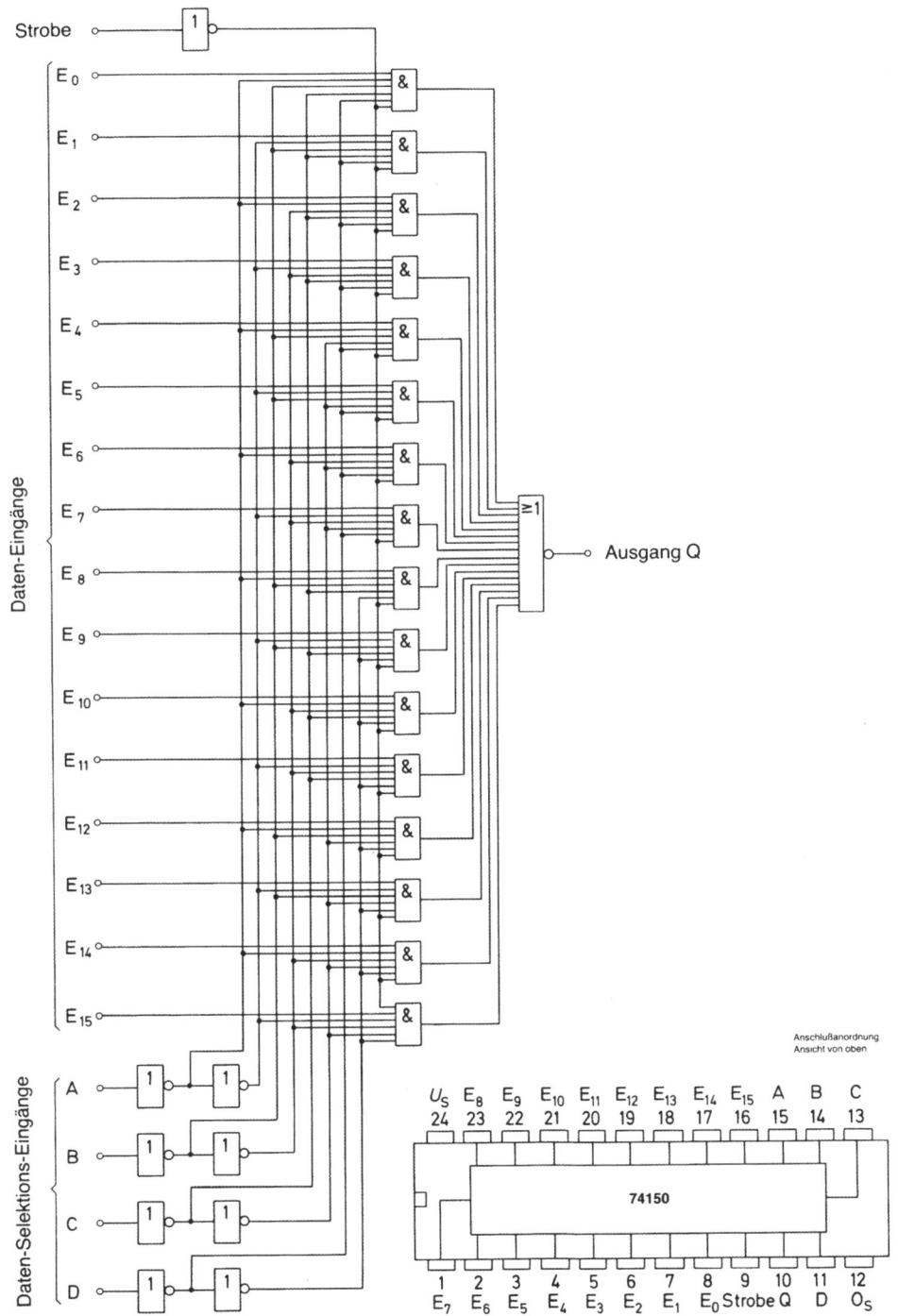

Bild 11.8 Schaltbild und Anschlussanordnung des 16-Bit-zu-1-Bit-Datenselektor 74150 (Siemens)

16-Bit-Datenselektor-Multiplexer

Der Baustein 74 150 besitzt 16 Eingänge E_0 bis E_{15}; an diesen liegen gleichzeitig Informationen an (H- oder L-Signal), die über die Selektionseingänge A, B, C, D binär ausgewählt werden können und dann am Ausgang Q invertiert in serieller Reihenfolge erscheinen. Durch H-Signal am Strobeeingang wird der Ausgang Q gesperrt (H-Signal), unabhängig von den Eingangszuständen.

Statische Kenndaten im Temperaturbereich 1 und 5		Prüfbedingungen	untere Grenze B	typ.	obere Grenze A	Einheit
Speisespannung	U_S		4,75	5,0	5,25	V
H-Eingangsspannung	U_{IH}	$\}U_S = 4,75$ V	2,0			V
L-Eingangsspannung	U_{IL}				0,8	V
Eingangsklemmspannung	$-U_I$	$U_S = 4,75$ V, $-I_1 = 12$ mA			1,5	V
H-Ausgangsspannung	U_{QH}	$U_S = 4,75$ V, $-I_{QH} = 800$ µA	2,4	3,4		V
L-Ausgangsspannung	U_{QL}	$U_S = 4,75$ V, $I_{QL} = 16$ mA		0,2	0,4	V
Eingangsstrom pro Eingang	I_I	$U_S = 5,25$ V, $U_1 = 5,5$ V			1	mA
H-Eingangsstrom pro Eingang	I_{IH}	$U_S = 5,25$ V, $U_{IH} = 2,4$ V			40	µA
L-Eingangsstrom pro Eingang	$-I_{IL}$	$U_S = 5,25$ V, $U_{IL} = 0,4$ V			1,6	mA
Kurzschlussausgangsstrom	$-I_Q$	$U_S = 5,25$ V, $U_{QL} = 0$ V	18		55	mA
Speisestrom	I_S	$U_S = 5,25$ V, $U_1 = 4,5$ V		40	68	mA
Schaltzeiten bei $U_S = 5$ V, $T_U = 25$ °C						
Signallaufzeit von A, B, C, D nach Q	t_{PHL}			22	33	ns
	t_{PLH}			23	35	ns
von Strobe nach Q	t_{PHL}	$\}R_L = 400$ Ω, $C_L = 30$ pF		21	30	ns
	t_{PLH}			15,5	24	ns
von E_0 bis E_{15} nach Q	t_{PHL}			8,5	14	ns
	t_{PLH}			13	20	ns
Logische Daten						
H-Ausgangslastfaktor pro Ausgang	F_{QH}				20	
L-Ausgangslastfaktor pro Ausgang	F_{QL}				10	
Eingangslastfaktor pro Eingang	F_I				1	

Bild 11.9 Datenblatt eines Datenselektors 74 150

11.1.5 1-Bit-zu-4-Bit-Demultiplexer

Ein Demultiplexer arbeitet umgekehrt wie ein Datenselektor oder Multiplexer. Das am Eingang liegende Signal wird wahlweise auf mehrere Ausgänge durchgeschaltet. Die Steuerung erfolgt durch Befehle.

Ein 1-Bit-zu-4-Bit-Demultiplexer hat 1 Eingang und 4 Ausgänge (Bild 11.10). Es sind 4 Schaltstufen erforderlich und somit 4 verschiedene Befehle. 4 verschiedene Befehle erfordern 2 Steuereingänge (S_0 und S_1).

Adressdecodierer

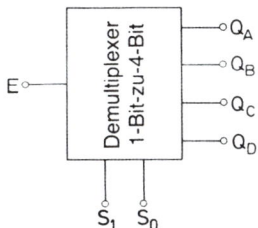

Bild 11.10
1-Bit-zu-4-Bit-Demultiplexer

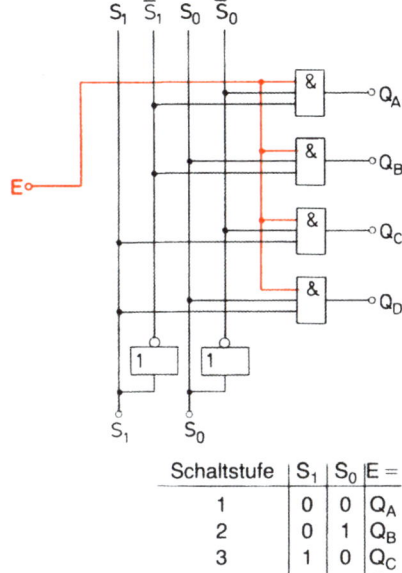

Bild 11.11
Schaltung eines
1-Bit-zu-4-Bit-Demultiplexers

Die Schaltung eines 1-Bit-zu-4-Bit-Demultiplexers ist in Bild 11.11 dargestellt. Nur das UND-Gatter lässt das Eingangssignal durch, das durch die entsprechenden Befehlssignale freigegeben ist.

11.2 Adressdecodierer

Zur Ansteuerung verschiedener Bausteine sind sog. *Adressen* erforderlich. In der Digitaltechnik versteht man unter einer Adresse eine 1-0-Folge bestimmter Länge, also ein binäres Wort mit einer festgelegten Anzahl von Bits. Es gibt z.B. 2-Bit-Adressen, 4-Bit-Adressen usw.

Definition
  Ein Adressdecodierer ist eine Schaltung mit einer Anzahl von Ausgängen. Die Ausgänge werden über die Adresseingänge angewählt und führen dann 1-Signal.

Digitale Auswahl- und Verbindungsschaltungen

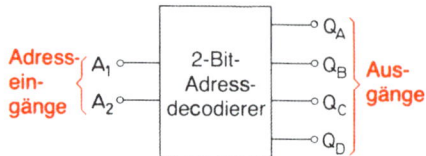

Adresse (Nummer)	A_2	A_1	Q_A	Q_B	Q_C	Q_D
1	0	0	1	0	0	0
2	0	1	0	1	0	0
3	1	0	0	0	1	0
4	1	1	0	0	0	1

Bild 11.12
2-Bit-Adressdecodierer
mit Wahrheitstabelle

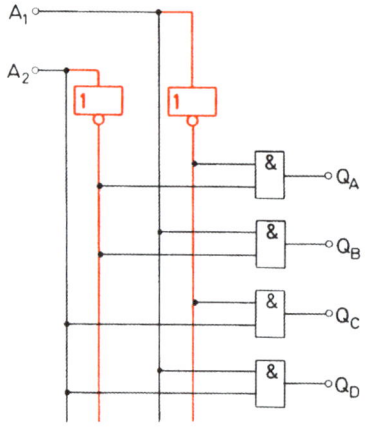

Bild 11.13
Schaltung eines 2-Bit-Adressdecodierers

11.2.1 2-Bit-Adressdecodierer

Hat ein Adressdecodierer 4 Ausgänge, sind 2 Adresseingänge erforderlich. Er wird also mit 2-Bit-Adressen gesteuert. Mit 2 Bit lassen sich 4 verschiedene Adressen aufbauen (Bild 11.12). Die Schaltung eines 2-Bit-Adressdecodierers zeigt Bild 11.13.

11.2.2 4-Bit-Adressdecodierer

Mit 3-Bit-Adressen können 8 Ausgänge angewählt werden. 4-Bit-Adressen erlauben die Anwahl von 16 Ausgängen. Allgemein gilt:

$n = 2^k$ n Zahl der anwählbaren Ausgänge
    k Zahl der Adresseingänge

Bild 11.14 zeigt einen 4-Bit-Adressdecodierer mit Wahrheitstabelle. 16 verschiedene Adressen sind möglich; 16 verschiedene Ausgänge können angewählt werden.

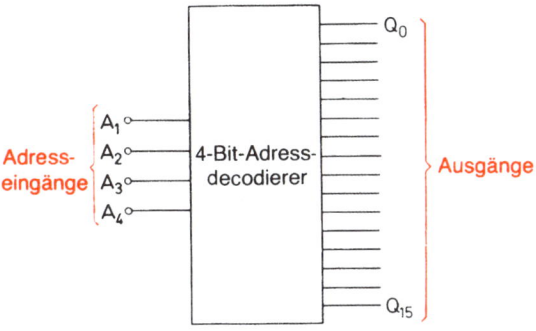

A_4	A_3	A_2	A_1	Q_0	Q_1	Q_2	Q_3	Q_4	Q_5	Q_6	Q_7	Q_8	Q_9	Q_{10}	Q_{11}	Q_{12}	Q_{13}	Q_{14}	Q_{15}
0	0	0	0	1	0	0	0	0	0	0	0	0	0	0	0	0	0	0	0
0	0	0	1	0	1	0	0	0	0	0	0	0	0	0	0	0	0	0	0
0	0	1	0	0	0	1	0	0	0	0	0	0	0	0	0	0	0	0	0
0	0	1	1	0	0	0	1	0	0	0	0	0	0	0	0	0	0	0	0
0	1	0	0					1											
0	1	0	1						1										
0	1	1	0							1									
0	1	1	1								1								
1	0	0	0									1							
1	0	0	1										1						
1	0	1	0											1					
1	0	1	1												1				
1	1	0	0													1			
1	1	0	1														1		
1	1	1	0															1	
1	1	1	1																1

Nullen zur besseren Übersicht weggelassen

Bild 11.14 4-Bit-Adressdecodierer mit Wahrheitstabelle

11.3 Digitaler Komparator

Grundsatz
Ein digitaler Komparator ist eine Schaltung, die 2 binäre Ausdrücke A und B miteinander vergleicht und meldet, ob A > B, A = B oder A < B ist.

Die Gleichheit binärer Ausdrücke ist leicht feststellbar. Die beiden Ausdrücke müssen im Inhalt eines jeden Bits übereinstimmen, sonst sind sie nicht gleich.

Die Beurteilung, ob ein Ausdruck A größer oder kleiner ist als ein Ausdruck B, ist schon schwieriger. Es kommt hier auf den verwendeten Code an. Nur wenn ein Komparator für den Code gebaut ist, in dem die Ausdrücke A und B codiert sind, ist eine Beurteilung A > B oder A < B möglich. Die üblichen Komparatoren sind für das duale Zahlensystem bzw. für den BCD-Code konstruiert.

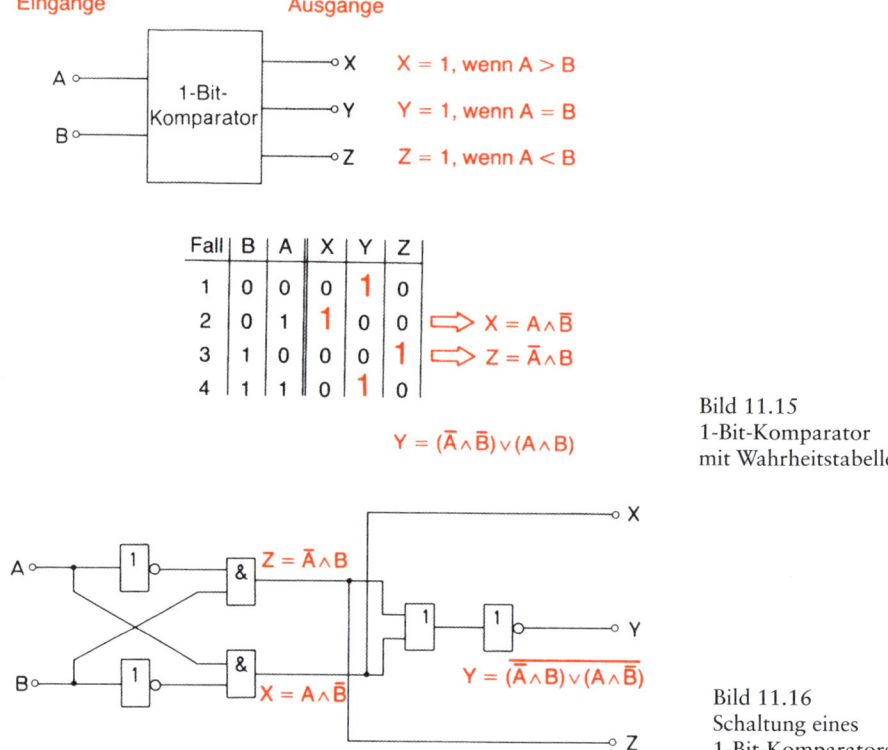

Bild 11.15
1-Bit-Komparator
mit Wahrheitstabelle

Bild 11.16
Schaltung eines
1-Bit-Komparators

11.3.1 1-Bit-Komparator

Der einfachste mögliche Komparator ist der 1-Bit-Komparator. Die beiden zu vergleichenden binären Ausdrücke A und B dürfen nur je 1 Bit haben. Die Schaltung hat 3 Ausgänge (Bild 11.15). Am Ausgang X erscheint 1, wenn A > B ist. Bei A = B ist Y = 1 und bei A < B ist Z = 1.

Die Schaltung des Komparators Bild 11.15 kann aus der Antivalenzschaltung entwickelt werden. Man kann sie aber auch mit Hilfe der disjunktiven Normalformen (DNF) berechnen (Bild 11.16).

$X = A \wedge \overline{B}$
$Z = \overline{A} \wedge B$
$Y = \left(\overline{A} \wedge \overline{B}\right) \vee \left(A \wedge B\right)$
$Y = \overline{\left(\overline{A} \wedge B\right) \vee \left(A \wedge \overline{B}\right)}$

11.3.2 3-Bit-Komparator für den BCD-Code

Ein 3-Bit-Komparator muss zwei 3-Bit-Ausdrücke miteinander vergleichen können. Bild 11.17 zeigt einen 3-Bit-Komparator für den BCD-Code mit Wahrheitstabelle. Die Wahrheitstabelle ist verkürzt aufgebaut. Bei 6 Variablen ergäben sich sonst 64 Fälle.

Digitaler Komparator   375

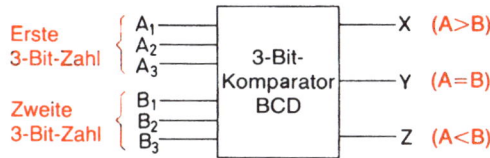

Fall	2^2 A_3, B_3	2^1 A_2, B_2	2^0 A_1, B_1	A>B X	A=B Y	A<B Z
1	$A_3 > B_3$	X	X	1	0	0
2	$A_3 < B_3$	X	X	0	0	1
3	$A_3 = B_3$	$A_2 > B_2$	X	1	0	0
4	$A_3 = B_3$	$A_2 < B_2$	X	0	0	1
5	$A_3 = B_3$	$A_2 = B_2$	$A_1 > B_1$	1	0	0
6	$A_3 = B_3$	$A_2 = B_2$	$A_1 < B_1$	0	0	1
7	$A_3 = B_3$	$A_2 = B_2$	$A_1 = B_1$	0	1	0

Bild 11.17   3-Bit-Komparator für den BCD-Code mit Wahrheitstabelle

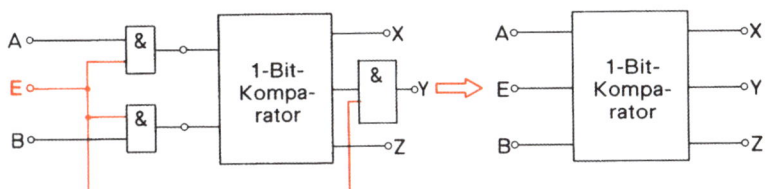

Bild 11.18   1-Bit-Komparator mit Sperrschaltung

Zunächst müssen die werthöchsten Bits miteinander verglichen werden, also A_3 mit B_3. Ist $A_3 > B_3$, so ist A > B. Ist $A_3 < B_3$, so ist A < B. Bei $A_3 = B_3$ kommt es auf die nächste wertniedrigere Stelle an. Ist $A_2 > B_2$, so ist A > B. Ist $A_2 < B_2$, so ist A < B.
Bei $A_3 = B_3$ und $A_2 = B_2$ kommt es auf die nächste wertniedrigere Stelle an. Ist $A_1 > B_1$, so ist A > B. Ist $A_1 < B_1$, so ist A < B. Wenn alle 3 Bits gleich sind, ist A = B. Bei der Schaltungsentwicklung des 3-Bit-Komparators gehen wir vom 1-Bit-Komparator Bild 11.15 bzw. Bild 11.16 aus. Die Schaltung muss mit einem Sperreingang versehen werden (Bild 11.18).
Drei 1-Bit-Komparatoren mit Sperrschaltung müssen nun so zusammengeschaltet werden, dass die Wahrheitstabelle Bild 11.17 erfüllt ist. Die Zusammenschaltung zeigt Bild 11.19. Untersuchen wir nun, ob die Schaltung Bild 11.19 die Wahrheitstabelle Bild 11.17 erfüllt:

Fall 1: $A_3 > B_3 \ X_3 = 1 \Rightarrow X = 1 \Rightarrow A > B$

Da $Y_3 = 0$ ist, werden die Eingänge der 1-Bit-Komparatoren II und I gesperrt.

Fall 2: $A_3 < B_3 \ Z_3 = 1 \Rightarrow Z = 1 \Rightarrow A < B$

376 Digitale Auswahl- und Verbindungsschaltungen

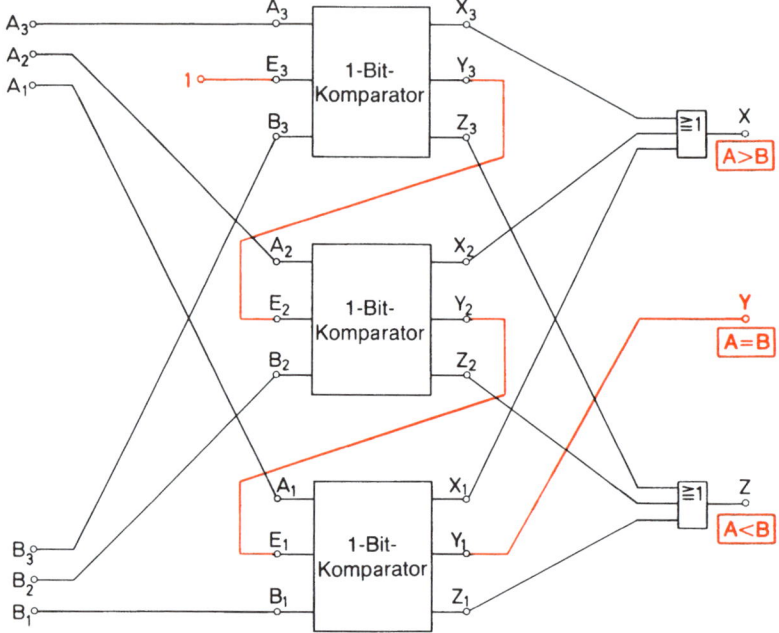

Bild 11.19 Schaltung eines 3-Bit-Komparators für den BCD-Code

Da $Y_3 = 0$ ist, werden die Eingänge der 1-Bit-Komparatoren II und I gesperrt.

Fall 3: $A_3 = B_3 \; A_2 > B_2$

Jetzt ist $Y_3 = 1$. Der Eingang des 1-Bit-Komparators II wird geöffnet. Da $A_2 > B_2$ ist, ist $Y_2 = 0$.

Die Eingänge des 1-Bit-Komparators I bleiben gesperrt. X_2 wird 1 und damit wird $X = 1$.

Fall 4: $A_3 = B_3 \; A_2 < B_2$

Wie Fall 3, nur wird $Z_2 = 1$, und damit $Z = 1$.

Fall 5: $A_3 = B_3 \; A_2 = B_2$

Der Ausgang Y_2 wird 1. Damit wird der Eingang des 1-Bit-Komparators I geöffnet. Da $A_1 > B_1$, wird $X_1 = 1$ und damit $X = 1$.

Fall 6: $A_3 = B_3 \; A_2 = B_2$

Wie Fall 5. Da $A_1 < B_1$ wird $Z_1 = 1$ und damit $Z = 1$.

Fall 7: $A_3 = B_3 \; A_2 = B_2 \; A_1 = B_1$

Y_1 wird 1. Damit wird auch $Y = 1$.

11.3.3 4-Bit-Komparator für den Dual-Code

Ein 4-Bit-Komparator ist ähnlich aufgebaut wie ein 3-Bit-Komparator, nur wird ein weiterer 1-Bit-Komparator mit sperrbaren Eingängen benötigt.

4-Bit-Komparatoren für den Dual-Code werden als integrierte Schaltungen angeboten. Bild 11.20 zeigt das Anschlussschema und die Wahrheitstabelle der Schaltung 7485. Die Schaltung gehört zur TTL-Schaltkreisfamilie. Das vollständige Datenblatt ist in Bild 11.21 wiedergegeben.

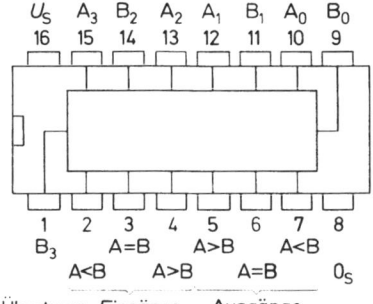

Anschlussanordnung
Ansicht von oben

Logisches Verhalten

	Daten-Eingänge			Übertrags-Eingänge			Ausgänge		
A_3, B_3	A_2, B_2	A_1, B_1	A_0, B_0	A>B	A<B	A=B	A>B	A<B	A=B
$A_3 > B_3$	X	X	X	X	X	X	H	L	L
$A_3 < B_3$	X	X	X	X	X	X	L	H	L
$A_3 = B_3$	$A_2 > B_2$	X	X	X	X	X	H	L	L
$A_3 = B_3$	$A_2 < B_2$	X	X	X	X	X	L	H	L
$A_3 = B_3$	$A_2 = B_2$	$A_1 > B_1$	X	X	X	X	H	L	L
$A_3 = B_3$	$A_2 = B_2$	$A_1 < B_1$	X	X	X	X	L	H	L
$A_3 = B_3$	$A_2 = B_2$	$A_1 = B_1$	$A_0 > B_0$	X	X	X	H	L	L
$A_3 = B_3$	$A_2 = B_2$	$A_1 = B_1$	$A_0 < B_0$	X	X	X	L	H	L
$A_3 = B_3$	$A_2 = B_2$	$A_1 = B_1$	$A_0 = B_0$	H	L	L	H	L	L
$A_3 = B_3$	$A_2 = B_2$	$A_1 = B_1$	$A_0 = B_0$	L	H	L	L	H	L
$A_3 = B_3$	$A_2 = B_2$	$A_1 = B_1$	$A_0 = B_0$	L	L	H	L	L	H
$A_3 = B_3$	$A_2 = B_2$	$A_1 = B_1$	$A_0 = B_0$	X	X	H	L	L	H
$A_3 = B_3$	$A_2 = B_2$	$A_1 = B_1$	$A_0 = B_0$	H	H	L	L	L	L
$A_3 = B_3$	$A_2 = B_2$	$A_1 = B_1$	$A_0 = B_0$	L	L	L	H	H	L

X ≙ L- oder H-Signal

Bild 11.20 Anschlussordnung und verkürzte Wahrheitstabelle der Schaltung 7485 (Siemens)

4-Bit-Komparator

Der Baustein 7485 vergleicht zwei binärkodierte 4-Bit-Wörter (Wort A und Wort B) und unterscheidet in drei Aussagen: A>B, A=B, A<B.
Dieser Baustein kann ohne zusätzliche Logik durch die 3 Übertragseingänge zum Vergleich zweier Wörter beliebiger Bitzahl erweitert werden. Dabei erhöht sich für jedes weitere 4-Bit-Wort die Verzögerungszeit um die Durchlaufzeit zweier Gatter. Beispielsweise werden beim Vergleich zweier 8-Bit-Wörter typ. 38 ns erzielt. Typ. Durchlaufverzögerung für 4-Bit-Wörter: 24 ns.

Statische Kenndaten im Temperaturbereich 1 und 5		Prüfbedingungen	untere Grenze B	typ.	obere Grenze A	Einheit
Speisespannung	U_S		4,75	5,0	5,25	V
H-Eingangsspannung	U_{IH}	$U_S = 4{,}75$ V	2,0			V
L-Eingangsspannung	U_{IL}	$U_S = 4{,}75$ V			0,8	V
Eingangsklemmspannung	$-U_I$	$U_S = 4{,}75$ V, $-I_1 = 12$ mA			1,5	V
H-Ausgangsspannung	U_{QH}	$U_S = 4{,}75$ V, $-I_{QH} = 400$ µA, $U_{IH} = 2$ V, $U_{IL} = 0{,}8$ V	2,4	3,4		V
L-Ausgangsspannung	U_{QL}	$U_S = 4{,}75$ V, $I_{QL} = 16$ mA, $U_{IH} = 2$ V, $U_{IL} = 0{,}8$ V		0,2	0,4	V
H-Eingangsstrom pro Eingang außer A<B und A>B	I_{IH} I_I	$U_{IH} = 2{,}4$ V, $U_I = 5{,}5$ V	$U_S = 5{,}25$ V		120 1,0	µA mA
H-Eingangsstrom, an Eingang A<B oder A>B	I_{IH} I_I	$U_{IH} = 2{,}4$ V, $U_I = 5{,}5$ V			40 1,0	µA mA
L-Eingangsstrom pro Eingang außer A<B und A>B	$-I_{IL}$	$U_{IL} = 0{,}4$ V			4,8	mA
L-Eingangsstrom, an Eingang A<B oder A>B	$-I_{IL}$	$U_{IL} = 0{,}4$ V			1,6	mA
Kurzschlussausgangsstrom pro Ausgang	$-I_Q$	$U_S = 5{,}25$ V	18		55	mA
Speisestrom	I_S	$U_S = 5{,}25$ V		56	88	mA

	Prüfbedingungen	untere Grenze B	typ.	obere Grenze A	Einheit
Schaltzeiten bei $U_S = 5\,V$, $T_U = 25\,°C$					
Signallaufzeit					
von Eingang A oder B nach $\quad t_{PLH}$			17	26	ns
Ausgang A<B oder A>B $\quad t_{PHL}$			20	30	ns
von Eingang A oder B nach $\quad t_{PLH}$			23	35	ns
Ausgang A = B $\quad t_{PHL}$			20	30	ns
von Eingang A<B oder A = B $\;t_{PLH}$	$C_L = 15\,pF$,		7	11	ns
nach Ausgang A>B $\quad t_{PHL}$	$R_L = 400\,\Omega$		11	17	ns
von Eingang A = B $\quad t_{PLH}$			13	20	ns
nach Ausgang A = B $\quad t_{PHL}$			11	17	ns
von Eingang A>B oder A = B $\;t_{PLH}$			7	11	ns
nach Ausgang A<B $\quad t_{PHL}$			11	17	ns
Ausgangslastfaktor $\quad F_Q$ pro Ausgang				10	
Eingangslastfaktor bei A<B- oder A>B- Eingang $\quad F_I$				1	
bei allen anderen Eingängen $\quad F_I$				3	

Bild 11.21   Datenblatt der Schaltung 7485 (Siemens)

11.4 Busschaltungen

11.4.1 Aufbau und Arbeitsweise

Definition
   Mit Bus bezeichnet man ein System zum Transport und zur Verteilung binärer Informationen.

Das Wort Bus kommt von lat. *omnibus* (= für alle). Alle Einheiten, die binäre Informationen senden oder empfangen, sind durch ein Bussystem miteinander verbunden. Bus steht für **B**inary **U**nit **S**ystem. Verbreitet ist auch die Ableitung «Back Panel Unit Socket» entsprechend der Steckplätze für die einzelnen Komponenten auf den Computerhauptplatinen (engl.: *motherboards*).
   Ist das Bussystem nur für den Informationstransport in einer Richtung geeignet, spricht man von einem *1-Weg-Bus* oder von einem *unidirektionalen Bus*. Können Informationen in beiden Richtungen transportiert werden, so wird dieser Bus *2-Weg-Bus* oder *bidirektionaler Bus* genannt. Häufig enthalten Bussysteme neben den Daten und Steuerleitungen auch Leitungen für die Stromversorgung der angeschlossenen Komponenten.
   Bussysteme können die Informationen parallel oder seriell transportieren. Man unterscheidet daher *parallele Bussysteme* und *serielle Bussysteme*. Bei einem parallelen Bussystem steht für jedes Bit eines zu übertragenden binären Wortes eine Leitung zur Verfügung. Zur Übertragung von 8-Bit-Wörtern werden also 8 Leitungen benötigt. Diese 8 Leitungen werden Datenleitungen genannt. Für Steueraufgaben sind zusätzliche Steuerleitungen erforderlich (Bild 11.22).

380 Digitale Auswahl- und Verbindungsschaltungen

Bei seriellen Bussystemen genügt eine einzige Leitung gegen Masse. Die einzelnen Bits werden nacheinander über die Leitung transportiert und am Empfangsort zum ursprünglichen binären Wort zusammengesetzt (Bild 11.23).

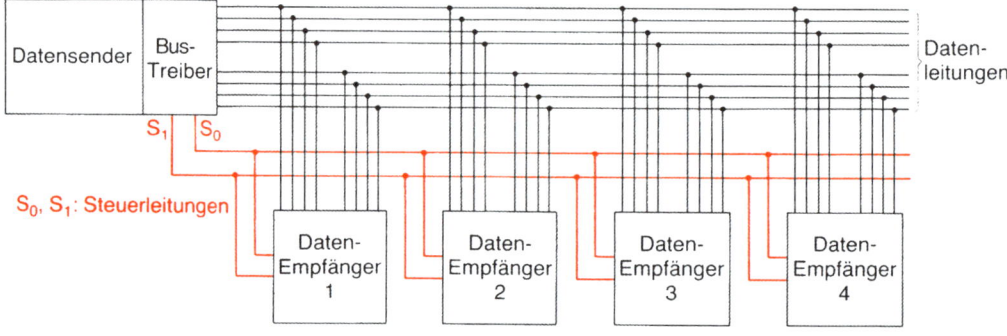

Fall	S_1	S_0	Nr. des Datenempfängers
1	0	0	1
2	0	1	2
3	1	0	3
4	1	1	4

Bild 11.22 Paralleles 1-Weg-Bussystem mit Datensender und Datenempfänger

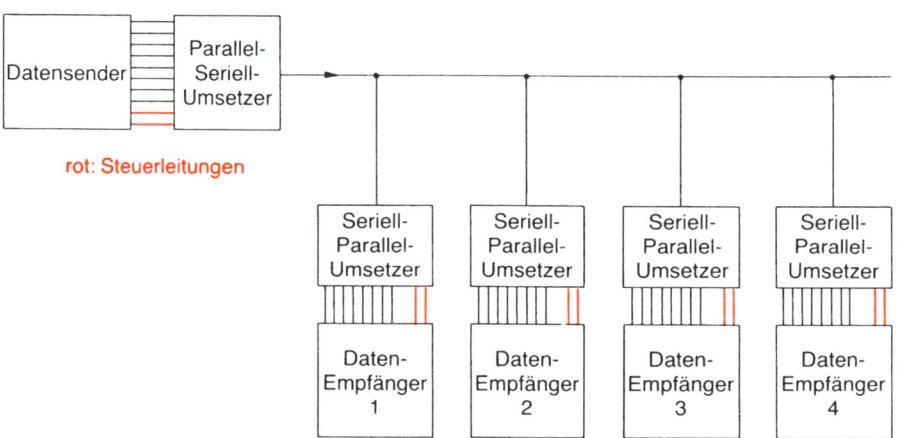

Bild 11.23 Serielles 1-Weg-Bussystem mit Datensender und Datenempfängern

Jedes Bussystem muss ein Anwählen des gewünschten Datenempfängers ermöglichen. Das Anwählen geschieht über die Steuerleitungen bzw. den Adressbus. Ein einfaches Beispiel ist in Bild 11.22 dargestellt. Über 2 Steuerleitungen können 4 verschiedene Befehle gegeben werden. Jeder Befehl schaltet einen Datenempfänger auf Empfang.

Ist ein Datenempfänger nicht auf Empfang geschaltet, müssen seine Dateneingänge hochohmig sein. Der Datenempfänger darf die auf den Busleitungen befindlichen Signale nicht beeinflussen. Bei Schaltungen, die der MOS-Schaltkreisfamilie angehören, sind die Eingänge stets hochohmig. Hier ergeben sich meist keine Probleme. Bei TTL-Schaltkreisen muss neben 0 und 1 bzw. neben L und H ein 3. hochohmiger Zustand der Eingänge möglich sein. Der hochohmige Zustand wird durch besondere

Schaltungsmaßnahmen erreicht. TTL-Schaltungen, deren Eingänge (und Ausgänge) hochohmig geschaltet werden können, werden Tri-State-TTL-Schaltungen genannt (Tri-State = 3 mögliche Zustände).

An Bussysteme können auch mehrere Datensender angeschlossen werden. Selbstverständlich muss sichergestellt werden, dass niemals 2 Datensender zur gleichen Zeit Daten einspeisen. Der nicht aktive Datensender darf die auf den Busleitungen befindlichen Signale nicht beeinflussen. Seine Ausgänge müssen hochohmig sein.

Selbstverständlich können auch Schaltungseinheiten zeitweise als Datensender und zeitweise als Datenempfänger arbeiten. Hier ist ein größerer Aufwand an Steuerleitungen erforderlich. Der Bus arbeitet als 2-Wege-Bus.

Bussysteme werden überall dort verwendet, wo Datentransport an verschiedene auswählbare Datenempfänger gewünscht wird. Dies ist in großem Umfang in der Mikroprozessortechnik (s. Kapitel 15) und im Bereich der Datenverarbeitung der Fall.

11.4.2 Bussysteme

Bussysteme sind notwendig, damit einzelne Komponenten in einem Kommunikationsnetz Daten und Steuerinformationen austauschen können. Der Bus verbindet die Komponenten untereinander und bildet so ein Kommunikationsnetzwerk. Bussysteme können drahtgebunden sein oder mit Funkübertragung arbeiten (WLAN).

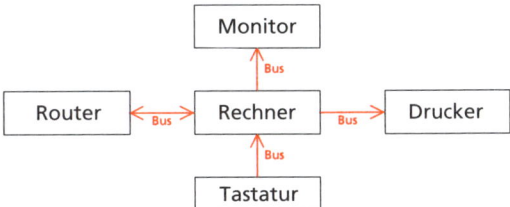

Bild 11.24
Kommunikationsnetzwerk

Die Verbindung kann unterschiedliche Topologien haben. Die Topologie beschreibt die Struktur der Verbindungswege zwischen den Kommunikationspartnern wie z.B. des Mikroprozessors, der Tastatur und des Monitors.

Die Komponenten können in Reihe, an eine gemeinsame Sammelschiene (engl.: *busbar*), im Ring, sternförmig oder vernetzt angeschlossen sein. Auch die Verbindung der Teilnehmer über baumförmige Strukturen ist möglich. Jede Topologie hat Vor- und Nachteile. Zu beachten sind die Unterschiede hinsichtlich Zuverlässigkeit bei Ausfällen, Erweiterbarkeit und Wirtschaftlichkeit (Verkabelungsaufwand).

Bei der Bustopologie sind alle Teilnehmer an eine Leitung angeschlossen. Die Bustopologie hat den Vorteil, dass an jeder Stelle ein Teilnehmer angeschlossen werden kann. Sie benötigt auch weniger Kabel als die Sterntopologie. Jeder Teilnehmer sieht den gesamten Datenverkehr. Das birgt auch eine erhöhte Gefahr des Abhörens (Bussniffer). Fällt ein Teilnehmer aus, sind die anderen nicht beeinträchtigt. Nachteilig ist, dass bei einer Kabelunterbrechung alle nachfolgenden Teilnehmer ausfallen. Bei der Ringtopologie ist dies nicht der Fall, da die Einspeisung beidseitig möglich ist. Da alle Daten über die gleiche Leitung gehen, ist diese bei vielen Teilnehmern schnell ausgelastet.

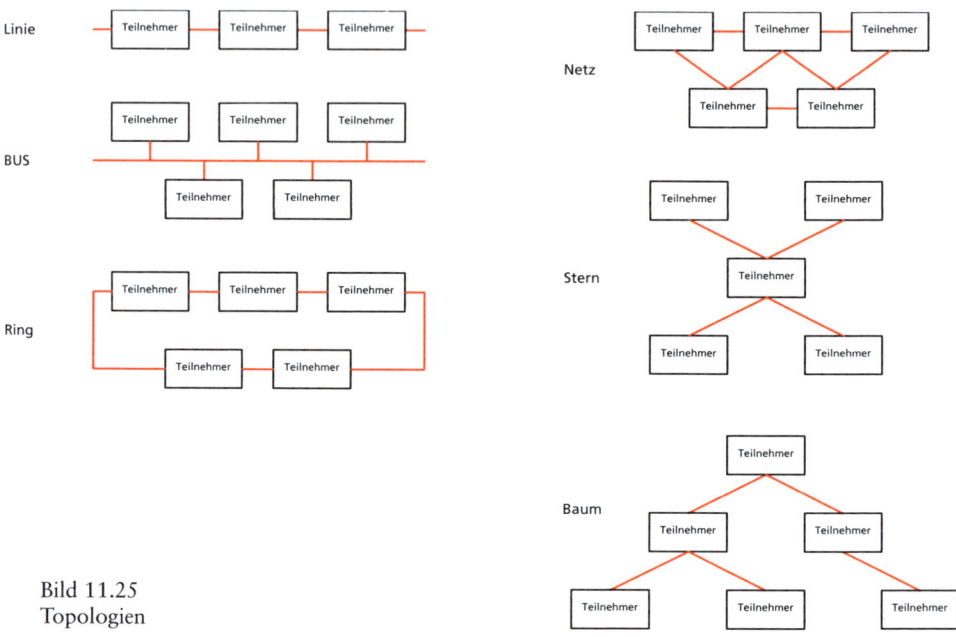

Bild 11.25
Topologien

Bei der Ringtopologie besitzt jeder Knoten zwei Nachbarknoten. Der Datentransfer erfolgt uni- oder bidirektional von Knoten zu Knoten. Bei Ausfall eines Knotens muss die Übertragung über die anderen Knoten erfolgen.

Am Ende und an Verzweigungen eines Busses kommt es, vor allem bei hohen Übertragungsfrequenzen, zu Reflexionen. Sie überlagern sich mit dem Signal (Interferenz) und können es abschwächen. Bei einem eindimensionalen Bussystem kann eine Terminierung durch einen Abschlusswiderstand die Reflexionen verringern. In anderen Busstrukturen sind aktive Systeme erforderlich. Sie sind in den Teilnehmerbaugruppen integriert.

Das Bussystem gibt die physikalischen Eigenschaften der Signale vor (Spannungspegel, Taktfrequenz, Bitzahl usw.). Diese Eigenschaften werden in einem Protokoll definiert. Da die Komponenten häufig unterschiedliche Parameter besitzen, sind für die Ankopplung an den Bus Schnittstellenbausteine (engl.: *interfaces*) erforderlich, die das Signal der Komponenten so aufbereiten, dass es dem Bus-Protokoll entspricht.

Die Übertragungsleistung eines Bussystems wird durch die Übertragungsrate und die Latenzzeit beschrieben. Die Übertragungsrate oder Bandbreite gibt an, wie viele Bits oder Bytes pro Sekunde übertragen werden (Mbit/s oder MB/s). Sie ist vergleichbar mit der Breite einer Straße in Verbindung mit der Fahrgeschwindigkeit. Bei parallelen Bussystemen (mit z.B. 8 Bit = 1 Byte Busbreite) wird die Übertragungsrate in MB/s angegeben. Bei seriellen Bussen (z.B. USB) wird die Einheit Mbit/s verwendet.

Ein lokales, serielles Computernetzwerk (LAN = **L**ocal **A**rea **N**etwork) der Klasse Fast Ethernet kann z.B. 100 Mbit/s übertragen. Interne Computerbusse wie z.B. der PCI-Express übertragen 1000 MB/s. Ein USB-2.0-Anschluss kann ca. 60 MB/s übertragen, USB 3.0 bis zu 625 MB/s.

Die Latenz gibt an, wie lange es dauert, die Daten zu übertragen. Sie beschreibt die Anzahl der auftretenden Verzögerungen und ist vergleichbar mit der Anzahl an

Ampeln auf einer Wegstrecke. Das lokale Fast Ethernet hat eine Latenzzeit von etwa 1000 µs. Der USB-2.0-Bus hat eine Latenzzeit von etwa 125 bis 1000 µs, der PCI-Express nur ca. 0,7 µs.

Ein wichtiges Kriterium ist auch die maximal zulässige Verbindungslänge. Während LAN-Kabel zwischen Computern bis zu einer Länge von 100 m zulässig sind, dürfen die Partner bei einer USB-Verbindung nur maximal 5 m auseinanderliegen.

Die an einen Bus angeschlossenen Komponenten werden über Adressen angesprochen. Es muss zusätzlich geregelt werden, wer wann den Bus zur Übertragung nutzen darf (Zugriffsrechte).

Erhält eine Komponente das Zugriffsrecht auf den Bus, kann es Daten über den Bus an die abgeschlossenen Komponenten senden. Es kann aus physikalischen Gründen nur eine Komponente auf den BUS schreiben. Dagegen können mehrere bzw. alle Komponenten gleichzeitig die Daten lesen (engl.: *multicast* bzw. *broadcast*).

Bussysteme mit vielen Datenleitungen sind platzaufwendig, fehleranfällig, kostspielig und anfällig für Übersprechen. Beim Übersprechen kommt es aufgrund von elektromagnetischen Einkopplungen zur unerwünschten Übertragung von Spannungen bei eng aneinanderliegenden Leitungen.

Um Datenleitungen einzusparen, wird das Multiplexing angewendet. Dabei werden die Leitungen zeitabschnittsweise abwechselnd zur Übertragung von Datenbits und Adressbits verwendet. Im ersten Abschnitt werden die höherwertigen Bits und im zweiten Abschnitt die niederwertigen Bits über dieselben Leitungen verschickt.

In Parallelbussystemen erfolgt die Adressierung über Adress- bzw. Steuerleitungen, der Datenversand über die Datenleitungen. Im technisch einfachsten Fall besitzt jede am Bus angeschlossene Komponente eine Steuerleitung. Mit Adresscodierung kann die Anzahl der Steuerleitungen verringert werden. Bei seriellen Bussen ist das nicht möglich, da sie teilweise nur zwei Adern besitzen. Hier müssen die Daten als Datenpakete mit Teilnehmeradresse versendet werden. Die angeschlossenen Teilnehmer erkennen anhand der Teilnehmeradresse, ob die Daten für sie bestimmt sind.

Bei Punkt-zu-Punkt-Verbindungen(z.B. USB) entfällt die Adressierung, da ja nur ein Teilnehmer am Ende des Busses angeschlossen ist.

11.4.3 Anwendungen

Bussysteme werden insbesondere in Computern, in Maschinen, in modernen Fahrzeugen und auch in Gebäuden eingesetzt.

11.4.3.1 Computerbusse

In Computersystemen werden Busse für den Informationsaustausch zwischen Chipsatz und Peripherie benötigt. Zusätzlich versorgen sie die angeschlossenen Komponenten mit der erforderlichen Betriebsspannung. Zur Peripherie gehören zum Beispiel die Festplatte, die Grafikkarte, die Speicherbausteine (RAMs) oder eine Netzwerkkarte.

Die Hauptplatine besitzt Steckplätze zur Aufnahme der Peripheriebausteine. Weit verbreitet ist der Peripheral-Component-Interconnect(PCI)-Bus. Er ist ein synchroner Bus mit 32 oder 64 Bit, arbeitet mit 33,33 bzw. 66,66 MHz Taktfrequenz und stellt zusätzlich die erforderlichen Betriebsspannungen bereit. Der 32-Bit-PCI-Bus arbeitet im Multiplexbetrieb, die Busleitungen werden abwechselnd als Daten- oder Adressleitung verwendet. Beim 64 -Bit-PCI-Bus werden 32 Daten- und 32 Adressleitungen getrennt genutzt. Eine Weiterentwicklung ist PCI-Express. Er bietet eine höhere Datenübertragungsrate. Im Gegensatz zum PCI-Bus, der die Peripheriegeräte in einer Linientopologie verbindet, arbeitet der PCI-Express mit Punkt-zu-Punkt-Verbindungen. Der PCI-Express ist ein serieller Bus. Daher sind für das Senden Parallel-zu-Seriell-Umsetzer und für das Empfangen Seriell-Parallel-Umsetzer notwendig.

Serielle Busse dienen auch dem Datentausch mit der Peripherie (Tastatur, Drucker, externe Speicher). Weit verbreitet ist heute der USB (engl.: *Universal Serial Bus*). Der USB 2.0 arbeitet seriell und benötigt nur ein Adernpaar für die Datenleitungen. Die Geräte werden direkt verbunden (engl.: point to point). Zusätzlich enthält er eine Stromversorgung (5 V). USB 3.0 nutzt vier weitere Datenleitungen.

11.4.3.2 Feldbusse

Bei Maschinen spricht man von Feldbussen. Sie verbinden Sensoren und Aktoren mit der Steuerung, zum Beispiel einer SPS (**s**peicher**p**rogrammierbare **S**teuerung). Der Anschluss der Sensoren bzw. Aktoren kann einzeln (parallel) oder seriell erfolgen. Die serielle Verkabelung hat einen geringeren Verkabelungsaufwand. Feldbusse sind in der IEC 61 158 genormt. Für die Auswahl eines Bussystems sind folgende Kriterien zu betrachten:

Kommunikation: Der Feldbus sollte mit möglichst vielen Geräten kommunizieren können. Dazu gehören Sensoren und Aktoren, untergeordnete Steuerungen wie z.B. SPS, aber auch PCs.
Zykluszeit: Der Bus muss die Daten schnell übertragen. Die Zykluszeit sollte möglichst klein sein. Hier spielt auch die Kabellänge eine wichtige Rolle.
Zuverlässigkeit und Protokolleffizienz: Die Daten werden auf dem Bus nach den Regeln eines Übertragungsprotokolls versendet. Die Übertragung muss fehlerfrei und effizient sein. Daten sollen nicht übertragen werden, wenn sie sich im Zeitabschnitt nicht verändert haben. Ein Temperaturwert wird z.B. nur bei Änderung übertragen. Das erhöht die Effizienz. Die Abfrage der Sensoren kann gesammelt erfolgen. Je weniger Daten übertragen werden müssen, desto niedriger kann die Übertragungsrate gewählt werden. Systeme mit niedrigen Übertragungsraten sind weniger störanfällig als Systeme mit hohen Übertragungsraten.
Reichweite: Bei der Auswahl eines Bussystems muss berücksichtigt werden, wie weit die Feldgeräte entfernt sind.
Diagnose: Die Diagnose sollte möglichst einfach sein und keine Spezialgeräte erfordern.
Produktverfügbarkeit: Bei Defekten muss Ersatz schnell lieferbar sein, damit Produktionsausfälle keine zu hohen Kosten verursachen.

Häufig angewendet werden der Interbus, der M-Bus und der Profibus.
Der Interbus ist ein serieller Bus mit einer Ringtopologie. Er überträgt die Daten mit 500 kbit/s. Er besteht aus einer Anschaltbaugruppe, einem Fernbus, dem In-

stallationsfernbus und dem Localbus. Mit dem Fernbus werden weit entfernte Sensoren bzw. Aktoren mit eigener Spannungsversorgung angeschlossen. Sie dürfen bis zu 400 m entfernt sein. Der Installationsfernbus besitzt zusätzlich eine zentrale Energieversorgung für Sensoren ohne eigene Versorgung. Der Lokalbus verbindet lokale Teilnehmer und ist abschaltbar. Der Anschluss an den Bus erfolgt über Buskoppler und Ein-/Ausgabe-Baugruppen (I/O-Module).

Der M-Bus (M = *metering*) ist ein serieller Bus, der vor allem bei der Verbrauchserfassung für die Übertragung von Zählerdaten verwendet wird. Er benötigt nur zwei Adern. Ein einfaches Telefonkabel ist für die Datenübertragung ausreichend.

11.4.3.3 *Fahrzeugbusse*

In Fahrzeugen verbinden Bussysteme die Steuergeräte und die Sensoren und Aktoren. Moderne Fahrzeuge besitzen zahlreiche Steuergeräte(z.B. für Motor, Getriebe, Abgasreinigung und Komfortfunktionen). Die meisten elektrischen Verbraucher (z.B. Fensterheber, Fahrzeugleuchten, Aktoren und Sensoren) werden an den Bus angeschlossen. Das erspart das Verlegen zahlreicher langer Einzeladern, denn die Funktionen sind heute sehr komplex. Dadurch wird die Verkabelung zuverlässiger und es wird Gewicht eingespart. Des Weiteren wird die Fehlersuche mit Hilfe von Bus-Prüfgeräten erleichtert.

In Fahrzeugen kommt der CAN-Bus (engl.: *Controller Area Network*) zur Anwendung. Der CAN-Bus verbindet die Teilnehmer mit zwei verdrillten Kupferleitungen oder mit Glasfasern. Der Spannungspegel zwischen den Adern beträgt ca. 3 V. Für einfache Anwendungen wird auch nur eine Ader gegen Fahrzeugmasse verwendet. Der Anschluss der Busteilnehmer erfolgt linienförmig. Seltener werden Komponenten über Stichleitungen angeschlossen. Der Bus verbindet mehrere gleichberechtigte Steuergeräte, die über zwei Geschwindigkeiten miteinander kommunizieren: Highspeed mit 1 MBit/s und Lowspeed mit 125 kbit/s. Die maximal zulässige Leitungslänge beträgt bei Highspeed ca. 40 m und bei Lowspeed ca. 500 m.

11.4.3.4 *Installationsbusse*

In Gebäuden dient der Bus zum Informationsaustausch zwischen den Geräten der Haustechnik und wird Installationsbus genannt. Ein weitverbreiteter Installationsbus ist der EIB (*European Installation Bus*) oder KNX nach EN 50 090. Eine einfache Anwendung ist die programmierbare Ansteuerung von Leuchten über Taster im Haus. Die Leuchten werden an die 230-V-Versorgung und an eine zweiadrige Busleitung angeschlossen. Die Taster werden nur an den Bus angeschlossen und können über den Bus den Leuchten zugeordnet (programmiert) werden. Im Gegensatz zur klassischen Installation sind keine festen Verdrahtungen zwischen Leuchte und Taster notwendig. Spätere Änderungen der Zuordnung, welcher Taster welche Leuchte ansteuert, sind durch neues Programmieren einfach zu realisieren.

Weitere Anwendungen ergeben sich in der Steuerung von Jalousien durch Sensoren oder Schnittstellen zum Internet. Auch Gebäudeheizungen und Alarmanlagen lassen sich so aus der Ferne steuern.

11.5 Lernziel-Test

1. Wie arbeitet ein Datenselektor?
2. Erklären Sie die Unterschiede zwischen Multiplexer und Demultiplexer.
3. Entwickeln Sie die Schaltung eines 8-Bit-zu-1-Bit-Datenselektors.
4. Wie ist ein 3×4-Bit-zu-4-Bit-Datenselektor aufgebaut? Wie viele Steuerleitungen sind erforderlich? Geben Sie ein Blockschaltbild ähnlich Bild 11.4 an.
5. Entwickeln Sie die Schaltung eines 2-Bit-zu-2×2-Bit-Demultiplexers.
6. Wie arbeitet ein Adressdecodierer?
7. Geben Sie die Schaltung eines 3-Bit-Adressdecodierers an.
8. Erklären Sie den Aufbau und die Arbeitsweise eines digitalen 1-Bit-Komparators.
9. Was versteht man unter einem Bussystem?
10. Welche Vorteile bringen standardisierte bzw. genormte Bussysteme?

12 Register- und Speicherschaltungen

12.1 Schieberegister

Definition
Schieberegister sind Schaltungen, die eine Information taktgesteuert Bit nach Bit aufnehmen, sie eine gewisse Zeit speichern und dann wieder abgeben.

Für den Aufbau von Schieberegistern werden Flipflops verwendet. Gut eignen sich taktflankengesteuerte D-Flipflops, SR-Flipflops und JK-Flipflops. Hochwertige Schieberegister werden oft mit JK-Master-Slave-Flipflops aufgebaut. Verschiedene, häufig benötigte Ausführungen von Schieberegistern stehen als integrierte Schaltungen zur Verfügung.

12.1.1 Schieberegister für serielle Ein- und Ausgabe

Ein einfaches Schieberegister mit 4 Bit Speicherkapazität ist in Bild 12.1 dargestellt. Es besteht aus 4 D-Flipflops, die mit ansteigender Taktflanke schalten. Die Arbeitsweise von D-Flipflops ist in Abschnitt 7.7.7 erläutert.

Liegt 1-Signal am Eingang E und ändert sich das Taktsignal von 0 auf 1, so wird das Flipflop A gesetzt. An seinem Ausgang Q_A erscheint 1. Wird dann an den Eingang 0-Signal gelegt, so wird mit der 2. ansteigenden Taktflanke das Flipflop A zurückgesetzt und das Flipflop B gesetzt. Signal 1 erscheint jetzt am Ausgang Q_B. Mit der 3. ansteigenden Taktflanke wird Flipflop B zurückgesetzt und Flipflop C gesetzt. Q_C wird jetzt 1. Mit der 4. ansteigenden Taktflanke wird Flipflop C zurückgesetzt und Flipflop D gesetzt ($Q_D = 1$).

Das 1-Signal, das zu Beginn am Eingang E anlag, wurde taktweise von Flipflop zu Flipflop weitergeschoben. Es liegt jetzt am Ausgang des Schieberegisters. Mit der ansteigenden Flanke des 5. Taktes wird Flipflop D ebenfalls zurückgesetzt. Man sagt, das Schieberegister sei jetzt «leer». Es enthält keine Information mehr.

In Bild 12.2 sind die einzelnen Schiebeschritte in einer Funktionstabelle dargestellt. Zur weiteren Erläuterung dient das Zeitablaufdiagramm Bild 12.3.

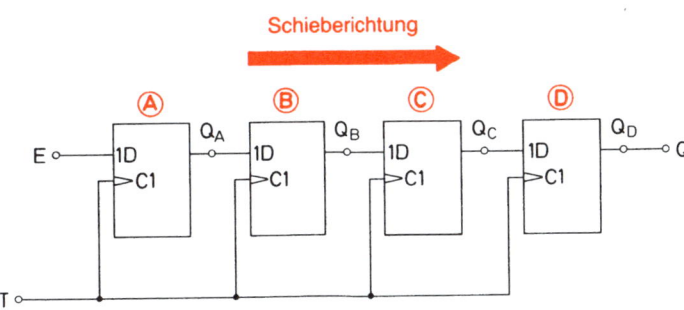

Bild 12.1 4-Bit-Schieberegister für serielle Ein- und Ausgabe

388 Register- und Speicherschaltungen

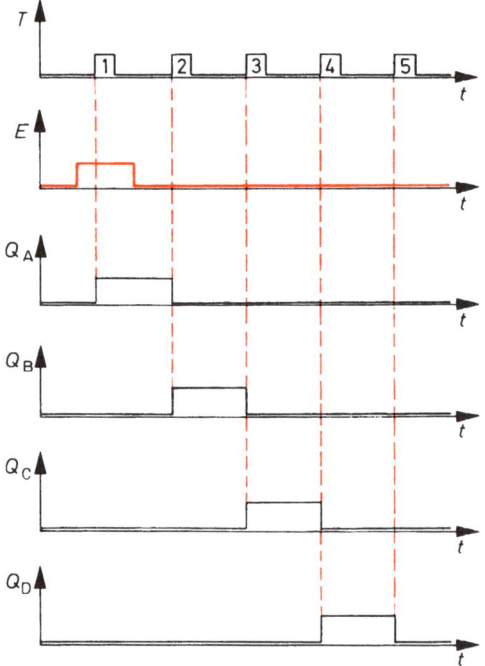

Takt Nr. n	Zustände nach Takt Nr. n				
	E	Q_A	Q_B	Q_C	$Q_D = Q$
	1	0	0	0	0
1	0	1	0	0	0
2	0	0	1	0	0
3	0	0	0	1	0
4	0	0	0	0	1
5	0	0	0	0	0

Bild 12.2
Funktionstabelle eines
4-Bit-Schieberegisters

Bild 12.3
Zeitablaufdiagramm eines
4-Bit-Schieberegisters

Welches Zeitablaufdiagramm ergibt sich, wenn vor dem 3. Takt an den Eingang E erneut 1-Signal angelegt wird und dieses 1-Signal bis nach dem 3. Takt anliegt?

Wenn vor dem 3. Takt erneut 1-Signal an E angelegt wird, wird Flipflop A mit der ansteigenden Taktflanke des 3. Taktes gesetzt. Mit der ansteigenden Taktflanke des 4. Taktes wird Flipflop A zurückgesetzt und Flipflop B gesetzt. Mit der ansteigenden Taktflanke des 5. Taktes wird Flipflop B zurückgesetzt und Flipflop C gesetzt – und so fort. Es ergibt sich das Zeitablaufdiagramm Bild 12.4.

Die an den Eingang gelegten 1- und 0-Zustände werden in das Schieberegister zeitlich nacheinander aufgenommen (serielle Dateneingabe). Nach der Aufnahme der Information können die Taktsignale gesperrt werden. Die Information wird dann gespeichert, und zwar so lange, wie die Taktsignale gesperrt sind. Werden die Taktsignale wieder freigegeben, wird die Information Bit nach Bit an den Ausgang Q gegeben (serielle Datenausgabe).

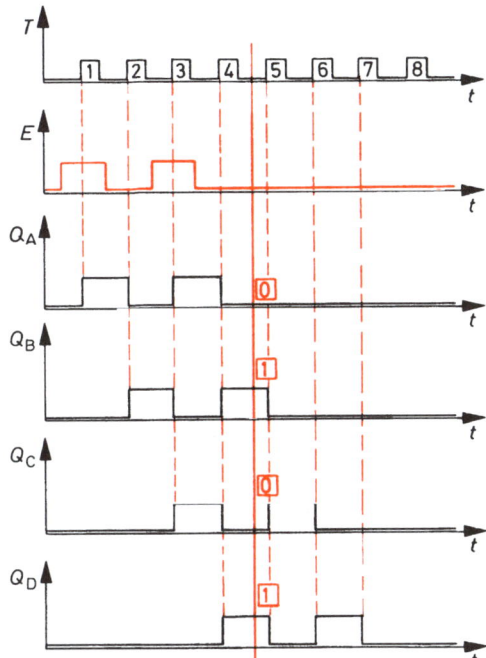

Bild 12.4
Zeitablaufdiagramm

Beispiel

Die Dualzahl 0101 soll in das Schieberegister Bild 12.1 eingegeben werden. Hierzu sind 4 Takte erforderlich. Vor dem 1. Takt muss der Inhalt des 1. Bit (Wertigkeit 2^0) am Eingang E liegen (1-Signal). Vor dem 2. Takt muss der Inhalt des 2. Bit (Wertigkeit 2^1) am Eingang E liegen. Das ist in diesem Falle 0-Signal. Vor dem 3. Takt muss der Inhalt des 3. Bit (Wertigkeit 2^2) am Eingang liegen (1-Signal). Vor dem 4. Takt muss der Inhalt des 4. Bit (Wertigkeit 2^3) am Eingang E liegen (0-Signal). Nach dem 4. Takt ist die Dualzahl 0101 eingegeben. Das Zeitablaufdiagramm Bild 12.4 gibt diesen Vorgang wieder.

Jetzt können die Taktsignale gesperrt werden. Die Information kann beliebig lange gespeichert werden.

Für die Ausspeicherung über den Ausgang Q sind weitere 4 Takte erforderlich. Das 1. Bit ist vor dem 5. Takt am Ausgang Q verfügbar, das 2. Bit nach dem 5. Takt. Das 3. Bit liegt nach dem 6. Takt und das 4. Bit nach dem 7. Takt am Ausgang Q. Nach dem 8. Takt ist das Schieberegister leer (Bild 12.5).

Vollständige Schieberegister können durch ein Schaltzeichen dargestellt werden. Das Schaltzeichen des Schieberegisters Bild 12.1 zeigt Bild 12.6. «SRG» bedeutet Schieberegister, engl.: Shift register. Die Zahl nach SRG ist die Bit-Zahl.

Schieberegister werden in großer Zahl als integrierte Schaltungen hergestellt. Die integrierte Schaltung 7491 A enthält ein 8-Bit-Schieberegister für serielle Eingabe und Ausgabe. Die Anschlussanordnung und das Blockschaltbild dieser Schaltung sind in Bild 12.7 dargestellt. Das Schieberegister ist mit SR-Flipflops aufgebaut, die mit abfallender Taktflanke schalten. Da in der Taktleitung ein NICHT-Gatter liegt, erfolgt das Schalten mit der ansteigenden Flanke des am Anschlusspol 9 angelegten Taktsignals.

Register- und Speicherschaltungen

Takt Nr. n	E	2^3 Q_A	2^2 Q_B	2^1 Q_C	2^0 Q_D
	1	0	0	0	0
1	0	1	0	0	0
2	1	0	1	0	0
3	0	1	0	1	0
4	0	0	1	0	1
5	0	0	0	1	0
6	0	0	0	0	1
7	0	0	0	0	0
8	0	0	0	0	0

Bild 12.5 Funktionstabelle

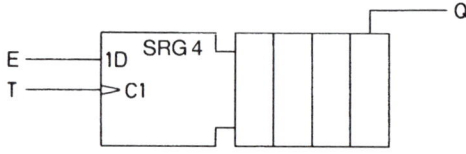

Bild 12.6
Schaltzeichen eines
4-Bit-Schieberegisters,
das mit D-Flipflops aufgebaut
ist und mit serieller Ein- und
Ausgabe arbeitet

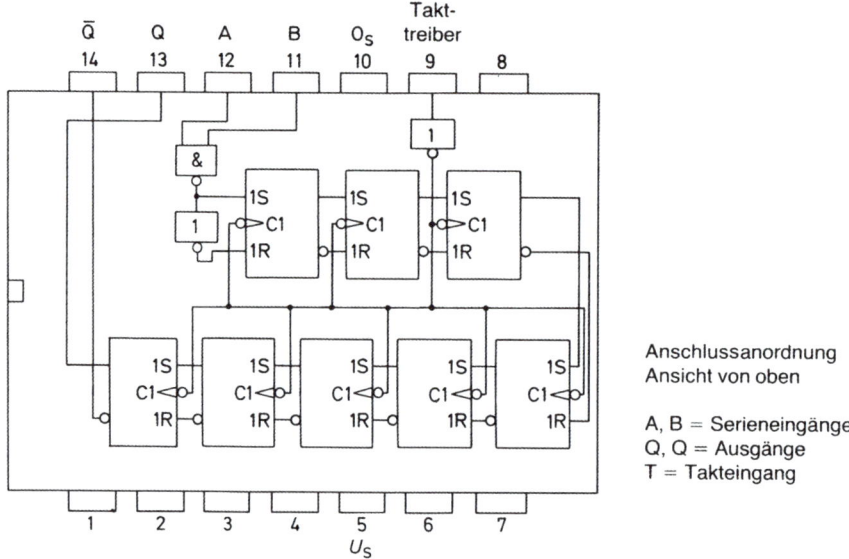

Anschlussanordnung
Ansicht von oben

A, B = Serieneingänge
Q, Q̄ = Ausgänge
T = Takteingang

Bild 12.7 Anschlussanordnung und Blockschaltbild der integrierten Schaltung 7491 A

12.1.2 Schieberegister mit Parallelausgabe

Schieberegister haben stets die Möglichkeit der seriellen Dateneingabe und der seriellen Datenausgabe. Ohne diese Möglichkeit kann eine Schaltung nicht als Schieberegister bezeichnet werden.

Ein Schieberegister mit Parallelausgabe kann zusätzlich die gespeicherten Daten parallel ausgeben. Das Schieberegister Bild 12.8 hat die Möglichkeit der Parallelausgabe. Die Q-Ausgänge der Flipflops sind zu besonderen Anschlusspunkten geführt. Dort sind die Signale aller 4 Bit verfügbar.

Für den Aufbau des Schieberegisters wurden SR-Flipflops verwendet. Diese Flipflops werden anders zurückgesetzt als die D-Flipflops (s. Abschnitt 7.5.2). Ein Rücksetzen kann nur erfolgen, wenn am R-Eingang 1-Signal anliegt und die schaltende Taktflanke kommt. 0-Signale lösen kein Kippen aus. Daher müssen das Eingangssignal über ein NICHT-Gatter und der R-Eingang des 1. Flipflops gegeben werden. Liegt am Eingang E 0-Signal, so liegt am Eingang R des 1. Flipflops 1-Signal, und das Flipflop wird mit der nächsten schaltenden Taktflanke zurückgesetzt.

Jeder Q-Ausgang könnte über ein NICHT-Gatter mit dem R-Eingang des folgenden Flipflops verbunden werden. Das NICHT-Gatter kann jedoch eingespart werden, denn das negierte Q-Signal ist am Flipflopausgang [Q] verfügbar. Der Ausgang [Q] wird also direkt mit dem R-Eingang des folgenden Flipflops verbunden (Bild 12.8).

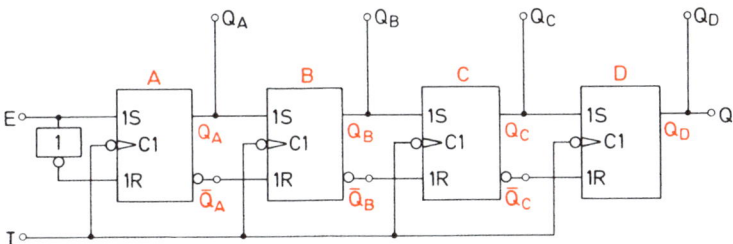

Bild 12.8 Schieberegister mit Parallelausgabe

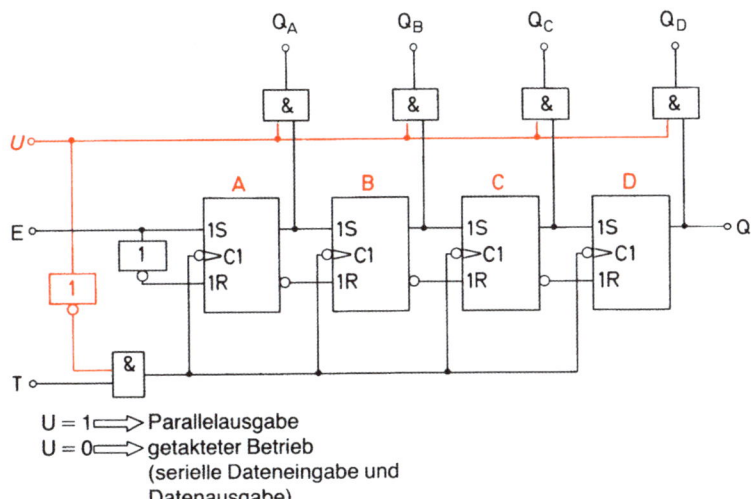

Bild 12.9 Schieberegister mit Parallelausgabe und Verriegelungsschaltung

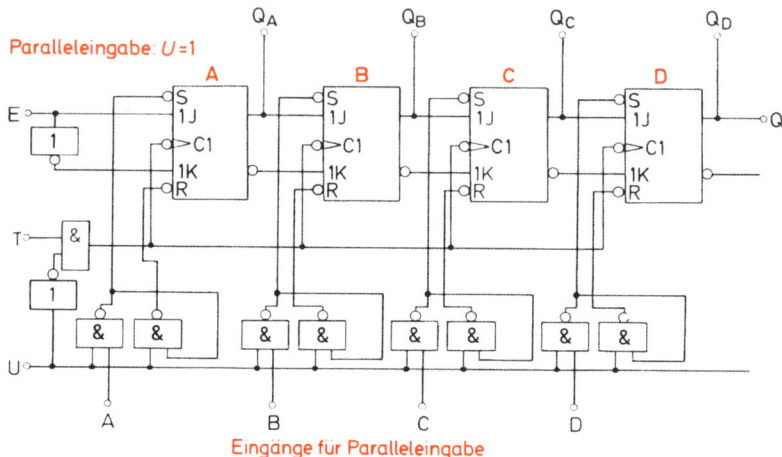

Bild 12.10   Schieberegister mit taktunabhängiger paralleler Dateneingabe und Datenausgabe

Die im Schieberegister gespeicherte Information kann taktunabhängig an den Ausgängen Q_A, Q_B, Q_C und Q_D abgenommen werden. Während dieser Parallelausgabe darf das Schieberegister keine weiteren Schiebetakte erhalten, sonst wird die parallel ausgegebene Information verfälscht. Es darf also nicht gleichzeitig eine serielle und eine parallele Datenausgabe erfolgen. Ebenfalls darf nicht gleichzeitig serielle Dateneingabe und eine parallele Datenausgabe stattfinden.

Das Schieberegister in Bild 12.9 hat eine Verriegelungsschaltung, die ein Weitertakten des Schieberegisters bei Parallelausgabe verhindert und andererseits die Parallelausgabe sperrt, wenn das Schieberegister getaktet wird. Liegt am Umschalteingang U 0-Signal an, so ist der Schiebetakt freigegeben und die Parallelausgabe gesperrt. Liegt am Umschalteingang 1-Signal, so ist Parallelausgabe möglich, und der Schiebetakt gesperrt.

12.1.3   Schieberegister mit Parallelausgabe und Paralleleingabe

Für viele Anwendungsfälle ist es günstig, neben der seriellen Dateneingabe die Möglichkeit zu haben, dem Schieberegister Daten parallel einzugeben. Diese Paralleleingabe kann taktabhängig oder taktunabhängig erfolgen.

Das Schieberegister in Bild 12.10 bietet neben der Möglichkeit der Parallelausgabe auch die Möglichkeit der Paralleleingabe. Parallelausgabe und Paralleleingabe sind taktunabhängig. Das Schieberegister ist mit JK-Flipflops aufgebaut, die taktunabhängige Stell- und Rückstelleingänge haben. Die Dateneingänge für Paralleleingabe sind A, B, C und D. Paralleleingabe und serielle Ein- und Ausgabe sind gegeneinander verriegelt. Liegt am Umschalteingang 0-Signal, so ist der Takt freigegeben. Das Schieberegister kann seriell arbeiten. Bei U = 1 ist Paralleleingabe möglich. Das Taktsignal ist gesperrt. Wenn erforderlich, könnte auch die Parallelausgabe noch verriegelt werden, wie in Bild 12.9 gezeigt.

Wie muss nun ein Schieberegister aufgebaut sein, das für taktabhängige Paralleleingabe geeignet ist? Es gibt verschiedene Möglichkeiten. Eine Möglichkeit zeigt Bild 12.11. Die Eingänge J und K eines jeden Flipflops sind umschaltbar. Bei U = 0 werden die Flipflopeingänge seriell mit Signalen versorgt. Bei U = 1 erhalten die Flipflopeingänge ihre Signale von den Dateneingängen für Paralleleingabe (A, B, C, D). Das Setzen oder Rücksetzen der Flipflops erfolgt mit dem Takt, bei den in der Schaltung Bild 12.1 verwendeten Flipflops also mit abfallender Taktflanke.

12.1.4 Ringregister

Definition
Ein Ringregister ist ein Schieberegister, dessen Ausgang mit dem Eingang verbunden ist.

Bei einem Ringregister können die Informationen im Ring geschoben werden. Sie laufen im Ring um. Ein solches Register wird auch Umlaufregister genannt. Der prinzipielle Aufbau eines Ringregisters ist in Bild 12.12 dargestellt.

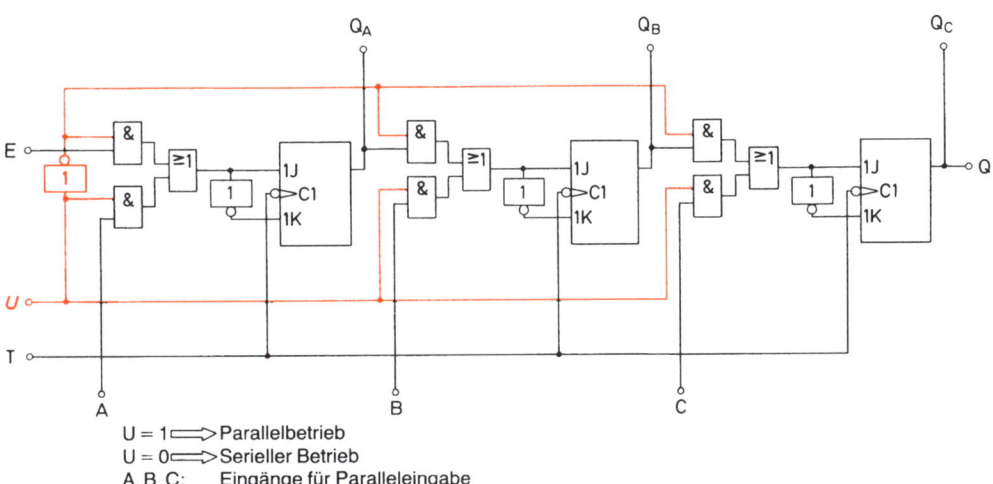

U = 1 ⇒ Parallelbetrieb
U = 0 ⇒ Serieller Betrieb
A, B, C: Eingänge für Paralleleingabe

Bild 12.11 Schieberegister mit taktabhängiger paralleler Dateneingabe und taktunabhängiger paralleler Datenausgabe

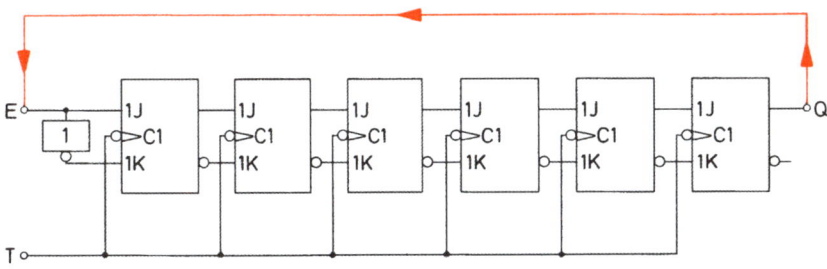

Bild 12.12 Prinzipieller Aufbau eines Ringregisters

Register- und Speicherschaltungen

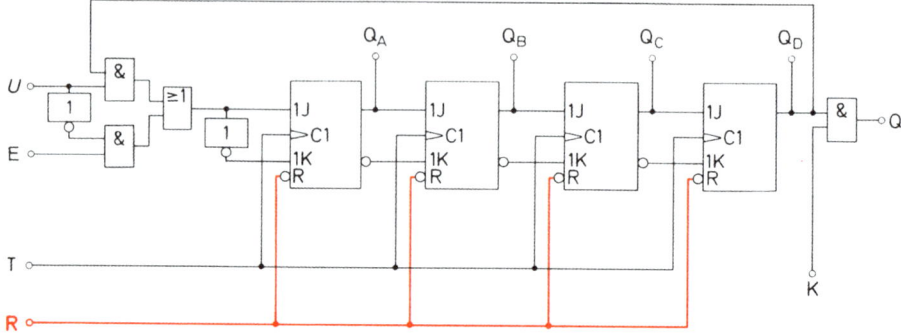

Bild 12.13 Ringregister mit serieller Eingabe und wahlweise serieller oder paralleler Ausgabe

Die Informationen können seriell oder parallel in ein Ringregister eingegeben werden. Sie können ebenfalls seriell oder parallel ausgegeben werden. Bild 12.13 zeigt ein Ringregister mit serieller Dateneingabe und wahlweise serieller oder paralleler Datenausgabe. Bei U = 1 ist das Register als Ringregister geschaltet. Die Ausgangssignale werden vom Eingang aufgenommen. Bei U = 0 ist eine Dateneingabe über den seriellen Eingang E möglich. Eine serielle Datenausgabe ist über den Ausgang Q möglich, wenn K = 1 ist. Über R kann das Register taktunabhängig mit 0-Signal zurückgesetzt und die in ihm enthaltene Information gelöscht werden.

12.1.5 Schieberegister mit umschaltbarer Schieberichtung

Der Schaltungsaufbau von umschaltbaren Schieberegistern basiert auf dem Schaltungsaufbau der bisher betrachteten Schieberegister. Die Reihenfolge der Zusammenschaltung der Flipflops muss umschaltbar sein.

Die Prinzipschaltung eines Schieberegisters mit umschaltbarer Schieberichtung ist in Bild 12.14 angegeben. Die mechanischen Umschalter müssen durch entsprechende Digitalschaltungen ersetzt werden. Die schwarzen Schalterstellungen und Verbindungen gelten für Rechtsschieben. Die roten Schalterstellungen und Verbindungen gelten für Linksschieben.

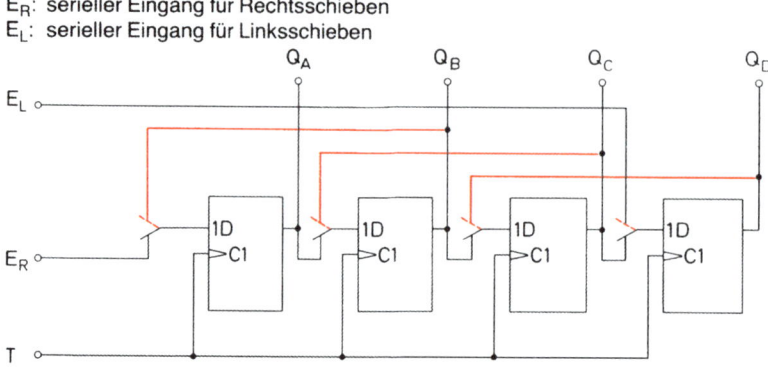

Bild 12.14 Prinzipschaltung eines Schieberegisters mit umschaltbarer Schieberichtung

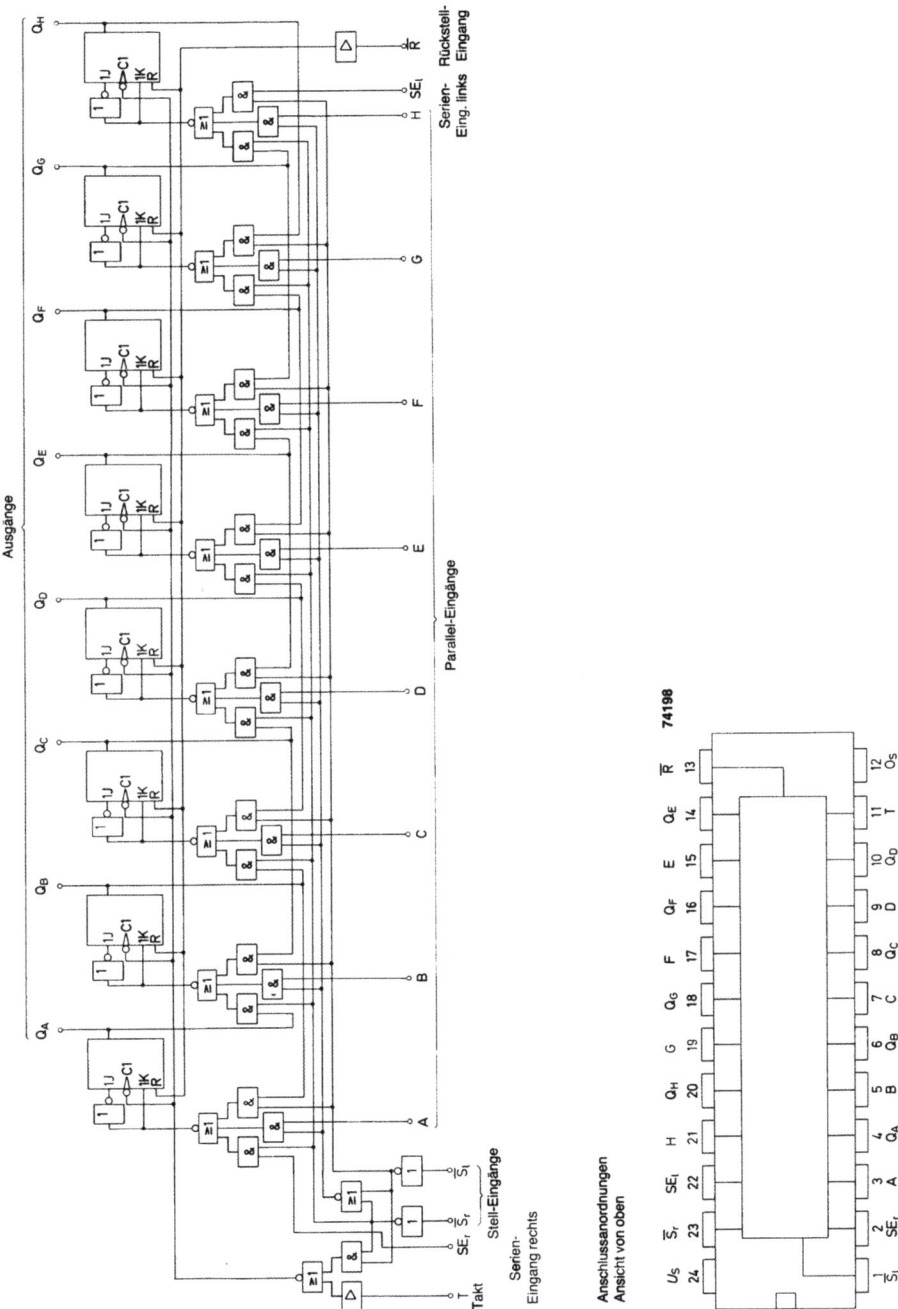

Bild 12.15 Schaltbild und Anschlussanordnung des in der Schieberichtung umschaltbaren Schieberegisters 74 198 (Siemens)

Ein 8-Bit-Schieberegister mit umschaltbarer Schieberichtung ist als integrierte Schaltung 74 198 verfügbar. Dieses Schieberegister ist ein Universal-Schieberegister. Es hat die Möglichkeit der seriellen und der parallelen Dateneingabe und Datenausgabe, verfügt über eine Taktsperrmöglichkeit und hat einen taktunabhängigen Rückstelleingang. Das Schaltbild dieses Schieberegisters und die Anschlussanordnung sind in Bild 12.15 dargestellt.

12.2 Speicherregister

Speicherregister sind wie Schieberegister mit Flipflop-Schaltungen aufgebaut, jedoch wird in ihnen keine Information geschoben. Die einzelnen Flipflops werden gesetzt oder zurückgesetzt. Das Speicherregister speichert ein binäres Wort, also einen binären Ausdruck, festgelegter Länge. Die Information kann an den Ausgängen abgelesen und weitergegeben werden. Sie wird gelöscht, wenn sie nicht mehr benötigt wird.

Definition
Speicherregister haben die Aufgabe, binäre Wörter eine bestimmte Zeit zu speichern.

Der Aufbau eines 4-Bit-Speicherregisters ist in Bild 12.16 dargestellt. Die JK-Flipflops werden mit 1-Signalen an den J-Eingängen gesetzt. Das Setzen erfolgt taktgesteuert. Jedes Flipflop kann für sich gesetzt werden. Das Rücksetzen erfolgt mit 1-Signalen an den K-Eingängen. Es wird freigegeben durch 0-Signal am L-Eingang. Zum Löschen der gesamten gespeicherten Information ist der taktunabhängige Rückstelleingang R gut geeignet.

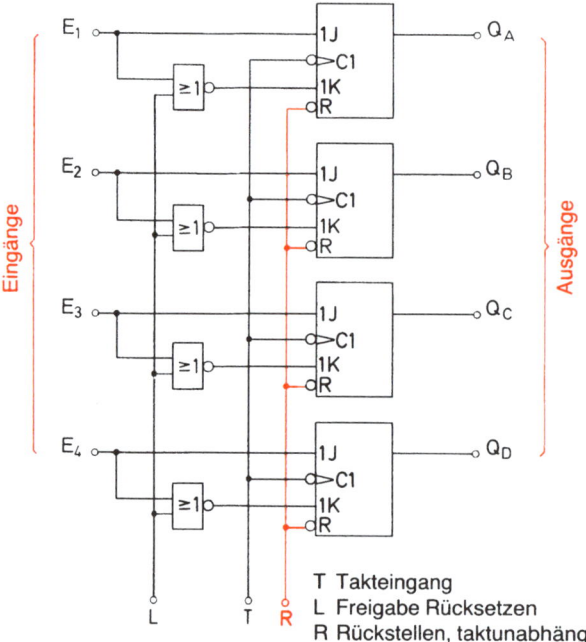

Bild 12.16 Speicherregister mit taktunabhängigem Rückstelleingang

12.3 Schreib-Lese-Speicher (RAM)

Mit RAM bezeichnet man einen in Halbleitertechnik gebauten Schreib-Lese-Speicher. Er hat eine bestimmte Anzahl von Speicherplätzen. Jeder Speicherplatz hat eine festgelegte Speicherkapazität. Er kann also eine Information bestimmter Bitlänge aufnehmen. Die einzelnen Speicherplätze sind mit Adressen gekennzeichnet. Mit Hilfe dieser Adressen können Speicherzellen direkt angewählt werden. Ein RAM arbeitet also mit wahlfreiem Zugriff.

Die Bezeichnung RAM ist die Abkürzung von Random Access Memory, engl. = Speicher mit beliebigem Zugang oder, sinngenauer, Speicher mit wahlfreiem Zugriff.

Eine Speicherzelle wird mit Hilfe ihrer Adresse gewählt. In sie wird eine Information eingespeichert, man sagt, eingeschrieben. Zur Informationsausgabe wird die Speicherzelle erneut mit ihrer Adresse gewählt. Die Information wird ausgelesen, ohne dass der Informationsinhalt der Speicherzelle gelöscht wird. Wenn die Information nicht mehr benötigt wird, kann sie gelöscht und die Speicherzelle mit einer neuen Information geladen werden.

RAM werden ausschließlich als integrierte Schaltungen gebaut. Man unterscheidet zwischen *statischen RAM (SRAM)* und *dynamischen RAM (DRAM)*. Die Speicher sind flüchtig (engl.: *volatile*), d.h., sie verlieren ihre Information, wenn die Betriebsspannung abgeschaltet wird. Bei statischen RAM bestehen die Speicherzellen aus Flipflops. Jedes Bit wird in einem Flipflop gespeichert. Bei dynamischen RAM werden interne Kapazitäten zur Speicherung verwendet. Jedes Bit wird in einem kleinen Kondensator gespeichert. Da die Leckströme nicht unendlich klein sind, treten Ladungsverluste auf, die in kurzen Zeitabständen durch *Auffrischen* ersetzt werden müssen. Bei einem SRAM ist dies nicht erforderlich.

Grundsatz
Statische und dynamische RAM sind flüchtige Speicher. Bei Ausfall der Speisespannung geht der Speicherinhalt verloren.

Zur Sicherung des Speicherinhalts gegen Verlust ist der Einsatz von Pufferbatterien zu empfehlen. Der Stromverbrauch von SRAM-Bausteinen in CMOS-Technik ist gering. Eine Pufferbatterie kann den Strombedarf von einigen Nanoampere sehr lange liefern. SRAM mit Pufferbatterie werden zum Beispiel zur Speicherung von BIOS-Daten bei PCs genutzt.

Statische RAM werden in verschiedenen Technologien hergestellt. Im Wesentlichen hat sich aber die CMOS-Technik wegen ihres niedrigen Strombedarfs durchgesetzt. SRAMs werden als schnelle lokale Speicher auf Chips genutzt. Nachteilig ist der vergleichsweise geringe Speicherplatz, von Vorteil ist die Möglichkeit, den Dateninhalt ohne dauerhafte Betriebsspannung zu halten.

12.3.1 Statische RAM (SRAM)

12.3.1.1 RAM-Speicherelement in TTL-Technik

Die Funktionsweise statischer RAMs kann gut anhand einer TTL-Schaltung (s. Kapitel 6) erklärt werden. Grundschaltung ist eine Flipflopschaltung mit 2 Multi-Emitter-Transistoren nach Bild 12.17. Die Flipflop-Schaltung wird von einer X-

Adressenleitung, von einer Y-Adressenleitung und von 2 Schreib-Lese-Leitungen gesteuert. Die Schaltung kann 1 Bit speichern. Sie enthält den Wert 1, wenn T_1 durchgesteuert und T_2 gesperrt ist. Sie enthält den Wert 0, wenn T_1 gesperrt und T_2 durchgesteuert ist.

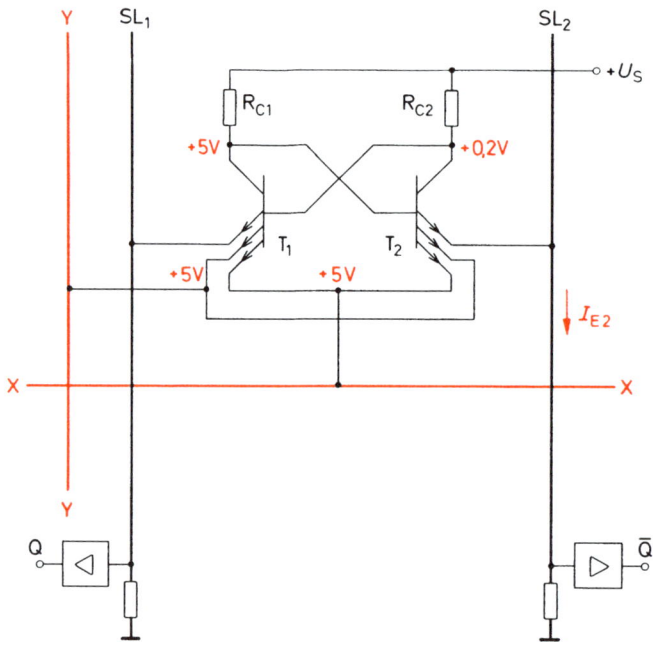

Bild 12.17   RAM-Speicherelement für 1 Bit eines statischen RAMs in TTL-Technik (Prinzipschaltung)

Aktivierung der Speicherzelle
Liegt an den beiden Koordinatenleitungen X und Y 0-Signal (0 V, Masse), so ist die Speicherzelle nicht aktiviert. Der Emitterstrom des jeweils leitenden Transistors kann gegen Masse abfließen. Die Schreib-Lese-Leitungen SL_1 und SL_2 führen keinen Strom.
 Wird nur an eine Koordinatenleitung 1-Signal angelegt, so bleibt das Speicherelement inaktiv, denn der Emitterstrom des leitenden Transistors kann über die andere Koordinatenleitung abfließen. Erst wenn beide Koordinatenleitungen 1-Signal führen, also auf +5 V liegen, ist das Speicherelement aktiviert. Jetzt muss der Emitterstrom des leitenden Transistors über seine SL-Leitung abfließen.

Lesevorgang
Nach Aktivierung des Speicherelementes führt die SL-Leitung Strom, die zum leitenden Transistor gehört. In Bild 12.17 ist der Transistor T_2 leitend. Der Emitterstrom wird also über SL_2 abfließen und am Ausgang [Q] über einen Verstärker 1-Signal erzeugen. Das Speicherelement hat den Wert 0 gespeichert. Würde nach der Aktivierung über die Leitung SL_1 ein Strom fließen, hätte das Speicherelement den Wert 1 gespeichert.

Schreibvorgang
Soll in ein Speicherelement, das den Wert 0 hat, der Wert 1 eingespeichert werden, sind nach der Aktivierung an SL_2 1-Signal (+5 V) und an SL_1 0-Signal (0 V, Masse) zu legen. Beim Wert 0 ist Transistor T_2 durchgesteuert. Er muss sperren, wenn sein

3. Emitter, der an SL_2 angeschlossen ist, auch auf +5 V gelegt wird. Transistor T_1 kann jetzt durchsteuern, und sein Emitterstrom kann über SL_1 abfließen. Nach Aufhebung der Aktivierung bleibt das Speicherelement in diesem Zustand.

Soll ein Speicherelement, das den Wert 1 hat, auf den Wert 0 zurückgestellt werden, muss nach der Aktivierung an SL_1 1-Signal und an SL_2 0-Signal gelegt werden. Das Flipflop kippt dann, wie oben beschrieben, in den anderen Zustand und hat jetzt den Wert 0 gespeichert.

Speicherelemente in TTL-Technik schalten sehr schnell. Sie benötigen allerdings eine verhältnismäßig große Leistung. Daher werden heute im Wesentlichen RAMs in CMOS-Technik eingesetzt.

12.3.1.2 RAM-Speicherelement in MOS-Technik

MOS-Speicherelemente haben gegenüber TTL-Speicherelementen wesentliche Vorteile. Sie benötigen nur einen Bruchteil der Leistung und können mit höherer Integrationsdichte hergestellt werden. Je mm² Chipfläche kann eine größere Anzahl von MOS-Speicherelementen untergebracht werden.

Der Aufbau eines typischen RAM-Speicherelements ist in Bild 12.18 dargestellt. Die Transistoren T_1 und T_2 sind zu einem Flipflop zusammengeschaltet. Die Transistoren T_3 und T_4 arbeiten als Lastwiderstände. Ist T_1 gesperrt und T_2 durchgeschaltet, so hat das Speicherelement den Wert 1 gespeichert. Beim Speicherinhalt 0 ist T_1 durchgesteuert, und T_2 ist gesperrt.

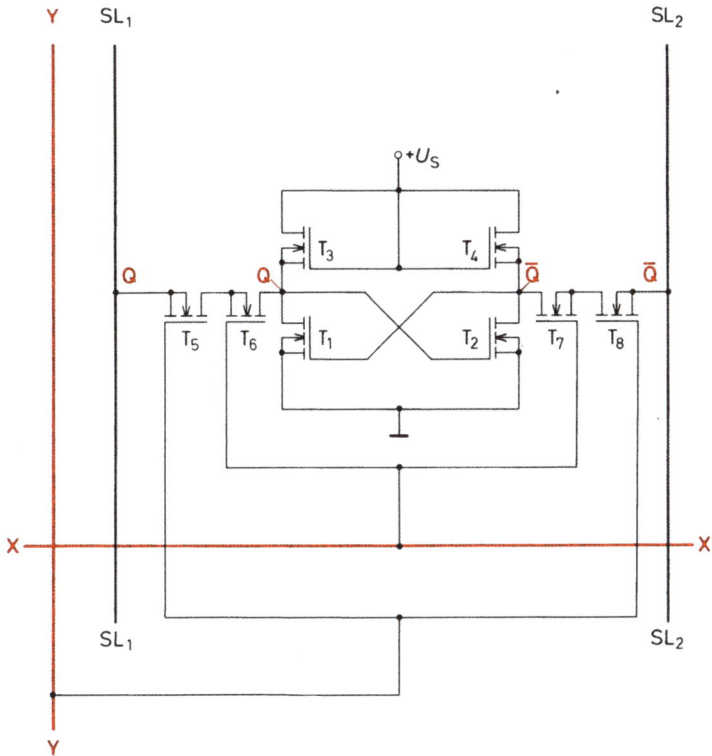

Bild 12.18 RAM-Speicherelement für 1 Bit eines statischen RAM in MOS-Technik (Prinzipschaltung)

Aktivierung des Speicherelements

Das Speicherelement wird aktiviert, wenn an die Koordinatenleitungen X und Y 1-Signal angelegt wird. Die Transistoren T_5, T_6, T_7 und T_8 steuern durch und verbinden die Flipflopausgänge Q und [Q] mit den Schreib-Lese-Leitungen SL_1 und SL_2.

Lesevorgang

Nach der Aktivierung der Speicherzelle kann unmittelbar gelesen werden. Führt die Leitung SL_1 1-Signal, hat das Speicherelement den Wert 1 gespeichert. Führt die Leitung SL_2 1-Signal, so hat das Speicherelement den Wert 0 gespeichert.

Schreibvorgang

In ein Speicherelement, das den Wert 0 hat, soll der Wert 1 eingeschrieben werden. Beim Wert 0 ist T_1 durchgesteuert und T_2 gesperrt. Wird an die Leitung SL_2 0-Signal angelegt, muss T_1 sperren, und T_2 schaltet durch. Das Flipflop kippt in den 1-Zustand. Dieser Zustand bleibt nach Aufhebung der Aktivierung bestehen.

12.3.1.3 Aufbau einer RAM-Speichermatrix

RAM-Speicherelemente werden zu RAM-Speichermatritzen zusammengeschaltet. Die Speichermatritze in Bild 12.19 hat eine Speicherkapazität von 16 Bit. Jedes Speicherelement ist einzeln anwählbar. Man sagt, jedes Bit sei adressierbar. Möchte man z.B. den Speicherinhalt des Speicherelements 8 auslesen, müssen die Koordinatenleitungen X_3 und Y_4 1-Signal erhalten. An den Schreib-Lese-Leitungen SL_1 und SL_2 erscheinen die Ausgangssignale Q und $\overline{Q}$.

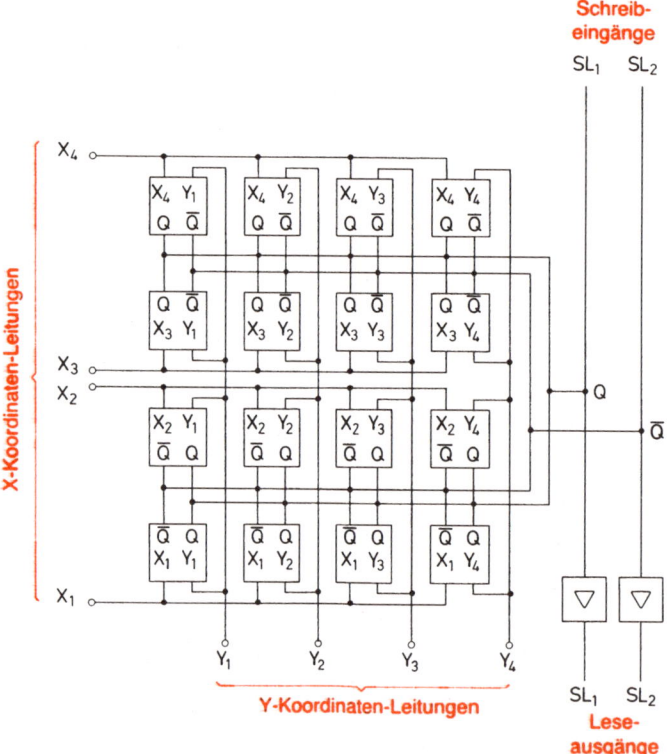

Bild 12.19
16-Bit-RAM-Speichermatrix

Schreib-Lese-Speicher (RAM) 401

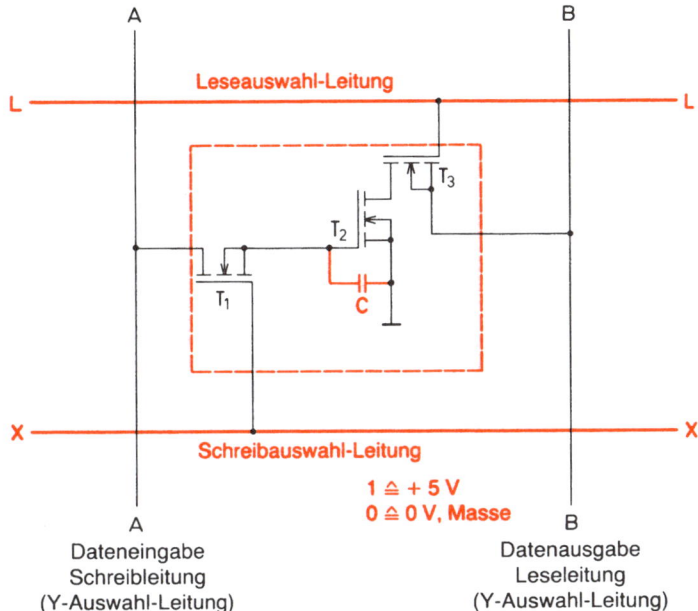

Bild 12.20 Typisches Speicherelement eines dynamischen RAM

12.3.2 Dynamische RAM (DRAM)

DRAMs werden als Speicherbausteine in Computern eingesetzt. Sie sind vergleichsweise preiswert herzustellen und können sehr große Datenmengen speichern. Die Zugriffszeiten sind etwas länger als bei einem SRAM. Der Baustein heißt dynamisch, weil sein Inhalt alle paar Millisekunden aufgefrischt werden muss.

12.3.2.1 Speicherelement eines dynamischen RAM

Das typische Speicherelement eines dynamischen RAM besteht aus einer Zusammenschaltung von drei selbstsperrenden MOS-FET nach Bild 12.20. Die Information wird in der Gate-Substrat-Kapazität des Kondensators C gespeichert. Ist C geladen, hat das Speicherelement den Wert 1 gespeichert. Ist C nicht geladen, hat die Speicherzelle den Wert 0 gespeichert.

Schreibvorgang
Das Speicherelement wird durch ein 1-Signal auf der Schreibauswahlleitung X aktiviert (1-Signal $\triangleq$ + 5 V). Der Transistor T_1 wird dadurch zwischen Source und Drain niederohmig. Wird jetzt an den Dateneingang A 1-Signal gelegt, so lädt sich die Kapazität C auf. Der Wert 1 ist gespeichert. Bei geladenem Kondensator C ist Transistor T_2 stets niederohmig. Wird die Schreibauswahlleitung X auf 0-Signal gelegt, ist das Speicherelement nicht mehr aktiviert. Transistor T_1 sperrt und verhindert das Abfließen der Ladung von C. Zur Einspeicherung der Information 0 ist das Speicherelement zu aktivieren (1-Signal an Schreibauswahlleitung X). Dadurch wird T_1 durchgesteuert. Wird jetzt 0-Signal (0 $\triangleq$ 0 V, Masse) an die Dateneingabeleitung A gelegt, kann C sich

über Transistor T_1 entladen. Damit ist der Wert 0 eingespeichert. Bei entladenem Kondensator ist der Transistor T_2 stets gesperrt.

Lesevorgang

Zum Auslesen der Information wird an die Datenausgabeleitung B 1-Signal (+5 V) gelegt. Dann wird die Speicherzelle über die Leseauswahlleitung L aktiviert. An L wird ebenfalls 1 angelegt. Dadurch wird der Transistor T_3 niederohmig.

Ist die Information 1 eingespeichert, so ist T_2 niederohmig, und es fließt ein Strom über die Datenausgabeleitung B über T_3 und T_2 nach Masse. Dies ist das Kennzeichen für eine eingespeicherte 1.

Ist die Information 0 eingespeichert, ist also C entladen, so ist T_2 gesperrt. Über die Datenausgabeleitung B kann kein Strom fließen. Dies ist das Kennzeichen für eine eingespeicherte 0.

Der Lesevorgang verändert die eingespeicherte Information nicht.

Auffrischvorgang

Die Kapazität von C ist sehr klein. Sie beträgt je nach Integrationsdichte 0,1 pF bis 1 pF. Entsprechend klein ist die gespeicherte Ladung. Es fließt ein winziger Leckstrom, der aber die kleine Ladung sehr schnell abbaut. Die Ladung muss daher in kurzen Zeitabständen wieder aufgefrischt werden. Üblich ist ein Auffrischen alle 2 ms.

Der Auffrischzyklus beginnt mit dem Lesen des Speicherinhalts. Ist dieser 1, wird der Transistor T_1 niederohmig gesteuert und C aufgeladen. Ist der Speicherinhalt 0, erfolgt keine Aufladung.

Für den Auffrischvorgang ist ein besonderer Taktgenerator und eine Steuerschaltung erforderlich. Beides ist in üblichen integrierten Schaltungen enthalten.

12.3.2.2 Besonderheiten dynamischer RAM

Dynamische RAM arbeiten sehr zuverlässig. Dies ist eigentlich erstaunlich, wenn man daran denkt, dass die gespeicherte Information etwa alle 2 ms aufgefrischt werden muss. Man könnte vermuten, dass da so manches Bit verloren geht. Das ist aber nicht der Fall.

Der eigentliche Vorteil dynamischer RAM ist die erreichbare große Speicherkapazität je Chip, also je integrierter Schaltung. Die MOS-Technik erlaubt eine hohe Integrationsdichte. Die Speicherelemente können sehr klein aufgebaut werden. DRAM-ICs werden auf kleinen Steckplatinen (RAM-Modulen) gruppiert. Diese Bausteine besitzen ein Speichervolumen von bis zu 16 GB (16 000 MB). (1 MB = 1 048 576 Bit, ungefähr 1 Million Bit).

Nachteilig sind die verhältnismäßig großen Schaltzeiten. Die sog. Zugriffszeit liegt zwischen 10 und 50 ns. Ein SRAM benötigt nur wenige ns. Man versteht hierunter die längste Zeit, die vom Zeitpunkt der Adressierung eines Speicherelementes bis zur Verfügbarkeit der Information vergeht.

Während der Auffrischzyklen muss das dynamische RAM für Schreib- und Lesevorgänge gesperrt werden. Es würden sich sonst Fehlschaltungen ergeben.

Mit steigender Kristalltemperatur werden die Leckströme größer. Die Kapazitäten entladen sich schneller. Die vom Hersteller vorgeschriebene Auffrischhäufigkeit reicht für die höchstzulässige Betriebstemperatur (meist ca. 70 °C) aus. Wird diese Temperatur überschritten, muss mit Informationsverlust gerechnet werden.

12.3.2.3 SDRAM und DDR-SDRAM

SDRAM werden sehr häufig als Arbeitsspeicher in Computersystemen eingesetzt. Sie fungieren dort als Kurzzeitspeicher, in dem während eines Programmablaufes die CPU-Daten zwischengespeichert werden. Mehrere parallel laufende Programme oder komplexe Rechenaufgaben erfordern viel Arbeitsspeicher.

SDRAM steht für *«synchronous DRAM»*. Der Speicher arbeitet synchron mit dem Speicherbus. Die Schreib- und Lesezugriffe erfolgen synchron mit dem Systemtakt (z.B. 1 GHz). Die CPU sendet die Daten über den Speichercontroller an das SDRAM.

Es gibt zahlreiche unterschiedliche SDRAM-Varianten. Die JEDEC (*Joint Electronic Device Engineering Council*) definiert die Anforderungen in der PC/PC2/PC3/PC4-Spezifikation. Die Spezifikation gibt die technischen Daten und die PIN-Belegung vor, damit sich die Bausteine unterschiedlicher Hersteller und Speichergrößen von einem Speichercontroller ansprechen lassen.

Weit verbreitet sind DDR-SDRAM und ihre Nachfolger DDR2, DDR3 und DDR4. DDR steht für *«Double Data Rate»* und bedeutet, dass pro Taktzyklus zweimal Daten übertragen werden. Gegenüber einem SDRAM ist die Datenübertragungsrate also ungefähr doppelt so hoch.

Die unterschiedlichen DDR-Generationen sind wegen abweichender technischer Daten nicht kompatibel. Die Bustaktfrequenz betrug z.B. bei den DDR-Bausteinen noch 100 MHz. Heute liegt diese Taktfrequenz bei 1600 MHz (DDR4). Auch die Betriebsspannung konnte im Zuge der Weiterentwicklung von 2,5 V (DDR) auf aktuell 1,2 V (DDR4) abgesenkt werden. Innerhalb einer Generation sind die Bausteine kompatibel. Aussparungen an den Steckplatinen verhindern, dass unterschiedliche DDR-Generationen auf eine ungeeignete Hauptplatine gesteckt werden.

Eine häufig verwendete Bauform ist das DIMM (*Dual In Line Memory Module*). Im Gegensatz zu den früheren SIMM-Modulen (*Single-In-Line-Memory Module*) besitzen diese Steckplatinen beidseitig Anschlusskontakte mit unterschiedlichen Signalen. Aktuelle DDR-DIMM besitzen über 200 Kontakte.

Neben der Betriebsspannung und der Taktfrequenz ist die Übertragungs- oder Speichertransferrate ein wichtiger Wert. Die Übertragungsrate in GByte/s errechnet sich als Produkt von Taktfrequenz und Busbreite eines Moduls in Byte (64 Bit = 8 Byte).

Beispiel
Ein DDR4-RAM mit 1600 MHz und 16 Byte Busbreite besitzt eine Übertragungsrate von 1600 MHz × 16 Byte = 25 600 MByte/s = 25,6 GByte/s. Die errechnete Übertragungsrate dient der Klassifizierung der Chips. Sie wird auch oft als Speicherbandbreite bezeichnet. In der Praxis werden die errechneten Werte wegen Verzögerungen bei der Datenverarbeitung nicht erreicht.

12.3.3 Speicheraufbau und Speicherkenngrößen

12.3.3.1 Speicheraufbau

Statische und dynamische RAM werden mit verschiedenen Speicherkapazitäten und in verschiedenen Organisationsformen angeboten. Der leichteren Darstellbarkeit wegen werden hier Speicher mit kleinen Speichergrößen erläutert.

Die mit einer Adresse anwählbare Speicherzelle kann aus einem Speicherelement oder aus mehreren Speicherelementen bestehen. Besteht sie nur aus einem Speicherelement, spricht man von einem bitorganisierten Speicher. Jedes Speicherelement, also jedes Bit, hat seine eigene Adresse und ist somit anwählbar. Das Aufbauschema eines solchen Speichers zeigt Bild 12.21.

Die Bezeichnung 16×1 bedeutet:
Gesamtkapazität 16 Bit, Kapazität einer Speicherzelle 1 Bit.

Besteht eine Speicherzelle aus mehreren Speicherelementen, so ist der Speicher wortorganisiert. In Bild 12.22 ist das Aufbauschema eines 32×8-Bit-Speichers angegeben. Der Speicher enthält 32 Speicherzellen zu je 8 Bit. Jede 8-Bit-Einheit ist über eine Adresse anwählbar. Die 8 Bit einer Speicherzelle werden stets gemeinsam geschrieben und gelesen.

Bei einem 256×1-Speicher ergeben sich 16 X-Koordinatenleitungen und 16 Y-Koordinatenleitungen (Bild 12.23). Es wäre ungünstig, diese Koordinatenleitungen nach außen, also an Anschlusspole der integrierten Schaltung, zu führen. Diese Schaltung müsste sehr viele Anschlussstifte haben. Es werden Adressendecodierer (s. Abschnitt 11.2) verwendet. Zur Anwahl von 16 Koordinatenleitungen sind 4 Adressleitungen erforderlich. Die Adressleitungen werden an Anschlussstifte der integrierten Schaltung geführt.

Wie sieht es nun mit den Koordinatenleitungen und den Adressleitungen bei einem 16 k Bit×1-Bit-Speicher aus? Es müssen 16 384 Bit anwählbar sein. Dazu sind 128 X-Koordinatenleitungen und 128 Y-Koordinatenleitungen erforderlich. Zur Auswahl von 128 Koordinatenleitungen werden 7 Steuerleitungen benötigt (Bild 12.24). Man könnte insgesamt 14 Adressleitungen an Anschlussstifte der integrierten Schaltung führen. Da man jedoch weitere Anschlussstifte für Dateneingang und Datenausgang und für Steuerbefehle wie Schreib- und Lesebefehle benötigt, würde sich eine sehr große Zahl von Anschlüssen ergeben. Um das zu vermeiden, setzt man einen Demultiplexer ein (Abschnitt 11.1). An die Eingänge A_1 bis A_7 wird zunächst die X-Adresse angelegt, danach wird an die gleichen Eingänge die Y-Adresse angelegt. Die Umschaltung erfolgt mit einem Steuersignal S. Das Multiplexen der Adresssignale erlaubt die Verwendung kleiner IC-Gehäuse.

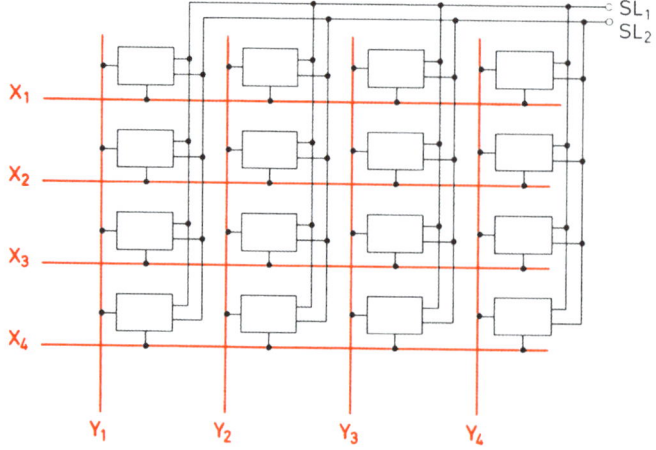

Bild 12.21 Aufbauschema eines 16×1-Bit-Speichers

Schreib-Lese-Speicher (RAM) 405

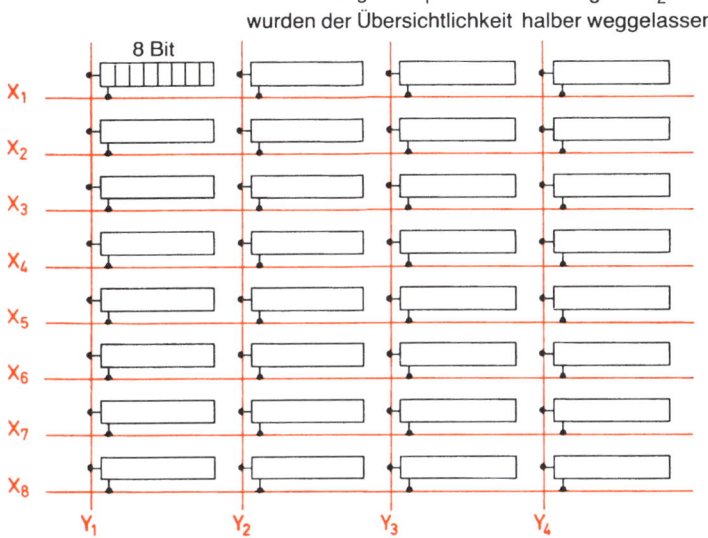

Bild 12.22 Aufbauschema eines 32×8-Bit-Speichers

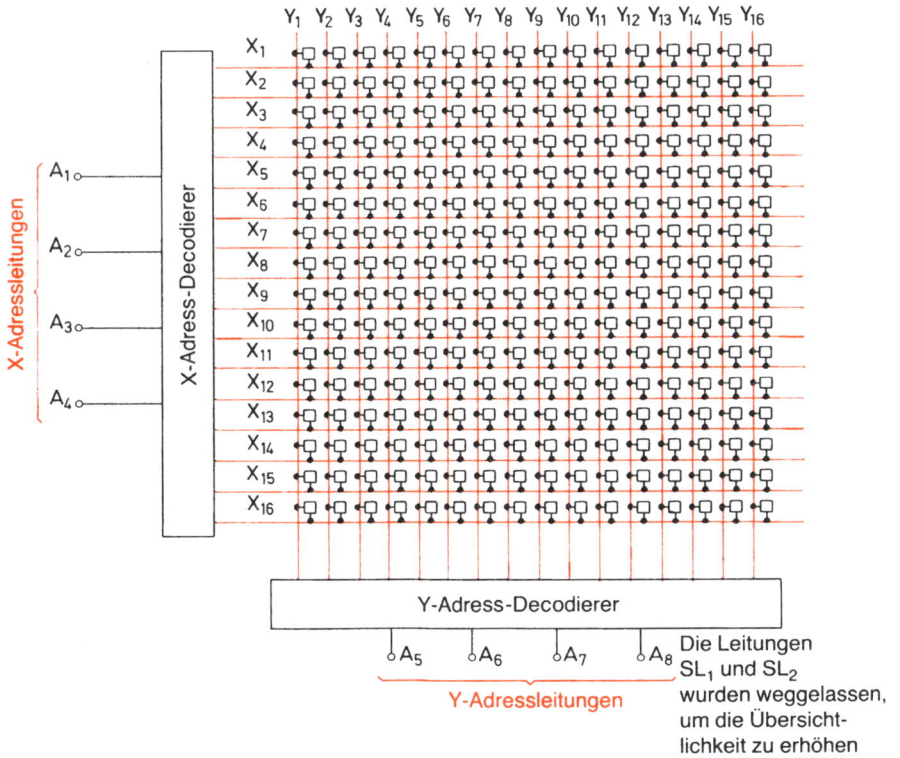

Bild 12.23 Aufbauschema eines 256×1-Bit-Speichers mit Adressdecodierer

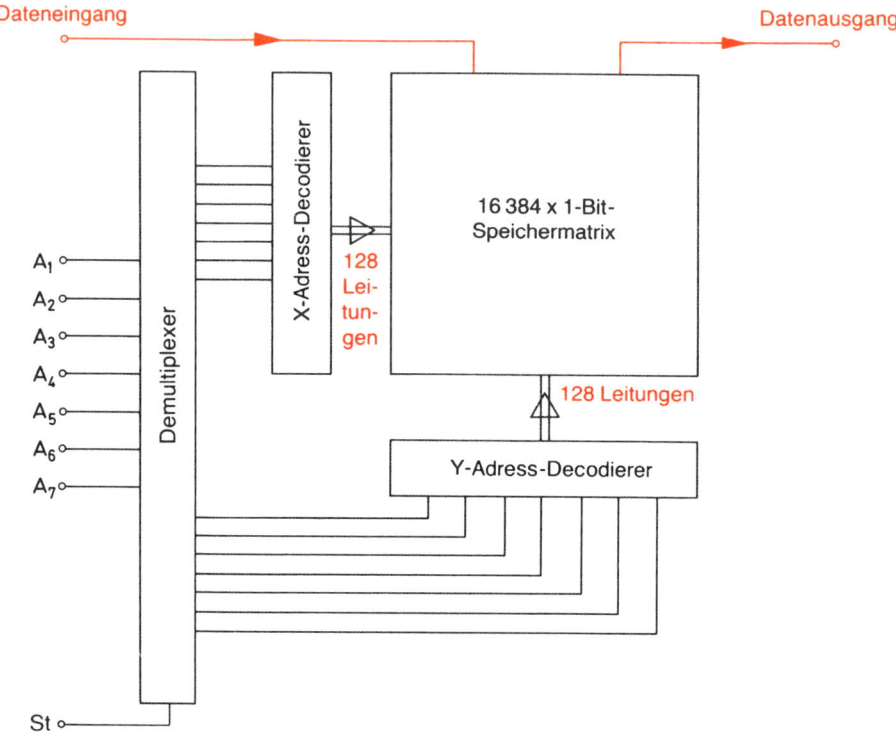

Bild 12.24 Aufbauschema eines 16-kBit×1-Bit-Speichers mit Adresscodierern und Demultiplexer

12.3.3.2 Speicherkenngrößen

Für die Auswahl von Speichern sind die Speicherkenngrößen von großer Bedeutung. Es kommt auf die Speicherkapazität und auf die Speicherorganisation an, aber auch auf die Arbeitsgeschwindigkeit und auf den Leistungsbedarf. Weiterhin sind die elektrischen Betriebsbedingungen und der zulässige Arbeitsbereich von Wichtigkeit. Die wichtigsten Speicherkenngrößen sollen nacheinander betrachtet werden.

Speicherkapazität
Die Speicherkapazität gibt die Anzahl der in der Speicherschaltung enthaltenen Speicherelemente an, also die Anzahl der speicherbaren Bit.

Speicherorganisation
Die Speicherorganisation gibt Auskunft über die Speicherkapazität einer Speicherzelle und über die Anwahlmöglichkeit.

Zugriffszeit
Die Zugriffszeit ist die Zeit, die vom Zeitpunkt der Adressierung eines Speicherelementes bis zur Verfügbarkeit der Information am Datenausgang vergeht.

Zykluszeit
Unter der Zykluszeit versteht man die kürzeste Zeit zwischen 2 aufeinanderfolgenden Schreib-Lese-Vorgängen.

Leistungsbedarf

Es wird der Gesamtleistungsbedarf der integrierten Schaltung angegeben. Er kann bei Betriebszustand und bei Ruhezustand unterschiedlich sein.

Elektrische Betriebsbedingungen

Hier werden die benötigten Versorgungsspannungen und die erforderlichen Signalpegel und ihre Toleranzbereiche angegeben (s. Kapitel 6, Schaltkreisfamilien) sowie die elektrischen Grenzwerte.

Arbeitstemperaturbereich

Der Arbeitstemperaturbereich ist der Temperaturbereich, in dem der Speicher innerhalb seiner vorgeschriebenen elektrischen Betriebsbedingungen sicher arbeitet.

12.4 Festwertspeicher (ROM)

Festwertspeicher enthalten eine nicht löschbare und nicht änderbare Information. Die Bezeichnung ROM ist die Abkürzung von **R**ead **O**nly **M**emory (engl. = Nur-Lese-Speicher). Die Information wird vom Hersteller eingegeben.

Ein ROM ist einem Buch vergleichbar. Die in ihm enthaltene Information ist jederzeit auslesbar. Es ist aber nicht möglich, die Information gegen eine andere auszutauschen. In einem ROM speichert man häufig benötigte Informationen, z.B. Steueranweisungen und Programme sowie Tabellen. Es wäre z.B. möglich, die Lohnsteuertabelle in ein ROM einzuspeichern. Bei Bedarf könnten dann die einzelnen Tabellenwerte ausgelesen werden.

> **Definition**
> Zum Aufbau eines ROM werden 2 Arten von Speicherelementen benötigt. Speicherelemente der 1. Art müssen stets den Wert 1 enthalten. Speicherelemente der 2. Art müssen stets den Wert 0 enthalten.

Speicheraufbau und Speicherorganisation eines ROM ist ähnlich wie die eines RAM. Eine Speichermatrix besteht aus Zeilen und Spalten. Die einzelnen Speicherzellen werden durch Adressen angewählt (Bild 12.25).

Wie ist nun ein Speicherelement aufgebaut, das immer den Wert 1 enthält? Es wird durch einen fehlenden Transistor dargestellt. Ein Speicherelement, das immer den Wert 0 hat, wird durch einen Transistor gebildet (Bild 12.26).

Die Y-Koordinatenleitungen sind gleichzeitig die Datenleitungen. Soll ein Speicherelement gelesen werden, wird an seine Y-Koordinatenleitung 1-Signal angelegt. Ist das angewählte Speicherelement ein 0-Speicherelement, wird die Datenleitung auf 0-Signal gezogen, denn der Transistor ist durchgesteuert und verbindet die Datenleitung mit Masse.

Ist das angewählte Speicherelement ein 1-Speicher-Element, bleibt die Datenleitung auf 1-Signal. Die Datenleitung kann nicht auf 0-Signal gezogen werden, denn der Transistor fehlt.

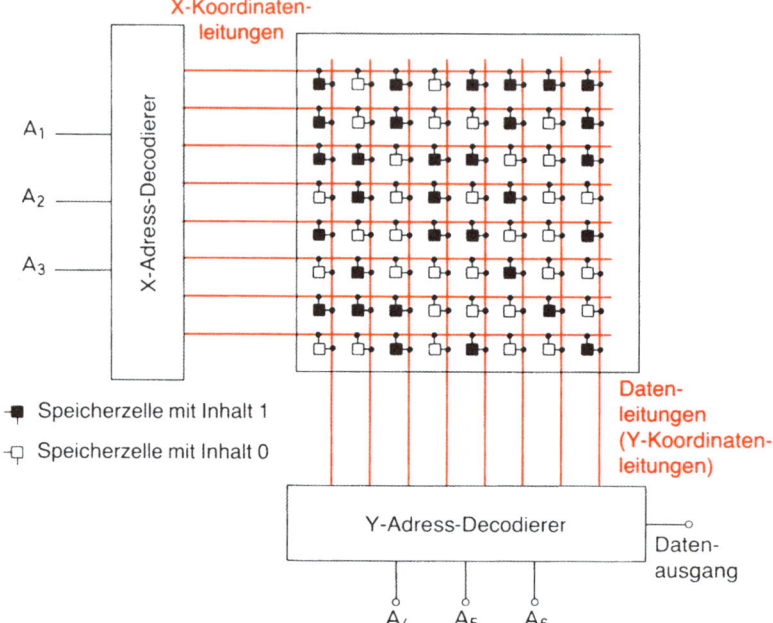

Bild 12.25 Aufbauschema eines 64×1-Bit-ROM

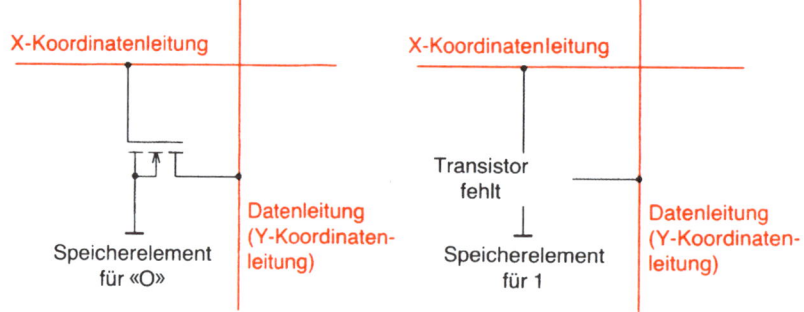

Bild 12.26 ROM-Speicherelemente

Festwertspeicher dieser Art werden auch *maskenprogrammierbare Festwertspeicher* genannt. Die Information wird bei der Herstellung eingebracht. Durch Abdeckungen (Masken) wird an bestimmten Stellen die Herstellung von Feldeffekttransistoren verhindert. Der Anwender muss vorher angeben, welche Information eingespeichert werden soll bzw. wo ein Feldeffekttransistor hin soll und wo nicht.

Die Herstellung von ROM ist nur in größeren Stückzahlen wirtschaftlich, da für jeden Informationsinhalt eine entsprechende Maske entworfen werden muss.

Ein Vorteil der Maskenprogrammierung ist, dass eine Änderung (Manipulation) der Daten nicht möglich ist.

Eine Alternative ist ein OTP (**O**ne **T**ime **P**rogrammable). Dieser Baustein kann durch den Anwender einmalig programmiert werden. Dies erfolgt durch Verbinden oder Lösen von Verknüpfungspunkten im Baustein mit Hilfe eines Programmiergerätes. Die Programmierung ist nicht mehr veränderbar. Fehlerkorrekturen oder Software-Updates sind nicht möglich.

12.5 Programmierbarer Festwertspeicher (PROM)

Der Name PROM ist die Abkürzung für Programmable Read Only Memory, engl. = programmierbarer Nur-Lese-Speicher.

Die Entwicklung der programmierbaren Festwertspeicher wurde durch den Wunsch der Anwender ausgelöst, ihre Informationen selbst in Festwertspeicher eingeben zu können. Auch wollte man nicht an große Stückzahlen gebunden sein. Die wirtschaftliche Herstellbarkeit kleiner Stückzahlen, ja von Einzelstücken, war das Ziel.

Stellen wir uns ein ROM vor, das nur mit Speicherelementen für 0 gemäß Bild 12.26 aufgebaut ist. Es sitzen also lauter Feldeffekttransistoren in den Kreuzungspunkten der Leitungen. Würde einer der Transistoren durchbrennen, wäre an dieser Stelle die Information 1 eingespeichert. Warum sollte man also nicht gezielt immer an den Stellen Transistoren durchbrennen, an denen man die Information 1 wünscht?

Auf diese Weise wird ein PROM programmiert, d.h. mit einer Information versehen. Es gibt verschiedene PROM-Arten. Bipolare PROM mit Dioden und Transistoren in den Kreuzungspunkten der Leitungen haben zur Zeit eine große Bedeutung. In Bild 12.27 ist der Aufbau eines 8×8-Bit-Dioden-PROM dargestellt. Die Dioden haben sehr dünne Zuführungen aus einer Chrom-Nickel-Legierung (20...30 nm breit, 100 nm dick). Steigt der Strom über einen bestimmten Wert an, so brennen diese Leitungen durch. Zur Programmierung eines PROM ist ein besonderes Programmiergerät erforderlich. Selbstverständlich ist eine Informationsspeicherung nicht mehr rückgängig zu machen. Hat man sich versehen, ist das PROM meist Ausschuss und kann weggeworfen werden. Eine Korrektur ist nur in den seltenen Fällen möglich, in denen zusätzlich weitere Verbindungen durchgebrannt werden müssen. PROMS werden heute nicht mehr hergestellt. Sie wurden durch EPROMs (Erasable PROMs) abgelöst, bei denen die Löschfunktion (UV-Löschfenster) weggelassen wurde (s. Abschnitt 12.6).

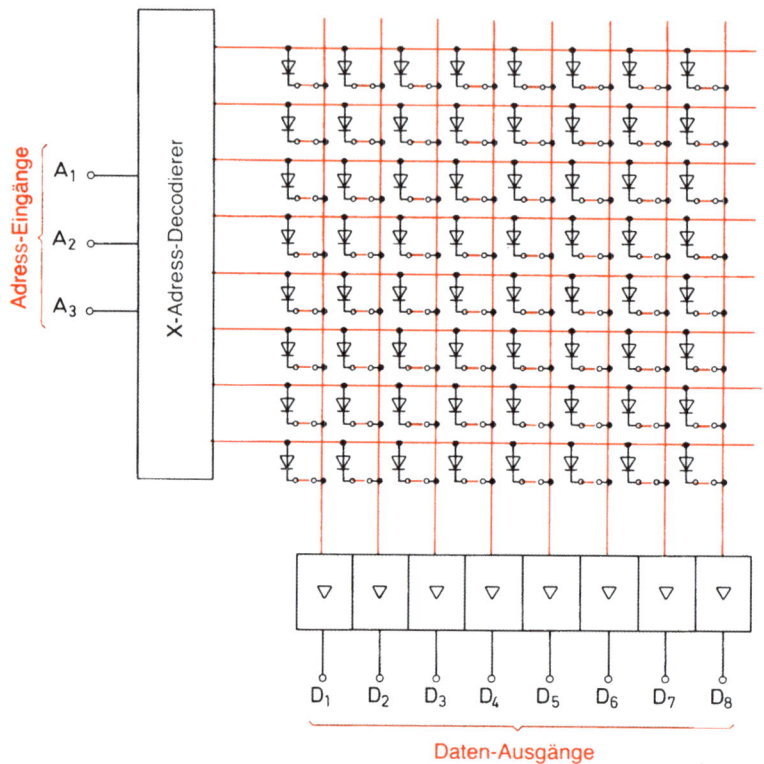

Bild 12.27   Aufbau eines 8×8-Bit-Dioden-PROM

12.6   Löschbare programmierbare Festwertspeicher

Grundsatz

Löschbare und programmierbare Festwertspeicher erlauben das Löschen der eingegebenen Information und die nachfolgende Neuprogrammierung.

Das Löschen und das Neuprogrammieren kann beliebig oft wiederholt werden, ohne dass der Speicherbaustein Schaden erleidet.

Man unterscheidet 2 Gruppen von löschbaren programmierbaren Festwertspeichern. Bei der einen Gruppe wird die Information durch ultraviolettes Licht (UV-Licht) gelöscht. Festwertspeicher dieser Art werden EPROM (Erasable Programmable **R**ead **O**nly **M**emory = löschbarer programmierbarer Festwertspeicher) und REPROM (Reprogrammable **R**ead **O**nly **M**emory = neuprogrammierbarer Festwertspeicher) genannt.

Löschbare programmierbare Festwertspeicher der 2. Gruppe werden durch elektrische Spannungen gelöscht. Für sie sind die Abkürzungen EEROM (**E**lectrically **E**rasable **R**ead **O**nly **M**emory = elektrisch löschbarer Festwertspeicher) und EAROM (**E**lectrically **A**lterable **R**ead **O**nly **M**emory = elektrisch umprogrammierbarer Festwertspeicher) üblich.

12.6.1 Festwertspeicher EPROM und REPROM

Festwertspeicher der Arten EPROM und REPROM unterscheiden sich nur in geringfügigen Einzelheiten der Herstellungstechnologie voneinander. Sie sind in Aufbau und Arbeitsweise weitgehend identisch und können daher gemeinsam betrachtet werden.

Ein EPROM- bzw. REPROM-Speicherelement für 1 Bit besteht aus 2 selbstsperrenden Feldeffekttransistoren. Es werden überwiegend N-Kanal-MOS-FET verwendet. Der Aufbau eines typischen Speicherelements ist in Bild 12.27 dargestellt. Der Transistor T_1 ist der Auswahltransistor, der Transistor T_2 der Speichertransistor.

Das Gate des Speichertransistors T_2 ist von hochisolierendem Werkstoff umgeben. Es ist nirgendwo angeschlossen. Ein solches Gate wird Floating Gate (engl. = schwimmendes Tor) genannt. Im gelöschten Zustand ist das Floating-Gate ohne Ladung. Der Transistor T_2 ist also gesperrt. Legt man jetzt an die X-Koordinatenleitung und an die Y-Koordinatenleitung jeweils +5 V, so wird der Transistor T_1 durchgeschaltet. Der Transistor T_2 ist aber gesperrt, so dass die Y-Leitung, die gleichzeitig Datenleitung ist, nicht auf L ≙ 0 heruntergezogen werden kann. Die Y-Leitung verbleibt also auf H ≙ 1. Bei einem gelöschten EPROM-REPROM dieser Art haben alle Speicherelemente den Inhalt 1.

Beim Einprogrammieren einer Information werden bestimmte Speicherelemente auf 0 gesetzt. Es werden also «Nullen programmiert».

Definition

Ein Speicherelement hat den Speicherinhalt 0, wenn der Speichertransistor durchgeschaltet ist.

Wird ein Speicherelement mit durchgeschaltetem Speichertransistor T_2 abgefragt, wird also an seine X-Leitung und an seine Y-Leitung +5 V gelegt, so schaltet T_1 ebenfalls durch. Da die Leitung Z 0 V führt, wird die Y-Leitung auf ungefähr 0 V heruntergezogen. Wie kann man aber nun erreichen, dass der Speichertransistor durchschaltet? Man muss das Floating-Gate des Speichertransistors elektrisch aufladen.

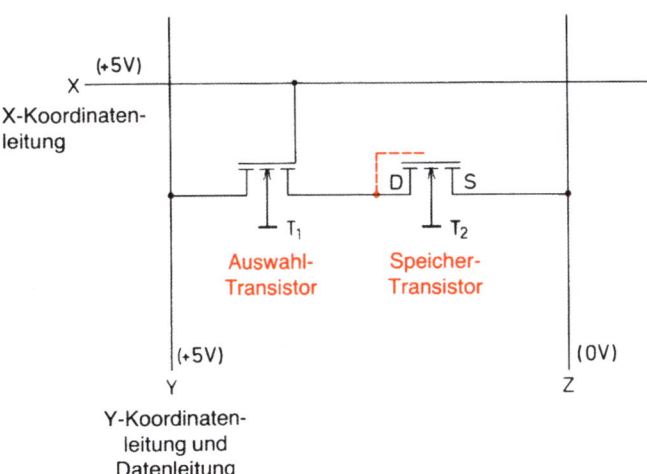

Bild 12.27 EPROM-REPROM-Speicherelement

Grundsatz
Das Floating-Gate eines N-Kanal-MOS-FET muss gegenüber dem Substrat positiv aufgeladen sein, damit sich eine n-leitende Brücke zwischen S (Source) und D (Drain) bildet.

Betrachten wir den Aufbau eines Speichertransistors (Bild 12.28). Zwischen D und Substrat wird eine verhältnismäßig hohe Spannung angelegt (z.B. +27 V). Da das Floating-Gate und die Isolierschichten sehr dünn sind, entsteht ein sehr starkes elektrisches Feld. Unter dem Einfluss dieses starken Feldes wandern Elektronen vom Floating-Gate zum Drain ab (Elektronenwanderung entgegen der Feldlinienrichtung). Der Isolierstoff lässt die Elektronen bei dieser sehr hohen elektrischen Feldstärke durch. Man kann sich vorstellen, dass der Isolierstoff kurzzeitig durchbricht. In Wahrheit ist die Ursache jedoch ein Tunneleffekt. Dieser Vorgang wird Floating-Gate Avalanche-Injection (engl. = lawinenartige Aufladung des schwimmenden Gates) genannt. Ein MOS-Feldeffekttransistor, der mit dieser Gate-Aufladung arbeitet, trägt die Bezeichnung FAMOS-Transistor.

Die Spannung von z.B. +27 V wird Programmierspannung genannt. Nach kurzzeitiger Einwirkung dieser Spannung ist das Floating-Gate aufgeladen. Das Material, das das Floating-Gate umgibt, ist wieder hochisolierend. Die elektrische Ladung bleibt auf dem Floating-Gate erhalten. Im Substrat unterhalb des Floating-Gates entsteht die *n*-leitende Brücke. Der Feldeffekttransistor ist zwischen S und D niederohmig.

Die Speicherzellen eines EPROM bzw. REPROM werden nach Auswahl durch die Koordinatenleitungen X und Y (Bild 12.27) nacheinander programmiert. An X und Y werden zunächst die Auswahlspannungen +5 V angelegt. Dadurch wird T_1 durchgesteuert. Die Spannung der Y-Leitung wird dann kurzzeitig auf +27 V erhöht. Der Programmiervorgang kann aus Sicherheitsgründen mehrfach wiederholt werden. Nach Angaben der Hersteller bleibt die Ladung auf dem Floating-Gate viele Jahre lang erhalten. Die Angaben schwanken zwischen 1...100 Jahren.

 Grundsatz
Ein programmiertes EPROM bzw. REPROM hält die eingegebene Information fest.

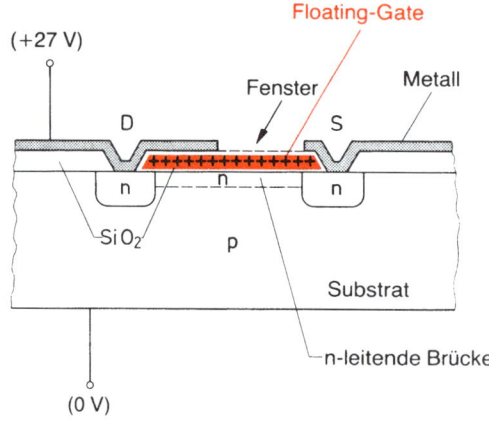

Bild 12.28
Aufbau eines Speichertransistors mit Floating-Gate, auch FAMOS-Transistor genannt (N-Kanal-Typ)

Bild 12.29
Gehäuse eines EPROM-REPROM

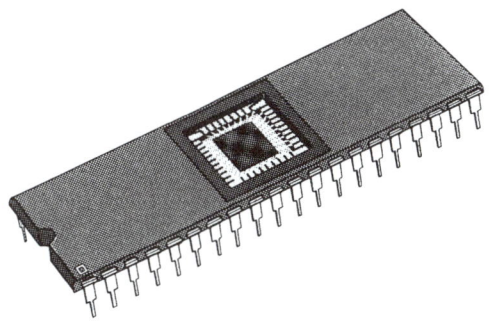

Ein namhafter Hersteller gibt eine Garantie von 10 Jahren für den Datenerhalt.

Grundsatz
  Zum Löschen der Information eines EPROM oder REPROM wird durch ein Fenster oberhalb des Floating-Gates starkes UV-Licht eingestrahlt.

Das hochisolierende Material wird durch die Bestrahlung ionisiert und schwach leitfähig. Die Ladung des Gates wird langsam abgebaut. Bei einer Strahlungsleistung des UV-Lichtstrahlers von etwa 10 Ws/cm^2 ist das Gate nach 20...30 Minuten entladen.

Das Gehäuse eines EPROM bzw. eines REPROM hat ein über die ganze Fläche des Kristallchips gehendes Fenster (Bild 12.29). Das UV-Licht erreicht also alle Speicherelemente und löscht sie alle gleichzeitig.

Definition
  Beim Löschen eines EPROM bzw. eines REPROM wird stets die gesamte Information gelöscht.

Nach dem Löschen muss der Baustein abkühlen. Er hat sich tatsächlich merklich erwärmt. Vor allem muss die Ionisierung im isolierenden Material abklingen. Das Material muss wieder hochisolierend sein. Erst dann kann man mit einer Neuprogrammierung beginnen. Die Abkühlzeit sollte mindestens eine halbe, besser eine ganze Stunde dauern.

Grundsatz
  Dem Licht ausgesetzte EPROM bzw. REPROM können unabsichtlich gelöscht werden.

Die Einstrahlung von Sonnenlicht führt nach etwa 3 Tagen zur Löschung. Das Licht einer Leuchtstofflampe löscht die Information in etwa 3 Wochen. Um unbeabsichtigtes Löschen zu verhindern, ist es zweckmäßig, das Fenster mit einem dunklen Klebeband abzudecken.

Durch den Löschvorgang werden die Materialien des Bausteins nicht merklich verändert, so dass ein beliebig häufiges Löschen und Neuprogrammieren möglich ist.

EPROMs sind durch EEPROMs (s. Abschnitt 12.6.2) abgelöst worden.

12.6.2 Festwertspeicher EEROM (EEPROM) und E²ROM

Festwertspeicher der Arten EEROM (auch EEROM oder E²ROM genannt) sind ähnlich aufgebaut wie die im vorstehenden Abschnitt beschriebenen Festwertspeicher. Sie sind löschbar und programmierbar. Das Löschen und das Programmieren kann häufig wiederholt werden, z. B. $10^4...10^5$-mal. Ein wichtiger Unterschied ist jedoch:

ⓘ Grundsatz
> Festwertspeicher der Arten EEROM und EEPROM werden elektrisch gelöscht.

Jede Speicherzelle ist mit zwei selbstsperrenden MOS-FET aufgebaut. Der Aufbau der Speicherzelle entspricht weitgehend der Schaltung Bild 12.27. Der Transistor T_1 arbeitet als Auswahltransistor. Der Transistor T_2 ist der Speichertransistor. Als Speichertransistor wird ein FAMOS-Transistor mit Floating-Gate verwendet (Bild 12.30).

Die Programmierung erfolgt wie bei EPROM und REPROM. Die metallische Drainanschlussfläche (D) erhält eine positive Spannung U_p gegen Substrat (z.B. +40 V). Im sehr starken elektrischen Feld erfolgt eine Elektronenwanderung vom Floating-Gate zum Pluspol (Drain). Das Floating-Gate verarmt an Elektronen und wird dadurch positiv geladen. Nach Wegnahme der Programmierspannung U_p bleibt ein elektrisches Feld zwischen Floating-Gate und Substrat bestehen. Es bildet sich in der oberen Substratzone die n-leitende Brücke. Der Transistor ist zwischen S und D niederohmig, also durchgeschaltet (Speicherinhalt 0).

Zum Löschen wird nun die Spannung zwischen Drain (D) und Substrat (M) umgekehrt. Die Löschspannung U_L erzeugt ein umgekehrtes elektrisches Feld. Unter dem Einfluss dieses Feldes wandern Elektronen von der metallischen Gateanschlussfläche auf das Floating-Gate und entladen es. Nach vollständiger Entladung erfolgt eine negative Aufladung. Nach Wegnahme der Löschspannung bleibt ein elektrisches Feld zurück, das vom Substrat zum Floating-Gate gerichtet ist. Die n-leitende Brücke zwischen D-Zone und S-Zone verschwindet. Der Transistor sperrt (Speicherinhalt 1).

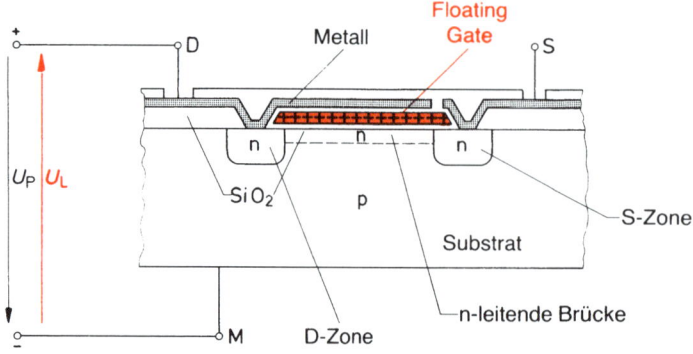

Bild 12.30   Speichertransistor mit Floating-Gate, elektrisch löschbar

Elektrisch löschbare Festwertspeicher können nun so gebaut werden, dass die gesamte Information eines Bausteins gemeinsam gelöscht wird.

Es ist aber auch möglich, die Festwertspeicher so zu bauen, dass jedes Speicherelement einzeln gelöscht werden kann. Ein solcher Speicher lässt sich Bit nach Bit umprogrammieren.

12.7 Flash-Speicher

Flash-Speicher verlieren ihren Dateninhalt nach Abschalten der Betriebsspannung nicht. Sie werden daher dort angewandt, wo Daten ohne Betriebsspannung gespeichert werden sollen. Flash-Speicher besitzen im Gegensatz zu Festplatten keine beweglichen Teile und sind daher sehr robust. Typische Anwendungen sind der USB-Stick, die SD-Karte und die Solid State Disc (SSD).

Flash-Speicher verwenden die Floating-Gate-Technologie, wie sie auch im EEPROM verwendet wird. Dabei wird die Information auf einem Floating-Gate-Transistor gespeichert (Bild 12.31). Ein Floating-Gate-Transistor (FGMOS) ist ein Feldeffekttransistor mit isoliertem Gate (siehe Abschnitt 12.6), dem «Floating Gate». Das ist ein elektrisch isolierter, nicht angeschlossener Steueranschluss. Auf diesem Gate kann eine elektrische Ladung dauerhaft gespeichert werden.

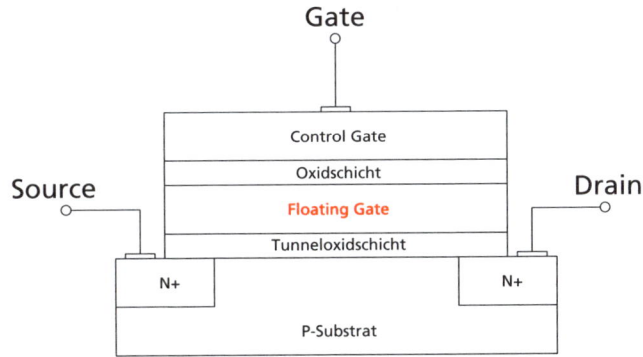

Bild 12.31
FGMOS-Transistor

Ohne geladenes Floating Gate verhält sich der Feldeffekttransistor wie ein normaler MOSFET (s. Elektronik 2 «Bauelemente»). D.h., dass bei 0 V Gatespannung die Strecke zwischen Drain und Source nicht leitet und erst nach Überschreiten einer sog. Schwellspannung leitend wird.

Das Aufbringen der elektrischen Ladung auf das Floating Gate erfolgt über einen Steueranschluss durch Anlegen einer hohen Spannung (>15 V). Durch den quantenphysikalischen Tunneleffekt kann über die Isolationsstrecke Ladung auf das Gate fließen. Das geladene Floating Gate beeinflusst nun die Drain-Source-Strecke des Transistors. Die Ladung führt zu einer Veränderung der Schwellspannung des Feldeffekttransistors. D.h., auch oberhalb der Schwellspannung wird die Drain-Source-Strecke nicht leitend. Dieser Effekt kann ausgelesen werden. Der Transistor kann als Speicherzelle verwendet werden (1 Bit). Es gibt auch Anwendungen mit mehreren Floating Gates, die mehrere Bits speichern können.

Entladen wird das Gate über eine hohe negative Spannung am Steueranschluss. Dadurch degeneriert die Qxidschicht etwas. Eine zerstörte Oxidschicht entlädt das geladene Floating Gate. Das führt zum Ausfall der Speicherzelle, aber noch zu keinem Totalausfall des Speicherbausteins. Ca. 100 000 bis 2 Mio. Löschzyklen sollen laut Hersteller möglich sein. Diese maximale Zyklenzahl wird Beständigkeit (engl.: *endurance*) genannt.

Flash-Speicher bestehen aus zusammengeschalteten Speicherzellen. Sie werden in einer Matrix auf unterschiedliche Weise zusammengeschaltet.

Parallelgeschaltete Speicherzellen erlauben einen wahlfreien Zugriff auf die Speicherzellen (sog. NOR-Flashs). Die Anwendung erfolgt als Programmspeicher von Mikrocontrollern.

Seriell geschaltete Speicherzellen (NAND-Flashs) benötigen weniger Platz für Datenleitungen, bieten aber keinen wahlfreien Zugriff, sondern nur blockweisen Zugriff. Sie benötigen weniger Platz / Speicherkapazität und eignen sich als kleine Massenspeicher (USB, SD) und zunehmend als Alternative zu Festplatten.

12.7.1 Langzeit-Datensicherheit (Retention)

Flash-Speicher arbeiten mit elektrischen Feldern. Bei diesen Speichern kann es durch Abwanderung von Elektronen aus dem Floating-Gate zu Entladungen und damit zu Datenverlusten kommen. Die Hersteller geben Retentionszeiten von teilweise 10 Jahren als sichere Speicherdauer an. USB-Sticks und SSD-(Solid-State-Drive-)Laufwerke nutzen Flash-Speicher als Speicherelektronik.

12.7.2 Endurance

Der Begriff Endurance beschreibt die maximal mögliche Anzahl an Schreib-Lösch-Zyklen bei Speicherzellen, wo noch keine Verschlechterung (Degradation) der elektrischen Eigenschaften auftritt. Angegeben werden Zyklenzahlen bis von 100 000 bis zu 1 Mio. Die Hersteller streben vor allem bei Speicherkarten (Foto / Video / Audio) viele Zyklen an. Zum Schreiben und Löschen werden die Bausteine mit höheren Spannungen beaufschlagt. Das führt im Laufe der Zeit zu Schädigungen im Halbleiter. Niedrigere Spannungen für diese Zyklen könnten diese Schäden vermindern, würden aber im Gegenzug die Speichersicherheit (Retention) verschlechtern.

12.8 Lernziel-Test

1. Skizzieren Sie die Schaltung eines 6-Bit-Schieberegisters für serielle Dateneingabe und Datenausgabe. Zum Aufbau sollen SR-Flipflops verwendet werden.
2. Was versteht man bei einem Schieberegister unter Paralleleingabe, was unter Parallelausgabe?
3. Wie arbeitet ein Ringregister?
4. Erklären Sie die Begriffe RAM und ROM.

5. Welche Unterschiede bestehen zwischen einem statischen RAM und einem dynamischen RAM?
6. Gesucht ist die Schaltung eines stationären RAM-Speicherelementes für 1 Bit in MOS-Technik. Erklären Sie die Arbeitsweise dieser Schaltung.
7. Stellen Sie die Vor- und Nachteile von statischen RAM-Speicherelementen in TTL-Technik und in MOS-Technik gegenüber.
8. Ein RAM hat 4 X-Adressleitungen und 4 Y-Adressleitungen und wird als 256×4-Bit-Speicher bezeichnet. Geben Sie das Aufbauschema dieses Speichers an.
9. Wie unterscheidet sich ein ROM von einem PROM?
10. Was ist Maskenprogrammierung?
11. Wie ist ein EPROM-Speicherelement aufgebaut, und wie arbeitet es?
12. Was ist ein «Floating-Gate» bei einem FAMOS-Transistor?
13. Es gibt Speicherbausteine mit den Bezeichnungen EEROM und EPROM. Wodurch unterscheiden sich diese Speicherbausteine?

13 Digital-Analog-Umsetzer, Analog-Digital-Umsetzer

13.1 Digital-Analog-Umsetzer

Digital-Analog-Umsetzer, auch DA-Umsetzer bzw. DA-Wandler genannt, oder engl. Digital-Analog-Converter (DAC), haben die Aufgabe, digitale Informationen in entsprechende analoge Informationen umzuwandeln. DA-Umsetzer sind heute in vielen Geräten der Digitaltechnik zu finden (insbesondere Multimediageräte).

13.1.1 Prinzip der Digital-Analog-Umsetzung

Betrachten wir eine Sinustabelle. Sie enthält die Sinusfunktionswerte, also die Informationen in digitaler Form. Nach der Sinustabelle kann eine Sinuskurve gezeichnet werden. Diese enthält die Informationen in analoger Form. Die Umwandlung der Tabelle in die Kurve ist eine Digital-Analog-Umsetzung.

In der digitalen Steuerungstechnik liegen die Informationen meist als binäre Informationen vor, die nach einem bestimmten Code verschlüsselt sind. Für diesen Code muss der Digital-Analog-Umsetzer geeignet sein.

Grundsatz
Ein Digital-Analog-Umsetzer kann nur Signale eines bestimmten binären Codes in analoge Signale wandeln.

Verschiedene binäre Codes eignen sich nicht für eine Digital-Analog-Umsetzung. Es sind dies die *unbewerteten Codes*. Unbewertet nennt man einen Code, dessen Elementen keine bestimmten Zahlenwerte zugeordnet sind. Der Dualcode ist z.B. ein bewerteter Code. Jedem Element, also jeder Stelle, ist eine Zweierpotenz zugeordnet. Ebenfalls ist der BCD-Code ein bewerteter Code. Der Gray-Code dagegen ist ein unbewerteter Code. Seinen Elementen sind keine Zahlenwerte zugeordnet (s. Kapitel 8).

Grundsatz
Unbewertete Codes müssen vor einer Digital-Analog-Umsetzung in einen bewerteten Code umgewandelt werden.

Die Umwandlung bereitet mit entsprechenden Code-Umsetzern keine Schwierigkeiten. Bei fehlererkennenden und fehlerkorrigierenden Codes ergeben sich mit den Redundanzstellen Probleme. Wenn der Code sonst ein bewerteter Code ist (z.B. der Hamming-Code), müssen die Redundanzstellen von der Digital-Analog-Umsetzung ausgeschlossen werden. Ist der Code nicht bewertet, muss er vor der Digital-Analog-Umsetzung insgesamt in einen bewerteten Code umgesetzt werden.

Das Prinzip der Digital-Analog-Umsetzung zeigt Bild 13.1. Mit 4-Bit-Einheiten lassen sich 16 Zahlenwerte bilden. Als analoges Signal ergibt sich eine Treppenspannung. Mit 4 Bit werden also 16 verschiedene Amplitudenwerte gebildet. Entsprechend sind mit 5 Bit 32 Amplitudenstufen möglich, mit 6 Bit 64 Amplitudenstufen usw. (s. Bild 13.2).

Digital-Analog-Umsetzer, Analog-Digital-Umsetzer

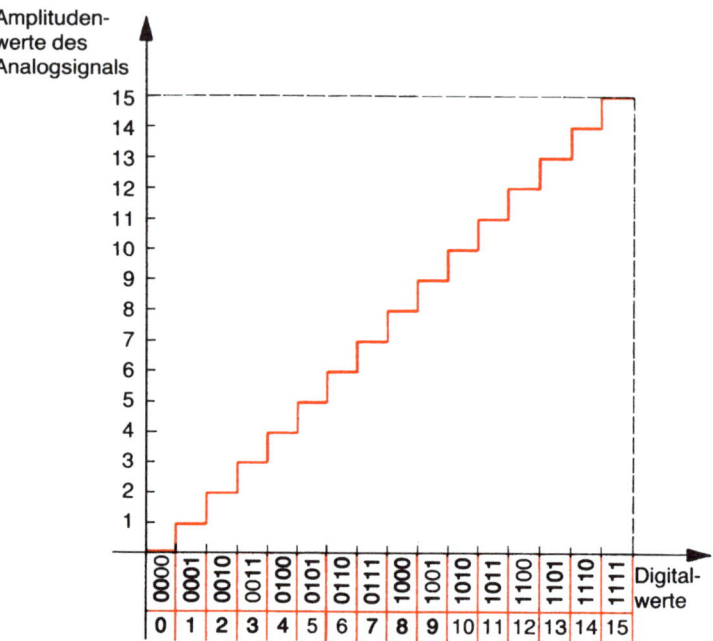

Bild 13.1 Prinzip der Digital-Analog-Umsetzung

Anzahl der Bits	Anzahl der Amplitudenwerte
4	16
5	32
6	64
7	128
8	256
9	512
10	1024
11	2048
12	4096
13	8192
14	16384
15	32768

Bild 13.2
Zusammenhang zwischen Bitzahl und Amplitudenwerten

Definition

Das sich aus der Digital-Analog-Umsetzung ergebende Analogsignal ist ein gestuftes Signal mit einer bestimmten Anzahl von möglichen Amplitudenwerten.

Die Stufung kann beliebig fein gemacht werden. Sie wird umso feiner, je größer die Anzahl der Bit des digitalen Signals ist.

Die Stufen werden durch Siebgatter geglättet, so dass ein stetig verlaufendes Analogsignal entsteht. Die Umwandlung digitaler Signale in analoge Signale ist mit verschiedenartigen Verfahren möglich. Die wichtigsten Verfahren sollen kurz vorgestellt werden.

Digital-Analog-Umsetzer

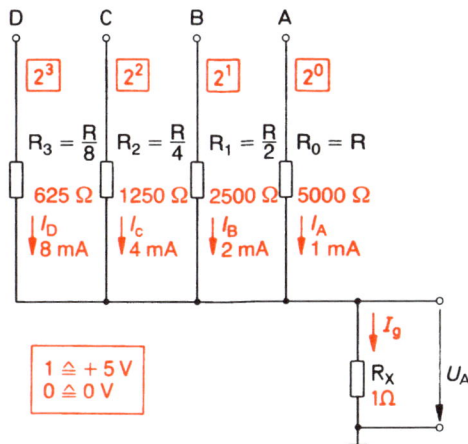

Bild 13.3
Prinzipschaltung eines
DA-Umsetzers mit gestuften
Widerständen für den Dualcode

13.1.2 DA-Umsetzer mit gestuften Widerständen

Die Prinzipschaltung eines DA-Umsetzers mit gestuften Widerständen ist in Bild 13.3 dargestellt. An die 4 Eingänge A, B, C und D wird ein 4-Bit-Digitalsignal angelegt. Die Widerstände R_0 bis R_3 sind nach der Wertigkeit der Bit im Dualcode bemessen. Es gilt die Gleichung:

$$R_n = \frac{R}{2^n}$$

Der Wert von R kann in Grenzen frei gewählt werden. Hier wurden 5000 Ω gewählt. Für R1 ergibt sich 2500 Ω, für R2 1250 Ω. Jeder weitere Widerstand ist immer halb so groß wie der vorhergehende.

Die Tabelle Bild 13.3a zeigt die sich ergebenden Ströme, wenn das 1-Signal +5 V und das 0-Signal 0 V entspricht. Es ergibt sich eine Ausgangsspannung, die in 1-mV-Schritten gestuft ist. Sie hat stets soviel Millivolt, wie der Zahlenwert des 4-Bit-Dualsignals beträgt, ist also ein Analogsignal.

Ein Digital-Analog-Umsetzer nach Bild 13.3 arbeitet nicht sehr genau. Die 1-Signale einer Digitalschaltung haben ja in den seltensten Fällen genau +5 V. Abweichungen im Rahmen der zulässigen Toleranzen führen zu fehlerhaften Analogsignalen. Wesentlich genauer arbeitet die Schaltung Bild 13.4. Es wird eine stabilisierte Gleichspannung U_{Stab} verwendet. Diese wird über Transistor-Schalterstufen auf die Widerstände R_0 bis R_3 geschaltet. Der Operationsverstärker arbeitet als Summierverstärker. Die Widerstände R_V dienen der Basisstrombegrenzung. Die Transistoren arbeiten im inversen Betrieb.

Bei dieser Betriebsart ist die Kollektor-Emitter-Sättigungsspannung U_{CEsat} eines durchgeschalteten Transistors sehr klein (ca. 20 mV). An die Eingänge A bis D müssen 1-Signale angelegt werden, die größer als ca. 2,6 V sind.

DA-Umsetzer für andere bewertete Binärcodes sind entsprechend aufgebaut. Je nach der Wertigkeit der einzelnen Bit sind die Widerstände R_0 bis R_n zu bemessen.

Dezimal-zahlenwert	D 2^3	C 2^2	B 2^1	A 2^0	$\frac{I_D}{mA}$	$\frac{I_C}{mA}$	$\frac{I_B}{mA}$	$\frac{I_A}{mA}$	$\frac{I_g}{mA}$	$\frac{U_A}{mV}$
0	0	0	0	0	0	0	0	0	0	0
1	0	0	0	1	0	0	0	1	1	1
2	0	0	1	0	0	0	2	0	2	2
3	0	0	1	1	0	0	2	1	3	3
4	0	1	0	0	0	4	0	0	4	4
5	0	1	0	1	0	4	0	1	5	5
6	0	1	1	0	0	4	2	0	6	6
7	0	1	1	1	0	4	2	1	7	7
8	1	0	0	0	8	0	0	0	8	8
9	1	0	0	1	8	0	0	1	9	9
10	1	0	1	0	8	0	2	0	10	10
11	1	0	1	1	8	0	2	1	11	11
12	1	1	0	0	8	4	0	0	12	12
13	1	1	0	1	8	4	0	1	13	13
14	1	1	1	0	8	4	2	0	14	14
15	1	1	1	1	8	4	2	1	15	15

Bild 13.3a Tabelle der Teilströme I_A, I_b, I_C, I_D der Gesamtströme I_g und der Ausgangsspannungen U_A des DA-Umsetzers nach Bild 13.3 für duale Eingangssignale von 0000 bis 1111

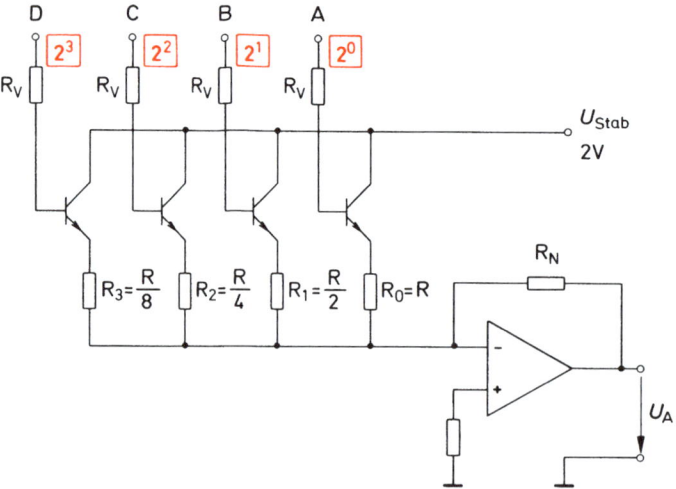

Bild 13.4 DA-Umsetzer mit Widerstandsnetzwerk für den Dualcode

13.1.3 R/2R-DA-Umsetzer

Ein DA-Umsetzer lässt sich mit Hilfe eines Kettenleiters aufbauen. Für einen solchen Kettenleiter sind nur 2 verschiedene Widerstandsgrößen erforderlich, eine Widerstandsgröße R und eine doppelt so große Widerstandsgröße 2R. Diese Widerstands-

Digital-Analog-Umsetzer

größen geben dem DA-Umsetzer den Namen. Die Schaltung eines R/2R-DA-Umsetzers zeigt Bild 13.5.

Die Arbeitsweise der Schaltung Bild 13.5 ist schwierig zu übersehen. Zur Erläuterung der Arbeitsweise soll daher die nur mit 2 Schaltern arbeitende Schaltung Bild 13.6 dienen. Die Widerstandswerte betragen 1 kΩ und 2 kΩ, die Versorgungsspannung U_{Stab} beträgt 12 V.

Die Schaltung wandelt 2-Bit-Dualsignale in Analogsignale um. Bei $S_0 = 0$ ist der Schalter S_0 mit Masse verbunden. Bei $S_0 = 1$ ist der Schalter S_0 mit U_{Stab} verbunden. Entsprechendes gilt für den Schalter S_1.

Wenn beide Schalter geöffnet sind (Masseanschluss), liegt am Ausgang die Spannung $U_A = 0$ V. Ist nur der Schalter S_0 geschlossen, ergibt sich die Schaltung Bild 13.8 mit einem Gesamtwiderstand von 3,2 kΩ und einem Gesamtstrom $I_g = 3,75$ mA. Zwischen Punkt P und Masse liegt ein Widerstand von 1,2 kΩ, an dem eine Spannung von 4,5 V abfällt. Diese wird durch R_3 und R_4 aufgeteilt. An R_4 liegt eine Spannung von 3 V.

Ist nur der Schalter S_1 geschlossen, wird die Spannung U_{Stab} halbiert. Sind beide Schalter geschlossen, ergibt sich eine Ausgangsspannung von 9 V (Bild 13.7). Die Stufung der Spannung U_A beträgt also 3 V.

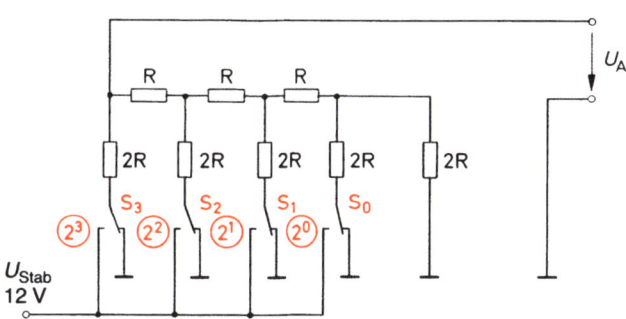

Bild 13.5
Prinzipschaltung eines R/2R-DA-Umsetzers

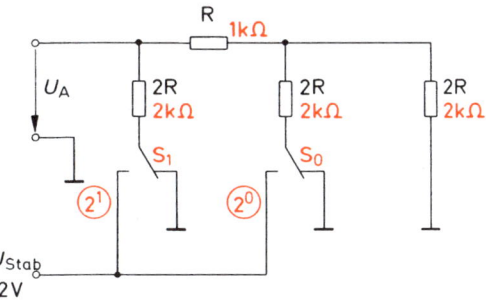

Bild 13.6
R/2R-DA-Umsetzer für 2-Bit-Dualsignale

Dezimalwert	S_1 (2^1)	S_0 (2^0)	U_A
0	0	0	0 V
1	0	1	3 V
2	1	0	6 V
3	1	1	9 V

Bild 13.7
Tabelle zur Schaltung von Bild 13.6

Digital-Analog-Umsetzer, Analog-Digital-Umsetzer

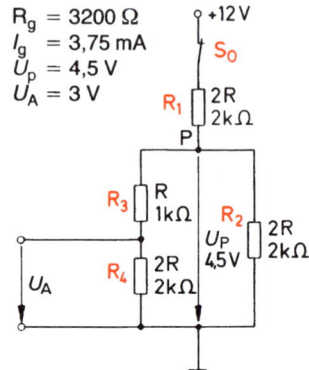

Bild 13.8
Widerstandsschaltung

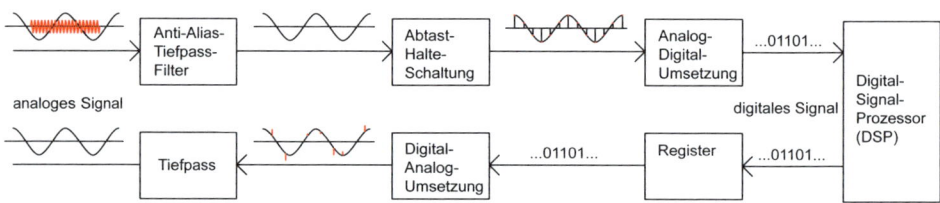

Bild 13.8b Blockschaltbild der Signalumsetzung und -bearbeitung

Die Stufung ΔU_A ergibt sich aus der Anzahl der Schalter bzw. aus der Anzahl der Bits. Sie wird mit der Gleichung

$$\Delta U_A = \frac{U_{Stab}}{2^n}$$

berechnet. Für die Schaltung Bild 13.5 beträgt sie

$$\Delta U_A = \frac{U_{Stab}}{2^n} = \frac{12\,V}{2^4} = \frac{12\,V}{16} = 0{,}75\,V$$

Die Schalter $S_0...S_n$ werden in der Praxis durch Transistor-Schalterstufen ersetzt. Das R/2R-Verfahren eignet sich besonders gut für integrierte Schaltungen. Es müssen nur 2 verschiedene Widerstandswerte hergestellt werden.

DA-Umsetzer werden überwiegend als integrierte Schaltungen hergestellt und wegen des geringen Leistungsbedarfs werden DA-Umsetzer in CMOS-Technik besonders häufig verwendet.

13.2 Analog-Digital-Umsetzer

Analog-Digital-Umsetzer wandeln analoge Signale in entsprechende digitale Signale um. Bild 13.8b zeigt den Prozess in der Übersicht. Das Analogsignal wird gefiltert, abgetastet und in ein Digitalsignal umgerechnet. Ein Digital-Signal-Prozessor (DSP) führt Berechnungen wie Datenreduktionen oder Filterungen aus. Nach einer Zwischenspeicherung übernimmt ein DA-Umsetzer die Umsetzung in ein Analogsignal.

Analog-Digital-Umsetzer

Ein analoges Signal (Bild 13.9a) besitzt unendlich viele Werte, die kontinuierlich auf einer Wertachse (y-Achse) darstellbar sind. Dieses Signal wird daher auch *wertkontinuierlich* genannt. Eine Temperatur, z.B. zwischen 0 °C und 20 °C, kann unendlich viele Werte annehmen. Auch lässt sich zu jedem beliebigen Zeitpunkt ein Wert bestimmen, d.h., das Signal ist zeitkontinuierlich. Auf der Zeitachse (x-Achse) befinden sich unendlich viele Werte.

Definition
Analoge Signale sind wert- und zeitkontinuierlich.

13.2.1 Abtastung (Sampling)

Um analoge Signale zu digitalisieren, müssen sie zunächst abgetastet werden. Ein analoges Signal, wie in Bild 13.9a, wird beispielsweise alle 10 µs abgetastet. Die gemessenen Amplitudenwerte werden nacheinander in der richtigen Reihenfolge gespeichert. Alle Zahlenwerte zusammen bilden das digitale Signal.

Definition
Das digitale Signal einer sich zeitlich ändernden Größe besteht aus einer Anzahl von Zahlenwerten.

Die Zahlenwerte können in einem beliebigen Zahlensystem oder Code dargestellt werden. In Bild 13.9a sind sie dezimal und dual dargestellt.

Grundsatz
Analog-Digital-Umsetzer geben die Zahlenwerte meist im dualen Zahlensystem aus.

Durch das Abtasten liegen nun nicht mehr unendlich viele Amplitudenwerte vor. Aus einem zeitkontinuierlichen Signal ist ein zeitdiskretes Signal entstanden.

Mit welcher Frequenz muss ein Signal abgetastet werden, um später wieder reproduziert werden zu können?
Bild 13.9b zeigt eine Sinusschwingung, die mit verschiedenen Frequenzen f_A abgetastet wird. Entspricht die Abtastrate der Signalfrequenz f_S, erhalten wir eine Gleichspannung. Wir müssen also höher abtasten. Eine Abtastung mit $2 \cdot f_S$ ergibt ein gutes Ergebnis, solange der Zeitpunkt nicht in die Nulldurchgänge fällt. Wir müssen also etwas höher abtasten, um die Sinusschwingung nachzubilden.

Da jedes beliebige Signal aus einer Summe von unendlich vielen Sinusschwingungen unterschiedlicher Amplitude zusammengesetzt werden kann (Fourier-Reihe), kommen wir zu folgendem Ergebnis: Um nach der Abtastung des analogen Signals ein reproduzierbares, zeitdiskretes Signal zu erreichen, muss z.B. ein analoges Musiksignal (obere Grenzfrequenz ca. 20 kHz) mit einer Frequenz abgetastet werden, die mehr als doppelt so groß ist wie die obere Grenzfrequenz, also mit mehr als 40 kHz. Die Abtastfrequenz wird auch als Abtastrate oder Samplingrate bezeichnet. Beim CD-System wurden 44,1 kHz als Abtastrate gewählt (Audiosamplingrate).

Digital-Analog-Umsetzer, Analog-Digital-Umsetzer

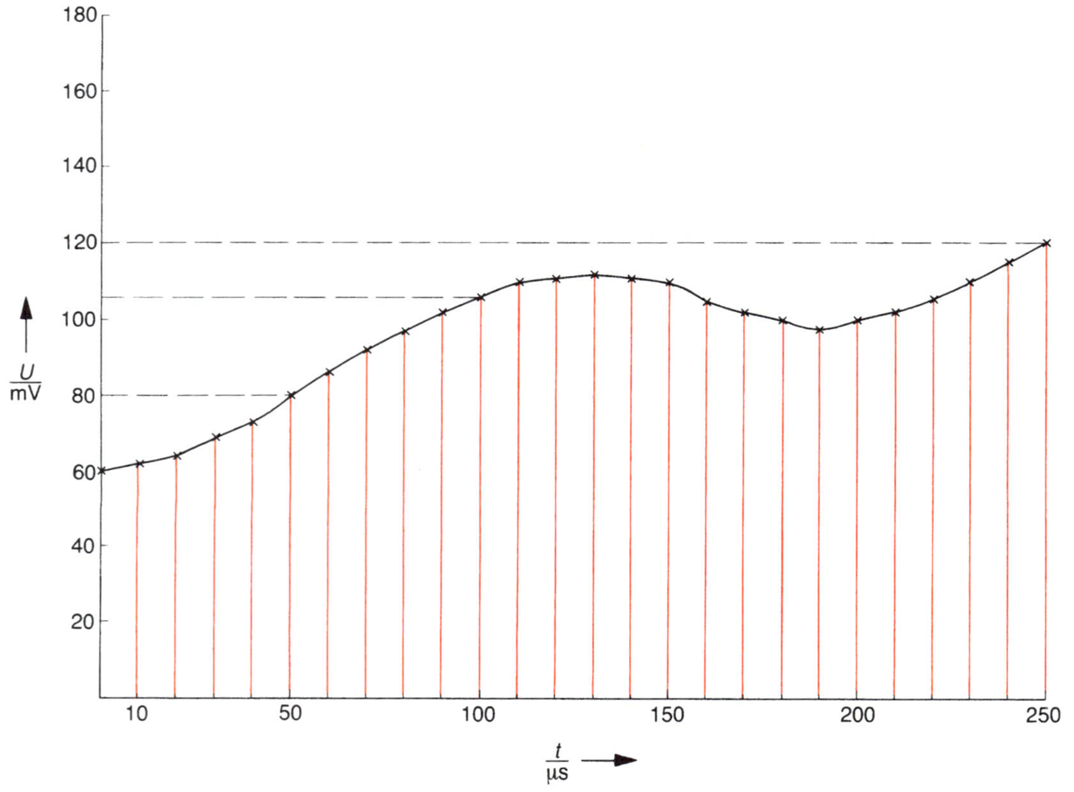

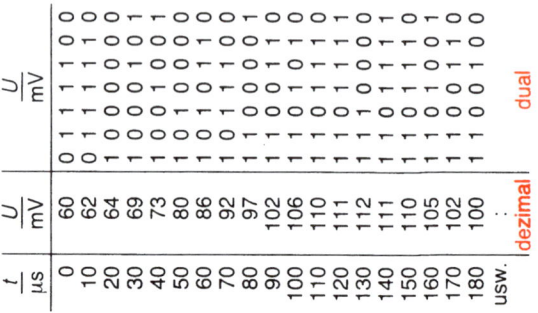

Bild 13.9a   Analoges Signal, dargestellt durch Amplitudenwerte

Analog-Digital-Umsetzer

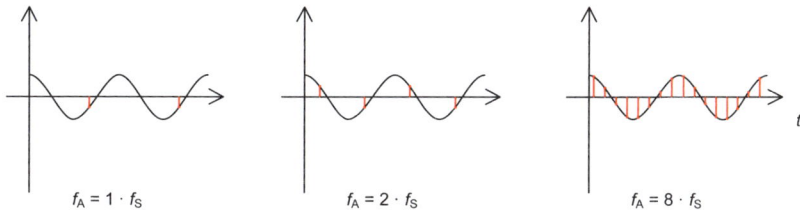

Bild 13.9b Abtasten eines Analogsignals mit verschiedenen Frequenzen

Die Abtastfrequenz eines Analogsignals f_A muss mindestens doppelt so groß sein wie die höchste zu wandelnde Signalfrequenz f_{Smax}, die im Analogsignal enthalten ist. Die Frequenz f_{Smax} wird auch als Nyquist-Frequenz bezeichnet.

Definition

Nyquist-Shannon-Abtasttheorem: $f_A > 2 \cdot f_{Smax}$

Wird mit einer geringeren Frequenz als $2 \cdot f_{Smax}$ abgetastet, entstehen sog. Aliasing-Fehler (Bild 13.9c). Die Sinusfrequenz wird mit einer zu geringen Rate abgetastet. Das Abtastergebnis ist ein Signal mit einer sehr viel niedrigeren Frequenz als die des Ursprungssignals. Man könnte auch sagen, die hohe Frequenz erscheint als tiefe Frequenz, daher der Name «Alias»-Frequenz.

Grundsatz

Eine Abtastung unterhalb $2 \cdot f_{Smax}$ erzeugt Verzerrungen.

Die Zusammenhänge bei der Abtastung erkennt man besser, wenn man Analogsignale nicht im Zeitbereich, sondern im Frequenzbereich darstellt. Ein Sinussignal kann als Strich auf einer Frequenzachse dargestellt werden. Jeder Sinusfrequenz entspricht dann ein Wert auf der Frequenzachse. Ein Audiosignal beansprucht ein ganzes Frequenzband, z.B. von 20 Hz...20 kHz. Man spricht dann von einer Bandbreite. Das Audiosignal hat eine Bandbreite von ca. 20 kHz. Bild 13.9d zeigt ein Sinussignal der Frequenz f_S = 10 kHz im Frequenzbereich und das Audioband von 20 Hz...20 kHz. Durch die Abtastung der 10-kHz-Sinusfrequenz mit 40 kHz entstehen die beiden Aliasfrequenzen $f_A - f_S$ = 30 kHz und $f_A + f_S$ = 50 kHz. Diese beiden Frequenzen sind nicht hörbar und verursachen daher keine Verzerrungen.

Beim Abtasten von höheren Signalfrequenzen mit der Abtastfrequenz f_A = 40 kHz wandert die untere Aliasfrequenz in Richtung des hörbaren Bereiches. Die Signalfrequenz 20 kHz fällt bei Abtastung mit 40 kHz mit der unteren Aliasfrequenz $f_A - f_S$ zusammen (Bild 13.9e).

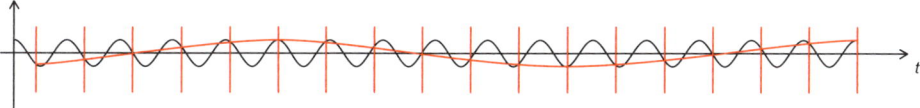

Bild 13.9c Entstehen einer Aliasfrequenz bei Unterabtastung

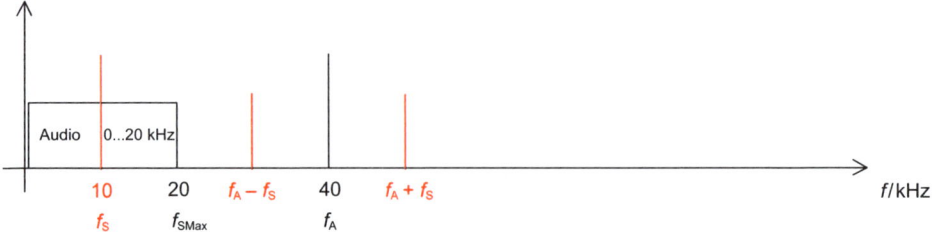

Bild 13.9d 10-kHz-Sinusschwingung und Aliasfrequenzen

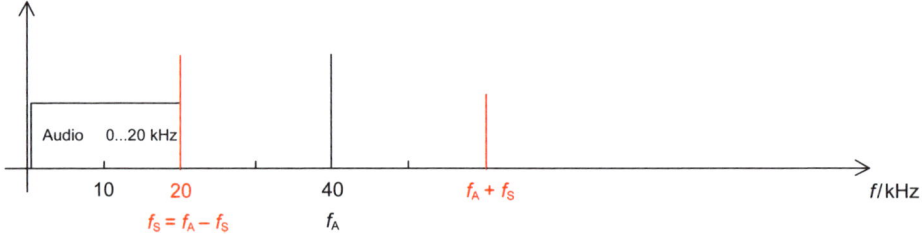

Bild 13.9e 20-kHz-Sinusschwingung und Aliasfrequenzen

Beträgt die Signalfrequenz 25 kHz so fällt die untere Alias-Frequenz in den hörbaren Bereich (Bild 13.9f) und erzeugt Aliasing-Verzerrungen. Um diese Verzerrungen zu vermeiden, dürfen keine Signale mit zu hoher Frequenz den Eingang des Analog-Digital-Umsetzers erreichen. Solche Signalanteile können z.B. als Harmonische des Grundsignals oder auch als Rauschanteile auftreten. Dem Analog-Digital-Umsetzer muss daher ein Tiefpass-Filter vorgeschaltet werden, das Signalanteile mit $f > f_A/2$ ausfiltert.

Da diese Filter aus technischen und wirtschaftlichen Gründen nur eine begrenzte Steilheit besitzen, muss die Abtastfrequenz in der Praxis etwas höher gewählt werden. Bei der CD sind es 44,1 kHz. Bild 13.9g zeigt diese Situation bei der CD. Das Filter muss schon recht steilflankig sein, um die untere Aliasfrequenz zu sperren. Steilflankige Filter sind aber in der Herstellung aufwendig und teuer.

Sollen einfachere, weniger steile Anti-Aliasing-Filter zum Einsatz kommen, muss die Abtastrate erhöht werden. Man spricht dann von Überabtastung oder Oversampling.

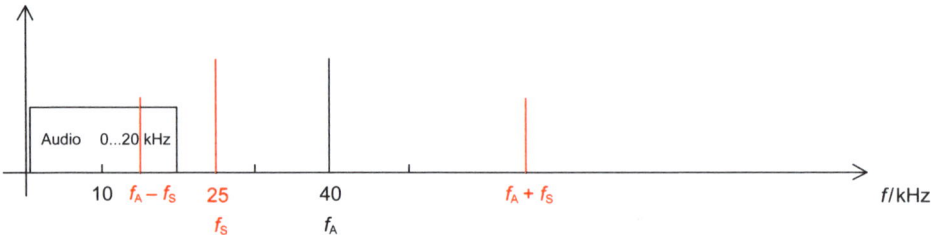

Bild 13.9f 25-kHz-Sinusschwingung und Aliasfrequenzen

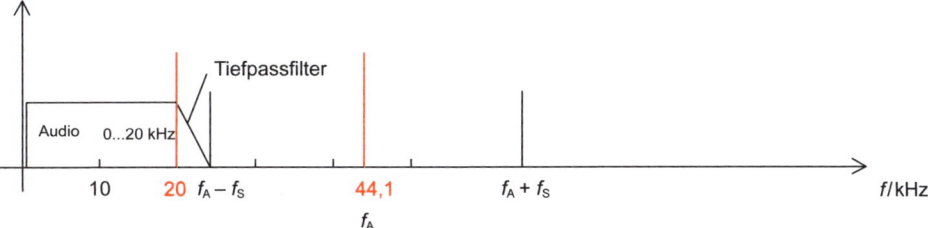

Bild 13.9g 20-kHz-Sinusschwingung bei 44,1 kHz Abtastung (CD)

13.2.2 Überabtastung (Oversampling)

Unter Überabtastung versteht man das Abtasten mit höherer Frequenz als durch das Abtasttheorem vorgegeben.

Definition
$$f_A = k \cdot 2 \cdot f_{S\text{max}}$$

k ist eine gerade Zahl und wird Oversampling-Faktor genannt. In Bild 13.9h ist ein 2-faches Oversampling dargestellt. Das Tiefpassfilter kann hier erheblich einfacher und damit preisgünstiger hergestellt werden. 4-faches Oversampling bedeutet bei einem 2-kHz-Signal, dass nach SHANNON mit mehr als 4 kHz abgetastet werden muss, eine Abtastrate von 16 kHz.

Oversampling reduziert den Filteraufwand im analogen Signalbereich und verschiebt ihn in den digitalen Signalbereich. Digitale Filter sind einfacher und kostengünstiger herzustellen, daher wird das Oversamplingverfahren häufig angewendet.

Grundsatz
Nachteilig ist die bei hohen Abtastfrequenzen auftretende große Datenmenge. Die Rechengeschwindigkeit des nachgeschalteten digitalen Signalprozessors (DSP) muss also höher sein als bei kleinen Abtastraten. Digitalschaltungen können die Datenmenge dezimieren, so dass der Rechenaufwand für die weitere Signalverarbeitung reduziert wird. Dieser Vorgang heißt *Dezimation*. Ein Abwärtstaster bzw. Downsampler reduziert den Datenstrom indem er z.B. nur jeden 4. Abtastwert berücksichtigt und zur Verarbeitung weiterleitet. Vor den Abwärtstaster ist ein digitales Anti-Aliasing-Filter zu schalten, um Verzerrungen zu vermeiden.

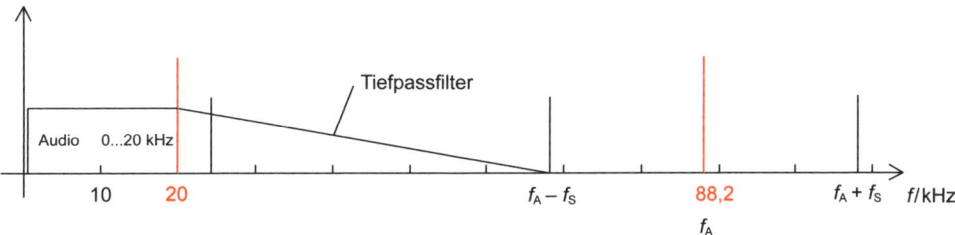

Bild 13.9h 2-fach-Oversampling (88,1 kHz Abtastung)

13.2.3 Quantisierung (Sampletiefe)

Jeder abgetastete Amplitudenwert wird in einem bestimmten Maßstab dargestellt, z.B. in mV. Sollen Spannungswerte bis 4 V auf 1 mV genau umgesetzt werden, sind 4000 Amplitudenstufen erforderlich. Das Einteilen eines Analogsignals in Stufen wird auch Quantisierung oder Sampletiefe genannt. Um diese 4000 Stufen mit einer Dualzahl darzustellen, werden 12 Bit benötigt (2^{12} = 4096). Jeder abgetastete Amplitudenwert wird dann mit einer 12-Bit-Dualzahl dargestellt. Aus dem wertkontinuierlichen Analogsignal wird durch die Quantisierung ein wertdiskretes Signal.

Definition
Ein digitales Signal ist wert- und zeitdiskret.

Je mehr Stellen die Dualzahl besitzt, desto feiner wird die Auflösung und desto genauer wird später die Reproduktion des Musiksignals. Üblich sind Wortbreiten von 8, 16 und 24 Bit. Die Bit-Zahl eines Analog-Digital-Umsetzers gibt sein Auflösungsvermögen an.

Definition
Je höher die Bit-Zahl ist, desto größer ist das Auflösungsvermögen des Umsetzers.

Bild 13.9i zeigt eine Quantisierung mit 3 Bit bzw. mit 8 Amplitudenwerten. Der Umsetzer misst den abgetasteten Spannungswert eines Analogsignals und ordnet ihm einen dieser 8 Werte zu. Aufgrund der Quantisierung wird aus der kontinuierlichen Kurve eine Kurve mit Treppenstufen. Das verursacht bei der Reproduktion Abweichungen vom Original und führt zu sog. Quantisierungsfehlern. Bild 13.9j zeigt eine Quantisierung mit 4 Bit bzw. mit 16 Amplitudenwerten. Die Kurve wird hier besser wiedergegeben. Der Quantisierungsfehler ist geringer.

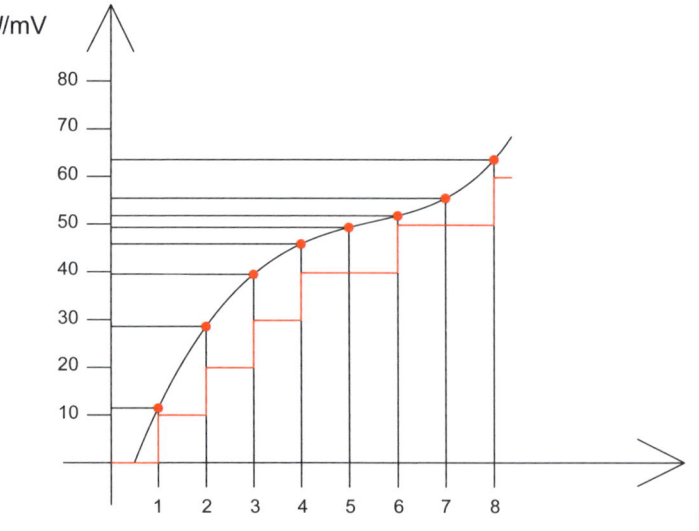

Bild 13.9i Quantisierung mit 3 Bit (8 Spannungsstufen)

Analog-Digital-Umsetzer

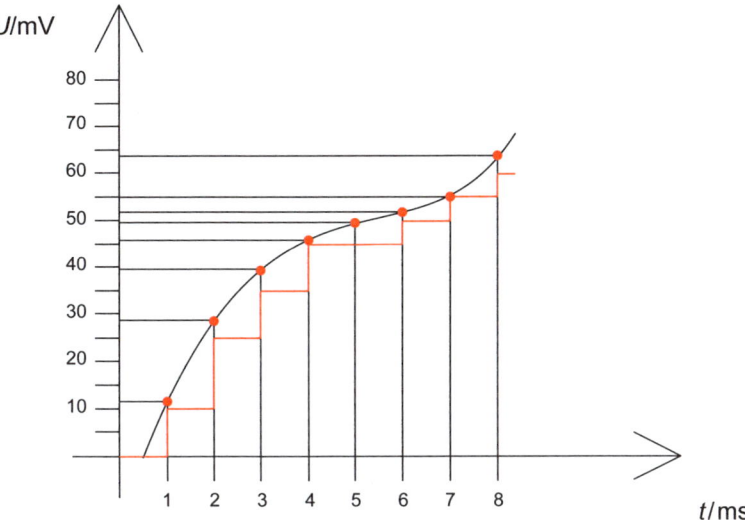

Bild 13.9j Quantisierung mit 4 Bit (16 Spannungsstufen)

Definition
Eine AD-Umsetzung mit zu geringer Wortbreite der Dualzahl (Bits) erzeugt Quantisierungsfehler.

Quantisierungsfehler erzeugen ein Rauschen (Quantisierungsrauschen). Auch sehr kleine Signale im Bereich der kleinsten Dualzahl können nicht korrekt dargestellt werden und führen zu Verzerrungen. Sie werden mit einem Rauschsignal (Dither) überlagert (maskiert) und sind dann weniger störend.

Das Quantisierungsrauschen beeinflusst den maximal erzielbaren Signal-Rausch-Abstand des Umsetzers. Es verteilt sich über den gesamten Frequenzbereich bis zur Abtastfrequenz. Mit Hilfe der Rauschformung (engl.: *noiseshaping*) kann das Rauschen zum Teil in den nicht hörbaren Bereich verlagert und ausgefiltert werden.

Je höher die Bit-Zahl, desto geringer der Fehler. In Tonstudios wird daher mit 24 Bit quantisiert. Der CD-Standard arbeitet mit 16-Bit-Quantisierung. Man spricht auch von 16-Bit-Samplingtiefe. Die 16-Bit-Wörter werden verarbeitet, gespeichert und später durch einen Digital-Analog-Umsetzer wieder in das ursprüngliche Analogsignal umgewandelt.

Oversampling erhöht die Informationsmenge. Ist die Informationsmenge festgelegt, kann nach Erhöhung der Abtastrate die Sampletiefe reduziert werden. So kann die Auflösung bei sehr hoher Abtastrate bis auf 1 Bit reduziert werden. Dieses Verfahren nutzen die Sigma-Delta-Umsetzer (vgl. Abschnitt 13.2.14).

13.2.4 Abtast-Halte-Schaltung (Sample-and-Hold)

Eine Abtast-Halte-Schaltung (Sample-and-Hold) speichert den Wert für die Weiterverarbeitung. Sample-and-Hold-Schaltungen arbeiten mit Speicherkondensatoren. Ein elektronischer Schalter bestimmt die Abtast-Halte-Frequenz.

13.2.5 Genauigkeit

Das Auflösungsvermögen darf nicht mit der Genauigkeit des AD-Umsetzers verwechselt werden. Die Genauigkeit hängt von der Richtigkeit der ausgegebenen Zahlenwerte ab. Auch fein verteilte Zahlenwerte, also Zahlenwerte mit vielen Bits, können ungenau sein.

Jeder Analog-Digital-Umsetzer arbeitet mit einer bestimmten Genauigkeit. Die Genauigkeit gibt an, um welchen Bruchteil des richtigen Wertes das Umsetzungsergebnis höchstens nach oben und unten abweichen darf. Bei einer Genauigkeit von 10^{-3} dürfen die Ergebnisse um $^1/_{1000}$ größer oder kleiner als der richtige Wert sein, also um ±1‰ abweichen. Bei großem Aufwand sind auch Genauigkeiten von 10^{-6} erreichbar.

13.2.6 Rauschformung (Noise Shaping)

Das Verfahren der Rauschformung verschiebt den störenden Rauschanteil in weniger störende Bereiche des Frequenzbandes oder verteilt es über einen größeren Frequenzbereich. Bild 13.9k zeigt die Rauschenergie bei 2 Abtastfrequenzen. Beim Oversampling verteilt sich die Rauschenergie über ein weitaus größeres Frequenzband. Ein sich anschließendes Tiefpassfilter schneidet einen Teil des Rauschens ab.

Analog-Digital-Umsetzer werden überwiegend als integrierte Schaltungen hergestellt. Es überwiegt die CMOS-Technik. Manche IC enthalten Analog-Digital-Umsetzer, Digital-Signal-Prozessor (DSP) und Digital-Analog-Umsetzer auf einem Chip.

Die Aufgabe des AD-Umsetzers ist eine möglichst große Information über das Analogsignal bereitzustellen. Das kann über eine hohe Abtastrate und/oder über eine hohe Quantisierung erfolgen. AD-Umsetzer unterscheiden sich im Wesentlichen durch folgende Eigenschaften:

- ❑ Auflösungsvermögen   (Anzahl der Bits),
- ❑ Genauigkeit   (Fehler in % vom Ergebnis oder in % vom Höchstwert),
- ❑ Schnelligkeit   (Dauer eines Umsetzvorgangs, Anzahl der höchstmöglichen Umsetzvorgänge je Zeiteinheit),
- ❑ Spannungsbereich   (Bereich von der kleinsten bis zur größten umsetzbaren Spannung).

Eine Vielzahl verschiedener Umsetzungsverfahren und Schaltungen ist gebräuchlich. Sie werden im Folgenden erläutert. Am gebräuchlichsten ist heute der Sigma-Delta-Umsetzer (Abschnitt 13.2.14).

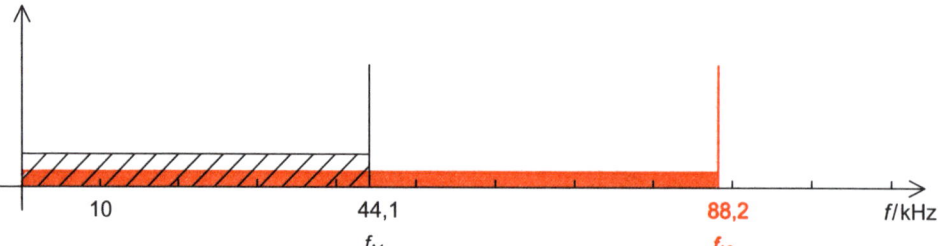

Bild 13.9k Quantisierungsrauschleistung bei 44,1 kHz und bei 88,2 kHz

13.2.7 AD-Umsetzer nach dem Sägezahnverfahren

Ein AD-Umsetzer nach dem Sägezahnverfahren tastet das Analogsignal mit Sägezahnspannungen ab. Die Sägezahnspannungsflanke beginnt im negativen Spannungsbereich (Bild 13.10). Zum Zeitpunkt ①, wenn die Sägezahnspannung die 0-Linie überschreitet, wird ein Dualzähler gestartet. Dieser zählt Impulse eines Generators. Hat die Sägezahnspannung die Spannung des Analogsignals erreicht (Punkt ②), wird der Zähler gestoppt.

Der Zähler hat also während der Zeit Δt gezählt. Er hat genaugenommen die Zeit gemessen. Da die Sägezahnflanke aber in einem genau festgelegten Winkel α ansteigt, kann aus Δt und α die Spannungsamplitude u errechnet werden:

$$\tan \alpha = \frac{u}{\Delta t}$$
$$u = \Delta t \cdot \tan \alpha$$

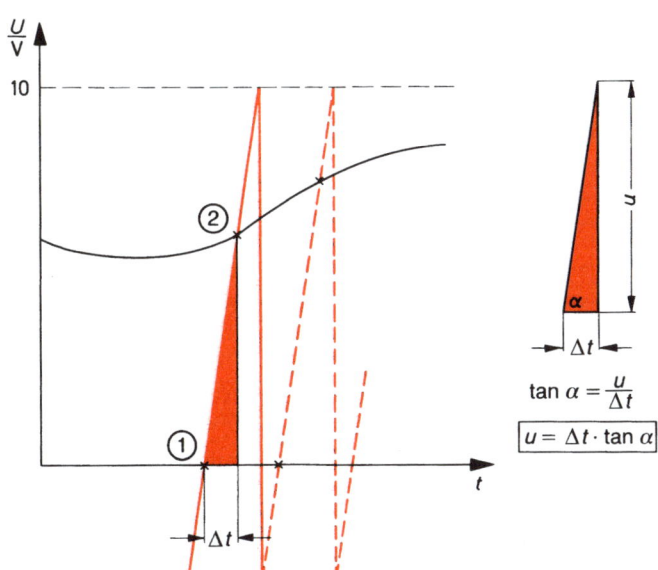

Bild 13.10 Abtastung des Analogsystems mit Sägezahnspannung

Die Dualzahl, die der Zähler anzeigt, ist also ein Maß für den Spannungswert u. Die Frequenz des Impulsgenerators lässt sich nun so wählen, dass der Zähler die Spannung in der gewünschten Einheit, z.B. in mV, angibt.

Durch den Höchstwert der Sägezahnspannung ist die größte abtastbare Spannung des Analogsignals gegeben. Steigt die Sägezahnspannung z.B. bis 10 V an (Bild 13.10), können nur Analogspannungen bis maximal 10 V gewandelt werden.

Bild 13.11 zeigt den prinzipiellen Schaltungsaufbau eines AD-Umsetzers nach dem Sägezahnverfahren. Die Sägezahnspannung wird auf 2 Komparatorschaltungen gegeben. Am Ausgang einer Komparatorschaltung liegt nur dann das binäre Signal 1, wenn beide Eingangsspannungen gleich groß sind (analoger Komparator bzw. Komparator mit Analogeingängen).

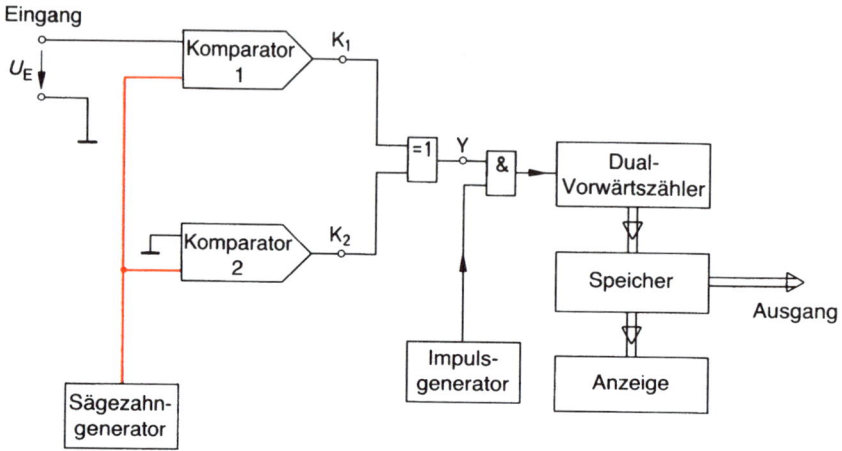

Bild 13.11   Schaltungsaufbau eines AD-Umsetzers nach dem Sägezahnverfahren

Hat die Sägezahnspannung einen negativen Wert, liegt am Ausgang des Komparators 2 0-Signal ($K_2 = 0$).

Überschreitet die Sägezahnspannung die 0-Linie (Punkt ①), wird $K_2 = 1$, denn beide Eingangsspannungen sind jetzt gleich. Am Ausgang Y des EXKLUSIV-ODER-Gatters erscheint jetzt 1-Signal. Das UND-Gatter gibt die Generatorimpulse zum Zählen frei.

Erreicht die Sägezahnspannung die Analogspannung, gibt der Komparator 1 ebenfalls 1-Signal ($K_1 = 1$). Jetzt wird $Y = 0$. Das UND-Gatter sperrt die Generatorimpulse. Das Digitalsignal des Zählers wird in einen Speicher gegeben und weiter verarbeitet. Es kann angezeigt werden. Eine Anzeige erfolgt z.B. bei einem digitalen Spannungsmesser.

Die Genauigkeit der Schaltung hängt sehr wesentlich von der Linearität der Sägezahnanstiegsflanke ab.

Der AD-Umsetzer nach Bild 13.11 ist nur für positive Messspannungen geeignet. Man kann eine zu wandelnde Wechselspannung durch Addition einer bekannten Gleichspannung so anheben, dass alle Spannungswerte in den positiven Spannungsbereich fallen. Der Wert der bekannten Gleichspannung wird nach der AD-Umsetzung vom digitalen Ergebnis abgezogen.

Die Schaltung Bild 13.11 kann aber auch erweitert werden, so dass sie für positive und negative Messspannungen geeignet ist. Die Genauigkeit des Sägezahnverfahrens ist von der Qualität des Sägezahngenerators abhängig. Werden RC-Gatter zur Erzeugung der Spannungsrampe genutzt, ist das Ergebnis wegen der Bauteiltoleranzen alterungs- und temperaturabhängig und kann nur für einfache Anwendungen genutzt werden.

13.2.8   AD-Umsetzer nach dem Dual-Slope-Verfahren

Das Dual-Slope-Verfahren arbeitet mit 2 Schritten. Es wird daher auch 2-Schritt-Verfahren genannt. Dual-Slope ist ein englischer Ausdruck. Er bedeutet «2 unterschiedlich steigende Flanken». Kernstück des AD-Umsetzers ist ein integrierter Verstärker, ein sog. Integrator (Bild 13.12). Die Ausgangsspannung des Integrators hat 2 unterschiedlich steigende Flanken.

Im 1. Schritt wird die positive Analogspannung während einer fest vorgegebenen Zeit t_1 integriert. Der Kondensator C des Integrators wird aufgeladen.

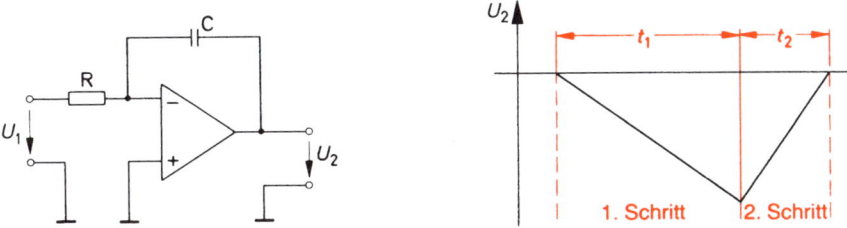

Bild 13.12 Integrator mit Angabe des Spannungsverlaufs während des 1. und 2. Schrittes

Im 2. Schritt wird eine negative Festspannung (Referenzspannung) an den Eingang des Integrators gelegt. Der Kondensator C wird entladen, bis die Ausgangsspannung des Integrators 0 ist. Die Zeit, die vom Anlegen der Referenzspannung bis zum Nullwerden der Integrator-Ausgangsspannung vergeht, ist ein Maß für die Größe der Analogspannung. Diese Zeit wird t_2 genannt.

Während der Zeit t_2 läuft ein Vorwärtszähler. Er erhält die Zählimpulse von einem Impulsgenerator. Nach Ablauf der Zeit t_2 zeigt der Zähler eine binäre Größe an. Diese ist der digital ausgedrückte Amplitudenwert der Analogspannung. Wird die Analogspannung in den Dualcode gewandelt, ist der Zähler ein Dual-Vorwärtszähler. Der Zähler muss stets in dem Code zählen, in den umgesetzt werden soll.

Wegen der 2 Arbeitsschritte des Integrators wird das Dual-Slope-Verfahren auch *Doppelintegrationsverfahren* genannt.

Der Schaltungsaufbau eines AD-Umsetzers nach dem Dual-Slope-Verfahren ist in Bild 13.13 dargestellt. Eine Steuerschaltung betätigt einen elektronischen Umschalter S. Zu Beginn des Umsetzungsvorganges, also zu Beginn der Zeit t_1, wird der Umschalter in Stellung 1 gebracht. In dieser Stellung verbleibt er während der Zeit t_1. Die Zeit t_1 wird aus dem Impulsgenerator über einen Frequenzteiler gewonnen. Sie ist eine Festzeit – z.B. 100 µs. Während der Zeit t_1 wird C über R geladen.

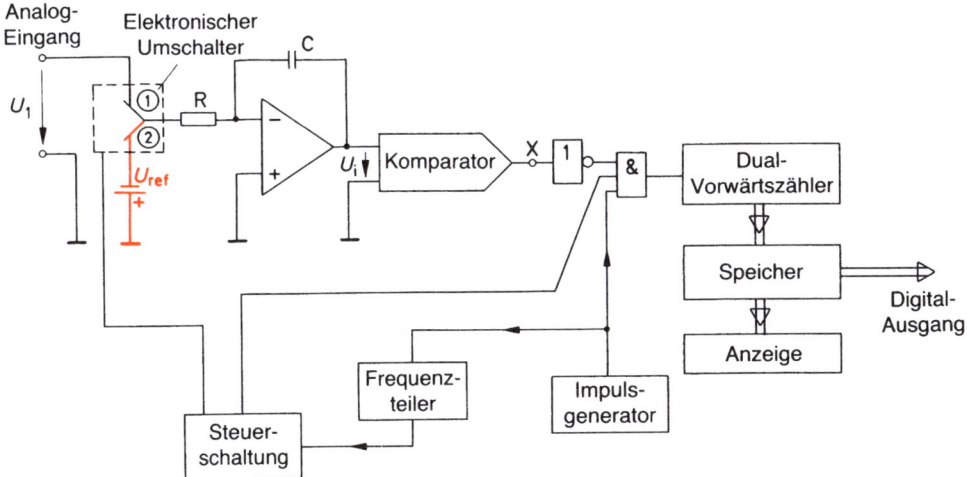

Bild 13.13 Schaltungsaufbau eines AD-Umsetzers nach dem Dual-Slope-Verfahren

Nach Ablauf der Zeit t_1 wird der elektronische Umschalter auf Stellung 2 geschaltet. Die Referenzspannung wird an den Eingang des Integrators gelegt. Gleichzeitig werden die Impulse des Impulsgenerators über das UND-Gatter freigegeben. Sie werden vom Zähler gezählt. Die Zeit t_2 läuft. Aus dem Integrator wird Strom gezogen, C wird entladen.

Während der Zeit t_2 sind die beiden Eingangsspannungen des Komparators ungleich. An seinem Ausgang X liegt 0-Signal. Dieses wird negiert und erscheint als 1-Signal am Eingang des UND-Gatters.

Wenn die Ausgangsspannung U_2 des Integrators 0 wird, ist die Zeit t_2 abgelaufen. Die beiden Eingangsspannungen des Komparators sind jetzt 0 V. Am Ausgang X erscheint 1-Signal. Dieses wird negiert in ein 0-Signal, das das UND-Gatter sperrt. Die Impulszählung ist beendet. Das digitale Ergebnis liegt vor.

AD-Umsetzer nach dem Dual-Slope-Verfahren arbeiten langsamer als AD-Umsetzer nach dem Sägezahnverfahren. Sie erreichen jedoch bei gleichem Aufwand eine höhere Genauigkeit. Die Werte von R und C beeinflussen das digitale Ergebnis nicht. Dieses ist vor allem vom Verhältnis t_1/t_2 und von der Referenzspannung U_{ref} abhängig:

$$\frac{U_1}{U_{ref}} = \frac{t_2}{t_1}$$

Da die Zeiten t_1 und t_2 gleichermaßen von der Frequenz des Impulsgenerators abhängig sind, beeinflusst auch diese Frequenz das Ergebnis nicht. Sie muss allerdings während der Zeit $t_1 + t_2$ konstant sein.

13.2.9 AD-Umsetzer nach dem Kompensationsverfahren

Beim AD-Umsetzer nach dem Kompensationsverfahren wird die Analogspannung U_1 mit einer Kompensationsspannung U_K verglichen. Die Kompensationsspannung ergibt sich als Ausgangsspannung eines Digital-Analog-Umsetzers und wird daher auch Umsetzerspannung genannt. Dem DA-Umsetzer werden so lange digital-codierte Zahlen eingegeben, bis die Umsetzerspannung U_K die Spannung U_1 erreicht. Den prinzipiellen Schaltungsaufbau zeigt Bild 13.14.

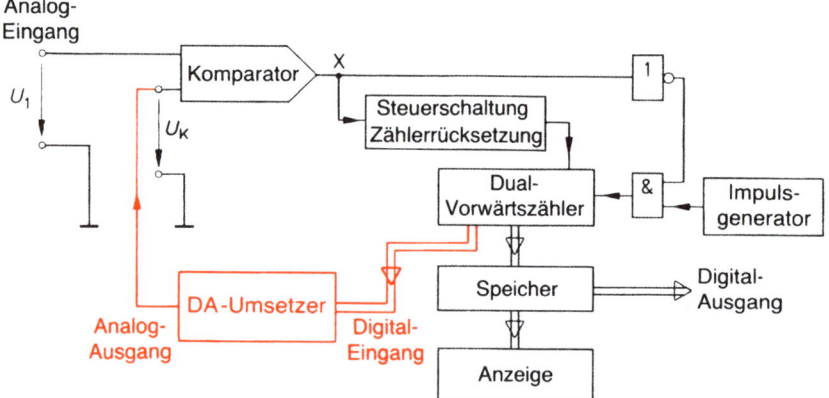

Bild 13.14 Schaltungsaufbau eines AD-Umsetzers nach dem Kompensationsverfahren

Zu Beginn eines Umsetzungsvorganges wird der Zähler durch die Steuerschaltung auf 0 gesetzt. Die Spannung $U_K = 0$. Am Ausgang des Komparators liegt X = 0. Dieses Signal wird negiert auf den Eingang eines UND-Gatters gegeben. Das UND-Gatter lässt die Impulse des Impulsgenerators zum Zähler durch. Der Zähler zählt von 0 an vorwärts.

Das Digitalsignal des Zählers wird durch den DA-Umsetzer in ein entsprechendes Analogsignal gewandelt. Durch die Vorwärtszählung entsteht ein treppenförmig ansteigendes Ausgangssignal U_K. Erreicht die Spannung U_K die Spannung U_1 (Bild 13.15), so erscheint am Ausgang des Komparators 1-Signal. Dieses Signal wird einmal negiert. Das 0-Signal sperrt das UND-Gatter. Weitere Impulse gelangen nicht zum Zähler. Der Zähler stoppt.

Das Signal X = 1 wird zum anderen der Steuerschaltung zugeführt. Diese veranlasst die Eingabe des Zählerstandes in den Speicher. Der Zählerstand ist das Ergebnis der Analog-Digital-Umsetzung. Das Ergebnis steht zur Weiterverarbeitung zur Verfügung. Es kann angezeigt werden.

Die Steuerschaltung stellt den Zähler auf 0. Der nächste Umsetzervorgang beginnt. AD-Umsetzer nach diesem Verfahren sind recht langsam, da jeder Umsetzervorgang mit dem Zählen von 0 ab beginnt.

Die Zahl der möglichen Umsetzervorgänge je Zeiteinheit kann durch Einsatz eines Vorwärts-Rückwärts-Zählers wesentlich erhöht werden. Man verwendet eine Schaltung nach Bild 13.16. Der Komparator ist durch einen Differenzverstärker ersetzt worden. Der Differenzverstärker liefert eine positive Ausgangsspannung, solange U_1 kleiner ist als U_K. Die positive Ausgangsspannung veranlasst den Zählrichtungsumschalter, den Zähler auf «Vorwärtszählen» zu schalten. Außerdem beeinflusst die positive Ausgangsspannung den spannungsgesteuerten Oszillator, schneller zu schwingen. Die Impulse kommen schneller. Der Zähler zählt schneller. Die Spannung U_K steigt schneller an.

Je mehr sich die Spannung U_K der Spannung U_1 nähert, desto geringer wird die positive Ausgangsspannung des Differenzverstärkers, desto langsamer schwingt der Oszillator, desto langsamer zählt der Zähler. Die Spannung U_K nähert sich langsam dem Wert der Spannung U_1. Bei $U_K = U_1$ wird der Zähler durch eine Steuerschaltung stillgesetzt. Das Zählergebnis wird in den Speicher übernommen und steht als Wandlungsergebnis zur Weiterverarbeitung zur Verfügung.

Ändert sich die Analogspannung U_1, so «läuft der Zähler nach». Wird U_1 z.B. größer als U_K, erscheint am Ausgang des Differenzverstärkers eine positive Spannung. Der Zähler zählt weiter in Vorwärtsrichtung, bis $U_K = U_1$ ist.

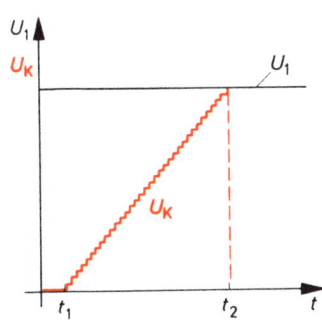

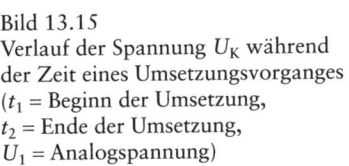

Bild 13.15
Verlauf der Spannung U_K während der Zeit eines Umsetzungsvorganges
(t_1 = Beginn der Umsetzung,
t_2 = Ende der Umsetzung,
U_1 = Analogspannung)

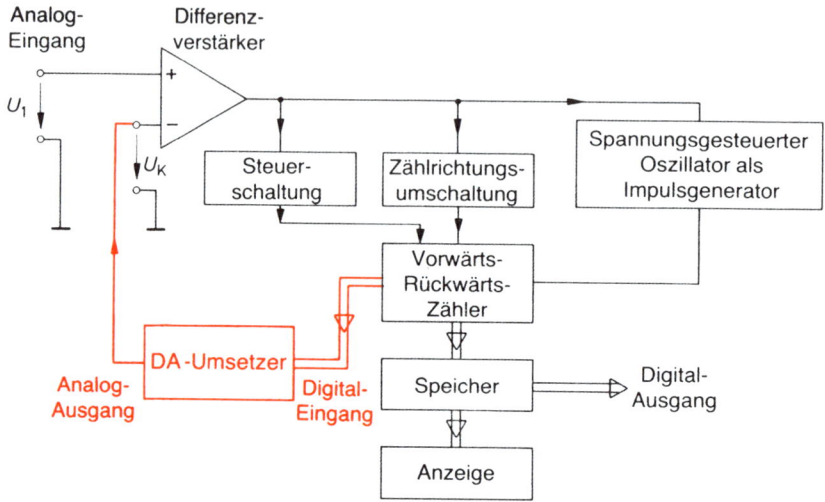

Bild 13.16 Schaltungsaufbau eines AD-Umsetzers nach dem Kompensationsverfahren mit kontinuierlichem Abgleich

Wird U_1 kleiner als U_K, so erscheint am Ausgang des Differenzverstärkers eine negative Spannung. Diese veranlasst den Zählrichtungsumschalter, den Zähler auf «Rückwärtszählen» zu schalten. Der Zähler zählt rückwärts, U_K wird kleiner, bis U_K gleich U_1 ist. Dann wird der Zähler wieder stillgesetzt und der Zählerstand gespeichert.

Der Zählerstand bleibt stets in der Nähe des Wertes von U_1. Bei Änderung von U_1 sind verhältnismäßig wenige Zählschritte in Vorwärts- oder Rückwärtsrichtung erforderlich.

Die Analog-Digital-Umsetzung erfolgt daher sehr schnell.

Der spannungsgesteuerte Oszillator spricht auf Spannungsbeträge an, also auf Spannungen ohne Berücksichtigung des Vorzeichens. Er schwingt bei großen positiven oder negativen Spannungen schnell und bei kleinen positiven oder negativen Spannungen langsam.

13.2.10 AD-Umsetzer nach dem Spannungs-Frequenz-Verfahren

Der zu wandelnde Analog-Spannungswert wird in einem Spannungs-Frequenz-Umsetzer in eine Wechselspannung bestimmter Frequenz umgeformt. Hierfür gibt es verschiedene mögliche Schaltungen. Eine einfache Schaltung wäre ein LC-Oszillator, zu dessen Schwingkreiskondensator eine Kapazitätsdiode parallelgeschaltet ist. Die Kapazität der Kapazitätsdiode wird durch den Analog-Spannungswert gesteuert. Dadurch wird die Resonanzfrequenz des Schwingkreises und die Ausgangsfrequenz des LC-Oszillators geändert (s. «Elektronik 3»). Eine solche Schaltung wäre im Prinzip brauchbar, sie ist nur etwas zu ungenau.

Ein Spannungs-Frequenz-Umsetzer muss einen sehr linearen Zusammenhang zwischen Spannung und Frequenz haben. Nimmt der Spannungswert z.B. um 10% zu, muss auch die Frequenz um 10% zunehmen. Doppelte Spannung muss zu doppelter Frequenz führen. Die Frequenz wird digital gemessen. Der zu der gemessenen Frequenz gehörende Spannungswert wird als Digitalsignal gespeichert. Er kann angezeigt werden. Das Digitalsignal steht zur Weiterverarbeitung zur Verfügung.

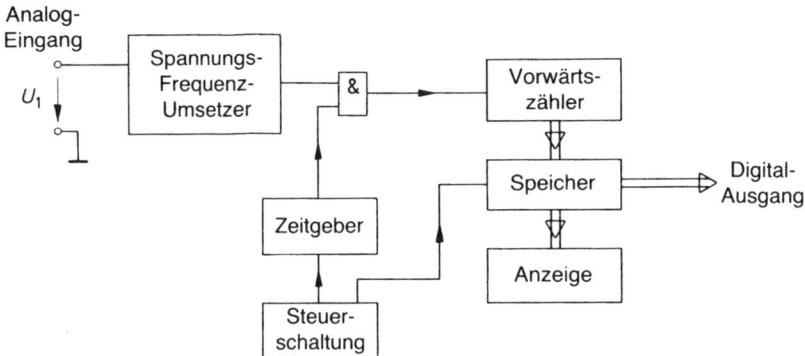

Bild 13.17 Schaltungsaufbau eines AD-Umsetzers nach dem Spannungs-Frequenz-Verfahren

In Bild 13.17 ist der prinzipielle Schaltungsaufbau eines AD-Umsetzers nach dem Spannungs-Frequenz-Verfahren angegeben. Eine Steuerelektronik startet den Wandlungsvorgang. Der Zeitgeber legt 1-Signal an das UND-Gatter. Vom Spannungs-Frequenz-Umsetzer kommen Impulse, die aus der Frequenz abgeleitet sind, z.B. die positiven Halbwellen der Schwingung. Sie durchlaufen das UND-Gatter und werden vom Zähler gezählt.

Nach Ablauf einer fest vorgegebenen Zeit stoppt der Zeitgeber den Zählvorgang. Er legt an das UND-Gatter 0-Signal. Die Steuerelektronik veranlasst, dass das Zählergebnis in den Speicher übernommen wird. Danach kann ein weiterer Wandlungsvorgang beginnen. Die Genauigkeit des Wandlungsergebnisses ist vor allem von der Linearität des Spannungs-Frequenz-Umsetzers und von der Genauigkeit des Zeitgebers abhängig.

13.2.11 AD-Umsetzer nach dem Direktverfahren (Parallel- oder Flashkonverter)

Ein AD-Umsetzer nach dem Direktverfahren arbeitet mit Komparatoren, die stets dann vom Ausgangszustand 0 in den Ausgangszustand 1 umschalten, wenn die am Plus-Eingang liegende Spannung gleich oder größer als die am Minus-Eingang liegende Spannung ist.

Je Ausgangs-Bit wird ein Komparator verwendet. Die Schaltung Bild 13.18 arbeitet mit 8 Komparatoren. Jeder Komparator erhält eine feste Referenzspannung, die an seinen Minus-Eingang gelegt wird. Die Referenzspannungen sind gestuft (z.B. 0,5 V, 1,5 V, 2,5 V, 3,5 V, 4,5 V, 5,5 V, 6,5 V, 7,5 V).

Steigt nun die zu wandelnde Spannung U_1 von 0 aus an, so schaltet bei Erreichen der kleinsten Referenzspannung (z.B. 0,5 V) der Komparator K_1 das Signal 1 an seinen Ausgang. Bei Erreichen der nächsthöheren Referenzspannung (z.B. 1,5 V) schaltet zusätzlich der Komparator K_2 Signal 1 an seinen Ausgang – und so fort. Es ergeben sich die in der Arbeitstabelle Bild 13.19 aufgeführten Ausgangssignale. Mit 8 Komparatoren sind 8 Spannungsstufen möglich. Der Ausgangscode des AD-Umsetzers nach dem Direktverfahren wird zweckmäßigerweise in einen anderen Code, z.B. in den Dualcode, gewandelt.

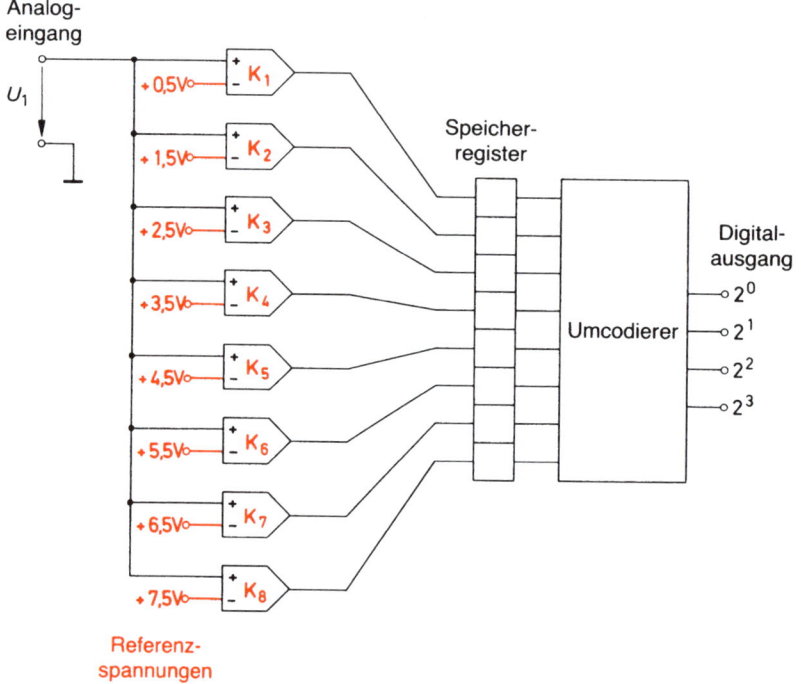

Bild 13.18 Schaltungsaufbau eines AD-Umsetzers nach dem Direktverfahren

$\frac{U_1}{V}$	K_8	K_7	K_6	K_5	K_4	K_3	K_2	K_1
0	0	0	0	0	0	0	0	0
1	0	0	0	0	0	0	0	1
2	0	0	0	0	0	0	1	1
3	0	0	0	0	0	1	1	1
4	0	0	0	0	1	1	1	1
5	0	0	0	1	1	1	1	1
6	0	0	1	1	1	1	1	1
7	0	1	1	1	1	1	1	1
8	1	1	1	1	1	1	1	1
Schaltspannungen	7,5 V	6,5 V	5,5 V	4,5 V	3,5 V	2,5 V	1,5 V	0,5 V

Bild 13.19 Arbeitstabelle des AD-Umsetzers nach Bild 13.18

AD-Umsetzer nach dem Direktverfahren arbeiten schneller als alle anderen AD-Umsetzer. Die Zeit für einen Umsetzungsvorgang wird bestimmt durch die Schaltzeit der Komparatoren. Diese liegt bei ca. 40...50 ns. Das bedeutet, dass bei 100 ns je Umsetzungsvorgang in jeder Sekunde 10 Millionen Umsetzungsvorgänge möglich sind. Der Schaltungsaufwand ist allerdings sehr groß. Für einen AD-Umsetzer mit 128 Spannungsstufen sind 128 Komparatoren erforderlich. 256 Spannungsstufen hat ein 8-Bit-AD-Umsetzer. Für einen 10-Bit-AD-Umsetzer mit 1024 Spannungsstufen wären 1024 Komparatoren erforderlich.

Die hohe mögliche Packungsdichte integrierter Schaltungen erlaubt den Aufbau von AD-Umsetzern mit guter Auflösung nach dem Direktverfahren. Die Genauigkeit solcher Umsetzer hängt von der Genauigkeit der Referenzspannungen und von den Schalttoleranzen der Komparatoren ab.

13.2.12 Sigma-Delta-Umsetzer

Der Sigma-Delta-Umsetzer nutzt die Delta-Modulation. Er ist ein Differenzumsetzer und erfasst nur die Änderung des Analogsignals, nicht den realen Momentanwert. Er stellt die Information über das Analogsignal durch extrem hohe Abtastraten zur Verfügung. Die Entwicklung in der Halbleitertechnologie hat es möglich gemacht, mit sehr hohen Frequenzen (2,56 MHz und höher) abzutasten. Das entspricht einem 128-fachen Oversampling. Durch diesen hohen Oversamplingfaktor kann die Bit-Zahl für die Quantisierung stark herabgesetzt werden. Die Abtastfrequenz liegt so hoch, dass ein Tiefpassfilter zur Verhinderung von Aliasing-Verzerrungen entfallen kann.

> **Definition**
> Sigma-Delta-Umsetzer sind Differenzumsetzer.

Sigma-Delta-Umsetzer quantisieren mit 1 Bit und werden daher auch oft als 1-Bit-Umsetzer bezeichnet. Durch die hohe Abtastrate entsteht eine Auflösung von über 20 Bit.

Ein Sigma-Delta-Modulator besteht aus einem Differenzverstärker, einer Integrationsschaltung, einem Komparator und einem 1-Bit-Digital-Analog-Umsetzer (Bild 13.20).

In einem Differenzverstärker wird vom Eingangssignal das rückgekoppelte Signal des DA-Umsetzers subtrahiert. Das Ausgangssignal des Differenzverstärkers gelangt auf eine Integrationsschaltung. Steile Signalflanken werden durch den Integrierer (Tiefpass) gedämpft. So werden Quantisierungsfehler vermieden. Durch die negative Rückkopplung nähert sich das Ausgangssignal schrittweise dem Eingangssignal. In jedem Schritt wird verglichen, ob die Eingangsspannung größer oder kleiner als die ermittelte Spannung ist.

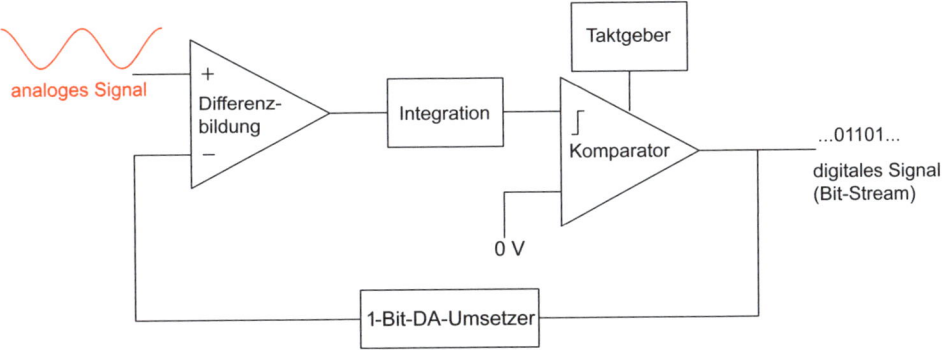

Bild 13.20   Blockschaltbild eines Sigma-Delta-Umsetzers

Nimmt die Signalamplitude am Eingang zu, ist der vorherige Spannungswert, der mit dem DA-Umsetzer rückgekoppelt wird, kleiner und der Ausgangswert des Differenzverstärkers ist positiv. Der Komparator liefert am Ausgang eine «1». Fällt die Eingangsspannung, ist der vorherige Wert größer und die Ausgangsspannung des Differenzverstärkers wird negativ. Der Komparator liefert eine «0». So entsteht ein serieller Datenstrom (Bit-Stream). Das Verfahren eignet sich nicht zur AD-Wandlung von Gleichspannungen. In der Audiotechnik werden heute fast ausschließlich Sigma-Delta-Umsetzer verwendet.

13.3 Datenkompression

Die heutige Vielfalt an Anwendungen bei Mobiltelefonen (Smartphones), tragbaren Musikabspielgeräten (MP3) sowie bei der Bildverarbeitung (Digitalfernsehen, Videos im Internet) wäre ohne Anwendung der Datenkompression nicht möglich. Die bei der Umwandlung analoger Ton- und Bildquellen entstehenden Datenmengen sind ohne Kompression zu unhandlich.

Die 1982 eingeführte Compact-Disc (CD) speichert die analoge Musik ohne Datenkomprimierung. Da Töne bis 20 kHz wiedergegeben werden sollen, muss mit >2 · 20 kHz abgetastet werden. Bei der CD wird mit 44,1 kHz abgetastet. Die Quantisierung oder Samplingtiefe beträgt 16 Bit.

So entstehen bei der Analog-Digital-Umsetzung beträchtliche Datenmengen: 44 100 x 16 Bit pro Sekunde entsprechen 705 kbit/s bzw. 42,3 Mbit/Minute. 60 Minuten Spielzeit erfordern einen Speicherplatz von mehr als 317 MByte (1 Byte = 8 Bit). Hinzu kommen noch die Bits für die Fehlerkorrektur. 20 MByte waren Mitte der 80er-Jahre eine typische Größe für eine PC-Festplatte. Eine Stunde Musik hätte also eine ganze Festplatte gefüllt. Aus diesem Grund ließ sich digitalisierte Musik bis zur Nutzung der Datenreduzierung nur sehr aufwendig speichern.

Kommen Videobilder hinzu, erreichen die Datenmengen schnell Dimensionen, die sich wirtschaftlich nicht speichern lassen. Deshalb wurden Ende der 80er-Jahre Verfahren zur Audio- und Videokompression entwickelt. Die **M**oving **P**icture **E**xperts **G**roup (MPEG, engl. = «Expertengruppe für bewegte Bilder») standardisiert Verfahren zur Audio- und Videokompression. Daher erhalten diese Verfahren die Kürzel MPEG. Das bekannte MP3-Tondatei-Format entsteht durch Anwendung des MPEG1-Audio-Layer-III-Verfahrens. Es gibt aber noch viele andere Verfahren.

Datenkompressionsverfahren lassen sich in verlustfreie und verlustbehaftete Verfahren aufteilen. Verlustfreie Verfahren liefern nach der Umwandlung im Abspielgerät wieder das Originalsignal. Verlustbehaftete Verfahren entfernen Information aus der Musik, die das Ohr nicht oder kaum wahrnimmt. Töne werden nicht wahrgenommen, weil sie von anderen, lauteren Tönen maskiert werden. Die Psychoakustik untersucht diese Zusammenhänge. Die Unterschiede zum Original sind nur mit aufwendiger Technik und von geschulten Hörern wahrnehmbar. Beim MP3-Verfahren gelten 192 kbit/s als hochwertige Kompression ohne hörbare Verluste. Sehr viel stärkere Kompressionsraten mit sehr kleinen Datenmengen (≥ 56 kbit/s) werden allerdings als qualitativ schlechter empfunden. Das Verfahren der variablen Bitrate tastet aufwendige Musikpassagen mit vielen Inhalten stärker ab und senkt die Abtastrate automatisch bei weniger komplexen Passagen.

Statische Bilder (Fotos) kennen wir von Digitalkameras. Sie werden meist im JPEG-Format (Joint Photographic Experts Group) abgespeichert. Das Verfahren ist verlustbehaftet. Die Datenreduktion wird durch mathematische Umrechnungen erreicht. Je stärker die Kompressionsrate, desto mehr werden Qualitätseinbußen sichtbar. Diese Einbußen werden Kompressionsartefakte genannt.

Videosignale lassen sich im Wesentlichen durch Vergleich der aufeinanderfolgenden Einzelbilder komprimieren. Ein unkomprimiertes Signal überträgt beispielsweise das Bild einer Nachrichtensprecherin 25-mal in der Sekunde obwohl sich der Informationsgehalt sich nur wenig ändert. Der Hintergrund, das Pult und viele andere Bildpunkte des Bildes ändern sich nicht. Es genügt, die Änderungen durch Differenzbildung zu berechnen und nur diese zu übertragen.

13.4 Lernziel-Test

1. Wie arbeitet ein Digital-Analog-Umsetzer mit gestuften Widerständen?
2. Digitale Signale, die in einem unbewerteten Code dargestellt sind, sollen in Analogsignale umgewandelt werden. Was ist zu tun?
3. Was versteht man unter dem Auflösungsvermögen eines AD-Umsetzers?
4. Welche wichtigen Eigenschaften sind für die Auswahl eines AD-Umsetzers von Bedeutung?
5. Zählen Sie die verschiedenen gebräuchlichen Umsetzerverfahren für die Analog-Digital-Umsetzung auf.
6. Erklären Sie die Arbeitsweise eines AD-Umsetzers nach dem Sägezahn-Verfahren.
7. Welche Vor- und Nachteile hat ein AD-Umsetzer nach dem Direktverfahren?
8. Welche Vor- und Nachteile hat ein AD-Umsetzer nach dem Delta-Sigma-Verfahren?
9. Was versteht man unter Überabtastung?
10. Wie entstehen Quantisierungsfehler?

14 Rechenschaltungen

Mit Digitalschaltungen können Rechenvorgänge durchgeführt werden, z.B. Additionen und Subtraktionen. Man nennt derartige Schaltungen Rechenschaltungen.

Grundsatz
Rechenschaltungen erzeugen zwischen ihren Eingangsvariablen logische Verknüpfungen, die einem Rechenvorgang entsprechen.

Die Eingangszahlen müssen in einem bestimmten binären Code codiert sein. Im gleichen Code werden die Ergebniszahlen ausgegeben.

Grundsatz
Jede Rechenschaltung ist nur für einen Code oder ein entsprechendes Zahlensystem geeignet.

Häufig werden der Dualcode, also das duale Zahlensystem, und der BCD-Code verwendet (s. Kapitel 8).

14.1 Halbaddierer

Die einfachste Rechenschaltung ist der Halbaddierer.

Grundsatz
Ein Halbaddierer kann 2 Dualziffern addieren.

Es gelten folgende Regeln: $0 + 0 = 0$
$0 + 1 = 1$
$1 + 0 = 1$
$1 + 1 = 10$

Die eine zu addierende Ziffer erhält den Variablennamen A. Die andere zu addierende Ziffer erhält den Variablennamen B. Die Schaltung muss 2 Ausgänge haben. Der Ausgang mit der Wertigkeit 2^0 soll Z heißen, der Ausgang mit der Wertigkeit 2^1 erhält den Namen Ü (Übertrag). Wird die Ziffer 0 dem binären Zustand 0 und die Ziffer 1 dem binären Zustand 1 zugeordnet, ergibt sich die Wahrheitstabelle nach Bild 14.1.
Aus der Wahrheitstabelle können über die disjunktive Normalform (DNF) sehr leicht die Verknüpfungsgleichungen des Halbaddierers gefunden werden. Die Vollkonjunktionen sind in Bild 14.1 rot eingetragen. Der Halbaddierer wird durch das Summenzeichen Σ gekennzeichnet.

Rechenschaltungen

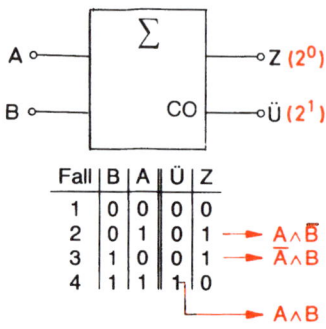

Bild 14.1
Halbaddierer mit Wahrheitstabelle
CO kennzeichnet Übertragsausgang
(engl.: *Carry out output*).
Σ ist das Summenzeichen

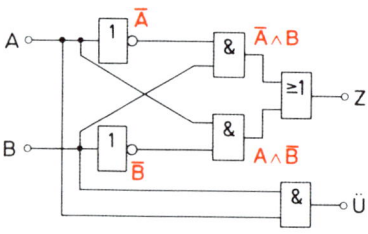

Bild 14.2
Schaltung eines Halbaddierers
mit Grundgattern

$Z = (A \wedge \overline{B}) \vee (\overline{A} \wedge B)$
$Ü = A \wedge B$

Die sich aus den Gleichungen ergebende Schaltung zeigt Bild 14.2. Die Schaltung kann auf NAND-Verknüpfungen umgerechnet werden. Eine besonders einfache Schaltung ergibt sich durch mehrfache Verwendung von $\overline{Ü}$ (Bild 14.3).

$Z = (A \wedge \overline{B}) \vee (\overline{A} \wedge B) = (A \vee \overline{A}) \wedge (A \vee B) \wedge (\overline{B} \vee \overline{A}) \wedge (\overline{B} \vee B)$
$Z = (A \vee B) \wedge (\overline{A} \vee \overline{B}) = (A \vee B) \wedge \overline{A \wedge B} = (A \vee B) \wedge \overline{Ü}$
$Z = (A \wedge \overline{Ü}) \vee (B \wedge \overline{Ü})$
$Z = \overline{(A \wedge \overline{Ü}) \vee (B \wedge \overline{Ü})} = \overline{\overline{A \wedge \overline{Ü}} \wedge \overline{B \wedge \overline{Ü}}}$

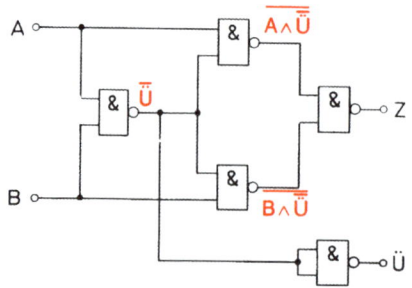

Bild 14.3
Schaltung eines Halbaddierers
mit NAND-Gattern

14.2 Volladdierer

Zum Aufbau von Addierwerken werden Schaltungen benötigt, die 3 Dualziffern addieren können, da bei der Addition von 2 Dualzahlen die Überträge mit addiert werden müssen.

Beispiel

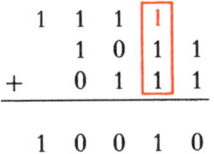

Definition
Ein Volladdierer ist eine Schaltung, die 3 Dualziffern addieren kann.

Die Schaltung eines Volladdierers kann nach den Regeln der Schaltungssynthese (s. Kapitel 5) entworfen werden. Der Volladdierer benötigt 3 Eingänge – für jede zu addierende Dualziffer einen. Diese sollen A, B und C genannt werden. Die Ausgänge heißen wie beim Halbaddierer Z und Ü.

Die Wahrheitstabelle des Volladdierers ergibt sich aus den Rechenregeln für die Addition. Sie ist in Bild 14.4 dargestellt. Im Fall 1 sind Ü und Z 0, da alle Eingangsziffern 0 sind. Im Fall 2 ergibt sich aus der Addition von 0 + 0 + 1 Z = 1 und Ü = 0. Im Fall 4 ist 0 + 1 + 1 zu rechnen, was Z = 0 und Ü = 1 ergibt. Betrachten wir noch den Fall 8. Die Rechnung 1 + 1 + 1 führt zu Z = 1 und Ü = 1. Die disjunktive Normalform für Z besteht aus 4 Vollkonjunktionen. Sie lautet:

$$Z = (A \wedge \overline{B} \wedge \overline{C}) \vee (\overline{A} \wedge B \wedge \overline{C}) \vee (\overline{A} \wedge \overline{B} \wedge C) \vee (A \wedge B \wedge C)$$

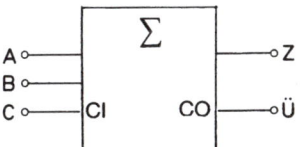

Fall	C	B	A	Ü	Z
1	0	0	0	0	0
2	0	0	1	0	1
3	0	1	0	0	1
4	0	1	1	1	0
5	1	0	0	0	1
6	1	0	1	1	0
7	1	1	0	1	0
8	1	1	1	1	1

Bild 14.4 Volladdierer mit Wahrheitstabelle CO kennzeichnet Übertragsausgang, CI kennzeichnet Übertragseingang (engl.: *Carry in input*). Σ ist das Summenzeichen.

Für Ü ergibt sich die DNF:

Ü = (A ∧ B ∧ $\overline{C}$) ∨ (A ∧ $\overline{B}$ ∧ C) ∨ ($\overline{A}$ ∧ B ∧ C) ∨ (A ∧ B ∧ C)

Die Gleichung für Z lässt sich nicht mehr vereinfachen (Bild 14.5). Für Ü erhält man mit Hilfe des KV-Diagramms die vereinfachte Gleichung:

Ü = (A ∧ B) ∨ (B ∧ C) ∨ (A ∧ C)

Diese Gleichungen führen zu der Schaltung von Bild 14.6.

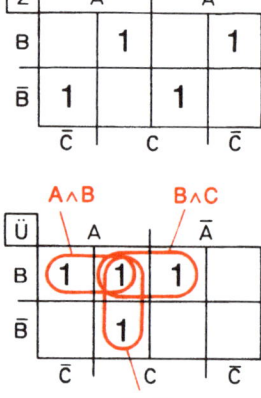

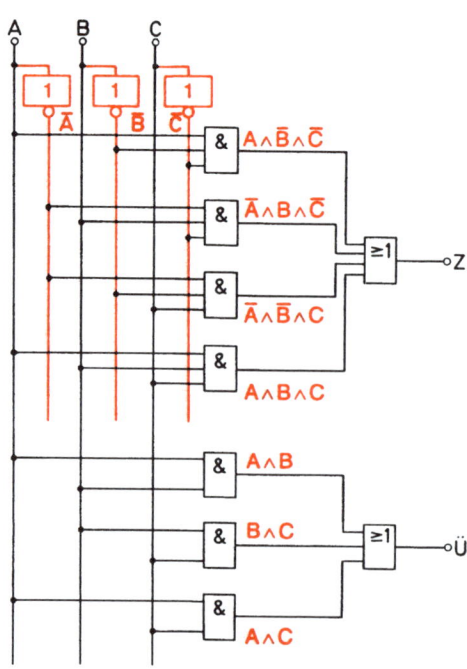

Bild 14.5
KV-Diagramme eines Volladdierers

Bild 14.6
Schaltung eines Volladdierers

Volladdierer

2 schnelle 1-Bit-Volladdierer
74H183
84H183

Typ	Bestellbezeichnung
74H183	Q67000–H495
84H183	Q67000–H511

Der Baustein FLH 451/455 nimmt über die Dateneingänge A und B sowie C_n (Übertragsinformation der niederwertigeren Stelle) Daten auf und gibt das Additionsergebnis über den Σ-Ausgang sowie den Ausgang C_{n+1} (Übertragsausgang für höherwertigere Stelle) ab.

Statische Kenndaten im Temperaturbereich 1 und 5		Prüfbedingungen	untere Grenze B	typ.	obere Grenze A	Einheit
Speisespannung	U_S		4,74	5,0	5,25	V
H-Eingangsspannung	U_{IH}	$U_S = 4,75$ V	2,0			V
L-Eingangsspannung	U_{IL}	$U_S = 4,75$ V			0,8	V
Eingangsklemmspannung	$-U_I$	$U_S = 4,75$ V, $-I_I = 8$ mA			1,5	V
H-Ausgangsspannung	U_{QH}	$U_S = 4,75$ V, $U_{IH} = 2,0$ V, $-I_{QH} = 1$ mA	2,4	3,5		V
L-Ausgangsspannung	U_{QL}	$U_S = 4,75$ V, $U_{IL} = 0,8$ V, $I_{QL} = 20$ mA		0,2	0,4	V
Eingangsstrom je Eingang	I_I	$U_I = 5,5$ V			1	mA
H-Eingangsstrom je Eingang	I_{IH}	$U_{IH} = 2,4$ V $\mid U_S = 5,25$ V			150	µA
L-Eingangsstrom je Eingang	$-I_{IL}$	$U_S = 5,25$ V, $U_{IL} = 0,4$ V			6	mA
Kurzschlussausgangsstrom je Ausgang	$-I_Q$	$U_S = 5,25$ V	40		100	mA
H-Speisestrom	I_{SH}	$U_S = 5,25$ V, $U_{IQ} = 4,5$ V		40		mA
L-Speisestrom	I_{SL}	$U_S = 5,25$ V, $U_{IL} = 0$ V		48	75	mA

Schaltzeiten bei $U_S = 5$ V, $T_U = 25°$ C

Signallaufzeit		$C_L = 25$ pF, $R_L = 280$ Ω		10	15	ns
	t_{PLH}			10	15	ns
	t_{PHL}			12	18	ns

Logische Daten

H-Ausgangslastfaktor je Ausgang	F_{QH}				24	
L-Ausgangslastfaktor je Ausgang	F_{QL}				12	
Eingangslastfaktor je Eingang	F_I				3,75	

Bild 14.8 Datenblatt der integrierten Schaltung 74H183 (Siemens)

Logisches Verhalten

Eingänge			Ausgänge	
C_n	B	A	$\Sigma = T$	$C_{n+1} = \ddot{U}$
L	L	L	L	L
L	L	H	H	L
L	H	L	H	L
L	H	H	L	H
H	L	L	H	L
H	L	H	L	H
H	H	L	L	H
H	H	H	H	H

Anschlussanordnung
Ansicht von oben

Pinbelegung: U_S (14), 2A (13), 2B (12), $2C_n$ (11), $2C_{n+1}$ (10), (9), 2Σ (8), 1A (1), 1B (2), $1C_n$ (3), $1C_{n+1}$ (4), 1Σ (5), (6), O_S (7)

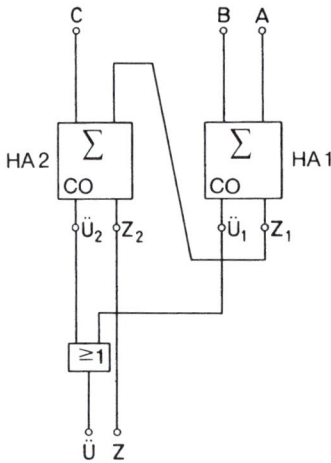

Bild 14.7
Volladdierer, aus 2 Halbaddierern aufgebaut

ⓘ Definition

Ein Volladdierer kann auch aus 2 Halbaddierern und einem ODER-Gatter aufgebaut werden.

Die Schaltung zeigt Bild 14.7. Auf diese Schaltung geht auch der Name «Halbaddierer» zurück. 2 Halbaddierer bilden den Volladdierer. Lediglich ein ODER-Gatter wird noch zusätzlich benötigt.

Volladdierer werden überwiegend als integrierte Schaltungen hergestellt. Sie werden auch 1-Bit-Volladdierer genannt, da sie bei Additionen nach dem Beispiel zu Beginn des Abschnitts 14.2 nur eine Spalte der Zahlen (roter Kasten) addieren können.

Eine häufig verwendete integrierte Schaltung trägt die Bezeichnung 74H183. Sie enthält zwei 1-Bit-Volladdierer in TTL-Technik. Das vollständige Datenblatt ist in Bild 14.8 wiedergegeben.

14.3 Paralleladdierschaltung

Will man 2 vierstellige Dualzahlen in einem Arbeitsschritt addieren, benötigt man einen Halbaddierer und 3 Volladdierer. Die erste Spalte von rechts (Wertigkeit 2^0) kann mit einem Halbaddierer addiert werden, da in dieser Spalte nie ein Übertrag auftreten kann. In den anderen 3 Spalten mit den Wertigkeiten 2^1, 2^2 und 2^3 können Überträge auftreten. Für die Addition dieser Spalten werden Volladdierer benötigt (Bild 14.9).

Das Addieren in einem Arbeitsschritt wird *Paralleladdition* genannt. Eine 4-Bit-Paralleladdierschaltung zeigt Bild 14.10. Auf die Eingänge des Halbaddierers HA sind die ersten Ziffern von rechts der beiden zu addierenden Zahlen (Wertigkeit 2^0) geschaltet. Der Ausgang Z_0 führt zum Ergebnisregister. Der Übertragungsausgang $Ü_0$ ist mit einem Eingang des Volladdierers VA1 für die 2. Spalte verbunden, denn in dieser Spalte muss ein entstehender Übertrag addiert werden.

Der Volladdierer VA1 für die 2. Spalte erhält außer dem Übertrag des Halbaddierers die zweiten Ziffern der zu addierenden Zahlen (Wertigkeit 2^1). Der Ausgang Z_1 dieses Volladdierers liefert eine Ergebnisziffer. Der Übertragsausgang $Ü_1$ des Volladdierers führt auf einen Eingang des Volladdierers VA2 für die 3. Spalte (Wertigkeit 2^2). Dieser Volladdierer erhält außerdem die dritten Ziffern von rechts der zu addierenden Zahlen.

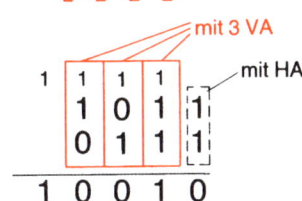

Bild 14.9
Addition von 2 vierstelligen Dualzahlen

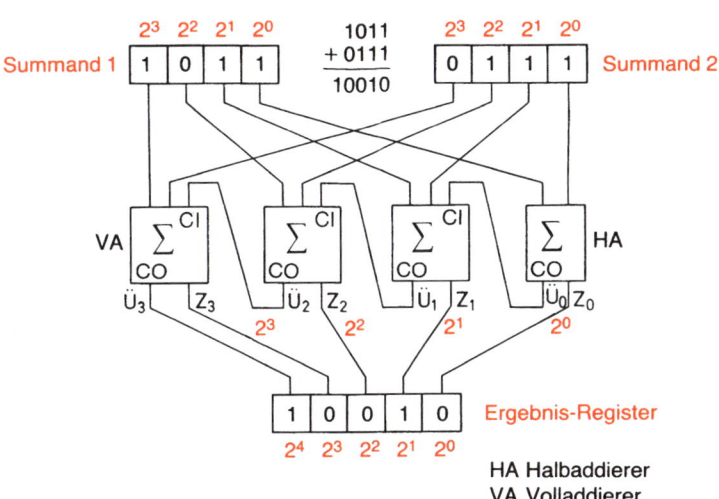

Bild 14.10 4-Bit-Parallel-Addierschaltung

HA Halbaddierer
VA Volladdierer

Der Volladdierer VA3 für die 4. Spalte (Wertigkeit 2^3) wird entsprechend beschaltet. Das Übertragssignal dieses Volladdierers wird dem Ergebnisregister zugeführt. Eine Paralleladdierstufe zur Addition von zwei 8-Bit-Dualzahlen besteht aus einem Halbaddierer und 7 Volladdierern.

14.4 Serielle Addierschaltung

Bei einer seriellen Addierschaltung werden die Spalten der zu addierenden Dualzahlen zeitlich nacheinander addiert. Zuerst erfolgt die Addition in der Spalte mit der niedrigsten Wertigkeit (Spalte ganz rechts). Dann erfolgt die Addition in der Spalte mit der nächsthöheren Wertigkeit. Danach wird die Spalte mit der dann nächsthöheren Wertigkeit addiert, und so fort, bis alle Spalten addiert sind. Ein Übertrag aus der Addition der vorhergehenden Spalte wird in die gerade durchgeführte Addition mit übernommen. Der Ablauf der Addition ähnelt einer handschriftlich vorgenommenen Addition von 2 Dualzahlen.

Der prinzipielle Aufbau einer seriellen Addierschaltung ist in Bild 14.11 angegeben. Die erste zu addierende Zahl, also der 1. Summand, ist im Schieberegister A gespeichert.

Die zweite zu addierende Zahl, also der 2. Summand, ist im Schieberegister B enthalten. Die seriellen Ausgänge der Schieberegister sind auf einen Volladdierer geführt. Der Z-Ausgang des Volladdierers liefert Ergebnissignale, die in das Ergebnis-Schieberegister aufgenommen werden. Das Signal, das am Übertragsausgang des Volladdierers liegt, wird um einen Takt verzögert und dann bei der nächsten Spaltenaddition mitaddiert. Die Verzögerung um einen Takt wird durch ein Master-Slave-Flipflop FF erreicht.

Mit dem 1. Takt werden z.B. die beiden 1-Signale der Wertigkeit 2^0 nach Bild 14.11 dem Volladdierer zugeführt. Am Ausgang Z erscheint 0, am Ausgang Ü erscheint 1. Das Z-Signal wird in das Ergebnis-Schieberegister übernommen. Das Ü-Signal wird vom Master-Slave-Flipflop FF gespeichert. Mit dem 2. Takt werden die beiden Signale mit der Wertigkeit 2^1 und das Übertragssignal auf die Eingänge des Volladdierers gegeben (z.B. A = 1, B = 1, C = 1). Das Z-Signal (z.B. Z = 1) wird in das Ergebnis-Schieberegister eingespeichert. Das Ü-Signal (z.B. Ü = 1) wird vom Flipflop FF aufgenommen.

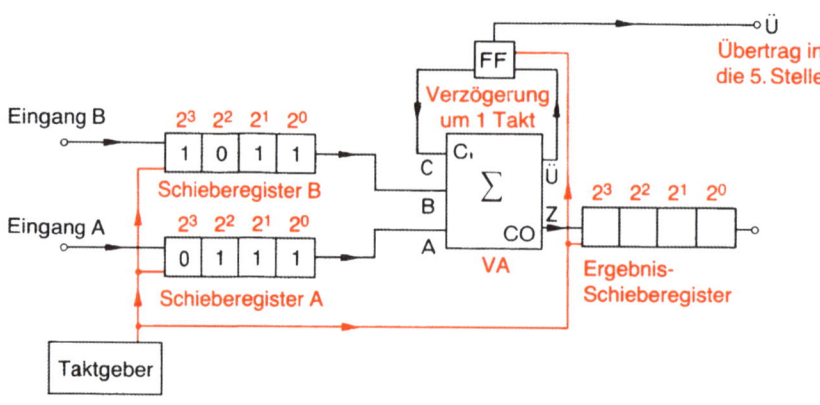

Bild 14.11 Prinzipieller Aufbau einer seriellen Addierschaltung

Mit dem 3. Takt wird die 3. Spalte mit der Wertigkeit 2^2 addiert. Dann folgt die Addition der 4. Spalte mit dem 4. Takt. Die serielle Addition ist dann beendet. Die 4 Ergebnis-Bit mit den Wertigkeiten 2^0, 2^1, 2^2 und 2^3 sind im Ergebnis-Schieberegister enthalten. Das 5. Ergebnis-Bit mit der Wertigkeit 2^4 befindet sich im Flipflop FF und kann dort abgerufen werden. Weitere Takte dürfen nicht wirksam werden.

Grundsatz
Die serielle Addition erfordert mehr Zeit als die Paralleladdition.

Das Ergebnis-Schieberegister kann eingespart werden. Das Schieberegister A (oder auch das Schieberegister B) kann die Aufgabe des Ergebnis-Schieberegisters mit übernehmen. Das Schieberegister A wird während der spaltenweisen Addition leergetaktet. Die Ergebnissignale des Ausganges Z des Volladdierers können auf den Eingang des Schieberegisters A gegeben und dort eingespeichert werden. Sie sind nach Ende des Additionsvorganges dort verfügbar.

Die sich aus diesen Überlegungen ergebende serielle Addierschaltung zeigt Bild 14.12. Die beiden Schieberegister sind mit D-Flipflops aufgebaut. Sie haben parallele Dateneingabe, d.h. die Summanden A und B werden parallel eingegeben. Die Paralleleingabe erfolgt, wenn 1-Signal am Eingang P anliegt. Dann werden über die Eingänge C2 der Schieberegister die 2D-Eingänge der Schieberegister-Flipflops freigegeben. Bei P = 0 ist die Paralleleingabe gesperrt. Das Weitertakten der eingespeicherten Information erfolgt über die C1-Eingänge. Das Schieberegister A arbeitet gleichzeitig als Ergebnis-Schieberegister. Das Ergebnis der Addition liegt nach Ende des Additionsvorganges an den Ausgängen Q_0 bis Q_4.

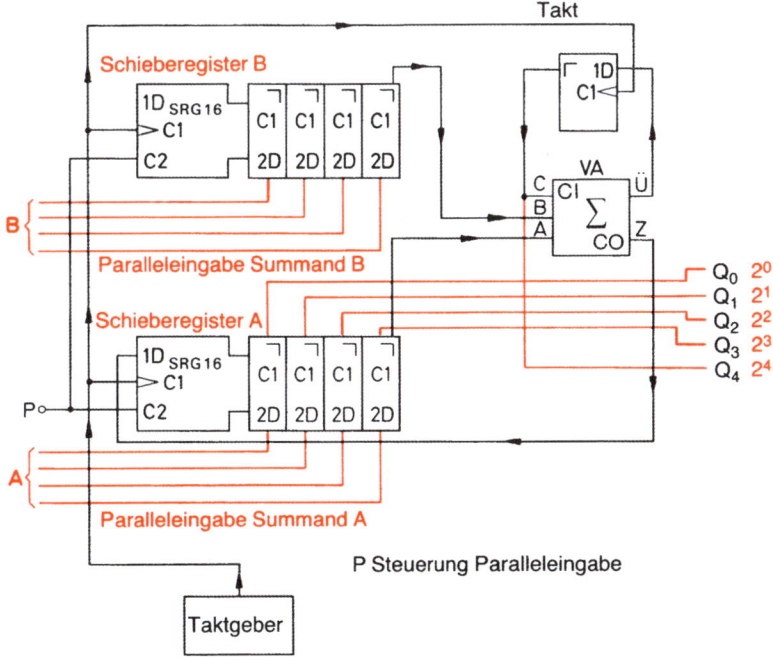

Bild 14.12 Serielle 4-Bit-Addierschaltung

14.5 Subtrahierschaltungen

Subtrahierschaltungen können nach den gleichen Gesetzmäßigkeiten aufgebaut werden wie Addierschaltungen. In Wahrheitstabellen werden die möglichen Eingangssignale und die dazu gewünschten Ausgangssignale zusammengestellt. Nach den Regeln der Schaltungssynthese wird dann die gesuchte Schaltung entwickelt.

Subtraktionen lassen sich auf Additionen zurückführen (s. Kapitel 8, Abschnitt 8.2.6.2). Eine aus Volladdierern bestehende Additionsschaltung kann durch kleine Änderungen in eine Subtraktionsschaltung umgewandelt werden.

14.5.1 Halbsubtrahierer

Eine sehr einfache Subtrahierschaltung ist der Halbsubtrahierer.

Grundsatz

    Ein Halbsubtrahierer kann eine Dualziffer von einer anderen Dualziffer abziehen.

Es gelten folgende Rechenregeln:

0 – 0 =   0
0 – 1 = – 1
1 – 0 =   1
1 – 1 =   0

Die Dualziffer, von der abgezogen werden soll (Minuend), enthält den Variablennamen A. Die abzuziehende Dualziffer (Subtrahend) soll B genannt werden. Die Ziffer 0 wird dem binären Zustand 0 zugeordnet, die Ziffer 1 dem binären Zustand 1.

Der Halbsubtrahierer hat also die beiden Eingänge A und B und einen Ergebnisausgang D für die Differenz. Die Darstellung von –1 bereitet jedoch Schwierigkeiten. Es wird ein 2. Ausgang vorgesehen. Das Ergebnis –1 erzeugt an diesem 2. Ausgang zusätzlich ein 1-Signal. Der 2. Ausgang erhält die Bezeichnung E. Er wird auch Entleihungsausgang genannt.

Führt die Subtraktion also zu –1, so soll D = 1 und E = 1 sein. Die sich aus diesen Überlegungen ergebende Wahrheitstabelle zeigt Bild 14.13.

Nach der Wahrheitstabelle Bild 14.13 lassen sich folgende Gleichungen aufstellen:

$D = (\overline{A} \wedge B) \vee (A \wedge \overline{B})$ $E = \overline{A} \wedge B$

Die Gleichungen führen zu der Schaltung Bild 14.14. Das 1-Signal am Ausgang E ist außer zur Kennzeichnung von –1 vor allem für mehrspaltige Subtraktionen, also für Subtraktionen von mehrstelligen Dualzahlen, für die sog. Entleihung erforderlich.

Subtrahierschaltungen

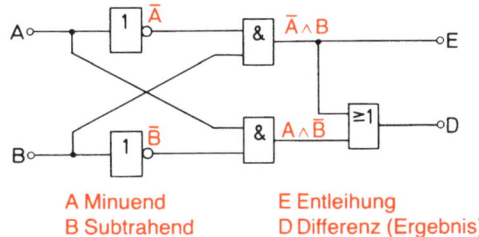

Fall	A	B ‖ E	D
1	0	0 ‖ 0	0
2	0	1 ‖ 1	1
3	1	0 ‖ 0	1
4	1	1 ‖ 0	0

P + Eingang Minuend
Q – Eingang Subtrahend

$$D = A - B$$

D Ergebnisausgang für Differenz
E Entleihungsausgang
HS Halbsubtrahierer

Bild 14.13 Halbsubtrahierer mit Wahrheitstabelle

A Minuend   E Entleihung
B Subtrahend   D Differenz (Ergebnis)

Bild 14.14
Schaltung eines Halbsubtrahierers

14.5.2 Vollsubtrahierer

Ein Vollsubtrahierer wird für mehrspaltiges Subtrahieren benötigt.

Beispiel

```
       2⁴  2³  2²  2¹  2⁰
        1  [1] [0]  1   1        27
     -  1  |0| [1]  1   0       -22
Entleihung → [1]
        0   0   1   0   1         5
```

Die Subtraktion in der 3. Spalte (Wertigkeit 2^2) fordert eine Entleihung. Ein Halbsubtrahierer würde hier D = 1 und E = 1 ausgeben. Das 1-Signal des E-Ausgangs muss in der nächsten Spalte (Wertigkeit 2^3) zum abzuziehenden Ziffernwert addiert werden. Hierfür ist ein Vollsubtrahierer erforderlich.

Definition
Ein Vollsubtrahierer ist eine Schaltung, die zum Wert der abzuziehenden Ziffer (Subtrahend) eine Entleihung (1-Signal) addieren kann und den so vergrößerten Subtrahend vom Minuend abzieht.

Der Vollsubtrahierer muss 3 Eingänge haben (Bild 14.15). An den Eingang A wird die Ziffer gelegt, von der abgezogen werden soll, der sog. Minuend. An den Eingang B wird die abzuziehende Ziffer, der Subtrahend, gelegt. An den Eingang E_X kommt die Entleihung von der vorhergehenden Spalte. Die Ziffern an E_X und B werden addiert. Die Summe wird von A abgezogen. Die Differenz ergibt D.

$D = A - (B + E_X)$

Ist eine neue Entleihung erforderlich, erscheint an E 1-Signal.

Ein Vollsubtrahierer kann aus einem Halbaddierer und aus einem Halbsubtrahierer aufgebaut werden. Der Halbaddierer HA in Bild 14.16 addiert die Ziffern B und E_X zum Gesamtsubtrahenden Z. Ergibt sich ein Übertrag, wird dieser an den Ausgang E gegeben.

Der Halbsubtrahierer HS subtrahiert Z von A. Er rechnet also A – Z. Wird eine Entleihung erforderlich, erscheint am Ausgang E_1 1-Signal. Dieses wird über ein ODER-Gatter an den E-Ausgang gegeben (Bild 14.16).

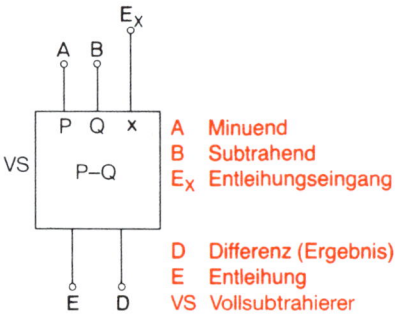

Bild 14.15
Vollsubtrahierer

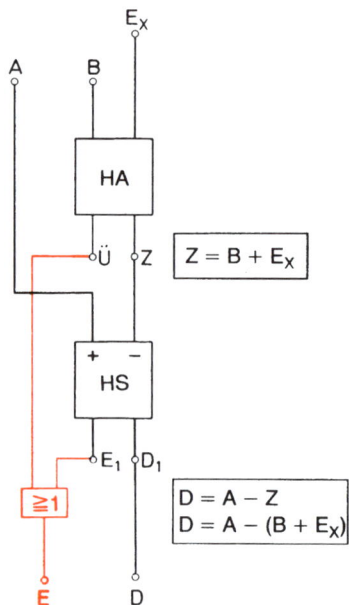

Bild 14.16
Vollsubtrahierer, aufgebaut aus einem Halbaddierer und aus einem Halbsubtrahierer

Subtrahierschaltungen

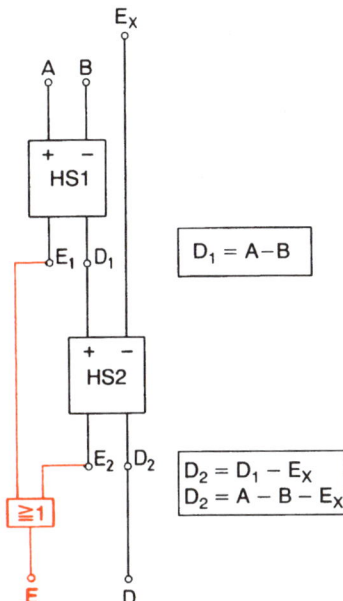

Bild 14.17
Vollsubtrahierer, aufgebaut aus
2 Halbsubtrahierern

Ein Vollsubtrahierer kann auch aus 2 Halbsubtrahierern gebildet werden (Bild 14.17). Im Halbsubtrahierer HS1 wird zuerst die Differenz A – B gebildet. Von diesem Ergebnis wird eine Entleihung in der Spalte vorher durch den Halbsubtrahierer HS2 abgezogen. Bei erforderlichen Entleihungen sowohl bei der Subtraktion im HS1 als auch bei der Subtraktion im HS2 erscheint am Ausgang E das 1-Signal.

14.5.3 4-Bit-Subtrahierschaltung

Definition
Eine 4-Bit-Subtrahierschaltung kann von einer 4-stelligen Dualzahl eine maximal 4-stellige Dualzahl abziehen.

Für den Aufbau der Schaltung werden 3 Vollsubtrahierer und ein Halbsubtrahierer benötigt (Bild 14.18).

Der Halbsubtrahierer HS subtrahiert die wertniedrigste Ziffer des Subtrahenden von der wertniedrigsten Ziffer des Minuenden. Wird eine Entleihung erforderlich, wird E = 1. Diese Entleihung wird bei der Subtraktion der Ziffern mit der Wertigkeit 2^1 berücksichtigt. Es wird in diesem Fall eine 1 mehr abgezogen. Wird wieder eine Entleihung erforderlich, erscheint an E_1 1-Signal. Bei der Subtraktion der Ziffern mit der Wertigkeit 2^2 wird diese erneute Entleihung berücksichtigt, indem wieder eine 1 mehr abgezogen wird. Entsprechend wird bei der Subtraktion der Ziffern mit der Wertigkeit 2^3 verfahren.

Wird bei der letzten Ziffernsubtraktion eine Entleihung erforderlich, erscheint im Übertragsregister eine 1. Das bedeutet, dass die abzuziehende Zahl (Subtrahend) größer ist als die Zahl, von der abgezogen wurde (Minuend). Das Ergebnis ist eine negative Zahl. Die negative Zahl wird aber nicht richtig dargestellt.

Grundsatz

Ist der Subtrahend größer als der Minuend, wird die entstehende negative Zahl im Differenzregister falsch angegeben.

Der Inhalt des Differenzregisters muss komplementiert werden. Die Komplementbildung ist in Kapitel 8 näher erläutert.

 Definition

Den Betrag der negativen Ergebniszahl erhält man, indem man den Inhalt des Differenzregisters negiert und 1 dazuzählt.

14.5.4 Subtrahierschaltung mit Volladdierern

In Kapitel 8, Abschnitt 8.2.6.2, wurde gezeigt, dass die Subtraktion von Dualzahlen auf eine Addition des Komplements der abzuziehenden Dualzahl zurückgeführt werden kann. Eine 4-Bit-Subtrahierschaltung lässt sich daher auch aus einer
 entwickeln. Das Prinzip einer solchen Subtrahierschaltung zeigt Bild 14.19.

Die 4-Bit-Addierschaltung ist eine Paralleladdierschaltung nach Abschnitt 14.3. Die Komplementbildungsschaltung muss die einzelnen Bit des Subtrahenden negieren und 1 dazuzählen.

Die 4-Bit-Parallel-Addierschaltung kann mit 4 Volladdierern aufgebaut werden. Dann ergibt sich eine einfache Möglichkeit, 1 dazuzuzählen. Der Volladdierer für die Addition der Ziffern mit der Wertigkeit 2^0 benötigt nur 2 Eingänge. An den 3. Eingang kann die 1 gelegt werden, die zum negierten Subtrahenden zu addieren ist. Zur Negation des Subtrahenden werden dann nur 4 NICHT-Gatter gebraucht. Eine solche Schaltung ist in Bild 14.20 dargestellt.

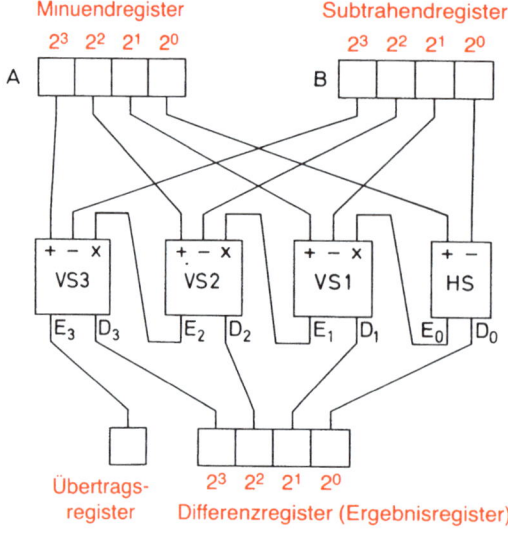

Bild 14.18
4-Bit-Subtrahierschaltung
(Parallel-Subtrahierschaltung)

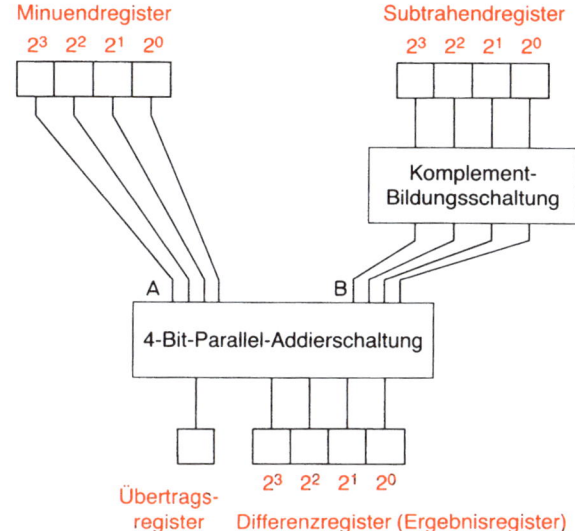

Bild 14.19   Prinzip einer Subtrahierschaltung

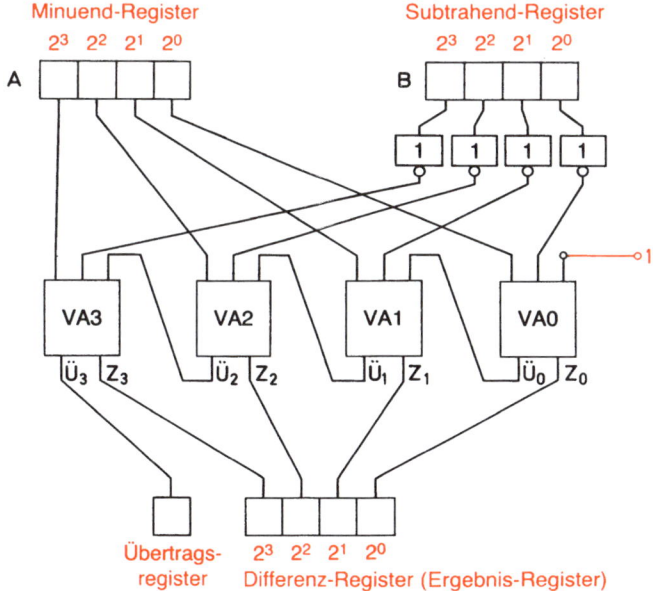

Bild 14.20   4-Bit-Subtrahierschaltung mit Volladdierern

14.6   Addier-Subtrahier-Werk

Die im vorstehenden Abschnitt betrachtete 4-Bit-Subtrahierschaltung mit Volladdierern kann leicht so abgewandelt werden, dass sie sich wahlweise zum Addieren und zum Subtrahieren eignet. Bei der Verwendung zur Addition sind nur 2 Maßnahmen zu treffen:

1. Die Negation des Inhalts des Subtrahendregisters muss unterbleiben.
2. Die Addition von 1 über den Eingang C des Volladdierers VA1 darf nicht erfolgen.

Die Negationsgatter werden durch EXKLUSIV-ODER-Gatter ersetzt (Bild 14.21). Der B-Eingang wird zur Steuerung verwendet. Bei B = 0 erfolgt keine Negation, bei B = 1 wird negiert. Das so entstehende Addier-Subtrahier-Werk ist in Bild 14.22 dargestellt. Wird an den Steuereingang S 0-Signal gelegt, wird die Addition Z = A + B durchgeführt. Wird an den Steuereingang 1-Signal gelegt, arbeitet die Schaltung als Subtrahierschaltung. Es wird die Differenz Z = A − B gebildet.

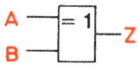

Fall	B	A	Z
1	0	0	0
2	0	1	1
3	1	0	1
4	1	1	0

A wird bei B = 1 negiert

Bild 14.21
Schaltzeichen und Wahrheitstabelle eines EXKLUSIV-ODER-Gatters (Antivalenzgatter)

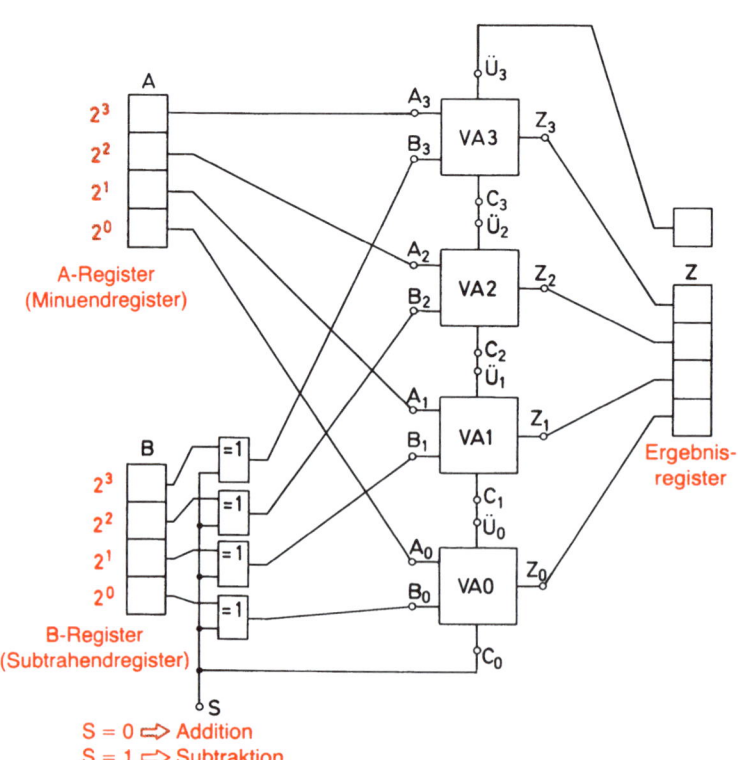

Bild 14.22   4-Bit-Addier-Subtrahier-Werk

Addier-Subtrahier-Werk

Das 4-Bit-Addier-Subtrahier-Werk kann noch universell verwendbarer gemacht werden. Schaltet man den Ausgängen des A-Registers ebenfalls EXKLUSIV-ODER-Gatter nach, kann bei entsprechender Steuerung auch B − A gerechnet werden. Werden außerdem die Ausgänge des A-Registers und die Ausgänge des B-Registers durch UND-Gatter wahlweise sperrbar gemacht, ergeben sich noch weit mehr Möglichkeiten. Man kann dann z.B. auch A in − A umwandeln.

Das erweiterte 4-Bit-Addier-Subtrahier-Werk zeigt Bild 14.23. Die 4 Volladdierer sind in einem Block zu einer 4-Bit-Paralleladdierschaltung zusammengefasst worden. Die Eingänge S_0 bis S_4 sind Steuereingänge.

5 Steuereingänge ergeben 32 verschiedene Steuermöglichkeiten. Diese sind in Bild 14.24 aufgeführt. Jede 5-Bit-Einheit kann als ein 5-Bit-Befehl aufgefasst werden. Der Befehl, den Inhalt des Registers A mit dem Inhalt des Registers B zu addieren, lautet somit 11000.

Ist $S_4 = 1$, wird der Inhalt des A-Registers durchgelassen. Bei $S_2 = 1$ wird der Inhalt des A-Registers negiert. Der Befehl 10100 führt also zu $Z = \overline{A}$.

Soll das Komplement von A gebildet werden, so muss der Befehl 10101 lauten. A wird durchgelassen, A wird negiert, 1 wird dazugezählt. Die Schaltung erzeugt dann − A, da das Komplement von A gleich − A ist. Negative Dualzahlen sind in Kapitel 8, Abschnitt 8.2.7, erläutert.

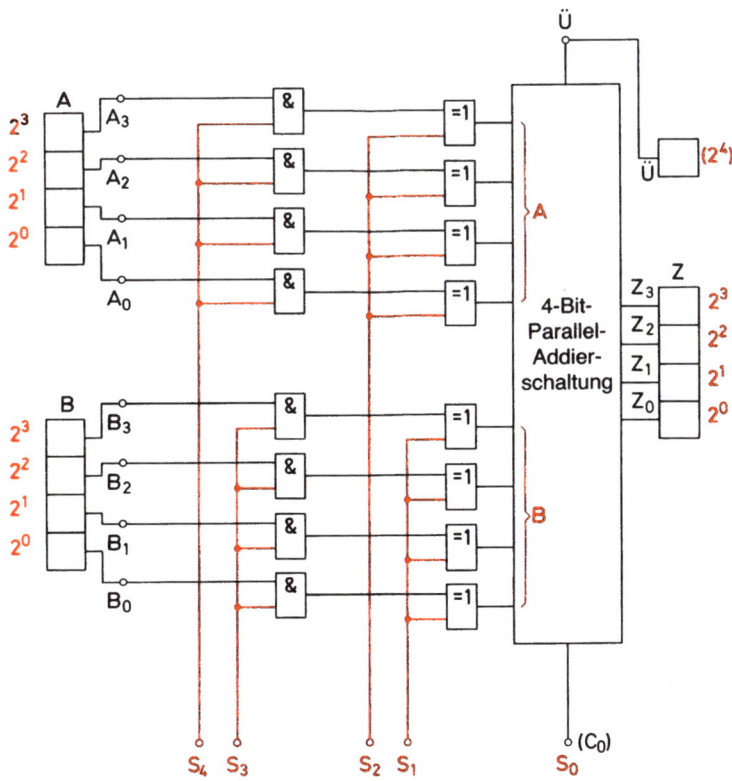

Bild 14.23   Erweitertes 4-Bit-Addier-Subtrahier-Werk

Der Befehl 00010 soll nach Bild 14.24 zur Ausgabe von − 1 führen. Das ist nicht leicht einsehbar. Bei diesem Befehl sind die Register A und B gesperrt. Die Ausgänge aller UND-Gatter führen 0-Signal. Da $S_1 = 1$ ist, werden die vier 0-Signale der UND-Gatter von B negiert. Die B-Eingänge der 4-Bit-Parallel-Addierschaltung erhalten also 1111, die A-Eingänge 0000. Es wird folgende Addition durchgeführt:

```
A →   0 0 0 0
B → +1 1 1 1
    ─────────
Z →   1 1 1 1
```

Dieser Wert soll nicht als 15, sondern als −1 angesehen werden, denn er ist ebenfalls das Komplement von 0001. (Definitionsbereiche positiver und negativer Dualzahlen, siehe Abschnitt 8.2.7.)

Wie muss nun der Befehl für B − A lauten? Die Inhalte des A-Registers und des B-Registers müssen durchgelassen werden ($S_4 = 1$, $S_3 = 1$). Der Inhalt des A-Registers muss negiert werden ($S_2 = 1$). Eine 1 muss addiert werden ($S_0 = 1$). Der Befehl lautet also 11101.

Fall Nr.	S_4	S_3	S_2	S_1	S_0	Funktionen
1	0	0	0	0	0	0
2	0	0	0	0	1	1
3	0	0	0	1	0	−1
4	0	0	0	1	1	0
5	0	0	1	0	0	−1
6	0	0	1	0	1	0
7	0	0	1	1	0	−2
8	0	0	1	1	1	−1
9	0	1	0	0	0	B
10	0	1	0	0	1	B + 1
11	0	1	0	1	0	$-B - 1 = \bar{B}$
12	0	1	0	1	1	−B
13	0	1	1	0	0	B − 1
14	0	1	1	0	1	B
15	0	1	1	1	0	−B − 2
16	0	1	1	1	1	$-B - 1 = \bar{B}$
17	1	0	0	0	0	A
18	1	0	0	0	1	A + 1
19	1	0	0	1	0	A − 1
20	1	0	0	1	1	A
21	1	0	1	0	0	$-A - 1 = \bar{A}$
22	1	0	1	0	1	−A
23	1	0	1	1	0	−A − 2
24	1	0	1	1	1	$-A - 1 = \bar{A}$
25	1	1	0	0	0	A + B
26	1	1	0	0	1	A + B + 1
27	1	1	0	1	0	A − B − 1
28	1	1	0	1	1	A − B
29	1	1	1	0	0	B − A − 1
30	1	1	1	0	1	B − A
31	1	1	1	1	0	−A − B − 2
32	1	1	1	1	1	−A − B − 1

Bild 14.24
Steuermöglichkeiten des erweiterten 4-Bit-Addier-Subtrahier-Werkes von Bild 14.23

Das erweiterte 4-Bit-Addier-Subtrahier-Werk kann somit über das Addieren und Subtrahieren hinaus für weitere Zwecke verwendet werden.

14.7 Multiplikationsschaltungen

Für die Multiplikation von Dualzahlen gelten folgende Rechenregeln:

$0 \cdot 0 = 0$
$0 \cdot 1 = 0$
$1 \cdot 0 = 0$
$1 \cdot 1 = 1$

Ordnet man der Ziffer 0 den binären Zustand 0 und der Ziffer 1 den binären Zustand 1 zu, ergibt sich die Wahrheitstabelle nach Bild 14.25. Es ist die Wahrheitstabelle eines UND-Gatters. Grundelement der Multiplikationsschaltungen ist das UND-Gatter.

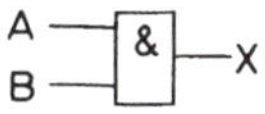

Bild 14.25
Wahrheitstabelle eines
1-Bit-Multiplizierers (UND-Gatter)

Fall	B	A	X
1	0	0	0
2	0	1	0
3	1	0	0
4	1	1	1

Definition
   Das UND-Gatter ist ein 1-Bit-Multiplizierer.

Multiplikationen können in einem Arbeitsschritt, also parallel, durchgeführt werden. Hierzu dienen Parallel-Multiplikationsschaltungen.
   Ein Multiplizieren Bit nach Bit, also eine serielle Multiplikation, ist ebenfalls möglich. Sie benötigt bei vielstelligen Zahlen weniger Schaltungsaufwand als die Parallelmultiplikation, erfordert aber mehr Zeit.

14.7.1 Parallel-Multiplikationsschaltung

Bei der Multiplikation werden die Begriffe Multiplikand und Multiplikator verwendet. Der Multiplikand ist die Grundzahl von der ausgegangen wird. Der Multiplikator ist die Zahl, mit der vervielfacht wird. Das Ergebnis nennt man Produkt.

Multiplikand	Multiplikator	Produkt
2	3	= 6

464 Rechenschaltungen

Die Parallel-Multplikation soll zunächst mit 2-stelligen Dualzahlen durchgeführt werden:

$$2 \cdot 3 = 6$$

$$
\begin{array}{r}
10 \cdot 11 \\
\hline
10 \quad \rightarrow 1.\ \text{Summand} \\
10 \quad \rightarrow 2.\ \text{Summand} \\
\hline
110 \quad \rightarrow \quad \text{Ergebnis}
\end{array}
$$

Der 1. Summand ergibt sich aus zwei 1-Bit-Multiplikationen ($1 \cdot 0, 1 \cdot 1$). Hierfür sind 2 UND-Gatter erforderlich. Der 2. Summand entsteht ebenfalls durch zwei 1-Bit-Multiplikationen ($1 \cdot 0, 1 \cdot 1$), die auch durch 2 UND-Gatter erfolgen. Multiplikand und Multiplikator befinden sich in 2 Registern (Bild 14.26). An den Ausgängen der UND-Gatter sind die Summanden verfügbar.

Die beiden Summanden müssen jetzt stellenrichtig addiert werden. Die Addition erfolgt in einer 2-Bit-Parallel-Addierschaltung. Die UND-Gatter müssen so angeschlossen werden, dass der 2. Summand um eine Stelle nach links verschoben zum 1. Summanden addiert wird (Bild 14.27).

Für die Multiplikation von mehr als 2-stelligen Dualzahlen ist die Schaltung Bild 14.27 entsprechend zu erweitern. Sollen zwei 4-stellige Dualzahlen miteinander multipliziert werden, sind 16 UND-Gatter erforderlich, denn 16 1-Bit-Multiplikationen müssen ausführbar sein. Es entstehen vier 4-stellige Summanden, die stellenrichtig zu addieren sind.

$$9 \cdot 11 = 99$$

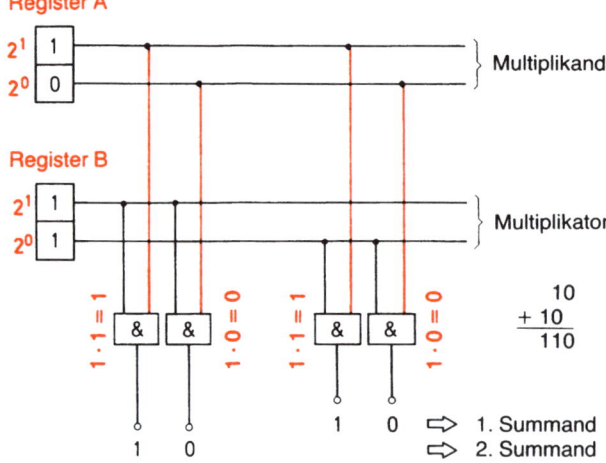

Bild 14.26 Multiplikationsschaltung zum Erzeugen der Summanden

Multiplikationsschaltungen   465

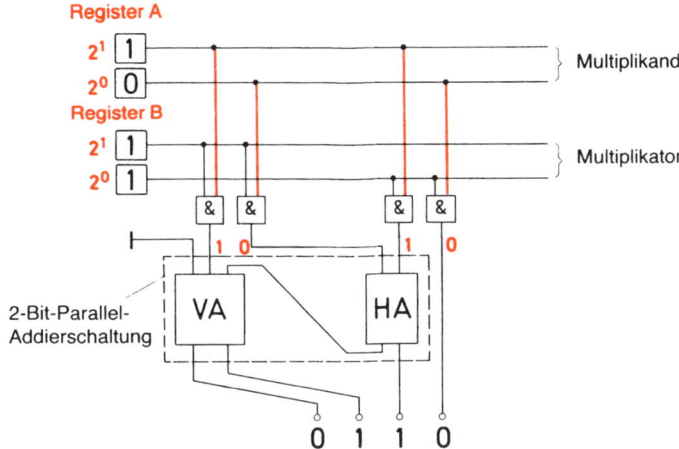

Bild 14.27   2-Bit-Parallel-Multiplikationsschaltung

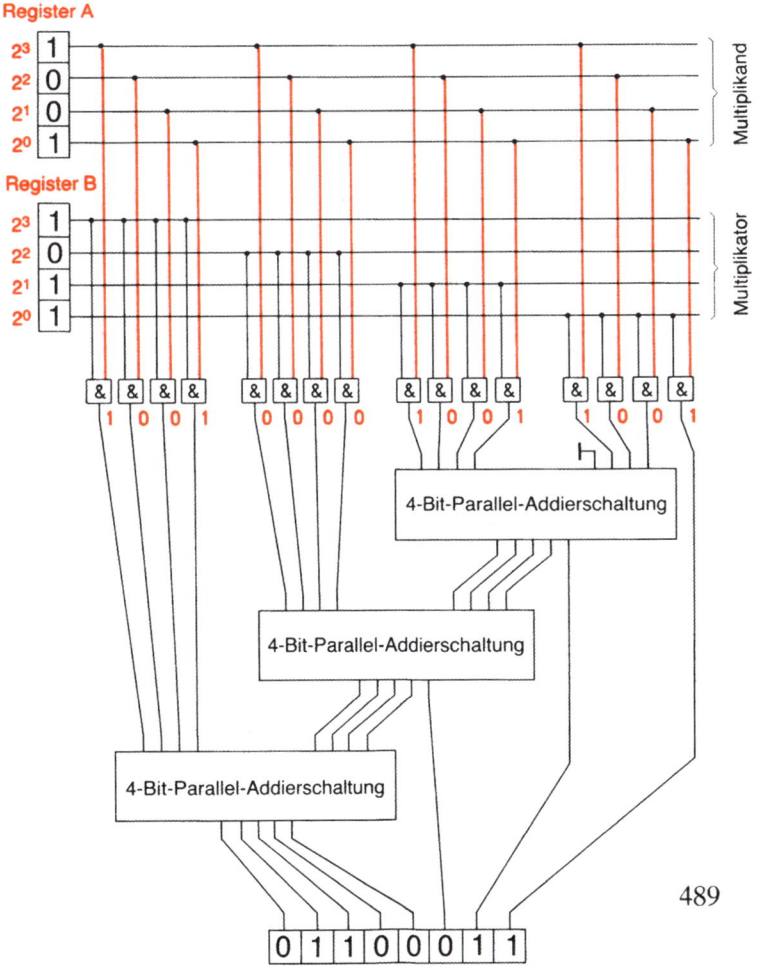

Bild 14.28   4-Bit-Parallel-Multiplikationsschaltung

Beispiel

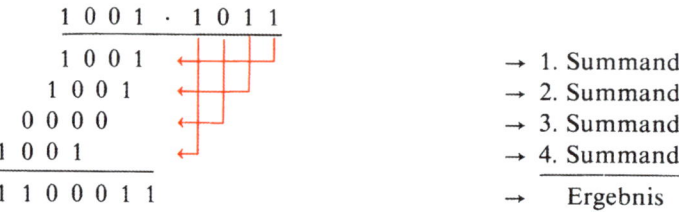

```
1 0 0 1 · 1 0 1 1
      1 0 0 1            → 1. Summand
      1 0 0 1            → 2. Summand
      0 0 0 0            → 3. Summand
    1 0 0 1              → 4. Summand
    ─────────
    1 1 0 0 0 1 1        →    Ergebnis
```

Eine 4-Bit-Parallel-Multiplikationsschaltung ist in Bild 14.28 dargestellt. Der Schaltungsaufwand ist verhältnismäßig groß. Er steigt mit größer werdender Stellenzahl der Dualzahlen sehr stark an. Für die Multiplikation von zwei 8-Bit-Dualzahlen sind 64 UND-Gatter und acht 8-Bit-Paralleladdierschaltungen erforderlich.

14.7.2 Serielle Multiplikationsschaltung

Der Aufbau einer seriellen Multiplikationsschaltung ist in Bild 14.29 dargestellt. Die Schaltung ist für die Multiplikation 4-stelliger Dualzahlen geeignet. Multiplikand und Multiplikator werden in je ein Register eingegeben. Die eigentliche Multiplikation erfolgt durch das rot eingezeichnete UND-Gatter, das als 1-Bit-Multiplizierer arbeitet. Der 1-Bit-Volladdierer addiert das Multiplikationsergebnis stellenrichtig zu einem bereits vorliegenden Ergebnis, das sich im Ergebnisregister befindet.

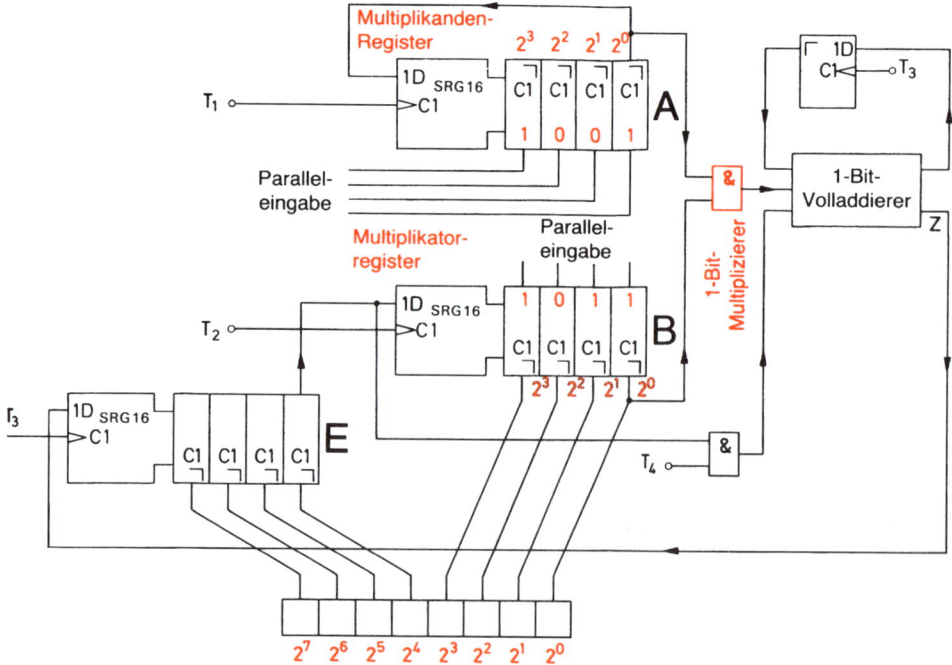

Bild 14.29 Aufbau einer seriellen 4-Bit-Multiplikationsschaltung

Vor Beginn des Multiplikationszyklus ist das Ergebnisregister E leer. Die wertniedrigste Stelle (2^0) des Multiplikators wird an den unteren Eingang des UND-Gatters gelegt. Diese Stelle enthält in Bild 14.29 eine 1. Mit dieser 1 werden jetzt die Stellen des Multiplikanden nacheinander multipliziert, beginnend mit der Stelle 2^0. Der Inhalt des Multiplikandenregisters (A) wird durch das Taktsignal T_1 weitergetaktet. Die einzelnen Ziffern kommen nacheinander an den oberen Eingang des roten UND-Gatters und werden multipliziert. Das Multiplikandenregister ist als Ringregister geschaltet. Nach 4 Takten ist die ursprüngliche Stellung der Ziffern im Multiplikandenregister wiederhergestellt. Der 1. Summand (1001) wurde gebildet und befindet sich im Ergebnisregister.

Jetzt wird ein Takt T_2 gegeben. Der Inhalt des Multiplikatorregisters (B) wird um eine Stelle nach rechts verschoben. Nun erfolgt die Multiplikation des Multiplikanden mit der 2. Stelle des Multiplikators (2^1) in 4 Takten. Gleichzeitig wird ein Takt T_3 auf das Ergebnisregister E gegeben. Der Inhalt des Ergebnisregisters wird um eine Stelle nach rechts verschoben. Die wertniedrigste Ziffer des Ergebnisregisters wird in das B-Register übernommen.

Nun erfolgt die Multiplikation des Multiplikanden mit der 2. Stelle des Multiplikators (2^1) in 4 Takten. Das entstehende Multiplikationsergebnis wird zum Inhalt des Ergebnisregisters addiert. Der neu entstehende 2. Summand wird zum bereits vorhandenen 1. Summanden addiert. Dabei wird die wertniedrigste Stelle des 1. Summanden, die sich ja im B-Register befindet, ausgespart.

Beispiel

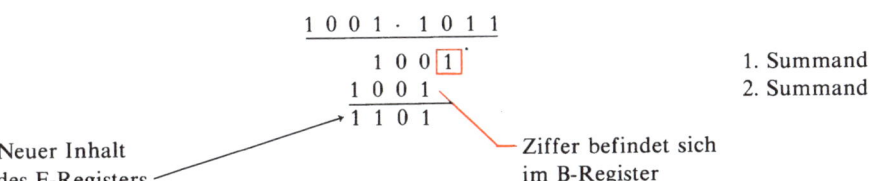

Durch einen weiteren Takt T_2 und einen weiteren Takt T_3 wird einmal der Multiplikator um eine weitere Stelle nach rechts verschoben, zum anderen wird wiederum der Inhalt der wertniedrigsten Stelle des E-Registers an das B-Register abgegeben. Danach erfolgt die Multiplikation des Multiplikanden mit der 3. Stelle des Multiplikators (2^2) in 4 Takten. Das entstehende Multiplikationsergebnis wird zum Inhalt des Ergebnisregisters addiert.
Der Ablauf setzt sich in gleicher Weise wie bereits beschrieben fort. Weitere Verschiebung des Multiplikators und des Inhalts des Ergebnisregisters um eine Stelle. Aufnahme der wertniedrigsten Ziffer des E-Registers in das B-Register. Multiplikation des Multiplikanden mit der 4. Stelle des Multiplikators (2^3) in 4 Takten. Addition des neuen Multiplikationsergebnisses zum Inhalt des Ergebnisregisters.
Durch einen weiteren Takt T_2 und einen weiteren Takt T_3 werden die Inhalte der Register B und E um eine weitere Stelle nach rechts verschoben und gleichzeitig die wertniedrigste Stelle des E-Registers in das B-Register übernommen.
Nun ist der Multiplikationszyklus beendet. Das Endergebnis steht in den Registern E und B und kann an die Ausgänge abgegeben werden. Die Wertigkeit ist an den Ausgängen in Bild 14.29 angegeben.

14.8 Lernziel-Test

1. Geben Sie die Wahrheitstabelle eines Halbaddierers an, und entwickeln Sie aus der Wahrheitstabelle die Schaltung. Die Schaltung ist unter Verwendung von Grundgattern zu skizzieren.
2. Wodurch unterscheidet sich ein Volladdierer von einem Halbaddierer?
3. Aus 2 Halbaddierern und einem ODER-Gatter soll ein Volladdierer aufgebaut werden. Wie sind die Bausteine zusammenzuschalten? Geben Sie das Schaltbild an.
4. Erklären Sie den Begriff «8-Bit-Parallel-Addierschaltung».
5. Wie ist eine serielle Addierschaltung im Prinzip aufgebaut?
6. Skizzieren Sie die Schaltung eines Halbsubtrahierers, und erläutern Sie die Arbeitsweise dieser Schaltung.
7. Mit 3 Volladdierern und beliebigen Verknüpfungsgatter soll ein 3-Bit-Addier-Subtrahier-Werk hergestellt werden. Das Schaltbild ist zu zeichnen.
8. Welche Verknüpfungen muss ein 1-Bit-Multiplizierer erzeugen können? Geben Sie die Wahrheitstabelle des 1-Bit-Multiplizierers an.
9. Wie arbeitet eine 3-Bit-Parallel-Multiplikationsschaltung? Das Prinzip ist zu erläutern. Wie viel 1-Bit-Multiplizierer und wie viel Additionsschaltungen sind erforderlich? Von welcher Art müssen die Additionsschaltungen sein?
10. Erklären Sie das Prinzip einer seriellen Multiplikationsschaltung.

15 Mikroprozessoren und Mikrocomputer

15.1 Der Mikroprozessor als Universalschaltung

Könnte man eine Schaltung bauen, die addieren, subtrahieren und multiplizieren kann und die darüber hinaus alle nur möglichen logischen Verknüpfungen von binären Signalen auszuführen in der Lage ist? Die eingegebenen Signale – auch Daten genannt – müssten zeitlich nacheinander bestimmten gewünschten Bearbeitungen unterzogen werden können. Die zeitliche Folge der Bearbeitungen, also z.B. die Folge der durchzuführenden logischen Verknüpfungen, wäre vor Arbeitsbeginn der Schaltung in einem Programm festzulegen.

Eine solche Schaltung wäre universell verwendbar. Sie könnte logische Schaltungen aller Art ersetzen. Eine benötigte Verknüpfungsschaltung müsste nicht mehr aus verschiedenen Verknüpfungsgatter «zusammengelötet» werden. Man könnte die Universalschaltung nehmen und sie so programmieren, dass sie die gewünschte Verknüpfung erzeugt.

Der Aufbau dieser Universalschaltung wäre sicherlich verhältnismäßig kompliziert, die Herstellung der Schaltung also vermutlich teuer. Die moderne Technik integrierter Schaltungen gibt jedoch die Möglichkeit, auch komplizierte Schaltungen preisgünstig herzustellen.

Überlegungen dieser Art standen am Anfang der Entwicklung solcher Universalschaltungen, die heute *Mikrocomputer* genannt werden. Hauptteil eines Mikrocomputers ist der *Mikroprozessor*. Mikroprozessoren verschiedener Typen werden zur Zeit als integrierte Schaltungen verhältnismäßig preisgünstig angeboten.

Komplizierte Steuerschaltungen, deren Aufbau aus Verknüpfungsgatter und Flipflops außerordentlich teuer wäre, lassen sich mit Mikrocomputern sehr kostengünstig aufbauen. Auch die Fehleranfälligkeit wäre geringer, da mit jeder entfallenden Lötverbindung die Zuverlässigkeit steigt. Heute gibt es zahlreiche Einplatinensysteme, die externe Sensorsignale aufnehmen, verarbeiten und externe Aktoren je nach Programmierung ansteuern. Auf der Platine befinden sich auch die dafür notwendigen A/D-Umsetzer.

15.2 Arithmetisch-logische Einheit (ALU)

Bei der Entwicklung einer Universalschaltung ist es zweckmäßig, von dem erweiterten 4-Bit-Addier-Subtrahier-Werk Bild 14.23 auszugehen, das im vorhergehenden Kapitel näher erläutert wurde. Mit dieser Schaltung können die Eingangssignale A und B wahlweise addiert und subtrahiert werden. Zusätzlich ist es erforderlich, dass die Signale A und B

einer UND-Verknüpfung,
einer ODER-Verknüpfung,
einer EXKLUSIV-ODER-Verknüpfung

unterzogen werden können. Die Schaltung zur Erzeugung einer 4-Bit-UND-Verknüpfung ist in Bild 15.1 angegeben. Entsprechend aufgebaut sind die Schaltungen zur Erzeugung einer 4-Bit-ODER-Verknüpfung und einer 4-Bit-EXKLUSIV-ODER-Verknüpfung (Bild 15.2).

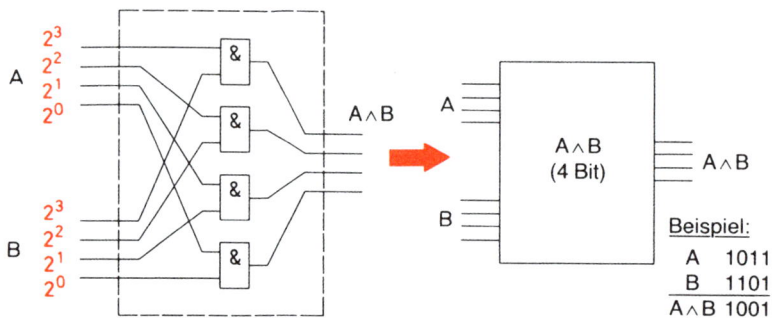

Bild 15.1 Schaltung zur Erzeugung einer UND-Verknüpfung von zwei 4-Bit-Wörtern

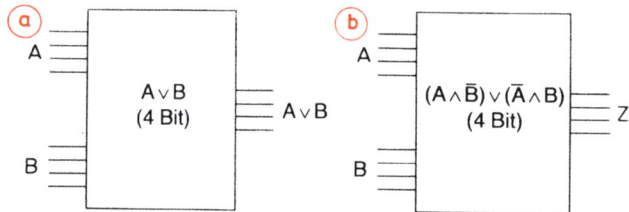

Bild 15.2 Schaltungen zur Erzeugung einer 4-Bit-ODER-Verknüpfung (a) und einer 4-Bit-EXKLUSIV-ODER-Verknüpfung (b)

Definition
Eine Schaltung, die 2 n-Bit-Wörter wahlweise addieren, subtrahieren, UND-verknüpfen, ODER-verknüpfen und EXKLUSIV-ODER-verknüpfen kann, wird Arithmetisch-logische Einheit – abgekürzt ALU – genannt.

Eine ALU für 4-Bit-Wörter besteht also aus einem erweiterten Addier-Subtrahier-Werk gemäß Bild 14.23, einer Schaltung zur Erzeugung einer 4-Bit-UND-Verknüpfung, einer Schaltung zur Erzeugung einer 4-Bit-ODER-Verknüpfung und aus einer Schaltung zur Erzeugung einer 4-Bit-EXKLUSIV-ODER-Verknüpfung. Die vier 4-Bit-Ausgänge werden über 4 Multiplexer (s. Kapitel 11) wahlweise auf den 4-Bit-Z-Ausgang gegeben. Das Addier-Subtrahier-Werk hat außerdem noch einen Übertragsausgang Ü, der herausgeführt wird (Bild 15.3).

Arithmetisch-logische Einheiten werden als integrierte Schaltungen für 4 Bit, 6 Bit, 8 Bit und 16 Bit hergestellt. Im Folgenden wird eine 8-Bit-ALU erläutert. Die Darstellung als Block (Bild 15.4) ist üblich. Da eine 8-Bit-ALU grundsätzlich 8 A-Eingänge, 8 B-Eingänge und 8 Z-Ausgänge hat, können jeweils 8 Leitungen durch einen Leitungsstrich dargestellt werden. Die Schaltbilder werden dadurch übersichtlicher (Bild 15.4).

Über die 7 Steuerleitungen $S_0...S_6$ können insgesamt $2^7 = 128$ verschiedene Steuerbefehle gegeben werden. Von diesen Steuerbefehlen werden nur 13 benötigt. Es ist also sinnvoll, eine Umcodierung vorzunehmen. Diese erfolgt mit Hilfe eines ROM (s. Abschnitt 12.4). Man verwendet 4 Steuereingänge (Bild 15.5). Mit diesen lassen sich 16 verschiedene Befehle darstellen. 3 mögliche Befehle bleiben ungenutzt. Die Befehle sind in Bild 15.6 aufgeführt. Einige Befehle erfordern die Unterdrückung des Übertrages Ü. Zu diesem Zweck hat das ROM einen Ausgang S_7, der immer dann 0-Signal führt, wenn ein Übertrag nicht am Ausgang Überscheinen soll. Die Ausgänge S_8 und S_9 werden für Zusatzsteuerungen benötigt (s. Abschnitt 15.3 und 15.4). Das Blockschaltbild einer 8-Bit-ALU mit Umcodierungs-ROM und Übertragsunterdrückung zeigt Bild 15.7.

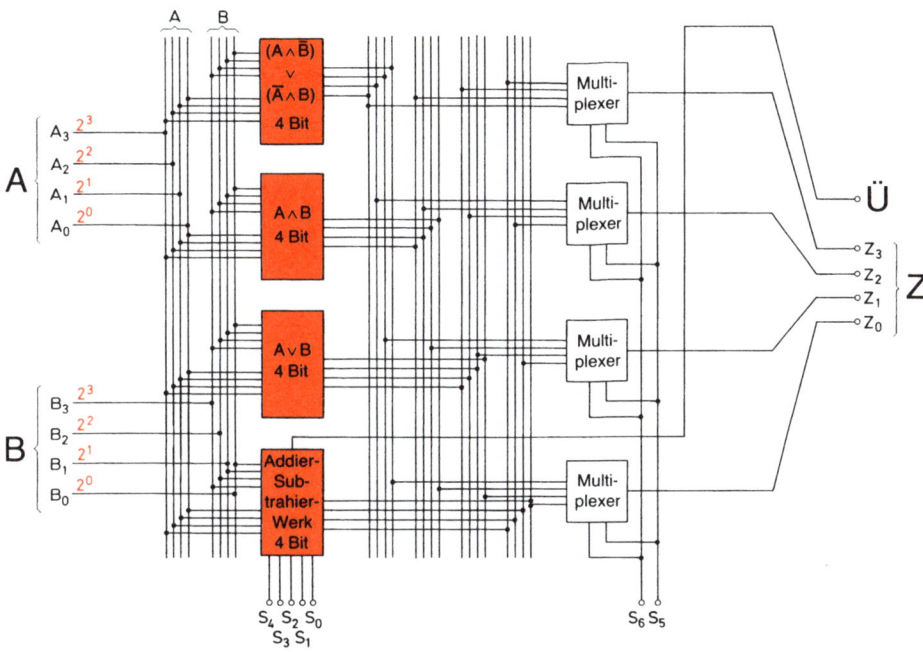

Bild 15.3 Schaltbild einer arithmetisch-logischen Einheit für 4 Bit

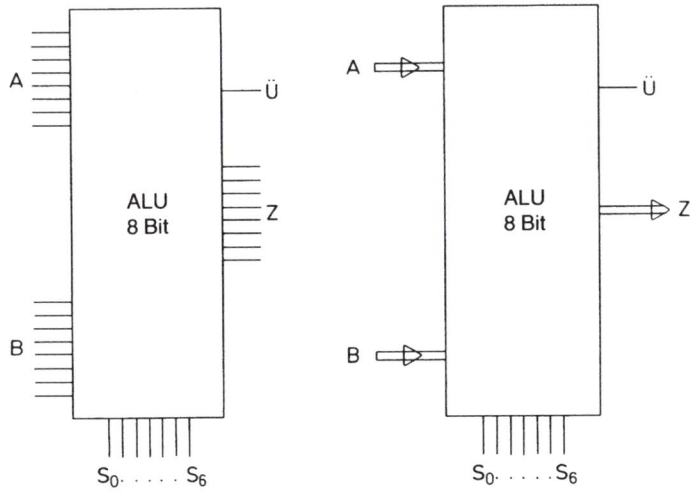

Bild 15.4 Blockdarstellungen einer 8-Bit-ALU

Mikroprozessoren und Mikrocomputer

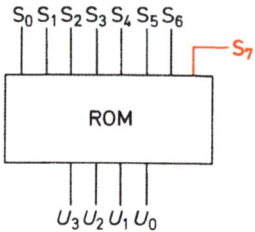

Bild 15.5
Umcodierschaltung mit ROM zur
Umcodierung von 7 auf 4 Steuereingänge

	Befehl				Funktion
	U_3	U_2	U_1	U_0	
1	0	0	0	0	A
2	0	0	0	1	1
3	0	0	1	0	$\overline{A}$
4	0	0	1	1	B
5	0	1	0	0	0
6	0	1	0	1	A + 1
7	0	1	1	0	A − 1
8	0	1	1	1	A + B
9	1	0	0	0	A − B
10	1	0	0	1	A∧B
11	1	0	1	0	A∨B
12	1	0	1	1	$(A \wedge \overline{B}) \vee (\overline{A} \wedge B)$
13	1	1	0	0	−1
14	1	1	0	1	
15	1	1	1	0	
16	1	1	1	1	

Bild 15.6
Befehle einer ALU

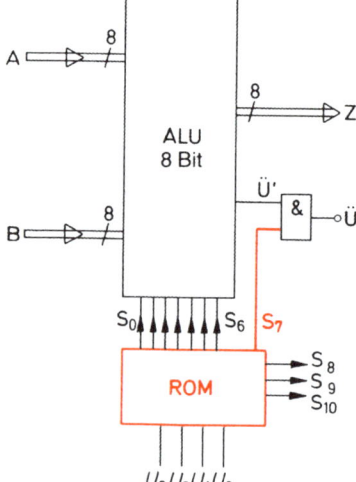

Bild 15.7
ALU mit ROM zur Umcodierung und
UND-Gatter zur Übertragsunterdrückung

15.3 Akkumulator

Ein Akkumulator besteht aus einer ALU mit Umcodierung, aus einem Register und aus einem 1-Bit-Speicher für den Übertrag. Häufig wird der Akkumulator auch als Register oder Datenregister bezeichnet. Das Register ist ein schneller Speicher, der direkt an der ALU lokalisiert ist, damit der Zugriff möglichst schnell erfolgen kann. Im Akkumulator werden die Rechenergebnisse der ALU abgespeichert. Moderne 32- oder 64-Bit-Prozessoren besitzen mehrere Akkumulatoren. Die Dateneingabe erfolgt nur über die B-Eingänge. Die A-Eingänge sind mit den Ausgängen des Registers verbunden (Bild 15.8). Register und Übertragsspeicher sind taktgesteuert. Die Taktsteuerung des Übertragsspeichers kann über ein UND-Gatter gesperrt werden. Das S_8-Signal wird dem Umcodierungs-ROM entnommen.

Sollen zwei 8-Bit-Wörter addiert werden, wird das erste 8-Bit-Wort auf die B-Eingänge gegeben. Es wird über die ALU dem Register zugeführt und mit dem nächsten Takt übernommen. Das Register ist mit 8 Flipflops aufgebaut, in denen das 8-Bit-Wort parallel gespeichert wird. Es steht an den 8 Ausgängen des Registers zur Verfügung und liegt gleichzeitig an den 8 A-Eingängen.

Nach der Einspeicherung des ersten 8-Bit-Wortes wird das zweite 8-Bit-Wort auf die B-Eingänge gegeben. Die beiden zu addierenden 8-Bit-Wörter liegen jetzt an den A- und den B-Eingängen der ALU. Die ALU addiert auf Befehl beide 8-Bit-Wörter und bietet das Ergebnis dem Register an. Das Register übernimmt das Ergebnis mit dem nächsten Takt. Ein eventuell entstehender Übertrag wird ebenfalls taktgesteuert in den Übertragsspeicher übernommen. Der Übertragsspeicher wird auch Übertrags-Flag genannt (engl.: *flag* = Flagge, Kennzeichen). Das Ergebnis der Addition steht nun an den Z*-Ausgängen und am Ausgang Ü* zur Verfügung.

Eine UND-Verknüpfung von zwei 8-Bit-Wörtern erfolgt auf ähnliche Weise. Die ALU erhält lediglich statt des Additionsbefehls den Befehl, eine UND-Verknüpfung durchzuführen.

Die 13 Befehle einer ALU gelten entsprechend auch für den Akkumulator. Statt der A-Signale ist jedoch stets der Akkuinhalt zu berücksichtigen. Den Befehlen wird eine leicht merkbare Abkürzung zugeordnet, die auf die englische Befehlsbezeichnung hindeutet. Diese Abkürzung ist der symbolische Befehlsname. Alle Befehle eines Akkumulators sind in einer sog. Befehlsliste zusammengefasst (Bild 15.9).

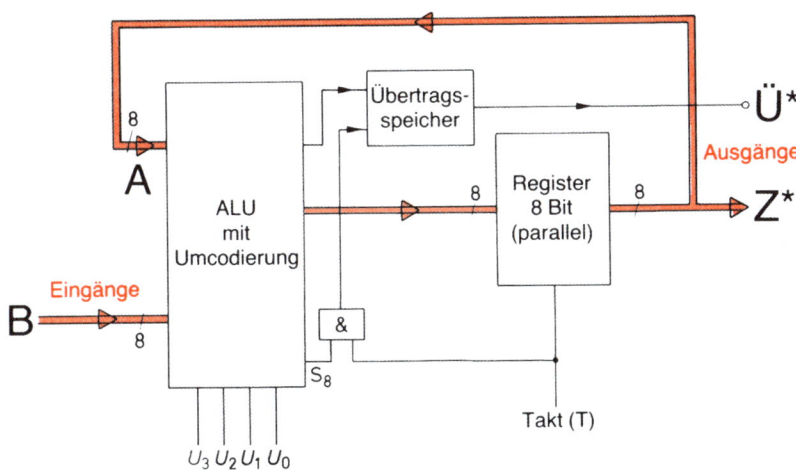

Bild 15.8 Aufbau eines Akkumulators

Mikroprozessoren und Mikrocomputer

Befehl-Nr. Dez.	Hexa.	U_3	U_2	U_1	U_0	Befehls-name	Befehlsbeschreibung	Übertrags-speicher
0	0	0	0	0	0	NOP	Keine Operation	T
1	1	0	0	0	1	SP1	Im Akku ist der Inhalt 1 einzuspeichern	T
2	2	0	0	1	0	CMA	Der Akkuinhalt ist zu negieren	–
3	3	0	0	1	1	LDA	B-Signal soll in den Akku geladen werden	–
4	4	0	1	0	0	CLA	Der Akkuinhalt ist zu löschen	–
5	5	0	1	0	1	INC	Der Akkuinhalt ist um 1 zu erhöhen	T
6	6	0	1	1	0	DEC	Der Akkuinhalt ist um 1 zu vermindern	T
7	7	0	1	1	1	ADD	Addiere B-Signal zum Akkuinhalt	T
8	8	1	0	0	0	SUB	Subtrahiere B-Signal vom Akkuinhalt	T
9	9	1	0	0	1	AND	UND-Verknüpfung von Akkuinhalt und B-Signal	T
10	A	1	0	1	0	IOR	ODER-Verknüpfung von Akkuinhalt und B-Signal	T
11	B	1	0	1	1	XOR	Exklusiv-ODER-Verknüpfung von Akkuinhalt und B-Signal	T
12	C	1	1	0	0	SM1	Im Akku ist der Inhalt –1 zu speichern	T
13	D	1	1	0	1	–	–	–
14	E	1	1	1	0	–	–	–
15	F	1	1	1	1	–	–	–

T: Übertragsspeicher wird getaktet
–: Übertragsspeicher wird nicht getaktet

Bild 15.9   Befehlsliste eines Akkumulators

Der Übertragsspeicher wird bei einigen Befehlen nicht getaktet. Er behält also den vorher vorhandenen Informationsinhalt bei. Das bringt einige Vorteile. Wird der Übertragsspeicher getaktet, entsteht aber bei der Ausführung des Befehls kein Übertrag, ist der Übertragsspeicher nach dem Takt gelöscht.

Betrachten wir den Ablauf der Subtraktion X – Y. Die Zahl X wird an die B-Eingänge gelegt. Der Befehl LDA (0011) hat zur Folge, dass die Zahl X in das Register geladen wird. Jetzt wird die Zahl Y an die B-Eingänge gelegt. Zur Subtraktion ist der Befehl SUB (1000) erforderlich. Die Subtraktion wird ausgeführt, das Ergebnis wird in das Register gespeichert und kann an den Ausgängen Z* abgenommen werden. War Y größer als X, ist die Ergebniszahl negativ. Ü* führt dann 1-Signal. Bei positiver Ergebniszahl führt Ü* 0-Signal. Die Blockdarstellung eines Akkumulators zeigt Bild 15.10.

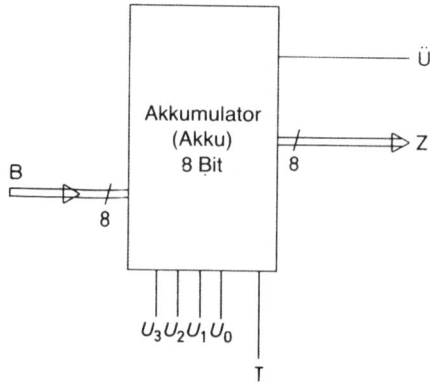

Bild 15.10
Blockdarstellung eines
8-Bit-Akkumulators

15.4 Akkumulator mit Datenspeicher

Der nächste Schritt auf dem Wege zu der gesuchten Universalschaltung, zum sog. Mikroprozessor, ist der Akkumulator mit Datenspeicher. Als Datenspeicher wird ein statischer Schreib-Lese-Speicher (RAM) verwendet (s. Abschnitt 12.3.1).

Grundsatz
  Ein Akkumulator mit Datenspeicher kann Zwischenergebnisse im Datenspeicher ablegen und sie bei Bedarf wieder herausholen.

Den Aufbau eines Akkumulators mit Datenspeicher zeigt Bild 15.11. Die 8 Ausgänge des Akkumulators führen nach außen (Z*) und sind außerdem mit den Eingängen des RAM verbunden. Ausgangsdaten des Akkumulators können in das RAM übernommen werden. Die Einspeicherung in das RAM erfolgt taktgesteuert. Das im Akkumulator enthaltene Umcodier-ROM liefert über die Steuerleitung S_9 1-Signal und gibt damit den Takt über das UND-Gatter frei, so dass die Einspeicherung erfolgen kann.

Das RAM kann verschieden große Speicherkapazität haben. In Bild 15.11 ist ein RAM mit 16 Speicherzellen zu je 8 Bit eingezeichnet. Die 16 Speicherzellen müssen Adressen erhalten (s. Kapitel 12). Mit 4-Bit-Einheiten lassen sich 16 verschiedene Adressen herstellen (0000 bis 1111). Da die Adressen 4-stellig sind, werden 4 Adresseingänge benötigt. Diese erhalten die Bezeichnungen $A_0...A_3$ (s. Bild 15.11).

Im RAM gespeicherte Daten können nach Wunsch wieder ausgespeichert und dem Akkumulator zugeführt werden. Die B-Eingänge des Akkumulators werden über einen Datenselektor (Multiplexer) angesteuert. Erhält der Datenselektor 1-Signal über die Steuerleitung S_{10} des im Akkumulator enthaltenen Umcodierungs-ROM, schaltet er die B*-Eingänge auf die B-Eingänge des Akkumulators. Liegt auf der Steuerleitung S_{10} 0-Signal, sind die Ausgänge des RAM mit den B-Eingängen des Akkumulators verbunden.

Zu den 13 Befehlen des Akkumulators ohne Datenspeicher (Bild 15.9) müssen 2 weitere Befehle hinzukommen. Benötigt wird einmal ein Befehl, durch den der Datenselektor auf die Eingänge B* umgeschaltet wird. Dieser Befehl muss das Anlegen des 1-Signals an die Steuerleitung S_{10} auslösen. Ihm wird die Bit-Kombination Nr. 13 (1101) zugeordnet (Bild 15.12). Sein Befehlsname ist INP.

Benötigt wird weiterhin ein Befehl, der das Einspeichern des Akkuinhalts in eine Speicherzelle des RAM auslöst. Dieser Befehl bekommt die Bit-Kombination Nr. 14 (1110) und den Namen STA. Er muss von dem im Akkumulator enthaltenen Umcodierungs-ROM so verarbeitet werden, dass 1-Signal auf der Steuerleitung S_9 auftritt und der Takt zum RAM dadurch freigegeben wird (Bild 15.11). Dieser Befehl muss stets mit einer Adresse verbunden sein.

Beim Akkumulator mit Datenspeicher bestehen die einzelnen Befehle aus 8-Bit-Wörtern. 4 Bit werden für das Steuersignal ($U_0 ... U_3$) und 4 Bit werden für die Adresse (A_0 bis A_3) benötigt.

Definition
  Die Steuerbits bilden den Operationsteil, die Adressbits bilden den Adressteil eines Befehls.

Mikroprozessoren und Mikrocomputer

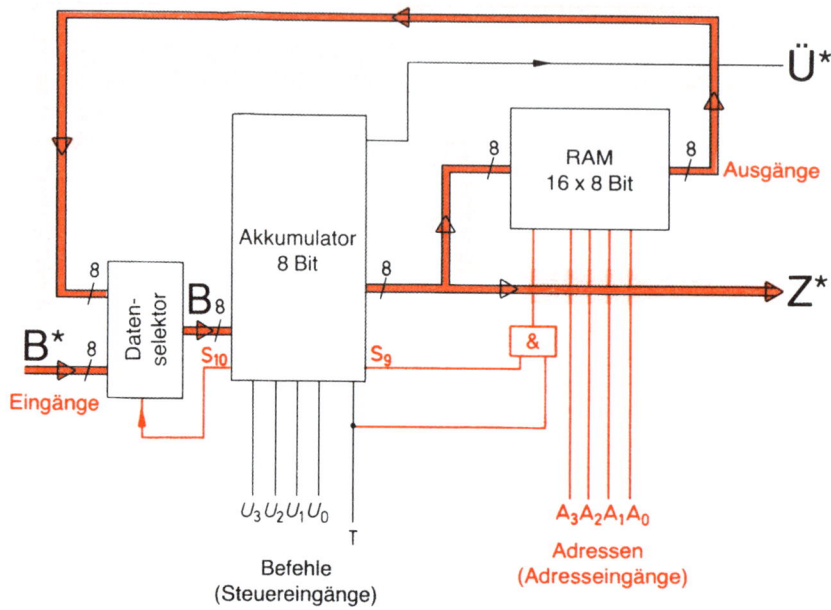

Bild 15.11 Aufbau eines Akkumulators mit Datenspeicher

Befehl Nr. Dez.	Hexa.	Befehl U_3	U_2	U_1	U_0	Befehls- name	Befehlsbeschreibung	Übertrags- speicher
13	D	1	1	0	1	INP	Eingangssignal B* ist in den Akku zu laden	–
14	E	1	1	1	0	STA	Der Akkuinhalt ist in die Speicherzelle mit der Adresse $A_3 A_2 A_1 A_0$ zu speichern	–

Bild 15.12 Zusätzliche Befehle des Akkumulators mit Datenspeicher

Vor Beginn eines Arbeitsablaufs, also vor Beginn einer Rechenoperation oder einer Steuerung, müssen die einzelnen auszuführenden Befehle und ihre zeitliche Reihenfolge genau festgelegt werden.

Definition

Eine festgelegte Befehlsfolge wird Programm genannt.

Man muss dem Akkumulator mit Datenspeicher also schrittweise mitteilen, was er im Einzelnen zu tun hat. Zuerst wird der 1. Befehl eingegeben, dann der 2., dann der 3. usw., bis alle Befehle ausgeführt sind. Dann muss das gewünschte Ergebnis in richtiger Form vorliegen. Liegt es nicht vor, war das Programm falsch.

Bei jedem erneuten Arbeitsablauf müssen die Befehle wieder neu eingegeben werden. Das ist sehr mühsam und zeitraubend und in der Praxis kaum durchführbar. Man stelle sich eine Werkzeugmaschinensteuerung vor, bei der während eines jeden Drehvorganges ca. 40 oder mehr 8-Bit-Befehle über Tasten eingegeben werden müssten! Niemand würde eine solche Maschine kaufen.

15.5 Programmgesteuerter vereinfachter Rechner

Der Akkumulator mit Datenspeicher lässt sich ganz wesentlich durch eine Programmsteuerung verbessern. Die Programmsteuerung besteht aus einem Programmspeicher, einer Ladeeinrichtung und einem Befehlszähler. Durch Einsatz dieser zusätzlichen Bausteine wird aus dem Akkumulator mit Datenspeicher ein programmgesteuerter vereinfachter Rechner (Bild 15.13).

Vor Beginn eines Arbeitsvorganges wird das Programm geladen. Der 1. Befehl wird an die Eingänge B* gelegt. Durch einen Impuls auf den Anschluss T_2 wird ein Ladesignal ausgelöst. Der Befehl wird in den Programmspeicher eingespeichert. Dann wird der 2. Befehl an die Eingänge B* gelegt und auf die gleiche Weise eingespeichert. Nach dem 2. Befehl folgt der 3. – und so fort. Die Befehle werden also in der Reihenfolge geladen, in der sie später auszuführen sind. Hierbei darf es keine Verwechslungen geben.

Sind alle Befehle des Programms in den Programmspeicher geladen, kann mit der Ausführung des Programms begonnen werden. Das Startsignal wird durch einen Impuls auf den Eingang S des Befehlszählers gegeben. Jetzt veranlasst der Befehlszähler die Ausgabe des 1. Befehls aus dem Programmspeicher. Der Befehl wird an die Eingänge $U_0 \ldots U_3$ und $A_0 \ldots A_3$ gelegt und ausgeführt. Danach wird durch den Befehlszähler die Ausgabe des 2. Befehls veranlasst. Nach Ausführung des 2. Befehls wird der 3. Befehl ausgegeben und ausgeführt.

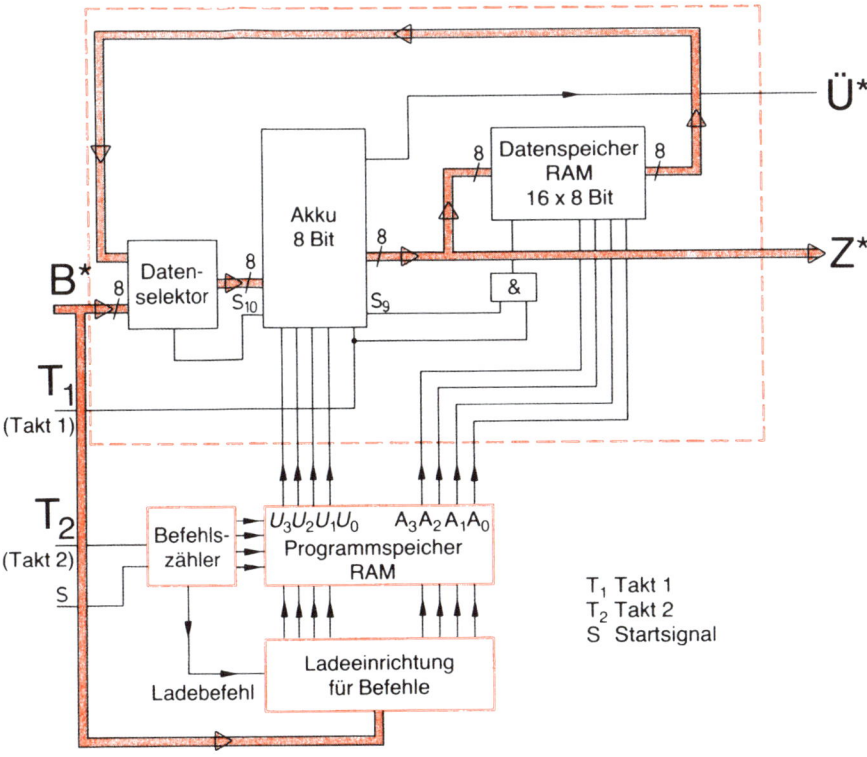

Bild 15.13 Aufbau eines programmgesteuerten einfachen Rechners

Das gesamte Programm wird Befehl nach Befehl abgearbeitet. Nach Ausführung aller Befehle muss der Befehlszähler stillgesetzt werden. Hierzu ist ein weiterer Befehl erforderlich, der sog. HALT-Befehl (HLT). Die 4-Bit-Kombination Nr. 15 (1111) ist noch frei (siehe Bild 15.9 und Bild 15.12). Diese Bit-Kombination wird dem Befehl HLT zugeteilt.

Der programmgesteuerte vereinfachte Rechner verfügt nun über 15 Befehle, die in Bild 15.14 ausgeführt sind. Der programmgesteuerte vereinfachte Rechner erlaubt die Durchführung komplizierter Rechen- und Steuervorgänge. Die Befehle werden streng in der Reihenfolge der Eingabe ausgeführt. Das ist nicht immer erwünscht. Häufig möchte man einen Befehlssprung haben, d.h., man möchte z.B. nach dem 35. Befehl wieder zum 10. Befehl zurückspringen und die folgenden Befehle erneut abarbeiten. Oder man möchte nach dem 20. Befehl zum 45. Befehl springen. Diese Möglichkeiten bietet der programmgesteuerte vereinfachte Rechner nicht.

Befehl Nr.		Befehl							Befehls- name	Befehlsbeschreibung
		Operationsteil				Adressteil				
Dez.	Hexa.	U_3	U_2	U_1	U_0	A_3	A_2	A_1	A_0		
0	0	0	0	0	0	–	–	–	–	NOP	Keine Operation
1	1	0	0	0	1	–	–	–	–	SP1	In den Akku ist der Inhalt 1 zu speichern
2	2	0	0	1	0	–	–	–	–	CMA	Der Inhalt des Akkus ist zu negieren
3	3	0	0	1	1	A	A	A	A	LDA	Der Inhalt der Datenspeicherzelle mit der Adresse AAAA soll in den Akku geladen werden
4	4	0	1	0	0	–	–	–	–	CLA	Der Akkuinhalt ist zu löschen
5	5	0	1	0	1	–	–	–	–	INC	Der Akkuinhalt ist um 1 zu erhöhen
6	6	0	1	1	0	–	–	–	–	DEC	Der Akkuinhalt ist um 1 zu vermindern
7	7	0	1	1	1	A	A	A	A	ADD	Der Inhalt der Datenspeicherzelle mit der Adresse AAAA soll zum Akkuinhalt addiert werden
8	8	1	0	0	0	A	A	A	A	SUB	Der Inhalt der Datenspeicherzelle mit der Adresse AAAA ist vom Akkuinhalt zu subtrahieren
9	9	1	0	0	1	A	A	A	A	AND	UND-Verknüpfung zwischen dem Inhalt der Speicherzelle mit der Adresse AAAA und dem Akkuinhalt
10	A	1	0	1	0	A	A	A	A	IOR	ODER-Verknüpfung zwischen dem Inhalt der Speicherzelle mit der Adresse AAAA und dem Akkuinhalt
11	B	1	0	1	1	A	A	A	A	XOR	Exklusiv-ODER-Verknüpfung zwischen dem Inhalt der Speicherzelle mit der Adresse AAAA und dem Akkuinhalt
12	C	1	1	0	0	–	–	–	–	SM1	Im Akku ist der Inhalt –1 zu speichern
13	D	1	1	0	1	–	–	–	–	INP	Eingangssignal B* ist in den Akku zu laden
14	E	1	1	1	0	A	A	A	A	STA	Der Akkuinhalt ist in die Speicherzelle mit der Adresse AAAA zu speichern
15	F	1	1	1	1	–	–	–	–	HLT	Der Befehlszähler ist anzuhalten

– keine Adresse erforderlich
A Platzhalter für ein Adressen-Bit

Bild 15.14 Befehlsliste eines programmgesteuerten vereinfachten Rechners (die Befehle gelten auch für den Akkumulator mit Datenspeicher mit Ausnahme des Befehls Nr. 15)

15.6 Mikroprozessorbausteine

Entwickelt man den programmgesteuerten Rechner nach Bild 15.13 weiter, so dass er in der Lage ist, auch Programmsprünge durchzuführen, erhält man eine mögliche Mikrocomputerschaltung, die als Universalschaltung für alle Steuerungs- und Rechnungsaufgaben geeignet ist. Der Kernteil dieser Schaltung mit ALU, Datenspeicher, Befehlszähler, Registern und Steuereinrichtungen wird im sogenannten Mikroprozessor zusammengefasst. Das Gebiet der Mikroprozessoren hat sich in den letzten Jahrzehnten enorm entwickelt und kann in diesem Buchkapitel nur sehr zusammengefasst dargestellt werden. Der Grundaufbau von Prozessoren wird dargestellt, ein 8-Bit-Mikroprozessor im Detail erläutert und mit den aktuellen Entwicklungen in Bezug gesetzt.

> **Definition**
> Ein Mikroprozessor ist eine unvollständige programmgesteuerte Rechnerschaltung, die besonders für Steuerungszwecke geeignet ist.

Das Steuern steht im Vordergrund, nicht das Rechnen. Doch zur Durchführung von Steuerungen sind auch Rechnungen erforderlich. Der Begriff «Mikro» nimmt Bezug auf die kleinsten Strukturen, die Strukturgröße auf dem Chip. Anfang der 70er-Jahre betrug die Strukturgröße noch 10 µm (INTEL-4004-Mikroprozessor). Aktuelle Chips haben Strukturgrößen von 14 nm (INTEL i9). Die Strukturen liegen heute also schon im Nanobereich.

15.6.1 Prozessorarchitekturen

Die Prozessorarchitektur bestimmt die Verschaltung innerhalb des Prozessors und die verstandenen Programmbefehle (Befehlssatz). Der Aufbau moderner Prozessoren ist sehr komplex. Dennoch ist der Grundaufbau über viele Jahrzehnte ähnlich geblieben. Mit der zunehmenden Verkleinerung der Einzeltransistoren wurde es möglich, weitere Komponenten (z.B. A/D- bzw. D/A-Umsetzer, Speicher, Ein- und Ausgabegruppen, USB-Bus-Schnittstelle, Display-Controller) auf dem Chip unterzubringen. Solche Systeme werden auch System on a Chip (SoC) genannt und werden in Abschnitt 15.7 behandelt.

Der im späteren Verlauf des Kapitels erläuterte 8-Bit-Prozessor Intel 8080 basiert beispielsweise auf der in den 1940er-Jahren entwickelten Von-Neumann-Architektur. Auch die weit verbreiteten x86-Prozessoren (32 Bit) und viele moderne Prozessoren sind nach diesem Verschaltungsprinzip aufgebaut. Einige später eingeführten 64-Bit-Prozessoren sind abwärtskompatibel zur x86-Architektur. Die Von-Neumann-Architektur ist also weit verbreitet und soll im Folgenden erläutert werden:

Der Mikroprozessor besitzt eine ALU, mit Speicherregistern zusammen auch Rechenwerk genannt, eine Steuerschaltung (auch Steuerwerk genannt), einen Speicher, ein Ein-/Ausgabewerk (Controller für Tastatur / Bildschirm) und Verbindungsleitungen, die dem Datenaustausch dienen, die sog. Bussysteme. Rechenwerk und Steuerwerk werden in der CPU (*Central Processing Unit*) zusammengefasst. In der CPU werden die Befehle bzw. Berechnungen durchgeführt.

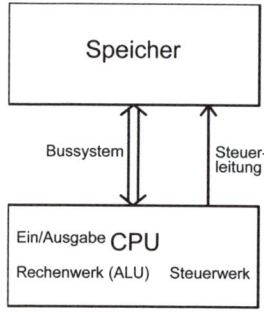

Bild 15.15
Grundaufbau Mikroprozessor

Während des Programmablaufs werden über die Bussysteme zahlreiche Informationen gesendet. Die CPU kommuniziert mit dem Speicher und dem Ein-/Ausgabewerk. Der Speicher ist aus RAM-Bausteinen aufgebaut. Die CPU liest die Programmbefehle und Daten aus dem RAM und/oder aus den Eingaben (Tastatur, Mikrofon, Kamera), verarbeitet sie, legt sie wieder in den Speicher ab oder gibt sie über die Ausgabegeräte aus (Monitor, Lautsprecher, Drucker). Wie die Daten verarbeitet werden, bestimmt das Programm, das ebenfalls im Speicher liegt. Die ALU übernimmt die arithmetischen Operationen und die logischen Verknüpfungen.

Bei der Von-Neumann-Architektur werden Daten und Programme (Code) in einem gemeinsamen Speicher abgelegt. Die CPU spricht die Speicheradresse an, eine Steuerleitung gibt vor, ob gelesen oder geschrieben wird.

 Grundsatz
Von-Neumann-Rechner nutzen für Daten und Programme einen gemeinsamen Speicher.

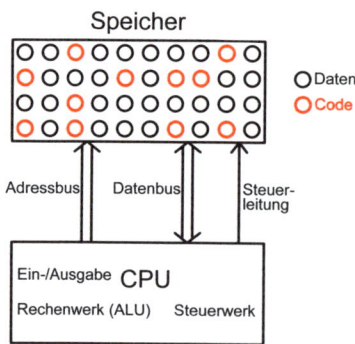

Bild 15.16
Von-Neumann-Architektur

Von Vorteil ist, dass nur wenige Datenleitungen notwendig sind, da sie sowohl für Code als auch für Daten verwendet werden, und dass der Speicher flexibel genutzt werden kann. So können sowohl simple Programme mit großen Datenmengen als auch komplexe Programme mit wenigen Daten verarbeitet werden, ohne zu große Speicherreserven vorhalten zu müssen. Von den Daten nicht genutzter Speicherplatz kann für die Speicherung von Programmen genutzt werden und umgekehrt.

Mikroprozessorbausteine

Nachteilig ist, dass über den Bus sehr viel Information fließt, denn es werden ja neben den Daten auch die Befehle übertragen. Es kann zu Verzögerungen oder sogar Kollisionen kommen, wenn mehrere Peripheriegeräte auf den Bus zugreifen. Man spricht vom Von-Neumann-Flaschenhals. Auch sind Daten und Programme nicht getrennt, weshalb es zu Fehlinterpretationen kommen kann.

Ein anderes Konzept verwendete in den 40er-Jahren HOWARD AIKEN im Großcomputer Mark 1. Hier greift die CPU über getrennte Datenbusse auf zwei getrennte Speicherblöcke zu. Programmspeicher und Datenspeicher sind getrennt. Das Konzept wird Harvard-Architektur genannt (Bild 15.17).

Grundsatz
Grundsatz: Harvard-Rechner nutzen für Daten und Programme getrennte Speicher.

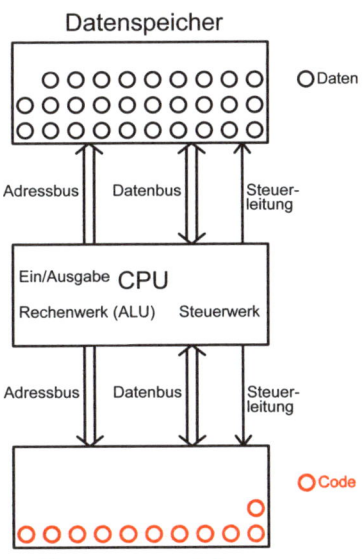

Bild 15.17
Harvard-Architektur

Bei dieser Architektur können große Datenströme bewerkstelligt werden. Sie ist aber aufwendiger im Aufbau und der Speicher kann nicht flexibel genutzt werden. Wenn Programme den Programmspeicher nicht ausnutzen, bleibt der freie Speicher ungenutzt. Fallen zu viele Daten für den Datenspeicher an, können diese Daten nicht im Programmspeicher abgelegt werden.

15.6.2 CISC und RISC

Neben der Wortlänge (8, 16, 32 oder 64 Bit) und der Von-Neumann- bzw. Harvard-Architektur spielt beim Prozessor der Befehlssatz oder auch Befehlsvorrat eine klassifizierende Rolle. Der Befehlssatz gibt an, wie viele grundlegende Befehle und Anweisungen ein Prozessor verarbeiten kann. Damit die Software kompatibel zu den unterschiedlichen Prozessoren ist, gibt es standardisierte Befehlssätze, z.B. den 64-Bit-Satz von Intel.

Die Befehle sagen der CPU, ob sie Daten aus dem Speicher holen soll und wie damit zu verfahren ist (Addition, Subtraktion usw.). Sprunganweisungen im Programm lassen die CPU an anderer Stelle im Programm fortfahren.

Zwei unterschiedliche Ansätze werden bei der Zusammenstellung von Befehlssätzen verfolgt:

1. möglichst einfache und nur wenige Befehle, die schnell ausgeführt werden können, weil sie einen minimalen Aufwand an Hardware erfordern. Komplizierte Aufgaben erfordern dann das Abarbeiten vieler Befehle. Die Programme sind daher recht lang. Dieses Verfahren wird RISC (engl.: *Reduced Instruction Set Computing*) genannt.
2. Viele komplexe Befehle stehen zur Verfügung und erlauben das Bearbeiten vieler Aufgaben mit einem Befehl. Die Programme sind daher kürzer (CISC, engl.: Complex Instruction Set Computer).

In modernen Prozessoren finden sich beide Konzepte wieder. Sie sind oft verschachtelt; RISC-Programme laufen beispielsweise innerhalb eines CISC-Programms. Die x86-Prozessoren zählen zur Gruppe der CISC-Prozessoren.

15.6.3 Digitale Signalprozessoren (DSP)

Digitale Signalprozessoren sind Mikroprozessoren, die auf das Verarbeiten von Signalen spezialisiert sind. So können DSP zum Beispiel Fouriertransformationen sehr viel schneller errechnen als die CPU eines Personalcomputers. Bei einer Fouriertransformation werden die Frequenzanteile eines Signals ermittelt und auf eine Frequenzachse dargestellt. Ein beliebiges Analogsignal enthält zum Beispiel Frequenzen von 20 Hz bis 20 kHz. Das Analogsignal durchläuft einen D/A-Umsetzer und wird im DSP weiterverarbeitet. Mit DSP können auch sehr steilflankige Filter aufgebaut werden, die in der Analogtechnik nur sehr aufwendig herzustellen wären. Auch die Bildbearbeitung (JPEG-Kompression) erfolgt mit DSPs. Eine weitere Anwendung ist die Spracherkennung. Eine Stimme hat ein bestimmtes Muster und kann durch Vergleiche mit abgelegten Mustern erkannt werden. Manche DSP werden mit den für die Signalverarbeitung erforderlichen A/D- bzw. D/A-Umsetzern direkt auf dem Chip ausgestattet. DSPs für komplexe Videoanwendungen sind teilweise mit aufwendigen Gleitkommarechenwerken ausgestattet. Einfachere Anwendungen wie zum Beispiel die Bearbeitung von Audiosignalen kommen mit Festkomma-Arithmetik aus.

15.6.4 Mikroprozessortypen

Bei der Mikroprozessorentwicklung kann man unterschiedliche Wege gehen und zu unterschiedlichen Ergebnissen kommen. Es gibt daher viele verschiedene Mikroprozessortypen mit teilweise stark voneinander abweichenden Eigenschaften. Ein wesentliches Unterscheidungsmerkmal sind die gewählte Architektur, also der grundlegende Aufbau und die Zusammenschaltung der ALU, der Speicher und der Steuer- und Befehlsschaltungen. Sie werden alle als 1-Chip-Mikroprozessoren hergestellt, d.h., sie bestehen aus einer einzigen integrierten Schaltung. Dazu werden kreisförmige Wafer fotolithografisch belichtet, entwickelt, geätzt und in sogenannte Dies (Plättchen) geschnitten. Auf einem Die befinden sich heute komplette Mehrkernprozessoren mit Peripheriebausteinen. Beim Mikroprozessor Intel 4004 aus den 70er-Jahren war das Die ca. 12 mm² groß und trug 2300 Transistoren. Ein Intel-i7-Prozessor-Die ist etwa 250 mm² groß und trägt mehr als eine Milliarde Transistoren.

Grundsatz
Mikroprozessoren werden ausschließlich als integrierte Schaltungen hergestellt.

Während früher Dual-in Line-Gehäuse mit 24 oder 40 Anschlüssen genügten, werden heute für leistungsstarke Anwendungen Gehäuse bzw. Sockel mit über 2000 Anschlusspins gefertigt. Mikroprozessoren unterscheiden sich vor allem durch folgende Eigenschaften:

1. Wortbreite
Die Wortbreite gibt an, wie viele Bit parallel verarbeitet werden können, also wie viele Bit die Eingangs- und Ausgangsgrößen haben. Teilweise haben die Prozessoren unterschiedliche Busbreiten. So gibt es x86-Prozessoren mit 16-Bit-Datenbus und 24-Bit-Adressbus. Aktuelle Prozessoren von Intel und AMD besitzen 64-Bit-Datenbusse und 40-Bit-Adressbusse. Es gibt 4-Bit-, 8-Bit-, 16-Bit-, 32-Bit- und 64-Bit-Mikroprozessoren. Lange Zeit waren 32-Bit-Prozessoren führend. Allerdings kamen sie mit zunehmend verfügbarer Speichergröße und 32-Bit-Adressbus an ihre Grenzen. Mit 32 Bit lassen sich nur 2^{32} = 4,29 Mrd. Speicherzellen adressieren. Bei Byte-weiser Adressierung kann ein 32-Bit-Prozessor daher nur 2^{32} Byte = 4, 29 GB Arbeitsspeicher verwalten. Heute sind daher 64-Bit-Prozessoren sehr verbreitet.

2. Rechengeschwindigkeit
Bei der Rechengeschwindigkeit vergleicht man die sog. Zykluszeiten miteinander. Unter der Zykluszeit versteht man meist die Zeit, die für die Paralleladdition von zwei Dualzahlen und für das Ein- und Ausspeichern dieser Zahlen erforderlich ist. Üblich sind Zykluszahlen von 10 µs bis zu 0,01 µs.

3. Technologie (Schaltkreisfamilie)
Mikroprozessoren werden überwiegend in CMOS-Technik hergestellt. In dieser Technologie ist die höchste Integrationsdichte erreichbar. Die Schaltungen können verhältnismäßig kompliziert aufgebaut werden.

4. Befehlsvorrat
Die Größe des Befehlsvorrats ist ein Maß für die Leistungsfähigkeit eines Mikroprozessors – aber nicht das einzige. Es kommt auch auf die Art der Befehle an. Viele geschickt gewählte Befehle ergeben eine große Leistungsfähigkeit.

In der Tabelle Bild 15.20 sind einige Mikroprozessoren und ihre wichtigsten Eigenschaften aufgeführt. Mit dem 4004 begann 1971 die Ära der Mikroprozessoren. 1978 folgte der 16-Bit-Prozessor 8086, der die sogenannte x86-Familie begründete. 1985 kam mit dem 80386 der Übergang zu 32 Bit. Heute werden 64-Bit-Mehrkernprozessoren wie der INTEL i9 verwendet. In der englischen Wikipedia findet sich unter «Comparison of Intel processors» eine aktuelle Übersicht der gängigen Intel-Prozessoren.

15.6.5 Funktionsweise eines Mikroprozessors

Ungeachtet der verschiedenen Architekturen besteht ein Mikroprozessor aus den fünf wesentlichen Baugruppen (Bild 15.18):

1. Steuerwerk (auch Leitwerk oder Befehlswerk genannt)
2. Rechenwerk (auch ALU genannt)
3. Speicher (auch Register genannt)
4. interner Datenbus
5. Adressbus

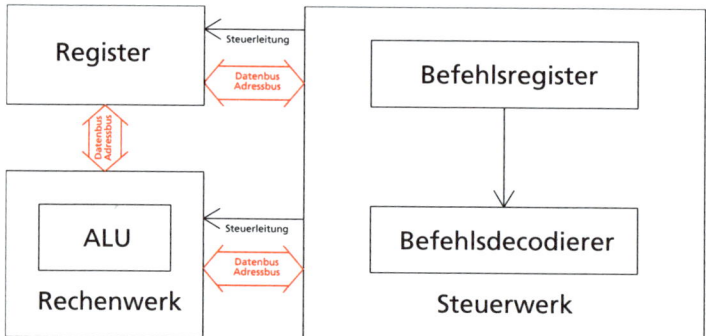

Bild 15.18   Schematische Übersicht eines Mikroprozessors

15.6.5.1 Steuerwerk

Im Steuerwerk wird das Programm aus dem Befehlsregister eingelesen und verarbeitet. Es steuert das Auslesen der Daten und die Weitergabe an das Rechenwerk. Das Steuerwerk liest das Programm in Form von Befehlen (auch Anweisungen genannt) ein und decodiert diese. Hierfür ist der Befehlsdecodierer zuständig. Der erste Befehl beschreibt z.B. die durchzuführende Rechenoperation. Danach werden die Operanden, mit denen die Rechenoperation ausgeführt werden soll, aus dem Speicher eingelesen. Dazu greift das Steuerwerk auf die Daten im Speicher bzw. Register zu. Es ruft die Adresse der Speicherzelle auf, an der die Daten der Operanden abgelegt sind, und liefert die Daten an die Eingänge des Rechenwerks.

Bei RISC-Prozessoren sind die Befehle einfach und werden direkt an das Rechenwerk weitergegeben Bei CISC-Prozessoren müssen die Befehle zunächst mit kleinen Programmen für das Rechenwerk aufgearbeitet werden. Diese Mikroprogramme sind auf dem Mikroprogrammspeicher im Steuerwerk abgelegt.

15.6.5.2 Rechenwerk

Das Rechenwerk (bzw. die ALU) führt die vom Steuerwerk vorgegebenen Rechenoperationen aus. Es wird daher auch als Ausführungswerk bezeichnet. Die Operationen können arithmetische Berechnungen (Addition / Subtraktion / Multiplikation) oder logische Verknüpfungen (AND / OR / NOT / XOR) sein. Moderne Register arbeiten mit mehreren parallelen ALU zur Verarbeitung von ganzen Zahlen und Gleitkommazahlen.

Erfolgt während des Programmablaufes eine Eingabe an einem Eingabegerät (z.B. Eingabe auf der Tastatur), wird das Programm unterbrochen und die Eingabe wird verarbeitet. Die Unterbrechung wird Interrupt genannt. Dazu wird ein sogenannter Interruptrequest an den Prozessor gesendet. Das geschieht bei Hardwarekomponenten wie der Tastatur über Interruptleitungen zur CPU. Gibt es viele Hardwaregeräte im System, ist ein Interruptcontroller nötig, der dem Prozessor über den Datenbus mitteilt, wer den Interrupt ausgelöst hat. Der Interruptcontroller priorisiert die Interrupts auch. Wichtige Interrupts werden zuerst an die CPU weitergegeben.

Nach dem Interruptrequest werden mit Hilfe eines kleinen Programms, der Interruptrequestroutine, der Tastaturcontroller angesprochen, der Buchstabe oder die Zahl ausgelesen und im Speicher abgelegt.

15.6.5.3 Speicher

Der Speicher (oft als RAM ausgeführt) enthält das Programm, also den auszuführenden Code und die Daten, die nach den Anweisungen des Codes zu verknüpfen sind. Das Abspeichern des Codes und der Daten erfolgt an einem exakt durch eine Adresse definierten Platz im Speicher, damit beim späteren Zugriff auf den Speicher genau der gleiche Wert ausgelesen wird, der vorher abgelegt wurde. Die Übertragung der Daten erfolgt über den Bus. Damit die Daten schnell ausgelesen werden können, werden die wichtigsten Daten und Codes in Speichern lokal in der Nähe der ALU gespeichert. Diese Speicher bzw. Register sind aus besonders schnell schaltenden Flipflops aufgebaut und werden durch Steuerleitungen direkt angewählt (Bild 15.19).

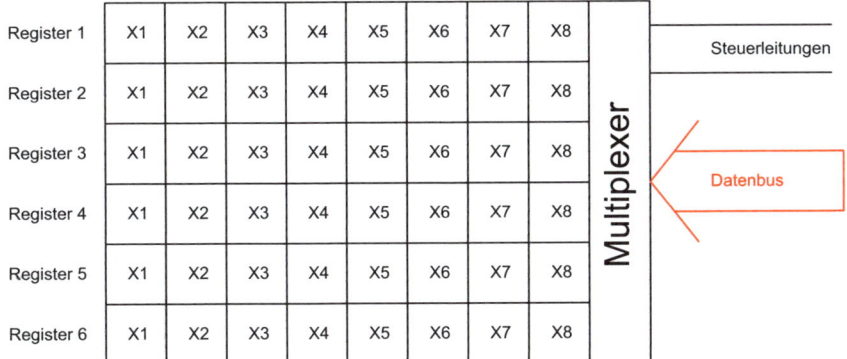

Bild 15.19   Register

Die Wortbreite der Register (z.B. 8 Bit) legt fest, wie groß der Zahlenbereich ist, den der Prozessor verarbeiten kann. 8 Bit entsprechen $2^8 = 256$. Eine 8-Bit-Zahl kann also Zahlen von 0 bis 255 darstellen. Werden durch die 8-Bit-Zahl Adressen codiert, können 256 verschiedene Speicherzellen angesprochen werden. Die Wortbreite der Register legt also die Zahlengröße bzw. bei Fließkommarechnung die Genauigkeit fest. Moderne Prozessoren haben 32-Bit- oder 64-Bit-Register.

15.6.5.4 Interner Datenbus

Der interne Datenbus transportiert die Daten innerhalb des Prozessors zwischen Steuerwerk, Rechenwerk und Register. Je größer die Busbreite, desto mehr Informationen können in der gleichen Zeiteinheit übertragen werden. Üblich sind 32 bis 64 Bit.

Ein Interfacebaustein stellt die Ankopplung des internen Busse an den externen Bus her. Der externe Bus kann z.B. seriell sein (USB).

15.6.5.5 Adressbus

Der Adressbus überträgt die derzeit bearbeitete Adresse. Er teilt z.B. dem Speicher mit: Lege den Inhalt der Speicherzelle mit der Adresse 10100201 an den Datenbus. Die Breite des Adressbusses bestimmt die Anzahl der maximal adressierbaren Speicherzellen. Üblich sind 32 bis 40 Bit.

15.6.6 Mikroprozessor SAB 8080 A

Der Mikroprozessor 8080 A wurde früher in großen Stückzahlen eingesetzt. Inzwischen wurde er von moderneren 8-Bit-Prozessoren und bei der PC-Anwendung von 16- bzw. 32-Bit-Prozessoren abgelöst. In der PC-Technik werden inzwischen 64-Bit-Prozessoren eingesetzt. Aufgrund seines übersichtlichen Aufbaus eignet sich der Prozessor 8080 A jedoch sehr gut zur Einführung in die Arbeitsweise der Mikroprozessoren; er wird daher im Folgenden erläutert.

Typ	Hersteller	Wortlänge in Bit	Befehls-vorrat	Zykluszeit in µs	Logik-Familie (Technologie)
4004	Intel	4	60	10,0	NMOS
8080 A	Intel/Siemens	8	78	2,0	NMOS
8085	Intel/Siemens	8	80	1,3	NMOS
IM 6100	Intersil	8	87	2,5	CMOS
M 6800	Motorola	8	72	2,0	NMOS
SCMP	Nat. Semic.	8	46	2,0	PMOS/NMOS
Z 80	Zilog	8	158	1,0	NMOS
8086	Intel	16	135	0,5	CMOS
68000	Motorola	16	56	0,6	CMOS/NMOS
TMS 9900	Texas Instr.	16	69	7,5	NMOS
80386	Intel	32	150	0,3	CMOS
68020	Motorola	32	100	0,4	CMOS/NMOS
32332	Nat. Semic.	32	130	0,3	NMOS
Pentium	Intel	64	205	0,06	NMOS/CMOS

Bild 15.20 Zusammenstellung einiger Mikroprozessoren

Der Mikroprozessor SAB 8080A ist ein 8-Bit-Mikroprozessor in NMOS-Technik mit einer Zykluszeit von 2 µs. Sein Befehlsvorrat umfasst 78 Befehle (s. Tabelle Bild 15.20). Der Mikroprozessor ist TTL-kompatibel und in Tri-State-Technik ausgeführt, das heißt, die Dateneingänge und -ausgänge und die Adressausgänge können außer den Pegeln L und H noch einen hochohmigen (abgeschalteten) Zustand annehmen.

Die im Mikroprozessor SAB 8080A enthaltenen Schreib-Lese-Speicher sind dynamische Speicher, die der Auffrischung bedürfen. Die Auffrischung erfolgt mit Taktsignal. Der Mikroprozessor SAB 8080A wird in einem 40-poligen Dual-Inline-Gehäuse geliefert. Die Bedeutung der Gehäuseanschlüsse zeigt Bild 15.21.

Die Anschlüsse 3…10 sind Datenanschlüsse. Sie sind Ausgänge und Eingänge des 8-Bit-Datenbus. (Busschaltungen siehe Kapitel 11, Abschnitt 11.4.) Dieser Datenbus ist ein 2-Wege-Datenbus. Er kann Daten zuführen und abführen.

Der Mikroprozessor verfügt über 16 Adressausgänge. Es können $2^{16} = 65\,536$ verschiedene Adressen damit angewählt werden. Der Mikroprozessor kann also mit einem externen Speicherbaustein von 64 kBytes zusammenarbeiten. Mit jeder Adresse kann 1 Byte = 8 Bit abgerufen werden. Zusätzlich stehen noch Adressen für die Ansteuerung von Eingabe- und Ausgabebausteinen zur Verfügung. Statt eines 64-kByte-Speichers können auch mehrere kleinere Speicher angeschlossen werden. Dabei ist es gleichgültig, ob es sich um RAM, ROM oder um PROM handelt. Als Adressenausgänge dienen die Gehäuseanschlüsse 1, 25, 26, 27, 29 bis 40 (Bild 15.21). Sie sind mit dem Adressenbus zu verbinden.

Die weiteren Anschlüsse dienen der Stromversorgung und der Steuerung des Mikroprozessors. Benötigt werden die Spannungen +12 V (Pin 28), +5 V (Pin 20), −5 V (Pin 11). Masse ist an Pin 2 zu legen. Der Mikroprozessor benötigt einen externen Taktgenerator. der 2 verschiedene Takte erzeugt, Takt 1 und 2 (Takt 1 an Pin 22, Takt 2 an Pin 15). Über den Eingang RESET (Pin 12) wird der Befehlszähler auf 0 gesetzt. Mit einem 0-Signal am Anschluss HOLD (Pin 13) kann der Mikroprozessor angehalten werden. Es können in dieser Zeit Daten eingegeben oder ausgegeben werden. Die Gehäuseanschlüsse INT (Pin 14) und INTE (Pin 16) dienen der Programmunterbrechung und der Freigabe der Programmunterbrechung.

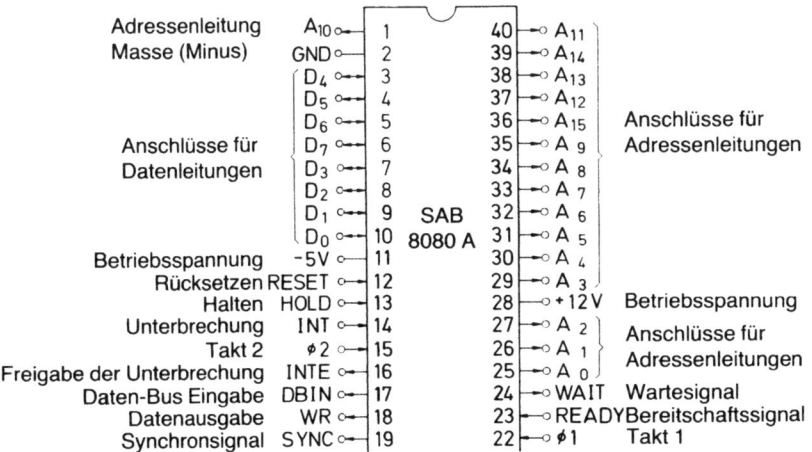

Bild 15.21   Gehäuseanschlüsse des Mikroprozessors SAB 8080 A (Siemens)

Am Gehäuseanschluss DBIN (Data Bus In) zeigt ein Signal an, dass sich der Datenbus in einem Eingabezustand befindet. Es können Daten in den Mikroprozessor übernommen werden. Der Anschluss [WR] führt 0-Signal, solange Daten an einen äußeren Speicher abgegeben werden. Der SYNC-Anschluss liefert ein Synchronsignal, wenn ein neuer Operationszyklus beginnt.

Besonders wichtig sind die Anschlüsse WAIT (Warten, Pin 24) und READY (Bereit, Pin 23). An WAIT liegt 1-Signal, wenn sich der Mikroprozessor in Wartestellung befindet. 1-Signal am Anschluss READY zeigt an, dass auf dem Datenbus Daten zur Übernahme bereitstehen. Es lässt den Mikroprozessor kurzzeitig halten, damit die Daten übernommen werden können.

Über den Anschluss HLDA (Pin 21) liefert der Mikroprozessor eine sog. «Anhaltequittung» als Antwort auf ein HOLD-Signal. Sie zeigt an, dass Daten- und Adressbus in den hochohmigen Zustand schalten.

Der innere Aufbau des SAB 8080A ist etwas verwirrend. Er soll deshalb in 2 Stufen erklärt werden. In der vereinfachten Darstellung des Innenaufbaus (Bild 15.22) ist die ALU leicht zu erkennen. Die Rückführung der A-Eingänge erfolgt über den internen Datenbus. Über den internen Datenbus laufen auch die Daten bei der Einspeicherung von Daten in den Datenspeicher und bei der Ausspeicherung.

Befehle werden über die Dateneingänge eingegeben. Sie können im Datenspeicher zwischengespeichert werden. Einen besonderen Programmspeicher gibt es nicht. Ein Programmspeicher kann aber als externer Speicher zusätzlich angeschlossen werden. Die Befehle werden über das Befehlsregister dem Befehlsdecodierer zugeführt und als Steuersignale auf die Steuerschaltung gegeben. Die Steuerschaltung verfügt über eine Anzahl von Steuersignaleingängen und -ausgängen, die bereits besprochen wurden.

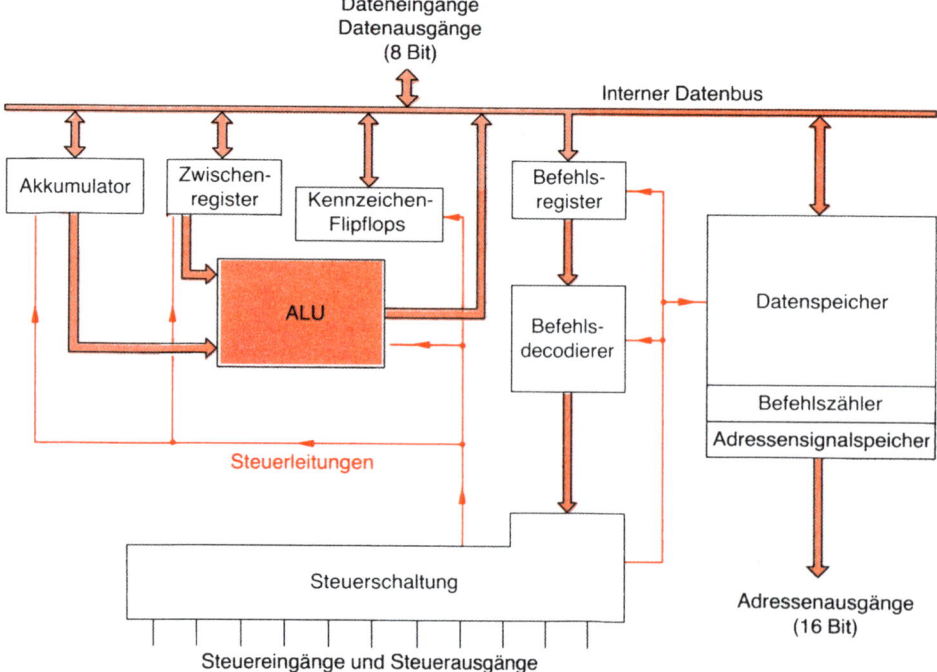

Bild 15.22 Vereinfachter Innenaufbau des Mikroprozessors SAB 8080A

Mikroprozessorbausteine

Mit Hilfe des Befehlszählers und des Adressensignalspeichers werden die Adressen für die Ansteuerung externer Bausteine erzeugt, z.B. Adressen für RAM und ROM. Die Adressen bestehen aus 16-Bit-Wörtern. Sie werden dem Adressbus zugeführt.

Die Hersteller geben in ihren Datenbüchern den vollständigen Innenaufbau des Mikroprozessors SAB 8080A an (Bild 15.23).

Hier kommen noch einige weitere Einheiten hinzu, z. B. Puffer für Daten und Adressen. Puffer sind Zwischenspeicher. Der Datenspeicher wird in viele Register aufgeteilt, die über Multiplexer angewählt werden.

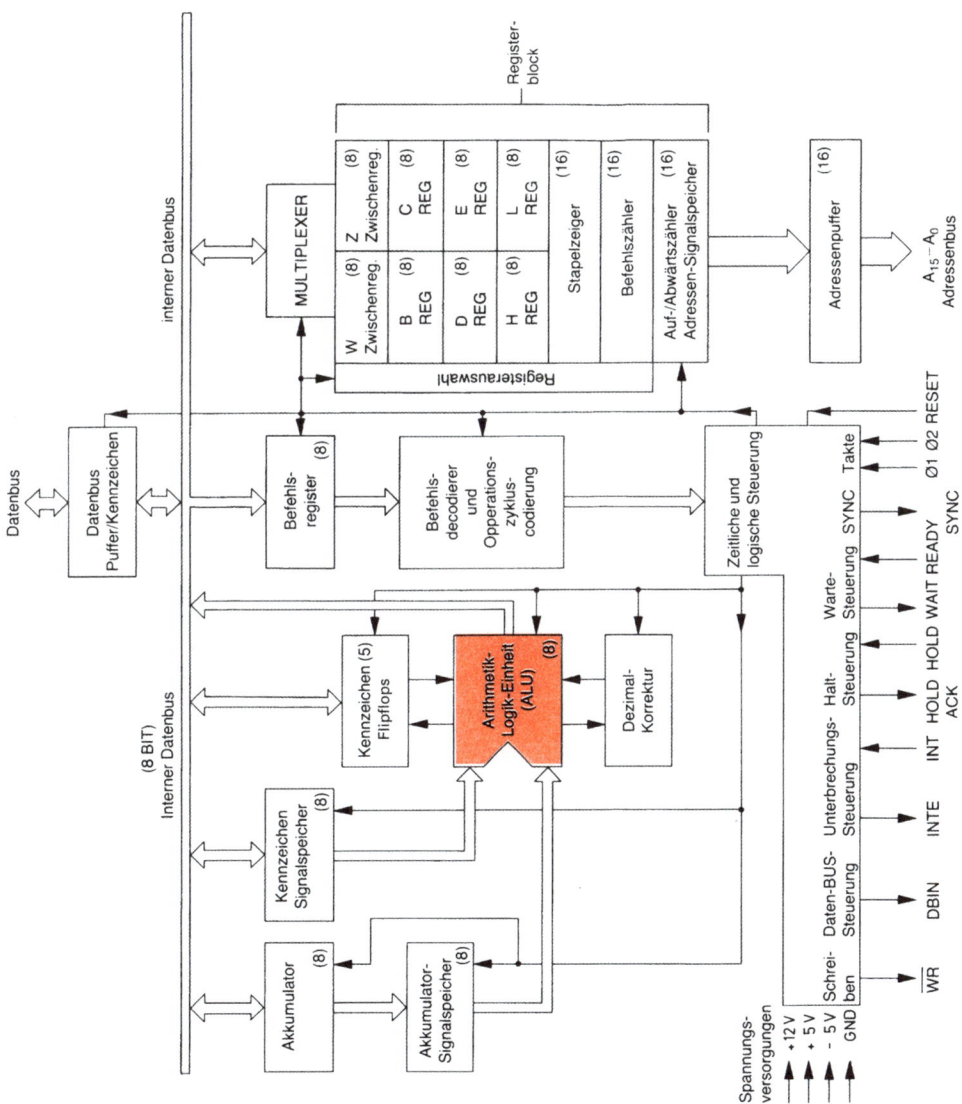

Bild 15.23 Vollständiger Innenaufbau des Mikroprozessors SAB 8080A (Siemens)

Wie wird nun eine Steuerschaltung mit dem Mikroprozessor SAB 8080A aufgebaut? Mit dem Mikroprozessor allein kann keine Steuerschaltung aufgebaut werden. Man benötigt Zusatzbausteine – z.B. einen Taktgenerator, Eingabe-Ausgabe-Bausteine und einen oder mehrere Speicher vom Typ ROM, PROM, EPROM oder RAM für Programm und Daten. Vor allem benötigt man ein Stromversorgungsteil.

15.6.7 Zusatzbausteine für Mikroprozessoren

Mikroprozessoren arbeiten taktgesteuert. Erforderlich ist mindestens ein Takt, oft werden 2 verschiedene Takte benötigt. Nur wenige Mikroprozessortypen besitzen einen «inneren Taktgenerator». Bei diesen Mikroprozessoren ist der Taktgenerator bereits auf dem Mikroprozessor-Chip enthalten. Bei den anderen Mikroprozessortypen ist ein Zusatzbaustein erforderlich, der die benötigten Takte erzeugt.

Für den Mikroprozessor SAB 8080A wird als Zusatzbaustein der Taktgeber SAB 8224 empfohlen. Dieser Baustein wird in einem 16-poligen Dual-in-Line-Gehäuse geliefert. Er enthält einen Quarzoszillator, dessen Frequenz durch einen außen anzuschließenden Quarz bestimmt wird. Die Eigenfrequenz des Quarzes kann in weiten Grenzen gewählt werden. Sie beeinflusst die Arbeitsgeschwindigkeit des Mikroprozessors. Üblich sind Quarzfrequenzen von ca. 18 MHz. Die Schwingung des Quarzoszillators wird in eine Rechteckschwingung umgewandelt, die dann um den Faktor 9 heruntergeteilt wird. So ergibt sich die Arbeitsfrequenz von 2 MHz.

Das Anschlussschema des Taktbausteins SAB 8224 und die Form der erzeugten Takte sind in Bild 15.24 dargestellt. Zusätzlich zu den Takten erzeugt der Baustein noch Steuersignale, z.B. ein Rücksetzsignal nach Einschalten der Speisespannung.

Für die Dateneingabe und die Datenausgabe sind ebenfalls Zusatzbausteine erforderlich. Diese werden E/A-Bausteine (engl. I/O-Bausteine, Input/Output-Bausteine) genannt. Sie nehmen die Daten in einen Zwischenspeicher (Puffer) auf. Bei der Dateneingabe erzeugen sie Steuersignale, mit deren Hilfe der Mikroprozessor so lange angehalten wird, bis die Daten eingegeben sind. Die E/A-Bausteine enthalten oft auch eine Baustein-Auswahlschaltung. Sollen Informationen dem Mikroprozessor entnommen werden, veranlasst der E/A-Baustein die gewünschte Datenausgabe. Für den Mikroprozessor SAB 8080A sind verschiedene E/A-Bausteine verfügbar. Häufig verwendet wird der Baustein SAB 8212.

Sehr wichtige Zusatzbausteine sind die Speicherbausteine. Hier können RAM-, ROM- und PROM-Bausteine und selbstverständlich auch löschbare PROM-Bausteine in verschiedenen Kombinationen bis zu einer maximal zulässigen Gesamtspeicherkapazität eingesetzt werden. Die zulässige Gesamtspeicherkapazität beträgt beim Mikroprozessor SAB 8080A 64 kByte, da der Mikroprozessor insgesamt 65 636 verschiedene Adressen erzeugen kann.

Die Speicherbausteine sind deshalb so wichtig, weil die interne Speicherkapazität der Mikroprozessoren verhältnismäßig gering ist, so dass Programmdaten und Verarbeitungsdaten extern gespeichert werden müssen.

Mikroprozessorbausteine

Anschlussbelegung

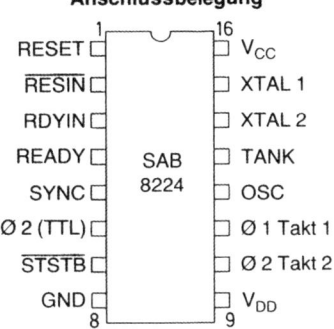

Anschlussbezeichnungen

$\overline{\text{RESIN}}$	Rücksetzeingang
RESET	Rücksetzausgang
RDYIN	Bereiteingang
READY	Bereitausgang
SYNC	Synchr. Eingang
$\overline{\text{STSTB}}$	Zustandsübernahme ("Low" aktiv)
$\varnothing 1$	Taktgeber
$\varnothing 2$	für SAB 8080
XTAL 1	Anschlüsse
XTAL 2	für externen Quarz
TANK	Eingang für Oberwellen Quarz
OSC	Oszillator-Ausgang
$\varnothing 2$ (TTL)	Taktgeber (TTL-Pegel)
V_{CC}	Versorgungsspannung (+5 V)
V_{DD}	Versorgungsspannung (+12 V)
GND	Masse (0 V)

Impulsdiagramm

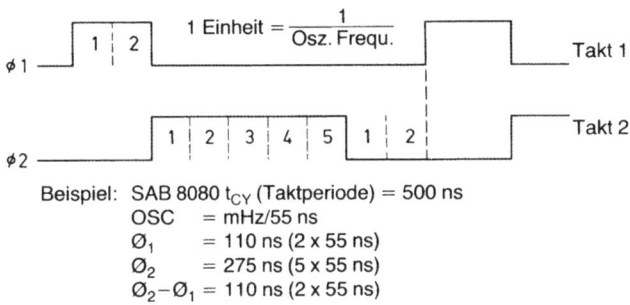

Beispiel: SAB 8080 t_{CY} (Taktperiode) = 500 ns
OSC = mHz/55 ns
$\varnothing_1$ = 110 ns (2 x 55 ns)
$\varnothing_2$ = 275 ns (5 x 55 ns)
$\varnothing_2 - \varnothing_1$ = 110 ns (2 x 55 ns)

Bild 15.24 Anschlussschema des Taktbausteins SAB 8224 und zeitlicher Verlauf der Takte (Siemens)

Als externe Speicher können Festplatten und Flash-Speicher verwendet werden. Zum Anschluss derartiger Geräte werden Schnittstellen-Bausteine benötigt, die die Daten in bestimmter Weise umformen und Steuersignale verarbeiten und erzeugen. Sie müssen z.B. parallel ausgegebene 8-Bit-Daten eines Mikroprozessors in die serielle Datenform umsetzen, die benötigt wird.

Der Einsatz von E/A-Bausteinen, von Speicherbausteinen und von Schnittstellenbausteinen erfordert Steuersignale, die der Mikroprozessor nicht oder nur unvollkommen liefern kann. Aus diesem Grund ist in vielen Fällen ein System-Steuerbaustein als weiterer Zusatzbaustein erforderlich. Ein solcher Baustein erzeugt alle Signale, die zur direkten Kopplung von Zusatzbausteinen benötigt werden. Er enthält oft auch einen sog. Bustreiber. Ein Bustreiber ist eine Verstärkerschaltung für Signale, die an einen Bus abgegeben werden. Verstärkungsbedürftig sind oft die Signale für einen Datenbus.

Der System-Steuerbaustein SAB 8228 wurde für den Mikroprozessor SAB 8080A entwickelt. Er enthält einen 8-Bit-2-Wege-Bustreiber für den Datenbus. Das Steuersystem liefert alle erforderlichen Steuersignale und darüber hinaus noch zusätzliche Steuersignale für eine einfache Gestaltung von Programmunterbrechungen und für die Verwendung von Mehr-Byte-Befehlen. Mehr-Byte-Befehle sind Befehle, die eine Wortlänge von 2 oder mehr Byte haben.

15.6.7 Verbesserungen der Mikroprozessoren

Die großen Fortschritte in der Halbleitertechnik führten zu einer schnellen Entwicklung der Prozessoren in den letzten Jahrzehnten. Immer kleinere Strukturen bei der Fotolithografie ermöglichten die Herstellung immer kleinerer Transistoren und damit eine stetige Verkleinerung der Halbleiterschaltungen. Viele Peripheriebausteine (Speicher, Controller), die früher extern angeschlossen wurden, sind heute auf dem Chip des Prozessors enthalten. Die Wege zwischen den Bausteinen wurden kürzer. Damit verkürzten sich auch die Signallaufzeiten zwischen den Bausteinen.

15.6.7.1 Erhöhung der Taktfrequenz

Um ein Programm in kürzerer Zeit auszuführen, kann der Prozessortakt erhöht werden. Da mit jedem Prozessortakt ein Befehl ausgeführt wird, bedeutet eine Verdopplung des Taktes auch, dass in der gleichen Zeiteinheit doppelt so viele Befehle ausgeführt werden. Von 1970 bis heute stieg die Taktfrequenz von 500 kHz auf etwa 4 GHz.

Der Erhöhung der Taktfrequenz sind aber Grenzen gesetzt durch:

- ❏ die thermische Verlustleistung auf dem Chip,
- ❏ die Schaltgeschwindigkeit der Flipflops (Transistoren),
- ❏ die Ausbreitungsgeschwindigkeit der Signale.

Die thermische Verlustleistung steigt linear mit der Prozessorfrequenz.

Grundsatz
Eine Verdopplung der Frequenz verdoppelt die Verlustleistung des Chips.

Die Betriebsspannung geht quadratisch in das Ergebnis ein.

Grundsatz
Eine Halbierung der Betriebsspannung reduziert die Verlustleistung auf ein Viertel.

Die Entwickler sind also bemüht, die Betriebsspannung so gering wie möglich zu halten. 1970 betrug die Versorgungsspannung der CPU (auch Kernspannung genannt) 15 V (Intel 4004), 2018 (Intel i9) weniger als 1,5 V. Eine Absenkung der Kernspannung ist so lange möglich, wie die Logikpegel H und L noch zu unterscheiden sind.

Wenn man bedenkt, dass auf dem Chip durch die hohe Integrationsdichte immer mehr Transistoren/mm² schalten, wird klar, dass 50 W/mm² schnell erreicht sind. Ein aktueller Hochleistungsprozessor hat 165 Watt Verlustleistung. Diese Verlustleistung muss abgeführt werden, damit die zulässige Chiptemperatur von ca. 90 °C nicht überschritten wird.

Hier zeigt sich, welchen Stellenwert die Kühlung mittlerweile hat und warum Wasserkühlung wegen der zunehmenden Lüftergeräusche immer attraktiver wird.

Die hohe Verlustleistung belastet auch das Netzteil und führt vor allem bei mobilen, akkubetriebenen Kleingeräten zu einer schnellen Entladung der Akkus.

Neuere Entwicklungen weichen von der konstanten Taktfrequenz ab und takten nach Rechenleistungsbedarf den Chip schneller oder langsamer. So kann in Situationen, in den weniger Rechenleistung gefordert ist, Energie gespart werden.

Die Schaltgeschwindigkeit hängt im Wesentlichen von der Größe der Ladungen im Flipflop ab. Das Auf- und Abfließen dieser Ladungen benötigt eine gewisse Zeit. Je kleiner das Flipflop ist, desto kleiner ist die Ladung.

Die Ausbreitungsgeschwindigkeit der Signale auf den Leitungen begrenzt deren Länge. Bei einer Frequenz von 4 MHz beträgt eine Schwingungsdauer noch 0,25 ns. In dieser Zeit bewegt sich ein Ladungsteilchen in Kupfer nur einige Zentimeter. Hier zeigt sich der Vorteil, wenn viele Bausteine gemeinsam nahe beieinander auf dem Chip integriert sind. Externe Bauteile wie z.B. Ein-/Ausgabebauteile oder eine Festplatte müssen mit geringeren Frequenzen betrieben werden.

15.6.7.2 Speicherhierarchien

Das Speichern der Daten erfordert viel Zeit, da die Speicherflipflops nur begrenzt schnell schalten können. Das Auslesen der Befehle, das Auslesen der Operanden und das Speichern der Ergebnisse nach der Berechnung im Rechenwerk können den Prozessor ausbremsen – vor allem, wenn er mit hohen Taktfrequenzen arbeitet. Bei Taktfrequenzen im GHz-Bereich dauert ein Takt nur 1 Nanosekunde. So schnell können Speicherzellen nicht arbeiten. Es muss also darauf geachtet werden, dass möglichst schnell auf den Speicher zugegriffen werden kann. Dazu wird der Speicher in Hierarchien aufgeteilt.

Die höchste Hierarchie haben die Register in CPU-Nähe. Sie werden aus teuren extrem schnell schaltenden Bausteinen aufgebaut. Sie haben allerdings eine relativ kleine Speichergröße.

Die zweite Hierarchiestufe bildet der Cache-Speicher, der noch in die Level L1, L2 und L3 eingeteilt wird. Der Cache-Speicher befindet sich als schneller Zwischenspeicher vielfach auf der CPU. Der Cache-Speicher ist kleiner als der Hauptspeicher und stellt der CPU häufig genutzte Daten schnell zur Verfügung.

Der L1-Cache ist der schnellste Cache-Speicher – nur ca. 256 kByte groß – und befindet sich direkt an der CPU. So spielen die Signallaufzeiten auch bei hohen Taktfrequenzen noch keine Rolle.

Der L2-Cache ist größer, aber auch langsamer als der L1-Cache. Je nach Größe befindet er sich noch auf dem Chip oder bereits auf der Hauptplatine.

Der L3-Cache ist schließlich noch größer und entsprechend langsamer.

Danach folgt der Hauptspeicher (RAM), der schon mehrere Gigabyte groß ist. Er wird nur angesprochen, wenn sich die Daten nicht in einem der Cache-Speicher befinden bzw. wenn die Cache-Speicher voll sind.

Den Massenspeicher bilden dann SSD-Platten und Festplatten mit 1 Terabyte und mehr.

15.6.7.3 Parallelverarbeitung

Aufwendige Berechnungen können auf parallele Strukturen aufgeteilt werden.

Pipelining wird eine Methode genannt, die den Umstand nutzt, dass nicht zu jeder Zeit alle Bausteine der CPU ausgelastet sind. Während aus dem Speicher ein Befehl ausgelesen wird, wartet der Befehlsdecodierer und das Rechenwerk wartet auf den decodierten Befehl. Beim Pipelining (Bild 15.25) laufen die Befehle parallel. Daher wird auch von synchronparalleler Organisation gesprochen. Die Befehle werden in Teilaufgaben zerlegt, die dann parallel verarbeitet werden. Dazu sind aufwendigere Steuerwerke notwendig. Wenn der Befehl zum Befehlsdecodierer geschickt wurde, wird bereits ein neuer Befehl aus dem Speicher ausgelesen. Wenn der Befehlsdecodierer den decodierten Befehl an die ALU übergeben hat, wird bereits ein neuer Befehl decodiert usw.

Die parallele Verarbeitung beschleunigt den Prozess erheblich. Die einzelnen Teilaufgaben können so definiert sein:

- Auslesen des Befehls aus dem Speicher (AB),
- Befehl decodieren (BD),
- Operanden aus dem Speicher laden (OL),
- Befehl ausführen (BA),
- das Ergebnis speichern (ES).

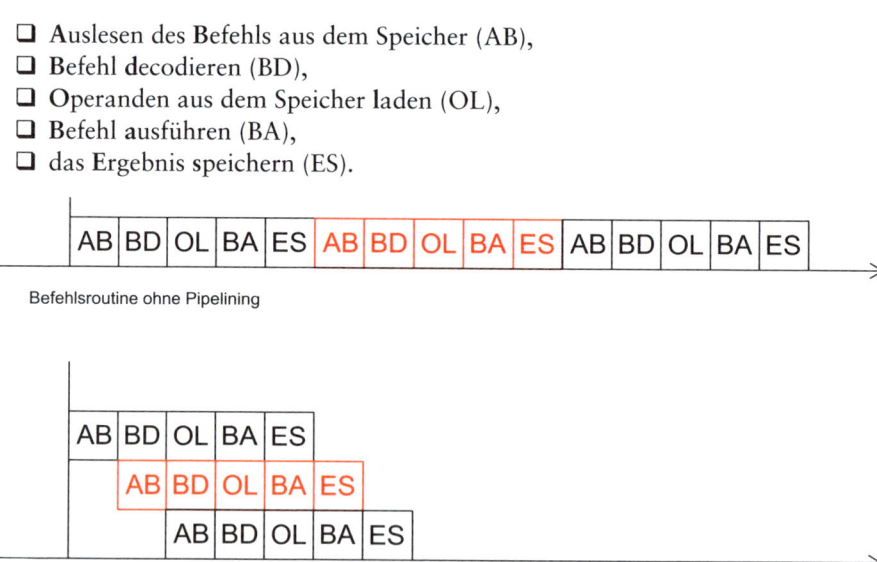

Bild 15.25 Pipelining

Das Pipelining erfordert zusätzliche Datenbusse, um die Daten zeitgerecht bereitzustellen.

Stehen für die einzelnen Teilaufgaben jeweils eigene Rechenwerke zur Verfügung, kann die Verarbeitung noch schneller erfolgen. Mehrere Befehle werden in einem Takt geladen, auf die Rechenwerke aufgeteilt und dann parallel verarbeitet. Der Prozessor bearbeitet so in einem Takt mehrere Befehle. Prozessoren, die nach diesem Prinzip arbeiten, werden superskalare Prozessoren genannt.

Befinden sich auf dem Chip nicht nur mehrere Rechenwerke, sondern auch mehrere Register und Befehlsdecodierer, spricht man von Multithreading. Der Prozessor besitzt vollständig parallele Ausführungsstränge (engl.: *threads*) zur Bearbeitung von Befehlen.

Werden mehrere Rechenkerne auf einem Prozessorchip untergebracht, spricht man von einem Mehrkernprozessor, engl.: *Multicoreprocessor*. Jeder Rechenkern besitzt eine eigene CPU-Struktur. Sie teilen sich den internen Datenbus und den schnellen Cache-Speicher. Ein gemeinsames Lüftersystem genügt zur Wärmeabfuhr. Mehrkernprozessoren benötigen weniger Platz als Mehrprozessorsysteme.

Im Unterschied dazu haben Mehrprozessorsysteme bzw. -computer einige wenige parallel laufende Prozessoren. Sie besitzen mehrere separate Prozessoren auf der Hauptplatine, die vom Betriebssystem verwaltet werden.

Erfolgt die Parallelverarbeitung auf eigenständigen Hauptprozessoren mit eigenem Arbeitsspeicher, spricht man von Massenparallelrechnern. Sie enthalten eine große Anzahl von unabhängigen parallelen Prozessoren und Speichern.

15.7 Mikrocomputer

Schaltet man einen Mikroprozessor mit den erforderlichen Zusatzbausteinen zusammen, erhält man einen Mikrocomputer bzw. einen Mikrocontroller, wenn sich die Zusatzbausteine mit auf dem Chip befinden. Einige Zusatzbausteine sind unbedingt notwendig – wie Taktgeber und Speicher. Andere Zusatzbausteine werden je nach der zu erfüllenden Aufgabe ausgewählt.

Definition
  Ein Mikrocomputer ist eine funktionsfähige Steuereinheit aus Mikroprozessor und Zusatzbausteinen.

Mikrocomputer werden auf einer Platine oder auf einem Chip aufgebaut. Häufig werden die System deshalb auch Einplatinencomputer genannt. Eine solche Platine kann z.B. folgende Bausteine enthalten:

Mikroprozessor	SAB 8080A
Taktgeber	SAB 8224
REPROM	SAB 8708
RAM	SAB 8111-2
E/A-Baustein	SAB 8212
System-Steuerbaustein	SAB 8228
Quarz für den Taktgeber	

Für einen solchen Mikrocomputer ergibt sich die Schaltung Bild 15.26. Der vom SAB 8080A ausgehende Datenbus durchläuft den System-Steuerbaustein SAB 8228. Hier werden die ankommenden und die abgehenden Daten verstärkt. Der Datenbus ist ein 8-Bit-2-Wege-Bus.

Der Adressbus ist ein 16-Bit-1-Wege-Bus. Die Adressen kommen stets vom Mikroprozessor. An den Datenbus und an den Adressenbus sind die E/A-Einheiten und die Speicherbausteine angeschlossen. Die Steuerung erfolgt über den SAB-8228-Baustein. Im REPROM sollen die einzelnen Befehle gespeichert sein, die nacheinander auszuführen sind – also das Programm. Die benötigten Daten werden von außen in das RAM eingegeben. Jetzt kann der Steuer- oder Rechenvorgang ablaufen. Ergebnisse werden wieder im RAM gespeichert. Sie können nach Wunsch nach außen abgegeben werden.

Aktuelle und preisgünstige Einplatinencomputer bzw. Einplatinenmikrocontroller sind z.B. Raspberry Pi und Arduino. Ein Arduino Board komplett mit PC-Programmierschnittstelle und digitalen sowie analogen Ein- und Ausgabekontakten kostet unter 50 €. Die Stromversorgung erfolgt über die USB-Schnittstelle. Mit ihm lässt sich schon problemlos eine recht komplexe Steuerung realisieren.

Auch ASUS bietet ein Einplatinensystem an. Onboard ist ein 32-Bit-Quadcore-Prozessor mit einer Taktfrequenz von 1800 MHz und 2 GB RAM.

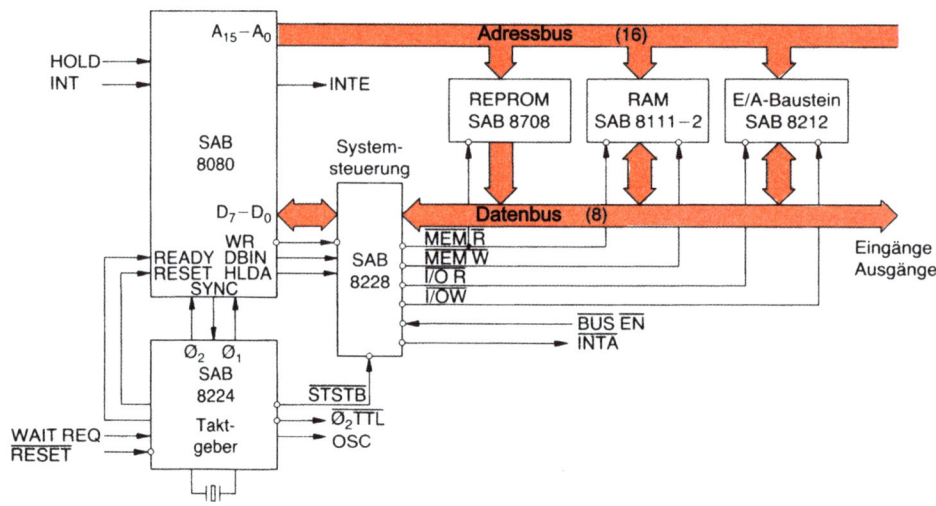

Bild 15.26 Aufbau eines Mikrocomputers

Mikrocomputer können aus Mikroprozessoren und Zusatzbausteinen auf vielfältige Art zusammengestellt werden. Man kann verschiedenartige Zusatzbausteine auswählen und kombinieren und Speicherarten und Speicherkapazitäten variieren, um eine optimale Lösung des gestellten Problems zu erreichen. Hierfür bieten die Hersteller *Entwicklungsgeräte* an, durch die die Entwicklungsarbeit wesentlich vereinfacht wird.

Durch die Fortschritte in der Halbleitertechnik können heute viel früher externe Bausteine auf einem Chip zusammengefasst werden. Grafikchip, Coprozessor, Speichercontroller, Cache-Speicher, Memory-Management Unit usw. werden zusammengefasst.

Aus dem Einplatinen-Computer ist der 1-Chip-Computer bzw. das SoC (**System on a Chip**) geworden.

15.8 Mikrocontroller

Mikrocontroller (µC) vereinen Mikroprozessor und Peripherie auf einem Halbleiterchip. Zur Peripherie zählen die Ein-/Ausgabecontroller, der Taktgeber mit Quarz und die verschiedenen Speicher (RAM und ROM). Die Interfaces für verschiedene Bussysteme (USB, CAN, LAN) sind ebenfalls häufig auf dem Chip realisiert. Auch die Displayansteuerung und sogar A/D-Umsetzer sind oft integriert. Da sich alles auf einem Chip befindet, spricht man auch vom System on a Chip (SoC).

Mikrocontroller sind heute sehr stark verbreitet, da ihre Kosten in den letzten Jahrzehnten sehr gesunken sind (<50 Cent bei hohen Stückzahlen). Das führt dazu, dass selbst einfache Logikschaltungen, die früher diskret mit Logik-ICs (siehe Kapitel 6) aufgebaut wurden, heute mit Mikroprozessoren realisiert werden. Zudem besteht vor allem in der Unterhaltungselektronik häufig der Wunsch, die Geräte fernzusteuern oder mit dem Internet zu verbinden. Auch in Fahrzeugen sind die vielfältigen Funktionen der Steuergeräte nur mit Mikrocontrollern zu realisieren.

Anwendungen, die exakt für eine einzelne Anwendung entwickelt und in diese Umgebung eingebunden sind, werden «eingebettetes System» oder engl. «*Embedded System*» genannt. Solche Systeme finden sich in der Unterhaltungselektronik, in Waschmaschinen, Fahrzeugen, Smartphones und sehr vielen anderen Anwendungen des täglichen Lebens. Hardware und Software sind exakt an die Anwendung angepasst. Ein solches System kann daher nur für diese eine spezielle Aufgabe eingesetzt werden. Eine Programmänderung ist meist nicht möglich.

Die Mikrocontroller werden exakt für ihre spätere Anwendungsumgebung entworfen. Die Rechen- bzw. Steuerungsaufgaben sind teilweise wenig komplex, weshalb einfache Prozessoren mit 4 bis 8 Bit eingesetzt werden können. Für komplexere Aufgaben sind 16-Bit- und 32-Bit-Mikrocontroller verfügbar. Der Speicherbedarf wird exakt ermittelt und implementiert. Bei mobilen Geräten ist ein geringer Energieverbrauch wichtig und die Baugröße muss optimiert sein. Einfache Anwendungen wie z.B. die Steuerung in einer Küchenmaschine haben geringe Anforderungen, müssen aber dafür sehr preiswert in der Herstellung sein.

Bei Anwendungen im Fahrzeug muss eine hohe Zuverlässigkeit gegeben sein. Hier müssen die Mikrocontroller einzeln geprüft und selektiert werden. Auch ist ein erweiterter Temperaturbereich je nach Einbauort zu beachten. Mehrere Mikrocontroller-Steuergeräte werden über den CAN-Bus (Controller Area Network) im Fahrzeug verbunden, um Informationen auszutauschen.

Die Programmierung der Mikrocontroller erfolgt meist mit der Hochsprache C, C++ oder auch BASIC und mit der maschinenorientierten Sprache Assembler.

Experimentierumgebungen eignen sich sehr gut, um sich mit der Funktion der Mikrocontroller vertraut zu machen. Sie bestehen aus einer Platine, auf der der Mikrocontroller, Anschlüsse für die Spannungsversorgung, eine PC-Schnittstelle zum Programmieren und eine Klemmleiste für den Anschluss von Ein- und Ausgangssignalen untergebracht sind.

An die Ausgangspins können beispielsweise viermal je drei Leuchtdioden (ROT-GELB-GRÜN, untereinander angeordnet) angeschlossen werden, um eine Ampelsteuerung zu simulieren.

Im Programm wird dann festgelegt, welche LED wie lange leuchtet. Das Programm ist eine Anweisungsliste, die Zeile für Zeile abgearbeitet wird.

Über einen digitalen Eingang kann eine Anforderung eines Fußgängers erfasst werden. Dazu muss das Programm zyklisch die Taste abfragen, um festzustellen, ob sie gedrückt wurde. Ist das der Fall, steuert das Programm die Fußgängerampel auf Grün.

Das auf dem PC geschriebene Programm wird in die Sprache des Mikroprozessors übersetzt (kompiliert) und an ihn übertragen. Sind im Programm Fehler enthalten, meldet dies der Compiler. Läuft es fehlerfrei durch, kann es auf die Hardware übertragen und ein Probelauf des Programms auf dem Prozessor gestartet werden.

Ein Beispielprogramm für einen ARDUINO-Mikrocontroller ist im Folgenden aufgeführt. Um ein Programm übersichtlich zu gestalten, gibt es die Möglichkeit, einen Erläuterungstext bzw. Kommentar ins Programm zu schreiben, den der Compiler ignoriert. Hierzu werden zwei Schrägstriche «//» dem Text vorangestellt:

```
void setup() {
  // definiert die Pins 11, 12 und 13 als Digitalausgänge (High = 5 V). Die Pins können sowohl als Eingänge als auch als Ausgänge definiert werden.
  pinMode(11, OUTPUT);
  pinMode(12, OUTPUT);
  pinMode(13, OUTPUT);
}
// loop bedeutet eine Endlosschleife: Die Anweisungen, die zwischen den geschweiften Klammern stehen, werden unendlich lange wiederholt. Das Programm startet mit dem Einschalten des Boards.
void loop() {

  digitalWrite(11, HIGH);    // Schaltet die LED 11 ein, indem der Digitalausgang auf HIGH=5V geht
  delay(1000);               // warte 1000 ms bzw. 1 s

  digitalWrite(12, HIGH);    // Schaltet die LED 12 ein, indem der Digitalausgang auf HIGH=5V geht
  delay(1000);               // warte 1000 ms bzw. 1 s

  digitalWrite(11, LOW);     // Schaltet die LED 11 aus, indem der Ausgang auf LOW=0V geht
  digitalWrite(12, LOW);     // Schaltet die LED 12 aus, indem der Ausgang auf LOW=0V geht

  digitalWrite(13, HIGH);    // Schaltet die LED 13 ein, indem der Digitalausgang auf HIGH=5V geht
  delay(10000);              // warte 10 s
  digitalWrite(13, LOW);     // Schaltet die LED 13 aus, indem der Ausgang auf LOW=0V geht

} // Ende der Endlosschleife
```

Das ist natürlich ein recht simples Programm. Aber eine komplette Ampelsteuerung für eine Kreuzung mit acht Fußgängertasterabfragen wird schon recht komplex.

Wenn die verfügbaren Pins als Eingänge definiert werden, kann der Mikroprozessoer Digitalsignale einlesen, variablen zuordnen und verarbeiten. So kann z.B. ein Schwimmerschalter oder ein Fensterkontakt eingelesen werden.

Besitzt der Mikroprozessor einen integrierten Analog-Digital-Umsetzer, kann er über entsprechend verdrahtete Eingangspins Spannungen aufnehmen und A/D-umsetzen. Dann lassen sich analoge Sensoren (z.B. Temperatursensoren, Flüssigkeitsfühler) anschließen und ihre Signale verarbeiten.

15.9 Lernziel-Test

1. Erklären Sie den Aufbau einer ALU.
2. Welchen Vorteil bringt es, die 6 Steuereingänge einer ALU auf nur 4 Steuereingänge umzucodieren?
3. Was versteht man unter einem Akkumulator? Beschreiben Sie die Arbeitsweise.
4. Skizzieren Sie die Schaltung eines Akkumulators mit ALU, Register und Übertragsspeicher.
5. Wie viel verschiedene Befehle lassen sich mit 4-Bit-Einheiten darstellen?
6. Erklären Sie die Arbeitsweise eines Akkumulators mit Datenspeicher anhand der Schaltung Bild 15.11.
7. Wodurch unterscheidet sich ein Mikroprozessor von einem Mikrocomputer?
8. Was bedeuten die Bezeichnungen: 4-Bit-Mikroprozessor, 8-Bit-Mikroprozessor, 16-Bit-Mikroprozessor?
9. In welchen Technologien werden Mikroprozessoren hergestellt bzw. zu welchen Schaltkreisfamilien gehören sie?
10. Was versteht man unter einem Datenbus, was unter einem Adressenbus?
11. Ein Mikroprozessor benötigt Zusatzbausteine. Nennen Sie die Namen von 4 möglichen Zusatzbausteinen.
12. Was ist ein 1-Chip-Mikrocomputer, was ist ein 1-Platinen-Mikrocomputer?

16 Programmierbare Logikschaltungen

Mit der Entwicklung integrierter Schaltungen entstand der Wunsch, diese auch veränderbar zu gestalten, um sie besonderen Forderungen anpassen zu können. Die Entwicklung einer integrierten Schaltung ist verhältnismäßig teuer und i.Allg. nur lohnend, wenn große Stückzahlen dieser Schaltung benötigt werden bzw. ein entsprechender Bedarf über Jahre hinweg zu erwarten ist. Die ersten Versuche wurden mit Schaltungen gemacht, deren Funktion man durch Beschaltung einiger Anschlusspole verändern konnte. Danach wurden Schaltungen entwickelt, deren innere Verbindungswege vom Hersteller programmiert werden können, und solche, die vom Anwender selbst mit geringem Aufwand zu programmieren sind.

16.1 Herstellerprogrammierte Logikschaltungen

Die Herstellung integrierter Schaltungen erfolgt in mehreren Arbeitsgängen. Nach Vorarbeiten werden zunächst die Strukturen der Transistor-Systeme erzeugt. Im nächsten Arbeitsgang können diese zu logischen Gattern zusammengeschaltet werden. Dann werden – wenn nötig – Widerstände erzeugt und danach die Leitungen, die die Gatter miteinander verbinden. Die Herstellung geschieht meist nach dem Foto-Ätzverfahren (Fotolithografie) mit Hilfe von sog. Masken. Masken sind Glasplatten, etwas größer als die Silizium-Scheiben (Wafer), die fotografisch verkleinerte Schaltungsstrukturen enthalten. Diese werden auf die Wafer mit Hilfe von Fotolack, Belichtung und Aufdampfvorgängen übertragen.

Schaltungen mit vielen logischen Gattern werden Gate-Arrays genannt (engl.: *array* = Anordnung, Struktur, Matrix). Gate-Arrays sind halbfertige Schaltungen. Die vorhandenen Gatter können nun nach den Wünschen des Kunden so verbunden werden, dass die gewünschte Schaltung entsteht. Die Verbindungsleitungen werden mit Hilfe von Masken erzeugt. Dies nennt man Maskenprogrammierung.

Die Gatter können auch auf dem Wafer zu Teilschaltungen zusammengeschaltet sein. Solch eine Teilschaltung wird Standard-Cell (Standard-Zelle) genannt. Diese Standard-Cells werden dann nach Kundenwunsch zur gewünschten Schaltung verbunden. Auch diese Verbindung erfolgt durch Maskenprogrammierung durch den Hersteller. Die fertige Schaltung ist eine sog. «vollkundenspezifische Schaltung».

Wünscht nun ein Anwender eine integrierte Schaltung mit bestimmten Funktionen, so wählt der Hersteller Wafer aus, die die benötigte Transistorenzahl, die benötigte Gatterzahl oder die benötigte Anzahl an Standard-Cells bereits enthalten. Ein Designer entwickelt eine Maske mit den erforderlichen Verbindungen. Mit Hilfe dieser Maske wird die vom Kunden gewünschte integrierte Schaltung fertiggestellt. Diese ist jetzt ein maskenprogrammiertes IC. Je nach Größe der Schaltung sind Gehäuse mit 16…144 Anschlusspolen (Pins) erforderlich (Bild 16.1).

> **Definition**
> Gate-Arrays, Standard-Cells und vollkundenspezifische Schaltungen werden ASIC (Application Specific Integrated Circuit, entwurfsspezifische integrierte Schaltung) genannt.

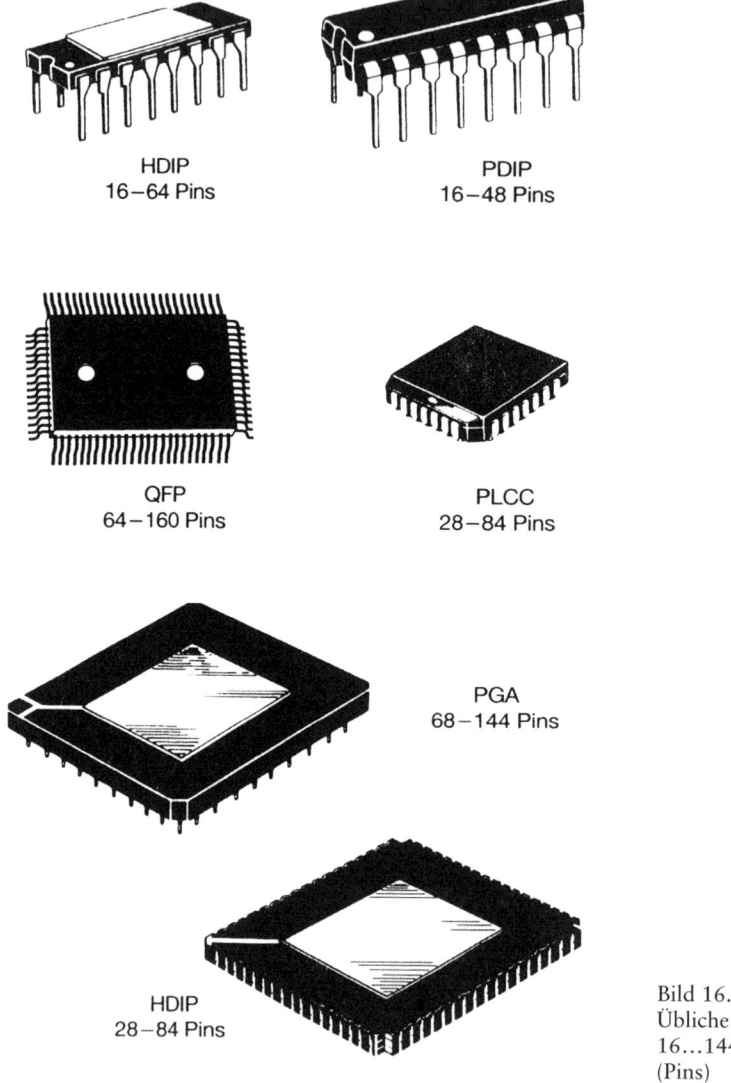

HDIP
16–64 Pins

PDIP
16–48 Pins

QFP
64–160 Pins

PLCC
28–84 Pins

PGA
68–144 Pins

HDIP
28–84 Pins

Bild 16.1
Übliche ASIC-Gehäuse,
16...144 Anschlusspole
(Pins)

ASICs bieten große Vorteile. Eine umfangreiche logische Schaltung kann auf kleinem Raum verwirklicht werden. Besonders hohe Packungsdichte ist mit CMOS-Technologien zu erreichen. Die winzigen Transistor-Abmessungen und die kurzen Verbindungsleitungen führen zu hohen Schaltgeschwindigkeiten. Der Energieaufwand ist verhältnismäßig gering.

Es ist allerdings nur dann wirtschaftlich, ASICs einzusetzen, wenn große oder wenigstens mittlere Stückzahlen dieser Schaltung benötigt werden. Bei Stückzahlen kleiner 5000 wird die einzelne Schaltung unverhältnismäßig teuer.

Normalerweise gehört das für einen Kunden entwickelte ASIC eben diesem Kunden. Er kann es ganz allein nutzen und hat somit ein Monopol. Oft werden aber Vereinbarungen getroffen, nach denen der Hersteller das ASIC auch anderen Interessenten anbieten darf. Das ist für alle Beteiligten von wirtschaftlichem Vorteil.

16.2 Anwenderprogrammierbare Logikschaltungen

Mit Logikschaltungen, die der Anwender selbst programmieren kann, wird die Entwicklungszeit stark verkürzt. Auch kleinere Stückzahlen lassen sich kostengünstig fertigen.

Definition
Für anwenderprogrammierbare Logikschaltungen hat sich die Bezeichnung PLD (Programmable Logic Devices) weltweit durchgesetzt.

Daneben existiert eine Vielzahl firmenspezifischer Bezeichnungen, auf die im Folgenden noch näher eingegangen wird. Einige Hersteller zählen die PLD auch zu den ASICs. Überwiegend verwendet man die Bezeichnung ASIC jedoch nur für herstellerprogrammierte Schaltungen.

16.2.1 Grundlagen

Wie bereits bekannt, kann die Verknüpfung jeder kombinatorischen Schaltung durch eine Gleichung in der disjunktiven Normalform (DNF) ausgedrückt werden. Diese ist die ODER-Verknüpfung mehrerer Vollkonjunktionen – auch Produktterme genannt (siehe Kapitel 5). Für eine Schaltung mit 2 Eingangsvariablen ergeben sich 4 Vollkonjunktionen (Bild 16.2).

Die Schaltung Bild 16.2 enthält programmierbare Leitungsverbindungen, die durch einen Schrägstrich gekennzeichnet sind. Diese Leitungsverbindungen sind offen (nichtleitend). Eine programmierbare Verbindung, die leitend ist, soll durch ein Kreuz markiert werden. Es soll allgemein die Darstellung nach Bild 16.3 verwendet werden.

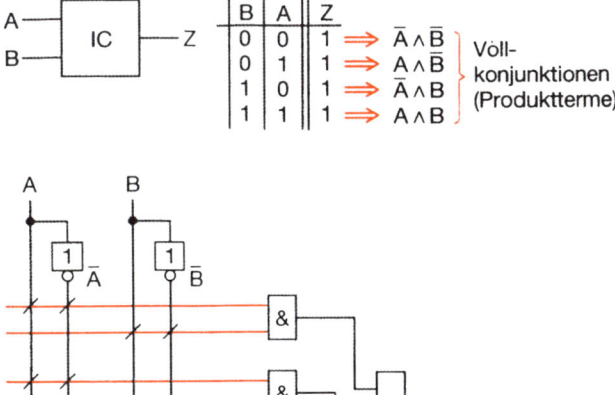

Bild 16.2   Kombinatorische Schaltung mit 2 Eingangsvariablen, programmierbar

Programmierbare Logikschaltungen

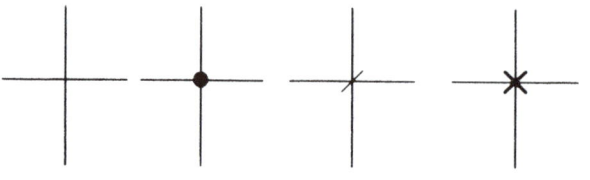

| Leitungs-kreuzung, keine Verbindung | feste, nicht veränderbare Leitungs-verbindung | programmier-bare Verbindung, offen, nicht leitend | programmier-bare Verbindung, durchgeschaltet, leitend | Bild 16.3 Darstellungen von Leitungskreuzungen und Leitungsverbindungen |

In der Schaltung Bild 16.2 kann jedes UND-Gatter eine Vollkonjunktion erzeugen. 4 Vollkonjunktionen sind bei 2 Eingangsvariablen möglich. Es können somit alle denkbaren DNF verwirklicht werden. Eigentlich werden in der Schaltung Bild 16.2 nur 3 UND-Gatter benötigt, denn die aus 4 Vollkonjunktionen gebildete DNF ergibt ja bekanntlich 1.

 Definition

Kann man mit einer Schaltung alle denkbaren DNF erzeugen, so können mit dieser Schaltung alle nur möglichen logischen Verknüpfungen hergestellt werden.

Mit der Schaltung Bild 16.4 soll eine Äquivalenz-Verknüpfung erzeugt werden. Wie ist zu programmieren? Das obere UND-Gatter soll $\overline{A} \wedge \overline{B}$ erzeugen, das mittlere $A \wedge B$. Das Programmieren besteht nun darin, leitende Verbindungen an den richtigen Leitungs-Kreuzungs-Punkten zu erzeugen.

Dort, wo eine leitende Verbindung sein muss, ist ein Kreuz einzuzeichnen. Das 3. UND-Gatter wird nicht benötigt. Es kann von der Stromversorgung abgeschaltet werden. Es gibt PLD, bei denen nach der Herstellung alle Kreuzungspunkte leitend verbunden sind. Bei diesen PLD werden bei der Programmierung Leitungsunterbrechungen erzeugt. Diese Unterbrechungen können z.B. dadurch erzeugt werden, dass dünne Leitungsbrücken elektrisch durchgebrannt werden. Nach Durchbrennen aller nichtbenötigten Verbindungen ist der Baustein programmiert. Eine Neuprogrammierung ist selbstverständlich nicht möglich. Bei einem wesentlichen Programmierfehler muss der Baustein weggeworfen werden.

In den Leitungswegen können auch Feldeffekt-Transistorsysteme liegen, sog. FAMOS-FET (siehe Abschnitt 12.6). Ist das Gate eines solchen FET geladen, so ist der Verbindungsweg durchgeschaltet. Ist das Gate entladen, so ist der Verbindungsweg gesperrt. Die Entladung des Gates kann durch UV-Licht erfolgen. Durch ein Fenster im Baustein-Gehäuse trifft das UV-Licht den ganzen Chip. Alle Gates werden entladen. Eine Programmierung ist dann gelöscht. Es ist das gleiche Verfahren, das auch bei EPROM angewendet wird.

Definition

Durch UV-Licht löschbare PLD werden EPLD (Erasable PLD; engl.: *erasable* = löschbar) genannt.

Anwenderprogrammierbare Logikschaltungen | 505

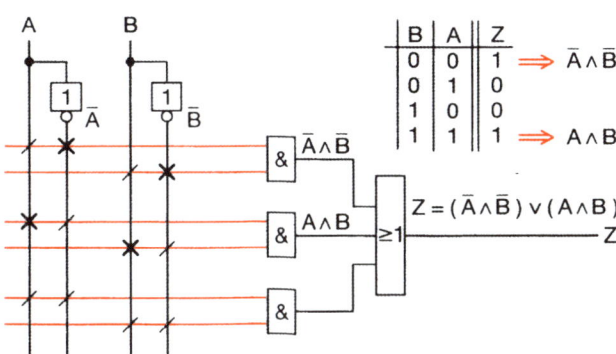

Bild 16.4   PLD-Schaltung, die eine Äquivalenz-Verknüpfung erzeugt

EPLD sind fast beliebig oft neu programmierbar. Dies geschieht durch Aufladen bestimmter Gates, also durch Durchschalten von Verbindungswegen. Seit einiger Zeit gibt es PLD, deren Programmierung durch elektrische Impulse gelöscht werden kann. Diese PLD heißen EEPLD (Electrical Erasable PLD, elektrisch löschbare PLD). Als Abkürzung wird auch E^2PLD verwendet. EEPLD sind ähnlich aufgebaut wie EEPROM (siehe Abschnitt 12.6.2).

Definition

Die Programminhalte von EEPLD werden durch elektrische Impulse gelöscht. Eine zellenweise Löschung ist möglich. Man muss also nicht den ganzen Baustein löschen.

EEPLD können nach Herstellerangaben mindestens 100-mal gelöscht und wieder neu programmiert werden. Die Gate-Ladung der FAMOS-FET ist sehr stabil, das heißt, das Gate ist außerordentlich gut isoliert. Die Programmierung soll nach Herstellerangaben 10 Jahre und länger bestehen bleiben.

Bei der zeichnerischen Darstellung von PLD-Schaltungen sind folgende Verbindungsarten zu unterscheiden: keine Verbindung (also Leitungskreuzung), feste Verbindung (immer leitend), programmierbare Verbindung offen und programmierbare Verbindung leitend (durchgeschaltet; siehe Bild 16.3).

Eine typische PLD-Schaltung ist in Bild 16.5a dargestellt. Die Schaltung besteht aus einer UND-Anordnung, auch UND-Matrix (AND Array) genannt, und einer ODER-Anordnung (ODER-Matrix; OR Array), die beide programmierbar sind. Alle programmierbaren Verbindungen sind leitend.

Durch Programmieren der Verbindungen können jetzt logische Verknüpfungen hergestellt werden. Man trennt Verbindungen entsprechend einer vorgegebenen DNF oder einer anderen Schaltalgebra-Gleichung auf und erhält so die gewünschte logische Schaltung. Nicht benötigte Gatter werden abgeschaltet.

Bei PLD mit vielen Elementen ergeben sich sehr viele Leitungen, durch die die Schaltungen unübersichtlich werden. Um eine bessere Übersichtlichkeit zu erreichen, werden die Leitungen als mehradrige Leitungen gezeichnet, wie in Bild 16.5b dargestellt.

Programmierbare Logikschaltungen

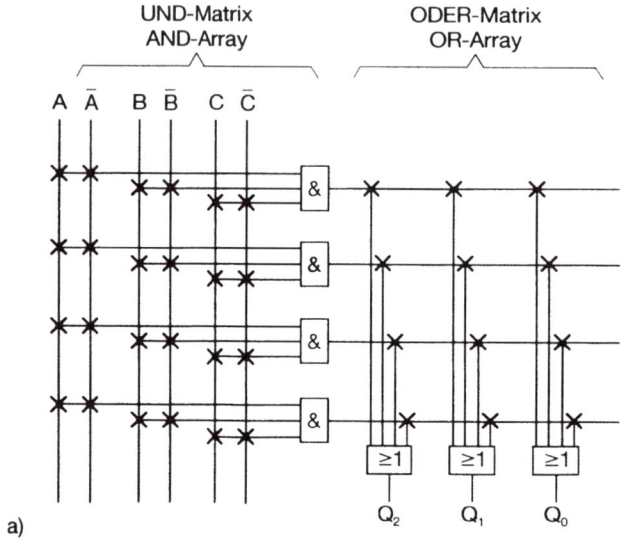

Bild 16.5a
PLD-Schaltungen
(1-adrige Leitungen)

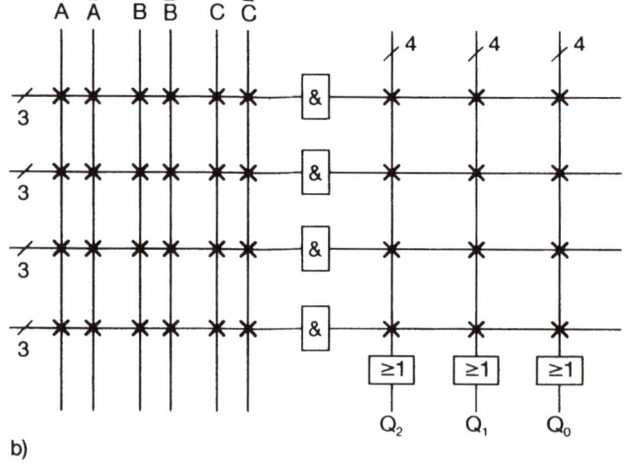

Bild 16.5b
PLD-Schaltungen
(mehradrige Leitungen)

Grundsatz
Bei PLD mit vielen Elementen werden mehradrige Leitungen gezeichnet.

Man weiß ja z.B. dass ein UND-Gatter mit drei Eingängen auch 3 Eingangsleitungen hat. Gekennzeichnet wird eine Leitung z.B. durch «Schrägstrich 3» wie in Bild 16.5b.

16.2.2 PAL-Schaltungen

Die Abkürzung PAL steht für **P**rogrammable **A**rray **L**ogic (programmierbare Feld-Logik oder programmierbare Matrix-Logik). Die Bezeichnung PAL wird allgemein verwendet, ist aber ein Warenzeichen der Firma Monolitic Memories.

Anwenderprogrammierbare Logikschaltungen 507

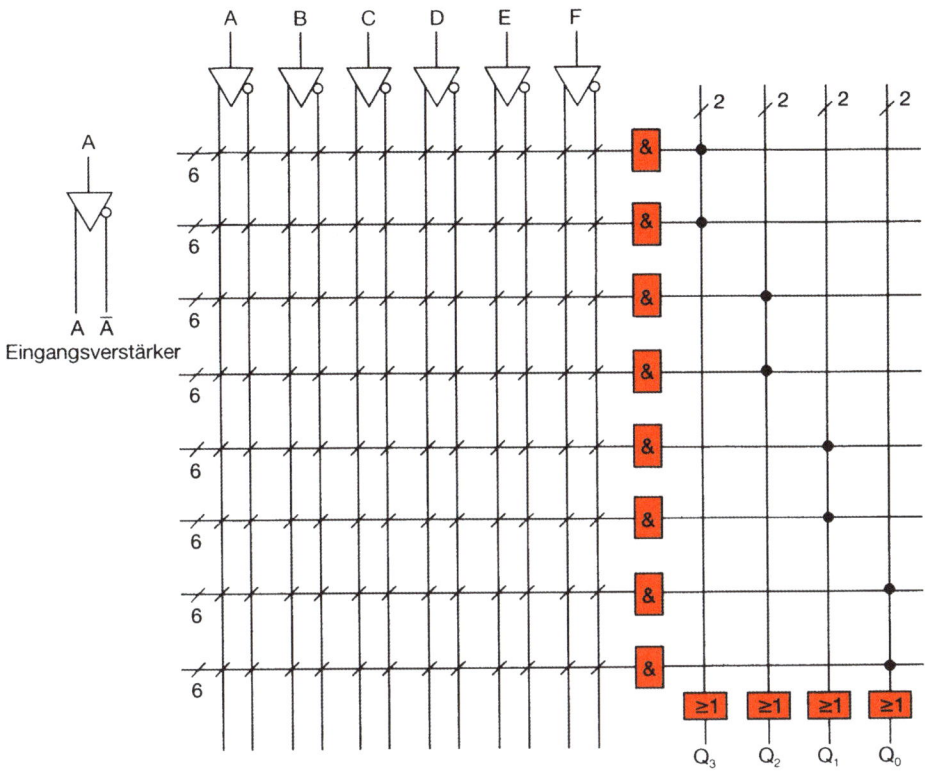

Bild 16.6   PLD mit programmierbarer UND-Matrix (PAL-Schaltung)

Definition

PAL-Schaltungen haben eine vom Anwender programmierbare UND-Matrix und eine festverdrahtete ODER-Matrix.

Eine prinzipielle PAL-Schaltung ist in Bild 16.6 dargestellt. Durch Programmierung der mit einem Schrägstrich gekennzeichneten Knoten werden bestimmte Eingangssignale – in dieser Schaltung maximal 6 – auf die UND-Gatter geschaltet. Jedes UND-Gatter hat 6 Eingänge (waagerecht je 6 Leitungen). Die Ausgänge von je 2 UND-Gattern werden auf ein ODER-Gatter gegeben. 4 unterschiedliche Verknüpfungen kann man mit dieser Schaltung erzeugen. Diese liegen an den Ausgängen Q_0 bis Q_3. Die im Einzelfall nicht benötigten Verknüpfungsmöglichkeiten bleiben ungenutzt.

Die PAL-Schaltung Bild 16.6 soll so programmiert werden, dass eine Verknüpfung gemäß folgender Gleichung entsteht:

$$Z = (\overline{A} \wedge B \wedge \overline{C} \wedge D \wedge \overline{E} \wedge F) \vee (A \wedge B \wedge C \wedge \overline{D} \wedge E \wedge \overline{F})$$

Die Lösung zeigt Bild 16.7. Die Größe Z ist am Ausgang Q_3 abzunehmen. Übliche PAL-Schaltungen haben eine Vielzahl von Eingängen und Ausgängen, so dass auch sehr komplizierte Verknüpfungen verwirklicht werden können. Sie arbeiten meist in positiver Logik (H-aktiv). Oft liegen an den Ausgängen Flipflops, die das Ergebnis speichern. Solche Schaltungen haben einen sog. Register-Ausgang. Auch können die Ausgänge in gewünschter Weise umgeschaltet werden (kombinatorischer Ausgang, Tristate-Ausgang, Register-Ausgang, Ausgang mit negierten Signalen). Ausgänge dieser Art nennt man programmierbare Ausgänge.

Die Bezeichnung eines PAL-Bausteins soll an einem Beispiel erläutert werden.

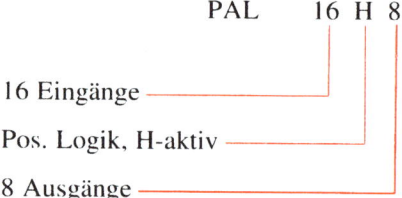

16 Eingänge

Pos. Logik, H-aktiv

8 Ausgänge

Anstelle des Buchstabens H können andere Buchstaben verwendet werden, die dann folgende Bedeutung haben:

L L-aktiv, negative Logik
R Registerausgang
C komplementärer Ausgang (umschaltbar L-aktiv, H-aktiv)
P programmierbarer Ausgang
X EXKLUSIV-ODER-Ausgänge (über Register, die Signale können negiert oder nichtnegiert durchgeschaltet werden)

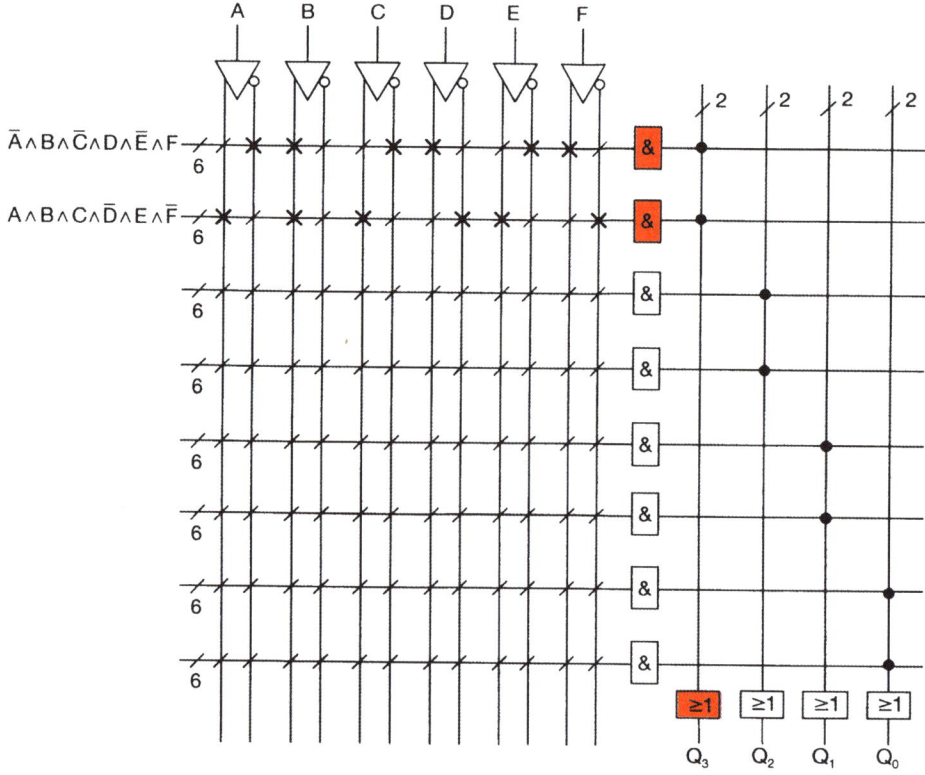

Bild 16.7 Programmierte PAL-Schaltung

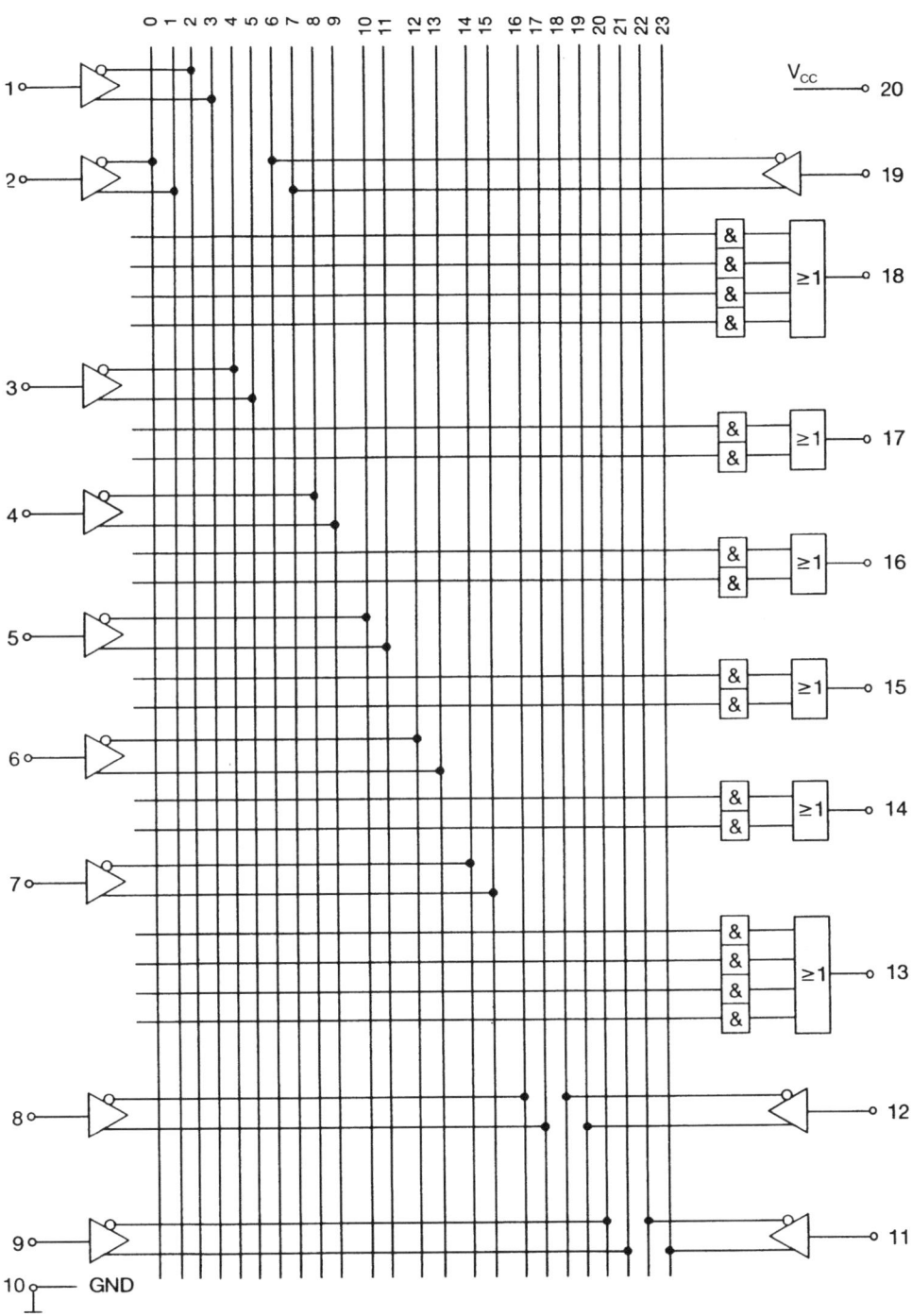

Bild 16.8   PAL-Schaltung 12 H 6 mit 12 Eingängen und 6 Ausgängen

Bild 16.8 zeigt das Schaltbild eines Bausteins PAL 12 H 6. Es sind 12 Eingänge vorhanden. Die Eingangssignale werden durch Eingangsverstärker verstärkt. Neben einem nichtnegierten Verstärkerausgang steht ein negierter Verstärkerausgang zur Verfügung. Die Eingangssignale gehen auf 24 senkrechte Leitungen und können von dort auf die UND-Gatter verteilt werden. Jedes UND-Gatter hat 24 Eingänge. Die zu den UND-Gattern führenden Leitungen haben also je 24 Adern: Diese PAL-Schaltung gehört zu den kleinen. Sie ist in einem 20-poligen DIL-Gehäuse (DIL: Dual in Line) untergebracht. Die programmierbaren Verbindungen sind in Bild 16.8 nicht eingezeichnet. Bei 16 UND-Gattern mit je 24 Leitungen ergeben sich 384 programmierbare Leitungs-Kreuzungen. Das Schaltbild wäre sehr groß und unübersichtlich geworden.

Die anfangs entwickelten PAL-Schaltungen waren in Bipolar-Technik aufgebaut, d.h., als Transistoren wurden NPN- und PNP-Transistoren verwendet. Bei neueren PAL-Schaltungen nutzt man fast ausschließlich die CMOS-Technologie. Hierdurch wird die Stromaufnahme herabgesetzt und die Verzögerungszeiten werden kürzer. Die Versorgungsspannung ist 5 V.

16.2.3 GAL-Schaltungen

GAL ist die Abkürzung für **G**eneric **A**rray **L**ogic (Gattungsfeld-Logik). Diese Bezeichnung ist ein Warenzeichen der Firma Lattice Semiconductor. Bei Entwicklung von GAL-Schaltungen wurde versucht, einige von PAL-Schaltungen her bekannte Nachteile zu verbessern. Die Programmierung durch Durchbrennen sehr dünner Leitungsverbindungen (Fusible-Link-Verfahren) wird grundsätzlich nicht mehr angewendet. GAL-Schaltungen sind durchweg EPLD (durch UV-Licht löschbar) oder EEPLD (elektrisch löschbar). Sie können 100-mal und mehr gelöscht und wieder neu programmiert werden.

Definition

GAL-Schaltungen verwenden ebenso wie PAL-Schaltungen eine programmierbare UND-Matrix. Sie haben zusätzliche Ein- und Ausgabe-Blöcke. Die ODER-Matrix ist fest verdrahtet.

Bild 16.9 zeigt den Aufbau einer typischen GAL-Schaltung. Sie hat die Bezeichnung 16 V 8, also 16 Eingänge und 8 Ausgänge. Der Buchstabe V bedeutet variable Ausgangsblöcke. 8 Eingänge sind über die Anschlüsse 2…9 zugänglich. Die anderen acht Eingänge sind von den Ausgängen zurückgeführte Eingänge.

Die Bausteinbezeichnung ist ähnlich wie die der PAL-Schaltungen. Zusätzlich werden noch Verzögerungszeit, Stromaufnahme, Gehäusetyp und Temperaturbereich angegeben.

Anwenderprogrammierbare Logikschaltungen   511

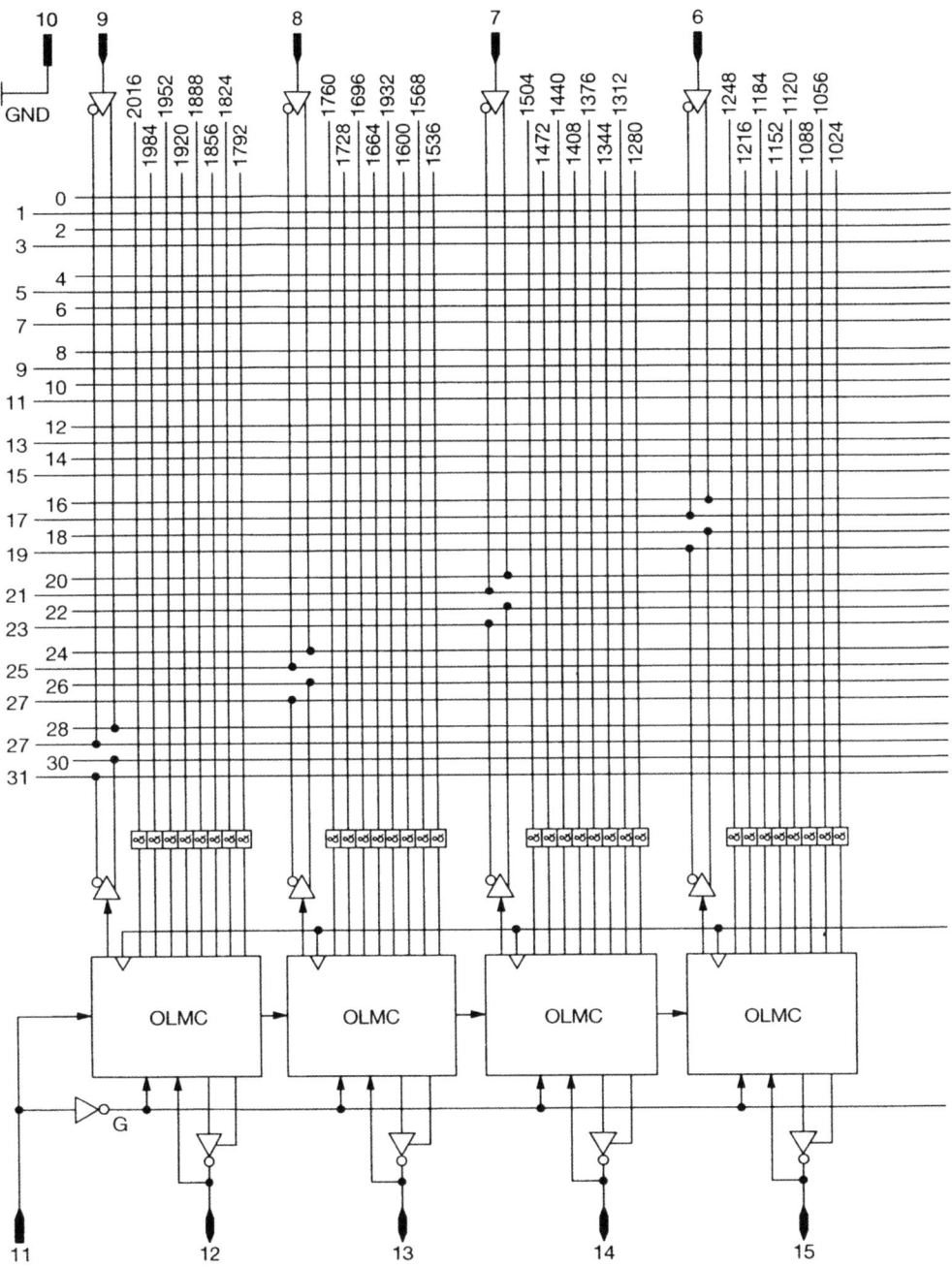

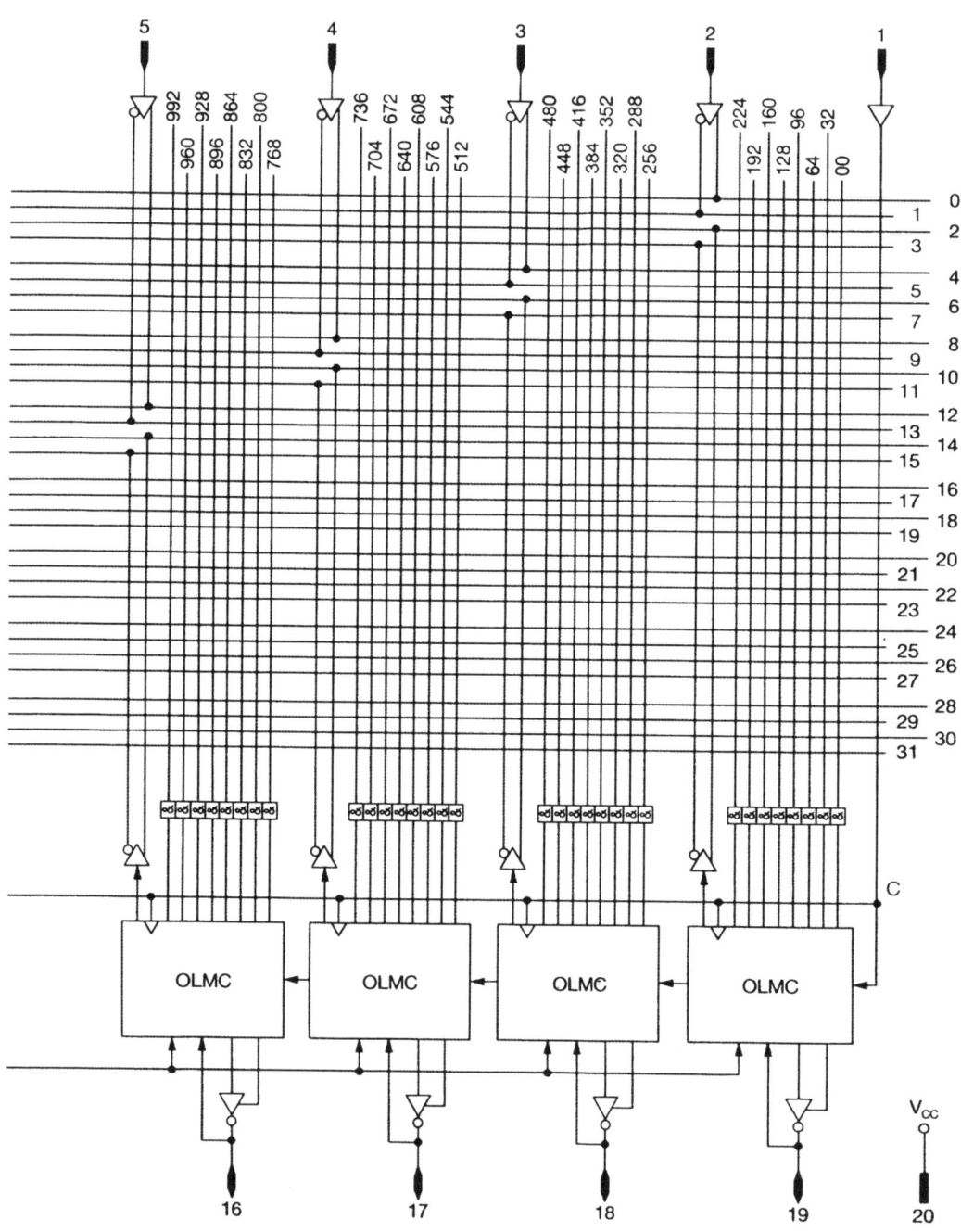

Bild 16.9 GAL-Schaltung GAL 16 V 8

Anwenderprogrammierbare Logikschaltungen

Beispiel

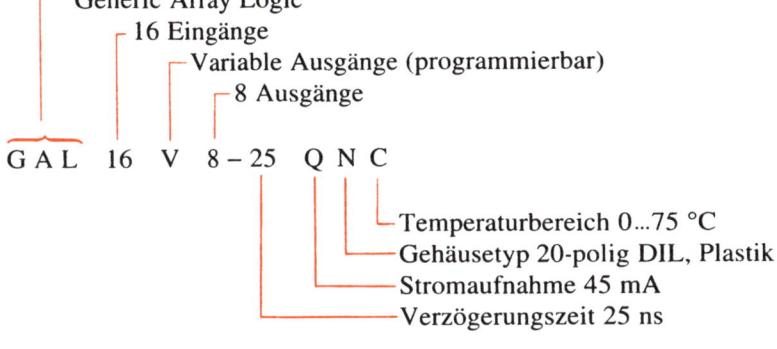

	Temperaturbereich:	C 0...75 °C (Commercial)
		I –40...85 °C (Industrial)
		M –55...125 °C (Military)
	Gehäusetyp:	J Keramik-Gehäuse (20-polig DIL)
		N Kunststoff-Gehäuse (20-polig DIL)
	Stromaufnahme:	L 90 mA
		Q 45 mA

Die Schaltung Bild 16.9 hat Eingangsverstärker, die jeweils ein negiertes und ein unnegiertes Signal liefern. Diese Signale werden auf die 32 senkrechten Leitungen geführt und von dort auf die waagerechten Leitungen verteilt.

Definition

Die waagerechten Leitungen, die zu den UND-Gattern führen, bestehen aus jeweils 32 Einzelleitungen (Adern). Jedes UND-Gatter hat 32 Eingänge.

Die Nummern der waagerechten Signalleitungen sind links über den Eingangsverstärkern angegeben. Die Schaltung enthält insgesamt 2048 waagerechte Signalleitungen. Jedes UND-Gatter kann eine der möglichen Vollkonjunktionen, auch Produktterme genannt, erstellen.

An den 8 Ausgängen liegen sog. OLMC-Schaltungen (OLMC: Output Logic Macro Cell). Jede OLMC-Schaltung enthält ein 8-fach-ODER-Gatter, das die DNF erzeugt, ein D-Flipflop zur Speicherung des Ergebnisses, eine Steuerung der Signalrückführung auf die senkrechten Leitungen und eine Steuerung zur Umschaltung des Ausgangs. Der Ausgangs-Anschlusspol kann das Ausgangssignal unnegiert oder negiert führen. Der Ausgangspol kann auch als Tristate-Pol geschaltet werden.

16.2.4 FPLA-Schaltungen

Der Name FPLA ist die Abkürzung von **F**ield **P**rogramming **L**ogic **A**rray (feldprogrammierbare Logik-Anordnung). PAL- und GAL-Schaltungen verfügen nur über programmierbare UND-Matrizen (AND Array). Bei FPLA-Schaltungen wird zusätzlich eine programmierbare ODER-Matrix eingeführt. In Bild 16.10 ist eine Schaltung mit programmierbarer ODER-Matrix und programmierbarer UND-Matrix dargestellt. Die UND-Matrix kann alle gewünschten Vollkonjunktionen liefern. Mit Hilfe der ODER-Matrix werden diese dann den ODER-Gattern mit den Ausgängen $Q_0...Q_3$ zugeführt. Die Schaltung kann Verknüpfungen für 4 DNF liefern.

Bild 16.11 zeigt eine FPLA-Schaltung. Sie ist 1-adrig mit offenen Verbindungsstellen dargestellt. Die Schaltung soll so programmiert werden, dass sie die Funktion eines Volladdieres hat.

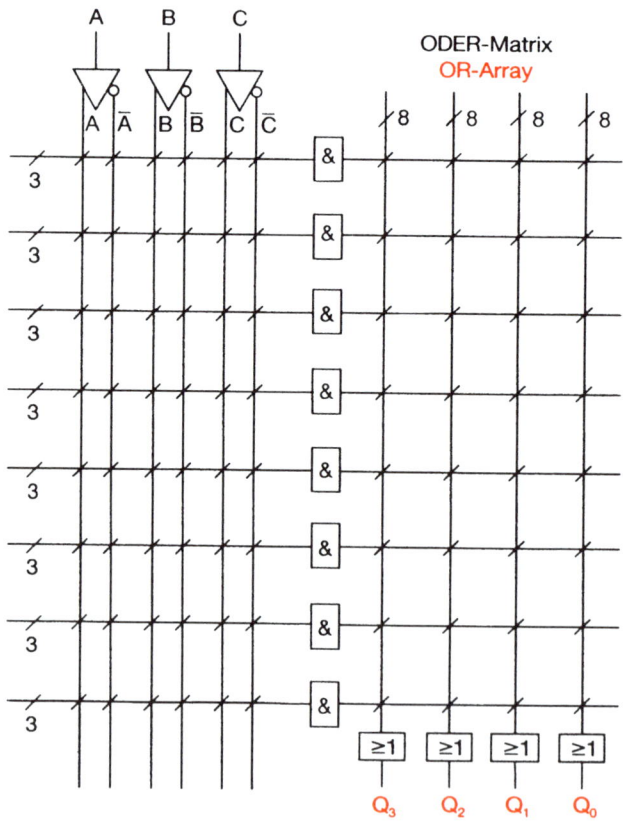

Bild 16.10   FPLA-Schaltung. UND-Matrix und ODER-Matrix sind programmierbar. Nach der Herstellung sind alle Knoten nichtleitend.

Anwenderprogrammierbare Logikschaltungen

Beispiel: Volladdierer   Disjunktive Normalformen:

Fall	A	B	C	Ü	Z		(Z)	(Ü)
1	0	0	0	0	0			
2	0	0	1	0	1	⇒	$\bar{A} \wedge \bar{B} \wedge C$	
3	0	1	0	0	1	⇒	$\bar{A} \wedge B \wedge \bar{C}$	
4	0	1	1	1	0	⇒	----------	$\bar{A} \wedge B \wedge C$
5	1	0	0	0	1	⇒	$A \wedge \bar{B} \wedge \bar{C}$	
6	1	0	1	1	0	⇒	----------	$A \wedge \bar{B} \wedge C$
7	1	1	0	1	0	⇒	----------	$A \wedge B \wedge \bar{C}$
8	1	1	1	1	1	⇒	$A \wedge B \wedge C$	$A \wedge B \wedge C$

Es sind zunächst die benötigten Vollkonjunktionen (Produktterme) zu programmieren. Programmierbare Knoten der UND-Matrix werden leitend verbunden. Kennzeichen einer leitenden Verbindung ist das Kreuz. An den Ausgängen der UND-Gatter müssen die benötigten Vollkonjunktionen verfügbar sein. Diese werden dann auf die ODER-Gatter gegeben. Es entsteht:

$$Z = (\bar{A} \wedge \bar{B} \wedge C) \vee (\bar{A} \wedge B \wedge \bar{C}) \vee (A \wedge \bar{B} \wedge \bar{C}) \vee (A \wedge B \wedge C)$$
$$Ü = (\bar{A} \wedge B \wedge C) \vee (A \wedge \bar{B} \wedge C) \vee (A \wedge B \wedge \bar{C}) \vee (A \wedge B \wedge C)$$

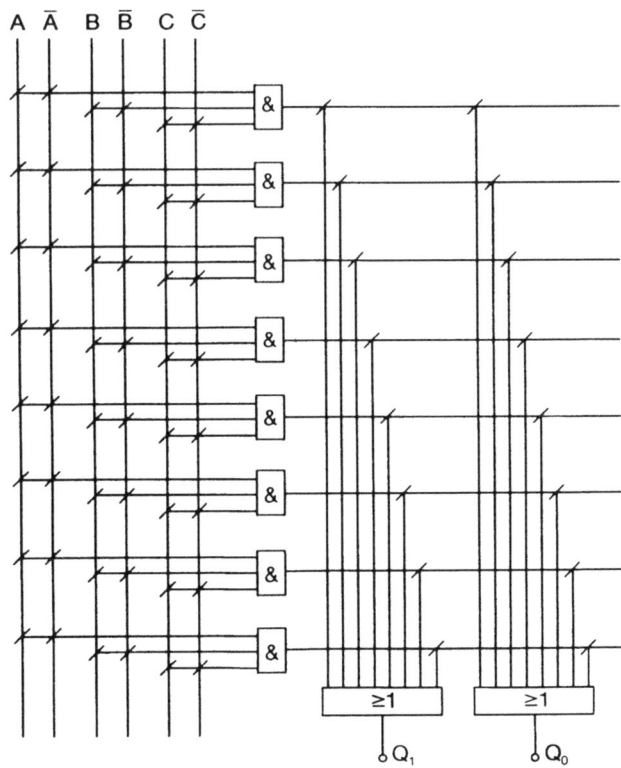

Bild 16.11   FPLA-Schaltung mit 3 Eingängen und 2 Ausgängen

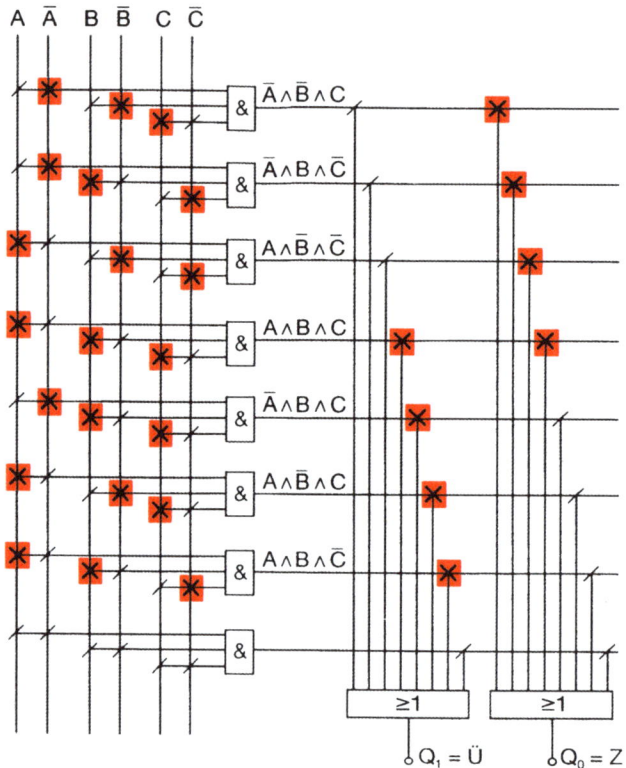

Bild 16.12   FPLA-Schaltung als Volladdierer programmiert

Das Schaltbild des programmierten Bausteins ist in Bild 16.12 dargestellt. Der Baustein ist nur teilweise ausgenutzt. Nicht benötigte Verknüpfungsgatter werden bei der Programmierung von der Stromversorgung abgetrennt.

16.2.5   PROM-Schaltungen

PROM-Schaltungen sind als programmierbare Nur-Lese-Speicher (Programmable Read Only Memories) bereits aus Abschnitt 12.5 bekannt. Mit PROM-Schaltungen können auch komplizierte logische Verknüpfungen verwirklicht werden. Der in Bild 12.32 dargestellte Adress-Decoder ist im Prinzip eine UND-Matrix. Das Speicherfeld hat die Funktion einer ODER-Matrix. Die UND-Matrix ist festverdrahtet, die ODER-Matrix programmierbar.

ⓘ Grundsatz

PROM-Schaltungen lassen sich als programmierbare Logik-Schaltungen (PLD) verwenden.

Je nach anliegender Adresse schaltet die UND-Matrix eine Vollkonjunktion (Produktterm) auf die ODER-Matrix (Bild 16.13): Die ODER-Matrix erzeugt die disjunktive Normalform (DNF).

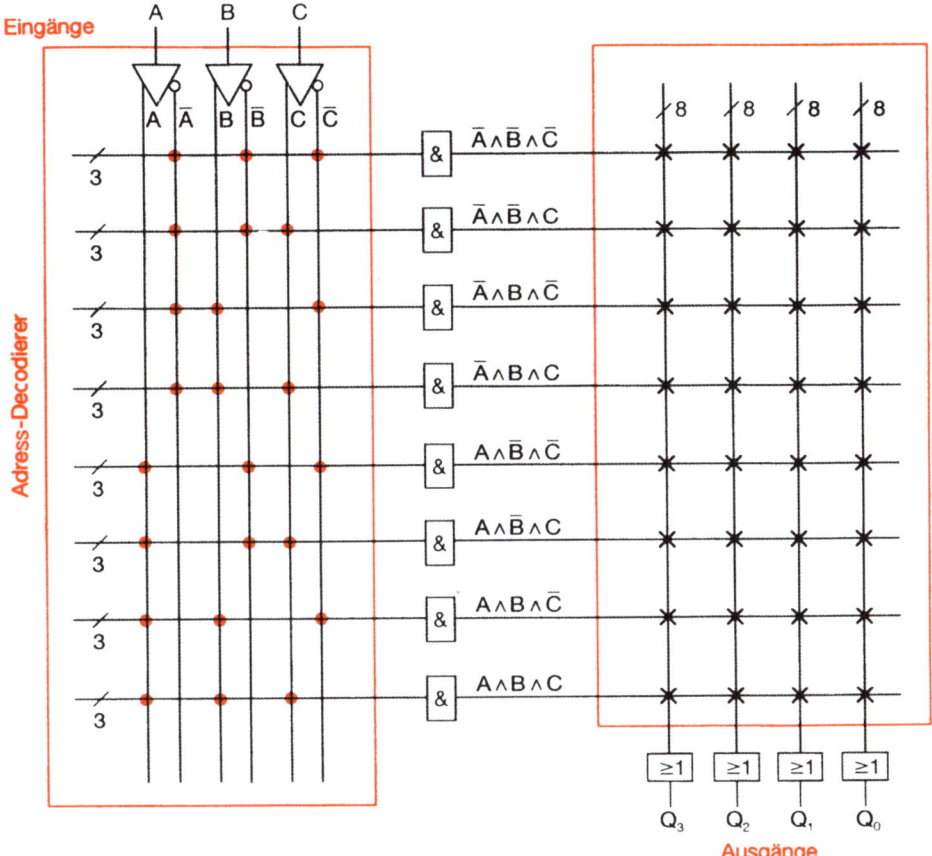

Bild 16.13   PROM als PLD

16.3   PLD-Typen

Aus Wettbewerbsgründen verwendet jeder Hersteller von PLD für seine Produkte besondere Handelsnamen. Einige dieser Namen sind als Warenzeichen geschützt, andere nicht.

Da sind zunächst die herstellerprogrammierten Schaltungen. Für diese hat sich die Sammelbezeichnung ASIC durchgesetzt. Firmenbezeichnungen sind Gate-Arrays, Standard Cells, PLA (Programmable Logic Array, programmierbare Logik-Matrix) und HAL (Hardware Array Logic, Hardware-Logik-Anordnung).

Anwenderprogrammierbare Schaltungen werden PLD genannt. Sie werden i.Allg. nicht den ASICs zugeordnet: Sind sie durch UV-Licht löschbar, heißen sie EPLD. Bausteine, die durch elektrische Impulse gelöscht werden können, haben die Bezeichnung EEPLD. Die PLD lassen sich in 4 Gruppen einteilen, wie Tabelle 16.1 zeigt. Wegen der raschen Entwicklung auf diesem Gebiet kann die Tabelle keinen Anspruch auf Vollständigkeit erheben.

Tabelle 16.1 PLD-Typen

Schaltungen mit programmierbarer UND-Matrix (NAND-Matrix) bei AGA und LCA	Schaltungen mit programmierbarer ODER-Matrix	Schaltungen mit programmierbarer UND- und ODER-Matrix	Makroschaltungen
PAL GAL EPAL AGA LCA	PROM EPROM EEPROM PLE	FPLA EPL FPLAS FPLS FPGA PL	Macrocell µ PLD Macrochip Macrocell-Array

Die Komplexität von PLD wird durch die Gatter-Äquivalenz angegeben. Diese Zahl gibt die Anzahl der logischen Gatter – umgerechnet auf Gatter mit 2 Eingängen – an, die der Baustein enthält. Flipflops werden als 2 oder 4 Gatter gerechnet.

> **Definition**
> PLD haben Gatter-Äquivalenzen, die zwischen 100...90 000 liegen.

Weitere wichtige Kennwerte sind die Verzögerungszeit t_{PD} und die maximale Arbeitsfrequenz f_{max}.

> **Definition**
> Die Verzögerungszeit liegt zwischen 50 ns und 1 ns, die maximale Arbeitsfrequenz zwischen 20...2000 MHz.

Für die Kühlung ist die im Betrieb zu erwartende Verlustleistung wichtig, also die Speisespannung und die Stromaufnahme bei der höchsten zulässigen Arbeitsfrequenz. Die meisten PLD werden in CMOS-Technologie hergestellt. Für Bausteine mit sehr kurzer Verzögerungszeit wird die ECL-Technologie verwendet.

16.4 Programmierung von PLD

Eine Programmierung von Hand durch Durchbrennen dünner Leitungswege (Fusible-Link-Verfahren) war nur bei sehr kleinen PLD wirtschaftlich sinnvoll. Dies gehört in die Anfangszeit der Entwicklung. Bei den heutigen komplexen PLD muss die Programmierung mit Hilfe des Computers durchgeführt werden. Dazu benötigt man eine spezielle Software.

> **Grundsatz**
> Jeder Hersteller von PLD bietet seine eigene Programmier-Software an.

Irgendwelche Programmier-Standards haben sich noch nicht herausgebildet. Durch den Kauf der Software und die Einrichtung eines entsprechenden Programmier-Platzes hat sich der Anwender auf einen bestimmten Baustein-Hersteller festgelegt. Zur Programmier-Software wird ein wenig Hardware mitgeliefert. Man benötigt zunächst eine Steckkarte, die in den Programmier-PC einzubauen ist. Dazu wird ein Hardware-Kästchen geliefert, das Gehäusefassungen für verschiedene PLD-Gehäuse enthält. Das Hardware-Kästchen ist an die Steckkarte anzuschließen.

Der zu programmierende Baustein wird in die entsprechende Steckvorrichtung gesteckt. Jetzt kann das Programm zur Programmierung ablaufen. Die zurzeit verfügbare Programmier-Software ist sehr vielseitig und anwenderfreundlich.

Grundsatz

Der Programmierer muss die genaue Struktur des Bausteins nicht kennen.

Die logische Funktion, die mit dem Baustein verwirklicht werden soll, kann meist als schaltalgebraische Gleichung, z.B. als disjunktive Normalform (DNF), als Wahrheitstabelle oder als Zeichnung eingegeben werden. Dies gilt für kombinatorische Schaltungen. Für sequentielle Schaltungen (z.B. Zähler) gibt es als Eingabehilfe eine sog. State Machine. Hier werden die gewünschten Schaltschritte nacheinander eingegeben.

Grundsatz

Programmier-Eingabe: Gleichung oder Wahrheitstabelle oder Schaltung oder Schaltschritte eingeben.

Bei der Eingabe der schaltalgebraischen Gleichungen ergeben sich einige Schwierigkeiten. Die genormten Zeichen für die UND- und die ODER-Verknüpfung und das Zeichen für NICHT sind meist nicht auf der Computer-Tastatur zu finden. Je nach Software sind folgende Ersatz-Zeichen zu verwenden:

```
UND    ∧  ⇒  & , ·
ODER   ∨  ⇒  # , +
NICHT  ‾  ⇒  ! , /
```

Der Computer sucht mit Hilfe des Programms die günstigste Lösung. Dabei wird geprüft, ob der eingesteckte Baustein auch geeignet ist, d.h., ob die gewünschte logische Funktion in ihm auch untergebracht werden kann. Ist dies nicht der Fall, wird der Anwender aufgefordert, einen größeren Baustein einzustecken.

Ist die Programmierung abgeschlossen, wird mit einem anschließenden Testprogramm geprüft, ob der Baustein die gewünschte Funktion auch erfüllt. Ist dies der Fall, ist die Programmierung beendet. Mit dem gefundenen sog. Brennprogramm (der Name erinnert an das früher übliche Durchbrennen dünner Leitungswege) können jetzt weitere Bausteine der gleichen Art mit demselben Inhalt programmiert werden. Man kann also eine Serie gleichartiger Bausteine erzeugen. Das Brennprogramm kann für spätere Nutzung abgespeichert werden.

War die Programmierung fehlerhaft, muss der Baustein gelöscht werden. Bausteine, bei denen bei der Programmierung dünne Leitungswege durchgebrannt werden, müssen weggeworfen werden. Mit gelöschten Bausteinen kann erneut eine Programmierung durchgeführt werden.

Es gibt auch die Möglichkeit, einen bereits in eine Schaltung eingebauten Baustein umzuprogrammieren, d.h. den Inhalt ganz oder teilweise zu löschen und einen neuen Inhalt einzuprogrammieren. Ein solcher Baustein muss elektrisch löschbar sein. Weiterhin muss es eine Möglichkeit geben, an einige Anschlüsse mittels Steckvorrichtung heranzukommen.

16.5 Lernziel-Test

1. Was versteht man unter der Bezeichnung PLD?
2. Welcher prinzipielle Unterschied besteht zwischen GAL-Bausteinen und FPLA-Bausteinen?
3. Was sagt die Gatter-Äquivalenz aus?
4. Erklären Sie den Begriff «Maskenprogrammierung».
5. Was sind EPLD, was EEPLD?
6. Was bedeutet bei einem PAL-Baustein die Bezeichnung 12 H 6?
7. Wie werden PLD programmiert?
8. Was versteht man unter einem programmierbaren Ausgang?
9. Gesucht ist eine digitale Steuerschaltung, die eine logische Verknüpfung gemäß der angegebenen Wahrheitstabelle erzeugt. Die gesuchte Schaltung ist eine sog. 2-aus-3-Schaltung. Der Ausgang Z liefert immer dann 1, wenn 2 oder 3 Eingänge den Zustand 1 haben.
Geben Sie die Vollkonjunktionen (Produktterme) der benötigten DNF an.
Eine FPLA-Schaltung nach Bild 16.11 ist so zu programmieren, dass sie die gewünschte logische Verknüpfung erzeugt. Skizzieren Sie das Schaltbild, und kennzeichnen Sie die erforderlichen Verbindungsstellen durch Kreuze.

Fall	A	B	C	Z
1	0	0	0	0
2	0	0	1	0
3	0	1	0	0
4	0	1	1	1
5	1	0	0	0
6	1	0	1	1
7	1	1	0	1
8	1	1	1	1

Fall	A	B	C	Z	
1	0	0	0	0	
2	0	0	1	0	
3	0	1	0	0	
4	0	1	1	1	$\Rightarrow \bar{A} \wedge B \wedge C$
5	1	0	0	0	
6	1	0	1	1	$\Rightarrow A \wedge \bar{B} \wedge C$
7	1	1	0	1	$\Rightarrow A \wedge B \wedge \bar{C}$
8	1	1	1	1	$\Rightarrow A \wedge B \wedge C$

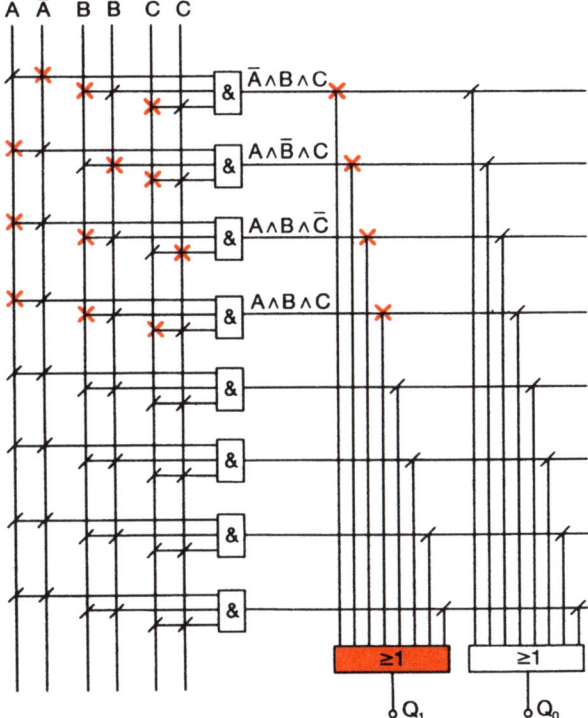

17 Lösungen der Aufgaben der Lernziel-Tests

Es werden die Lösungen der *Zeichenaufgaben* und der *Berechnungen* angegeben. Die Antworten auf die Verständnisfragen können i.Allg. leicht dem Buchtext entnommen werden. Sie werden hier nur formuliert, wenn die Entnahme aus dem Buchtext schwirig ist.

Kapitel 1
1. Eine digitale Größe besteht aus abzählbaren Elementen. Sie ist meist auch eine binäre Größe mit den Werten 0 und 1. Eine analoge Größe kann innerhalb eines zulässigen Bereichs jeden beliebigen Wert der sog. Analogiegröße annehmen.
2. Vorteile der analogen Größendarstellung: Gute Übersichtlichkeit, Anschaulichkeit. Nachteile: Geringe Genauigkeit, Fehler bei der Übertragung und Speicherung analoger Größen.
3. bis 7. siehe Buchtext

Kapitel 2
1. Schaltzeichen

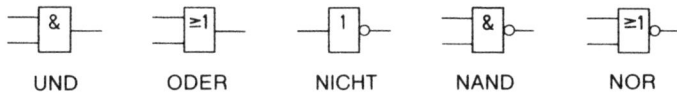

| UND | ODER | NICHT | NAND | NOR |

2. Wahrheitstabelle und Schaltzeichen eines ODER-Gatters mit 3 Eingängen

Fall	C	B	A	Z
1	0	0	0	0
2	0	0	1	1
3	0	1	0	1
4	0	1	1	1
5	1	0	0	1
6	1	0	1	1
7	1	1	0	1
8	1	1	1	1

3. Aufbau eines NAND-Gatters aus Grundgattern

4. Wahrheitstabelle und Schaltzeichen eines NICHT-Gatters

Fall	A	Y
1	0	1
2	1	0

5. Aufbau eines ANTIVALENZ-Gatters aus Grundgattern

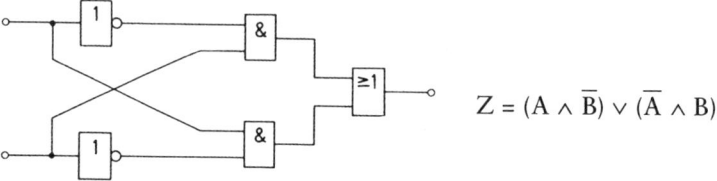

$Z = (A \wedge \overline{B}) \vee (\overline{A} \wedge B)$

6. und 7.   siehe Buchtext
8. Am Ausgang eines EXKLUSIV-ODER-Gatters liegt dann 1, wenn nur an einem Eingang 1 anliegt.
   Wahrheitstabelle und Schaltzeichen eines EXKLUSIV-ODER-Gatters

Fall	B	A	Z
1	0	0	0
2	0	1	1
3	1	0	1
4	1	1	0

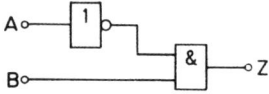

9. Das Verknüpfungsgatter ist ein NOR-Gatter.
10. Die Verknüpfung Inhibition ist eine besondere Art der UND-Verknüpfung. Ein Eingangszustand wird vor der UND-Verknüpfung negiert.
    Inhibitionsgatter aus Grundgattern aufgebaut (Inhibition A):

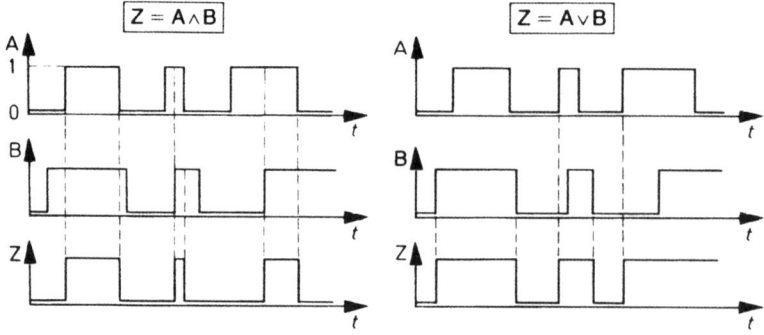

11. Diagramme für UND- und ODER-Verknüpfung der Signale A und B

12. Die Schaltung erzeugt eine ODER-Verknüpfung
13. Wahrheitstabelle eines NOR-Gatters mit 5 Eingängen

Lösungen der Aufgaben der Lernziel-Tests

Fall	E_5	E_4	E_3	E_2	E_1	Z
1	0	0	0	0	0	1
2	0	0	0	0	1	0
3	0	0	0	1	0	0
4	0	0	0	1	1	0
5	0	0	1	0	0	0
6	0	0	1	0	1	0
7	0	0	1	1	0	0
8	0	0	1	1	1	0
9	0	1	0	0	0	0
10	0	1	0	0	1	0
11	0	1	0	1	0	0
12	0	1	0	1	1	0
13	0	1	1	0	0	0
14	0	1	1	0	1	0
15	0	1	1	1	0	0
16	0	1	1	1	1	0
17	1	0	0	0	0	0
18	1	0	0	0	1	0
19	1	0	0	1	0	0
20	1	0	0	1	1	0
21	1	0	1	0	0	0
22	1	0	1	0	1	0
23	1	0	1	1	0	0
24	1	0	1	1	1	0
25	1	1	0	0	0	0
26	1	1	0	0	1	0
27	1	1	0	1	0	0
28	1	1	0	1	1	0
29	1	1	1	0	0	0
30	1	1	1	0	1	0
31	1	1	1	1	0	0
32	1	1	1	1	1	0

14. Das Verknüpfungsgatter erzeugt eine ÄQUIVALENZ-Verknüpfung. Am Ausgang Z liegt immer dann 1, wenn die Eingangszustände gleich sind.

Kapitel 3
1. Wahrheitstabelle für die Digitalschaltung Bild 3.13.

Fall	B	A	$\overline{A}$	$\overline{A} \vee B$	$Z = \overline{\overline{A} \vee B}$
1	0	0	1	1	0
2	0	1	0	0	1
3	1	0	1	1	0
4	1	1	0	1	0

2. Wahrheitstabelle für die Digitalschaltung Bild 3.14

Fall	C	B	A	$\bar{A}$	$\bar{A} \wedge B$	$A \vee C$	$Z = (\bar{A} \wedge B) \wedge (A \vee C)$
1	0	0	0	1	0	0	0
2	0	0	1	0	0	1	0
3	0	1	0	1	1	0	0
4	0	1	1	0	0	1	0
5	1	0	0	1	0	1	0
6	1	0	1	0	0	1	0
7	1	1	0	1	1	1	1
8	1	1	1	0	0	1	0

3. Tabelle der IST-Verknüpfung der fehlerhaften Digitalschaltung Bild 3.14

Fall	C	B	A	$\bar{A}$	$\bar{A} \wedge B$	$A \vee C$	Z
1	0	0	0	1	1	0	0
2	0	0	1	0	1	1	1
3	0	1	0	1	1	0	0
4	0	1	1	0	1	1	1
5	1	0	0	1	1	1	1
6	1	0	1	0	1	1	1
7	1	1	0	1	1	1	1
8	1	1	1	0	1	1	1

4. $Z = \overline{[(\bar{A} \wedge \bar{B} \wedge \bar{C}) \vee (A \wedge B \wedge C)] \wedge \overline{A \vee \bar{B} \vee \bar{C}}}$

Fall	C	B	A	$\bar{C}$	$\bar{B}$	$\bar{A}$	$\bar{A} \wedge \bar{B} \wedge \bar{C}$	$A \wedge B \wedge C$	X	$A \vee \bar{B} \vee \bar{C}$	Y	Z
1	0	0	0	1	1	1	1	0	1	1	0	0
2	0	0	1	1	1	0	0	0	0	1	0	0
3	0	1	0	1	0	1	0	0	0	1	0	0
4	0	1	1	1	0	0	0	0	0	1	0	0
5	1	0	0	0	1	1	0	0	0	1	0	0
6	1	0	1	0	1	0	0	0	0	1	0	0
7	1	1	0	0	0	1	0	0	0	0	1	0
8	1	1	1	0	0	0	0	1	1	1	0	0

5. $Z = \overline{\bar{A} \wedge B \wedge \overline{\bar{A} \wedge B \wedge C}}$

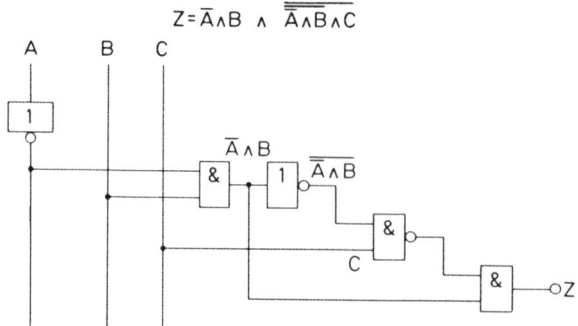

6. $Z = \overline{\overline{\bar{A} \vee B \vee C \wedge \overline{A \vee \bar{B} \wedge \bar{C}} \wedge D} \vee \bar{A} \wedge D}$

Lösungen der Aufgaben der Lernziel-Tests

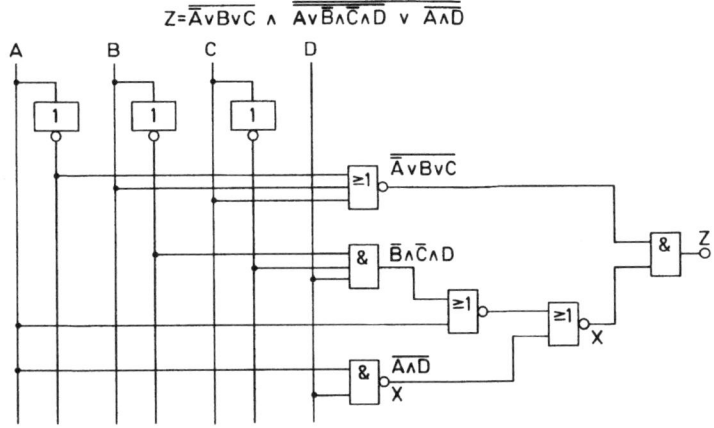

$Z = \overline{\overline{A} \vee B \vee C} \wedge \overline{\overline{A \vee \overline{B} \wedge \overline{C} \wedge D} \vee \overline{A \wedge D}}$

Fall	D	C	B	A	Ā	B̄	C̄	ĀvBvC	$\overline{\overline{A}\vee B\vee C}$	B̄∧C̄∧D	Av B̄∧C̄∧D	$\overline{A\vee \overline{B}\wedge \overline{C}\wedge D}$	A∧D	X	Z
1	0	0	0	0	1	1	1	1	0	0	0	1	1	0	0
2	0	0	0	1	0	1	1	0	1	0	1	0	1	0	0
3	0	0	1	0	1	0	1	1	0	0	0	1	1	0	0
4	0	0	1	1	0	0	1	1	0	0	1	0	1	0	0
5	0	1	0	0	1	1	0	1	0	0	0	1	1	0	0
6	0	1	0	1	0	1	0	1	0	0	1	0	1	0	0
7	0	1	1	0	1	0	0	1	0	0	0	1	1	0	0
8	0	1	1	1	0	0	0	1	0	0	1	0	1	0	0
9	1	0	0	0	1	1	1	1	0	1	1	0	1	0	0
10	1	0	0	1	0	1	1	0	1	1	1	0	0	1	1
11	1	0	1	0	1	0	1	1	0	0	0	1	1	0	0
12	1	0	1	1	0	0	1	1	0	0	1	0	0	1	0
13	1	1	0	0	1	1	0	1	0	0	0	1	1	0	0
14	1	1	0	1	0	1	0	1	0	0	1	0	0	1	0
15	1	1	1	0	1	0	0	1	0	0	0	1	1	0	0
16	1	1	1	1	0	0	0	1	0	0	1	0	0	1	0

7. Das Gatter Nr. IV (NOR-Gatter) arbeitet fehlerhaft

Kapitel 4
1. bis 7.   siehe Buchtext

8. a)

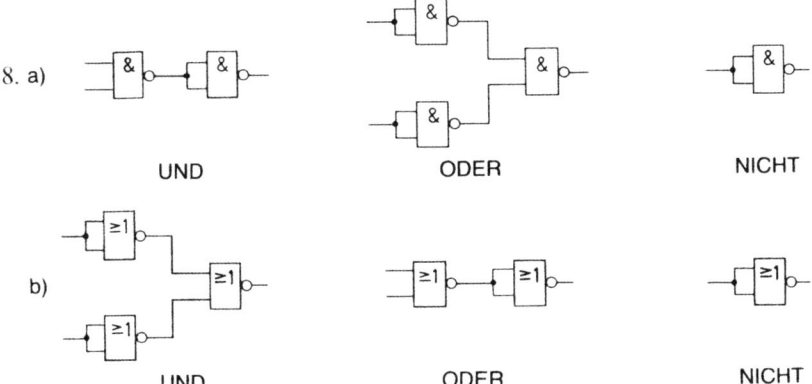

9. a) $Z = 0$
   b) $Y = 1$
   c) $X = \overline{A} \wedge B$
   d) $Q = 1$
   e) $S = \overline{A \wedge B}$

10. **NAND**

   a) $Z = \overline{\overline{\overline{A \wedge S \wedge R \wedge Q} \wedge \overline{C} \wedge \overline{B}}}$

   b) $Y = \overline{\overline{\overline{A} \wedge \overline{B} \wedge \overline{C} \wedge D}}$

   c) $X = \overline{\overline{\overline{A} \wedge \overline{B} \wedge \overline{C} \wedge \overline{M} \wedge N \wedge P \wedge \overline{R} \wedge \overline{S}}}$

   d) $Q = \overline{\overline{\overline{A} \wedge B \wedge \overline{C} \wedge D \wedge \overline{S} \wedge R}}$

   e) $Q = \overline{\overline{A \wedge \overline{B} \wedge \overline{C} \wedge D \wedge P \wedge Q \wedge S}}$

   NOR

   a) $Z = \overline{\overline{\overline{A} \vee \overline{S} \vee \overline{R} \vee \overline{Q} \vee C \vee B}}$

   b) $Y = \overline{A \vee B \vee C \vee D}$

   c) $X = \overline{A \vee B \vee C \vee \overline{M} \vee \overline{N} \vee \overline{P} \vee R \vee S}$

   d) $Q = \overline{A \vee \overline{\overline{B}} \vee C \vee D \vee S \vee R}$

   e) $Q = \overline{\overline{A} \vee B \vee C \vee \overline{D} \vee \overline{P} \vee \overline{Q} \vee S}$

Kapitel 5
1. bis 3. siehe Buchtext
4. $Z = (A \wedge \overline{B} \wedge \overline{C}) \vee (A \wedge B \wedge \overline{C}) \vee (\overline{A} \wedge \overline{B} \wedge C) \vee (\overline{A} \wedge B \wedge C)$
5. KV-Diagramm für die Variablen K, M, S und R.

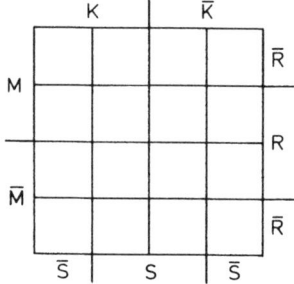

6. siehe Buchtext

7.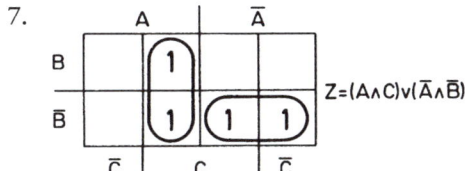

8.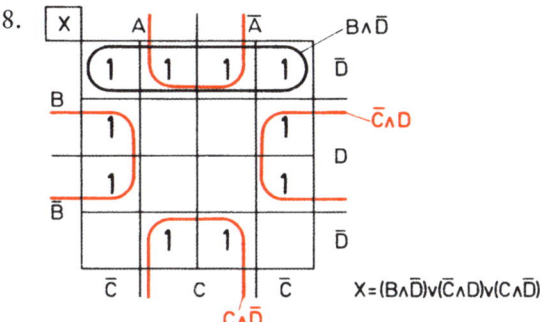

9.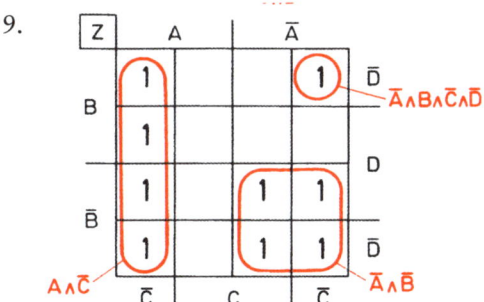

10. siehe Buchtext

11. Befindet sich der Automat im Zustand 4 «Tor schließt» und ist die Bedingung «Überstrom» erfüllt, wechselt der Automat direkt in Zustand 2 «Tor öffnet».

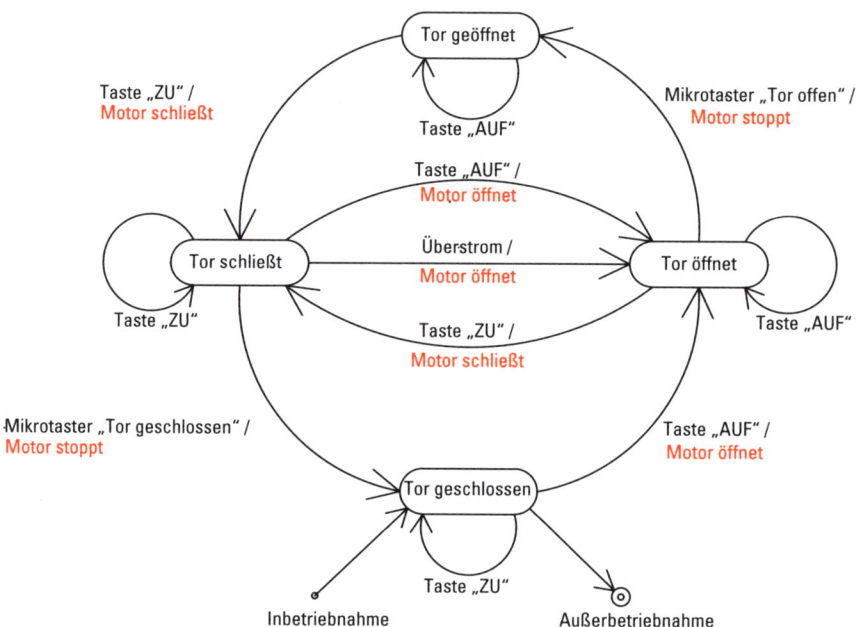

Kapitel 6
1. bis 5. siehe Buchtext
6. Arbeitstabelle der Schaltung Bild 6.108

Fall	B	A	Z
1	L	L	L
2	L	H	L
3	H	L	L
4	H	H	H

7. Positive Logik: UND-Verknüpfung
   Negative Logik: ODER-Verknüpfung
8. bis 14. siehe Buchtext
15. Die Schaltung erzeugt eine UND-Verknüpfung.
16. Bei einer «gesättigten Schaltkreisfamilie» werden die Transistoren in den Sättigungszustand gesteuert. Es ergeben sich günstige Pegellagen und gute Störsicherheiten. Der Leistungsbedarf ist gering, die Schnelligkeit befriedigend. Werden die Transistoren nicht in den Sättigungszustand gesteuert, entsteht ein größerer Leistungsbedarf. Die Pegel liegen nicht so günstig. Die Schaltschnelligkeit ist aber größer. Es ergibt sich eine höhere Arbeitsgeschwindigkeit. Eine solche Schaltkreisfamilie wird «ungesättigte Schaltkreisfamilie» genannt (Beispiel: ECL-Schaltkreisfamilie).
17. bis 19. siehe Buchtext
20. Schaltung Bild 6.94, siehe Buchtext

Lösungen der Aufgaben der Lernziel-Tests

Kapitel 7

1. Das Schaltzeichen zeigt ein Flipflop mit besonderem Schaltverhalten. Haben beide Eingänge den Zustand 1, so hat der im Schaltzeichen obere Ausgang (z.B. A_1) den Zustand 1. Der im Schaltzeichen untere Ausgang (z.B. A_2) hat Zustand 0. Der Setzeingang (z.B. E_1) dominiert.
2. siehe Buchtext
3.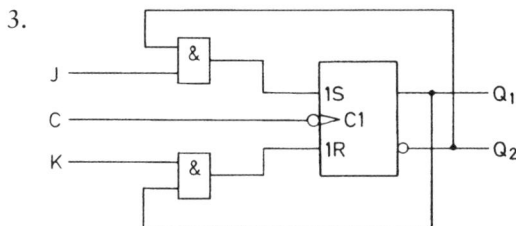
4. Wahrheitstabelle und Schaltzeichen eines taktzustandsgesteuerten SR-Flipflops mit dominierendem S-Eingang. Arbeitsweise siehe Buchtext.

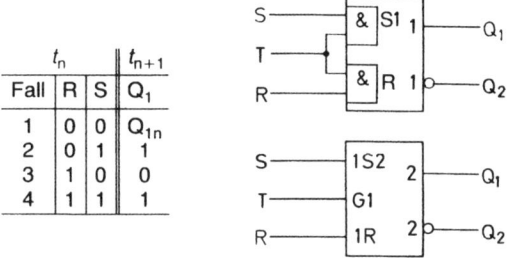

Fall	t_n R	S	t_{n+1} Q_1
1	0	0	Q_{1n}
2	0	1	1
3	1	0	0
4	1	1	1

5. siehe Buchtext
6. Zeitablaufdiagramm und Schaltzeichen einer monostabilen Kippstufe mit einer Verweilzeit von 4 ms.

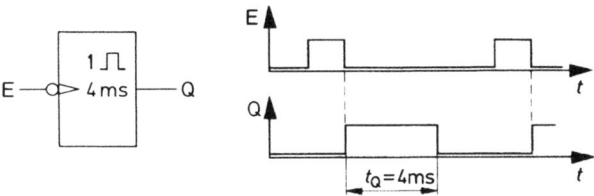

7. Die Gleichung ist die charakteristische Gleichung eines JK-Flipflops.

8. Ausführliche Wahrheitstabelle und charakteristische Gleichung eines Flipflops.

Fall	t_n			t_{n+1}	
	E_2	E_1	Q_1	Q_1	
1	0	0	0	0	} Speichern
2	0	0	1	1	
3	0	1	0	0	} Speichern
4	0	1	1	1	
5	1	0	0	0	} Rücksetzen
6	1	0	1	0	
7	1	1	0	1	} Setzen
8	1	1	1	1	

$$Q_{1(n+1)} = \left[(E_1 \wedge E_2) \vee (\overline{E}_2 \wedge Q_1) \right]_n$$

Der Eingang E_2 ist ein Vorbereitungseingang. Das Flipflop ist gesperrt, wenn an E_2 0-Signal anliegt (Speicherfälle). Liegt an E_2 1-Signal, so arbeitet das Flipflop als D-Flipflop – mit E_1, als D-Eingang. Ein solches Flipflop wird auch DV-Flipflop genannt (Eingangsbezeichnungen: $E_2 = V$, $E_1 = D$).

9. siehe Buchtext
10. Das Flipflop ist ein JK-Master-Slave-Flipflop mit 3 J-Eingängen und 3 K-Eingängen, einem taktunabhängigen Setzeingang S und einem taktunabhängigen Rücksetzeingang R. Der obere der 3 J-Eingänge ist negiert. Er spricht also auf 0-Signale an. Die J-Eingänge sind durch UND zu einem Gesamt-J-Eingang verknüpft. Der untere der 3 K-Eingänge ist negiert. Die K-Eingänge sind durch UND zu einem Gesamt-K-Eingang verknüpft.
11. siehe Buchtext
12. Aufbau eines T-Master-Slave-Flipflops

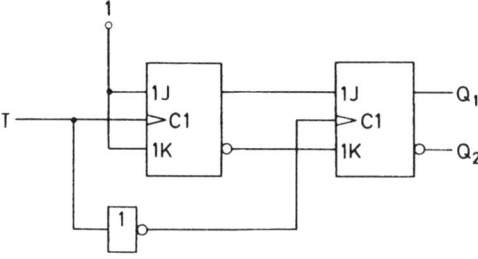

13. Zeitablauf-Diagramme
    a) Flipflop schaltet mit ansteigender Taktflanke

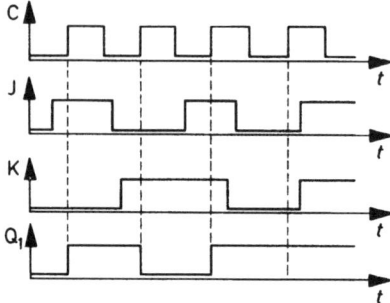

b) Flipflop schaltet mit abfallender Taktflanke

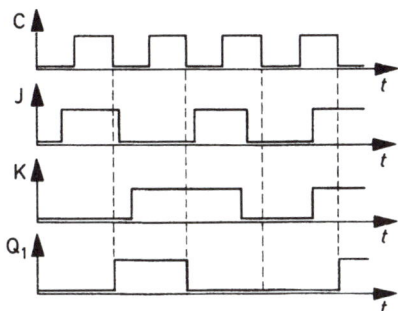

14. Das Schaltzeichen stellt eine monostabile Kippstufe mit einer Ansprechverzögerung von 0,5 s dar. Die Verweilzeit beträgt 3 s.

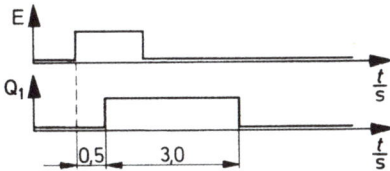

15. Taktzustandsgesteuertes SR-Flipflop mit NAND-Gattern aufgebaut.

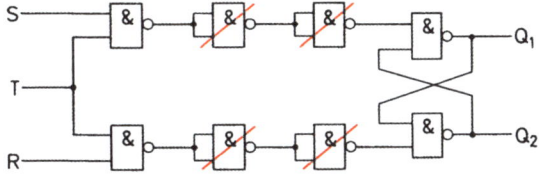

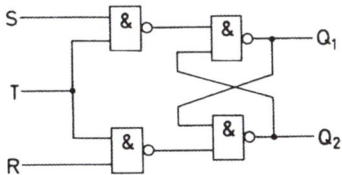

16. siehe Buchtext

17. Zeitablauf-Diagramme

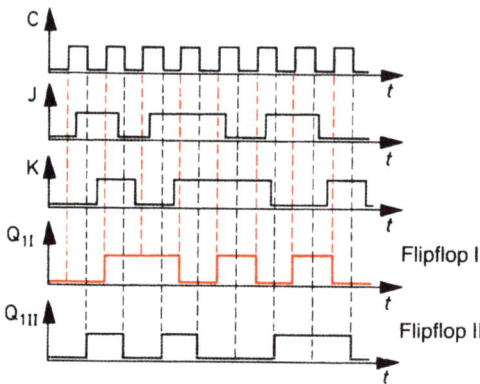

18. Die monostabilen Kippstufen müssen Verweilzeiten von 0,2 s und 0,6 s haben.

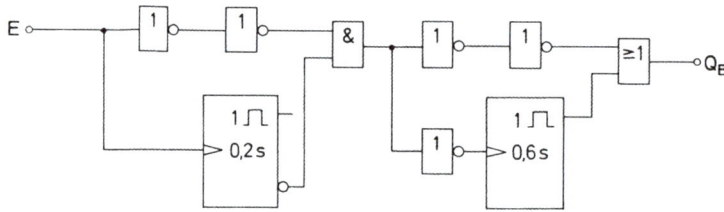

Kapitel 8

1. siehe Buchtext

2.

Dezimal-zahl	Dualzahl												
	2^{12}	2^{11}	2^{10}	2^9	2^8	2^7	2^6	2^5	2^4	2^3	2^2	2^1	2^0
	4096	2048	1024	512	256	128	64	32	16	8	4	2	1
50								1	1	0	0	1	0
215						1	1	0	1	0	1	1	1
172						1	0	1	0	1	1	0	0
688				1	0	1	0	1	1	0	0	0	0
909				1	1	1	0	0	0	1	1	0	1
1820			1	1	1	0	0	0	1	1	1	0	0
3276		1	1	0	0	1	1	0	0	1	1	0	0
2423		1	0	0	1	0	1	1	1	0	1	1	1
6052	1	0	1	1	1	1	0	1	0	0	1	0	0
6381	1	1	0	0	0	1	1	1	0	1	1	0	1
5511	1	0	1	0	1	1	0	0	0	0	1	1	1
7732	1	1	1	1	0	0	0	1	1	0	1	0	0

3.

Dezimal-zahl	Dualzahl															
	2^{15}	2^{14}	2^{13}	2^{12}	2^{11}	2^{10}	2^9	2^8	2^7	2^6	2^5	2^4	2^3	2^2	2^1	2^0
	32768	16384	8192	4096	2048	1024	512	256	128	64	32	16	8	4	2	1
58											1	1	1	0	1	0
512							1	0	0	0	0	0	0	0	0	0
1298					1	0	1	0	0	0	0	1	0	0	1	0
1983					1	1	1	1	0	1	1	1	1	1	1	1
20000		1	0	0	1	1	1	0	0	0	1	0	0	0	0	0
17750		1	0	0	0	1	0	1	0	1	0	1	0	1	1	0
2730					1	0	1	0	1	0	1	0	1	0	1	0
9990			1	0	0	1	1	1	0	0	0	0	0	1	1	0
11000			1	0	1	0	1	0	1	1	1	1	1	0	0	0
32000		1	1	1	1	1	0	1	0	0	0	0	0	0	0	0

4. a) 54,625
   b) 37,8125
   c) 10,90625
   d) 0,65625
   e) 0,453125
5. a) 10001
   b) 1000110
   c) 111111
   d) 1001110
   e) 10100011
   f) 10000111
   g) 10000,10
   h) 10100,00
6. a) 1001
   b) 110100
   c) 1100
   d) 100010
   e) 10000
   f) 11001
   g) 100101
   h) |11001| = − 111
7.

Dezimalzahl	BCD-Zahl				
a) 10 941		1	0 000	1 001	0 100	0 001
b) 3 890			11	1 000	1 001	0 000
c) 7 863			111	1 000	0 110	0 011
d) 98 001	1 001	1 000	0 000	0 000	0 001
e) 7 989			111	1 001	1 000	1 001

8. a) |0111
   b) 1|0100
   c) 1|0110
   d) |1001
   e) 1|0111
   f) 1|0000
   g) 1|0010
   h) 1|0101
9. a) 0001
   b) 0001
   c) 0001
   d) 0010
   e) 0100
   f) − 0010
   g) 0101
   h) − 0101

536 Lösungen der Aufgaben der Lernziel-Tests

10.

	Dezimalzahl			Dualzahl		
a)	2 737		1 010	1 011	0 001	
b)	34 802	1 000	0 111	1 111	0 010	
c)	58 885	1 110	0 110	0 000	0 100	
d)	48 340	1 011	1 100	1 101	0 100	
e)	76 593	1	0 010	1 011	0 011	0 001
f)	47 642		1 011	1 010	0 001	1 010
g)	201 817	11	0 001	0 100	0 101	1 001
h)	6 683			1	1 010	0 001	1 011

11.

	Hexadezimalzahl		Dualzahl		
a)	64			110	0 100
b)	103		1	0 000	0 011
c)	3FC		11	1 111	1 100
d)	7BF		111	1 011	1 111
e)	2 710	10	0 111	0 000	0 000
f)	7E			111	1 110
g)	4 664	100	0 110	0 110	0 100
h)	3E7		11	1 110	0 111

12.

Dezimalzahl	Dualzahl				Hexadezimalzahl	Oktalzahl	BCD-Zahl				
2 560		1 010	0 000	0 000	A00	5 000		10	0 101	0 110	0 000
1 270		100	1 111	0 110	4F6	2 366		1	0 010	0 111	0 000
44 854	1 010	1 111	0 011	0 110	AF36	127 466	100	0 100	1 000	0 101	0 100
1 018		11	1 111	1 010	3FA	1 772		1	0 000	0 001	1 000
39 718	1 001	1 011	0 010	0 110	9B26	115 446	11	1 001	0 111	0 001	1 000
107 196	1	1 010	0 010	1 011	1 100	1A2BC	321 274	1	0 000	0 111	0 001	1 001	0 110

13. bis 20. siehe Buchtext

Kapitel 9
1. Bild 9.8, siehe Buchtext
2. siehe Buchtext
3. Schaltung eines Code-Umsetzers, der den Dezimalcode in den Aiken-Code wandelt.

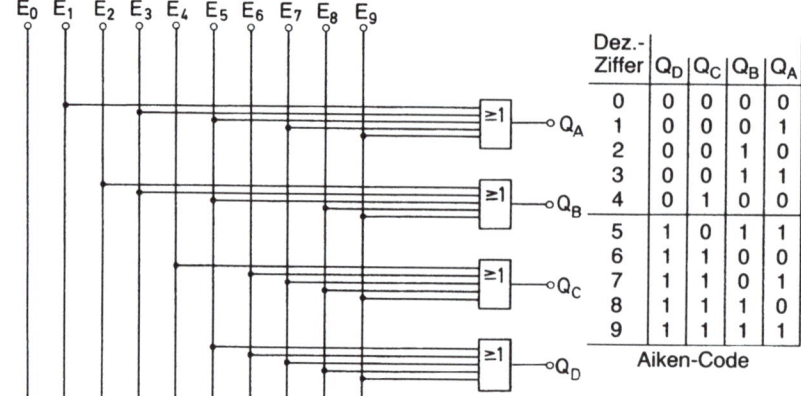

4. Berechnung eines Code-Umsetzers für die Umsetzung des Gray-Codes in den BCD-Code

Dezimal-ziffer	Eingang Gray-Code				Ausgänge BCD-Code			
	G	R	A	Y	Q_4	Q_3	Q_2	Q_1
0	0	0	0	0	0	0	0	0
1	0	0	0	1	0	0	0	1
2	0	0	1	1	0	0	1	0
3	0	0	1	0	0	0	1	1
4	0	1	1	0	0	1	0	0
5	0	1	1	1	0	1	0	1
6	0	1	0	1	0	1	1	0
7	0	1	0	0	0	1	1	1
8	1	1	0	0	1	0	0	0
9	1	1	0	1	1	0	0	1
					(2^3)	(2^2)	(2^1)	(2^0)

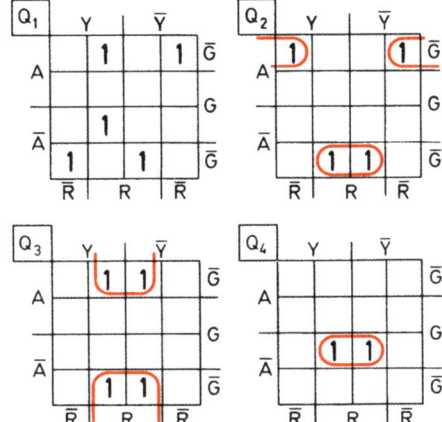

$Q_1 = (Y \wedge \overline{A} \wedge \overline{R} \wedge \overline{G}) \vee (\overline{Y} \wedge A \wedge \overline{R} \vee \overline{G}) \vee (Y \wedge A \wedge R \wedge \overline{G}) \vee (\overline{Y} \wedge \overline{A} \wedge R \wedge \overline{G})$
$\quad \vee (Y \wedge \overline{A} \wedge R \wedge G)$
$Q_2 = (A \wedge \overline{G} \wedge R) \vee (A \wedge R \wedge G)$
$Q_3 = \overline{G} \wedge R$
$Q_4 = \overline{A} \wedge G \wedge R$

5. und 6. siehe Buchtext

Kapitel 10
1. siehe Buchtext
2. Asynchron arbeitender 8-Bit-Dual-Vorwärtszähler

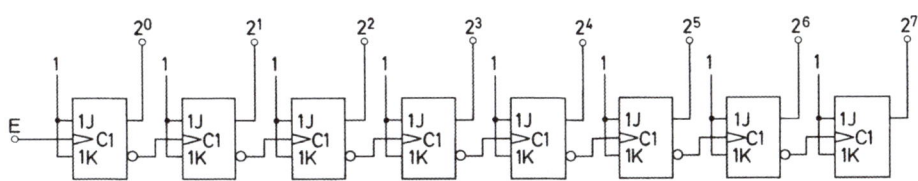

3. Bei Erreichen der Dualzahl 1010 = $10_{(10)}$ soll der Zähler auf 0 zurückgestellt werden. Das Rückstellsignal wird mit Hilfe eines NAND-Gatters erzeugt. Bei 1010 liegt am Ausgang des NAND-Gatters 0-Signal. Mit diesem 0-Signal wird über die R-Eingänge zurückgestellt.

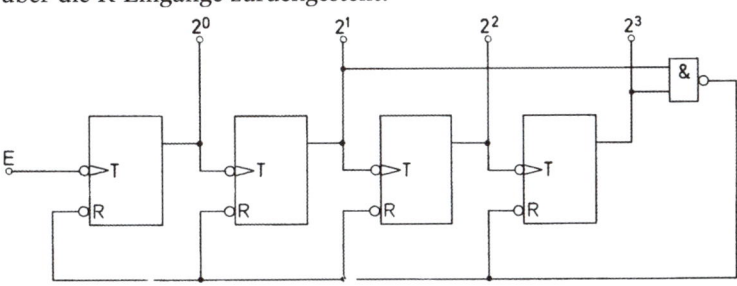

4. siehe Buchtext
5. Modulo-19-Zähler

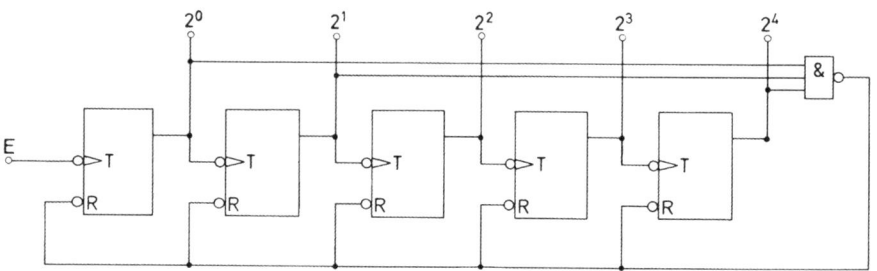

6. Umwandlung des Modulo-19-Zählers in einen Rückwärtszähler

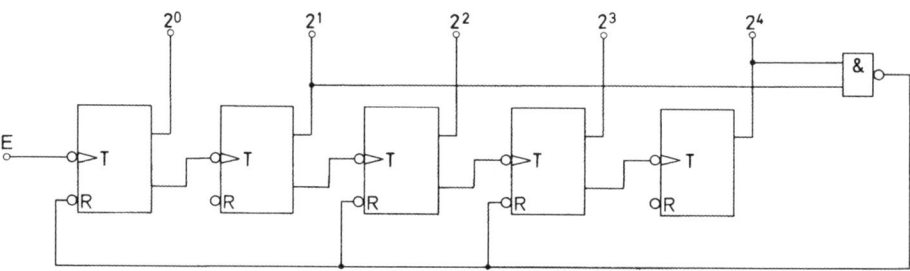

7. Der Zähler in Bild 10.68 ist ein Zähler mit umschaltbarer Zählrichtung. Er arbeitet bei X = 0 als Vorwärtszähler und bei X = 1 als Rückwärtszähler.
8. siehe Buchtext
9. Lösung siehe Bild 10.9
10.

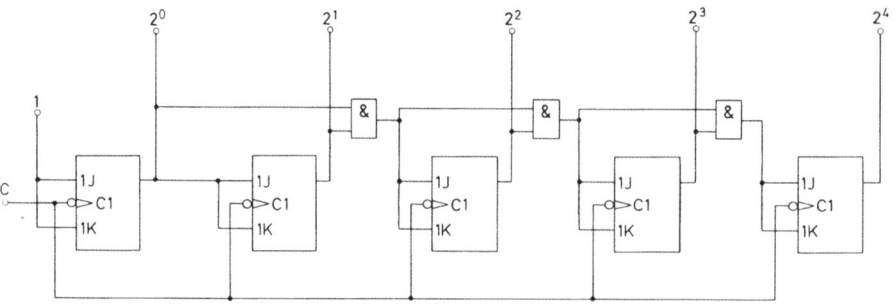

11. siehe Buchtext
12. Die $\overline{Q}$-Ausgänge des 4-Bit-Synchron-Dual-Vorwärtszählers sind als Ergebnisausgänge zu verwenden. Sind die $\overline{Q}$-Ausgänge nicht zugänglich, ist es zweckmäßig, die Q-Ausgänge zu negieren.
13. Am Ausgang mit der Wertigkeit 2^2 (3. Flipflop) kann die durch den Faktor 8 geteilte Eingangsfrequenz entnommen werden.

14. Frequenzteiler mit einem Teilerverhältnis 14 : 1

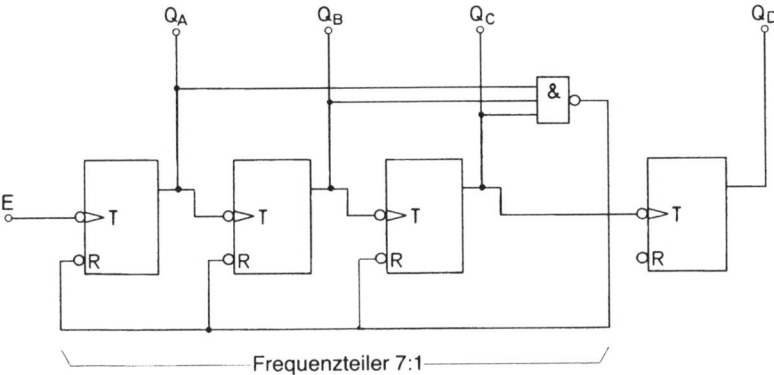

Kapitel 11
1. und 2. siehe Buchtext
3. 8-Bit-zu-1-Bit-Datenselektor

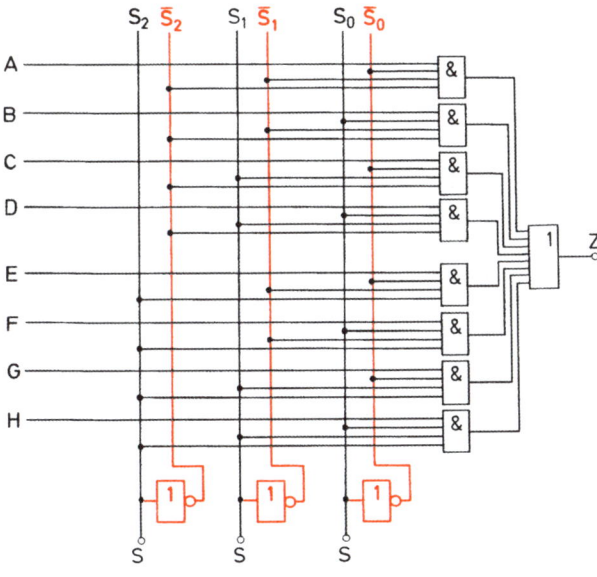

4. 3×4-Bit-zu-4-Bit-Datenselektor
   Die Signale $A_0...A_3$, $B_0...B_3$ und $C_0...C_3$ werden wahlweise über UND-Gatter auf den Ausgang $Z_0...Z_3$ geschaltet. Es sind 2 Steuerleitungen erforderlich, da 3 verschiedene Steuerbefehle benötigt werden.

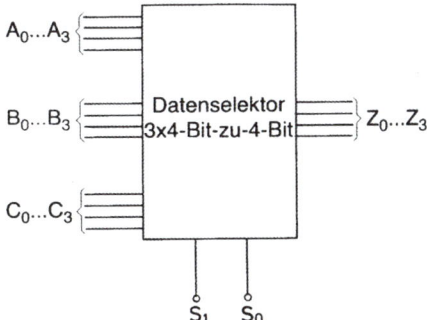

5. Schaltung eines 2-Bit-zu-2×2-Bit-Demultiplexers

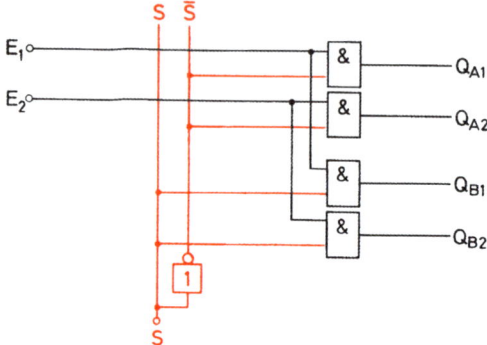

6. siehe Buchtext
7. Schaltung eines 3-Bit-Adresscodierers

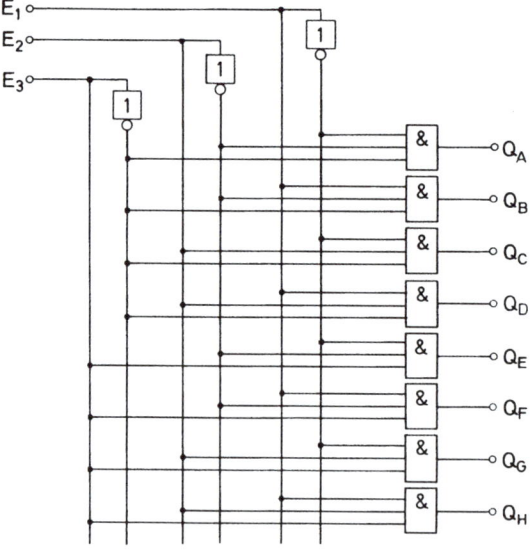

8., 9. und 10. siehe Buchtext

Kapitel 12

1. Schaltung eines 6-Bit-Schieberegisters für serielle Dateneingabe und Datenausgabe

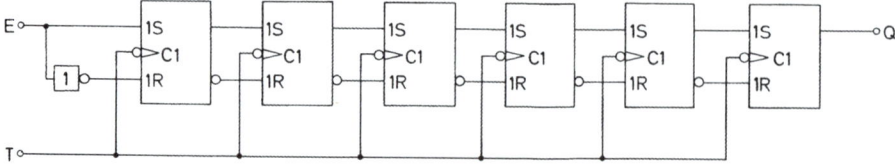

2. bis 5. siehe Buchtext
6. Die gesuchte Schaltung ist in Bild 12.18 dargestellt.

7. siehe Buchtext
8. Mit 4 X-Adressleitungen können über 16 Adressen 16 X-Koordinatenleitungen angesteuert werden. Ein X-Adressdecodierer ist erforderlich. Mit 4 Y-Adressleitungen können über einen Y-Adressdecodierer 16 Y-Koordinatenleitungen angesteuert werden. Jede der 256 Speicherzellen hat eine Speicherkapazität von 4 Bit.

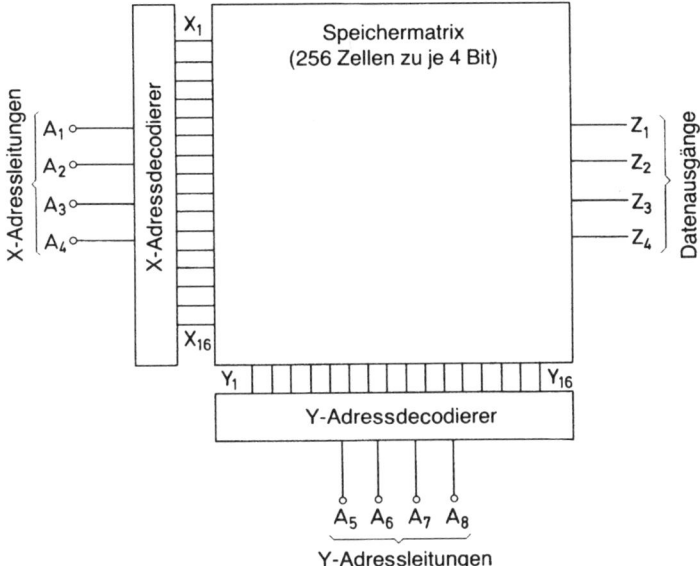

9. bis 13. siehe Buchtext

Kapitel 13
1. Der Analog-Digital-Umsetzer ist in Bild 13.3 dargestellt. Arbeitsweise siehe Buchtext
2. bis 7. siehe Buchtext

Kapitel 14
1. Die Wahrheitstabelle ist in Bild 14.1 angegeben. Die Schaltung mit Grundgattern zeigt Bild 14.2.
2. siehe Buchtext
3. Das Schaltbild ist in Bild 14.7 dargestellt.
4. und 5. siehe Buchtext
6. Die Schaltung eines Halbsubtrahierers ist in Bild 14.14 dargestellt. Erläuterung der Arbeitsweise siehe Buchtext.

7. Schaltung eines 3-Bit-Addier-Subtrahier-Werkes

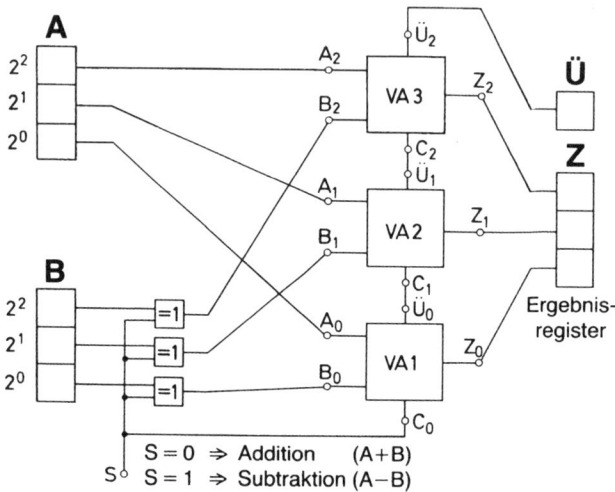

8. 1-Bit-Multiplizierer erzeugen eine UND-Verknüpfung. Die Wahrheitstabelle des 1-Bit-Multiplizierers ist in Bild 14.25 dargestellt.
9. und 10. siehe Buchtext

Kapitel 15
1. bis 3. siehe Buchtext
4. Die Schaltung eines Akkumulators mit ALU, Register und Übertragsspeicher ist in Bild 15.8 angegeben.
5. bis 12. siehe Buchtext

Kapitel 16
1. bis 8. siehe Buchtext
9. Tabelle und Bild 16.16

Stichwortverzeichnis

1-Bit-Komparator 374
1-Bit-Multiplizierer 463
1-Bit-zu-4-Bit-Demultiplexer 370
1-Chip-Mikrocomputer 499
1-Speicher-Flipflop 186
1-Weg-Bus 379
2×4-Bit-zu-4-Bit-Datenselektor 366
2-aus-3-Schaltung 99
2-aus-5-Code 279
2-aus-7-Code 281
2-Bit-Adressdecodierer 372
2-Speicher-Flipflop 186
2-Weg-Bus 379
3-aus-5-Code 280
3-Exzess-Code 254
3-Exzess-Dezimal-Code-Umsetzer 300
4×8-Bit-zu-8-Bit-Datenselektor 367
4-Bit-Addierschaltung, serielle 453
4-Bit-Adressdecodierer 372
4-Bit-Komparator für den Dual-Code 377
4-Bit-Multiplikationsschaltung, serielle 466
4-Bit-Parallel-Addierschaltung 451
4-Bit-Parallel-Multiplikationsschaltung 465
4-Bit-Subtrahierschaltung 457
4-Bit-zu-1-Bit-Datenselektor 366
8-Bit-ALU 470
8er-System 267
16-Bit-zu-1-Bit-Datenselektor-Multiplexer 368
16er-Zahlensystem 260

A

Abhängigkeits-Notation 184
Addierschaltung, serielle 452
Addier-Subtrahier-Werk 459
Addition im BCD-Code 250
Addition von Dualzahlen 242
Adressbus 380, 486
Adressdecodierer 371
Adressleitung 404
AD-Umsetzer
 – nach dem Direktverfahren (Parallel- oder Flashkonverter) 439
 – nach dem Dual-Slope-Verfahren 434
 – nach dem Kompensationsverfahren 436
 – nach dem Sägezahnverfahren 433
 – nach dem Spannungs-Frequenz-Verfahren 438
Aiken-Code 256
Akkumulator 473 f.
–, Befehlsliste 474
– mit Datenspeicher 475
ALU 469, 479
–Befehle 472
– mit ROM 472
Analog-Digital-Umsetzer 419
analoge Größe 16
Analogprinzip 15
Analogrechner 15
Antisättigungs-Diode 157
ANTIVALENZ-Gatter 30
anwenderprogrammierbare Logikschaltung 503
Anzeige, digitale 19
ÄQUIVALENZ-Gatter 29
Arbeitsgeschwindigkeit 123
Arbeitstemperaturbereich 407
Arbeitszustand 182
ARDUINO 498
arithmetisch-logische Einheit 469
ASIC 501 f., 517
Assoziativgesetz 53
Asynchron-Dualzähler 359
asynchroner BCD-Zähler 326
asynchroner Dekadenzähler 331
asynchroner Frequenzteiler 359
asynchroner Modulo-n-Zähler 332
Asynchronzähler 315
– für den 3-Exzess-Code 336
– für den Aiken-Code 336
Aufbau einer RAM-Speichermatrix 400
Auffang-Flipflop 190
Auffrischvorgang 402
Aufladung, statische 143
Ausgang, programmierbarer 508
Ausgangskennlinie 153
Ausgangslastfaktor 127
Ausgangsvariable 69
Ausschalt-Verzögerungsgatter 230

B

BCD-7-Segment-Code-Umsetzer 303
BCD-Code 249
–, 3-Bit-Komparator 374
BCD-Dekadenzähler 331
BCD-Dezimal-Code-Umsetzer 303
BCD-Rückwärtszähler 329
BCD-Vorwärtszähler 326
BCD-Zähler
–, asynchroner 326
– mit umschaltbarer Zählrichtung 326
–, synchroner 349

Befehle einer ALU 472
Befehlsdecodierer 488
Befehlsliste 478
– eines Akkumulators 474
Befehlsregister 484
Befehlssprung 478
Befehlsvorrat 483
Befehlszähler 477
Berechnung von Synchronzählern 342
Berechnung von Verknüpfungsschaltungen 97
Besonderheiten dynamischer RAM 402
bidirektionaler Bus 379
bidirektionales Bussystem, serielles und paralleles 379
binärer Code 237
binäre Digitaltechnik 20
binäres Element 20
binärer Spannungspegel 119
binärer Zustand 20
binary digit 237
Binärzähler 313
Bindungsregel 58
Biquinär-Code 281
–, reflektierter 281
bistabile Kippstufe 181
Bit 237
B-Komplement 244
Boole 49
Boolesche Algebra 49
Bus 379
–, bidirektionaler 379
Busschaltung 379
Bussniffer 381
Bussystem 381
Bustopologie 381

C

C++ 497
Cache-Speicher 493
CAN-Bus 385, 497
Central Processing Unit 479
charakteristische Gleichung 219
CISC 481
CMOS 169
–Gatter 170, 310
Code
–, binärer 237
–, dual ergänzter 279
–, einschrittiger 258
–, fehlererkennender 283
–, fehlerkorrigierender 282
–, lexikografischer 279
–tabelle 279
––Umsetzer 291
–, unbewerteter 419

Computerbus 383
computergesteuertes Testgerät 43
Computernetzwerk 382
Controller Area Network 385
CPU 479
Current Mode Logic 160

D

Datenbus, interner 486
Datenerhalt 413
Datenselektor 365
Datenspeicher 475, 477
DA-Umsetzer 419
– mit gestuften Widerständen 421
DCTL-System 118
DDR2 403
DDR3 403
DDR4 403
DDR-SDRAM 403
Dekadenzähler 331
–, asynchroner 331
De Morgan 56
De Morgansche Gesetze 56 ff.
Demultiplexer 365
Dezimal-3-Exzess-Code-Umsetzer 299
Dezimal-7-Segment-Code-Umsetzer 301
Dezimal-BCD-Code-Umsetzer 293
D-Flipflop 194
–, einflankengesteuertes 206
Differenzverstärkerschaltung 161
Digital-Analog-Umsetzer 419
digitale Anzeige 19
digitale Größe 17
digitale Wechselschaltung 97
digitaler Komparator 373
digitaler Signalprozessor 482
Digitalrechner 17
Digitalschaltung 37
Digitaltechnik, binäre 20
DIMM 403
direkte Subtraktion 243
disjunktive Normalform 72
Distributivgesetz 54
D-Master-Slave-Flipflop 214
DNF 72
Doppelintegrationsverfahren 435
Double Data Rate 403
DRAM 397
DTL-System 118
dualergänzter Code 278
duales Zahlensystem 237
Dual In Line Memory Module 403
Dual-Rückwärtszähler 321
Dual-Slope-Verfahren 434
Dual-Vorwärtszähler 315, 338

Dualzahl 239
– mit Kommastellen 240
–, negative 247
Dualzähler
– mit umschaltbarer Zählrichtung 324
–, synchroner 338
DV-Flipflop 214
dynamische Störsicherheit 128
dynamischer Eingang 182
dynamischer RAM 397, 401 f.
–, Besonderheiten 402
dynamischer Takteingang 186
dynamischer Zwischenspeicher 205

E

E/A-Baustein 490
EAROM 410
ECL-Gatter 162
ECL-Schaltung 160
EEPLD 505
EEROM 414
E-Flipflop 194
EIB 385
Ein-/Ausgabewerk 479
einflankengesteuertes D-Flipflop 206
einflankengesteuertes JK-Flipflop 202
einflankengesteuertes SR-Flipflop 198
einflankengesteuertes T-Flipflop 201
Eingang
–, dynamischer 183
–, statischer 182
Eingangsempfindlichkeit 128
Eingangskennlinie 152
Eingangslastfaktor 127
Eingangssperre 209
Eingangsvariable 69
eingebettetes System 497
Einheit
–, arithmetisch-logische 469
Einschalt-Verzögerungsgatter 230
einschrittiger Code 258
Element, binäres 20
Embedded System 108, 497
Emitter Coupled Transistor Logic 160
Emitterfolgerstufe 162
Endurance 416
EPLD 505, 517
European Installation Bus 385
EXCLUSIVE-OR 30
EXKLUSIV-ODER-Gatter 30
externer Speicher 491

F

Fahrstuhl-Sicherheitsschaltung 71
Fahrzeugbus 385
FAMOS-Transistor 414
Fan-in 127
Fan-out 127
Fehlerbestimmung 45
fehlererkennender Code 277
Fehlererkennung 278
fehlerkorrigierender Code 282
Feldbus 384
Festwertspeicher 407
–, löschbarer programmierbarer 410
–, maskenprogrammierbarer 408
–, programmierbarer 409
FGMOS 415
Finite State Machine 110
Flash-Speicher 415
Flipflop 181
– –Arten 185
Floating-Gate 411
Floating-Gate-Transistor 415
flüchtiger Speicher 397
Flugabwehr-Auslöseschaltung 110
Foto-Ätzverfahren 501
FPLA-Schaltung 514
Frequenzteiler 359
–, asynchroner 359
– mit einstellbarem Teilerverhältnis 363
–, synchroner 362
FSM 110
Funktionsgleichung 40
Fusible-Link-Verfahren 510

G

GAL-Schaltung 510
Gate-Array 501, 517
Gatter-Äquivalenz 518
Gefahrenmelder 99
Gegentakt-Ausgangsstufe 141
genormte Schaltzeichen 26
Geradeschaltung 101
Geradzahligkeitsprüfung 279
Gesamtverknüpfung 38
Gleichung
–, charakteristische 219
–, Vereinfachung 65
Gleichungsvereinfachung 84
Gray-Code 258
Grenzdaten 146
Größe
–, analoge 15
–, digitale 17
Grundgatter 23, 26
Grundstellung 182

H

HAL 517
Halbaddierer 445
Halbsubtrahierer 454
Hamming-Code 283
Harvard-Architektur 481
H-Ausgangslastfaktor 136
herstellerprogrammierte Logikschaltung 501
Hexadezimalsystem 260
Hexadezimalziffer 264
High-Speed-TTL 156
H-Pegel 120

I

Identität A 32
Identität B 32
Implikation A 33
Impulsgatter 197
Impulsverzögerung 125
Informations-Bit 283
Inhibition 32
Installationsbus 385
Integrationsdichte 174
Integrator 434
Interbus 384
interner Datenbus 486
inverse Stromverstärkung 139
Inverter 25
Ist-Verknüpfung 43

J

JK-Flipflop
–, einflankengesteuerter 202
–, zweiflankengesteuerter 210
JK-Master-Slave-Flipflop 214

K

kanonische disjunktive Normalform 79
Karnaugh 79
KDNF 79
Kenndaten 146
Kippfall 220
Kippstufe
–, bistabile 181
–, monostabile 224
–, nachtriggerbare monostabile 227
KNX 385
Kollektor-Emitter-Sättigungsspannung 137
Kommunikationsnetzwerk 381
Kommutativgesetz 53
Komparator 105
–, digitaler 373
Kompatibilität 309
Kompensationsverfahren 436
– mit kontinuierlichem Abgleich 438
Komplement 243 f.
Konjunktion 72
konjunktive Normalform 75
Konstante 49
Kontaktschema 55
Kontroll-Bit 283
Kontrollgruppe 283
Koordinatenleitung 398
Korrektur-Addition 250
Kurzschlussausgangsstrom 137
KV-Diagramm 79
– eines Volladdierers 448

L

LAN 382
langsame, störsichere Logik 134
Lastfaktor 127
Latenzzeit 382
Laufzeitverzögerung 231
L-Ausgangslastfaktor 136
Leistungsaufnahme 123
Leistungsbedarf 123
Leitungsproblem 164
lexikografischer Code 279
Logik
–, langsame, störsichere 134
–, mathematische 22
–, negative 121
–, positive 121
Logikschaltung
–, anwenderprogrammierbare 503
–, herstellerprogrammierte 501
–, programmierbare 501
Logiktester 43
logischer Zustand 19
Lorenz-Code 280
löschbarer programmierbarer festwertspeicher 410
Low-Power-Schottky-TTL 158
Low-Power-TTL 155
L-Pegel 120
LSL-Schaltung 134

M

Majoritätsschaltung 109
Makroschaltung 518
maskenprogrammierbarer Festwertspeicher 408
Maskenprogrammierung 501
Master-Flipflop 208
Master-Slave-Flipflop 187, 208
mathematische Logik 22
M-Bus 384
Mengenlehre 49

Messtabelle 45
Mikrocomputer 495
Mikrocontroller 496
Mikroprozessor 479
Modulo-5-Zähler 332
Modulo-13-Zähler mit Wartepflicht 335
Modulo-60-Zähler 334
Modulo-n-Zähler
–, asynchroner 332
–, Prinzip 332
monolithisch integrierte Schaltung 137
monostabile Kippstufe 224
MOS-Schaltung 164
Multi-Emitter-Transistor 137
Multiplexer 365
Multiplexing 383
Multiplikationsschaltung 463
–, parallele 463
–, serielle 466

N

Nachbarschaftsbedingungen 85
nachtriggerbare monostabile Kippstufe 228
NAND-Funktion 59
NAND-Gatter 61
NAND-Latch 189
NAND-Verknüpfung 27
negative Dualzahl 247
negative Logik 121
Neunerkomplement 252 f., 255
NICHT-Gatter 25
N-Kanal-MOS-Feldeffekt-Transistor 168
NMOS-Gatter 168
NMOS-Unterfamilie 168
NOR-Funktion 59
NOR-Gatter 60
NOR-Latch 188
Normalform 72
NOR-Verknüpfung 28

O

ODER-Abhängigkeit 184
ODER-Gatter 24
ODER-Matrix 505
ODER-Normalform 75
ODER-Verknüpfung 24
Oktalsystem 267 f.
OLMC-Schaltung 513

P

PAL-Schaltung 506
Paralleladdierschaltung 451
Parallelbussystem 383
paralleles Bussystem 379
Parallel-Multiplikationsschaltung 463
Parallelverarbeitung 494
PCI-Express 383
Pegeldiagramm 174, 309
Pegelumsetzer 309
Pegelverschiebung 142
Phantom-UND 129
Pipelining 494
P-Kanal-MOS-Feldeffekt-Transistor 165
PLD 503, 518
PMOS-Gatter 167
PMOS-Unterfamilie 165
positive Logik 121
Postulat 50
Priorität 59
Profibus 384
Programmable Read Only Memory 409
programmgesteuerter vereinfachter
    Rechner 477
programmierbare Logikschaltung 503
programmierbarer Ausgang 508
programmierbarer Festwertspeicher 410
Programmier-Software 518
Programmierung von PLD 518
Programmspeicher 477
progressiver Code 258
PROM 409
–-Schaltung 516
Prozessorarchitektur 479
Pseudotetrade 250

R

R/2R-DA-Umsetzer 422
RAM 397
–, dynamisches 397, 401
–-Speicherelement in MOS-Technik 399
–-Speicherelement in TTL-Technik 397
–-Speichermatrix, Aufbau 400
–, statisches 397
Random Access Memory 397
Read Only Memory 407
Rechengeschwindigkeit 483
Rechenrahmen 17
Rechenschaltung 445
Rechenschieber 15
Rechenwerk 479, 485
Rechner
–, programmgesteuerter vereinfachter 477
Reduced Instruction Set Computing 482
Redundanz 277 f.
reflektierter Biquinär-Code 281
Reflexion 164
REPROM 411, 414
Retention 416
Ringregister 393 f.
Ringtopologie 381

RISC 481
ROM 407
RTL-System 117
Rücksetzeingang, taktunabhängiger 200
Rücksetzfall 220
Rücksetzzustand 182
Ruhezustand 182

S

Sättigungszustand 137
Schaltalgebra 49
Schaltkreisfamilie 117
Schaltung
–, monolithisch integrierte 137
– Volladdierer 447
–, vollkundenspezifische 501
Schaltungsanalyse 37
Schaltungssynthese 69
Schaltzeichen 24
–, genormte 26
– von Flipflops 181
Schaltzeit 117
Schieberegister 387
– für serielle Ein- und Ausgabe 387
– mit Parallelausgabe 391
– mit Parallelausgabe und Paralleleingabe 392
– mit umschaltbarer Schieberichtung 394
Schnittstellenbaustein 382
Schottky-Diode 157
Schottky-TTL 157
Schreib-Lese-Speicher 397
Schwellwertschaltung 103
SDRAM 403
serielle 4-Bit-Addierschaltung 453
serielle 4-Bit-Multiplikationsschaltung 466
serielle Addierschaltung 452
serielle Multiplikationsschaltung 466
serielles Bussystem 379 f.
Setzeingang, taktunabhängiger 200
Setzfälle 220
Setzzustand 182
Sicherheitsabstand 125
Sicherheits-Lötbad 165
Sicherheits-Lötkolben 165
Signallaufzeit 125, 315
Signalprozessor, digitaler 482
Signal-Übergangszeit 125
SIMM 403
Single-In-Line-Memory Module 403
Slave-Flipflop 208
Soll-Verknüpfung 43
Spannungs-Frequenz-Verfahren 438
Spannungspegel, binärer 119
Spannungspegel H 21
Spannungspegel L 21

Speicher 485
–aufbau 403
–element 404
–element eines dynamischen RAM 401
–, flüchtiger 397
–hierarchien 493
–kapazität 406
–kenngröße 403
–organisation 406
–programmierbare Steuerung 384
–register 396
–zelle 398
Speisestrom 149
SPS 384
SRAM 397
SR-Flipflop 190
–, einflankengesteuerter 198
–, zweiflankengesteuerter 208
SR-Speicherflipflop 190
Standard-Cell 501
Standard-DTL-Schaltung 131
Standard-TTL 143
Standard-Zelle 501
statechart 110
statische Aufladung 165
statische Störsicherheit 128
statischer Eingang 182
statisches RAM 397
Stellenwert-System 237
Sterntopologie 381
Steuerschaltung 108, 479, 488
Steuerwerk 479, 484
Störsicherheit 121, 128
–, dynamische 128
–, statische 128
Störspannung 125
Stromverstärkung, inverse 138
Subtrahierschaltung 454
Subtrahierschaltung mit Volladdierer 458
Subtraktion
–, direkte 243
– durch Addition des Komplements 243
– im BCD-Code 252
– von Dualzahlen 243
synchroner BCD-Zähler 349
synchroner Dualzähler 338
synchroner Frequenzteiler 362
Synchronzähler 337
–, 3-Exzess-Code 354
–Berechnung 342
System-Steuerbaustein 491

T

Taktbaustein 490
Takteingang, dynamischer 186
Taktflankensteuerung 185, 195

Taktgenerator 490
Taktsteuerung 185
Taktzustandssteuerung 185
Technologie (Schaltkreisfamilie) 483
Testgerät, computergesteuertes 43
Tetrade 250 ff.
Tetraden-Codes 254
T-Flipflop, einflankengesteuertes 201
Theorem 51
Topologie 381
Transistor-Sortierschaltung 106
Transmissionsgatter 172
Tri-State 381
TTL-Gatter 137
TTL-Schaltung 134

U

Übersprechen 164
Übersteuerungszustand 137
Übertragungskennlinie 124
Übertragungsrate 382
Umcodierungs-ROM 475
Umformung der DNF 78
Umgebungstemperatur 153
Umkehrzähler 325
Umwandlung
– Dualzahlen 239
– Hexadezimalzahlen 261
– Oktalzahlen 268
unbewerteter Code 419
UND-Abhängigkeit 184
UND-Gatter 23
UND-Matrix 505
UND-Verknüpfung 23
Ungeradeschaltung 108
Ungeradzahligkeitsprüfung 281
Universal-Flipflop 202
USB 383

V

Variable 49
Veitch 79
Vereinfachung von Gleichungen 65
Vergleichsschaltung 105
Verknüpfungsgatter 117
– mit offenem Kollektor 143
Verknüpfungsschaltung 69
–, Berechnung 97
Verneinung 25
Verriegelungsschaltung 109
Vertauschungsgesetz 53
Verteilungsgesetz 54
Verweilzeit 225
Verzögerungsgatter 229
– mit Abgriffen 231
Verzögerungszeit 229

Viererpäckchen 85
volatil 397
Volladdierer 447
Volldisjunktion 75
Vollkonjunktion 72, 81
vollkundenspezifische Schaltung 501
Vollsubtrahierer 455
Von-Neumann-Architektur 480
Vorwahlmöglichkeit 318

W

Wahrheitstabelle 23, 29, 33, 37, 188
Walking-Code 279
Wechselschaltung
–, digitale 97
wertdiskret 18
wertkontinuierlich 17, 425
Winkel-Codierscheibe 260
Winkelcodierung 260
Wired-AND 129
Wired-OR 130
Wired-Verknüpfung 129
WLAN 381
Wortbreite 483
Wortlänge 492

X

XOR 30
--Gatter 30

Z

Zahlensystem, duales 237
Zähler 313
Zählnummer 184
Zehnerkomplement 252
Zeigermessgerät 15
Zeitablauf-Diagramm 215
zeitdiskret 18
zeitkontinuierlich 17, 425
Zugriffsrecht 383
Zugriffszeit 406
Zuordnungsgesetz 53
Zustand
–, binärer 19
–, logischer 22
Zustandsdiagramm 110
Zustandsübergang 110
Zweierpäckchen 84
Zweierpotenz 238, 240 f.
zweiflankengesteuerter JK-Flipflop 210
zweiflankengesteuerter SR-Flipflop 208
Zwischenspeicher 489
–, dynamischer 205
Zykluszeit 406